Pour la France : 2 fr. le volume — Pour l'Étranger : 2 f

1857

ŒUVRES COMPLÈTES

DE

P. CORNEILLE

SUIVIES

DES OEUVRES CHOISIES

DE THOMAS CORNEILLE

TOME DEUXIÈME

ÉDITION DE CH. LAHURE
Imprimeur à Paris

SE VEND A PARIS

CHEZ L. HACHETTE ET Cie

RUE PIERRE-SARRAZIN, N° 14

1857

ŒUVRES COMPLÈTES

DE

P. CORNEILLE

TYPOGRAPHIE DE CH. LAHURE
Imprimeur du Sénat et de la Cour de Cassation
rue de Vaugirard, 9

ŒUVRES COMPLÈTES

DE

P. CORNEILLE

SUIVIES

DES ŒUVRES CHOISIES

DE THOMAS CORNEILLE

TOME DEUXIÈME

ÉDITION DE CH. LAHURE
Imprimeur à Paris

SE VEND A PARIS
CHEZ L. HACHETTE ET Cie
RUE PIERRE-SARRAZIN, N° 14

1857

HORACE[1].

TRAGÉDIE.

1639.

A MONSEIGNEUR LE CARDINAL DUC DE RICHELIEU.

Monseigneur,

Je n'aurois jamais eu la témérité de présenter à Votre Éminence ce mauvais portrait d'Horace, si je n'eusse considéré qu'après tant de bienfaits que j'ai reçus d'elle, le silence où mon respect m'a retenu jusqu'à présent passeroit pour ingratitude, et que, quelque juste défiance que j'aie de mon travail, je dois avoir encore plus de confiance en votre bonté. C'est d'elle que je tiens tout ce que je suis; et ce n'est pas sans rougir que, pour toute reconnoissance, je vous fais un présent si peu digne de vous, et si peu proportionné à ce que je vous dois. Mais, dans cette confusion, qui m'est commune avec tous ceux qui écrivent, j'ai cet avantage qu'on ne peut, sans quelque injustice, condamner mon choix, et que ce généreux Romain, que je mets aux pieds de Votre Éminence, eût pu paroître devant elle avec moins de honte, si les forces de l'artisan eussent répondu à la dignité de la matière : j'en ai pour garant l'auteur dont je l'ai tirée, qui commence à décrire cette fameuse histoire par ce glorieux éloge, « qu'il n'y a presque aucune chose plus noble dans toute l'antiquité. » Je voudrois que ce qu'il a dit de l'action se pût dire de la peinture que j'en ai faite, non pour en tirer plus de vanité, mais seulement pour vous offrir quelque chose un peu moins indigne de vous être offert. Le sujet étoit capable de plus de grâces, s'il eût été traité d'une main plus savante: mais du moins il a reçu de la mienne toutes celles qu'elle étoit capable de lui donner, et qu'on pouvoit raisonnablement attendre d'une muse de province[2], qui, n'étant pas assez heureuse pour jouir souvent des regards de Votre Éminence, n'a pas les mêmes lumières à se conduire qu'ont celles qui en sont continuellement éclairées. Et certes, Monseigneur, ce changement visible qu'on remarque en mes ouvrages depuis que j'ai l'honneur d'être à Votre Éminence, qu'est-ce autre chose qu'un effet des grandes idées qu'elle m'inspire quand elle daigne souffrir que je lui rende mes devoirs; et à quoi peut-on attribuer ce qui s'y mêle de mauvais, qu'aux teintures grossières que je reprends quand je demeure abandonné à ma propre foiblesse? Il faut, Monseigneur, que tous ceux qui donnent leurs veilles au théâtre publient hautement avec moi que nous vous avons deux obliga-

---

[1]. C'est le titre que Corneille donna toujours à cette tragédie. Celui des *Horaces* a prévalu depuis sur les affiches des spectacles.

[2]. Corneille demeurait à Rouen, et ne venait à Paris que pour y faire jouer ses pièces, dont il tirait un profit qui ne répondait point du tout à leur gloire, et à l'utilité dont elles étaient aux comédiens. (*Voltaire.*)

tions très-signalées : l'une, d'avoir ennobli le but de l'art; l'autre, de nous en avoir facilité les connoissances. Vous avez ennobli le but de l'art, puisque, au lieu de celui de plaire au peuple que nous prescrivent nos maîtres, et dont les deux plus honnêtes gens de leur siècle, Scipion et Lælie, ont autrefois protesté de se contenter, vous nous avez donné celui de vous plaire et de vous divertir; et qu'ainsi nous ne rendons pas un petit service à l'État, puisque, contribuant à vos divertissemens, nous contribuons à l'entretien d'une santé qui lui est si précieuse et si nécessaire. Vous nous en avez facilité les connoissances, puisque nous n'avons plus besoin d'autre étude pour les acquérir que d'attacher nos yeux sur Votre Éminence quand elle honore de sa présence et de son attention le récit de nos poëmes. C'est là que, lisant sur son visage ce qui lui plaît et ce qui ne lui plaît pas, nous nous instruisons avec certitude de ce qui est bon et de ce qui est mauvais, et tirons des règles infaillibles de ce qu'il faut suivre et de ce qu'il faut éviter : c'est là que j'ai souvent appris en deux heures ce que mes livres n'eussent pu m'apprendre en dix ans; c'est là que j'ai puisé ce qui m'a valu l'applaudissement du public; et c'est là qu'avec votre faveur j'espère puiser assez pour être un jour une œuvre digne de vos mains. Ne trouvez donc pas mauvais, Monseigneur, que, pour vous remercier de ce que j'ai de réputation, dont je vous suis entièrement redevable, j'emprunte quatre vers d'un autre Horace que celui que je vous présente, et que je vous exprime par eux les plus véritables sentimens de mon âme :

> Totum muneris hoc tui est,
> Quod monstror digito prætereuntium,
> Scenæ non levis artifex [1] :
> Quod spiro et placeo, si placeo, tuum est.

Je n'ajouterai qu'une vérité à celle-ci, en vous suppliant de croire que je suis et serai toute ma vie, très-passionnément,

MONSEIGNEUR,

DE VOTRE ÉMINENCE,

Le très-humble, très-obéissant et très-fidèle serviteur,

CORNEILLE.

EXCERPTA E TITO LIVIO.

Titus Livius, lib. I, CAP. XXIII *et sqq.*

Bellum utrinque summa ope parabatur, civili simillimum bello, prope inter parentes natosque, Trojanam utramque prolem, quum Laviniam ab Troja, ab Lavinio Alba, ab Albanorum stirpe regum oriundi Romani essent. Eventus tamen belli minus miserabilem dimicationem fecit, quod nec acie certatum est, et, tectis modo dirutis alterius urbis, duo populi in unum confusi sunt. Albani priores ingenti exercitu in agrum Romanum impe-

---

[1]. Ce vers, fort élégant d'ailleurs, est de Corneille, et remplace celui d'Horace :
> Romanæ fidicen lyræ.

tum fecere : castra ab urbe haud plus quinque millia passuum locant, fossa circumdant. Fossa Cluilia ab nomine ducis per aliquot secula appellata est, donec cum re nomen quoque vetustate abolevit. In his castris Cluilius Albanus rex moritur. Dictatorem Albani Metium Suffetium creant. Interim Tullus ferox præcipue morte regis, magnumque deorum numen, ab ipso capite orsum, in omne nomen Albanum expetiturum pœnas ob bellum impium dictitans, nocte præteritis hostium castris, infesto exercitu in agrum Albanum pergit. Ea res ab stativis excivit Metium, is ducit exercitum quam proxime ad hostem potest, inde legatum præmissum nuntiare Tullo jubet, priusquam dimicent, opus esse colloquio : si secum congressus sit, satis scire ea se allaturum, quæ nihilo minus ad rem Romanam, quam ab Albanam pertineant. Haud aspernatus Tullus, tametsi vana afferrentur; suos in aciem ducit ; exeunt contra et Albani. Postquam instructi utrinque stabant, cum paucis procerum in medium duces procedunt. Ibi infit Albanus : « Injurias, et non redditas res ex fœdere quæ repetitæ sint, et ego regem nostrum Cluilium causam hujusce esse belli audisse videor, nec te dubito, Tulle, eadem præ te ferre. Sed si vera potius quam dictu speciosa dicenda sunt, cupido imperii duos cognatos vicinosque populos ad arma stimulat ; neque recte an perperam interpretor : fuerit ista ejus deliberatio qui bellum suscepit : me Albani gerendo bello ducem creavere. Illud te, Tulle, monitum velim : Etrusca res quanta circa nos teque maxime sit, quo propior es Volscis, hoc magis scis : multum illi terra, plurimum mari pollent. Memor esto, jam quum signum pugnæ dabis, has duas acies spectaculo fore, ut fessos confectosque, simul victorem ac victum aggrediantur. Itaque, si nos dii amant, quoniam non contenti libertate certa, in dubiam imperii servitiique aleam imus, ineamus aliquam viam, qua utri utris imperent, sine magna clade, sine multo sanguine utriusque populi decerni possit. » Haud displicet res Tullo, quamquam tum indole animi, tum spe victoriæ ferocior erat. Quærentibus utrinque ratio initur, cui et fortuna ipsa præbuit materiam.

Forte in duobus tum exercitibus erant tergemini fratres, nec ætate, nec viribus dispares. Horatios Curiatiosque fuisse satis constat, NEC FERME RES ANTIQUA ALIA EST NOBILIOR ; tamen in re tam clara nominum error manet, utrius populi Horatii, utrius Curiatii fuerint. Auctores utroque trahunt : plures tamen invenio, qui Romanos Horatios vocent : hos ut sequar, inclinat animus. Cum tergeminis agunt reges, ut pro sua quisque patria dimicent ferro : ibi imperium fore, unde victoria fuerit. Nihil recusatur, tempus et locus convenit. Priusquam dimicarent, fœdus ictum inter Romanos et Albanos est his legibus : ut cujus populi cives eo certamine vicissent, is alteri populo cum bona pace imperitaret....

Fœdere icto, tergemini (sicut convenerat) arma capiunt. Quum sui utrosque adhortarentur, deos patrios, patriam ac parentes, quidquid civium domi, quidquid in exercitu sit, illorum tunc arma, illorum intueri manus, feroces et suopte ingenio, et pleni adhortantium vocibus, in medium inter duas acies procedunt. Consederant utrinque pro castris duo exercitus, periculi magis præsentis, quam curæ expertes : quippe imperium agebatur, in tam paucorum virtute atque fortuna positum. Itaque erecti suspensique in minime gratum spectaculum animo intenduntur. Datur signum.: infestisque armis, velut acies, terni juvenes magnorum exercituum animos gerentes concurrunt. Nec his, nec illis periculum suum, sed publicum imperium servitiumque obversatur animo, futuraque ea deinde patriæ fortuna, quam ipsi fecissent. Ut primo statim concursu increpuere arma, micantesque fulsere gladii, horror ingens spectantes perstringit, et neutro inclinata spe, torpebat vox spiritusque. Consertis deinde manibus, quum jam non motus tantum corporum, agitatioque anceps telorum armorumque, sed vulnera quoque et sanguis spectaculo essent, duo Romani, super alium alius, vulneratis tribus Albanis, exspirantes corruerunt. Ad quorum casum quum clamasset gaudio Albanus exercitus, Romanas legiones jam spes tota, nondum tamen cura desuerat, exanimes vice unius, quem tres Curiatii circumsteterant. Forte is integer fuit, ut universis solus nequaquam par, sic adversus singulos ferox. Ergo ut segregaret pugnam eorum, capessit fugam, ita ratus secuturos, ut quemque vulnere affectum corpus sineret. Jam aliquantum spatii ex eo loco, ubi pugnatum est, aufugerat, quum respiciens videt magnis intervallis sequentes, unum haud procul ab sese abesse. In eum magno impetu rediit; et dum Albanus exercitus inclamat Curiatiis, uti opem ferant fratri, jam Horatius cæso hoste victor secundam pugnam petebat. Tunc clamore (qualis ex insperato faventium solet) Romani adjuvant militem suum : et ille defungi prœlio festinat. Prius itaque quam alter, qui nec procul aberat, consequi posset, et alterum Curiatium conficit. Jamque æquato Marte singuli supererant, sed nec spe, nec viribus pares : alterum intactum ferro corpus, et geminata victoria ferocem in certamen tertium dabant; alter fessum vulnere, fessum cursu trahens corpus, victusque fratrum ante se strage, victori objicitur hosti. Nec illud prœlium fuit. Romanus exsultans : « Duos, inquit, fratrum manibus dedi; tertium causæ belli hujusce, ut Romanus Albano imperet, dabo. » Male sustinenti arma gladium superne jugulo defigit, jacentem spoliat. Romani ovantes ac gratulantes Horatium accipiunt : eo majore cum gaudio, quo propius metum res fuerat. Ad sepulturam inde suorum nequaquam paribus animis vertuntur : quippe imperio alteri aucti, alteri ditionis alienæ facti. Sepulcra exstant, quo quisque loco cecidit : duo Romana uno loco propius Albam, tria Albana Romam versus; sed distantia locis, et ut pugnatum est.

Priusquam inde digrederentur, roganti Metio ex fœdere icto quid imperaret, imperat Tullus uti juventutem in armis habeat : usurum se eorum opera, si bellum cum Veientibus foret Ita exercitus inde domos abducti. Princeps Horatius ibat, terge mina spolia præ se gerens, cui soror virgo, quæ desponsata uni ex Curiatiis fuerat, obviam ante portam Capenam fuit; cognitoque super humeros fratris paludamento sponsi, quod ipsa confecerat, solvit crines, et flebiliter nomine sponsum mortuum appellat. Movet feroci juveni animum comploratio sororis in victoria sua, tantoque gaudio publico. Stricto itaque gladio, simul verbis increpans, transfigit puellam. « Abi hinc cum immaturo amore ad sponsum, inquit, oblita fratrum mortuorum vivique, oblita patriæ. Sic eat, quæcumque Romana lugebit hostem. » Atrox visum id facinus patribus plebique, sed recens meritum facto obstabat : tamen raptus in jus ad regem. Rex, ne ipse tam tristis ingratique ad vulgus judicii, aut secundum judicium supplicii auctor esset, concilio populi advocato : « Duumviros, inquit, qui Horatio perduellionem judicent secundum legem, facio. » Lex horrendi carminis erat : « Duumviri perduellionem judicent. Si a duumviris provocarit, provocatione certato; si vincent, caput obnubito, infelici arbori reste suspendito, verberato, vel intra pomœrium, vel extra pomœrium. » Hac lege duumviri creati, qui se absolvere non rebantur ea lege ne innoxium quidem posse. Quum condemnassent, tum alter ex his : « P. Horati, tibi perduellionem judico, inquit. I, lictor, colliga manus. » Accesserat lictor, injiciebatque laqueum : tum Horatius, auctore Tullo, clemente legis interprete : « Provoco, » inquit. Ita de provocatione certatum ad populum est. Moti homines sunt in eo judicio, maxime P. Horatio patre proclamante se filiam jure cæsam judicare : ni ita esset, patrio jure in filium animadversurum fuisse. Orabat deinde, ne se, quem paulo ante cum egregia stirpe conspexissent, orbum liberis facerent. Inter hæc senex juvenem amplexus, spolia Curiatiorum fixa eo loco, qui nunc Pila Horatia appellatur, ostentans : « Hunccine, aiebat, quem modo decoratum ovantemque victoria incedentem vidistis, Quirites, eum sub furca vinctum inter verbera et cruciatus videre potestis ? quod vix Albanorum oculi tam deforme spectaculum ferre possent. I, lictor, colliga manus, quæ paulo ante armatæ, imperium populo Romano pepererunt. I, caput obnube liberatoris urbis hujus : arbori infelici suspende : verbera, vel intra pomœrium, modo inter illam pilam et spolia hostium : vel extra pomœrium, modo inter sepulcra Curiatiorum. Quo enim ducere hunc juvenem potestis, ubi non sua decora eum a tanta fœditate supplicii vindicent ? » Non tulit populus nec patris lacrimas, nec ipsius parem in omni periculo animum : absolveruntque admiratione magis virtutis, quam jure causæ. Itaque ut cædes manifesta aliquo tamen piaculo lueretur, imperatum patri, ut filium expiaret pecunia publica. Is, quibusdam piacularibus sacrificiis factis, quæ deinde genti Horatiæ tradita sunt, transmisso per viam tigillo, capite adoperto, velut sub jugum misit juvenem. Id hodie quoque publice semper refectum manet : Sororium tigillum vocant. Horatiæ sepulcrum, quo loco corruerat icta, constructum est saxo quadrato.

PERSONNAGES.

TULLE, roi de Rome.
LE VIEIL HORACE, chevalier romain.
HORACE, son fils.
CURIACE, gentilhomme d'Albe, amant de Camille.
VALÈRE, chevalier romain, amoureux de Camille.
SABINE, femme d'Horace et sœur de Curiace.
CAMILLE, amante de Curiace et sœur d'Horace.
JULIE, dame romaine, confidente de Sabine et de Camille.
FLAVIAN, soldat de l'armée d'Albe.
PROCULE, soldat de l'armée de Rome.

La scène est à Rome, dans une salle de la maison d'Horace.

ACTE PREMIER.

SCÈNE I. — SABINE, JULIE.

SABINE.
Approuvez ma foiblesse, et souffrez ma douleur;
Elle n'est que trop juste en un si grand malheur :
Si près de voir sur soi fondre de tels orages,
L'ébranlement sied bien aux plus fermes courages;
Et l'esprit le plus mâle et le moins abattu
Ne sauroit sans désordre exercer sa vertu.
Quoique le mien s'étonne à ces rudes alarmes,
Le trouble de mon cœur ne peut rien sur mes larmes,
Et, parmi les soupirs qu'il pousse vers les cieux,
Ma constance du moins règne encor sur mes yeux :
Quand on arrête là les déplaisirs d'une âme,
Si l'on fait moins qu'un homme on fait plus qu'une femme.
Commander à ses pleurs en cette extrémité,
C'est montrer pour le sexe assez de fermeté.

JULIE.
C'en est peut-être assez pour une âme commune,
Qui du moindre péril se fait une infortune;
Mais de cette foiblesse un grand cœur est honteux;
Il ose espérer tout dans un succès douteux.
Les deux camps sont rangés au pied de nos murailles;
Mais Rome ignore encor comme on perd des batailles.
Loin de trembler pour elle, il lui faut applaudir :
Puisqu'elle va combattre, elle va s'agrandir.
Bannissez, bannissez une frayeur si vaine,
Et concevez des vœux dignes d'une Romaine.

SABINE.
Je suis Romaine, hélas! puisque Horace est Romain;
J'en ai reçu le titre en recevant sa main;
Mais ce nœud me tiendroit en esclave enchaînée,
S'il m'empêchoit de voir en quels lieux je suis née.
Albe, où j'ai commencé de respirer le jour,
Albe, mon cher pays, et mon premier amour;
Lorsque entre nous et toi je vois la guerre ouverte,
Je crains notre victoire autant que notre perte.
Rome, si tu te plains que c'est là te trahir,
Fais-toi des ennemis que je puisse haïr.
Quand je vois de tes murs leur armée et la nôtre,
Mes trois frères dans l'une, et mon mari dans l'autre,
Puis-je former des vœux, et sans impiété
Importuner le ciel pour ta félicité?

Je sais que ton État, encore en sa naissance,
Ne sauroit, sans la guerre, affermir sa puissance;
Je sais qu'il doit s'accroître, et que tes grands destins
Ne le borneront pas chez les peuples latins;
Que les dieux t'ont promis l'empire de la terre,
Et que tu n'en peux voir l'effet que par la guerre :
Bien loin de m'opposer à cette noble ardeur
Qui suit l'arrêt des dieux et court à ta grandeur,
Je voudrois déjà voir tes troupes couronnées,
D'un pas victorieux franchir les Pyrénées.
Va jusqu'en l'Orient pousser tes bataillons;
Va sur les bords du Rhin planter tes pavillons;
Fais trembler sous tes pas les colonnes d'Hercule,
Mais respecte une ville à qui tu dois Romule.
Ingrate, souviens-toi que du sang de ses rois
Tu tiens ton nom, tes murs, et tes premières lois.
Albe est ton origine; arrête, et considère
Que tu portes le fer dans le sein de ta mère.
Tourne ailleurs les efforts de tes bras triomphans;
Sa joie éclatera dans l'heur de ses enfans;
Et, se laissant ravir à l'amour maternelle,
Ses vœux seront pour toi, si tu n'es plus contre elle.

JULIE.

Ce discours me surprend, vu que depuis le temps
Qu'on a contre son peuple armé nos combattans,
Je vous ai vu pour elle autant d'indifférence
Que si d'un sang romain vous aviez pris naissance.
J'admirois la vertu qui réduisoit en vous
Vos plus chers intérêts à ceux de votre époux;
Et je vous consolois au milieu de vos plaintes,
Comme si notre Rome eût fait toutes vos craintes.

SABINE.

Tant qu'on ne s'est choqué qu'en de légers combats,
Trop foibles pour jeter un des partis à bas,
Tant qu'un espoir de paix a pu flatter ma peine,
Oui, j'ai fait vanité d'être toute Romaine.
Si j'ai vu Rome heureuse avec quelque regret,
Soudain j'ai condamné ce mouvement secret;
Et si j'ai ressenti, dans ses destins contraires,
Quelque maligne joie en faveur de mes frères,
Soudain, pour l'étouffer rappelant ma raison,
J'ai pleuré quand la gloire entrait dans leur maison.
Mais aujourd'hui qu'il faut que l'une ou l'autre tombe,
Qu'Albe devienne esclave, ou que Rome succombe,
Et qu'après la bataille il ne demeure plus
Ni d'obstacle aux vainqueurs, ni d'espoir aux vaincus,
'aurois pour mon pays une cruelle haine,

Si je pouvois encore être toute Romaine,
Et si je demandois votre triomphe aux dieux,
Au prix de tant de sang qui m'est si précieux.
Je m'attache un peu moins aux intérêts d'un homme :
Je ne suis point pour Albe, et ne suis plus pour Rome;
Je crains pour l'une et l'autre en ce dernier effort,
Et serai du parti qu'affligera le sort.
Égale à tous les deux jusques à la victoire,
Je prendrai part aux maux sans en prendre à la gloire;
Et je garde, au milieu de tant d'âpres rigueurs,
Mes larmes aux vaincus, et ma haine aux vainqueurs.

JULIE.

Qu'on voit naître souvent de pareilles traverses,
En des esprits divers, des passions diverses[1] !
Et qu'à nos yeux Camille agit bien autrement!
Son frère est votre époux, le vôtre est son amant :
Mais elle voit d'un œil bien différent du vôtre
Son sang dans une armée, et son amour dans l'autre.
 Lorsque vous conserviez un esprit tout romain,
Le sien irrésolu, le sien tout incertain,
De la moindre mêlée appréhendoit l'orage,
De tous les deux partis détestoit l'avantage,
Au malheur des vaincus donnoit toujours ses pleurs,
Et nourrissoit ainsi d'éternelles douleurs.
Mais hier, quand elle sut qu'on avoit pris journée,
Et qu'enfin la bataille alloit être donnée,
Une soudaine joie éclatant sur son front....

SABINE.

Ah! que je crains, Julie, un changement si prompt!
Hier dans sa belle humeur elle entretint Valère;
Pour ce rival, sans doute, elle quitte mon frère;
Son esprit, ébranlé par les objets présens,
Ne trouve point d'absent aimable après deux ans.
Mais excusez l'ardeur d'une amour fraternelle;
Le soin que j'ai de lui me fait craindre tout d'elle :
Je forme des soupçons d'un trop léger sujet.
Près d'un jour si funeste on change peu d'objet.
Les âmes rarement sont de nouveau blessées,
Et dans un si grand trouble on a d'autres pensées :
Mais on n'a pas aussi de si doux entretiens,
Ni de contentemens qui soient pareils aux siens.

JULIE.

Les causes, comme à vous, m'en semblent fort obscures.
Je ne me satisfais d'aucunes conjectures.

---

1. Le sens de l'auteur est que *les mêmes malheurs produisent quelquefois des sentimens différens.* (*Voltaire.*)

ACTE I, SCÈNE I.

C'est assez de constance en un si grand danger
Que de le voir, l'attendre, et ne point s'affliger;
Mais certes c'en est trop d'aller jusqu'à la joie.

SABINE.

Voyez qu'un bon génie à propos nous l'envoie
Essayez sur ce point à la faire parler;
Elle vous aime assez pour ne vous rien celer.
Je vous laisse. Ma sœur, entretenez Julie :
J'ai honte de montrer tant de mélancolie,
Et mon cœur, accablé de mille déplaisirs,
Cherche la solitude à cacher ses soupirs.

SCÈNE II. — CAMILLE, JULIE.

CAMILLE.

Qu'elle a tort de vouloir que je vous entretienne!
Croit-elle ma douleur moins vive que la sienne,
Et que, plus insensible à de si grands malheurs,
A mes tristes discours je mêle moins de pleurs?
De pareilles frayeurs mon âme est alarmée;
Comme elle je perdrai dans l'une et l'autre armée.
Je verrai mon amant, mon plus unique bien,
Mourir pour son pays, ou détruire le mien,
Et cet objet d'amour devenir, pour ma peine,
Digne de mes soupirs, ou digne de ma haine.
Hélas!

JULIE.

Elle est pourtant plus à plaindre que vous.
On peut changer d'amant, mais non changer d'époux.
Oubliez Curiace, et recevez Valère,
Vous ne tremblerez plus pour le parti contraire;
Vous serez toute nôtre, et votre esprit remis
N'aura plus rien à perdre au camp des ennemis.

CAMILLE.

Donnez-moi des conseils qui soient plus légitimes,
Et plaignez mes malheurs sans m'ordonner des crimes.
Quoiqu'à peine à mes maux je puisse résister,
J'aime mieux les souffrir que de les mériter.

JULIE.

Quoi! vous appelez crime un change raisonnable!

CAMILLE.

Quoi! le manque de foi vous semble pardonnable?

JULIE.

Envers un ennemi qui peut nous obliger?

CAMILLE.

D'un serment solennel qui peut nous dégager?

JULIE.
Vous déguisez en vain une chose trop claire :
Je vous vis encore hier entretenir Valère ;
Et l'accueil gracieux qu'il recevoit de vous
Lui permet de nourrir un espoir assez doux

CAMILLE.
Si je l'entretins hier et lui fis bon visage,
N'en imaginez rien qu'à son désavantage ;
De mon contentement un autre étoit l'objet.
Mais pour sortir d'erreur sachez-en le sujet ;
Je garde à Curiace une amitié trop pure
Pour souffrir plus longtemps qu'on m'estime parjure.

Il vous souvient qu'à peine on voyoit de sa sœur
Par un heureux hymen mon frère possesseur,
Quand, pour comble de joie, il obtint de mon père
Que de ses chastes feux je serois le salaire.
Ce jour nous fut propice et funeste à la fois ;
Unissant nos maisons, il désunit nos rois ;
Un même instant conclut notre hymen et la guerre,
Fit naître notre espoir et le jeta par terre,
Nous ôta tout, sitôt qu'il nous eut tout promis ;
Et, nous faisant amans, il nous fit ennemis.
Combien nos déplaisirs parurent lors extrêmes !
Combien contre le ciel il vomit de blasphèmes !
Et combien de ruisseaux coulèrent de mes yeux !
Je ne vous le dis point, vous vîtes nos adieux ;
Vous avez vu depuis les troubles de mon âme :
Vous savez pour la paix quels vœux a faits ma flamme,
Et quels pleurs j'ai versés à chaque événement,
Tantôt pour mon pays, tantôt pour mon amant.
Enfin mon désespoir, parmi ces longs obstacles,
M'a fait avoir recours à la voix des oracles.
Écoutez si celui qui me fut hier rendu
Eut droit de rassurer mon esprit éperdu.
Ce Grec si renommé, qui depuis tant d'années
Au pied de l'Aventin prédit nos destinées,
Lui qu'Apollon jamais n'a fait parler à faux,
Me promit par ces vers la fin de mes travaux :
« Albe et Rome demain prendront une autre face ;
Tes vœux sont exaucés, elles auront la paix,
Et tu seras unie avec ton Curiace,
Sans qu'aucun mauvais sort t'en sépare jamais. »
Je pris sur cet oracle une entière assurance,
Et comme le succès passoit mon espérance,
J'abandonnai mon âme à des ravissemens
Qui passoient les transports des plus heureux amans.
Jugez de leur excès : je rencontrai Valère,

Et, contre sa coutume, il ne put me déplaire,
Il me parla d'amour sans me donner d'ennui :
Je ne m'aperçus pas que je parlois à lui ;
Je ne lui pus montrer de mépris ni de glace :
Tout ce que je voyois me sembloit Curiace ;
Tout ce qu'on me disoit me parloit de ses feux ;
Tout ce que je disois l'assuroit de mes vœux.
Le combat général aujourd'hui se hasarde ;
J'en sus hier la nouvelle, et je n'y pris pas garde :
Mon esprit rejetoit ces funestes objets,
Charmé des doux pensers d'hymen et de la paix.
La nuit a dissipé des erreurs si charmantes ;
Mille songes affreux, mille images sanglantes,
Ou plutôt mille amas de carnage et d'horreur,
M'ont arraché ma joie et rendu ma terreur.
J'ai vu du sang, des morts, et n'ai rien vu de suite ;
Un spectre en paroissant prenoit soudain la fuite ;
Ils s'effaçoient l'un l'autre ; et chaque illusion
Redoubloit mon effroi par sa confusion.

JULIE.

C'est en contraire sens qu'un songe s'interprète.

CAMILLE.

Je le dois croire ainsi, puisque je le souhaite ;
Mais je me trouve enfin, malgré tous mes souhaits,
Au jour d'une bataille, et non pas d'une paix.

JULIE.

Par là finit la guerre, et la paix lui succède.

CAMILLE.

Dure à jamais le mal, s'il y faut ce remède !
Soit que Rome y succombe ou qu'Albe ait le dessous,
Cher amant, n'attends plus d'être un jour mon époux ;
Jamais, jamais ce nom ne sera pour un homme
Qui soit ou le vainqueur, ou l'esclave de Rome.
Mais quel objet nouveau se présente en ces lieux ?
Est-ce toi, Curiace ? en croirai-je mes yeux ?

SCÈNE III. — CURIACE, CAMILLE, JULIE.

CURIACE.

N'en doutez point, Camille, et revoyez un homme
Qui n'est ni le vainqueur ni l'esclave de Rome ;
Cessez d'appréhender de voir rougir mes mains
Du poids honteux des fers ou du sang des Romains.
J'ai cru que vous aimiez assez Rome et la gloire
Pour mépriser ma chaîne et haïr ma victoire ;
Et comme également en cette extrémité
Je craignois la victoire et la captivité....

CAMILLE.

Curiace, il suffit, je devine le reste :
Tu fuis une bataille à tes vœux si funeste,
Et ton cœur, tout à moi, pour ne me perdre pas,
Dérobe à ton pays le secours de ton bras.
Qu'un autre considère ici ta renommée,
Et te blâme, s'il veut, de m'avoir trop aimée.
Ce n'est point à Camille à t'en mésestimer ;
Plus ton amour paroît, plus elle doit t'aimer ;
Et, si tu dois beaucoup aux lieux qui t'ont vu naître,
Plus tu quittes pour moi, plus tu le fais paroître.
Mais as-tu vu mon père? et peut-il endurer
Qu'ainsi dans sa maison tu t'oses retirer?
Ne préfère-t-il point l'État à sa famille?
Ne regarde-t-il point Rome plus que sa fille?
Enfin notre bonheur est-il bien affermi?
T'a-t-il vu comme gendre, ou bien comme ennemi?

CURIACE.

Il m'a vu comme gendre, avec une tendresse
Qui témoignoit assez une entière allégresse ;
Mais il ne m'a point vu, par une trahison,
Indigne de l'honneur d'entrer dans sa maison.
Je n'abandonne point l'intérêt de ma ville,
J'aime encor mon honneur en adorant Camille.
Tant qu'a duré la guerre, on m'a vu constamment
Aussi bon citoyen que véritable amant.
D'Albe avec mon amour j'accordois la querelle ;
Je soupirois pour vous en combattant pour elle ;
Et, s'il falloit encor que l'on en vînt aux coups,
Je combattrois pour elle en soupirant pour vous.
Oui, malgré les désirs de mon âme charmée,
Si la guerre duroit, je serois dans l'armée :
C'est la paix qui chez vous me donne un libre accès,
La paix à qui nos feux doivent ce beau succès.

CAMILLE.

La paix! Et le moyen de croire un tel miracle?

JULIE.

Camille, pour le moins croyez-en votre oracle,
Et sachons pleinement par quels heureux effets
L'heure d'une bataille a produit cette paix.

CURIACE.

L'auroit-on jamais cru? Déjà les deux armées,
D'une égale chaleur au combat animées,
Se menaçoient des yeux, et, marchant fièrement,
N'attendoient, pour donner, que le commandement ;
Quand notre dictateur devant les rangs s'avance,
Demande à votre prince un moment de silence ;

Et, l'ayant obtenu : « Que faisons-nous, Romains,
Dit-il, et quel démon nous fait venir aux mains?
Souffrons que la raison éclaire enfin nos âmes :
Nous sommes vos voisins, nos filles sont vos femmes,
Et l'hymen nous a joints par tant et tant de nœuds,
Qu'il est peu de nos fils qui ne soient vos neveux;
Nous ne sommes qu'un sang et qu'un peuple en deux villes :
Pourquoi nous déchirer par des guerres civiles,
Où la mort des vaincus affoiblit les vainqueurs,
Et le plus beau triomphe est arrosé de pleurs?
Nos ennemis communs attendent avec joie
Qu'un des partis défait leur donne l'autre en proie,
Lassé, demi-rompu, vainqueur, mais, pour tout fruit,
Dénué d'un secours par lui-même détruit.
Ils ont assez longtemps joui de nos divorces;
Contre eux dorénavant joignons toutes nos forces,
Et noyons dans l'oubli ces petits différends
Qui de si bons guerriers font de mauvais parens.
Que si l'ambition de commander aux autres
Fait marcher aujourd'hui vos troupes et les nôtres,
Pourvu qu'à moins de sang nous voulions l'apaiser,
Elle nous unira, loin de nous diviser.
Nommons des combattans pour la cause commune;
Que chaque peuple aux siens attache sa fortune;
Et, suivant ce que d'eux ordonnera le sort,
Que le foible parti prenne loi du plus fort :
Mais, sans indignité pour des guerriers si braves,
Qu'ils deviennent sujets sans devenir esclaves,
Sans honte, sans tribut, et sans autre rigueur
Que de suivre en tous lieux les drapeaux du vainqueur.
Ainsi nos deux États ne feront qu'un empire. »
Il semble qu'à ces mots notre discorde expire :
Chacun, jetant les yeux dans un rang ennemi,
Reconnoît un beau-frère, un cousin, un ami;
Ils s'étonnent comment leurs mains, de sang avides,
Voloient, sans y penser, à tant de parricides,
Et font paroître un front couvert tout à la fois
D'horreur pour la bataille, et d'ardeur pour ce choix.
Enfin l'offre s'accepte, et la paix désirée
Sous ces conditions est aussitôt jurée :
Trois combattront pour tous; mais, pour les mieux choisir,
Nos chefs ont voulu prendre un peu plus de loisir :
Le vôtre est au sénat, le nôtre dans sa tente.

CAMILLE.

O dieux, que ce discours rend mon âme contente!

CURIACE.

Dans deux heures au plus, par un commun accord,

Le sort de nos guerriers réglera notre sort.
Cependant tout est libre, attendant qu'on les nomme :
Rome est dans notre camp, et notre camp dans Rome;
D'un et d'autre côté l'accès étant permis,
Chacun va renouer avec ses vieux amis.
Pour moi, ma passion m'a fait suivre vos frères;
Et mes désirs ont eu des succès si prospères,
Que l'auteur de vos jours m'a promis à demain
Le bonheur sans pareil de vous donner la main.
Vous ne deviendrez pas rebelle à sa puissance?

CAMILLE.

Le devoir d'une fille est dans l'obéissance.

CURIACE.

Venez donc recevoir ce doux commandement,
Qui doit mettre le comble à mon contentement.

CAMILLE.

Je vais suivre vos pas, mais pour revoir mes frères,
Et savoir d'eux encor la fin de nos misères.

JULIE.

Allez, et cependant au pied de nos autels
J'irai rendre pour vous grâces aux immortels.

ACTE SECOND.

SCÈNE I. — HORACE, CURIACE.

CURIACE.

Ainsi Rome n'a point séparé son estime;
Elle eût cru faire ailleurs un choix illégitime :
Cette superbe ville en vos frères et vous
Trouve les trois guerriers qu'elle préfère à tous;
Et son illustre ardeur d'oser plus que les autres,
D'une seule maison brave toutes les nôtres :
Nous croirons, à la voir tout entière en vos mains,
Que hors les fils d'Horace il n'est point de Romains.
Ce choix pouvoit combler trois familles de gloire,
Consacrer hautement leurs noms à la mémoire :
Oui, l'honneur que reçoit la vôtre par ce choix,
En pouvoit à bon titre immortaliser trois;
Et puisque c'est chez vous que mon heur et ma flamme
M'ont fait placer ma sœur et choisir une femme,
Ce que je vais vous être et ce que je vous suis
Me font y prendre part autant que je le puis :
Mais un autre intérêt tient ma joie en contrainte,
Et parmi ses douceurs mêle beaucoup de crainte :
La guerre en tel éclat a mis votre valeur,

Que je tremble pour Albe et prévois son malheur ;
Puisque vous combattez, sa perte est assurée ;
En vous faisant nommer, le destin l'a jurée.
Je vois trop dans ce choix ses funestes projets,
Et me compte déjà pour un de vos sujets.
HORACE.
Loin de trembler pour Albe, il vous faut plaindre Rome,
Voyant ceux qu'elle oublie, et les trois qu'elle nomme.
C'est un aveuglement pour elle bien fatal,
D'avoir tant à choisir, et de choisir si mal.
Mille de ses enfans beaucoup plus dignes d'elle
Pouvoient bien mieux que nous soutenir sa querelle :
Mais quoique ce combat me promette un cercueil
La gloire de ce choix m'enfle d'un juste orgueil ;
Mon esprit en conçoit une mâle assurance ;
J'ose espérer beaucoup de mon peu de vaillance ;
Et du sort envieux quels que soient les projets,
Je ne me compte point pour un de vos sujets.
Rome a trop cru de moi ; mais mon âme ravie
Remplira son attente, ou quittera la vie.
Qui veut mourir, ou vaincre, est vaincu rarement ;
Ce noble désespoir périt malaisément.
Rome, quoi qu'il en soit, ne sera point sujette
Que mes derniers soupirs n'assurent ma défaite.
CURIACE.
Hélas ! c'est bien ici que je dois être plaint.
Ce que veut mon pays, mon amitié le craint.
Dures extrémités, de voir Albe asservie,
Ou sa victoire au prix d'une si chère vie,
Et que l'unique bien où tendent ses désirs
S'achète seulement par vos derniers soupirs !
Quels vœux puis-je former, et quel bonheur attendre ?
De tous les deux côtés j'ai des pleurs à répandre ;
De tous les deux côtés mes désirs sont trahis.
HORACE.
Quoi ! vous me pleureriez mourant pour mon pays !
Pour un cœur généreux ce trépas a des charmes ;
La gloire qui le suit ne souffre point de larmes,
Et je le recevrois en bénissant mon sort,
Si Rome et tout l'État perdoient moins en ma mort.
CURIACE.
A vos amis pourtant permettez de le craindre ;
Dans un si beau trépas ils sont les seuls à plaindre :
La gloire en est pour vous, et la perte pour eux ;
Il vous fait immortel, et les rend malheureux :
On perd tout quand on perd un ami si fidèle.
Mais Flavian m'apporte ici quelque nouvelle.

SCÈNE II. — HORACE, CURIACE, FLAVIAN.

CURIACE.
Albe de trois guerriers a-t-elle fait le choix ?

FLAVIAN.
Je viens pour vous l'apprendre.

CURIACE.
Eh bien, qui sont les trois ?

FLAVIAN.
Vos deux frères et vous.

CURIACE.
Qui ?

FLAVIAN.
Vous et vos deux frères.
Mais pourquoi ce front triste et ces regards sévères ?
Ce choix vous déplaît-il ?

CURIACE.
Non, mais il me surprend ;
Je m'estimois trop peu pour un honneur si grand.

FLAVIAN.
Dirai-je au dictateur, dont l'ordre ici m'envoie,
Que vous le recevez avec si peu de joie ?
Ce morne et froid accueil me surprend à mon tour.

CURIACE.
Dis-lui que l'amitié, l'alliance et l'amour
Ne pourront empêcher que les trois Curiaces
Ne servent leur pays contre les trois Horaces.

FLAVIAN.
Contre eux ! Ah ! c'est beaucoup me dire en peu de mots.

CURIACE.
Porte-lui ma réponse, et nous laisse en repos.

SCÈNE III. — HORACE, CURIACE.

CURIACE.
Que désormais le ciel, les enfers et la terre
Unissent leurs fureurs à nous faire la guerre ;
Que les hommes, les dieux, les démons et le sort
Préparent contre nous un général effort :
Je mets à faire pis, en l'état où nous sommes,
Le sort, et les démons, et les dieux, et les hommes.
Ce qu'ils ont de cruel, et d'horrible et d'affreux,
L'est bien moins que l'honneur qu'on nous fait à tous deux.

HORACE.
Le sort qui de l'honneur nous ouvre la barrière
Offre à notre constance une illustre matière ;
Il épuise sa force à former un malheur
Pour mieux se mesurer avec notre valeur ;

Et comme il voit en nous des âmes peu communes,
Hors de l'ordre commun il nous fait des fortunes.
Combattre un ennemi pour le salut de tous,
Et contre un inconnu s'exposer seul aux coups,
D'une simple vertu c'est l'effet ordinaire :
Mille déjà l'ont fait, mille pourroient le faire ;
Mourir pour le pays est un si digne sort,
Qu'on brigueroit en foule une si belle mort.
Mais vouloir au public immoler ce qu'on aime,
S'attacher au combat contre un autre soi-même,
Attaquer un parti qui prend pour défenseur
Le frère d'une femme et l'amant d'une sœur ;
Et, rompant tous ces nœuds, s'armer pour la patrie
Contre un sang qu'on voudroit racheter de sa vie ;
Une telle vertu n'appartenoit qu'à nous.
L'éclat de son grand nom lui fait peu de jaloux,
Et peu d'hommes au cœur l'ont assez imprimée
Pour oser aspirer à tant de renommée.

CURIACE.

Il est vrai que nos noms ne sauroient plus périr.
L'occasion est belle, il nous la faut chérir.
Nous serons les miroirs d'une vertu bien rare :
Mais votre fermeté tient un peu du barbare ;
Peu, même des grands cœurs, tireroient vanité
D'aller par ce chemin à l'immortalité :
A quelque prix qu'on mette une telle fumée,
L'obscurité vaut mieux que tant de renommée.
  Pour moi, je l'ose dire, et vous l'avez pu voir,
Je n'ai point consulté pour suivre mon devoir ;
Notre longue amitié, l'amour, ni l'alliance,
N'ont pu mettre un moment mon esprit en balance ;
Et puisque par ce choix Albe montre en effet
Qu'elle m'estime autant que Rome vous a fait,
Je crois faire pour elle autant que vous pour Rome ;
J'ai le cœur aussi bon, mais enfin je suis homme :
Je vois que votre honneur demande tout mon sang,
Que tout le mien consiste à vous percer le flanc,
Près d'épouser la sœur, qu'il faut tuer le frère,
Et que pour mon pays j'ai le sort si contraire.
Encor qu'à mon devoir je coure sans terreur,
Mon cœur s'en effarouche, et j'en frémis d'horreur ;
J'ai pitié de moi-même, et jette un œil d'envie
Sur ceux dont notre guerre a consumé la vie,
Sans souhait toutefois de pouvoir reculer.
Ce triste et fier honneur m'émeut sans m'ébranler :
J'aime ce qu'il me donne, et je plains ce qu'il m'ôte ;
Et si Rome demande une vertu plus haute,

Je rends grâces aux dieux de n'être pas Romain,
Pour conserver encor quelque chose d'humain.
HORACE.
Si vous n'êtes Romain, soyez digne de l'être;
Et si vous m'égalez, faites-le mieux paroître.
   La solide vertu dont je fais vanité
N'admet point de foiblesse avec sa fermeté;
Et c'est mal de l'honneur entrer dans la carrière
Que dès le premier pas regarder en arrière.
Notre malheur est grand; il est au plus haut point:
Je l'envisage entier, mais je n'en frémis point:
Contre qui que ce soit que mon pays m'emploie,
J'accepte aveuglément cette gloire avec joie;
Celle de recevoir de tels commandemens
Doit étouffer en nous tous autres sentimens.
Qui, près de le servir, considère autre chose,
A faire ce qu'il doit lâchement se dispose;
Ce droit saint et sacré rompt tout autre lien.
Rome a choisi mon bras, je n'examine rien.
Avec une allégresse aussi pleine et sincère
Que j'épousai la sœur, je combattrai le frère;
Et, pour trancher enfin ces discours superflus,
Albe vous a nommé, je ne vous connois plus[1].
CURIACE.
Je vous connois encore, et c'est ce qui me tue;
Mais cette âpre vertu ne m'étoit pas connue;
Comme notre malheur elle est au plus haut point:
Souffrez que je l'admire et ne l'imite point.
HORACE.
Non, non, n'embrassez pas de vertu par contrainte;
Et, puisque vous trouvez plus de charme à la plainte,
En toute liberté goûtez un bien si doux.
Voici venir ma sœur pour se plaindre avec vous.
Je vais revoir la vôtre, et résoudre son âme
A se bien souvenir qu'elle est toujours ma femme,
A vous aimer encor, si je meurs par vos mains,
Et prendre en son malheur des sentimens romains.

---

1. A ces mots, *je ne vous connois plus*, — *je vous connois encore*, on se récria d'admiration; on n'avait jamais rien vu de si sublime : il n'y a pas dans Longin un seul exemple d'une pareille grandeur. Ce sont ces traits qui ont mérité à Corneille le nom de grand, non-seulement pour le distinguer de son frère, mais du reste des hommes. Une telle scène fait pardonner mille défauts. (*Voltaire.*)

SCÈNE IV. — HORACE, CURIACE, CAMILLE.

HORACE.

Avez-vous su l'état qu'on fait de Curiace,
Ma sœur?

CAMILLE.

Hélas! mon sort a bien changé de face.

HORACE.

Armez-vous de constance, et montrez-vous ma sœur;
Et si par mon trépas il retourne vainqueur,
Ne le recevez point en meurtrier d'un frère,
Mais en homme d'honneur qui fait ce qu'il doit faire,
Qui sert bien son pays, et sait montrer à tous,
Par sa haute vertu, qu'il est digne de vous
Comme si je vivois, achevez l'hyménée;
Mais si ce fer aussi tranche sa destinée,
Faites à ma victoire un pareil traitement :
Ne me reprochez point la mort de votre amant.
Vos larmes vont couler, et votre cœur se presse.
Consumez avec lui toute cette foiblesse,
Querellez ciel et terre, et maudissez le sort;
Mais après le combat ne pensez plus au mort.
        (*A Curiace.*)
Je ne vous laisserai qu'un moment avec elle,
Puis nous irons ensemble où l'honneur nous appelle.

SCÈNE V. — CURIACE, CAMILLE.

CAMILLE.

Iras-tu, Curiace? et ce funeste honneur
Te plaît-il aux dépens de tout notre bonheur?

CURIACE.

Hélas! je vois trop bien qu'il faut, quoi que je fasse,
Mourir, ou de douleur, ou de la main d'Horace.
Je vais comme au supplice à cet illustre emploi;
Je maudis mille fois l'état qu'on fait de moi :
Je hais cette valeur qui fait qu'Albe m'estime;
Ma flamme au désespoir passe jusques au crime,
Elle se prend au ciel, et l'ose quereller.
Je vous plains, je me plains; mais il y faut aller.

CAMILLE.

Non; je te connois mieux, tu veux que je te prie
Et qu'ainsi mon pouvoir t'excuse à ta patrie.
Tu n'es que trop fameux par tes autres exploits :
Albe a reçu par eux tout ce que tu lui dois.
Autre n'a mieux que toi soutenu cette guerre;
Autre de plus de morts n'a couvert notre terre :
Ton nom ne peut plus croître, il ne lui manque rien;

Souffre qu'un autre aussi puisse ennoblir le sien.
CURIACE.
Que je souffre à mes yeux qu'on ceigne une autre tête
Des lauriers immortels que la gloire m'apprête,
Ou que tout mon pays reproche à ma vertu
Qu'il auroit triomphé si j'avois combattu,
Et que sous mon amour ma valeur endormie
Couronne tant d'exploits d'une telle infamie!
Non, Albe, après l'honneur que j'ai reçu de toi,
Tu ne succomberas ni vaincras que par moi;
Tu m'as commis ton sort, je t'en rendrai bon compte,
Et vivrai sans reproche, ou périrai sans honte.
CAMILLE.
Quoi! tu ne veux pas voir qu'ainsi tu me trahis!
CURIACE.
Avant que d'être à vous, je suis à mon pays.
CAMILLE.
Mais te priver pour lui toi-même d'un beau-frère,
Ta sœur de son mari!
CURIACE.
Telle est notre misère;
Le choix d'Albe et de Rome ôte toute douceur
Aux noms jadis si doux de beau-frère et de sœur.
CAMILLE.
Tu pourras donc, cruel, me présenter sa tête,
Et demander ma main pour prix de ta conquête!
CURIACE.
Il n'y faut plus penser; en l'état où je suis,
Vous aimer sans espoir, c'est tout ce que je puis.
Vous en pleurez, Camille?
CAMILLE.
Il faut bien que je pleure:
Mon insensible amant ordonne que je meure;
Et quand l'hymen pour nous allume son flambeau,
Il l'éteint de sa main pour m'ouvrir le tombeau.
Ce cœur impitoyable à ma perte s'obstine,
Et dit qu'il m'aime encore alors qu'il m'assassine.
CURIACE.
Que les pleurs d'une amante ont de puissans discours!
Et qu'un bel œil est fort avec un tel secours!
Que mon cœur s'attendrit à cette triste vue!
Ma constance contre elle à regret s'évertue.
N'attaquez plus ma gloire avec tant de douleurs,
Et laissez-moi sauver ma vertu de vos pleurs;
Je sens qu'elle chancelle, et défends mal la place.
Plus je suis votre amant, moins je suis Curiace.
Foible d'avoir déjà combattu l'amitié,

Vaincroit-elle à la fois l'amour et la pitié?
Allez, ne m'aimez plus, ne versez plus de larmes,
Ou j'oppose l'offense à de si fortes armes;
Je me défendrai mieux contre votre courroux,
Et, pour le mériter, je n'ai plus d'yeux pour vous :
Vengez-vous d'un ingrat, punissez un volage.
Vous ne vous montrez point sensible à cet outrage!
Je n'ai plus d'yeux pour vous, vous en avez pour moi!
En faut-il plus encor? je renonce à ma foi.
Rigoureuse vertu dont je suis la victime,
Ne peux-tu résister sans le secours d'un crime?

CAMILLE.

Ne fais point d'autre crime, et j'atteste les dieux
Qu'au lieu de t'en haïr, je t'en aimerai mieux;
Oui, je te chérirai, tout ingrat et perfide,
Et cesse d'aspirer au nom de fratricide.
Pourquoi suis-je Romaine, ou que n'es-tu Romain?
Je te préparerois des lauriers de ma main;
Je t'encouragerois, au lieu de te distraire;
Et je te traiterois comme j'ai fait mon frère.
Hélas! j'étois aveugle en mes vœux aujourd'hui;
J'en ai fait contre toi quand j'en ai fait pour lui.
Il revient : quel malheur, si l'amour de sa femme
Ne peut non plus sur lui que le mien sur ton âme!

SCÈNE VI. — HORACE, SABINE, CURIACE, CAMILLE.

CURIACE.

Dieux, Sabine le suit! Pour ébranler mon cœur,
Est-ce peu de Camille? y joignez-vous ma sœur?
Et, laissant à ses pleurs vaincre ce grand courage,
L'amenez-vous ici chercher même avantage?

SABINE.

Non, non, mon frère, non; je ne viens en ce lieu
Que pour vous embrasser et pour vous dire adieu.
Votre sang est trop bon, n'en craignez rien de lâche,
Rien dont la fermeté de ces grands cœurs se fâche :
Si ce malheur illustre ébranloit l'un de vous,
Je le désavouerois pour frère ou pour époux.
Pourrois-je toutefois vous faire une prière
Digne d'un tel époux et digne d'un tel frère?
Je veux d'un coup si noble ôter l'impiété,
A l'honneur qui l'attend rendre sa pureté,
La mettre en son éclat sans mélange de crimes;
Enfin, je vous veux faire ennemis légitimes.
Du saint nœud qui vous joint je suis le seul lien :
Quand je ne serai plus, vous ne vous serez rien.

Brisez votre alliance, et rompez-en la chaîne;
Et, puisque votre honneur veut des effets de haine,
Achetez par ma mort le droit de vous haïr :
Albe le veut, et Rome; il faut leur obéir.
Qu'un de vous d'eux me tue, et que l'autre me venge :
Alors votre combat n'aura plus rien d'étrange,
Et du moins l'un des deux sera juste agresseur,
Ou pour venger sa femme, ou pour venger sa sœur.
Mais, quoi! vous souilleriez une gloire si belle,
Si vous vous animiez par quelque autre querelle :
Le zèle du pays vous défend de tels soins;
Vous feriez peu pour lui si vous vous étiez moins.
Il lui faut, et sans haine, immoler un beau-frère.
Ne différez donc plus ce que vous devez faire;
Commencez par sa sœur à répandre son sang,
Commencez par sa femme à lui percer le flanc,
Commencez par Sabine à faire de vos vies
Un digne sacrifice à vos chères patries :
Vous êtes ennemis en ce combat fameux,
Vous d'Albe, vous de Rome, et moi de toutes deux.
Quoi! me réservez-vous à voir une victoire
Où, pour haut appareil d'une pompeuse gloire,
Je verrai les lauriers d'un frère ou d'un mari
Fumer encor d'un sang que j'aurai tant chéri?
Pourrai-je entre vous deux régler alors mon âme,
Satisfaire aux devoirs et de sœur et de femme,
Embrasser le vainqueur en pleurant le vaincu?
Non, non, avant ce coup Sabine aura vécu :
Ma mort le préviendra, de qui que je l'obtienne;
Le refus de vos mains y condamne la mienne.
Sus donc, qui vous retient? Allez, cœurs inhumains,
J'aurai trop de moyens pour y forcer vos mains
Vous ne les aurez point au combat occupées,
Que ce corps au milieu n'arrête vos épées;
Et, malgré vos refus, il faudra que leurs coups
Se fassent jour ici pour aller jusqu'à vous.

HORACE.

O ma femme!

CURIACE.

O ma sœur!

CAMILLE.

Courage! ils s'amollissent.

SABINE.

Vous poussez des soupirs; vos visages pâlissent :
Quelle peur vous saisit? Sont-ce là ces grands cœurs,
Ces héros qu'Albe et Rome ont pris pour défenseurs?

HORACE.

Que t'ai-je fait, Sabine? et quelle est mon offense

ACTE II, SCÈNE VI.

Qui t'oblige à chercher une telle vengeance ?
Que t'a fait mon honneur ? et par quel droit viens-tu
Avec toute ta force attaquer ma vertu ?
Du moins contente-toi de l'avoir étonnée,
Et me laisse achever cette grande journée.
Tu me viens de réduire en un étrange point;
Aime assez ton mari pour n'en triompher point.
Va-t'en, et ne rends plus la victoire douteuse;
La dispute déjà m'en est assez honteuse.
Souffre qu'avec honneur je termine mes jours.

SABINE.
Va, cesse de me craindre ; on vient à ton secours.

SCÈNE VII. — LE VIEIL HORACE, HORACE, CURIACE, SABINE, CAMILLE.

LE VIEIL HORACE.
Qu'est-ce-ci, mes enfans ? écoutez-vous vos flammes ?
Et perdez-vous encor le temps avec des femmes ?
Prêts à verser du sang, regardez-vous des pleurs ?
Fuyez, et laissez-les déplorer leurs malheurs.
Leurs plaintes ont pour vous trop d'art et de tendresse;
Elles vous feroient part enfin de leur foiblesse,
Et ce n'est qu'en fuyant qu'on pare de tels coups.

SABINE.
N'appréhendez rien d'eux, ils sont dignes de vous.
Malgré tous nos efforts, vous en devez attendre
Ce que vous souhaitez et d'un fils et d'un gendre;
Et si notre foiblesse ébranloit leur honneur,
Nous vous laissons ici pour leur rendre du cœur.
Allons, ma sœur, allons, ne perdons plus de larmes;
Contre tant de vertus ce sont de foibles armes.
Ce n'est qu'au désespoir qu'il nous faut recourir.
Tigres, allez combattre, et nous, allons mourir.

SCÈNE VIII. — LE VIEIL HORACE, HORACE, CURIACE.

HORACE.
Mon père, retenez des femmes qui s'emportent,
Et, de grâce, empêchez surtout qu'elles ne sortent.
Leur amour importun viendroit avec éclat
Par des cris et des pleurs troubler notre combat;
Et ce qu'elles nous sont feroit qu'avec justice
On nous imputeroit ce mauvais artifice;
L'honneur d'un si beau choix seroit trop acheté,
Si l'on nous soupçonnoit de quelque lâcheté.

LE VIEIL HORACE.
J'en aurai soin. Allez, vos frères vous attendent;

Ne pensez qu'aux devoirs que vos pays demandent.
CURIACE.
Quel adieu vous dirai-je? et par quels complimens....
LE VIEIL HORACE.
Ah! n'attendrissez point ici mes sentimens;
Pour vous encourager ma voix manque de termes;
Mon cœur ne forme point de pensers assez fermes;
Moi-même en cet adieu j'ai les larmes aux yeux.
Faites votre devoir, et laissez faire aux dieux.

ACTE TROISIÈME.

SCÈNE I. — SABINE.

Prenons parti, mon âme, en de telles disgrâces;
Soyons femme d'Horace, ou sœur des Curiaces;
Cessons de partager nos inutiles soins;
Souhaitons quelque chose, et craignons un peu moins.
Mais, las! quel parti prendre en un sort si contraire?
Quel ennemi choisir, d'un époux ou d'un frère?
La nature ou l'amour parle pour chacun d'eux,
Et la loi du devoir m'attache à tous les deux.
Sur leurs hauts sentimens réglons plutôt les nôtres;
Soyons femme de l'un ensemble et sœur des autres :
Regardons leur honneur comme un souverain bien;
Imitons leur constance, et ne craignons plus rien.
La mort qui les menace est une mort si belle,
Qu'il en faut sans frayeur attendre la nouvelle.
N'appelons point alors les destins inhumains;
Songeons pour quelle cause, et non par quelles mains;
Revoyons les vainqueurs, sans penser qu'à la gloire
Que toute leur maison reçoit de leur victoire;
Et, sans considérer aux dépens de quel sang
Leur vertu les élève en cet illustre rang,
Faisons nos intérêts de ceux de leur famille :
En l'une je suis femme, en l'autre je suis fille,
Et tiens à toutes deux par de si forts liens,
Qu'on ne peut triompher que par les bras des miens.
Fortune, quelques maux que ta rigueur m'envoie,
J'ai trouvé les moyens d'en tirer de la joie,
Et puis voir aujourd'hui le combat sans terreur,
Les morts sans désespoir, les vainqueurs sans horreur.
   Flatteuse illusion, erreur douce et grossière,
Vain effort de mon âme, impuissante lumière,
De qui le faux brillant prend droit de m'éblouir,

Que tu sais peu durer, et tôt t'évanouir!
Pareille à ces éclairs qui, dans le fort des ombres,
Poussent un jour qui fuit et rend les nuits plus sombres,
Tu n'as frappé mes yeux d'un moment de clarté
Que pour les abîmer dans plus d'obscurité.
Tu charmois trop ma peine, et le ciel, qui s'en fâche,
Me vend déjà bien cher ce moment de relâche.
Je sens mon triste cœur percé de tous les coups
Qui m'ôtent maintenant un frère ou mon époux.
Quand je songe à leur mort, quoi que je me propose,
Je songe par quels bras, et non pour quelle cause,
Et ne vois les vainqueurs en leur illustre rang
Que pour considérer aux dépens de quel sang.
La maison des vaincus touche seule mon âme;
En l'une je suis fille, en l'autre je suis femme,
Et tiens à toutes deux par de si forts liens,
Qu'on ne peut triompher que par la mort des miens.
C'est là donc cette paix que j'ai tant souhaitée!
Trop favorables dieux, vous m'avez écoutée!
Quels foudres lancez-vous quand vous vous irritez,
Si même vos faveurs ont tant de cruautés?
Et de quelle façon punissez-vous l'offense,
Si vous traitez ainsi les vœux de l'innocence?

SCÈNE II. — SABINE, JULIE.

SABINE.
En est-ce fait, Julie? et que m'apportez-vous?
Est-ce la mort d'un frère, ou celle d'un époux?
Le funeste succès de leurs armes impies
De tous les combattans a-t-il fait des hosties?
Et, m'enviant l'horreur que j'aurois des vainqueurs,
Pour tous tant qu'ils étoient demande-t-il mes pleurs?
JULIE.
Quoi! ce qui s'est passé, vous l'ignorez encore?
SABINE.
Vous faut-il étonner de ce que je l'ignore?
Et ne savez-vous point que de cette maison
Pour Camille et pour moi l'on fait une prison?
Julie, on nous renferme, on a peur de nos larmes;
Sans cela nous serions au milieu de leurs armes,
Et, par les désespoirs d'une chaste amitié,
Nous aurions des deux camps tiré quelque pitié.
JULIE.
Il n'étoit pas besoin d'un si tendre spectacle;
Leur vue à leur combat apporte assez d'obstacle.
Sitôt qu'ils ont paru, prêts à se mesurer,

On a dans les deux camps entendu murmurer :
A voir de tels amis, des personnes si proches,
Venir pour leur patrie aux mortelles approches,
L'un s'émeut de pitié, l'autre est saisi d'horreur,
L'autre d'un si grand zèle admire la fureur ;
Tel porte jusqu'aux cieux leur vertu sans égale,
Et tel l'ose nommer sacrilége et brutale.
Ces divers sentimens n'ont pourtant qu'une voix ;
Tous accusent leurs chefs, tous détestent leur choix ;
Et, ne pouvant souffrir un combat si barbare,
On s'écrie, on s'avance, enfin on les sépare.

SABINE.

Que je vous dois d'encens, grands dieux, qui m'exaucez !

JULIE.

Vous n'êtes pas, Sabine, encore où vous pensez :
Vous pouvez espérer, vous avez moins à craindre ;
Mais il vous reste encore assez de quoi vous plaindre.
En vain d'un sort si triste on les veut garantir ;
Ces cruels généreux n'y peuvent consentir :
La gloire de ce choix leur est si précieuse,
Et charme tellement leur âme ambitieuse,
Qu'alors qu'on les déplore ils s'estiment heureux,
Et prennent pour affront la pitié qu'on a d'eux.
Le trouble des deux camps souille leur renommée ;
Ils combattront plutôt et l'une et l'autre armée,
Et mourront par les mains qui leur font d'autres lois,
Que pas un d'eux renonce aux honneurs d'un tel choix.

SABINE

Quoi ! dans leur dureté ces cœurs d'acier s'obstinent !

JULIE.

Oui, mais d'autre côté les deux camps se mutinent,
Et leurs cris des deux parts poussés en même temps
Demandent la bataille, ou d'autres combattans.
La présence des chefs à peine est respectée,
Leur pouvoir est douteux, leur voix mal écoutée ;
Le roi même s'étonne ; et, pour dernier effort :
« Puisque chacun, dit-il, s'échauffe en ce discord,
Consultons des grands dieux la majesté sacrée,
Et voyons si ce change à leurs bontés agrée.
Quel impie osera se prendre à leur vouloir,
Lorsqu'en un sacrifice ils nous l'auront fait voir ? »
Il se tait, et ces mots semblent être des charmes ;
Même aux six combattans ils arrachent les armes ;
Et ce désir d'honneur qui leur ferme les yeux,
Tout aveugle qu'il est, respecte encor les dieux.
Leur plus bouillante ardeur cède à l'avis de Tulle ;
Et, soit par déférence, ou par un prompt scrupule,

Dans l'une et l'autre armée on s'en fait une loi,
Comme si toutes deux le connoissoient pour roi.
Le reste s'apprendra par la mort des victimes.
SABINE.
Les dieux n'avoueront point un combat plein de crimes;
J'en espère beaucoup, puisqu'il est différé,
Et je commence à voir ce que j'ai désiré.

SCÈNE III. — CAMILLE, SABINE, JULIE.
SABINE.
Ma sœur, que je vous die une bonne nouvelle.
CAMILLE.
Je pense la savoir, s'il faut la nommer telle.
On l'a dite à mon père, et j'étois avec lui :
Mais je n'en conçois rien qui flatte mon ennui.
Ce délai de nos maux rendra leurs coups plus rudes;
Ce n'est qu'un plus long terme à nos inquiétudes;
Et tout l'allégement qu'il en faut espérer,
C'est de pleurer plus tard ceux qu'il faudra pleurer.
SABINE.
Les dieux n'ont pas en vain inspiré ce tumulte.
CAMILLE.
Disons plutôt, ma sœur, qu'en vain on les consulte.
Ces mêmes dieux à Tulle ont inspiré ce choix;
Et la voix du public n'est pas toujours leur voix;
Ils descendent bien moins dans de si bas étages
Que dans l'âme des rois, leurs vivantes images,
De qui l'indépendante et sainte autorité
Est un rayon secret de leur divinité.
JULIE.
C'est vouloir sans raison vous former des obstacles
Que de chercher leur voix ailleurs qu'en leurs oracles;
Et vous ne vous pouvez figurer tout perdu,
Sans démentir celui qui vous fut hier rendu.
CAMILLE.
Un oracle jamais ne se laisse comprendre;
On l'entend d'autant moins que plus on croit l'entendre;
Et, loin de s'assurer sur un pareil arrêt,
Qui n'y voit rien d'obscur doit croire que tout l'est.
SABINE.
Sur ce qui fait pour nous prenons plus d'assurance,
Et souffrons les douceurs d'une juste espérance.
Quand la faveur du ciel ouvre à demi ses bras,
Qui ne s'en promet rien ne la mérite pas;
Il empêche souvent qu'elle ne se déploie,
Et, lorsqu'elle descend, son refus la renvoie.

CAMILLE.

Le ciel agit sans nous en ces événemens,
Et ne les règle point dessus nos sentimens.

JULIE.

Il ne vous a fait peur que pour vous faire grâce.
Adieu : je vais savoir comme enfin tout se passe.
Modérez vos frayeurs ; j'espère à mon retour
Ne vous entretenir que de propos d'amour ;
Et que nous n'emploierons la fin de la journée
Qu'aux doux préparatifs d'un heureux hyménée.

SABINE.

J'ose encor l'espérer.

CAMILLE.

Moi, je n'espère rien.

JULIE.

L'effet vous fera voir que nous en jugeons bien.

SCÈNE VI. — SABINE, CAMILLE.

SABINE.

Parmi nos déplaisirs souffrez que je vous blâme :
Je ne puis approuver tant de trouble en votre âme ;
Que feriez-vous, ma sœur, au point où je me vois,
Si vous aviez à craindre autant que je le dois,
Et si vous attendiez de leurs armes fatales
Des maux pareils aux miens, et des pertes égales ?

CAMILLE.

Parlez plus sainement de vos maux et des miens :
Chacun voit ceux d'autrui d'un autre œil que les siens ;
Mais, à bien regarder ceux où le ciel me plonge,
Les vôtres auprès d'eux vous sembleront un songe.
   La seule mort d'Horace est à craindre pour vous.
Des frères ne sont rien à l'égal d'un époux ;
L'hymen qui nous attache en une autre famille
Nous détache de celle où l'on a vécu fille ;
On voit d'un œil divers des nœuds si différens,
Et pour suivre un mari l'on quitte ses parens :
Mais, si près d'un hymen, l'amant que donne un père
Nous est moins qu'un époux, et non pas moins qu'un frère ;
Nos sentimens entre eux demeurent suspendus,
Notre choix impossible, et nos vœux confondus.
Ainsi, ma sœur, du moins vous avez dans vos plaintes
Où porter vos souhaits et terminer vos craintes ;
Mais si le ciel s'obstine à nous persécuter,
Pour moi j'ai tout à craindre, et rien à souhaiter.

SABINE.

Quand il faut que l'un meure et par les mains de l'autre,

C'est un raisonnement bien mauvais que le vôtre.
Quoique ce soient, ma sœur, des nœuds bien différens,
C'est sans les oublier qu'on quitte ses parens :
L'hymen n'efface point ces profonds caractères;
Pour aimer un mari, l'on ne hait pas ses frères;
La nature en tout temps garde ses premiers droits;
Aux dépens de leur vie on ne fait point de choix :
Aussi bien qu'un époux ils sont d'autres nous-mêmes;
Et tous maux sont pareils alors qu'ils sont extrêmes.
Mais l'amant qui vous charme et pour qui vous brûlez
Ne vous est, après tout, que ce que vous voulez;
Une mauvaise humeur, un peu de jalousie,
En fait assez souvent passer la fantaisie.
Ce que peut le caprice, osez-le par raison,
Et laissez votre sang hors de comparaison :
C'est crime qu'opposer des liens volontaires
A ceux que la naissance a rendus nécessaires.
Si donc le ciel s'obstine à nous persécuter,
Seule j'ai tout à craindre, et rien à souhaiter;
Mais pour vous, le devoir vous donne, dans vos plaintes,
Où porter vos souhaits et terminer vos craintes.

CAMILLE.

Je le vois bien, ma sœur, vous n'aimâtes jamais;
Vous ne connoissez point ni l'amour ni ses traits :
On peut lui résister quand il commence à naître,
Mais non pas le bannir quand il s'est rendu maître,
Et que l'aveu d'un père, engageant notre foi,
A fait de ce tyran un légitime roi :
Il entre avec douceur, mais il règne par force;
Et quand l'âme une fois a goûté son amorce,
Vouloir ne plus aimer, c'est ce qu'elle ne peut,
Puisqu'elle ne peut plus vouloir que ce qu'il veut :
Ses chaînes sont pour nous aussi fortes que belles.

SCÈNE V. — LE VIEIL HORACE, SABINE, CAMILLE.

LE VIEIL HORACE.

Je viens vous apporter de fâcheuses nouvelles,
Mes filles; mais en vain je voudrois vous celer
Ce qu'on ne vous sauroit longtemps dissimuler :
Vos frères sont aux mains, les dieux ainsi l'ordonnent.

SABINE.

Je veux bien l'avouer, ces nouvelles m'étonnent;
Et je m'imaginois dans la divinité
Beaucoup moins d'injustice, et bien plus de bonté.
Ne nous consolez point : contre tant d'infortune
La pitié parle en vain, la raison importune.

Nous avons en nos mains la fin de nos douleurs,
Et qui veut bien mourir peut braver les malheurs.
Nous pourrions aisément faire en votre présence
De notre désespoir une fausse constance;
Mais quand on peut sans honte être sans fermeté,
L'affecter au dehors, c'est une lâcheté;
L'usage d'un tel art, nous le laissons aux hommes,
Et ne voulons passer que pour ce que nous sommes.
 Nous ne demandons point qu'un courage si fort
S'abaisse à notre exemple à se plaindre du sort.
Recevez sans frémir ces mortelles alarmes;
Voyez couler nos pleurs sans y mêler vos larmes;
Enfin, pour toute grâce, en de tels déplaisirs,
Gardez votre constance, et souffrez nos soupirs.

LE VIEIL HORACE.

Loin de blâmer les pleurs que je vous vois répandre,
Je crois faire beaucoup de m'en pouvoir défendre,
Et céderois peut-être à de si rudes coups,
Si je prenois ici même intérêt que vous :
Non qu'Albe par son choix m'ait fait haïr vos frères,
Tous trois me sont encor des personnes bien chères;
Mais enfin l'amitié n'est pas du même rang,
Et n'a point les effets de l'amour ni du sang;
Je ne sens point pour eux la douleur qui tourmente
Sabine comme sœur, Camille comme amante :
Je puis les regarder comme nos ennemis,
Et donne sans regret mes souhaits à mes fils.
Ils sont, grâces aux dieux, dignes de leur patrie;
Aucun étonnement n'a leur gloire flétrie;
Et j'ai vu leur honneur croître de la moitié,
Quand ils ont des deux camps refusé la pitié.
Si par quelque foiblesse ils l'avoient mendiée,
Si leur haute vertu ne l'eût répudiée,
Ma main bientôt sur eux m'eût vengé hautement
De l'affront que m'eût fait ce mol consentement.
Mais lorsqu'en dépit d'eux on en a voulu d'autres,
Je ne le cèle point, j'ai joint mes vœux aux vôtres.
Si le ciel pitoyable eût écouté ma voix,
Albe seroit réduite à faire un autre choix;
Nous pourrions voir tantôt triompher les Horaces
Sans voir leurs bras souillés du sang des Curiaces,
Et de l'événement d'un combat plus humain
Dépendroit maintenant l'honneur du nom romain.
La prudence des dieux autrement en dispose;
Sur leur ordre éternel mon esprit se repose :
Il s'arme en ce besoin de générosité,
Et du bonheur public fait sa félicité.

Tâchez d'en faire autant pour soulager vos peines,
Et songez toutes deux que vous êtes Romaines :
Vous l'êtes devenue, et vous l'êtes encor ;
Un si glorieux titre est un digne trésor.
Un jour, un jour viendra que par toute la terre
Rome se fera craindre à l'égal du tonnerre,
Et que, tout l'univers tremblant dessous ses lois,
Ce grand nom deviendra l'ambition des rois :
Les dieux à notre Énée ont promis cette gloire.

SCÈNE VI. — LE VIEIL HORACE, SABINE, CAMILLE, JULIE.

LE VIEIL HORACE.
Nous venez-vous, Julie, apprendre la victoire?
JULIE.
Mais plutôt du combat les funestes effets.
Rome est sujette d'Albe, et vos fils sont défaits ;
Des trois les deux sont morts, son époux seul vous reste.
LE VIEIL HORACE.
O d'un triste combat effet vraiment funeste !
Rome est sujette d'Albe, et pour l'en garantir
Il n'a pas employé jusqu'au dernier soupir !
Non, non, cela n'est point, on vous trompe, Julie ;
Rome n'est point sujette, ou mon fils est sans vie :
Je connois mieux mon sang, il sait mieux son devoir.
JULIE.
Mille, de nos remparts, comme moi l'ont pu voir.
Il s'est fait admirer tant qu'ont duré ses frères ;
Mais comme il s'est vu seul contre trois adversaires,
Près d'être enfermé d'eux, sa fuite l'a sauvé.
LE VIEIL HORACE.
Et nos soldats trahis ne l'ont point achevé !
Dans leurs rangs à ce lâche ils ont donné retraite !
JULIE.
Je n'ai rien voulu voir après cette défaite.
CAMILLE.
O mes frères !
LE VIEIL HORACE.
          Tout beau, ne les pleurez pas tous ;
Deux jouissent d'un sort dont leur père est jaloux.
Que des plus nobles fleurs leur tombe soit couverte ;
La gloire de leur mort m'a payé de leur perte :
Ce bonheur a suivi leur courage invaincu,
Qu'ils ont vu Rome libre autant qu'ils ont vécu,
Et ne l'auront point vue obéir qu'à son prince,
Ni d'un État voisin devenir la province.
Pleurez l'autre, pleurez l'irréparable affront

Que sa fuite honteuse imprime à notre front;
Pleurez le déshonneur de toute notre race,
Et l'opprobre éternel qu'il laisse au nom d'Horace.
JULIE.
Que vouliez-vous qu'il fît contre trois?
LE VIEIL HORACE.
Qu'il mourût[1],
Ou qu'un beau désespoir alors le secourût.
N'eût-il que d'un moment reculé sa défaite,
Rome eût été du moins un peu plus tard sujette;
Il eût avec honneur laissé mes cheveux gris,
Et c'étoit de sa vie un assez digne prix.
Il est de tout son sang comptable à sa patrie;
Chaque goutte épargnée a sa gloire flétrie;
Chaque instant de sa vie, après ce lâche tour,
Met d'autant plus ma honte avec la sienne au jour.
J'en romprai bien le cours, et ma juste colère,
Contre un indigne fils usant des droits d'un père,
Saura bien faire voir, dans sa punition,
L'éclatant désaveu d'une telle action.
SABINE.
Écoutez un peu moins ces ardeurs généreuses,
Et ne nous rendez point tout à fait malheureuses.
LE VIEIL HORACE.
Sabine, votre cœur se console aisément;
Nos malheurs jusqu'ici vous touchent foiblement.
Vous n'avez point encor de part à nos misères;
Le ciel vous a sauvé votre époux et vos frères:
Si nous sommes sujets, c'est de votre pays:
Vos frères sont vainqueurs quand nous sommes trahis;
Et, voyant le haut point où leur gloire se monte,
Vous regardez fort peu ce qui nous vient de honte.
Mais votre trop d'amour pour cet infâme époux
Vous donnera bientôt à plaindre comme à nous:
Vos pleurs en sa faveur sont de foibles défenses;
J'atteste des grands dieux les suprêmes puissances,
Qu'avant ce jour fini, ces mains, ces propres mains
Laveront dans son sang la honte des Romains.

1. Voilà ce fameux *Qu'il mourût*, ce trait du plus grand sublime, ce mot auquel il n'en est aucun de comparable dans toute l'antiquité. Tout l'auditoire fut si transporté, qu'on n'entendit jamais le vers faible qui suit, et le morceau, *N'eût-il que d'un moment retardé sa défaite*, étant plein de chaleur, augmente encore la force du *Qu'il mourût*. Que de beautés! et d'où naissent-elles? d'une simple méprise très-naturelle, sans complication d'événemens, sans aucune intrigue recherchée, sans aucun effort. Il y a d'autres beautés tragiques; mais celle-ci est au premier rang. (*Voltaire.*)

SABINE.
Suivons-le promptement, la colère l'emporte.
Dieux! verrons-nous toujours des malheurs de la sorte?
Nous faudra-t-il toujours en craindre de plus grands,
Et toujours redouter la main de nos parens?

ACTE QUATRIÈME.

SCÈNE I. — LE VIEIL HORACE, CAMILLE.

LE VIEIL HORACE.
Ne me parlez jamais en faveur d'un infâme;
Qu'il me fuie à l'égal des frères de sa femme :
Pour conserver un sang qu'il tient si précieux,
Il n'a rien fait encor s'il n'évite mes yeux.
Sabine y peut mettre ordre, ou derechef j'atteste
Le souverain pouvoir de la troupe céleste....

CAMILLE.
Ah! mon père, prenez un plus doux sentiment;
Vous verrez Rome même en user autrement;
Et, de quelque malheur que le ciel l'ait comblée,
Excuser la vertu sous le nombre accablée.

LE VIEIL HORACE.
Le jugement de Rome est peu pour mon regard,
Camille; je suis père, et j'ai mes droits à part.
Je sais trop comme agit la vertu véritable :
C'est sans en triompher que le nombre l'accable;
Et sa mâle vigueur, toujours en même point,
Succombe sous la force, et ne lui cède point.
Taisez-vous, et sachons ce que nous veut Valère.

SCÈNE II. — LE VIEIL HORACE, VALÈRE, CAMILLE.

VALÈRE.
Envoyé par le roi pour consoler un père,
Et pour lui témoigner....

LE VIEIL HORACE.
N'en prenez aucun soin :
C'est un soulagement dont je n'ai pas besoin;
Et j'aime mieux voir morts que couverts d'infamie
Ceux que vient de m'ôter une main ennemie.
Tous deux pour leur pays sont morts en gens d'honneur;
Il me suffit.

VALÈRE.
Mais l'autre est un rare bonheur;

De tous les trois chez vous il doit tenir la place.
LE VIEIL HORACE.
Que n'a-t-on vu périr en lui le nom d'Horace!
VALÈRE.
Seul vous le maltraitez après ce qu'il a fait.
LE VIEIL HORACE.
C'est à moi seul aussi de punir son forfait.
VALÈRE.
Quel forfait trouvez-vous en sa bonne conduite?
LE VIEIL HORACE.
Quel éclat de vertu trouvez-vous en sa fuite?
VALÈRE.
La fuite est glorieuse en cette occasion.
LE VIEIL HORACE.
Vous redoublez ma honte et ma confusion.
Certes, l'exemple est rare et digne de mémoire,
De trouver dans la fuite un chemin à la gloire.
VALÈRE.
Quelle confusion, et quelle honte à vous
D'avoir produit un fils qui nous conserve tous,
Qui fait triompher Rome, et lui gagne un empire?
A quels plus grands honneurs faut-il qu'un père aspire?
LE VIEIL HORACE.
Quels honneurs, quel triomphe, et quel empire enfin,
Lorsque Albe sous ses lois range notre destin?
VALÈRE.
Que parlez-vous ici d'Albe et de sa victoire?
Ignorez-vous encor la moitié de l'histoire?
LE VIEIL HORACE.
Je sais que par sa fuite il a trahi l'État.
VALÈRE.
Oui, s'il eût en fuyant terminé le combat;
Mais on a bientôt vu qu'il ne fuyoit qu'en homme
Qui savoit ménager l'avantage de Rome.
LE VIEIL HORACE.
Quoi, Rome donc triomphe!
VALÈRE.
Apprenez, apprenez
La valeur de ce fils qu'à tort vous condamnez.
Resté seul contre trois, mais en cette aventure
Tous trois étant blessés, et lui seul sans blessure,
Trop foible pour eux tous, trop fort pour chacun d'eux,
Il sait bien se tirer d'un pas si hasardeux;
Il fuit pour mieux combattre, et cette prompte ruse
Divise adroitement trois frères qu'elle abuse.
Chacun le suit d'un pas ou plus ou moins pressé,

Selon qu'il se rencontre ou plus ou moins blessé ;
Leur ardeur est égale à poursuivre sa fuite ;
Mais leurs coups inégaux séparent leur poursuite.
Horace, les voyant l'un de l'autre écartés,
Se retourne, et déjà les croit demi-domptés :
Il attend le premier, et c'étoit votre gendre.
L'autre, tout indigné qu'il ait osé l'attendre,
En vain en l'attaquant fait paroître un grand cœur ;
Le sang qu'il a perdu ralentit sa vigueur.
Albe à son tour commence à craindre un sort contraire ;
Elle crie au second qu'il secoure son frère :
Il se hâte et s'épuise en efforts superflus ;
Il trouve en les joignant que son frère n'est plus.

CAMILLE.

Hélas !

VALÈRE.

Tout hors d'haleine il prend pourtant sa place,
Et redouble bientôt la victoire d'Horace :
Son courage sans force est un débile appui ;
Voulant venger son frère, il tombe auprès de lui.
L'air résonne des cris qu'au ciel chacun envoie ;
Albe en jette d'angoisse, et les Romains de joie.
Comme notre héros se voit près d'achever,
C'est peu pour lui de vaincre, il veut encor braver :
« J'en viens d'immoler deux aux mânes de mes frères ;
Rome aura le dernier de mes trois adversaires,
C'est à ses intérêts que je vais l'immoler, »
Dit-il ; et tout d'un temps on le voit y voler.
La victoire entre eux deux n'étoit pas incertaine ;
L'Albain percé de coups ne se traînoit qu'à peine,
Et, comme une victime aux marches de l'autel,
Il sembloit présenter sa gorge au coup mortel :
Aussi le reçoit-il, peu s'en faut, sans défense,
Et son trépas de Rome établit la puissance.

LE VIEIL HORACE.

O mon fils ! ô ma joie ! ô l'honneur de nos jours !
O d'un État penchant l'inespéré secours !
Vertu digne de Rome, et sang digne d'Horace !
Appui de ton pays, et gloire de ta race !
Quand pourrai-je étouffer dans tes embrassemens
L'erreur dont j'ai formé de si faux sentimens ?
Quand pourra mon amour baigner avec tendresse
Ton front victorieux de larmes d'allégresse ?

VALÈRE.

Vos caresses bientôt pourront se déployer ;
Le roi dans un moment vous le va renvoyer,
Et remet à demain la pompe qu'il prépare

sacrifice aux dieux pour un bonheur si rare;
urd'hui seulement on s'acquitte vers eux
des chants de victoire et par de simples vœux.
où le roi le mène, et tandis il m'envoie
e office vers vous de douleur et de joie;
cet office encor n'est pas assez pour lui;
viendra lui-même, et peut-être aujourd'hui :
oit mal reconnoître une vertu si pure,
e sa propre bouche il ne vous en assure,
e vous dit chez vous combien vous doit l'État.

LE VIEIL HORACE.

els remercîmens ont pour moi trop d'éclat,
me tiens déjà trop payé par les vôtres
ervice d'un fils, et du sang des deux autres.

VALÈRE.

sait ce que c'est d'honorer à demi ;
on sceptre arraché des mains de l'ennemi
qu'il tient cet honneur qu'il lui plaît de vous faire
lessous du mérite et du fils et du père.
ais lui témoigner quels nobles sentimens
ertu vous inspire en tous vos mouvemens,
ombien vous montrez d'ardeur pour son service.

LE VIEIL HORACE.

ous devrai beaucoup pour un si bon office.

SCÈNE III. — LE VIEIL HORACE, CAMILLE.

ille, il n'est plus temps de répandre des pleurs,
ed mal d'en verser où l'on voit tant d'honneurs ;
leure injustement des pertes domestiques,
nd on en voit sortir des victoires publiques.
e triomphe d'Albe, et c'est assez pour nous ;
s nos maux à ce prix doivent nous être doux.
a mort d'un amant vous ne perdez qu'un homme
t la perte est aisée à réparer dans Rome ;
s cette victoire, il n'est point de Romain
ne soit glorieux de vous donner la main.
e faut à Sabine en porter la nouvelle ;
oup sera sans doute assez rude pour elle,
s trois frères morts par la main d'un époux
donneront des pleurs bien plus justes qu'à vous ;
j'espère aisément en dissiper l'orage,
u'un peu de prudence aidant son grand courage
bientôt régner sur un si noble cœur
énéreux amour qu'elle doit au vainqueur.
ndant étouffez cette lâche tristesse ;
vez-le, s'il vient, avec moins de foiblesse ;

ACTE IV, SCÈNE III.

ites-vous voir sa sœur, et qu'en un même flanc
ciel vous a tous deux formés d'un même sang.

SCÈNE IV. — CAMILLE.

i, je lui ferai voir, par d'infaillibles marques,
'un véritable amour brave la main des Parques,
ne prend point de lois de ces cruels tyrans
'un astre injurieux nous donne pour parens.
 blâmes ma douleur, tu l'oses nommer lâche ;
l'aime d'autant plus que plus elle te fâche,
pitoyable père, et par un juste effort
la veux rendre égale aux rigueurs de mon sort.
 vit-on jamais un dont les rudes traverses
 ssent en moins de rien tant de faces diverses ?
i fût doux tant de fois, et tant de fois cruel,
portât tant de coups avant le coup mortel ?
 -on jamais une âme en un jour plus atteinte
joie et de douleur, d'espérance et de crainte,
servie en esclave à plus d'événemens,
le piteux jouet de plus de changemens ?
. oracle m'assure, un songe me travaille ;
paix calme l'effroi que me fait la bataille ;
n hymen se prépare, et presque en un moment
ur combattre mon frère on choisit mon amant ;
choix me désespère, et tous le désavouent,
partie est rompue, et les dieux la renouent ;
me semble vaincue, et, seul des trois Albains,
riace en mon sang n'a point trempé ses mains.
dieux ! sentois-je alors des douleurs trop légères
ur le malheur de Rome et la mort de deux frères ?
me flattois-je trop quand je croyois pouvoir
imer encor sans crime et nourrir quelque espoir ?
mort m'en punit bien, et la façon cruelle
nt mon âme éperdue en reçoit la nouvelle ;
n rival me l'apprend, et, faisant à mes yeux
in si triste succès le récit odieux,
porte sur le front une allégresse ouverte,
e le bonheur public fait bien moins que ma perte,
, bâtissant en l'air sur le malheur d'autrui,
ssi bien que mon frère il triomphe de lui.
.is ce n'est rien encore au prix de ce qui reste
 demande ma joie en un jour si funeste ;
me faut applaudir aux exploits du vainqueur,
baiser une main qui me perce le cœur.
. un sujet de pleurs si grand, si légitime,
plaindre est une honte, et soupirer un crime ;

Leur brutale vertu veut qu'on s'estime heureux,
Et, si l'on n'est barbare, on n'est point généreux.
Dégénérons, mon cœur, d'un si vertueux père;
Soyons indigne sœur d'un si généreux frère :
C'est gloire de passer pour un cœur abattu,
Quand la brutalité fait la haute vertu.
Éclatez, mes douleurs; à quoi bon vous contraindre?
Quand on a tout perdu, que sauroit-on plus craindre?
Pour ce cruel vainqueur n'ayez point de respect;
Loin d'éviter ses yeux, croissez à son aspect;
Offensez sa victoire, irritez sa colère,
Et prenez, s'il se peut, plaisir à lui déplaire.
Il vient; préparons-nous à montrer constamment
Ce que doit une amante à la mort d'un amant.

SCENE V. — HORACE, CAMILLE, PROCULE.

(*Procule porte en sa main les trois épées des Curiaces.*)

HORACE.

Ma sœur, voici le bras qui venge nos deux frères,
Le bras qui rompt le cours de nos destins contraires,
Qui nous rend maîtres d'Albe; enfin voici le bras
Qui seul fait aujourd'hui le sort de deux États;
Vois ces marques d'honneur, ces témoins de ma gloire,
Et rends ce que tu dois à l'heur de ma victoire.

CAMILLE.

Recevez donc mes pleurs, c'est ce que je lui dois.

HORACE.

Rome n'en veut point voir après de tels exploits,
Et nos deux frères morts dans le malheur des armes
Sont trop payés de sang pour exiger des larmes :
Quand la perte est vengée, on n'a plus rien perdu.

CAMILLE.

Puisqu'ils sont satisfaits par le sang épandu,
Je cesserai pour eux de paroître affligée,
Et j'oublierai leur mort que vous avez vengée;
Mais qui me vengera de celle d'un amant
Pour me faire oublier sa perte en un moment?

HORACE.

Que dis-tu, malheureuse?

CAMILLE.

O mon cher Curiace!

HORACE.

O d'une indigne sœur insupportable audace!
D'un ennemi public dont je reviens vainqueur
Le nom est dans ta bouche et l'amour dans ton cœur!
Ton ardeur criminelle à la vengeance aspire!

Ta bouche la demande, et ton cœur la respire!
Suis moins ta passion, règle mieux tes désirs,
Ne me fais plus rougir d'entendre tes soupirs :
Tes flammes désormais doivent être étouffées;
Bannis-les de ton âme, et songe à mes trophées;
Qu'ils soient dorénavant ton unique entretien.

CAMILLE.

Donne-moi donc, barbare, un cœur comme le tien;
Et si tu veux enfin que je t'ouvre mon âme,
Rends-moi mon Curiace, ou laisse agir ma flamme :
Ma joie et mes douleurs dépendoient de son sort;
Je l'adorois vivant, et je le pleure mort.
  Ne cherche plus ta sœur où tu l'avois laissée;
Tu ne revois en moi qu'une amante offensée,
Qui, comme une furie attachée à tes pas,
Te veut incessamment reprocher son trépas.
Tigre altéré de sang, qui me défends les larmes,
Qui veut que dans sa mort je trouve encor des charmes,
Et que, jusques au ciel élevant tes exploits,
Moi-même je le tue une seconde fois!
Puissent tant de malheurs accompagner ta vie,
Que tu tombes au point de me porter envie!
Et toi bientôt souiller par quelque lâcheté
Cette gloire si chère à ta brutalité!

HORACE.

O ciel! qui vit jamais une pareille rage!
Crois-tu donc que je sois insensible à l'outrage,
Que je souffre en mon sang ce mortel déshonneur?
Aime, aime cette mort qui fait notre bonheur,
Et préfère du moins au souvenir d'un homme
Ce que doit ta naissance aux intérêts de Rome.

CAMILLE.

Rome, l'unique objet de mon ressentiment!
Rome, à qui vient ton bras d'immoler mon amant!
Rome qui t'a vu naître, et que ton cœur adore!
Rome enfin que je hais parce qu'elle t'honore!
Puissent tous ses voisins ensemble conjurés
Saper ses fondemens encor mal assurés!
Et, si ce n'est assez de toute l'Italie,
Que l'Orient contre elle à l'Occident s'allie;
Que cent peuples unis des bouts de l'univers
Passent pour la détruire et les monts et les mers!
Qu'elle-même sur soi renverse ses murailles,
Et de ses propres mains déchire ses entrailles!
Que le courroux du ciel allumé par mes vœux
Fasse pleuvoir sur elle un déluge de feux!
Puissé-je de mes yeux y voir tomber ce foudre,

Voir ses maisons en cendre, et tes lauriers en poudre,
Voir le dernier Romain à son dernier soupir,
Moi seule en être cause, et mourir de plaisir!

HORACE, *mettant l'épée à la main, et poursuivant sa sœur, qui s'enfuit.*

C'est trop, ma patience à la raison fait place;
Va dedans les enfers plaindre ton Curiace!

CAMILLE, *blessée, derrière le théâtre.*

Ah! traître!

HORACE, *revenant sur le théâtre.*

Ainsi reçoive un châtiment soudain
Quiconque ose pleurer un ennemi romain!

SCÈNE VI. — HORACE, PROCULE.

PROCULE.

Que venez-vous de faire?

HORACE.

Un acte de justice;
Un semblable forfait veut un pareil supplice.

PROCULE.

Vous deviez la traiter avec moins de rigueur.

HORACE.

Ne me dis point qu'elle est et mon sang et ma sœur.
Mon père ne peut plus l'avouer pour sa fille.
Qui maudit son pays renonce à sa famille;
Des noms si pleins d'amour ne lui sont plus permis;
De ses plus chers parens il fait ses ennemis;
Le sang même les arme en haine de son crime.
La plus prompte vengeance en est plus légitime;
Et ce souhait impie, encore qu'impuissant,
Est un monstre qu'il faut étouffer en naissant.

SCÈNE VII. — SABINE, HORACE, PROCULE.

SABINE.

A quoi s'arrête ici ton illustre colère?
Viens voir mourir ta sœur dans les bras de ton père;
Viens repaître tes yeux d'un spectacle si doux :
Ou, si tu n'es point las de ces généreux coups,
Immole au cher pays des vertueux Horaces
Ce reste malheureux du sang des Curiaces.
Si prodigue du tien, n'épargne pas le leur;
Joins Sabine à Camille, et ta femme à ta sœur;
Nos crimes sont pareils, ainsi que nos misères;
Je soupire comme elle, et déplore mes frères :
Plus coupable en ce point contre tes dures lois,

Qu'elle n'en pleuroit qu'un, et que j'en pleure trois,
Qu'après son châtiment ma faute continue.
HORACE.
Sèche tes pleurs, Sabine, ou les cache à ma vue.
Rends-toi digne du nom de ma chaste moitié,
Et ne m'accable point d'une indigne pitié.
Si l'absolu pouvoir d'une pudique flamme
Ne nous laisse à tous deux qu'un penser et qu'une âme,
C'est à toi d'élever tes sentimens aux miens,
Non à moi de descendre à la honte des tiens.
Je t'aime, et je connois la douleur qui te presse ;
Embrasse ma vertu pour vaincre ta foiblesse,
Participe à ma gloire au lieu de la souiller.
Tâche à t'en revêtir, non à m'en dépouiller.
Es-tu de mon honneur si mortelle ennemie,
Que je te plaise mieux couvert d'une infamie ?
Sois plus femme que sœur, et, te réglant sur moi,
Fais-toi de mon exemple une immuable loi.
SABINE.
Cherche pour t'imiter des âmes plus parfaites.
Je ne t'impute point les pertes que j'ai faites,
J'en ai les sentimens que je dois en avoir,
Et je m'en prends au sort plutôt qu'à ton devoir ;
Mais, enfin, je renonce à la vertu romaine,
Si, pour la posséder, je dois être inhumaine,
Et ne puis voir en moi la femme du vainqueur
Sans y voir des vaincus la déplorable sœur.
 Prenons part en public aux victoires publiques,
Pleurons dans la maison nos malheurs domestiques,
Et ne regardons point des biens communs à tous,
Quand nous voyons des maux qui ne sont que pour nous.
Pourquoi veux-tu, cruel, agir d'une autre sorte ?
Laisse en entrant ici tes lauriers à la porte,
Mêle tes pleurs aux miens. Quoi ! ces lâches discours
N'arment point ta vertu contre mes tristes jours ?
Mon crime redoublé n'émeut point ta colère ?
Que Camille est heureuse ! elle a pu te déplaire ;
Elle a reçu de toi ce qu'elle a prétendu,
Et recouvre là-bas tout ce qu'elle a perdu.
Cher époux, cher auteur du tourment qui me presse,
Écoute la pitié, si ta colère cesse ;
Exerce l'une ou l'autre, après de tels malheurs,
A punir ma foiblesse, ou finir mes douleurs :
Je demande la mort pour grâce, ou pour supplice ;
Qu'elle soit un effet d'amour ou de justice,
N'importe ; tous ses traits n'auront rien que de doux,
Si je les vois partir de la main d'un époux.

HORACE.
Quelle injustice aux dieux d'abandonner aux femmes
Un empire si grand sur les plus belles âmes,
Et de se plaire à voir de si foibles vainqueurs
Régner si puissamment sur les plus nobles cœurs !
A quel point ma vertu devient-elle réduite !
Rien ne la sauroit plus garantir que la fuite.
Adieu. Ne me suis point, ou retiens tes soupirs.
SABINE, seule.
O colère, ô pitié, sourdes à mes désirs,
Vous négligez mon crime, et ma douleur vous lasse,
Et je n'obtiens de vous ni supplice ni grâce !
Allons-y par nos pleurs faire encore un effort,
Et n'employons après que nous à notre mort.

ACTE CINQUIÈME.

SCÈNE I. — LE VIEIL HORACE, HORACE.
LE VIEIL HORACE.
Retirons nos regards de cet objet funeste,
Pour admirer ici le jugement céleste :
Quand la gloire nous enfle, il sait bien comme il faut
Confondre notre orgueil qui s'élève trop haut :
Nos plaisirs les plus doux ne vont point sans tristesse;
Il mêle à nos vertus des marques de foiblesse,
Et rarement accorde à notre ambition
L'entier et pur honneur d'une bonne action.
Je ne plains point Camille; elle étoit criminelle;
Je me tiens plus à plaindre, et je te plains plus qu'elle :
Moi, d'avoir mis au jour un cœur si peu romain;
Toi, d'avoir par sa mort déshonoré ta main.
Je ne la trouve point injuste ni trop prompte;
Mais tu pouvois, mon fils, t'en épargner la honte;
Son crime, quoique énorme et digne du trépas,
Étoit mieux impuni que puni par ton bras.
HORACE.
Disposez de mon sang, les lois vous en font maître;
J'ai cru devoir le sien aux lieux qui m'ont vu naître.
Si dans vos sentimens mon zèle est criminel,
S'il m'en faut recevoir un reproche éternel,
Si ma main en devient honteuse et profanée,
Vous pouvez d'un seul mot trancher ma destinée :
Reprenez tout ce sang de qui ma lâcheté
A si brutalement souillé la pureté.

Ma main n'a pu souffrir de crime en votre race ;
Ne souffrez point de tache en la maison d'Horace.
C'est en ces actions dont l'honneur est blessé
Qu'un père tel que vous se montre intéressé :
Son amour doit se taire où toute excuse est nulle ;
Lui-même il y prend part lorsqu'il les dissimule ;
Et de sa propre gloire il fait trop peu de cas,
Quand il ne punit point ce qu'il n'approuve pas.

LE VIEIL HORACE.

Il n'use pas toujours d'une rigueur extrême ;
Il épargne ses fils bien souvent pour soi-même ;
Sa vieillesse sur eux aime à se soutenir,
Et ne les punit point, de peur de se punir.
Je te vois d'un autre œil que tu ne te regardes ;
Je sais.... Mais le roi vient, je vois entrer ses gardes.

SCÈNE II. — TULLE, VALÈRE, LE VIEIL HORACE, HORACE,
TROUPE DE GARDES.

LE VIEIL HORACE.

Ah ! sire, un tel honneur a trop d'excès pour moi ;
Ce n'est point en ce lieu que je dois voir mon roi :
Permettez qu'à genoux....

TULLE.

Non, levez-vous, mon père.
Je fais ce qu'en ma place un bon prince doit faire.
Un si rare service et si fort important
Veut l'honneur le plus rare et le plus éclatant.
   (*Montrant Valère.*)
Vous en aviez déjà sa parole pour gage ;
Je ne l'ai pas voulu différer davantage.
J'ai su par son rapport, et je n'en doutois pas,
Comme de vos deux fils vous portez le trépas,
Et que, déjà votre âme étant trop résolue,
Ma consolation vous seroit superflue :
Mais je viens de savoir quel étrange malheur
D'un fils victorieux a suivi la valeur,
Et que son trop d'amour pour la cause publique,
Par ses mains, à son père ôte une fille unique.
Ce coup est un peu rude à l'esprit le plus fort ;
Et je doute comment vous portez cette mort.

LE VIEIL HORACE.

Sire, avec déplaisir, mais avec patience.

TULLE.

C'est l'effet vertueux de votre expérience.
Beaucoup par un long âge ont appris comme vous
Que le malheur succède au bonheur le plus doux :

Peu savent comme vous s'appliquer ce remède,
Et dans leur intérêt toute leur vertu cède.
Si vous pouvez trouver dans ma compassion
Quelque soulagement pour votre affliction,
Ainsi que votre mal sachez qu'elle est extrême,
Et que je vous en plains autant que je vous aime.

                    VALÈRE.
Sire, puisque le ciel entre les mains des rois
Dépose sa justice et la force des lois,
Et que l'État demande aux princes légitimes
Des prix pour les vertus, des peines pour les crimes,
Souffrez qu'un bon sujet vous fasse souvenir
Que vous plaignez beaucoup ce qu'il vous faut punir.
Souffrez....

            LE VIEIL HORACE.
         Quoi! qu'on envoie un vainqueur au supplice?
                    TULLE.
Permettez qu'il achève, et je ferai justice :
J'aime à la rendre à tous, à toute heure, en tout lieu.
C'est par elle qu'un roi se fait un demi-dieu;
Et c'est dont je vous plains, qu'après un tel service
On puisse contre lui me demander justice.

                    VALÈRE.
Souffrez donc, ô grand roi, le plus juste des rois,
Que tous les gens de bien vous parlent par ma voix.
Non que nos cœurs jaloux de ses honneurs s'irritent;
S'il en reçoit beaucoup, ses hauts faits les méritent;
Ajoutez-y plutôt que d'en diminuer;
Nous sommes tous encor prêts d'y contribuer :
Mais puisque d'un tel crime il s'est montré capable,
Qu'il triomphe en vainqueur, et périsse en coupable.
Arrêtez sa fureur, et sauvez de ses mains,
Si vous voulez régner, le reste des Romains;
Il y va de la perte ou du salut du reste.
La guerre avoit un cours si sanglant, si funeste,
Et les nœuds de l'hymen, durant nos bons destins,
Ont tant de fois uni des peuples si voisins,
Qu'il est peu de Romains que le parti contraire
N'intéresse en la mort d'un gendre ou d'un beau-frère,
Et qui ne soient forcés de donner quelques pleurs,
Dans le bonheur public, à leurs propres malheurs.
Si c'est offenser Rome, et que l'heur de ses armes
L'autorise à punir ce crime de nos larmes,
Quel sang épargnera ce barbare vainqueur,
Qui ne pardonne pas à celui de sa sœur,
Et ne peut excuser cette douleur pressante
Que la mort d'un amant jette au cœur d'une amante,

Quand, près d'être éclairés du nuptial flambeau,
Elle voit avec lui son espoir au tombeau?
Faisant triompher Rome, il se l'est asservie;
Il a sur nous un droit et de mort et de vie;
Et nos jours criminels ne pourront plus durer
Qu'autant qu'à sa clémence il plaira l'endurer.
Je pourrois ajouter aux intérêts de Rome
Combien un pareil coup est indigne d'un homme;
Je pourrois demander qu'on mît devant vos yeux
Ce grand et rare exploit d'un bras victorieux :
Vous verriez un beau sang, pour accuser sa rage,
D'un frère si cruel rejaillir au visage :
Vous verriez des horreurs qu'on ne peut concevoir;
Son âge et sa beauté vous pourroient émouvoir :
Mais je hais ces moyens qui sentent l'artifice.
Vous avez à demain remis le sacrifice;
Pensez-vous que les dieux, vengeurs des innocens,
D'une main parricide acceptent de l'encens?
Sur vous ce sacrilége attireroit sa peine;
Ne le considérez qu'en objet de leur haine,
Et croyez avec nous qu'en tous ses trois combats
Le bon destin de Rome a plus fait que son bras,
Puisque ces mêmes dieux, auteurs de sa victoire,
Ont permis qu'aussitôt il en souillât la gloire,
Et qu'un si grand courage, après ce noble effort,
Fût digne en même jour de triomphe et de mort.
Sire, c'est ce qu'il faut que votre arrêt décide.
En ce lieu Rome a vu le premier parricide,
La suite en est à craindre, et la haine des cieux.
Sauvez-nous de sa main, et redoutez les dieux.

TULLE.

Défendez-vous, Horace.

HORACE.

A quoi bon me défendre?
Vous savez l'action, vous la venez d'entendre;
Ce que vous en croyez me doit être une loi.
Sire, on se défend mal contre l'avis d'un roi;
Et le plus innocent devient soudain coupable,
Quand aux yeux de son prince il paroît condamnable.
C'est crime qu'envers lui se vouloir excuser.
Notre sang est son bien, il en peut disposer;
Et c'est à nous de croire, alors qu'il en dispose,
Qu'il ne s'en prive point sans une juste cause.
Sire, prononcez donc, je suis prêt d'obéir;
D'autres aiment la vie, et je la dois haïr.
Je ne reproche point à l'ardeur de Valère
Qu'en amant de la sœur il accuse le frère :

Mes vœux avec les siens conspirent aujourd'hui ;
Il demande ma mort, je la veux comme lui.
Un seul point entre nous met cette différence,
Que mon honneur par là cherche son assurance,
Et qu'à ce même but nous voulons arriver,
Lui pour flétrir ma gloire, et moi pour la sauver.
Sire, c'est rarement qu'il s'offre une matière
A montrer d'un grand cœur la vertu tout entière.
Suivant l'occasion elle agit plus ou moins,
Et paroît forte ou foible aux yeux de ses témoins.
Le peuple, qui voit tout seulement par l'écorce,
S'attache à son effet pour juger de sa force ;
Il veut que ses dehors gardent un même cours,
Qu'ayant fait un miracle, elle en fasse toujours :
Après une action pleine, haute, éclatante,
Tout ce qui brille moins remplit mal son attente :
Il veut qu'on soit égal en tout temps, en tous lieux ;
Il n'examine point si lors on pouvoit mieux,
Ni que, s'il ne voit pas sans cesse une merveille,
L'occasion est moindre, et la vertu pareille :
Son injustice accable et détruit les grands noms ;
L'honneur des premiers faits se perd par les seconds ;
Et quand la renommée a passé l'ordinaire,
Si l'on n'en veut déchoir, il faut ne plus rien faire.
Je ne vanterai point les exploits de mon bras ;
Votre Majesté, sire, a vu mes trois combats :
Il est bien malaisé qu'un pareil les seconde,
Qu'une autre occasion à celle-ci réponde,
Et que tout mon courage, après de si grands coups,
Parvienne à des succès qui n'aillent au-dessous ;
Si bien que, pour laisser une illustre mémoire,
La mort seule aujourd'hui peut conserver ma gloire :
Encor la falloit-il sitôt que j'eus vaincu,
Puisque pour mon honneur j'ai déjà trop vécu.
Un homme tel que moi voit sa gloire ternie,
Quand il tombe en péril de quelque ignominie ;
Et ma main auroit su déjà m'en garantir :
Mais sans votre congé mon sang n'ose sortir ;
Comme il vous appartient, votre aveu doit se prendre ;
C'est vous le dérober qu'autrement le répandre.
Rome ne manque point de généreux guerriers ;
Assez d'autres sans moi soutiendront vos lauriers ;
Que Votre Majesté désormais m'en dispense :
Et si ce que j'ai fait vaut quelque récompense,
Permettez, ô grand roi, que de ce bras vainqueur
Je m'immole à ma gloire, et non pas à ma sœur.

SCÈNE III. — TULLE, VALÈRE, LE VIEIL HORACE, HORACE, SABINE.

SABINE.

Sire, écoutez Sabine, et voyez dans son âme
Les douleurs d'une sœur, et celles d'une femme
Qui, toute désolée, à vos sacrés genoux,
Pleure pour sa famille, et craint pour son époux.
Ce n'est pas que je veuille avec cet artifice
Dérober un coupable au bras de la justice;
Quoi qu'il ait fait pour vous, traitez-le comme tel,
Et punissez en moi ce noble criminel;
De mon sang malheureux expiez tout son crime :
Vous ne changerez point pour cela de victime;
Ce n'en sera point prendre une injuste pitié,
Mais en sacrifier la plus chère moitié.
Les nœuds de l'hyménée, et son amour extrême,
Font qu'il vit plus en moi qu'il ne vit en lui-même;
Et si vous m'accordez de mourir aujourd'hui,
Il mourra plus en moi qu'il ne mourroit en lui;
La mort que je demande, et qu'il faut que j'obtienne,
Augmentera sa peine, et finira la mienne.
Sire, voyez l'excès de mes tristes ennuis,
Et l'effroyable état où mes jours sont réduits.
Quelle horreur d'embrasser un homme dont l'épée
De toute ma famille a la trame coupée!
Et quelle impiété de haïr un époux
Pour avoir bien servi les siens, l'État et vous!
Aimer un bras souillé du sang de tous mes frères!
N'aimer pas un mari qui finit nos misères!
Sire, délivrez-moi, par un heureux trépas,
Des crimes de l'aimer et de ne l'aimer pas;
J'en nommerai l'arrêt une faveur bien grande.
Ma main peut me donner ce que je vous demande;
Mais ce trépas enfin me sera bien plus doux,
Si je puis de sa honte affranchir mon époux;
Si je puis par mon sang apaiser la colère
Des dieux qu'a pu fâcher sa vertu trop sévère,
Satisfaire, en mourant, aux mânes de sa sœur
Et conserver à Rome un si bon défenseur.

LE VIEIL HORACE.

Sire, c'est donc à moi de répondre à Valère.
Mes enfans avec lui conspirent contre un père;
Tous trois veulent me perdre, et s'arment sans raison
Contre si peu de sang qui reste en ma maison.
  (*A Sabine.*)
Toi qui, par des douleurs à ton devoir contraires,

Veux quitter un mari pour rejoindre tes frères,
Va plutôt consulter leurs mânes généreux;
Ils sont morts, mais pour Albe, et s'en tiennent heureux :
Puisque le ciel vouloit qu'elle fût asservie,
Si quelque sentiment demeure après la vie,
Ce mal leur semble moindre, et moins rudes ses coups,
Voyant que tout l'honneur en retombe sur nous;
Tous trois désavoueront la douleur qui te touche,
Les larmes de tes yeux, les soupirs de ta bouche,
L'horreur que tu fais voir d'un mari vertueux.
Sabine, sois leur sœur, suis ton devoir comme eux.
 (*Au roi.*)
Contre ce cher époux Valère en vain s'anime :
Un premier mouvement ne fut jamais un crime;
Et la louange est due, au lieu du châtiment,
Quand la vertu produit ce premier mouvement.
Aimer nos ennemis avec idolâtrie,
De rage en leur trépas maudire la patrie,
Souhaiter à l'État un malheur infini,
C'est ce qu'on nomme crime, et ce qu'il a puni.
Le seul amour de Rome a sa main animée;
Il seroit innocent s'il l'avoit moins aimée.
Qu'ai-je dit, sire? il l'est, et ce bras paternel
L'auroit déjà puni s'il étoit criminel;
J'aurois su mieux user de l'entière puissance
Que me donnent sur lui les droits de la naissance;
J'aime trop l'honneur, sire, et ne suis point de rang
A souffrir ni d'affront ni de crime en mon sang.
C'est dont je ne veux point de témoin que Valère;
Il a vu quel accueil lui gardoit ma colère,
Lorsque, ignorant encor la moitié du combat,
Je croyois que sa fuite avoit trahi l'État.
Qui le fait se charger des soins de ma famille?
Qui le fait, malgré moi, vouloir venger ma fille?
Et par quelle raison, dans son juste trépas,
Prend-il un intérêt qu'un père ne prend pas?
On craint qu'après sa sœur il n'en maltraite d'autres!
Sire, nous n'avons part qu'à la honte des nôtres,
Et de quelque façon qu'un autre puisse agir,
Qui ne nous touche point ne nous fait point rougir.
 (*A Valère.*)
Tu peux pleurer, Valère, et même aux yeux d'Horace;
Il ne prend intérêt qu'aux crimes de sa race :
Qui n'est point de son sang ne peut faire d'affront
Aux lauriers immortels qui lui ceignent le front.
 Lauriers, sacrés rameaux qu'on veut réduire en poudre,
Vous qui mettez sa tête à couvert de la foudre,

L'abandonnerez-vous à l'infâme couteau
Qui fait choir les méchans sous la main d'un bourreau?
Romains, souffrirez-vous qu'on vous immole un homme
Sans qui Rome aujourd'hui cesseroit d'être Rome,
Et qu'un Romain s'efforce à tacher le renom
D'un guerrier à qui tous doivent un si beau nom?
Dis, Valère, dis-nous, si tu veux qu'il périsse,
Où tu penses choisir un lieu pour son supplice :
Sera-ce entre ces murs que mille et mille voix
Font résonner encor du bruit de ses exploits?
Sera-ce hors des murs, au milieu de ces places
Qu'on voit fumer encor du sang des Curiaces,
Entre leurs trois tombeaux, et dans ce champ d'honneur
Témoin de sa vaillance et de notre bonheur?
Tu ne saurois cacher sa peine à sa victoire;
Dans les murs, hors des murs, tout parle de sa gloire,
Tout s'oppose à l'effort de ton injuste amour,
Qui veut d'un si bon sang souiller un si beau jour.
Albe ne pourra pas souffrir un tel spectacle,
Et Rome par ses pleurs y mettra trop d'obstacle.

   Vous les préviendrez, sire : et par un juste arrêt
Vous saurez embrasser bien mieux son intérêt.
Ce qu'il a fait pour elle il peut encor le faire;
Il peut la garantir encor d'un sort contraire.
Sire, ne donnez rien à mes débiles ans :
Rome aujourd'hui m'a vu père de quatre enfans;
Trois en ce même jour sont morts pour sa querelle :
Il m'en reste encore un, conservez-le pour elle :
N'ôtez pas à ses murs un si puissant appui;
Et souffrez, pour finir, que je m'adresse à lui.

   Horace, ne crois pas que le peuple stupide
Soit le maître absolu d'un renom bien solide.
Sa voix tumultueuse assez souvent fait bruit,
Mais un moment l'élève, un moment le détruit;
Et ce qu'il contribue à notre renommée
Toujours en moins de rien se dissipe en fumée.
C'est aux rois, c'est aux grands, c'est aux esprits bien faits
A voir la vertu pleine en ses moindres effets;
C'est d'eux seuls qu'on reçoit la véritable gloire;
Eux seuls des vrais héros assurent la mémoire.
Vis toujours en Horace, et toujours auprès d'eux
Ton nom demeurera grand, illustre, fameux,
Bien que l'occasion, moins haute ou moins brillante,
D'un vulgaire ignorant trompe l'injuste attente.
Ne hais donc plus la vie, et du moins vis pour moi,
Et pour servir encor ton pays et ton roi.
Sire, j'en ai trop dit : mais l'affaire vous touche;

Et Rome tout entière a parlé par ma bouche.
VALÈRE.
Sire, permettez-moi....
TULLE.
Valère, c'est assez ;
Vos discours par les leurs ne sont pas effacés ;
J'en garde en mon esprit les forces plus pressantes,
Et toutes vos raisons me sont encor présentes.
Cette énorme action faite presque à nos yeux
Outrage la nature, et blesse jusqu'aux dieux.
Un premier mouvement qui produit un tel crime
Ne sauroit lui servir d'excuse légitime :
Les moins sévères lois en ce point sont d'accord ;
Et si nous les suivons, il est digne de mort.
Si d'ailleurs nous voulons regarder le coupable,
Ce crime, quoique grand, énorme, inexcusable,
Vient de la même épée et part du même bras
Qui me fait aujourd'hui maître de deux États.
Deux sceptres en ma main, Albe à Rome asservie,
Parlent bien hautement en faveur de sa vie :
Sans lui j'obéirois où je donne la loi,
Et je serois sujet où je suis deux fois roi.
Assez de bons sujets dans toutes les provinces
Par des vœux impuissans s'acquittent vers leurs princes ;
Tous les peuvent aimer, mais tous ne peuvent pas
Par d'illustres effets assurer leurs États ;
Et l'art et le pouvoir d'affermir les couronnes
Sont des dons que le ciel fait à peu de personnes.
De pareils serviteurs sont les forces des rois,
Et de pareils aussi sont au-dessus des lois.
Qu'elles se taisent donc ; que Rome dissimule
Ce que dès sa naissance elle vit en Romule :
Elle peut bien souffrir en son libérateur
Ce qu'elle a bien souffert en son premier auteur.
Vis donc, Horace, vis, guerrier trop magnanime :
Ta vertu met ta gloire au-dessus de ton crime ;
Ta chaleur généreuse a produit ton forfait ;
D'une cause si belle il faut souffrir l'effet.
Vis pour servir l'État ; vis, mais aime Valère :
Qu'il ne reste entre vous ni haine ni colère ;
Et soit qu'il ait suivi l'amour ou le devoir,
Sans aucun sentiment résous-toi de le voir.
Sabine, écoutez moins la douleur qui vous presse ;
Chassez de ce grand cœur ces marques de foiblesse :
C'est en séchant vos pleurs que vous vous montrerez
La véritable sœur de ceux que vous pleurez.
Mais nous devons aux dieux demain un sacrifice ;

Et nous aurions le ciel à nos vœux mal propice,
Si nos prêtres, avant que de sacrifier,
Ne trouvoient les moyens de le purifier :
Son père en prendra soin ; il lui sera facile
D'apaiser tout d'un temps les mânes de Camille.
Je la plains ; et pour rendre à son sort rigoureux
Ce que peut souhaiter son esprit amoureux,
Puisqu'en un même jour l'ardeur d'un même zèle
Achève le destin de son amant et d'elle,
Je veux qu'un même jour, témoin de leurs deux morts,
En un même tombeau voie enfermer leurs corps.

EXAMEN D'HORACE.

C'est une croyance assez générale que cette pièce pourroit passer pour la plus belle des miennes, si les derniers actes répondoient aux premiers. Tous veulent que la mort de Camille en gâte la fin, et j'en demeure d'accord ; mais je ne sais si tous en savent la raison. On l'attribue communément à ce qu'on voit cette mort sur la scène ; ce qui seroit plutôt la faute de l'actrice que la mienne, parce que, quand elle voit son frère mettre l'épée à la main, la frayeur, si naturelle au sexe, lui doit faire prendre la fuite, et recevoir le coup derrière le théâtre, comme je le marque dans cette impression. D'ailleurs, si c'est une règle de ne le point ensanglanter, elle n'est pas du temps d'Aristote, qui nous apprend que pour émouvoir puissamment il faut de grands déplaisirs, des blessures et des morts en spectacle. Horace ne veut pas que nous y hasardions les événemens trop dénaturés, comme de Médée qui tue ses enfans ; mais je ne vois pas qu'il en fasse une règle générale pour toutes sortes de morts, ni que l'emportement d'un homme passionné pour sa patrie contre une sœur qui la maudit en sa présence avec des imprécations horribles, soit de même nature que la cruauté de cette mère. Sénèque l'expose aux yeux du peuple, en dépit d'Horace ; et, chez Sophocle, Ajax ne se cache point au spectateur lorsqu'il se tue. L'adoucissement que j'apporte dans le second de ces discours pour rectifier la mort de Clytemnestre ne peut être propre ici à celle de Camille. Quand elle s'enferreroit d'elle-même par désespoir en voyant son frère l'épée à la main, ce frère ne laisseroit pas d'être criminel de l'avoir tirée contre elle, puisqu'il n'y a point de troisième personne sur le théâtre à qui il pût adresser le coup qu'elle recevroit, comme peut faire Oreste à Égisthe. D'ailleurs, l'histoire est trop connue pour retrancher le péril qu'il court d'une mort infâme après l'avoir tuée ; et la défense que lui prête son père pour obtenir sa grâce n'auroit plus de lieu, s'il demeuroit innocent. Quoi qu'il en soit, voyons si cette action n'a pu causer la chute de ce poëme que par là, et si elle n'a point d'autre irrégularité que de blesser les yeux.

Comme je n'ai point accoutumé de dissimuler mes défauts, j'en trouve ici deux ou trois assez considérables. Le premier est que cette action, qui devient la principale de la pièce, est momentanée, et n'a point cette juste grandeur que lui demande Aristote, et qui consiste en un commencement, un milieu, et une fin. Elle surprend tout d'un coup ; et toute la préparation que j'y ai donnée par la peinture de la vertu farouche d'Horace, et par la défense qu'il fait à sa sœur de regretter qui que ce soit de lui ou de son amant qui meure au combat, n'est point suffisante pour faire attendre un emportement si extraordinaire, et servir de commencement à cette action.

Le second défaut est que cette mort fait une action double, par le second péril où tombe Horace après être sorti du premier. L'unité de péril d'un héros dans la tragédie fait l'unité d'action ; et quand il en est garanti, la pièce est finie, si ce n'est que la sortie même de ce péril l'engage si nécessairement dans un autre, que la liaison et la continuité des deux n'en fasse qu'une action ; ce qui n'arrive point ici, où Horace revient triomphant sans aucun besoin de tuer sa sœur, ni même de parler à elle ; et l'action seroit suffisamment terminée à sa victoire. Cette chute d'un péril en l'autre, sans nécessité, fait ici un effet d'autant plus mauvais, que d'un péril public, où il y va de tout l'État, il tombe en un péril particulier, où il n'y va que de sa vie ; et, pour dire encore plus, d'un péril illustre, où il ne peut succomber que glorieusement, en un péril infâme, dont il ne peut sortir sans tache. Ajoutez, pour troisième imperfection, que Camille, qui ne tient que le second rang dans les trois premiers actes, et y laisse le premier à Sabine, prend le premier en ces deux derniers, où cette Sabine n'est plus considérable, et qu'ainsi s'il y a égalité dans les mœurs, il n'y en a point dans la dignité des personnages, où se doit étendre ce précepte d'Horace :

Servetur ad imum
Qualis ab incepto processerit, et sibi constet.

Ce défaut en Rodelinde a été une des principales causes du mauvais succès de *Pertharite*, et je n'ai point encore vu sur nos théâtres cette inégalité de rang en un même acteur, qui n'ait produit un très-méchant effet. Il seroit bon d'en établir une règle inviolable.

Du côté du temps, l'action n'est point trop pressée, et n'a rien qui ne me semble vraisemblable. Pour le lieu, bien que l'unité y soit exacte, elle n'est pas sans quelque contrainte. Il est constant qu'Horace et Curiace n'ont point de raison de se séparer du reste de la famille pour commencer le second acte ; et c'est une adresse de théâtre de n'en donner aucune, quand on n'en peut donner de bonnes. L'attachement de l'auditeur à l'action présente souvent ne lui permet pas de descendre à l'examen sévère de cette justesse, et ce n'est pas un crime que de s'en prévaloir pour l'éblouir, quand il est malaisé de le satisfaire.

Le personnage de Sabine est assez heureusement inventé, et trouve sa vraisemblance aisée dans le rapport à l'histoire, qui marque assez d'amitié et d'égalité entre les deux familles pour avoir pu faire cette double alliance.

Elle ne sert pas davantage à l'action que l'infante à celle du *Cid*, et ne fait que se laisser toucher diversement, comme elle, à la diversité des événemens. Néanmoins on a généralement approuvé celle-ci, et condamné l'autre. J'en ai cherché la raison, et j'en ai trouvé deux : l'une est la liaison des scènes, qui semble, s'il m'est permis de parler ainsi, incorporer Sabine dans cette pièce, au lieu que, dans le *Cid*, toutes celles de l'infante sont détachées, et paroissent hors d'œuvre :

Tantum series juncturaque pollet.

L'autre, qu'ayant une fois posé Sabine pour femme d'Horace, il est nécessaire que tous les incidens de ce poëme lui donnent les sentimens qu'elle en témoigne avoir, par l'obligation qu'elle a de prendre intérêt à ce qui regarde son mari et ses frères; mais l'infante n'est point obligée d'en prendre aucun en ce qui touche le Cid; et si elle a quelque inclination secrète pour lui, il n'est point besoin qu'elle en fasse rien paroître, puisqu'elle ne produit aucun effet.

L'oracle qui est proposé au premier acte trouve son vrai sens à la conclusion du cinquième. Il semble clair d'abord, et porte l'imagination à un sens contraire; et je les aimerois mieux de cette sorte sur nos théâtres, que ceux qu'on fait entièrement obscurs, parce que la surprise de leur véritable effet en est plus belle. J'en ai usé ainsi encore dans l'*Andromède* et dans l'*OEdipe*. Je ne dis pas la même chose des songes, qui peuvent faire encore un grand ornement dans la protase, pourvu qu'on ne s'en serve pas souvent. Je voudrois qu'ils eussent l'idée de la fin véritable de la pièce, mais avec quelque confusion qui n'en permît pas l'intelligence entière. C'est ainsi que je m'en suis servi deux fois, ici et dans *Polyeucte*, mais avec plus d'éclat et d'artifice dans ce dernier poëme, où il marque toutes les particularités de l'événement, qu'en celui-ci, où il ne fait qu'exprimer une ébauche tout à fait informe de ce qui doit arriver de funeste.

Il passe pour constant que le second acte est un des plus pathétiques qui soient sur la scène, et le troisième un des plus artificieux. Il est soutenu de la seule narration de la moitié du combat des trois frères, qui est coupée très-heureusement pour laisser Horace le père dans la colère et le déplaisir, et lui donner ensuite un beau retour à la joie dans le quatrième. Il a été à propos, pour le jeter dans cette erreur, de se servir de l'impatience d'une femme qui suit brusquement sa première idée, et présume le combat achevé, parce qu'elle a vu deux Horaces par terre, et le troisième en fuite. Un homme, qui doit être plus posé et plus judicieux, n'eût pas été propre à donner cette fausse alarme; il eût dû prendre plus de patience, afin d'avoir plus de certitude de l'événement, et n'eût pas été excusable de se laisser emporter si légèrement, par les apparences, à présumer le mauvais succès d'un combat dont il n'eût pas vu la fin.

Bien que le roi n'y paroisse qu'au cinquième, il y est mieux dans sa dignité que dans *le Cid*, parce qu'il a intérêt pour tout son État dans le reste de la pièce; et, bien qu'il n'y parle point, il ne laisse pas d'y agir comme roi. Il vient aussi dans ce cinquième comme roi qui veut honorer par cette visite un père dont les fils lui ont conservé sa couronne, et acquis celle d'Albe au prix de leur sang. S'il y fait l'office de juge, ce n'est que par accident; et il le fait dans ce logis même d'Horace, par la seule contrainte qu'impose la règle de l'unité de lieu. Tout ce cinquième est encore une des causes du peu de satisfaction que laisse cette tragédie : il est tout en plaidoyers, et ce n'est pas là la place des harangues ni des longs discours : ils peuvent être supportés en un commencement de pièce, où l'action n'est pas encore échauffée; mais le cinquième acte doit plus agir que discourir. L'attention de l'auditeur, déjà lassée, se rebute de ces conclusions qui traînent et tirent la fin en longueur.

Quelques-uns ne veulent pas que Valère y soit un digne accusateur d'Horace, parce que, dans la pièce, il n'a pas fait voir assez de passion pour Camille; à quoi je réponds que ce n'est pas à dire qu'il n'en eût une très-forte, mais qu'un amant mal voulu ne pouvoit se montrer de bonne grâce à sa maîtresse dans le jour qui la rejoignoit à un amant aimé. Il n'y avoit point de place pour lui au premier acte, et encore moins au second : il falloit qu'il tînt son rang à l'armée pendant le troisième; et il se montre au quatrième, sitôt que la mort de son rival fait quelque ouverture à son espérance : il tâche à gagner les bonnes grâces du père par la commission qu'il prend du roi de lui apporter les glorieuses nouvelles de l'honneur que ce prince lui veut faire; et, par occasion, il lui apprend la victoire de son fils, qu'il ignoroit. Il ne manque pas d'amour durant les trois premiers actes, mais d'un temps propre à le témoigner; et, dès la première scène de la pièce, il paroît bien qu'il rendoit assez de soins à Camille, puisque Sabine s'en alarme pour son frère. S'il ne prend pas le procédé de France, il faut considérer qu'il est Romain, et dans Rome, où il n'auroit pu entreprendre un duel contre un autre Romain sans faire un crime d'État, et que j'en aurois fait un de théâtre, si j'avois habillé un Romain à la françoise.

FIN D'HORACE.

CINNA,

OU LA CLÉMENCE D'AUGUSTE.

TRAGÉDIE.

1639.

A MONSIEUR DE MONTAURON.

Monsieur,

Je vous présente un tableau d'une des plus belles actions d'Auguste. Ce monarque étoit tout généreux, et sa générosité n'a jamais paru avec tant d'éclat que dans les effets de sa clémence et de sa libéralité. Ces deux rares vertus lui étoient si naturelles et si inséparables en lui, qu'il semble qu'en cette histoire que j'ai mise sur notre théâtre, elles se soient tour à tour entre-produites dans nos âmes. Il avoit été si libéral envers Cinna, que sa conjuration ayant fait voir une ingratitude extraordinaire, il eut besoin d'un extraordinaire effort de clémence pour lui pardonner : et le pardon qu'il lui donna fut la source des nouveaux bienfaits dont il lui fut prodigue, pour vaincre tout à fait cet esprit qui n'avoit pu être gagné par les premiers; de sorte qu'il est vrai de dire qu'il eût été moins clément envers lui s'il eût été moins libéral, et qu'il eût été moins libéral s'il eût été moins clément. Cela étant, à qui pourrois-je plus justement donner le portrait de l'une de ces héroïques vertus, qu'à celui qui possède l'autre en un si haut degré, puisque, dans cette action, ce grand prince les a si bien attachées et comme unies l'une à l'autre, qu'elles ont été tout ensemble et la cause et l'effet l'une de l'autre? Vous avez des richesses, mais vous savez en jouir, et vous en jouissez d'une façon si noble, si relevée, et tellement illustre, que vous forcez la voix publique d'avouer que la fortune a consulté la raison quand elle a répandu ses faveurs sur vous, et qu'on a plus de sujet de vous en souhaiter le redoublement que de vous en envier l'abondance. J'ai vécu si éloigné de la flatterie, que je pense être en possession de me faire croire quand je dis du bien de quelqu'un ; et lorsque je donne des louanges (ce qui m'arrive assez rarement), c'est avec tant de retenue, que je supprime toujours quantité de glorieuses vérités, pour ne me rendre pas suspect d'étaler de ces mensonges obligeans que beaucoup de nos modernes savent débiter de si bonne grâce. Aussi je ne dirai rien des avantages de votre naissance, ni de votre courage, qui l'a si dignement soutenue dans la profession des armes, à qui vous avez donné vos premières années ; ce sont des choses trop connues de tout le monde. Je ne dirai rien de ce prompt et puissant secours que reçoivent chaque jour de votre main tant de bonnes familles ruinées par les désordres de nos guerres ; ce sont des choses que vous voulez tenir cachées. Je dirai seulement un mot de ce que vous avez particulièrement de commun avec Auguste : c'est que cette générosité qui compose la meilleure partie de votre âme et règne sur l'autre, et qu'à juste titre on peut nommer l'âme de votre âme, puisqu'elle en fait mouvoir toutes les puissances; c'est, dis-je, que cette générosité, à l'exemple de ce grand empereur, prend plaisir à s'étendre sur les gens de lettres, en un temps où beaucoup pensent avoir trop récompensé leurs travaux quand ils les ont honorés d'une louange stérile. Et certes, vous avez traité quelques-unes de nos muses avec tant de magnanimité, qu'en elles vous avez obligé toutes les autres, et qu'il n'en est point qui ne vous en doive un remercîment. Trouvez donc bon, Monsieur, que je m'acquitte de celui que je reconnois vous en devoir, par le présent que je vous fais de ce poëme, que j'ai choisi comme le plus durable des miens, pour apprendre plus longtemps à ceux qui le liront que le généreux M. de Montauron, par une libéralité inouïe en ce siècle, s'est rendu toutes les muses redevables, et que je prends tant de part aux bienfaits dont vous avez surpris quelques-unes d'elles, que je m'en dirai toute ma vie,

MONSIEUR,

Votre très-humble et très-obligé serviteur,

CORNEILLE.

EXCERPTA E SENECA.

De Clementia, lib. I, cap. IX.

Divus Augustus mitis fuit princeps, si quis illum a principatu suo æstimare incipiat : in communi quidem republica, duodevicesimum egressus annum, jam pugiones in sinu amicorum absconderat, jam insidiis M. Antonii consulis latus petierat, jam fuerat collega proscriptionis : sed quum annum quadragesimum transisset, et in Gallia moraretur, delatum est ad eum indicium, L. Cinnam, stolidi ingenii virum, insidias ei struere. Dictum est et ubi, et quando, et quemadmodum aggredi vellet. Unus ex consciis deferebat; constituit se ab eo vindicare. Consilium amicorum advocari jussit.

Nox illi inquieta erat, quum cogitaret adolescentem nobilem, hoc detracto integrum, Cn. Pompeii nepotem damnandum. Jam unum hominem occidere non poterat, quum M. Antonio proscriptionis edictum inter cœnam dictarat. Gemens subinde voces emittebat varias et inter se contrarias : « Quid ergo! ego percussorem meum securum ambulare patiar, me sollicito? Ergo non dabit pœnas, qui tot civilibus bellis frustra petitum caput, tot navalibus, tot pedestribus prœliis incolume, postquam terra marique pax parta est, non occidere constituit, sed immolare? » (Nam sacrificantem placuerat adoriri.) Rursus silentio interposito, majore multo voce sibi quam Cinnæ irascebatur : « Quid vivis, si perire te tam multorum interest? Quis finis erit suppliciorum? quis sanguinis? Ego sum nobilibus adolescentulis expositum caput, in quod mucrones acuant. Non est tanti vita, si, ut ego non peream, tam multa perdenda sunt. » Interpellavit tandem illum Livia uxor : « Et admittis, inquit, muliebre consilium? Fac quod medici solent; ubi usitata remedia non procedunt, tentant contraria. Severitate nihil adhuc profecisti : Salvidienum Lepidus secutus est,

Lepidum Muræna, Muramam Cæpio, Cæpionem Egnatius, ut alios taceam quos tantum ausos pudet : nunc tenta quomodo tibi cedat clementia. Ignosce L. Cinnæ; deprehensus est; jam nocere tibi non potest, prodesse famæ tuæ potest. »

Gavisus sibi quod advocatum invenerat, uxori quidem gratias egit : renuntiari autem extemplo amicis quos in consilium rogaverat imperavit, et Cinnam unum ad se arcessit, dimissisque omnibus e cubiculo, quum alteram poni Cinnæ cathedram jussisset : « Hoc, inquit, primum a te peto, ne me loquentem interpelles, ne medio sermone meo proclames; dabitur tibi loquendi liberum tempus. Ego te, Cinna, quum in hostium castris invenissem, non tantum factum mihi inimicum, sed natum, servavi; patrimonium tibi omne concessi; hodie tam felix es et tam dives, ut victo victores invideant : sacerdotium tibi petenti, præteritis compluribus quorum parentes mecum militaverant, dedi. Quum sic de te meruerim, occidere me constituisti! »

Quum ad hanc vocem exclamasset Cinna, procul hanc ab se abesse dementiam : « Non præstas, inquit, fidem, Cinna; convenerat ne interloquereris. Occidere, inquam, me paras. » Adjecit locum, socios, diem, ordinem insidiarum, cui commissum esset ferrum. Et quum defixum videret, nec ex conventione jam, sed ex conscientia tacentem : « Quo, inquit, hoc animo facis? Ut ipse sis princeps? Male, mehercule, cum republica agitur, si tibi ad imperandum nihil præter me obstat. Domum tuam tueri non potes; nuper libertini hominis gratia in privato judicio superatus es. Adeo nihil facilius potes quam contra Cæsarem advocare? Cedo, si spes tuas solus impedio. Paulusne te et Fabius Maximus et Cossi et Servilii ferent, tantumque agmen nobilium, non inania nomina præferentium, sed eorum qui imaginibus suis decori sunt? » Ne totam ejus orationem repetendo magnam partem voluminis occupem, diutius enim quam duabus horis locutum esse constat, quum hanc pœnam qua sola erat contentus futurus, extenderet : « Vitam tibi, inquit, Cinna, iterum do, prius hosti, nunc insidiatori ac parricidæ. Ex hodierno die inter nos amicitia incipiat. Contendamus, utrum ego meliore fide vitam tibi dederim, an tu debeas. » Post hæc detulit ultro consulatum, questus quod non auderet petere, amicissimum, fidelissimumque habuit, hæres solus fuit illi, nullis amplius insidiis ab ullo petitus est.

PERSONNAGES.

OCTAVE-CÉSAR-AUGUSTE, empereur de Rome.
LIVIE, impératrice.
CINNA, fils d'une fille de Pompée, chef de la conjuration contre Auguste.
MAXIME, autre chef de la conjuration.
ÉMILIE, fille de C. Toranius, tuteur d'Auguste, et proscrit par lui durant le triumvirat.
FULVIE, confidente d'Émilie.
POLYCLÈTE, affranchi d'Auguste.
ÉVANDRE, affranchi de Cinna.
EUPHORBE, affranchi de Maxime.

La scène est à Rome.

ACTE PREMIER.

SCÈNE I. — ÉMILIE.

Impatiens désirs d'une illustre vengeance
Dont la mort de mon père a formé la naissance,
Enfans impétueux de mon ressentiment,
Que ma douleur séduite embrasse aveuglément,
Vous prenez sur mon âme un trop puissant empire ;
Durant quelques momens souffrez que je respire,
Et que je considère, en l'état où je suis,
Et ce que je hasarde, et ce que je poursuis.
Quand je regarde Auguste au milieu de sa gloire,
Et que vous reprochez à ma triste mémoire
Que par sa propre main mon père massacré
Du trône où je le vois fait le premier degré ;
Quand vous me présentez cette sanglante image,
La cause de ma haine, et l'effet de sa rage,
Je m'abandonne toute à vos ardens transports,
Et crois, pour une mort, lui devoir mille morts.
Au milieu toutefois d'une fureur si juste,
J'aime encor plus Cinna que je ne hais Auguste,
Et je sens refroidir ce bouillant mouvement
Quand il faut, pour le suivre, exposer mon amant.
Oui, Cinna, contre moi moi-même je m'irrite
Quand je songe aux dangers où je te précipite.
Quoique pour me servir tu n'appréhendes rien,
Te demander du sang, c'est exposer le tien :
D'une si haute place on n'abat point de têtes
Sans attirer sur soi mille et mille tempêtes ;
L'issue en est douteuse, et le péril certain :
Un ami déloyal peut trahir ton dessein ;
L'ordre mal concerté, l'occasion mal prise,
Peuvent sur son auteur renverser l'entreprise,
Tourner sur toi les coups dont tu le veux frapper ;
Dans sa ruine même il peut t'envelopper ;
Et, quoi qu'en ma faveur ton amour exécute,
Il te peut, en tombant, écraser sous sa chute.
Ah ! cesse de courir à ce mortel danger ;
Te perdre en me vengeant, ce n'est pas me venger.
Un cœur est trop cruel quand il trouve des charmes
Aux douceurs que corrompt l'amertume des larmes ;
Et l'on doit mettre au rang des plus cuisans malheurs
La mort d'un ennemi qui coûte tant de pleurs.

Mais peut-on en verser alors qu'on venge un père?
Est-il perte à ce prix qui ne semble légère?
Et, quand son assassin tombe sous notre effort,
Doit-on considérer ce que coûte sa mort?
Cessez, vaines frayeurs, cessez, lâches tendresses,
De jeter dans mon cœur vos indignes foiblesses;
Et toi qui les produis par tes soins superflus,
Amour, sers mon devoir, et ne le combats plus:
Lui céder, c'est ta gloire; et le vaincre, ta honte:
Montre-toi généreux, souffrant qu'il te surmonte;
Plus tu lui donneras, plus il te va donner,
Et ne triomphera que pour te couronner.

SCÈNE II. — ÉMILIE, FULVIE.

ÉMILIE.

Je l'ai juré, Fulvie, et je le jure encore,
Quoique j'aime Cinna, quoique mon cœur l'adore,
S'il me veut posséder, Auguste doit périr;
Sa tête est le seul prix dont il peut m'acquérir.
Je lui prescris la loi que mon devoir m'impose.

FULVIE.

Elle a pour la blâmer une trop juste cause;
Par un si grand dessein vous vous faites juger
Digne sang de celui que vous voulez venger;
Mais encore une fois souffrez que je vous die
Qu'une si juste ardeur devroit être attiédie.
Auguste chaque jour, à force de bienfaits,
Semble assez réparer les maux qu'il vous a faits;
Sa faveur envers vous paroît si déclarée,
Que vous êtes chez lui la plus considérée;
Et de ses courtisans souvent les plus heureux
Vous pressent à genoux de lui parler pour eux.

ÉMILIE.

Toute cette faveur ne me rend pas mon père;
Et, de quelque façon que l'on me considère,
Abondante en richesse, ou puissante en crédit,
Je demeure toujours la fille d'un proscrit.
Les bienfaits ne font pas toujours ce que tu penses;
D'une main odieuse ils tiennent lieu d'offenses:
Plus nous en prodiguons à qui nous peut haïr,
Plus d'armes nous donnons à qui nous veut trahir.

---

1. Toranius était un plébéien inconnu, qui n'avait joué aucun rôle, et qu'Octave sacrifia dans les proscriptions, parce qu'il était riche. (*Voltaire.*)

Il m'en fait chaque jour sans changer mon courage;
Je suis ce que j'étois, et je puis davantage,
Et des mêmes présens qu'il verse dans mes mains
J'achète contre lui les esprits des Romains;
Je recevrois de lui la place de Livie
Comme un moyen plus sûr d'attenter à sa vie.
Pour qui venge son père il n'est point de forfaits,
Et c'est vendre son sang que se rendre aux bienfaits.

FULVIE.

Quel besoin toutefois de passer pour ingrate?
Ne pouvez-vous haïr sans que la haine éclate?
Assez d'autres sans vous n'ont pas mis en oubli
Par quelles cruautés son trône est établi;
Tant de braves Romains, tant d'illustres victimes,
Qu'à son ambition ont immolé ses crimes,
Laissent à leurs enfans d'assez vives douleurs
Pour venger votre perte en vengeant leurs malheurs.
Beaucoup l'ont entrepris, mille autres vont les suivre :
Qui vit haï de tous ne sauroit longtemps vivre :
Remettez à leurs bras les communs intérêts,
Et n'aidez leurs desseins que par des vœux secrets.

ÉMILIE.

Quoi! je le haïrai sans tâcher de lui nuire?
J'attendrai du hasard qu'il ose le détruire?
Et je satisferai des devoirs si pressans
Par une haine obscure et des vœux impuissans?
Sa perte, que je veux, me deviendroit amère,
Si quelqu'un l'immoloit à d'autres qu'à mon père;
Et tu verrois mes pleurs couler pour son trépas,
Qui, le faisant périr, ne me vengeroit pas.
C'est une lâcheté que de remettre à d'autres
Les intérêts publics qui s'attachent aux nôtres.
Joignons à la douceur de venger nos parens
La gloire qu'on remporte à punir les tyrans,
Et faisons publier par toute l'Italie :
« La liberté de Rome est l'œuvre d'Émilie;
On a touché son âme, et son cœur s'est épris;
Mais elle n'a donné son amour qu'à ce prix. »

FULVIE.

Votre amour à ce prix n'est qu'un présent funeste
Qui porte à votre amant sa perte manifeste.
Pensez mieux, Émilie, à quoi vous l'exposez,
Combien à cet écueil se sont déjà brisés;
Ne vous aveuglez point quand sa mort est visible.

ÉMILIE.

Ah! tu sais me frapper par où je suis sensible.
Quand je songe aux dangers que je lui fais courir,

La crainte de sa mort me fait déjà mourir;
Mon esprit en désordre à soi-même s'oppose :
Je veux et ne veux pas, je m'emporte et je n'ose;
Et mon devoir confus, languissant, étonné,
Cède aux rébellions de mon cœur mutiné.
    Tout beau, ma passion, deviens un peu moins forte;
Tu vois bien des hasards, ils sont grands, mais n'importe :
Cinna n'est pas perdu pour être hasardé.
De quelques légions qu'Auguste soit gardé,
Quelque soin qu'il se donne et quelque ordre qu'il tienne,
Qui méprise la vie est maître de la sienne.
Plus le péril est grand, plus doux en est le fruit;
La vertu nous y jette, et la gloire le suit :
Quoi qu'il en soit, qu'Auguste ou que Cinna périsse,
Aux mânes paternels je dois ce sacrifice;
Cinna me l'a promis en recevant ma foi,
Et ce coup seul aussi le rend digne de moi.
Il est tard, après tout, de m'en vouloir dédire.
Aujourd'hui l'on s'assemble, aujourd'hui l'on conspire;
L'heure, le lieu, le bras se choisit aujourd'hui;
Et c'est à faire enfin à mourir après lui.

SCÈNE III. — CINNA, ÉMILIE, FULVIE.

ÉMILIE.

Mais le voici qui vient. Cinna, votre assemblée
Par l'effroi du péril n'est-elle point troublée?
Et reconnoissez-vous au front de vos amis
Qu'ils soient prêts à tenir ce qu'ils vous ont promis?

CINNA.

Jamais contre un tyran entreprise conçue
Ne permit d'espérer une si belle issue,
Jamais de telle ardeur on n'en jura la mort,
Et jamais conjurés ne furent mieux d'accord;
Tous s'y montrent portés avec tant d'allégresse,
Qu'ils semblent, comme moi, servir une maîtresse;
Et tous font éclater un si puissant courroux,
Qu'ils semblent tous venger un père comme vous.

ÉMILIE.

Je l'avois bien prévu, que, pour un tel ouvrage,
Cinna sauroit choisir des hommes de courage,
Et ne remettroit pas en de mauvaises mains
L'intérêt d'Émilie et celui des Romains.

CINNA.

Plût aux dieux que vous-même eussiez vu de quel zèle
Cette troupe entreprend une action si belle!
Au seul nom de César, d'Auguste, et d'empereur,

Vous eussiez vu leurs yeux s'enflammer de fureur,
Et dans un même instant, par un effet contraire,
Leur front pâlir d'horreur et rougir de colère.
« Amis, leur ai-je dit, voici le jour heureux
Qui doit conclure enfin nos desseins généreux ;
Le ciel entre nos mains a mis le sort de Rome,
Et son salut dépend de la perte d'un homme,
Si l'on doit le nom d'homme à qui n'a rien d'humain,
A ce tigre altéré de tout le sang romain.
Combien pour le répandre a-t-il formé de brigues ?
Combien de fois changé de partis et de ligues ?
Tantôt ami d'Antoine, et tantôt ennemi,
Et jamais insolent ni cruel à demi ! »
Là, par un long récit de toutes les misères
Que durant notre enfance ont enduré nos pères,
Renouvelant leur haine avec leur souvenir,
Je redouble en leurs cœurs l'ardeur de le punir.
Je leur fais des tableaux de ces tristes batailles
Où Rome par ses mains déchiroit ses entrailles,
Où l'aigle abattoit l'aigle, et de chaque côté
Nos légions s'armoient contre leur liberté ;
Où les meilleurs soldats et les chefs les plus braves
Mettoient toute leur gloire à devenir esclaves ;
Où, pour mieux assurer la honte de leurs fers,
Tous vouloient à leur chaîne attacher l'univers ;
Et l'exécrable honneur de lui donner un maître
Faisant aimer à tous l'infâme nom de traître,
Romains contre Romains, parens contre parens,
Combattoient seulement pour le choix des tyrans.
J'ajoute à ces tableaux la peinture effroyable
De leur concorde impie, affreuse, inexorable ;
Funeste aux gens de bien, aux riches, au sénat,
Et, pour tout dire enfin, de leur triumvirat ;
Mais je ne trouve point de couleurs assez noires
Pour en représenter les tragiques histoires.
Je les peins dans le meurtre à l'envi triomphans,
Rome entière noyée au sang de ses enfans :
Les uns assassinés dans les places publiques,
Les autres dans le sein de leurs dieux domestiques :
Le méchant par le prix au crime encouragé ;
Le mari par sa femme en son lit égorgé ;
Le fils tout dégouttant du meurtre de son père,
Et sa tête à la main demandant son salaire,
Sans pouvoir exprimer par tant d'horribles traits
Qu'un crayon imparfait de leur sanglante paix.
Vous dirai-je les noms de ces grands personnages
Dont j'ai dépeint les morts pour aigrir les courages,

De ces fameux proscrits, ces demi-dieux mortels,
Qu'on a sacrifiés jusque sur les autels?
Mais pourrois-je vous dire à quelle impatience,
A quels frémissemens, à quelle violence,
Ces indignes trépas, quoique mal figurés,
Ont porté les esprits de tous nos conjurés?
Je n'ai point perdu temps, et voyant leur colère
Au point de ne rien craindre, en état de tout faire,
J'ajoute en peu de mots : « Toutes ces cruautés,
La perte de nos biens et de nos libertés,
Le ravage des champs, le pillage des villes,
Et les proscriptions, et les guerres civiles,
Sont les degrés sanglans dont Auguste a fait choix
Pour monter sur le trône et nous donner des lois.
Mais nous pouvons changer un destin si funeste,
Puisque de trois tyrans c'est le seul qui nous reste,
Et que, juste une fois, il s'est privé d'appui,
Perdant, pour régner seul, deux méchans comme lui :
Lui mort, nous n'avons point de vengeur ni de maître;
Avec la liberté Rome s'en va renaître;
Et nous mériterons le nom de vrais Romains,
Si le joug qui l'accable est brisé par nos mains.
Prenons l'occasion tandis qu'elle est propice :
Demain au Capitole il fait un sacrifice;
Qu'il en soit la victime, et faisons en ces lieux
Justice à tout le monde, à la face des dieux :
Là presque pour sa suite il n'a que notre troupe;
C'est de ma main qu'il prend et l'encens et la coupe;
Et je veux pour signal que cette même main
Lui donne, au lieu d'encens, d'un poignard dans le sein.
Ainsi d'un coup mortel la victime frappée
Fera voir si je suis du sang du grand Pompée;
Faites voir après moi si vous vous souvenez
Des illustres aïeux de qui vous êtes nés. »
A peine ai-je achevé, que chacun renouvelle,
Par un noble serment, le vœu d'être fidèle :
L'occasion leur plaît; mais chacun veut pour soi
L'honneur du premier coup que j'ai choisi pour moi.
La raison règle enfin l'ardeur qui les emporte :
Maxime et la moitié s'assurent de la porte;
L'autre moitié me suit, et doit l'environner,
Prête au premier signal que je voudrai donner.
　Voilà, belle Émilie, à quel point nous en sommes.
Demain j'attends la haine ou la faveur des hommes,
Le nom de parricide ou de libérateur,
César celui de prince ou d'un usurpateur.
Du succès qu'on obtient contre la tyrannie

Dépend ou notre gloire ou notre ignominie ;
Ét le peuple, inégal à l'endroit des tyrans,
S'il les déteste morts, les adore vivans.
Pour moi, soit que le ciel me soit dur ou propice,
Qu'il m'élève à la gloire ou me livre au supplice,
Que Rome se déclare ou pour ou contre nous,
Mourant pour vous servir, tout me semblera doux.

ÉMILIE.

Ne crains point de succès qui souille ta mémoire :
Le bon et le mauvais sont égaux pour ta gloire ;
Et, dans un tel dessein, le manque de bonheur
Met en péril ta vie, et non pas ton honneur.
Regarde le malheur de Brute et de Cassie ;
La splendeur de leurs noms en est-elle obscurcie ?
Sont-ils morts tout entiers avec leurs grands desseins ?
Ne les compte-t-on plus pour les derniers Romains ?
Leur mémoire dans Rome est encor précieuse,
Autant que de César la vie est odieuse ;
Si leur vainqueur y règne, ils y sont regrettés,
Et par les vœux de tous leurs pareils souhaités.
 Va marcher sur leurs pas où l'honneur te convie :
Mais ne perds pas le soin de conserver ta vie ;
Souviens-toi du beau feu dont nous sommes épris,
Qu'aussi bien que la gloire Émilie est ton prix ;
Que tu me dois ton cœur, que mes faveurs t'attendent,
Que tes jours me sont chers, que les miens en dépendent.
Mais quelle occasion mène Évandre vers nous ?

SCÈNE IV. — CINNA, ÉMILIE, ÉVANDRE, FULVIE.

ÉVANDRE.

Seigneur, César vous mande, et Maxime avec vous.

CINNA.

Et Maxime avec moi ! Le sais-tu bien, Évandre ?

ÉVANDRE.

Polyclète est encor chez vous à vous attendre,
Et fût venu lui-même avec moi vous chercher,
Si ma dextérité n'eût su l'en empêcher ;
Je vous en donne avis, de peur d'une surprise.
Il presse fort.

ÉMILIE.
 Mander les chefs de l'entreprise !
Tous deux ! en même temps ! Vous êtes découverts.

CINNA.

Espérons mieux, de grâce.

ÉMILIE.
 Ah, Cinna ! je te perds !

ACTE I, SCÈNE IV.

Et les dieux, obstinés à nous donner un maître,
Parmi tes vrais amis ont mêlé quelque traître.
Il n'en faut point douter, Auguste a tout appris.
Quoi! tous deux! et sitôt que le conseil est pris!

CINNA.

Je ne vous puis celer que son ordre m'étonne;
Mais souvent il m'appelle auprès de sa personne;
Maxime est comme moi de ses plus confidens,
Et nous nous alarmons peut-être en imprudens.

ÉMILIE.

Sois moins ingénieux à te tromper toi-même,
Cinna; ne porte point mes maux jusqu'à l'extrême;
Et, puisque désormais tu ne peux me venger,
Dérobe au moins ta tête à ce mortel danger;
Fuis d'Auguste irrité l'implacable colère.
Je verse assez de pleurs pour la mort de mon père;
N'aigris point ma douleur par un nouveau tourment,
Et ne me réduis point à pleurer mon amant.

CINNA.

Quoi! sur l'illusion d'une terreur panique,
Trahir vos intérêts et la cause publique!
Par cette lâcheté moi-même m'accuser,
Et tout abandonner quand il faut tout oser!
Que feront nos amis si vous êtes déçue?

ÉMILIE.

Mais que deviendras-tu si l'entreprise est sue?

CINNA.

S'il est pour me trahir des esprits assez bas,
Ma vertu pour le moins ne me trahira pas;
Vous la verrez, brillante au bord des précipices,
Se couronner de gloire en bravant les supplices,
Rendre Auguste jaloux du sang qu'il répandra,
Et le faire trembler alors qu'il me perdra.
Je deviendrois suspect à tarder davantage.
Adieu. Raffermissez ce généreux courage.
S'il faut subir le coup d'un destin rigoureux,
Je mourrai tout ensemble heureux et malheureux :
Heureux pour vous servir de perdre ainsi la vie,
Malheureux de mourir sans vous avoir servie.

ÉMILIE.

Oui, va, n'écoute plus ma voix qui te retient;
Mon trouble se dissipe, et ma raison revient.
Pardonne à mon amour cette indigne foiblesse.
Tu voudrois fuir en vain, Cinna, je le confesse;
Si tout est découvert, Auguste a su pourvoir
A ne te laisser pas ta fuite en ton pouvoir.

Porte, porte chez lui cette mâle assurance,
Digne de notre amour, digne de ta naissance;
Meurs, s'il y faut mourir, en citoyen romain,
Et par un beau trépas couronne un beau dessein.
Ne crains pas qu'après toi rien ici me retienne;
Ta mort emportera mon âme vers la tienne;
Et mon cœur, aussitôt percé des mêmes coups....

CINNA.

Ah! souffrez que tout mort je vive encore en vous;
Et du moins en mourant permettez que j'espère
Que vous saurez venger l'amant avec le père.
Rien n'est pour vous à craindre; aucun de nos amis
Ne sait ni vos desseins, ni ce qui m'est promis;
Et, leur parlant tantôt des misères romaines,
Je leur ai tu la mort qui fait naître nos haines,
De peur que mon ardeur touchant vos intérêts
D'un si parfait amour ne trahît les secrets;
Il n'est su que d'Évandre et de votre Fulvie.

ÉMILIE.

Avec moins de frayeur je vais donc chez Livie,
Puisque dans ton péril il me reste un moyen
De faire agir pour toi son crédit et le mien :
Mais si mon amitié par là ne te délivre,
N'espère pas qu'enfin je veuille te survivre.
Je fais de ton destin des règles à mon sort,
Et j'obtiendrai ta vie, ou je suivrai ta mort.

CINNA.

Soyez en ma faveur moins cruelle à vous-même.

ÉMILIE.

Va-t'en, et souviens-toi seulement que je t'aime.

ACTE SECOND.

SCÈNE I. — AUGUSTE, CINNA, MAXIME, TROUPE DE COURTISANS.

AUGUSTE.

Que chacun se retire, et qu'aucun n'entre ici.
Vous, Cinna, demeurez, et vous, Maxime, aussi.
    (*Tous se retirent, à la réserve de Cinna et de Maxime.*)
Cet empire absolu sur la terre et sur l'onde,
Ce pouvoir souverain que j'ai sur tout le monde,
Cette grandeur sans borne et cet illustre rang,

Qui m'a jadis coûté tant de peine et de sang,
Enfin tout ce qu'adore en ma haute fortune
D'un courtisan flatteur la présence importune,
N'est que de ces beautés dont l'éclat éblouit,
Et qu'on cesse d'aimer sitôt qu'on en jouit.
L'ambition déplaît quand elle est assouvie,
D'une contraire ardeur son ardeur est suivie;
Et comme notre esprit, jusqu'au dernier soupir,
Toujours vers quelque objet pousse quelque désir,
Il se ramène en soi, n'ayant plus où se prendre,
Et, monté sur le faîte, il aspire à descendre[1].
J'ai souhaité l'empire, et j'y suis parvenu;
Mais, en le souhaitant, je ne l'ai pas connu :
Dans sa possession j'ai trouvé pour tous charmes
D'effroyables soucis, d'éternelles alarmes,
Mille ennemis secrets, la mort à tous propos,
Point de plaisir sans trouble, et jamais de repos.
Sylla m'a précédé dans ce pouvoir suprême :
Le grand César mon père en a joui de même;
D'un œil si différent tous deux l'ont regardé,
Que l'un s'en est démis, et l'autre l'a gardé :
Mais l'un, cruel, barbare, est mort aimé, tranquille,
Comme un bon citoyen dans le sein de sa ville;
L'autre, tout débonnaire, au milieu du sénat
A vu trancher ses jours par un assassinat.
Ces exemples récens suffiroient pour m'instruire,
Si par l'exemple seul on se devoit conduire :
L'un m'invite à le suivre, et l'autre me fait peur.
Mais l'exemple souvent est un miroir trompeur;
Et l'ordre du destin qui gêne nos pensées
N'est pas toujours écrit dans les choses passées :
Quelquefois l'un se brise où l'autre s'est sauvé,
Et par où l'un périt un autre est conservé.
    Voilà, mes chers amis, ce qui me met en peine.
Vous, qui me tenez lieu d'Agrippe et de Mécène,

---

1. Quelque crainte que mon père eût de parler de vers à mon frère, quand il le vit en âge de pouvoir discerner le bon du mauvais, il lui fit apprendre par cœur des endroits de *Cinna;* et lorsqu'il lui entendoit réciter ce beau vers :

    Et, monté sur le faîte, il aspire à descendre,

« Remarquez bien cette expression, lui disoit-il avec enthousiasme. On dit : aspirer à monter; mais il faut connoître le cœur humain aussi bien que Corneille l'a connu, pour avoir su dire de l'ambitieux qu'il aspire à descendre. » On ne croira point qu'il ait affecté la modestie lorsqu'il parloit ainsi en particulier à son fils : il lui disoit ce qu'il pensoit. (*L. Racine.*)

Pour résoudre ce point avec eux débattu,
Prenez sur mon esprit le pouvoir qu'ils ont eu :
Ne considérez point cette grandeur suprême,
Odieuse aux Romains, et pesante à moi-même ;
Traitez-moi comme ami, non comme souverain ;
Rome, Auguste, l'État, tout est en votre main :
Vous mettrez et l'Europe, et l'Asie, et l'Afrique,
Sous les lois d'un monarque, ou d'une république ;
Votre avis est ma règle, et par ce seul moyen
Je veux être empereur, ou simple citoyen.

CINNA.

Malgré notre surprise, et mon insuffisance,
Je vous obéirai, seigneur, sans complaisance,
Et mets bas le respect qui pourroit m'empêcher
De combattre un avis où vous semblez pencher ;
Souffrez-le d'un esprit jaloux de votre gloire,
Que vous allez souiller d'une tache trop noire,
Si vous ouvrez votre âme à ces impressions
Jusques à condamner toutes vos actions.
  On ne renonce point aux grandeurs légitimes ;
On garde sans remords ce qu'on acquiert sans crimes ;
Et plus le bien qu'on quitte est noble, grand, exquis,
Plus qui l'ose quitter le juge mal acquis.
N'imprimez pas, seigneur, cette honteuse marque
A ces rares vertus qui vous ont fait monarque ;
Vous l'êtes justement, et c'est sans attentat
Que vous avez changé la forme de l'État.
Rome est dessous vos lois par le droit de la guerre
Qui sous les lois de Rome a mis toute la terre ;
Vos armes l'ont conquise, et tous les conquérans
Pour être usurpateurs ne sont pas des tyrans ;
Quand ils ont sous leurs lois asservi des provinces,
Gouvernant justement, ils s'en font justes princes :
C'est ce que fit César ; il vous faut aujourd'hui
Condamner sa mémoire, ou faire comme lui.
Si le pouvoir suprême est blâmé par Auguste,
César fut un tyran, et son trépas fut juste,
Et vous devez aux dieux compte de tout le sang
Dont vous l'avez vengé pour monter à son rang.
N'en craignez point, seigneur, les tristes destinées ;
Un plus puissant démon veille sur vos années :
On a dix fois sur vous attenté sans effet,
Et qui l'a voulu perdre au même instant l'a fait.
On entreprend assez, mais aucun n'exécute ;
Il est des assassins, mais il n'est plus de Brute :
Enfin, s'il faut attendre un semblable revers,
Il est beau de mourir maître de l'univers.

C'est ce qu'en peu de mots j'ose dire ; et j'estime
Que ce peu que j'ai dit est l'avis de Maxime.
MAXIME.
Oui, j'accorde qu'Auguste a droit de conserver
L'empire où sa vertu l'a fait seule arriver,
Et qu'au prix de son sang, au péril de sa tête,
Il a fait de l'État une juste conquête :
Mais que, sans se noircir, il ne puisse quitter
Le fardeau que sa main est lasse de porter,
Qu'il accuse par là César de tyrannie,
Qu'il approuve sa mort, c'est ce que je dénie.
  Rome est à vous, seigneur, l'empire est votre bien ;
Chacun en liberté peut disposer du sien ;
Il le peut à son choix garder, ou s'en défaire :
Vous seul ne pourriez pas ce que peut le vulgaire,
Et seriez devenu, pour avoir tout dompté,
Esclave des grandeurs où vous êtes monté !
Possédez-les, seigneur, sans qu'elles vous possèdent.
Loin de vous captiver, souffrez qu'elles vous cèdent ;
Et faites hautement connoître enfin à tous
Que tout ce qu'elles ont est au-dessous de vous
Votre Rome autrefois vous donna la naissance ;
Vous lui voulez donner votre toute-puissance ;
Et Cinna vous impute à crime capital
La libéralité vers le pays natal !
Il appelle remords l'amour de la patrie !
Par la haute vertu la gloire est donc flétrie,
Et ce n'est qu'un objet digne de nos mépris,
Si de ses pleins effets l'infamie est le prix !
Je veux bien avouer qu'une action si belle
Donne à Rome bien plus que vous ne tenez d'elle ;
Mais commet-on un crime indigne de pardon,
Quand la reconnoissance est au-dessus du don ?
Suivez, suivez, seigneur, le ciel qui vous inspire :
Votre gloire redouble à mépriser l'empire ;
Et vous serez fameux chez la postérité,
Moins pour l'avoir conquis que pour l'avoir quitté.
Le bonheur peut conduire à la grandeur suprême.
Mais pour y renoncer il faut la vertu même ;
Et peu de généreux vont jusqu'à dédaigner,
Après un sceptre acquis, la douceur de régner.
  Considérez d'ailleurs que vous régnez dans Rome,
Où, de quelque façon que votre cour vous nomme,
On hait la monarchie ; et le nom d'empereur,
Cachant celui de roi, ne fait pas moins d'horreur.
Ils passent pour tyran quiconque s'y fait maître ;
Qui le sert, pour esclave, et qui l'aime, pour traître ;

Qui le souffre a le cœur lâche, mol, abattu,
Et pour s'en affranchir tout s'appelle vertu.
Vous en avez, seigneur, des preuves trop certaines :
On a fait contre vous dix entreprises vaines ;
Peut-être que l'onzième est prête d'éclater,
Et que ce mouvement qui vous vient d'agiter
N'est qu'un avis secret que le ciel vous envoie,
Qui pour vous conserver n'a plus que cette voie.
Ne vous exposez plus à ces fameux revers.
Il est beau de mourir maître de l'univers ;
Mais la plus belle mort souille notre mémoire,
Quand nous avons pu vivre et croître notre gloire.

CINNA.

Si l'amour du pays doit ici prévaloir,
C'est son bien seulement que vous devez vouloir ;
Et cette liberté, qui lui semble si chère,
N'est pour Rome, seigneur, qu'un bien imaginaire,
Plus nuisible qu'utile, et qui n'approche pas
De celui qu'un bon prince apporte à ses États :
Avec ordre et raison les honneurs il dispense,
Avec discernement punit et récompense,
Et dispose de tout en juste possesseur,
Sans rien précipiter, de peur d'un successeur.
Mais quand le peuple est maître, on n'agit qu'en tumulte :
La voix de la raison jamais ne se consulte ;
Les honneurs sont vendus aux plus ambitieux,
L'autorité livrée aux plus séditieux.
Ces petits souverains qu'il fait pour une année,
Voyant d'un temps si court leur puissance bornée,
Des plus heureux desseins font avorter le fruit,
De peur de le laisser à celui qui les suit ;
Comme ils ont peu de part aux biens dont ils ordonnent,
Dans le champ du public largement ils moissonnent,
Assurés que chacun leur pardonne aisément,
Espérant à son tour un pareil traitement :
Le pire des États, c'est l'État populaire.

AUGUSTE.

Et toutefois le seul qui dans Rome peut plaire.
Cette haine des rois, que depuis cinq cents ans
Avec le premier lait sucent tous ses enfans,
Pour l'arracher des cœurs, est trop enracinée.

MAXIME.

Oui, seigneur, dans son mal Rome est trop obstinée ;
Son peuple, qui s'y plaît, en fuit la guérison :
Sa coutume l'emporte, et non pas la raison ;
Et cette vieille erreur, que Cinna veut abattre,
Est une heureuse erreur dont il est idolâtre,

Par qui le monde entier, asservi sous ses lois,
L'a vu cent fois marcher sur la tête des rois,
Son épargne s'enfler du sac de leurs provinces.
Que lui pouvoient de plus donner les meilleurs princes ?
　J'ose dire, seigneur, que par tous les climats
Ne sont pas bien reçus toutes sortes d'États ;
Chaque peuple a le sien conforme à sa nature,
Qu'on ne sauroit changer sans lui faire une injure :
Telle est la loi du ciel, dont la sage équité
Sème dans l'univers cette diversité.
Les Macédoniens aiment le monarchique,
Et le reste des Grecs la liberté publique :
Les Parthes, les Persans veulent des souverains ;
Et le seul consulat est bon pour les Romains.

CINNA.

Il est vrai que du ciel la prudence infinie
Départ à chaque peuple un différent génie ;
Mais il n'est pas moins vrai que cet ordre des cieux
Change selon les temps comme selon les lieux.
Rome a reçu des rois ses murs et sa naissance ;
Elle tient des consuls sa gloire et sa puissance,
Et reçoit maintenant de vos rares bontés
Le comble souverain de ses prospérités.
Sous vous, l'État n'est plus en pillage aux armées ;
Les portes de Janus par vos mains sont fermées,
Ce que sous ses consuls on n'a vu qu'une fois,
Et qu'a fait voir comme eux le second de ses rois.

MAXIME.

Les changemens d'État que fait l'ordre céleste
Ne coûtent point de sang, n'ont rien qui soit funeste.

CINNA.

C'est un ordre des dieux qui jamais ne se rompt,
De nous vendre un peu cher les grands biens qu'ils nous font.
L'exil des Tarquins même ensanglanta nos terres,
Et nos premiers consuls nous ont coûté des guerres.

MAXIME.

Donc votre aïeul Pompée au ciel a résisté
Quand il a combattu pour notre liberté ?

CINNA.

Si le ciel n'eût voulu que Rome l'eût perdue,
Par les mains de Pompée il l'auroit défendue :
Il a choisi sa mort pour servir dignement
D'une marque éternelle à ce grand changement,
Et devoit cette gloire aux mânes d'un tel homme,
D'emporter avec eux la liberté de Rome.
　Ce nom depuis longtemps ne sert qu'à l'éblouir,
Et sa propre grandeur l'empêche d'en jouir.

Depuis qu'elle se voit la maîtresse du monde,
Depuis que la richesse entre ses murs abonde,
Et que son sein, fécond en glorieux exploits,
Produit des citoyens plus puissans que des rois,
Les grands, pour s'affermir achetant des suffrages,
Tiennent pompeusement leurs maîtres à leurs gages,
Qui, par des fers dorés se laissant enchaîner,
Reçoivent d'eux les lois qu'ils pensent leur donner.
Envieux l'un de l'autre, ils mènent tout par brigues
Que leur ambition tourne en sanglantes ligues.
Ainsi de Marius Sylla devint jaloux ;
César, de mon aïeul ; Marc-Antoine, de vous :
Ainsi la liberté ne peut plus être utile
Qu'à former les fureurs d'une guerre civile,
Lorsque, par un désordre à l'univers fatal,
L'un ne veut point de maître, et l'autre point d'égal.
    Seigneur, pour sauver Rome, il faut qu'elle s'unisse
En la main d'un bon chef à qui tout obéisse.
Si vous aimez encore à la favoriser,
Otez-lui les moyens de se plus diviser.
Sylla, quittant la place enfin bien usurpée,
N'a fait qu'ouvrir le champ à César et Pompée,
Que le malheur des temps ne nous eût pas fait voir,
S'il eût dans sa famille assuré son pouvoir.
Qu'a fait du grand César le cruel parricide,
Qu'élever contre vous Antoine avec Lépide,
Qui n'eussent pas détruit Rome par les Romains,
Si César eût laissé l'empire entre vos mains ?
Vous la replongerez, en quittant cet empire,
Dans les maux dont à peine encore elle respire,
Et de ce peu, seigneur, qui lui reste de sang,
Une guerre nouvelle épuisera son flanc.
    Que l'amour du pays, que la pitié vous touche ;
Votre Rome à genoux vous parle par ma bouche.
Considérez le prix que vous avez coûté :
Non pas qu'elle vous croie avoir trop acheté,
Des maux qu'elle a soufferts elle est trop bien payée ;
Mais une juste peur tient son âme effrayée :
Si, jaloux de son heur, et las de commander,
Vous lui rendez un bien qu'elle ne peut garder,
S'il lui faut à ce prix en acheter un autre,
Si vous ne préférez son intérêt au vôtre,
Si ce funeste don la met au désespoir,
Je n'ose dire ici ce que j'ose prévoir.
Conservez-vous, seigneur, en lui laissant un maître
Sous qui son vrai bonheur commence de renaître ;
Et, pour mieux assurer le bien commun de tous,

Donnez un successeur qui soit digne de vous.
AUGUSTE.
N'en délibérons plus, cette pitié l'emporte.
Mon repos m'est bien cher, mais Rome est la plus forte;
Et quelque grand malheur qui m'en puisse arriver,
Je consens à me perdre afin de la sauver.
Pour ma tranquillité mon cœur en vain soupire :
Cinna, par vos conseils je retiendrai l'empire;
Mais je le retiendrai pour vous en faire part.
Je vois trop que vos cœurs n'ont point pour moi de fard,
Et que chacun de vous, dans l'avis qu'il me donne,
Regarde seulement l'État et ma personne :
Votre amour en tous deux fait ce combat d'esprits,
Et vous allez tous deux en recevoir le prix.
Maxime, je vous fais gouverneur de Sicile;
Allez donner mes lois à ce terroir fertile :
Songez que c'est pour moi que vous gouvernerez,
Et que je répondrai de ce que vous ferez.
Pour épouse, Cinna, je vous donne Émilie;
Vous savez qu'elle tient la place de Julie,
Et que si nos malheurs et la nécessité
M'ont fait traiter son père avec sévérité,
Mon épargne depuis en sa faveur ouverte
Doit avoir adouci l'aigreur de cette perte.
Voyez-la de ma part, tâchez de la gagner :
Vous n'êtes point pour elle un homme à dédaigner;
De l'offre de vos vœux elle sera ravie.
Adieu : j'en veux porter la nouvelle à Livie.

SCÈNE II. — CINNA, MAXIME.

MAXIME.
Quel est votre dessein après ce beau discours?
CINNA.
Le même que j'avois, et que j'aurai toujours.
MAXIME.
Un chef de conjurés flatte la tyrannie!
CINNA.
Un chef de conjurés la veut voir impunie!
MAXIME.
Je veux voir Rome libre.
CINNA.
Et vous pouvez juger
Que je veux l'affranchir ensemble et la venger.
Octave aura donc vu ses fureurs assouvies,
Pillé jusqu'aux autels, sacrifié nos vies,
Rempli les champs d'horreur, comblé Rome de morts,

Et sera quitte après pour l'effet d'un remords!
Quand le ciel par nos mains à le punir s'apprête,
Un lâche repentir garantira sa tête!
C'est trop semer d'appâts, et c'est trop inviter
Par son impunité quelque autre à l'imiter.
Vengeons nos citoyens, et que sa peine étonne
Quiconque après sa mort aspire à la couronne.
Que le peuple aux tyrans ne soit plus exposé :
S'il eût puni Sylla, César eût moins osé.

MAXIME.

Mais la mort de César, que vous trouvez si juste,
A servi de prétexte aux cruautés d'Auguste.
Voulant nous affranchir, Brute s'est abusé;
S'il n'eût puni César, Auguste eût moins osé.

CINNA.

La faute de Cassie, et ses terreurs paniques,
Ont fait rentrer l'État sous des lois tyranniques;
Mais nous ne verrons point de pareils accidens,
Lorsque Rome suivra des chefs moins imprudens.

MAXIME.

Nous sommes encor loin de mettre en évidence
Si nous nous conduirons avec plus de prudence;
Cependant c'en est peu que de n'accepter pas
Le bonheur qu'on recherche au péril du trépas.

CINNA.

C'en est encor bien moins, alors qu'on s'imagine
Guérir un mal si grand sans couper la racine;
Employer la douceur à cette guérison,
C'est, en fermant la plaie, y verser du poison.

MAXIME.

Vous la voulez sanglante, et la rendez douteuse.

CINNA.

Vous la voulez sans peine, et la rendez honteuse.

MAXIME.

Pour sortir de ses fers jamais on ne rougit.

CINNA.

On en sort lâchement, si la vertu n'agit.

MAXIME.

Jamais la liberté ne cesse d'être aimable;
Et c'est toujours pour Rome un bien inestimable.

CINNA.

Ce ne peut être un bien qu'elle daigne estimer,
Quand il vient d'une main lasse de l'opprimer :
Elle a le cœur trop bon pour se voir avec joie
Le rebut du tyran dont elle fut la proie;
Et tout ce que la gloire a de vrais partisans
Le hait trop puissamment pour aimer ses présens.

MAXIME.
Donc pour vous Émilie est un objet de haine?
CINNA.
La recevoir de lui me seroit une gêne.
Mais quand j'aurai vengé Rome des maux soufferts,
Je saurai le braver jusque dans les enfers.
Oui, quand par son trépas je l'aurai méritée,
Je veux joindre à sa main ma main ensanglantée,
L'épouser sur sa cendre, et qu'après notre effort
Les présens du tyran soient le prix de sa mort.
MAXIME.
Mais l'apparence, ami, que vous puissiez lui plaire,
Teint du sang de celui qu'elle aime comme un père?
Car vous n'êtes pas homme à la violenter.
CINNA.
Ami, dans ce palais on peut nous écouter,
Et nous parlons peut-être avec trop d'imprudence
Dans un lieu si mal propre à notre confidence :
Sortons; qu'en sûreté j'examine avec vous,
Pour en venir à bout, les moyens les plus doux.

ACTE TROISIÈME.

SCÈNE I. — MAXIME, EUPHORBE.

MAXIME.
Lui-même il m'a tout dit; leur flamme est mutuelle;
Il adore Émilie, il est adoré d'elle;
Mais sans venger son père il n'y peut aspirer;
Et c'est pour l'acquérir qu'il nous fait conspirer.
EUPHORBE.
Je ne m'étonne plus de cette violence
Dont il contraint Auguste à garder sa puissance :
La ligue se romproit s'il s'en étoit démis,
Et tous vos conjurés deviendroient ses amis.
MAXIME.
Ils servent à l'envi la passion d'un homme
Qui n'agit que pour soi, feignant d'agir pour Rome;
Et moi, par un malheur qui n'eut jamais d'égal,
Je pense servir Rome, et je sers mon rival !
EUPHORBE.
Vous êtes son rival?
MAXIME.
Oui, j'aime sa maîtresse,
Et l'ai caché toujours avec assez d'adresse;

Mon ardeur inconnue, avant que d'éclater,
Par quelque grand exploit la vouloit mériter :
Cependant par mes mains je vois qu'il me l'enlève;
Son dessein fait ma perte, et c'est moi qui l'achève;
J'avance des succès dont j'attends le trépas,
Et pour m'assassiner je lui prête mon bras.
Que l'amitié me plonge en un malheur extrême!

EUPHORBE.

L'issue en est aisée, agissez pour vous-même;
D'un dessein qui vous perd rompez le coup fatal;
Gagnez une maîtresse, accusant un rival.
Auguste, à qui par là vous sauverez la vie,
Ne vous pourra jamais refuser Émilie.

MAXIME.

Quoi! trahir mon ami!

EUPHORBE.

L'amour rend tout permis;
Un véritable amant ne connoît point d'amis,
Et même avec justice on peut trahir un traître,
Qui pour une maîtresse ose trahir son maître :
Oubliez l'amitié, comme lui les bienfaits.

MAXIME.

C'est un exemple à fuir que celui des forfaits.

EUPHORBE.

Contre un si noir dessein tout devient légitime;
On n'est point criminel quand on punit un crime.

MAXIME.

Un crime par qui Rome obtient sa liberté!

EUPHORBE.

Craignez tout d'un esprit si plein de lâcheté.
L'intérêt du pays n'est point ce qui l'engage;
Le sien, et non la gloire, anime son courage.
Il aimeroit César, s'il n'étoit amoureux,
Et n'est enfin qu'ingrat, et non pas généreux.
   Pensez-vous avoir lu jusqu'au fond de son âme?
Sous la cause publique il vous cachoit sa flamme,
Et peut cacher encor sous cette passion
Les détestables feux de son ambition.
Peut-être qu'il prétend, après la mort d'Octave,
Au lieu d'affranchir Rome, en faire son esclave,
Qu'il vous compte déjà pour un de ses sujets,
Ou que sur votre perte il fonde ses projets.

MAXIME.

Mais comment l'accuser sans nommer tout le reste?
A tous nos conjurés l'avis seroit funeste,
Et par là nous verrions indignement trahis
Ceux qu'engage avec nous le seul bien du pays.

D'un si lâche dessein mon âme est incapable;
Il perd trop d'innocens pour punir un coupable.
J'ose tout contre lui, mais je crains tout pour eux.
EUPHORBE.
Auguste s'est lassé d'être si rigoureux;
En ces occasions, ennuyé de supplices,
Ayant puni les chefs, il pardonne aux complices.
Si toutefois pour eux vous craignez son courroux,
Quand vous lui parlerez, parlez au nom de tous.
MAXIME.
Nous disputons en vain, et ce n'est que folie
De vouloir par sa perte acquérir Émilie;
Ce n'est pas le moyen de plaire à ses beaux yeux
Que de priver du jour ce qu'elle aime le mieux.
Pour moi j'estime peu qu'Auguste me la donne;
Je veux gagner son cœur plutôt que sa personne,
Et ne fais point d'état de sa possession,
Si je n'ai point de part à son affection.
Puis-je la mériter par une triple offense?
Je trahis son amant, je détruis sa vengeance;
Je conserve le sang qu'elle veut voir périr;
Et j'aurois quelque espoir qu'elle me pût chérir?
EUPHORBE.
C'est ce qu'à dire vrai je vois fort difficile.
L'artifice pourtant vous y peut être utile;
Il en faut trouver un qui la puisse abuser,
Et du reste le temps en pourra disposer.
MAXIME.
Mais si pour s'excuser il nomme sa complice,
S'il arrive qu'Auguste avec lui la punisse,
Puis-je lui demander, pour prix de mon rapport,
Celle qui nous oblige à conspirer sa mort?
EUPHORBE.
Vous pourriez m'opposer tant et de tels obstacles,
Que pour les surmonter il faudroit des miracles;
J'espère, toutefois, qu'à force d'y rêver....
MAXIME.
Éloigne-toi; dans peu j'irai te retrouver :
Cinna vient, et je veux en tirer quelque chose,
Pour mieux résoudre après ce que je me propose.

SCÈNE II. — CINNA, MAXIME.
MAXIME.
Vous me semblez pensif.
CINNA.
Ce n'es pas sans sujet.

MAXIME.
Puis-je d'un tel chagrin savoir quel est l'objet ?
CINNA.
Émilie et César, l'un et l'autre me gêne ;
L'un me semble trop bon, l'autre trop inhumaine.
Plût aux dieux que César employât mieux ses soins,
Et s'en fît plus aimer, ou m'aimât un peu moins ;
Que sa bonté touchât la beauté qui me charme,
Et la pût adoucir comme elle me désarme !
Je sens au fond du cœur mille remords cuisans
Qui rendent à mes yeux tous ses bienfaits présens ;
Cette faveur si pleine, et si mal reconnue,
Par un mortel reproche à tous momens me tue.
Il me semble surtout incessamment le voir
Déposer en nos mains son absolu pouvoir,
Écouter nos avis, m'applaudir, et me dire :
« Cinna, par vos conseils je retiendrai l'empire,
Mais je le retiendrai pour vous en faire part. »
Et je puis dans son sein enfoncer un poignard !
Ah ! plutôt.... Mais, hélas ! j'idolâtre Émilie ;
Un serment exécrable à sa haine me lie ;
L'horreur qu'elle a de lui me le rend odieux :
Des deux côtés j'offense et ma gloire et les dieux ;
Je deviens sacrilége, ou je suis parricide ;
Et vers l'un ou vers l'autre il faut être perfide.
MAXIME.
Vous n'aviez point tantôt ces agitations ;
Vous paroissiez plus ferme en vos intentions ;
Vous ne sentiez au cœur ni remords ni reproche.
CINNA.
On ne les sent aussi que quand le coup approche,
Et l'on ne reconnoît de semblables forfaits
Que quand la main s'apprête à venir aux effets.
L'âme, de son dessein jusque-là possédée,
S'attache aveuglément à sa première idée ;
Mais alors quel esprit n'en devient point troublé ?
Ou plutôt quel esprit n'en est point accablé ?
Je crois que Brute même, à tel point qu'on le prise,
Voulut plus d'une fois rompre son entreprise,
Qu'avant que de frapper elle lui fit sentir
Plus d'un rémords en l'âme, et plus d'un repentir.
MAXIME.
Il eut trop de vertu pour tant d'inquiétude ;
Il ne soupçonna point sa main d'ingratitude,
Et fut contre un tyran d'autant plus animé
Qu'il en reçut de biens et qu'il s'en vit aimé.
Comme vous l'imitez, faites la même chose,

Et formez vos remords d'une plus juste cause,
De vos lâches conseils, qui seuls ont arrêté
Le bonheur renaissant de notre liberté :
C'est vous seul aujourd'hui qui nous l'avez ôtée;
De la main de César Brute l'eût acceptée,
Et n'eût jamais souffert qu'un intérêt léger
De vengeance ou d'amour l'eût remise en danger.
N'écoutez plus la voix d'un tyran qui vous aime,
Et vous veut faire part de son pouvoir suprême;
Mais entendez crier Rome à votre côté :
« Rends-moi, rends-moi, Cinna, ce que tu m'as ôté;
Et, si tu m'as tantôt préféré ta maîtresse,
Ne me préfère pas le tyran qui m'oppresse. »
                    CINNA.
Ami, n'accable plus un esprit malheureux
Qui ne forme qu'en lâche un dessein généreux.
Envers nos citoyens je sais quelle est ma faute,
Et leur rendrai bientôt tout ce que je leur ôte;
Mais pardonne aux abois d'une vieille amitié
Qui ne peut expirer sans me faire pitié,
Et laisse-moi, de grâce, attendant Émilie,
Donner un libre cours à ma mélancolie :
Mon chagrin t'importune, et le trouble où je suis
Veut de la solitude à calmer tant d'ennuis.
                    MAXIME.
Vous voulez rendre compte à l'objet qui vous blesse
De la bonté d'Octave et de votre foiblesse;
L'entretien des amans veut un entier secret.
Adieu. Je me retire en confident discret.

SCÈNE III. — CINNA.

Donne un plus digne nom au glorieux empire
Du noble sentiment que la vertu m'inspire,
Et que l'honneur oppose au coup précipité
De mon ingratitude et de ma lâcheté;
Mais plutôt continue à le nommer foiblesse,
Puisqu'il devient si foible auprès d'une maîtresse,
Qu'il respecte un amour qu'il devroit étouffer,
Ou que, s'il le combat, il n'ose en triompher.
En ces extrémités quel conseil dois-je prendre?
De quel côté pencher? à quel parti me rendre?
Qu'une âme généreuse a de peine à faillir!
Quelque fruit que par là j'espère de cueillir,
Les douceurs de l'amour, celles de la vengeance,
La gloire d'affranchir le lieu de ma naissance,
N'ont point assez d'appâts pour flatter ma raison

S'il les faut acquérir par une trahison,
S'il faut percer le flanc d'un prince magnanime
Qui du peu que je suis fait une telle estime,
Qui me comble d'honneurs, qui m'accable de biens,
Qui ne prend pour régner de conseils que les miens.
O coup! ô trahison trop indigne d'un homme!
Dure, dure à jamais l'esclavage de Rome!
Périsse mon amour, périsse mon espoir,
Plutôt que de ma main parte un crime si noir!
Quoi! ne m'offre-t-il pas tout ce que je souhaite,
Et qu'au prix de son sang ma passion achète?
Pour jouir de ses dons faut-il l'assassiner?
Et faut-il lui ravir ce qu'il me veut donner?
Mais je dépends de vous, ô serment téméraire!
O haine d'Émilie! ô souvenir d'un père!
Ma foi, mon cœur, mon bras, tout vous est engagé,
Et je ne puis plus rien que par votre congé :
C'est à vous à régler ce qu'il faut que je fasse;
C'est à vous, Émilie, à lui donner sa grâce;
Vos seules volontés président à son sort,
Et tiennent en mes mains et sa vie et sa mort.
O dieux, qui comme vous la rendez adorable,
Rendez-la, comme vous, à mes vœux exorable;
Et, puisque de ses lois je ne puis m'affranchir,
Faites qu'à mes désirs je la puisse fléchir.
Mais voici de retour cette aimable inhumaine.

SCÈNE IV. — ÉMILIE, CINNA, FULVIE.

ÉMILIE.

Grâces aux dieux, Cinna, ma frayeur étoit vaine;
Aucun de tes amis ne t'a manqué de foi,
Et je n'ai point eu lieu de m'employer pour toi.
Octave en ma présence a tout dit à Livie,
Et par cette nouvelle il m'a rendu la vie.

CINNA.

Le désavouerez-vous? et du don qu'il me fait
Voudrez-vous retarder le bienheureux effet?

ÉMILIE.

L'effet est dans ta main.

CINNA.

Mais plutôt en la vôtre.

ÉMILIE.

Je suis toujours moi-même, et mon cœur n'est point autre;
Me donner à Cinna, c'est ne lui donner rien,
C'est seulement lui faire un présent de son bien.

CINNA.

Vous pouvez toutefois.... ô ciel! l'osé-je dire?

ACTE III, SCÈNE IV.

ÉMILIE.

Que puis-je? et que crains-tu?

CINNA.

Je tremble, je soupire,
Et vois que, si nos cœurs avoient mêmes désirs,
Je n'aurois pas besoin d'expliquer mes soupirs.
Ainsi je suis trop sûr que je vais vous déplaire;
Mais je n'ose parler, et je ne puis me taire.

ÉMILIE.

C'est trop me gêner, parle.

CINNA.

Il faut vous obéir.
Je vais donc vous déplaire, et vous m'allez haïr
 Je vous aime, Émilie, et le ciel me foudroie
Si cette passion ne fait toute ma joie,
Et si je ne vous aime avec toute l'ardeur
Que peut un digne objet attendre d'un grand cœur!
Mais voyez à quel prix vous me donnez votre âme :
En me rendant heureux vous me rendez infâme;
Cette bonté d'Auguste....

ÉMILIE.

Il suffit, je t'entends,
Je vois ton repentir et tes vœux inconstans :
Les faveurs du tyran emportent tes promesses;
Tes feux et tes sermens cèdent à ses caresses;
Et ton esprit crédule ose s'imaginer
Qu'Auguste, pouvant tout, peut aussi me donner.
Tu me veux de sa main plutôt que de la mienne;
Mais ne crois pas qu'ainsi jamais je t'appartienne :
Il peut faire trembler la terre sous ses pas,
Mettre un roi hors du trône, et donner ses États,
De ses proscriptions rougir la terre et l'onde,
Et changer à son gré l'ordre de tout le monde;
Mais le cœur d'Émilie est hors de son pouvoir.

CINNA.

Aussi n'est-ce qu'à vous que je veux le devoir.
Je suis toujours moi-même, et ma foi toujours pure;
La pitié que je sens ne me rend point parjure;
J'obéis sans réserve à tous vos sentimens,
Et prends vos intérêts par delà mes sermens.
 J'ai pu, vous le savez, sans parjure et sans crime,
Vous laisser échapper cette illustre victime.
César se dépouillant du pouvoir souverain
Nous ôtoit tout prétexte à lui percer le sein;
La conjuration s'en alloit dissipée,
Vos desseins avortés, votre haine trompée;
Moi seul j'ai raffermi son esprit étonné,

Et pour vous l'immoler ma main l'a couronné.
####### ÉMILIE.
Pour me l'immoler, traître! et tu veux que moi-même
Je retienne ta main! qu'il vive, et que je l'aime!
Que je sois le butin de qui l'ose épargner,
Et le prix du conseil qui le force à régner!
####### CINNA.
Ne me condamnez point quand je vous ai servie :
Sans moi, vous n'auriez plus de pouvoir sur sa vie;
Et, malgré ses bienfaits, je rends tout à l'amour,
Quand je veux qu'il périsse, ou vous doive le jour.
Avec les premiers vœux de mon obéissance
Souffrez ce foible effort de ma reconnoissance,
Que je tâche de vaincre un indigne courroux,
Et vous donner pour lui l'amour qu'il a pour vous.
Une âme généreuse, et que la vertu guide,
Fuit la honte des noms d'ingrate et de perfide;
Elle en hait l'infamie attachée au bonheur,
Et n'accepte aucun bien aux dépens de l'honneur.
####### ÉMILIE.
Je fais gloire, pour moi, de cette ignominie :
La perfidie est noble envers la tyrannie;
Et quand on rompt le cours d'un sort si malheureux,
Les cœurs les plus ingrats sont les plus généreux.
####### CINNA.
Vous faites des vertus au gré de votre haine.
####### ÉMILIE.
Je me fais des vertus dignes d'une Romaine.
####### CINNA.
Un cœur vraiment romain....
####### ÉMILIE.
     Ose tout pour ravir
Une odieuse vie à qui le fait servir;
Il fuit plus que la mort la honte d'être esclave.
####### CINNA.
C'est l'être avec honneur que de l'être d'Octave;
Et nous voyons souvent des rois à nos genoux
Demander pour appui tels esclaves que nous;
Il abaisse à nos pieds l'orgueil des diadèmes,
Il nous fait souverains sur leurs grandeurs suprêmes;
Il prend d'eux les tributs dont il nous enrichit,
Et leur impose un joug dont il nous affranchit.
####### ÉMILIE.
L'indigne ambition que ton cœur se propose!
Pour être plus qu'un roi, tu te crois quelque chose!
Aux deux bouts de la terre en est-il un si vain
Qu'il prétende égaler un citoyen romain?

Antoine sur sa tête attira notre haine
En se déshonorant par l'amour d'une reine;
Attale, ce grand roi, dans la pourpre blanchi,
Qui du peuple romain se nommoit l'affranchi,
Quand de toute l'Asie il se fût vu l'arbitre,
Eût encor moins prisé son trône que ce titre.
Souviens-toi de ton nom, soutiens sa dignité;
Et, prenant d'un Romain la générosité,
Sache qu'il n'en est point que le ciel n'ait fait naître
Pour commander aux rois, et pour vivre sans maître.

CINNA.

Le ciel a trop fait voir en de tels attentats
Qu'il hait les assassins et punit les ingrats;
Et quoi qu'on entreprenne, et quoi qu'on exécute,
Quand il élève un trône, il en venge la chute;
Il se met du parti de ceux qu'il fait régner;
Le coup dont on les tue est longtemps à saigner;
Et quand à les punir il a pu se résoudre,
De pareils châtimens n'appartiennent qu'au foudre.

ÉMILIE.

Dis que de leur parti toi-même tu te rends,
De te remettre au foudre à punir les tyrans.
 Je ne t'en parle plus, va, sers la tyrannie;
Abandonne ton âme à son lâche génie;
Et, pour rendre le calme à ton esprit flottant,
Oublie et ta naissance et le prix qui t'attend.
Sans emprunter ta main pour servir ma colère,
Je saurai bien venger mon pays et mon père.
J'aurois déjà l'honneur d'un si fameux trépas,
Si l'amour jusqu'ici n'eût arrêté mon bras;
C'est lui qui, sous tes lois me tenant asservie,
M'a fait en ta faveur prendre soin de ma vie :
Seule contre un tyran, en le faisant périr,
Par les mains de sa garde il me falloit mourir.
Je t'eusse par ma mort dérobé ta captive;
Et comme pour toi seul l'amour veut que je vive,
J'ai voulu, mais en vain, me conserver pour toi,
Et te donner moyen d'être digne de moi.
 Pardonnez-moi, grands dieux, si je me suis trompée
Quand j'ai pensé chérir un neveu de Pompée,
Et si d'un faux-semblant mon esprit abusé
A fait choix d'un esclave en son lieu supposé.
Je t'aime toutefois, quel que tu puisses être;
Et si, pour me gagner, il faut trahir ton maître,
Mille autres à l'envi recevroient cette loi,
S'ils pouvoient m'acquérir à même prix que toi.
Mais n'appréhende pas qu'un autre ainsi m'obtienne.

Vis pour ton cher tyran, tandis que je meurs tienne :
Mes jours avec les siens se vont précipiter,
Puisque ta lâcheté n'ose me mériter.
Viens me voir, dans son sang et dans le mien baignée,
De ma seule vertu mourir accompagnée,
Et te dire en mourant d'un esprit satisfait :
« N'accuse point mon sort, c'est toi seul qui l'as fait ;
Je descends dans la tombe où tu m'as condamnée,
Où la gloire me suit qui t'étoit destinée :
Je meurs en détruisant un pouvoir absolu ;
Mais je vivrois à toi, si tu l'avois voulu. »

CINNA.

Eh bien ! vous le voulez, il faut vous satisfaire,
Il faut affranchir Rome, il faut venger un père,
Il faut sur un tyran porter de justes coups ;
Mais apprenez qu'Auguste est moins tyran que vous.
S'il nous ôte à son gré nos biens, nos jours, nos femmes
Il n'a point jusqu'ici tyrannisé nos âmes ;
Mais l'empire inhumain qu'exercent vos beautés
Force jusqu'aux esprits et jusqu'aux volontés.
Vous me faites priser ce qui me déshonore ;
Vous me faites haïr ce que mon âme adore ;
Vous me faites répandre un sang pour qui je dois
Exposer tout le mien et mille et mille fois :
Vous le voulez, j'y cours, ma parole est donnée ;
Mais ma main, aussitôt contre mon sein tournée,
Aux mânes d'un tel prince immolant votre amant,
A mon crime forcé joindra mon châtiment,
Et par cette action dans l'autre confondue,
Recouvrera ma gloire aussitôt que perdue.
Adieu.

SCÈNE V. — ÉMILIE, FULVIE.

FULVIE.

Vous avez mis son âme au désespoir.

ÉMILIE.

Qu'il cesse de m'aimer, ou suive son devoir.

FULVIE.

Il va vous obéir aux dépens de sa vie :
Vous en pleurez !

ÉMILIE.

Hélas ! cours après lui, Fulvie,
Et si ton amitié daigne me secourir,
Arrache-lui du cœur ce dessein de mourir ;
Dis-lui....

FULVIE.

Qu'en sa faveur vous laissez vivre Auguste?

ÉMILIE.
Ah! c'est faire à ma haine une loi trop injuste.
FULVIE.
Et quoi donc?
ÉMILIE.
Qu'il achève, et dégage sa foi,
Et qu'il choisisse après de la mort, ou de moi.

ACTE QUATRIÈME.

SCÈNE I. — AUGUSTE, EUPHORBE, POLYCLÈTE, GARDES.

AUGUSTE.
Tout ce que tu me dis, Euphorbe, est incroyable.
EUPHORBE.
Seigneur, le récit même en paroît effroyable :
On ne conçoit qu'à peine une telle fureur,
Et la seule pensée en fait frémir d'horreur.
AUGUSTE.
Quoi! mes plus chers amis! quoi! Cinna! quoi! Maxime!
Les deux que j'honorois d'une si haute estime,
A qui j'ouvrois mon cœur, et dont j'avois fait choix
Pour les plus importans et plus nobles emplois!
Après qu'entre leurs mains j'ai remis mon empire,
Pour m'arracher le jour l'un et l'autre conspire!
Maxime a vu sa faute, il m'en fait avertir,
Et montre un cœur touché d'un juste repentir;
Mais Cinna!
EUPHORBE.
Cinna seul dans sa rage s'obstine,
Et contre vos bontés d'autant plus se mutine;
Lui seul combat encor les vertueux efforts
Que sur les conjurés fait ce juste remords,
Et, malgré les frayeurs à leurs regrets mêlées,
Il tâche à raffermir leurs âmes ébranlées.
AUGUSTE.
Lui seul les encourage, et lui seul les séduit!
O le plus déloyal que la terre ait produit!
O trahison conçue au sein d'une furie!
O trop sensible coup d'une main si chérie!
Cinna, tu me trahis! Polyclète, écoutez.
(*Il lui parle à l'oreille.*)
POLYCLÈTE.
Tous vos ordres, seigneur, seront exécutés.

AUGUSTE.

Qu'Éraste en même temps aille dire à Maxime
Qu'il vienne recevoir le pardon de son crime.
(*Polyclète rentre.*)

EUPHORBE.

Il l'a jugé trop grand pour ne pas s'en punir.
A peine du palais il a pu revenir,
Que, les yeux égarés et le regard farouche,
Le cœur gros de soupirs, les sanglots à la bouche,
Il déteste sa vie et ce complot maudit,
M'en apprend l'ordre entier tel que je vous l'ai dit;
Et m'ayant commandé que je vous avertisse,
Il ajoute : « Dis-lui que je me fais justice,
Que je n'ignore point ce que j'ai mérité. »
Puis soudain dans le Tibre il s'est précipité;
Et l'eau grosse et rapide, et la nuit assez noire,
M'ont dérobé la fin de sa tragique histoire.

AUGUSTE.

Sous ce pressant remords il a trop succombé,
Il s'est à mes bontés lui-même dérobé;
Il n'est crime envers moi qu'un repentir n'efface.
Mais puisqu'il a voulu renoncer à ma grâce,
Allez pourvoir au reste, et faites qu'on ait soin
De tenir en lieu sûr ce fidèle témoin.

SCÈNE II. — AUGUSTE.

Ciel, à qui voulez-vous désormais que je fie
Les secrets de mon âme et le soin de ma vie?
Reprenez le pouvoir que vous m'avez commis,
Si donnant des sujets il ôte les amis,
Si tel est le destin des grandeurs souveraines
Que leurs plus grands bienfaits n'attirent que des haines,
Et si votre rigueur les condamne à chérir
Ceux que vous animez à les faire périr.
Pour elles rien n'est sûr; qui peut tout doit tout craindre.
   Rentre en toi-même, Octave, et cesse de te plaindre.
Quoi! tu veux qu'on t'épargne, et n'as rien épargné!
Songe aux fleuves de sang où ton bras s'est baigné,
De combien ont rougi les champs de Macédoine,
Combien en a versé la défaite d'Antoine,
Combien celle de Sexte, et revois tout d'un temps
Pérouse au sien noyée, et tous ses habitans;
Remets dans ton esprit, après tant de carnages,
De tes proscriptions les sanglantes images,
Où toi-même, des tiens devenu le bourreau,
Au sein de ton tuteur enfonças le couteau :

Et puis ose accuser le destin d'injustice
Quand tu vois que les tiens s'arment pour ton supplice,
Et que, par ton exemple à ta perte guidés,
Ils violent des droits que tu n'as pas gardés!
Leur trahison est juste, et le ciel l'autorise:
Quitte ta dignité comme tu l'as acquise;
Rends un sang infidèle à l'infidélité,
Et souffre des ingrats après l'avoir été.
 Mais que mon jugement au besoin m'abandonne!
Quelle fureur, Cinna, m'accuse et te pardonne?
Toi, dont la trahison me force à retenir
Ce pouvoir souverain dont tu me veux punir,
Me traite en criminel, et fait seule mon crime,
Relève pour l'abattre un trône illégitime,
Et, d'un zèle effronté couvrant son attentat,
S'oppose, pour me perdre, au bonheur de l'État!
Donc jusqu'à l'oublier je pourrois me contraindre!
Tu vivrois en repos après m'avoir fait craindre!
Non, non, je me trahis moi-même d'y penser:
Qui pardonne aisément invite à l'offenser;
Punissons l'assassin, proscrivons les complices.
 Mais quoi! toujours du sang, et toujours des supplices!
Ma cruauté se lasse, et ne peut s'arrêter;
Je veux me faire craindre, et ne fais qu'irriter.
Rome a pour ma ruine une hydre trop fertile;
Une tête coupée en fait renaître mille,
Et le sang répandu de mille conjurés
Rend mes jours plus maudits, et non plus assurés.
Octave, n'attends plus le coup d'un nouveau Brute;
Meurs, et dérobe-lui la gloire de ta chute;
Meurs; tu ferois pour vivre un lâche et vain effort,
Si tant de gens de cœur font des vœux pour ta mort,
Et si tout ce que Rome a d'illustre jeunesse
Pour te faire périr tour à tour s'intéresse;
Meurs, puisque c'est un mal que tu ne peux guérir;
Meurs enfin, puisqu'il faut ou tout perdre, ou mourir.
La vie est peu de chose, et le peu qui t'en reste
Ne vaut pas l'acheter par un prix si funeste;
Meurs, mais quitte du moins la vie avec éclat,
Éteins-en le flambeau dans le sang de l'ingrat,
A toi-même en mourant immole ce perfide;
Contentant ses désirs, punis son parricide;
Fais un tourment pour lui de ton propre trépas,
En faisant qu'il le voie et n'en jouisse pas.
Mais jouissons plutôt nous-même de sa peine[1];

---

1. *Peine* ici veut dire *supplice*. (*Voltaire.*)

Et si Rome nous hait, triomphons de sa haine.
O Romains! ô vengeance! ô pouvoir absolu!
O rigoureux combat d'un cœur irrésolu
Qui fuit en même temps tout ce qu'il se propose!
D'un prince malheureux ordonnez quelque chose.
Qui des deux dois-je suivre, et duquel m'éloigner?
Ou laissez-moi périr, ou laissez-moi régner.

SCÈNE III. — AUGUSTE, LIVIE.

AUGUSTE.
Madame, on me trahit, et la main qui me tue
Rend sous mes déplaisirs ma constance abattue.
Cinna, Cinna le traître....

LIVIE.
Euphorbe m'a tout dit,
Seigneur, et j'ai pâli cent fois à ce récit.
Mais écouteriez-vous les conseils d'une femme?

AUGUSTE.
Hélas! de quel conseil est capable mon âme?

LIVIE.
Votre sévérité, sans produire aucun fruit,
Seigneur, jusqu'à présent a fait beaucoup de bruit;
Par les peines d'un autre aucun ne s'intimide:
Salvidien à bas a soulevé Lépide;
Murène a succédé, Cépion l'a suivi :
Le jour à tous les deux dans les tourmens ravi
N'a point mêlé de crainte à la fureur d'Égnace,
Dont Cinna maintenant ose prendre la place;
Et dans les plus bas rangs les noms les plus abjects
Ont voulu s'ennoblir par de si hauts projets.
Après avoir en vain puni leur insolence,
Essayez sur Cinna ce que peut la clémence,
Faites son châtiment de sa confusion,
Cherchez le plus utile en cette occasion :
Sa peine peut aigrir une ville animée,
Son pardon peut servir à votre renommée;
Et ceux que vos rigueurs ne font qu'effaroucher
Peut-être à vos bontés se laisseront toucher.

AUGUSTE.
Gagnons-les tout à fait en quittant cet empire
Qui nous rend odieux, contre qui l'on conspire.
J'ai trop par vos avis consulté là-dessus;
Ne m'en parlez jamais, je ne consulte plus.
Cesse de soupirer, Rome, pour ta franchise;
Si je t'ai mise aux fers, moi-même je les brise,
Et te rends ton État, après l'avoir conquis,

Plus paisible et plus grand que je ne te l'ai pris :
Si tu veux me haïr, hais-moi sans plus rien feindre;
Si tu me veux aimer, aime-moi sans me craindre :
De tout ce qu'eut Sylla de puissance et d'honneur,
Lassé comme il en fut, j'aspire à son bonheur.
LIVIE.
Assez et trop longtemps son exemple vous flatte;
Mais gardez que sur vous le contraire n'éclate :
Ce bonheur sans pareil qui conserva ses jours
Ne seroit pas bonheur, s'il arrivoit toujours.
AUGUSTE.
Eh bien! s'il est trop grand, si j'ai tort d'y prétendre,
J'abandonne mon sang à qui voudra l'épandre.
Après un long orage il faut trouver un port;
Et je n'en vois que deux, le repos, ou la mort.
LIVIE.
Quoi! vous voulez quitter le fruit de tant de peines!
AUGUSTE.
Quoi! vous voulez garder l'objet de tant de haines!
LIVIE.
Seigneur, vous emporter à cette extrémité,
C'est plutôt désespoir que générosité.
AUGUSTE.
Régner et caresser une main si traîtresse,
Au lieu de sa vertu, c'est montrer sa foiblesse.
LIVIE.
C'est régner sur vous-même, et, par un noble choix,
Pratiquer la vertu la plus digne des rois.
AUGUSTE.
Vous m'aviez bien promis des conseils d'une femme;
Vous me tenez parole, et c'en sont là, madame.
Après tant d'ennemis à mes pieds abattus,
Depuis vingt ans je règne, et j'en sais les vertus;
Je sais leur divers ordre, et de quelle nature
Sont les devoirs d'un prince en cette conjoncture :
Tout son peuple est blessé par un tel attentat,
Et la seule pensée est un crime d'État,
Une offense qu'on fait à toute sa province,
Dont il faut qu'il la venge, ou cesse d'être prince.
LIVIE.
Donnez moins de croyance à votre passion.
AUGUSTE.
Ayez moins de foiblesse, ou moins d'ambition.
LIVIE.
Ne traitez plus si mal un conseil salutaire.
AUGUSTE.
Le ciel m'inspirera ce qu'ici je dois faire.

Adieu : nous perdons temps.

LIVIE.

Je ne vous quitte point,
Seigneur, que mon amour n'aye obtenu ce point.

AUGUSTE.

C'est l'amour des grandeurs qui vous rend importune.

LIVIE.

J'aime votre personne, et non votre fortune.
(*Elle est seule.*)
Il m'échappe; suivons, et forçons-le de voir
Qu'il peut, en faisant grâce, affermir son pouvoir;
Et qu'enfin la clémence est la plus belle marque
Qui fasse à l'univers connoître un vrai monarque.

SCÈNE IV. — ÉMILIE, FULVIE.

ÉMILIE.

D'où me vient cette joie? et que mal à propos
Mon esprit malgré moi goûte un entier repos!
César mande Cinna sans me donner d'alarmes!
Mon cœur est sans soupirs, mes yeux n'ont point de larmes :
Comme si j'apprenois d'un secret mouvement
Que tout doit succéder à mon contentement!
Ai-je bien entendu? me l'as-tu dit, Fulvie?

FULVIE.

J'avois gagné sur lui qu'il aimeroit la vie,
Et je vous l'amenois, plus traitable et plus doux,
Faire un second effort contre votre courroux;
Je m'en applaudissois, quand soudain Polyclète,
Des volontés d'Auguste ordinaire interprète,
Est venu l'aborder et sans suite et sans bruit,
Et de sa part sur l'heure au palais l'a conduit.
Auguste est fort troublé, l'on ignore la cause;
Chacun diversement soupçonne quelque chose;
Tous présument qu'il aye un grand sujet d'ennui,
Et qu'il mande Cinna pour prendre avis de lui.
Mais ce qui m'embarrasse, et que je viens d'apprendre,
C'est que deux inconnus se sont saisis d'Évandre,
Qu'Euphorbe est arrêté sans qu'on sache pourquoi,
Que même de son maître on dit je ne sais quoi :
On lui veut imputer un désespoir funeste;
On parle d'eaux, de Tibre, et l'on se tait du reste.

ÉMILIE.

Que de sujets de craindre et de désespérer,
Sans que mon triste cœur en daigne murmurer!
A chaque occasion le ciel y fait descendre
Un sentiment contraire à celui qu'il doit prendre :

Une vaine frayeur tantôt m'a pu troubler;
Et je suis insensible alors qu'il faut trembler.
Je vous entends, grands dieux! vos bontés que j'adore
Ne peuvent consentir que je me déshonore;
Et ne me permettant soupirs, sanglots, ni pleurs,
Soutiennent ma vertu contre de tels malheurs.
Vous voulez que je meure avec ce grand courage
Qui m'a fait entreprendre un si fameux ouvrage;
Et je veux bien périr comme vous l'ordonnez,
Et dans la même assiette où vous me retenez.

O liberté de Rome! ô mânes de mon père!
J'ai fait de mon côté tout ce que j'ai pu faire :
Contre votre tyran j'ai ligué ses amis,
Et plus osé pour vous qu'il ne m'étoit permis.
Si l'effet a manqué, ma gloire n'est pas moindre;
N'ayant pu vous venger, je vous irai rejoindre,
Mais si fumante encor d'un généreux courroux,
Par un trépas si noble et si digne de vous,
Qu'il vous fera sur l'heure aisément reconnoître
Le sang des grands héros dont vous m'avez fait naître.

SCÈNE V. — MAXIME, ÉMILIE, FULVIE.

ÉMILIE.

Mais je vous vois, Maxime, et l'on vous faisoit mort!

MAXIME.

Euphorbe trompe Auguste avec ce faux rapport;
Se voyant arrêté, la trame découverte,
Il a feint ce trépas pour empêcher ma perte.

ÉMILIE.

Que dit-on de Cinna?

MAXIME.

Que son plus grand regret
C'est de voir que César sait tout votre secret;
En vain il le dénie et le veut méconnoître,
Évandre a tout conté pour excuser son maître,
Et par l'ordre d'Auguste on vient vous arrêter.

ÉMILIE.

Celui qui l'a reçu tarde à l'exécuter;
Je suis prête à le suivre et lasse de l'attendre.

MAXIME.

Il vous attend chez moi.

ÉMILIE.

Chez vous!

MAXIME.

C'est vous surprendre;
Mais apprenez le soin que le ciel a de vous:
C'est un des conjurés qui va fuir avec nous.

Prenons notre avantage avant qu'on nous poursuive;
Nous avons pour partir un vaisseau sur la rive.

ÉMILIE.

Me connois-tu, Maxime, et sais-tu qui je suis?

MAXIME.

En faveur de Cinna je fais ce que je puis,
Et tâche à garantir de ce malheur extrême
La plus belle moitié qui reste de lui-même.
Sauvons-nous, Émilie, et conservons le jour,
Afin de le venger par un heureux retour.

ÉMILIE.

Cinna dans son malheur est de ceux qu'il faut suivre,
Qu'il ne faut pas venger, de peur de leur survivre;
Quiconque après sa perte aspire à se sauver
Est indigne du jour qu'il tâche à conserver.

MAXIME.

Quel désespoir aveugle à ces fureurs vous porte?
O dieux! que de foiblesse en une âme si forte!
Ce cœur si généreux rend si peu de combat,
Et du premier revers la fortune l'abat!
Rappelez, rappelez cette vertu sublime;
Ouvrez enfin les yeux, et connoissez Maxime:
C'est un autre Cinna qu'en lui vous regardez;
Le ciel vous rend en lui l'amant que vous perdez;
Et puisque l'amitié n'en faisoit plus qu'une âme,
Aimez en cet ami l'objet de votre flamme;
Avec la même ardeur il saura vous chérir,
Que....

ÉMILIE.

Tu m'oses aimer, et tu n'oses mourir!
Tu prétends un peu trop; mais quoi que tu prétendes,
Rends-toi digne du moins de ce que tu demandes;
Cesse de fuir en lâche un glorieux trépas,
Ou de m'offrir un cœur que tu fais voir si bas;
Fais que je porte envie à ta vertu parfaite;
Ne te pouvant aimer, fais que je te regrette;
Montre d'un vrai Romain la dernière vigueur,
Et mérite mes pleurs au défaut de mon cœur.
Quoi! si ton amitié pour Cinna s'intéresse,
Crois-tu qu'elle consiste à flatter sa maîtresse?
Apprends, apprends de moi quel en est le devoir,
Et donne-m'en l'exemple, ou viens le recevoir.

MAXIME.

Votre juste douleur est trop impétueuse.

ÉMILIE.

La tienne en ta faveur est trop ingénieuse.
Tu me parles déjà d'un bienheureux retour,

Et dans tes déplaisirs tu conçois de l'amour!
MAXIME.
Cet amour en naissant est toutefois extrême;
C'est votre amant en vous, c'est mon ami que j'aime;
Et des mêmes ardeurs dont il fut embrasé....
ÉMILIE.
Maxime, en voilà trop pour un homme avisé.
Ma perte m'a surprise, et ne m'a point troublée;
Mon noble désespoir ne m'a point aveuglée.
Ma vertu tout entière agit sans s'émouvoir,
Et je vois malgré moi plus que je ne veux voir.
MAXIME.
Quoi! vous suis-je suspect de quelque perfidie?
ÉMILIE.
Oui, tu l'es, puisque enfin tu veux que je le die;
L'ordre de notre fuite est trop bien concerté
Pour ne te soupçonner d'aucune lâcheté :
Les dieux seroient pour nous prodigues en miracles,
S'ils en avoient sans toi levé tous les obstacles.
Fuis sans moi, tes amours sont ici superflus.
MAXIME.
Ah! vous m'en dites trop.
ÉMILIE.
J'en présume encor plus.
Ne crains pas toutefois que j'éclate en injures;
Mais n'espère non plus m'éblouir de parjures.
Si c'est te faire tort que de m'en défier,
Viens mourir avec moi pour te justifier.
MAXIME.
Vivez, belle Émilie, et souffrez qu'un esclave....
ÉMILIE.
Je ne t'écoute plus qu'en présence d'Octave.
Allons, Fulvie, allons.

SCÈNE VI. — MAXIME.

Désespéré, confus,
Et digne, s'il se peut, d'un plus cruel refus,
Que résous-tu, Maxime? et quel est le supplice
Que ta vertu prépare à ton vain artifice?
Aucune illusion ne te doit plus flatter;
Émilie en mourant va tout faire éclater;
Sur un même échafaud la perte de sa vie
Étalera sa gloire et ton ignominie,
Et sa mort va laisser à la postérité
L'infâme souvenir de ta déloyauté.
Un même jour t'a vu, par une fausse adresse,

Trahir ton souverain, ton ami, ta maîtresse,
Sans que de tant de droits en un jour violés,
Sans que de deux amans au tyran immolés,
Il te reste aucun fruit que la honte et la rage
Qu'un remords inutile allume en ton courage.
　　Euphorbe, c'est l'effet de tes lâches conseils;
Mais que peut-on attendre enfin de tes pareils?
Jamais un affranchi n'est qu'un esclave infâme;
Bien qu'il change d'état, il ne change point d'âme;
La tienne, encor servile, avec la liberté
N'a pu prendre un rayon de générosité :
Tu m'as fait relever une injuste puissance;
Tu m'as fait démentir l'honneur de ma naissance;
Mon cœur te résistoit, et tu l'as combattu
Jusqu'à ce que ta fourbe ait souillé sa vertu.
Il m'en coûte la vie, il m'en coûte la gloire,
Et j'ai tout mérité pour t'avoir voulu croire;
Mais les dieux permettront à mes ressentimens
De te sacrifier aux yeux des deux amans,
Et j'ose m'assurer qu'en dépit de mon crime
Mon sang leur servira d'assez pure victime,
Si dans le tien mon bras, justement irrité,
Peut laver le forfait de t'avoir écouté.

ACTE CINQUIÈME.

SCÈNE I. — AUGUSTE, CINNA.

AUGUSTE.

Prends un siége, Cinna, prends, et sur toute chose
Observe exactement la loi que je t'impose :
Prête, sans me troubler, l'oreille à mes discours;
D'aucun mot, d'aucun cri, n'en interromps le cours;
Tiens ta langue captive; et si ce grand silence
A ton émotion fait quelque violence,
Tu pourras me répondre après tout à loisir :
Sur ce point seulement contente mon désir.

CINNA.

Je vous obéirai, seigneur.

AUGUSTE.

　　　　　　　　　　Qu'il te souvienne
De garder ta parole, et je tiendrai la mienne.
　　Tu vois le jour, Cinna; mais ceux dont tu le tiens
Furent les ennemis de mon père, et les miens :
Au milieu de leur camp tu reçus la naissance;

Et lorsque après leur mort tu vins en ma puissance,
Leur haine enracinée au milieu de ton sein
T'avoit mis contre moi les armes à la main ;
Tu fus mon ennemi même avant que de naître,
Et tu le fus encor quand tu me pus connoître,
Et l'inclination jamais n'a démenti
Ce sang qui t'avoit fait du contraire parti :
Autant que tu l'as pu, les effets l'ont suivie.
Je ne m'en suis vengé qu'en te donnant la vie ;
Je te fis prisonnier pour te combler de biens ;
Ma cour fut ta prison, mes faveurs tes liens ;
Je te restituai d'abord ton patrimoine ;
Je t'enrichis après des dépouilles d'Antoine,
Et tu sais que depuis, à chaque occasion,
Je suis tombé pour toi dans la profusion ;
Toutes les dignités que tu m'as demandées,
Je te les ai sur l'heure et sans peine accordées ;
Je t'ai préféré même à ceux dont les parens
Ont jadis dans mon camp tenu les premiers rangs,
A ceux qui de leur sang m'ont acheté l'empire,
Et qui m'ont conservé le jour que je respire ;
De la façon enfin qu'avec toi j'ai vécu,
Les vainqueurs sont jaloux du bonheur du vaincu.
Quand le ciel me voulut, en rappelant Mécène,
Après tant de faveur montrer un peu de haine,
Je te donnai sa place en ce triste accident,
Et te fis, après lui, mon plus cher confident ;
Aujourd'hui même encor, mon âme irrésolue
Me pressant de quitter ma puissance absolue,
De Maxime et de toi j'ai pris les seuls avis,
Et ce sont, malgré lui, les tiens que j'ai suivis ;
Bien plus, ce même jour je te donne Émilie,
Le digne objet des vœux de toute l'Italie,
Et qu'ont mise si haut mon amour et mes soins,
Qu'en te couronnant roi je t'aurois donné moins.
Tu t'en souviens, Cinna, tant d'heur et tant de gloire
Ne peuvent pas sitôt sortir de ta mémoire ;
Mais ce qu'on ne pourroit jamais s'imaginer,
Cinna, tu t'en souviens, et veux m'assassiner.

CINNA.

Moi, seigneur ! moi, que j'eusse une âme si traîtresse
Qu'un si lâche dessein....

AUGUSTE.

Tu tiens mal ta promesse :
Sieds-toi, je n'ai pas dit encor ce que je veux ;
Tu te justifieras après, si tu le peux.
Écoute cependant, et tiens mieux ta parole.

Tu veux m'assassiner demain, au Capitole,
Pendant le sacrifice, et ta main pour signal
Me doit, au lieu d'encens, donner le coup fatal;
La moitié de tes gens doit occuper la porte,
L'autre moitié te suivre et te prêter main-forte.
Ai-je de bons avis, ou de mauvais soupçons?
De tous ces meurtriers te dirai-je les noms?
Procule, Glabrion, Virginian, Rutile,
Marcel, Plaute, Lénas, Pompone, Albin, Icile,
Maxime, qu'après toi j'avois le plus aimé :
Le reste ne vaut pas l'honneur d'être nommé;
Un tas d'hommes perdus de dettes et de crimes,
Que pressent de mes lois les ordres légitimes,
Et qui, désespérant de les plus éviter,
Si tout n'est renversé, ne sauroient subsister.
 Tu te tais maintenant, et gardes le silence,
Plus par confusion que par obéissance.
Quel étoit ton dessein, et que prétendois-tu
Après m'avoir au temple à tes pieds abattu?
Affranchir ton pays d'un pouvoir monarchique!
Si j'ai bien entendu tantôt ta politique,
Son salut désormais dépend d'un souverain
Qui pour tout conserver tienne tout en sa main;
Et si sa liberté te faisoit entreprendre,
Tu ne m'eusses jamais empêché de la rendre;
Tu l'aurois acceptée au nom de tout l'État,
Sans vouloir l'acquérir par un assassinat.
Quel étoit donc ton but? d'y régner en ma place?
D'un étrange malheur son destin le menace,
Si pour monter au trône et lui donner la loi
Tu ne trouves dans Rome autre obstacle que moi,
Si jusques à ce point son sort est déplorable,
Que tu sois après moi le plus considérable,
Et que ce grand fardeau de l'empire romain
Ne puisse après ma mort tomber mieux qu'en ta main.
 Apprends à te connoître, et descends en toi-même :
On t'honore dans Rome, on te courtise, on t'aime,
Chacun tremble sous toi, chacun t'offre des vœux,
Ta fortune est bien haut, tu peux ce que tu veux :
Mais tu ferois pitié même à ceux qu'elle irrite,
Si je t'abandonnois à ton peu de mérite.
Ose me démentir, dis-moi ce que tu vaux,
Conte-moi tes vertus, tes glorieux travaux,
Les rares qualités par où tu m'as dû plaire,
Et tout ce qui t'élève au-dessus du vulgaire.
Ma faveur fait ta gloire, et ton pouvoir en vient;
Elle seule t'élève, et seule te soutient;

C'est elle qu'on adore, et non pas ta personne;
Tu n'as crédit ni rang qu'autant qu'elle t'en donne;
Et pour te faire choir je n'aurois aujourd'hui
Qu'à retirer la main qui seule est ton appui.
J'aime mieux toutefois céder à ton envie :
Règne, si tu le peux, aux dépens de ma vie;
Mais oses-tu penser que les Serviliens,
Les Cosses, les Métels, les Pauls, les Fabiens,
Et tant d'autres enfin de qui les grands courages
Des héros de leur sang sont les vives images,
Quittent le noble orgueil d'un sang si généreux
Jusqu'à pouvoir souffrir que tu règnes sur eux?
Parle, parle, il est temps.

CINNA.

Je demeure stupide;
Non que votre colère ou la mort m'intimide :
Je vois qu'on m'a trahi, vous m'y voyez rêver,
Et j'en cherche l'auteur sans le pouvoir trouver.
Mais c'est trop y tenir toute l'âme occupée :
Seigneur, je suis Romain, et du sang de Pompée.
Le père et les deux fils lâchement égorgés,
Par la mort de César étoient trop peu vengés;
C'est là d'un beau dessein l'illustre et seule cause :
Et puisqu'à vos rigueurs la trahison m'expose,
N'attendez point de moi d'infâmes repentirs,
D'inutiles regrets, ni de honteux soupirs;
Le sort vous est propice autant qu'il m'est contraire;
Je sais ce que j'ai fait, et ce qu'il vous faut faire.
Vous devez un exemple à la postérité,
Et mon trépas importe à votre sûreté.

AUGUSTE.

Tu me braves, Cinna, tu fais le magnanime,
Et, loin de t'excuser, tu couronnes ton crime.
Voyons si ta constance ira jusques au bout.
Tu sais ce qui t'est dû, tu vois que je sais tout;
Fais ton arrêt toi-même, et choisis tes supplices.

SCÈNE II. — LIVIE, AUGUSTE, CINNA, ÉMILIE, FULVIE.

LIVIE.

Vous ne connoissez pas encor tous les complices
Votre Émilie en est, seigneur, et la voici.

CINNA.

C'est elle-même, ô dieux !

AUGUSTE.

Et toi, ma fille, aussi !

ÉMILIE.

Oui, tout ce qu'il a fait, il l'a fait pour me plaire,

Et j'en étois, seigneur, la cause et le salaire.
AUGUSTE.
Quoi! l'amour qu'en ton cœur j'ai fait naître aujourd'hui
T'emporte-t-il déjà jusqu'à mourir pour lui!
Ton âme à ces transports un peu trop s'abandonne,
Et c'est trop tôt aimer l'amant que je te donne.
ÉMILIE.
Cet amour qui m'expose à vos ressentimens
N'est point le prompt effet de vos commandemens;
Ces flammes dans nos cœurs sans votre ordre étoient nées,
Et ce sont des secrets de plus de quatre années;
Mais, quoique je l'aimasse et qu'il brûlât pour moi,
Une haine plus forte à tous deux fit la loi;
Je ne voulus jamais lui donner d'espérance,
Qu'il ne m'eût de mon père assuré la vengeance;
Je la lui fis jurer; il chercha des amis:
Le ciel rompt le succès que je m'étois promis,
Et je vous viens, seigneur, offrir une victime,
Non pour sauver sa vie en me chargeant du crime:
Son trépas est trop juste après son attentat,
Et toute excuse est vaine en un crime d'État:
Mourir en sa présence, et rejoindre mon père,
C'est tout ce qui m'amène, et tout ce que j'espère.
AUGUSTE.
Jusques à quand, ô ciel, et par quelle raison
Prendrez-vous contre moi des traits dans ma maison?
Pour ses débordemens j'en ai chassé Julie;
Mon amour en sa place a fait choix d'Émilie,
Et je la vois comme elle indigne de ce rang.
L'une m'ôtoit l'honneur, l'autre a soif de mon sang;
Et, prenant toutes deux leur passion pour guide,
L'une fut impudique, et l'autre est parricide.
O ma fille! est-ce là le prix de mes bienfaits?
ÉMILIE.
Ceux de mon père en vous firent mêmes effets.
AUGUSTE.
Songe avec quel amour j'élevai ta jeunesse.
ÉMILIE.
Il éleva la vôtre avec même tendresse;
Il fut votre tuteur, et vous son assassin;
Et vous m'avez au crime enseigné le chemin:
Le mien d'avec le vôtre en ce point seul diffère,
Que votre ambition s'est immolé mon père,
Et qu'un juste courroux, dont je me sens brûler,
A son sang innocent vouloit vous immoler.
LIVIE.
C'en est trop, Émilie; arrête, et considère

ACTE V, SCÈNE II.

Qu'il t'a trop bien payé les bienfaits de ton père :
Sa mort, dont la mémoire allume ta fureur,
Fut un crime d'Octave, et non de l'empereur.
 Tous ces crimes d'État qu'on fait pour la couronne,
Le ciel nous en absout alors qu'il nous la donne,
Et dans le sacré rang où sa faveur l'a mis,
Le passé devient juste et l'avenir permis.
Qui peut y parvenir ne peut être coupable ;
Quoi qu'il ait fait ou fasse, il est inviolable :
Nous lui devons nos biens, nos jours sont en sa main ;
Et jamais on n'a droit sur ceux du souverain.

ÉMILIE.

Aussi, dans le discours que vous venez d'entendre,
Je parlois pour l'aigrir, et non pour me défendre.
 Punissez donc, seigneur, ces criminels appas
Qui de vos favoris font d'illustres ingrats ;
Tranchez mes tristes jours pour assurer les vôtres.
Si j'ai séduit Cinna, j'en séduirai bien d'autres ;
Et je suis plus à craindre, et vous plus en danger,
Si j'ai l'amour ensemble et le sang à venger.

CINNA.

Que vous m'ayez séduit, et que je souffre encore
D'être déshonoré par celle que j'adore !
Seigneur, la vérité doit ici s'exprimer :
J'avois fait ce dessein avant que de l'aimer ;
A mes plus saints désirs la trouvant inflexible,
Je crus qu'à d'autres soins elle seroit sensible ;
Je parlai de son père et de votre rigueur,
Et l'offre de mon bras suivit celle du cœur.
Que la vengeance est douce à l'esprit d'une femme !
Je l'attaquai par là, par là je pris son âme ;
Dans mon peu de mérite elle me négligeoit,
Et ne put négliger le bras qui la vengeoit :
Elle n'a conspiré que par mon artifice ;
J'en suis le seul auteur, elle n'est que complice.

ÉMILIE.

Cinna, qu'oses-tu dire ? est-ce là me chérir,
Que de m'ôter l'honneur quand il me faut mourir ?

CINNA.

Mourez, mais en mourant ne souillez point ma gloire.

ÉMILIE.

La mienne se flétrit, si César te veut croire.

CINNA.

Et la mienne se perd, si vous tirez à vous
Toute celle qui suit de si généreux coups.

ÉMILIE.

Eh bien ! prends-en ta part, et me laisse la mienne ;

Ce seroit l'affoiblir que d'affoiblir la tienne :
La gloire et le plaisir, la honte et les tourmens,
Tout doit être commun entre de vrais amans.
 Nos deux âmes, seigneur, sont deux âmes romaines;
Unissant nos désirs, nous unîmes nos haines;
De nos parens perdus le vif ressentiment
Nous apprit nos devoirs en un même moment;
En ce noble dessein nos cœurs se rencontrèrent;
Nos esprits généreux ensemble le formèrent;
Ensemble nous cherchons l'honneur d'un beau trépas :
Vous vouliez nous unir, ne nous séparez pas.

AUGUSTE.

Oui, je vous unirai, couple ingrat et perfide,
Et plus mon ennemi qu'Antoine ni Lépide;
Oui, je vous unirai, puisque vous le voulez :
Il faut bien satisfaire aux feux dont vous brûlez,
Et que tout l'univers, sachant ce qui m'anime,
S'étonne du supplice aussi bien que du crime.

SCÈNE III. — AUGUSTE, LIVIE, CINNA, MAXIME, ÉMILIE, FULVIE.

AUGUSTE.

Mais enfin le ciel m'aime, et ses bienfaits nouveaux
Ont arraché Maxime à la fureur des eaux.
Approche, seul ami que j'éprouve fidèle.

MAXIME.

Honorez moins, seigneur, une âme criminelle.

AUGUSTE.

Ne parlons plus de crime après ton repentir,
Après que du péril tu m'as su garantir;
C'est à toi que je dois et le jour et l'empire.

MAXIME.

De tous vos ennemis connoissez mieux le pire :
Si vous régnez encor, seigneur, si vous vivez,
C'est ma jalouse rage à qui vous le devez.
 Un vertueux remords n'a point touché mon âme;
Pour perdre mon rival j'ai découvert sa trame;
Euphorbe vous a feint que je m'étois noyé,
De crainte qu'après moi vous n'eussiez envoyé :
Je voulois avoir lieu d'abuser Émilie,
Effrayer son esprit, la tirer d'Italie,
Et pensois la résoudre à cet enlèvement
Sous l'espoir du retour pour venger son amant;
Mais, au lieu de goûter ces grossières amorces,
Sa vertu combattue a redoublé ses forces,
Elle a lu dans mon cœur; vous savez le surplus,

Et je vous en ferois des récits superflus.
Vous voyez le succès de mon lâche artifice :
Si pourtant quelque grâce est due à mon indice,
Faites périr Euphorbe au milieu des tourmens,
Et souffrez que je meure aux yeux de ces amans.
J'ai trahi mon ami, ma maîtresse, mon maître,
Ma gloire, mon pays, par l'avis de ce traître,
Et croirai toutefois mon bonheur infini,
Si je puis m'en punir après l'avoir puni.

AUGUSTE.

En est-ce assez, ô ciel! et le sort, pour me nuire,
A-t-il quelqu'un des miens qu'il veuille encor séduire?
Qu'il joigne à ses efforts le secours des enfers ;
Je suis maître de moi comme de l'univers ;
Je le suis, je veux l'être. O siècles! ô mémoire!
Conservez à jamais ma dernière victoire ;
Je triomphe aujourd'hui du plus juste courroux
De qui le souvenir puisse aller jusqu'à vous.
 Soyons amis, Cinna, c'est moi qui t'en convie :
Comme à mon ennemi je t'ai donné la vie,
Et, malgré la fureur de ton lâche dessein,
Je te la donne encor comme à mon assassin.
Commençons un combat qui montre par l'issue
Qui l'aura mieux de nous ou donnée ou reçue.
Tu trahis mes bienfaits, je les veux redoubler ;
Je t'en avois comblé, je t'en veux accabler :
Avec cette beauté que je t'avois donnée,
Reçois le consulat pour la prochaine année.
 Aime Cinna, ma fille, en cet illustre rang,
Préfères-en la pourpre à celle de mon sang ;
Apprends sur mon exemple à vaincre ta colère :
Te rendant un époux, je te rends plus qu'un père.

ÉMILIE.

Et je me rends, seigneur, à ces hautes bontés ;
Je recouvre la vue auprès de leurs clartés :
Je connois mon forfait qui me sembloit justice ;
Et (ce que n'avoit pu la terreur du supplice)
Je sens naître en mon âme un repentir puissant,
Et mon cœur en secret me dit qu'il y consent.
 Le ciel a résolu votre grandeur suprême ;
Et pour preuve, seigneur, je n'en veux que moi-même :
J'ose avec vanité me donner cet éclat,
Puisqu'il change mon cœur, qu'il veut changer l'État.
Ma haine va mourir, que j'ai crue immortelle;
Elle est morte, et ce cœur devient sujet fidèle ;
Et, prenant désormais cette haine en horreur,
L'ardeur de vous servir succède à sa fureur.

CINNA.

CINNA.
Seigneur, que vous dirai-je après que nos offenses
Au lieu de châtimens trouvent des récompenses?
O vertu sans exemple! ô clémence qui rend
Votre pouvoir plus juste, et mon crime plus grand!

AUGUSTE.
Cesse d'en retarder un oubli magnanime;
Et tous deux avec moi faites grâce à Maxime :
Il nous a trahis tous; mais ce qu'il a commis
Vous conserve innocens, et me rend mes amis.

(*A Maxime.*)

Reprends auprès de moi ta place accoutumée;
Rentre dans ton crédit et dans ta renommée;
Qu'Euphorbe de tous trois ait sa grâce à son tour;
Et que demain l'hymen couronne leur amour.
Si tu l'aimes encor, ce sera ton supplice.

MAXIME.
Je n'en murmure point, il a trop de justice;
Et je suis plus confus, seigneur, de vos bontés
Que je ne suis jaloux du bien que vous m'ôtez.

CINNA.
Souffrez que ma vertu dans mon cœur rappelée
Vous consacre une foi lâchement violée,
Mais si ferme à présent, si loin de chanceler,
Que la chute du ciel ne pourroit l'ébranler.
Puisse le grand moteur des belles destinées,
Pour prolonger vos jours, retrancher nos années;
Et moi, par un bonheur dont chacun soit jaloux,
Perdre pour vous cent fois ce que je tiens de vous!

LIVIE.
Ce n'est pas tout, seigneur; une céleste flamme
D'un rayon prophétique illumine mon âme.
Oyez ce que les dieux vous font savoir par moi;
De votre heureux destin c'est l'immuable loi.
Après cette action vous n'avez rien à craindre;
On portera le joug désormais sans se plaindre;
Et les plus indomptés, renversant leurs projets,
Mettront toute leur gloire à mourir vos sujets;
Aucun lâche dessein, aucune ingrate envie
N'attaquera le cours d'une si belle vie;
Jamais plus d'assassins ni de conspirateurs :
Vous avez trouvé l'art d'être maître des cœurs.
Rome, avec une joie et sensible et profonde,
Se démet en vos mains de l'empire du monde;
Vos royales vertus lui vont trop enseigner
Que son bonheur consiste à vous faire régner :
D'une si longue erreur pleinement affranchie,

Elle n'a plus de vœux que pour la monarchie,
Vous prépare déjà des temples, des autels,
Et le ciel une place entre les immortels;
Et la postérité, dans toutes les provinces,
Donnera votre exemple aux plus généreux princes.
AUGUSTE.
J'en accepte l'augure, et j'ose l'espérer :
Ainsi toujours les dieux vous daignent inspirer
Qu'on redouble demain les heureux sacrifices
Que nous leur offrirons sous de meilleurs auspices;
Et que vos conjurés entendent publier
Qu'Auguste a tout appris, et veut tout oublier.

EXAMEN DE CINNA.

Ce poëme a tant d'illustres suffrages qui lui donnent le premier rang parmi les miens, que je me ferois trop d'importans ennemis si j'en disois du mal : je ne le suis pas assez de moi-même pour chercher des défauts où ils n'en ont point voulu voir, et accuser le jugement qu'ils en ont fait, pour obscurcir la gloire qu'ils m'en ont donnée. Cette approbation si forte et si générale vient sans doute de ce que la vraisemblance s'y trouve si heureusement conservée aux endroits où la vérité lui manque, qu'il n'a jamais besoin de recourir au nécessaire. Rien n'y contredit l'histoire, bien que beaucoup de choses y soient ajoutées; rien n'y est violenté par les incommodités de la représentation, ni par l'unité de jour, ni par celle de lieu.

Il est vrai qu'il s'y rencontre une duplicité de lieu particulière. La moitié de la pièce se passe chez Émilie, et l'autre dans le cabinet d'Auguste. J'aurois été ridicule si j'avois prétendu que cet empereur délibérât avec Maxime et Cinna s'il quitteroit l'empire ou non, précisément dans la même place où ce dernier vient de rendre compte à Émilie de la conspiration qu'il a formée contre lui. C'est ce qui m'a fait rompre la liaison des scènes au quatrième acte, n'ayant pu me résoudre à faire que Maxime vînt donner l'alarme à Émilie de la conjuration découverte au lieu même où Auguste en venoit de recevoir l'avis par son ordre, et dont il ne faisoit que de sortir avec tant d'inquiétude et d'irrésolution. C'eût été une impudence extraordinaire, et tout à fait hors du vraisemblable, de se présenter dans son cabinet un moment après qu'il lui avoit fait révéler le secret de cette entreprise, dont il étoit un des chefs, et porter la nouvelle de sa fausse mort. Bien loin de pouvoir surprendre Émilie par la peur de se voir arrêtée, c'eût été se faire arrêter lui-même, et se précipiter dans un obstacle invincible au dessein qu'il vouloit exécuter. Émilie ne parle donc pas où parle Auguste, à la réserve du cinquième acte; mais cela n'empêche pas qu'à considérer tout le poëme ensemble, il n'ait son unité de lieu, puisque tout s'y peut passer, non-seulement dans Rome ou dans un quartier de Rome, mais dans le seul palais d'Auguste, pourvu que vous y vouliez donner un appartement à Émilie qui soit éloigné du sien.

Le compte que Cinna lui rend de sa conspiration justifie ce que j'ai dit ailleurs, que, pour faire souffrir une narration ornée, il faut que celui qui la fait et celui qui l'écoute aient l'esprit assez tranquille, et s'y plaisent assez pour lui prêter toute la patience qui lui est nécessaire. Émilie a de la joie d'apprendre de la bouche de son amant avec quelle chaleur il a suivi ses intentions; et Cinna n'en a pas moins de lui pouvoir donner de si belles espérances de l'effet qu'elle en souhaite : c'est pourquoi, quelque longue que soit cette narration, sans interruption aucune, elle n'ennuie point. Les ornemens de rhétorique dont j'ai tâché de l'enrichir ne la font point condamner de trop d'artifice, et la diversité de ses figures ne fait point regretter le temps que j'y perds; mais si j'avois attendu à la commencer qu'Évandre eût troublé ces deux amans par la nouvelle qu'il leur apporte, Cinna eût été obligé de s'en taire ou de la conclure en six vers, et Émilie n'en eût pu supporter davantage.

Comme les vers de ma tragédie d'*Horace* ont quelque chose de plus net et de moins guindé pour les pensées que ceux du *Cid*, on peut dire que ceux de cette pièce ont quelque chose de plus achevé que ceux d'*Horace*, et qu'enfin la facilité de concevoir le sujet, qui n'est ni trop chargé d'incidens, ni trop embarrassé des récits de ce qui s'est passé avant le commencement de la pièce, est une des causes sans doute de la grande approbation qu'il a reçue. L'auditeur aime à s'abandonner à l'action présente, et à n'être point obligé, pour l'intelligence de ce qu'il voit, de réfléchir sur ce qu'il a déjà vu, et de fixer sa mémoire sur les premiers actes, pendant que les derniers sont devant ses yeux. C'est l'incommodité des pièces embarrassées, qu'en termes de l'art on nomme *implexes*, par un mot emprunté du latin, telles que sont *Rodogune* et *Héraclius*. Elle ne se rencontre pas dans les simples; mais comme celles-là ont sans doute besoin de plus d'esprit pour les imaginer, et de plus d'art pour les conduire, celles-ci, n'ayant pas le même secours du côté du sujet, demandent plus de force de vers, de raisonnement, et de sentimens pour les soutenir.

FIN DE CINNA.

POLYEUCTE, MARTYR.

TRAGÉDIE CHRÉTIENNE.

1640.

A LA REINE RÉGENTE [1].

Madame,

Quelque connoissance que j'aie de ma foiblesse, quelque profond respect qu'imprime Votre Majesté dans les âmes de ceux qui l'approchent, j'avoue que je me jette à ses pieds sans timidité, sans défiance, et que je me tiens assuré de lui plaire, parce que je suis assuré de lui parler de ce qu'elle aime le mieux. Ce n'est qu'une pièce de théâtre que je lui présente, mais qui l'entretiendra de Dieu : la dignité de la matière est si haute, que l'impuissance de l'artisan ne la peut ravaler ; et votre âme royale se plaît trop à cette sorte d'entretien pour s'offenser des défauts d'un ouvrage où elle rencontrera les délices de son cœur. C'est par là, Madame, que j'espère obtenir de Votre Majesté le pardon du long temps que j'ai attendu à lui rendre cette sorte d'hommage. Toutes les fois que j'ai mis sur notre scène des vertus morales ou politiques, j'en ai toujours cru les tableaux trop peu dignes de paroître devant elle, quand j'ai considéré qu'avec quelque soin que je les pusse choisir dans l'histoire, et quelques ornemens dont l'artifice les pût enrichir, elle en voyoit de plus grands exemples dans elle-même. Pour rendre les choses proportionnées, il falloit aller à la plus haute espèce, et n'entreprendre pas de rien offrir de cette nature à une reine très-chrétienne, et qui l'est beaucoup plus encore par ses actions que par son titre, à moins que de lui offrir un portrait des vertus chrétiennes dont l'amour et la gloire de Dieu formassent les plus beaux traits, et qui rendît les plaisirs qu'elle y pourra prendre aussi propres à exercer sa piété qu'à délasser son esprit. C'est à cette extraordinaire et admirable piété, Madame, que la France est redevable des bénédictions qu'elle voit tomber sur les premières armes de son roi ; les heureux succès qu'elles ont obtenus en sont les rétributions éclatantes, et des coups du ciel qui répand abondamment sur tout le royaume les récompenses et les grâces que Votre Majesté a méritées. Notre perte sembloit infaillible après celle de notre grand monarque ; toute l'Europe avoit déjà pitié de nous, et s'imaginoit que nous nous allions précipiter dans un extrême désordre, parce qu'elle nous voyoit dans une extrême désolation : cependant la prudence et les soins de Votre Majesté, les bons conseils qu'elle a pris, les grands courages qu'elle a choisis pour les exécuter, ont agi si puissamment dans tous les besoins de l'État, que cette première année de sa régence a non-seulement égalé les plus glorieuses de l'autre règne, mais a même effacé, par la prise de Thionville, le souvenir du malheur qui, devant

---

1. Anne d'Autriche.

ses murs, avoit interrompu une si longue suite de victoires. Permettez que je me laisse emporter au ravissement que me donne cette pensée, et que je m'écrie dans ce transport :

> Que vos soins, grande reine, enfantent de miracles !
> Bruxelles et Madrid en sont tout interdits ;
> Et si notre Apollon me les avoit prédits,
> J'aurois moi-même osé douter de ses oracles.

> Sous vos commandemens on force tous obstacles ;
> On porte l'épouvante aux cœurs les plus hardis,
> Et par des coups d'essai vos États agrandis
> Des drapeaux ennemis font d'illustres spectacles.

> La victoire elle-même accourant à mon roi,
> Et mettant à ses pieds Thionville et Rocroi,
> Fait retentir ces vers sur les bords de la Seine :

> « France, attends tout d'un règne ouvert en triomphant,
> Puisque tu vois déjà les ordres de ta reine
> Faire un foudre en tes mains des armes d'un enfant. »

Il ne faut point douter que des commencemens si merveilleux ne soient soutenus par des progrès encore plus étonnans. Dieu ne laisse point ses ouvrages imparfaits : il les achèvera, Madame, et rendra non-seulement la régence de Votre Majesté, mais encore toute sa vie, un enchaînement continuel de prospérités. Ce sont les vœux de toute la France, et ce sont ceux que fait avec plus de zèle,

MADAME,

DE VOTRE MAJESTÉ,

Le très-humble, très-obéissant, très-fidèle serviteur et sujet,

CORNEILLE.

ABRÉGÉ DU MARTYRE DE SAINT POLYEUCTE,

ÉCRIT PAR SIMÉON MÉTAPHRASTE, ET RAPPORTÉ PAR SURIUS.

L'ingénieuse tissure des fictions avec la vérité, où consiste le plus beau secret de la poésie, produit d'ordinaire deux sortes d'effets, selon la diversité des esprits qui la voient. Les uns se laissent si bien persuader à cet enchaînement, qu'aussitôt qu'ils ont remarqué quelques événemens véritables, ils s'imaginent la même chose des motifs qui les font naître et des circonstances qui les accompagnent ; les autres, mieux avertis de notre artifice, soupçonnent de fausseté tout ce qui n'est pas de leur connoissance ; si bien que quand nous traitons quelque histoire écartée dont ils ne trouvent rien dans leur souvenir, ils l'attribuent tout entière à l'effort de notre imagination, et la prennent pour une aventure de roman.

L'un et l'autre de ces effets seroit dangereux en cette rencontre : il y va de la gloire de Dieu, qui se plaît dans celle de ses saints, dont la mort si précieuse devant ses yeux ne doit pas passer pour fabuleuse devant ceux des hommes. Au lieu de sanctifier notre théâtre par sa représentation, nous y profanerions la sainteté de leurs souffrances, si nous permettions que la crédulité des uns et la défiance des autres, également abusées par ce mélange, se méprissent également en la vénération qui leur est due, et que les premiers la rendissent mal à propos à ceux qui ne la méritent pas, pendant que les autres la dénieroient à ceux à qui elle appartient.

Saint Polyeucte est un martyr dont, s'il m'est permis de parler ainsi, beaucoup ont plutôt appris le nom à la comédie qu'à l'église. Le *Martyrologe romain* en fait mention sur le 13 de février, mais en deux mots, suivant sa coutume; Baronius, dans ses *Annales*, n'en dit qu'une ligne; le seul Surius, ou plutôt Mosander, qui l'a augmenté dans les dernières impressions, en rapporte la mort assez au long sur le 9e de janvier : et j'ai cru qu'il étoit de mon devoir d'en mettre ici l'abrégé. Comme il a été à propos d'en rendre la représentation agréable, afin que le plaisir pût insinuer plus doucement l'utilité, et lui servir comme de véhicule pour la porter dans l'âme du peuple, il est juste aussi de lui donner cette lumière pour démêler la vérité d'avec ses ornemens, et lui faire reconnoître ce qui lui doit imprimer du respect comme saint, et ce qui le doit seulement divertir comme industrieux. Voici donc ce que ce dernier nous apprend :

Polyeucte et Néarque étoient deux cavaliers étroitement liés ensemble d'amitié; ils vivoient en l'an 250, sous l'empire de Décius; leur demeure étoit dans Mélitène, capitale d'Arménie; leur religion différente : Néarque étant chrétien, et Polyeucte suivant encore la secte des gentils, mais ayant toutes les qualités dignes d'un chrétien, et une grande inclination à le devenir. L'empereur ayant fait publier un édit très-rigoureux contre les chrétiens, cette publication donna un grand trouble à Néarque, non pour la crainte des supplices dont il étoit menacé, mais pour l'appréhension qu'il eut que leur amitié ne souffrît quelque séparation ou refroidissement par cet édit, vu les peines qui y étoient proposées à ceux de sa religion, et les honneurs promis à ceux du parti contraire; il en conçut un si profond déplaisir, que son ami s'en aperçut; et l'ayant obligé de lui en dire la cause, il prit de là occasion de lui ouvrir son cœur : « Ne craignez point, lui dit-il, que l'édit de l'empereur nous désunisse; j'ai vu cette nuit le Christ que vous adorez; il m'a dépouillé d'une robe sale pour me revêtir d'une autre toute lumineuse, et m'a fait monter sur un cheval ailé pour le suivre : cette vision m'a résolu entièrement à faire ce qu'il y a longtemps que je médite; le seul nom de chrétien me manque; et vous-même, toutes les fois que vous m'avez parlé de votre grand Messie, vous avez pu remarquer que je vous ai toujours écouté avec respect; et quand vous m'avez lu sa vie et ses enseignemens, j'ai toujours admiré la sainteté de ses actions et de ses discours. O Néarque! si je ne me croyois pas indigne d'aller à lui sans être initié de ses mystères et avoir reçu la grâce de ses sacremens, que vous verriez éclater l'ardeur que j'ai de mourir pour sa gloire et le soutien de ses éternelles vérités! » Néarque l'ayant éclairci sur l'illusion du scrupule où il étoit par l'exemple du bon larron, qui en un moment mérita le ciel, bien qu'il n'eût pas reçu le baptême, aussitôt notre martyr, plein d'une sainte ferveur, prend l'édit de l'empereur, crache dessus, et le déchire en morceaux qu'il jette au vent; et, voyant des idoles que le peuple portoit sur les autels pour les adorer, il les arrache à ceux qui les portoient, les brise contre terre, et les foule aux pieds, étonnant tout le monde et son ami même par la chaleur de ce zèle, qu'il n'avoit pas espéré.

Son beau-père Félix, qui avoit la commission de l'empereur pour persécuter les chrétiens, ayant vu lui-même ce qu'avoit fait son gendre, saisi de douleur de voir l'espoir et l'appui de sa famille perdus, tâche d'ébranler sa constance, premièrement par de belles paroles, ensuite par des menaces, enfin par des coups qu'il lui fait donner par ses bourreaux sur tout le visage : mais n'en ayant pu venir à bout, pour dernier effort il lui envoie sa fille Pauline, afin de voir si ses larmes n'auroient point plus de pouvoir sur l'esprit d'un mari que n'avoient eu ses artifices et ses rigueurs. Il n'avance rien davantage par là; au contraire, voyant que sa fermeté convertissoit beaucoup de païens, il le condamne à perdre la tête. Cet arrêt fut exécuté sur l'heure; et le saint martyr, sans autre baptême que de son sang, s'en alla prendre possession de la gloire que Dieu a promise à ceux qui renonceroient à eux-mêmes pour l'amour de lui.

Voilà en peu de mots ce qu'en dit Surius : le songe de Pauline, l'amour de Sévère, le baptême effectif de Polyeucte, le sacrifice pour la victoire de l'empereur, la dignité de Félix que je fais gouverneur d'Arménie, la mort de Néarque, la conversion de Félix et de Pauline, sont des inventions et des embellissemens de théâtre. La seule victoire de l'empereur contre les Perses a quelque fondement dans l'histoire; et, sans chercher d'autres auteurs, elle est rapportée par M. Coeffeteau dans son *Histoire romaine;* mais il ne dit pas, ni qu'il leur imposa tribut, ni qu'il envoya faire des sacrifices de remercîment en Arménie.

Si j'ai ajouté ces incidens et ces particularités selon l'art, ou non, les savans en jugeront; mon but ici n'est pas de les justifier, mais seulement d'avertir le lecteur de ce qu'il en peut croire.

PERSONNAGES.

FÉLIX, sénateur romain, gouverneur d'Arménie.
POLYEUCTE, seigneur arménien, gendre de Félix.
SÉVÈRE, chevalier romain, favori de l'empereur Décie.
NÉARQUE, seigneur arménien, ami de Polyeucte.
PAULINE, fille de Félix, et femme de Polyeucte.
STRATONICE, confidente de Pauline.
ALBIN, confident de Félix.
FABIAN, domestique de Sévère.
CLÉON, domestique de Félix.
TROIS GARDES.

La scène est à Mélitène, capitale d'Arménie, dans le palais de Félix.

ACTE PREMIER.

SCÈNE I. — POLYEUCTE, NÉARQUE.

NÉARQUE.

Quoi! vous vous arrêtez aux songes d'une femme!
De si foibles sujets troublent cette grande âme!
Et ce cœur tant de fois dans la guerre éprouvé
S'alarme d'un péril qu'une femme a rêvé!

POLYEUCTE.

Je sais ce qu'est un songe, et le peu de croyance
Qu'un homme doit donner à son extravagance,
Qui d'un amas confus des vapeurs de la nuit
Forme de vains objets que le réveil détruit;
Mais vous ne savez pas ce que c'est qu'une femme;
Vous ignorez quels droits elle a sur toute l'âme,
Quand, après un long temps qu'elle a su nous charmer,
Les flambeaux de l'hymen viennent de s'allumer.
Pauline, sans raison dans la douleur plongée,
Craint et croit déjà voir ma mort qu'elle a songée;
Elle oppose ses pleurs au dessein que je fais,
Et tâche à m'empêcher de sortir du palais.
Je méprise sa crainte, et je cède à ses larmes;
Elle me fait pitié sans me donner d'alarmes;
Et mon cœur, attendri sans être intimidé,
N'ose déplaire aux yeux dont il est possédé.
L'occasion, Néarque, est-elle si pressante
Qu'il faille être insensible aux soupirs d'une amante?
Par un peu de remise épargnons son ennui,
Pour faire en plein repos ce qu'il trouble aujourd'hui[1].

NÉARQUE.

Avez-vous cependant une pleine assurance
D'avoir assez de vie ou de persévérance?
Et Dieu, qui tient votre âme et vos jours dans sa main,
Promet-il à vos vœux de le pouvoir demain?
Il est toujours tout juste et tout bon; mais sa grâce
Ne descend pas toujours avec même efficace;
Après certains momens que perdent nos longueurs,

---

1. Corneille, dans la première édition de *Polyeucte*, avait mis:
   Remettons ce dessein qui l'accable d'ennui;
   Nous le pourrons demain aussi bien qu'aujourd'hui.
Cette première manière était, à la vérité, un peu fautive, mais elle vaut beaucoup mieux que la seconde. (*Voltaire.*)

Elle quitte ces traits qui pénètrent les cœurs;
Le nôtre s'endurcit, la repousse, l'égare :
Le bras qui la versoit en devient plus avare,
Et cette sainte ardeur qui doit porter au bien
Tombe plus rarement, ou n'opère plus rien.
Celle qui vous pressoit de courir au baptême,
Languissante déjà, cesse d'être la même,
Et, pour quelques soupirs qu'on vous a fait ouïr,
Sa flamme se dissipe, et va s'évanouir.

POLYEUCTE.

Vous me connoissez mal : la même ardeur me brûle,
Et le désir s'accroît quand l'effet se recule.
Ces pleurs, que je regarde avec un œil d'époux,
Me laissent dans le cœur aussi chrétien que vous;
Mais pour en recevoir le sacré caractère
Qui lave nos forfaits dans une eau salutaire,
Et qui, purgeant notre âme et dessillant nos yeux
Nous rend le premier droit que nous avions aux cieux,
Bien que je le préfère aux grandeurs d'un empire,
Comme le bien suprême et le seul où j'aspire,
Je crois, pour satisfaire un juste et saint amour,
Pouvoir un peu remettre, et différer d'un jour.

NÉARQUE.

Ainsi du genre humain l'ennemi vous abuse :
Ce qu'il ne peut de force, il l'entreprend de ruse.
Jaloux des bons desseins qu'il tâche d'ébranler,
Quand il ne les peut rompre, il pousse à reculer;
D'obstacle sur obstacle il va troubler le vôtre,
Aujourd'hui par des pleurs, chaque jour par quelque autre;
Et ce songe rempli de noires visions
N'est que le coup d'essai de ses illusions :
Il met tout en usage, et prière, et menace;
Il attaque toujours, et jamais ne se lasse;
Il croit pouvoir enfin ce qu'encore il n'a pu,
Et que ce qu'on diffère est à demi rompu.
  Rompez ses premiers coups; laissez pleurer Pauline.
Dieu ne veut point d'un cœur où le monde domine,
Qui regarde en arrière, et, douteux en son choix,
Lorsque sa voix l'appelle, écoute une autre voix.

POLYEUCTE.

Pour se donner à lui faut-il n'aimer personne?

NÉARQUE.

Nous pouvons tout aimer, il le souffre, il l'ordonne;
Mais, à vous dire tout, ce Seigneur des seigneurs
Veut le premier amour et les premiers honneurs.
Comme rien n'est égal à sa grandeur suprême,
Il faut ne rien aimer qu'après lui, qu'en lui-même,

Négliger, pour lui plaire, et femme, et biens et rang,
Exposer pour sa gloire et verser tout son sang.
Mais que vous êtes loin de cette ardeur parfaite
Qui vous est nécessaire, et que je vous souhaite!
Je ne puis vous parler que les larmes aux yeux.
Polyeucte, aujourd'hui qu'on nous hait en tous lieux,
Qu'on croit servir l'État quand on nous persécute,
Qu'aux plus âpres tourmens un chrétien est en butte,
Comment en pourrez-vous surmonter les douleurs,
Si vous ne pouvez pas résister à des pleurs?

POLYEUCTE.

Vous ne m'étonnez point; la pitié qui me blesse
Sied bien aux plus grands cœurs, et n'a point de foiblesse.
Sur mes pareils, Néarque, un bel œil est bien fort :
Tel craint de le fâcher qui ne craint pas la mort;
Et s'il faut affronter les plus cruels supplices,
Y trouver des appas, en faire mes délices,
Votre Dieu, que je n'ose encor nommer le mien,
M'en donnera la force en me faisant chrétien.

NÉARQUE.

Hâtez-vous donc de l'être.

POLYEUCTE.

Oui, j'y cours, cher Néarque;
Je brûle d'en porter la glorieuse marque.
Mais Pauline s'afflige, et ne peut consentir,
Tant ce songe la trouble, à me laisser sortir.

NÉARQUE.

Votre retour pour elle en aura plus de charmes;
Dans une heure au plus tard vous essuierez ses larmes;
Et l'heur de vous revoir lui semblera plus doux,
Plus elle aura pleuré pour un si cher époux.
Allons, on nous attend.

POLYEUCTE.

Apaisez donc sa crainte,
Et calmez la douleur dont son âme est atteinte.
Elle revient.

NÉARQUE.

Fuyez.

POLYEUCTE.

Je ne puis.

NÉARQUE.

Il le faut;
Fuyez un ennemi qui sait votre défaut,
Qui le trouve aisément, qui blesse par la vue
Et dont le coup mortel vous plaît quand il vous tue.

SCÈNE II. — POLYEUCTE, NÉARQUE, PAULINE, STRATONICE.

POLYEUCTE.

Fuyons, puisqu'il le faut. Adieu, Pauline, adieu.
Dans une heure au plus tard je reviens en ce lieu.

PAULINE.

Quel sujet si pressant à sortir vous convie?
Y va-t-il de l'honneur? y va-t-il de la vie?

POLYEUCTE.

Il y va de bien plus.

PAULINE.

Quel est donc ce secret?

POLYEUCTE.

Vous le saurez un jour : je vous quitte à regret;
Mais enfin il le faut.

PAULINE.

Vous m'aimez?

POLYEUCTE.

Je vous aime,
Le ciel m'en soit témoin, cent fois plus que moi-même;
Mais....

PAULINE.

Mais mon déplaisir ne vous peut émouvoir!
Vous avez des secrets que je ne puis savoir!
Quelle preuve d'amour! Au nom de l'hyménée,
Donnez à mes soupirs cette seule journée.

POLYEUCTE.

Un songe vous fait peur!

PAULINE.

Ses présages sont vains,
Je le sais; mais enfin je vous aime, et je crains.

POLYEUCTE.

Ne craignez rien de mal pour une heure d'absence.
Adieu : vos pleurs sur moi prennent trop de puissance;
Je sens déjà mon cœur prêt à se révolter,
Et ce n'est qu'en fuyant que j'y puis résister.

SCÈNE III. — PAULINE, STRATONICE.

PAULINE.

Va, néglige mes pleurs, cours, et te précipite
Au-devant de la mort que les dieux m'ont prédite;
Suis cet agent fatal de tes mauvais destins,
Qui peut-être te livre aux mains des assassins.
Tu vois, ma Stratonice, en quel siècle nous sommes :
Voilà notre pouvoir sur les esprits des hommes;
Voilà ce qui nous reste, et l'ordinaire effet

De l'amour qu'on nous offre, et des vœux qu'on nous fait.
Tant qu'ils ne sont qu'amans nous sommes souveraines,
Et jusqu'à la conquête ils nous traitent de reines;
Mais après l'hyménée ils sont rois à leur tour.
STRATONICE.
Polyeucte pour vous ne manque point d'amour;
S'il ne vous traite ici d'entière confidence,
S'il part malgré vos pleurs, c'est un trait de prudence;
Sans vous en affliger, présumez avec moi
Qu'il est plus à propos qu'il vous cèle pourquoi;
Assurez-vous sur lui qu'il en a juste cause.
Il est bon qu'un mari nous cache quelque chose,
Qu'il soit quelquefois libre, et ne s'abaisse pas
A nous rendre toujours compte de tous ses pas :
On n'a tous deux qu'un cœur qui sent mêmes traverses;
Mais ce cœur a pourtant ses fonctions diverses,
Et la loi de l'hymen qui vous tient assemblés
N'ordonne pas qu'il tremble alors que vous tremblez :
Ce qui fait vos frayeurs ne peut le mettre en peine;
Il est Arménien, et vous êtes Romaine,
Et vous pouvez savoir que nos deux nations
N'ont pas sur ce sujet mêmes impressions.
Un songe en notre esprit passe pour ridicule,
Il ne nous laisse espoir, ni crainte, ni scrupule;
Mais il passe dans Rome avec autorité
Pour fidèle miroir de la fatalité.
PAULINE.
Quelque peu de crédit que chez vous il obtienne,
Je crois que ta frayeur égaleroit la mienne,
Si de telles horreurs t'avoient frappé l'esprit,
Si je t'en avois fait seulement le récit.
STRATONICE.
A raconter ses maux souvent on les soulage.
PAULINE.
Ecoute; mais il faut te dire davantage,
Et que, pour mieux comprendre un si triste discours,
Tu saches ma foiblesse et mes autres amours :
Une femme d'honneur peut avouer sans honte
Ces surprises des sens que la raison surmonte;
Ce n'est qu'en ces assauts qu'éclate la vertu,
Et l'on doute d'un cœur qui n'a point combattu.
　Dans Rome, où je naquis, ce malheureux visage
D'un chevalier romain captiva le courage;
Il s'appeloit Sévère : excuse les soupirs
Qu'arrache encore un nom trop cher à mes désirs.
STRATONICE.
Est-ce lui qui naguère aux dépens de sa vie

Sauva des ennemis votre empereur Décie,
Qui leur tira mourant la victoire des mains,
Et fit tourner le sort des Perses aux Romains?
Lui, qu'entre tant de morts immolés à son maître,
On ne put rencontrer, ou du moins reconnoître;
A qui Décie enfin, pour des exploits si beaux,
Fit si pompeusement dresser de vains tombeaux?

PAULINE.

Hélas! c'étoit lui-même, et jamais notre Rome
N'a produit plus grand cœur, ni vu plus honnête homme.
Puisque tu le connois, je ne t'en dirai rien.
Je l'aimai, Stratonice; il le méritoit bien.
Mais que sert le mérite où manque la fortune?
L'un étoit grand en lui, l'autre foible et commune;
Trop invincible obstacle, et dont trop rarement
Triomphe auprès d'un père un vertueux amant!

STRATONICE.

La digne occasion d'une rare constance!

PAULINE.

Dis plutôt d'une indigne et folle résistance.
Quelque fruit qu'une fille en puisse recueillir,
Ce n'est une vertu que pour qui veut faillir.
 Parmi ce grand amour que j'avois pour Sévère,
J'attendois un époux de la main de mon père;
Toujours prête à le prendre; et jamais ma raison
N'avoua de mes yeux l'aimable trahison :
Il possédoit mon cœur, mes désirs, ma pensée;
Je ne lui cachois point combien j'étois blessée;
Nous soupirions ensemble, et pleurions nos malheurs;
Mais au lieu d'espérance il n'avoit que des pleurs;
Et, malgré des soupirs si doux, si favorables,
Mon père et mon devoir étoient inexorables.
Enfin je quittai Rome et ce parfait amant,
Pour suivre ici mon père en son gouvernement;
Et lui, désespéré, s'en alla dans l'armée
Chercher d'un beau trépas l'illustre renommée.
Le reste, tu le sais. Mon abord en ces lieux
Me fit voir Polyeucte, et je plus à ses yeux;
Et comme il est ici le chef de la noblesse,
Mon père fut ravi qu'il me prît pour maîtresse,
Et par son alliance il se crut assuré
D'être plus redoutable et plus considéré;
Il approuva sa flamme, et conclut l'hyménée;
Et moi, comme à son lit je me vis destinée,
Je donnai par devoir à son affection
Tout ce que l'autre avoit par inclination.
Si tu peux en douter, juge-le par la crainte

Dont en ce triste jour tu me vois l'âme atteinte.
STRATONICE.
Elle fait assez voir à quel point vous l'aimez.
Mais quel songe, après tout, tient vos sens alarmés?
PAULINE.
Je l'ai vu cette nuit, ce malheureux Sévère,
La vengeance à la main, l'œil ardent de colère :
Il n'étoit point couvert de ces tristes lambeaux
Qu'une ombre désolée emporte des tombeaux;
Il n'étoit point percé de ces coups pleins de gloire
Qui, retranchant sa vie, assurent sa mémoire;
Il sembloit triomphant, et tel que sur son char
Victorieux dans Rome entre notre César.
Après un peu d'effroi que m'a donné sa vue :
« Porte à qui tu voudras la faveur qui m'est due,
Ingrate, m'a-t-il dit; et, ce jour expiré,
Pleure à loisir l'époux que tu m'as préféré. »
A ces mots j'ai frémi, mon âme s'est troublée :
Ensuite des chrétiens une impie assemblée,
Pour avancer l'effet de ce discours fatal,
A jeté Polyeucte aux pieds de son rival.
Soudain à son secours j'ai réclamé mon père;
Hélas! c'est de tout point ce qui me désespère.
J'ai vu mon père même, un poignard à la main,
Entrer le bras levé pour lui percer le sein :
Là, ma douleur trop forte a brouillé ces images;
Le sang de Polyeucte a satisfait leurs rages.
Je ne sais ni comment ni quand ils l'ont tué,
Mais je sais qu'à sa mort tous ont contribué.
Voilà quel est mon songe.
STRATONICE.
Il est vrai qu'il est triste;
Mais il faut que votre âme à ces frayeurs résiste :
La vision, de soi, peut faire quelque horreur,
Mais non pas vous donner une juste terreur.
Pouvez-vous craindre un mort? pouvez-vous craindre un père
Qui chérit votre époux, que votre époux révère,
Et dont le juste choix vous a donnée à lui
Pour s'en faire en ces lieux un ferme et sûr appui?
PAULINE.
Il m'en a dit autant, et rit de mes alarmes;
Mais je crains des chrétiens les complots et les charmes,
Et que sur mon époux leur troupeau ramassé
Ne venge tant de sang que mon père a versé.
STRATONICE.
Leur secte est insensée, impie, et sacrilége,
Et dans son sacrifice use de sortilége;

Mais sa fureur ne va qu'à briser nos autels;
Elle n'en veut qu'aux dieux, et non pas aux mortels.
Quelque sévérité que sur eux on déploie,
Ils souffrent sans murmure, et meurent avec joie;
Et, depuis qu'on les traite en criminels d'État,
On ne peut les charger d'aucun assassinat.

PAULINE.

Tais-toi, mon père vient.

SCÈNE IV. — FÉLIX, ALBIN, PAULINE, STRATONICE.

FÉLIX.

Ma fille, que ton songe
En d'étranges frayeurs ainsi que toi me plonge!
Que j'en crains les effets, qui semblent s'approcher!

PAULINE.

Quelle subite alarme ainsi vous peut toucher?

FÉLIX.

Sévère n'est point mort.

PAULINE.

Quel mal nous fait sa vie?

FÉLIX.

Il est le favori de l'empereur Décie.

PAULINE.

Après l'avoir sauvé des mains des ennemis,
L'espoir d'un si haut rang lui devenoit permis;
Le destin, aux grands cœurs si souvent mal propice,
Se résout quelquefois à leur faire justice.

FÉLIX.

Il vient ici lui-même.

PAULINE.

Il vient!

FÉLIX.

Tu le vas voir.

PAULINE.

C'en est trop; mais comment le pouvez-vous savoir?

FÉLIX.

Albin l'a rencontré dans la proche campagne;
Un gros de courtisans en foule l'accompagne,
Et montre assez quel est son rang et son crédit :
Mais, Albin, redis-lui ce que ses gens t'ont dit.

ALBIN.

Vous savez quelle fut cette grande journée,
Que sa perte pour nous rendit si fortunée,
Où l'empereur captif, par sa main dégagé,
Rassura son parti déjà découragé,
Tandis que sa vertu succomba sous le nombre;

Vous savez les honneurs qu'on fit faire à son ombre,
Après qu'entre les morts on ne le put trouver :
Le roi de Perse aussi l'avoit fait enlever.
Témoins de ses hauts faits et de son grand courage,
Ce monarque en voulut connoître le visage ;
On le mit dans sa tente, où, tout percé de coups,
Tout mort qu'il paroissoit, il fit mille jaloux ;
Là, bientôt il montra quelque signe de vie :
Ce prince généreux en eut l'âme ravie,
Et sa joie, en dépit de son dernier malheur,
Du bras qui le causoit honora la valeur ;
Il en fit prendre soin, la cure en fut secrète ;
Et comme au bout d'un mois sa santé fut parfaite,
Il offrit dignités, alliance, trésors,
Et pour gagner Sévère il fit cent vains efforts.
Après avoir comblé ses refus de louange,
Il envoie à Décie en proposer l'échange ;
Et soudain l'empereur, transporté de plaisir,
Offre au Perse, son frère et cent chefs à choisir.
Ainsi revint au camp le valeureux Sévère
De sa haute vertu recevoir le salaire ;
La faveur de Décie en fut le digne prix.
De nouveau l'on combat, et nous sommes surpris.
Ce malheur toutefois sert à croître sa gloire :
Lui seul rétablit l'ordre, et gagne la victoire,
Mais si belle, et si pleine, et par tant de beaux faits,
Qu'on nous offre tribut, et nous faisons la paix.
L'empereur, qui lui montre une amour infinie,
Après ce grand succès l'envoie en Arménie ;
Il vient en apporter la nouvelle en ces lieux,
Et par un sacrifice en rendre hommage aux dieux.

FÉLIX.
O ciel! en quel état ma fortune est réduite!

ALBIN.
Voilà ce que j'ai su d'un homme de sa suite,
Et j'ai couru, seigneur, pour vous y disposer.

FÉLIX.
Ah! sans doute, ma fille, il vient pour t'épouser :
L'ordre d'un sacrifice est pour lui peu de chose ;
C'est un prétexte faux dont l'amour est la cause.

PAULINE.
Cela pourroit bien être ; il m'aimoit chèrement.

FÉLIX.
Que ne permettra-t-il à son ressentiment?
Et jusques à quel point ne porte sa vengeance
Une juste colère avec tant de puissance?
Il nous perdra, ma fille.

PAULINE.
Il est trop généreux.
FÉLIX.
Tu veux flatter en vain un père malheureux;
Il nous perdra, ma fille. Ah! regret qui me tue
De n'avoir pas aimé la vertu toute nue!
Ah! Pauline, en effet, tu m'as trop obéi;
Ton courage étoit bon, ton devoir l'a trahi :
Que ta rébellion m'eût été favorable!
Qu'elle m'eût garanti d'un état déplorable!
Si quelque espoir me reste, il n'est plus aujourd'hui
Qu'en l'absolu pouvoir qu'il te donnoit sur lui;
Ménage en ma faveur l'amour qui le possède,
Et d'où provient mon mal fais sortir le remède.
PAULINE.
Moi! moi! que je revoie un si puissant vainqueur,
Et m'expose à des yeux qui me percent le cœur!
Mon père, je suis femme, et je sais ma foiblesse;
Je sens déjà mon cœur qui pour lui s'intéresse,
Et poussera sans doute, en dépit de ma foi,
Quelque soupir indigne et de vous et de moi.
Je ne le verrai point.
FÉLIX.
Rassure un peu ton âme.
PAULINE.
Il est toujours aimable, et je suis toujours femme;
Dans le pouvoir sur moi que ses regards ont eu,
Je n'ose m'assurer de toute ma vertu.
Je ne le verrai point.
FÉLIX.
Il faut le voir, ma fille,
Ou tu trahis ton père et toute ta famille.
PAULINE.
C'est à moi d'obéir, puisque vous commandez;
Mais voyez les périls où vous me hasardez.
FÉLIX.
Ta vertu m'est connue.
PAULINE.
Elle vaincra sans doute;
Ce n'est pas le succès que mon âme redoute :
Je crains ce dur combat et ces troubles puissans
Que fait déjà chez moi la révolte des sens;
Mais, puisqu'il faut combattre un ennemi que j'aime,
Souffrez que je me puisse armer contre moi-même,
Et qu'un peu de loisir me prépare à le voir.
FÉLIX.
Jusqu'au-devant des murs je vais le recevoir;

Rappelle cependant tes forces étonnées,
Et songe qu'en tes mains tu tiens nos destinées.
PAULINE.
Oui, je vais de nouveau dompter mes sentimens,
Pour servir de victime à vos commandemens.

ACTE SECOND.

SCÈNE I. — SÉVÈRE, FABIAN.
SÉVÈRE.
Cependant que Félix donne ordre au sacrifice,
Pourrai-je prendre un temps à mes vœux si propice?
Pourrai-je voir Pauline, et rendre à ses beaux yeux
L'hommage souverain que l'on va rendre aux dieux?
Je ne t'ai point celé que c'est ce qui m'amène,
Le reste est un prétexte à soulager ma peine;
Je viens sacrifier, mais c'est à ses beautés
Que je viens immoler toutes mes volontés.
FABIAN.
Vous la verrez, seigneur.
SÉVÈRE.
Ah! quel comble de joie!
Cette chère beauté consent que je la voie!
Mais ai-je sur son âme encor quelque pouvoir?
Quelque reste d'amour s'y fait-il encor voir?
Quel trouble, quel transport lui cause ma venue?
Puis-je tout espérer de cette heureuse vue?
Car je voudrois mourir plutôt que d'abuser
Des lettres de faveur que j'ai pour l'épouser;
Elles sont pour Félix, non pour triompher d'elle:
Jamais à ses désirs mon cœur ne fut rebelle;
Et si mon mauvais sort avoit changé le sien,
Je me vaincrois moi-même, et ne prétendrois rien.
FABIAN.
Vous la verrez, c'est tout ce que je vous puis dire.
SÉVÈRE.
D'où vient que tu frémis, et que ton cœur soupire?
Ne m'aime-t-elle plus? éclaircis-moi ce point.
FABIAN.
M'en croirez-vous, seigneur? ne la revoyez point,
Portez en lieu plus haut l'honneur de vos caresses :
Vous trouverez à Rome assez d'autres maîtresses;
Et, dans ce haut degré de puissance et d'honneur,
Les plus grands y tiendront votre amour à bonheur.

SÉVÈRE.

Qu'à des pensers si bas mon âme se ravale!
Que je tienne Pauline à mon sort inégale!
Elle en a mieux usé, je la dois imiter;
Je n'aime mon bonheur que pour la mériter.
Voyons-la, Fabian, ton discours m'importune;
Allons mettre à ses pieds cette haute fortune :
Je l'ai dans les combats trouvée heureusement,
En cherchant une mort digne de son amant;
Ainsi ce rang est sien, cette faveur est sienne,
Et je n'ai rien enfin que d'elle je ne tienne.

FABIAN.

Non, mais encore un coup ne la revoyez point.

SÉVÈRE.

Ah! c'en est trop, enfin éclaircis-moi ce point;
As-tu vu des froideurs quand tu l'en as priée?

FABIAN.

Je tremble à vous le dire; elle est....

SÉVÈRE.

Quoi?

FABIAN.

Mariée.

SÉVÈRE.

Soutiens-moi, Fabian; ce coup de foudre est grand,
Et frappe d'autant plus, que plus il me surprend.

FABIAN.

Seigneur, qu'est devenu ce généreux courage?

SÉVÈRE.

La constance est ici d'un difficile usage;
De pareils déplaisirs accablent un grand cœur;
La vertu la plus mâle en perd toute vigueur;
Et, quand d'un feu si beau les âmes sont éprises,
La mort les trouble moins que de telles surprises.
Je ne suis plus à moi quand j'entends ce discours.
Pauline est mariée!

FABIAN.

Oui, depuis quinze jours;
Polyeucte, un seigneur des premiers d'Arménie,
Goûte de son hymen la douceur infinie.

SÉVÈRE.

Je ne la puis du moins blâmer d'un mauvais choix;
Polyeucte a du nom, et sort du sang des rois :
Foibles soulagemens d'un malheur sans remède!
Pauline, je verrai qu'un autre vous possède!
    O ciel, qui malgré moi me renvoyez au jour,
O sort, qui redonniez l'espoir à mon amour,
Reprenez la faveur que vous m'avez prêtée,

Et rendez-moi la mort que vous m'avez ôtée!
Voyons-la toutefois, et dans ce triste lieu
Achevons de mourir en lui disant adieu;
Que mon cœur, chez les morts emportant son image,
De son dernier soupir puisse lui faire hommage.

FABIAN.
Seigneur, considérez....

SÉVÈRE.
Tout est considéré.
Quel désordre peut craindre un cœur désespéré?
N'y consent-elle pas?

FABIAN.
Oui, seigneur, mais....

SÉVÈRE.
N'importe.

FABIAN.
Cette vive douleur en deviendra plus forte.

SÉVÈRE.
Et ce n'est pas un mal que je veuille guérir;
Je ne veux que la voir, soupirer, et mourir.

FABIAN.
Vous vous échapperez sans doute en sa présence;
Un amant qui perd tout n'a plus de complaisance;
Dans un tel entretien il suit sa passion,
Et ne pousse qu'injure et qu'imprécation.

SÉVÈRE.
Juge autrement de moi : mon respect dure encore;
Tout violent qu'il est, mon désespoir l'adore.
Quels reproches aussi peuvent m'être permis?
De quoi puis-je accuser qui ne m'a rien promis?
Elle n'est point parjure, elle n'est point légère;
Son devoir m'a trahi, mon malheur, et son père.
Mais son devoir fut juste, et son père eut raison;
J'impute à mon malheur toute la trahison;
Un peu moins de fortune, et plus tôt arrivée,
Eût gagné l'un par l'autre[1], et me l'eût conservée;
Trop heureux, mais trop tard, je n'ai pu l'acquérir :
Laisse-la-moi donc voir, soupirer, et mourir.

FABIAN.
Oui, je vais l'assurer qu'en ce malheur extrême
Vous êtes assez fort pour vous vaincre vous-même.
Elle a craint comme moi ces premiers mouvemens
Qu'une perte imprévue arrache aux vrais amans,
Et dont la violence excite assez de trouble,

1. *L'un par l'autre* ne se rapporte à rien : on devine seulement qu'il eût gagné Félix par Pauline. (*Voltaire.*)

Sans que l'objet présent l'irrite et le redouble.

SÉVÈRE.

Fabian, je la vois.

FABIAN.

Seigneur, souvenez-vous....

SÉVÈRE.

Hélas! elle aime un autre, un autre est son époux.

SCÈNE II. — SÉVÈRE, PAULINE, STRATONICE, FABIAN.

PAULINE.

Oui, je l'aime, Sévère, et n'en fais point d'excuse;
Que tout autre que moi vous flatte et vous abuse,
Pauline a l'âme noble, et parle à cœur ouvert.
   Le bruit de votre mort n'est point ce qui vous perd;
Si le ciel en mon choix eût mis mon hyménée,
A vos seules vertus je me serois donnée,
Et toute la rigueur de votre premier sort
Contre votre mérite eût fait un vain effort;
Je découvrois en vous d'assez illustres marques
Pour vous préférer même aux plus heureux monarques :
Mais puisque mon devoir m'imposoit d'autres lois,
De quelque amant pour moi que mon père eût fait choix,
Quand à ce grand pouvoir que la valeur vous donne
Vous auriez ajouté l'éclat d'une couronne,
Quand je vous aurois vu, quand je l'aurois haï,
J'en aurois soupiré, mais j'aurois obéi,
Et sur mes passions ma raison souveraine
Eût blâmé mes soupirs et dissipé ma haine.

SÉVÈRE.

Que vous êtes heureuse! et qu'un peu de soupirs
Fait un aisé remède à tous vos déplaisirs!
Ainsi, de vos désirs toujours reine absolue,
Les plus grands changemens vous trouvent résolue;
De la plus forte ardeur vous portez vos esprits
Jusqu'à l'indifférence et peut-être au mépris;
Et votre fermeté fait succéder sans peine
La faveur au dédain, et l'amour à la haine.
Qu'un peu de votre humeur ou de votre vertu
Soulageroit les maux de ce cœur abattu!
Un soupir, une larme à regret épandue
M'auroit déjà guéri de vous avoir perdue;
Ma raison pourroit tout sur l'amour affoibli,
Et de l'indifférence iroit jusqu'à l'oubli;
Et mon feu désormais se réglant sur le vôtre,
Je me tiendrois heureux entre les bras d'une autre.
O trop aimable objet, qui m'avez trop charmé,
Est-ce là comme on aime, et m'avez-vous aimé?

PAULINE.

Je vous l'ai trop fait voir, seigneur; et si mon âme
Pouvoit bien étouffer les restes de sa flamme,
Dieux, que j'éviterois de rigoureux tourmens!
Ma raison, il. est vrai, dompte mes sentimens :
Mais, quelque autorité que sur eux elle ait prise,
Elle n'y règne pas, elle les tyrannise;
Et quoique le dehors soit sans émotion,
Le dedans n'est que trouble et que sédition :
Un je ne sais quel charme encor vers vous m'emporte;
Votre mérite est grand, si ma raison est forte :
Je le vois, encor tel qu'il alluma mes feux,
D'autant plus puissamment solliciter mes vœux
Qu'il est environné de puissance et de gloire,
Qu'en tous lieux après vous il traîne la victoire,
Que j'en sais mieux le prix, et qu'il n'a point déçu
Le généreux espoir que j'en avois conçu.
Mais ce même devoir qui le vainquit dans Rome,
Et qui me range ici dessous les lois d'un homme,
Repousse encor si bien l'effort de tant d'appas,
Qu'il déchire mon âme et ne l'ébranle pas;
C'est cette vertu même, à nos désirs cruelle,
Que vous louiez alors en blasphémant contre elle :
Plaignez-vous-en encor; mais louez sa rigueur
Qui triomphe à la fois de vous et de mon cœur,
Et voyez qu'un devoir moins ferme et moins sincère
N'auroit pas mérité l'amour du grand Sévère.

SÉVÈRE.

Ah! madame, excusez une aveugle douleur
Qui ne connoît plus rien que l'excès du malheur :
Je nommois inconstance, et prenois pour un crime,
De ce juste devoir l'effort le plus sublime.
De grâce, montrez moins à mes sens désolés
La grandeur de ma perte et ce que vous valez;
Et, cachant par pitié cette vertu si rare,
Qui redouble mes feux lorsqu'elle nous sépare,
Faites voir des défauts qui puissent à leur tour
Affoiblir ma douleur avecque mon amour.

PAULINE.

Hélas! cette vertu, quoique enfin invincible,
Ne laisse que trop voir une âme trop sensible.
Ces pleurs en sont témoins, et ces lâches soupirs
Qu'arrachent de nos feux les cruels souvenirs :
Trop rigoureux effets d'une aimable présence
Contre qui mon devoir a trop peu de défense!
Mais si vous estimez ce vertueux devoir,
Conservez-m'en la gloire, et cessez de me voir.

Épargnez-moi des pleurs qui coulent à ma honte;
Épargnez-moi des feux qu'à regret je surmonte;
Enfin épargnez-moi ces tristes entretiens,
Qui ne font qu'irriter vos tourmens et les miens.

SÉVÈRE.

Que je me prive ainsi du seul bien qui me reste!

PAULINE.

Sauvez-vous d'une vue à tous les deux funeste.

SÉVÈRE.

Quel prix de mon amour! quel fruit de mes travaux!

PAULINE.

C'est le remède seul qui peut guérir nos maux.

SÉVÈRE.

Je veux mourir des miens; aimez-en la mémoire.

PAULINE.

Je veux guérir des miens; ils souilleroient ma gloire.

SÉVÈRE.

Ah! puisque votre gloire en prononce l'arrêt,
Il faut que ma douleur cède à son intérêt.
Est-il rien que sur moi cette gloire n'obtienne?
Elle me rend les soins que je dois à la mienne.
Adieu : je vais chercher au milieu des combats
Cette immortalité que donne un beau trépas,
Et remplir dignement, par une mort pompeuse,
De mes premiers exploits l'attente avantageuse,
Si toutefois, après ce coup mortel du sort,
J'ai de la vie assez pour chercher une mort.

PAULINE.

Et moi, dont votre vue augmente le supplice,
Je l'éviterai même en votre sacrifice;
Et, seule dans ma chambre enfermant mes regrets,
Je vais pour vous aux dieux faire des vœux secrets.

SÉVÈRE.

Puisse le juste ciel, content de ma ruine,
Combler d'heur et de jours Polyeucte et Pauline!

PAULINE.

Puisse trouver Sévère, après tant de malheur,
Une félicité digne de sa valeur!

SÉVÈRE.

Il la trouvoit en vous.

PAULINE.

    Je dépendois d'un père.

SÉVÈRE.

O devoir qui me perd et qui me désespère!
Adieu, trop vertueux objet, et trop charmant.

PAULINE.

Adieu, trop malheureux et trop parfait amant.

SCÈNE III. — PAULINE, STRATONICE.

STRATONICE.

Je vous ai plaints tous deux, j'en verse encor des larmes;
Mais du moins votre esprit est hors de ses alarmes :
Vous voyez clairement que votre songe est vain;
Sévère ne vient pas la vengeance à la main.

PAULINE.

Laisse-moi respirer du moins, si tu m'as plainte :
Au fort de ma douleur tu rappelles ma crainte;
Souffre un peu de relâche à mes esprits troublés,
Et ne m'accable point par des maux redoublés.

STRATONICE.

Quoi ! vous craignez encor?

PAULINE.

Je tremble, Stratonice;
Et, bien que je m'effraye avec peu de justice,
Cette injuste frayeur sans cesse reproduit
L'image des malheurs que j'ai vus cette nuit.

STRATONICE.

Sévère est généreux.

PAULINE.

Malgré sa retenue,
Polyeucte sanglant frappe toujours ma vue.

STRATONICE.

Vous voyez ce rival faire des vœux pour lui.

PAULINE.

Je crois même au besoin qu'il seroit son appui :
Mais, soit cette croyance ou fausse, ou véritable,
Son séjour en ce lieu m'est toujours redoutable;
A quoi que sa vertu puisse le disposer,
Il est puissant, il m'aime, et vient pour m'épouser.

SCÈNE IV. — POLYEUCTE, NÉARQUE, PAULINE, STRATONICE.

POLYEUCTE.

C'est trop verser de pleurs; il est temps qu'ils tarissent :
Que votre douleur cesse, et vos craintes finissent;
Malgré les faux avis par vos dieux envoyés,
Je suis vivant, madame, et vous me revoyez.

PAULINE.

Le jour est encor long, et, ce qui plus m'effraie,
La moitié de l'avis se trouve déjà vraie;
J'ai cru Sévère mort, et je le vois ici.

POLYEUCTE.

Je le sais; mais enfin j'en prends peu de souci.
Je suis dans Mélitène, et, quel que soit Sévère,

Votre père y commande, et l'on m'y considère ;
Et je ne pense pas qu'on puisse avec raison
D'un cœur tel que le sien craindre une trahison :
On m'avoit assuré qu'il vous faisoit visite,
Et je venois lui rendre un honneur qu'il mérite.
PAULINE.
Il vient de me quitter assez triste et confus ;
Mais j'ai gagné sur lui qu'il ne me verra plus.
POLYEUCTE.
Quoi ! vous me soupçonnez déjà de quelque ombrage ?
PAULINE.
Je ferois à tous trois un trop sensible outrage.
J'assure mon repos, que troublent ses regards :
La vertu la plus ferme évite les hasards ;
Qui s'expose au péril veut bien trouver sa perte ;
Et, pour vous en parler avec une âme ouverte,
Depuis qu'un vrai mérite a pu nous enflammer,
Sa présence toujours a droit de nous charmer.
Outre qu'on doit rougir de s'en laisser surprendre,
On souffre à résister, on souffre à s'en défendre ;
Et, bien que la vertu triomphe de ces feux,
La victoire est pénible, et le combat honteux.
POLYEUCTE.
O vertu trop parfaite, et devoir trop sincère,
Que vous devez coûter de regrets à Sévère !
Qu'aux dépens d'un beau feu vous me rendez heureux !
Et que vous êtes doux à mon cœur amoureux !
Plus je vois mes défauts et plus je vous contemple,
Plus j'admire....

SCÈNE V. — POLYEUCTE, PAULINE, NÉARQUE, STRATONICE, CLÉON.

CLÉON.
Seigneur, Félix vous mande au temple ;
La victime est choisie, et le peuple à genoux ;
Et pour sacrifier on n'attend plus que vous.
POLYEUCTE.
Va, nous allons te suivre. Y venez-vous, madame ?
PAULINE.
Sévère craint ma vue, elle irrite sa flamme ;
Je lui tiendrai parole, et ne veux plus le voir.
Adieu : vous l'y verrez ; pensez à son pouvoir,
Et ressouvenez-vous que sa valeur est grande.
POLYEUCTE.
Allez, tout son crédit n'a rien que j'appréhende ;
Et comme je connois sa générosité,
Nous ne nous combattrons que de civilité.

SCÈNE VI. — POLYEUCTE, NÉARQUE.

NÉARQUE.

Où pensez-vous aller?
POLYEUCTE.
Au temple, où l'on m'appelle.
NÉARQUE.
Quoi! vous mêler aux vœux d'une troupe infidèle!
Oubliez-vous déjà que vous êtes chrétien?
POLYEUCTE.
Vous par qui je le suis, vous en souvient-il bien?
NÉARQUE.
J'abhorre les faux dieux.
POLYEUCTE.
Et moi, je les déteste.
NÉARQUE.
Je tiens leur culte impie.
POLYEUCTE.
Et je le tiens funeste.
NÉARQUE.
Fuyez donc leurs autels.
POLYEUCTE.
Je les veux renverser,
Et mourir dans leur temple, ou les y terrasser.
Allons, mon cher Néarque, allons aux yeux des hommes
Braver l'idolâtrie, et montrer qui nous sommes :
C'est l'attente du ciel, il nous la faut remplir ;
Je viens de le promettre, et je vais l'accomplir.
Je rends grâces au Dieu que tu m'as fait connoître
De cette occasion qu'il a sitôt fait naître,
Où déjà sa bonté, prête à me couronner,
Daigne éprouver la foi qu'il vient de me donner.
NÉARQUE.
Ce zèle est trop ardent, souffrez qu'il se modère.
POLYEUCTE.
On n'en peut avoir trop pour le Dieu qu'on révère.
NÉARQUE.
Vous trouverez la mort.
POLYEUCTE.
Je la cherche pour lui.
NÉARQUE.
Et si ce cœur s'ébranle?
POLYEUCTE.
Il sera mon appui.
NÉARQUE.
Il ne commande point que l'on s'y précipite.
POLYEUCTE.
Plus elle est volontaire, et plus elle mérite.

NÉARQUE.
Il suffit, sans chercher, d'attendre et de souffrir.
POLYEUCTE.
On souffre avec regret quand on n'ose s'offrir.
NÉARQUE.
Mais dans ce temple enfin la mort est assurée.
POLYEUCTE.
Mais dans le ciel déjà la palme est préparée.
NÉARQUE.
Par une sainte vie il faut la mériter.
POLYEUCTE.
Mes crimes, en vivant, me la pourroient ôter.
Pourquoi mettre au hasard ce que la mort assure?
Quand elle ouvre le ciel, peut-elle sembler dure?
Je suis chrétien, Néarque, et le suis tout à fait;
La foi que j'ai reçue aspire à son effet.
Qui fuit croit lâchement, et n'a qu'une foi morte.
NÉARQUE.
Ménagez votre vie, à Dieu même elle importe;
Vivez pour protéger les chrétiens en ces lieux.
POLYEUCTE.
L'exemple de ma mort les fortifiera mieux.
NÉARQUE.
Vous voulez donc mourir?
POLYEUCTE.
Vous aimez donc à vivre?
NÉARQUE.
Je ne puis déguiser que j'ai peine à vous suivre.
Sous l'horreur des tourmens je crains de succomber.
POLYEUCTE.
Qui marche assurément n'a point peur de tomber :
Dieu fait part, au besoin, de sa force infinie.
Qui craint de le nier, dans son âme le nie,
Il croit le pouvoir faire, et doute de sa foi.
NÉARQUE.
Qui n'appréhende rien présume trop de soi.
POLYEUCTE.
J'attends tout de sa grâce, et rien de ma foiblesse.
Mais, loin de me presser, il faut que je vous presse!
D'où vient cette froideur?
NÉARQUE.
Dieu même a craint la mort.
POLYEUCTE.
Il s'est offert pourtant; suivons ce saint effort;
Dressons-lui des autels sur des monceaux d'idoles.
Il faut (je me souviens encor de vos paroles)
Négliger, pour lui plaire, et femme, et biens, et rang;

Exposer pour sa gloire et verser tout son sang.
Hélas! qu'avez-vous fait de cette amour parfaite
Que vous me souhaitiez, et que je vous souhaite?
S'il vous en reste encor, n'êtes-vous point jaloux
Qu'à grand'peine chrétien j'en montre plus que vous?
NÉARQUE.
Vous sortez du baptême, et ce qui vous anime,
C'est sa grâce qu'en vous n'affoiblit aucun crime;
Comme encor tout entière, elle agit pleinement,
Et tout semble possible à son feu véhément :
Mais cette même grâce en moi diminuée,
Et par mille péchés sans cesse exténuée,
Agit aux grands effets avec tant de langueur,
Que tout semble impossible à son peu de vigueur :
Cette indigne mollesse et ces lâches défenses
Sont des punitions qu'attirent mes offenses;
Mais Dieu, dont on ne doit jamais se défier,
Me donne votre exemple à me fortifier.
Allons, cher Polyeucte, allons aux yeux des hommes
Braver l'idolâtrie, et montrer qui nous sommes;
Puissé-je vous donner l'exemple de souffrir,
Comme vous me donnez celui de vous offrir!
POLYEUCTE.
A cet heureux transport que le ciel vous envoie,
Je reconnois Néarque, et j'en pleure de joie.
Ne perdons plus de temps; le sacrifice est prêt;
Allons-y du vrai Dieu soutenir l'intérêt;
Allons fouler aux pieds ce foudre ridicule
Dont arme un bois pourri ce peuple trop crédule;
Allons en éclairer l'aveuglement fatal;
Allons briser ces dieux de pierre et de métal :
Abandonnons nos jours à cette ardeur céleste;
Faisons triompher Dieu : qu'il dispose du reste.
NÉARQUE.
Allons faire éclater sa gloire aux yeux de tous,
Et répondre avec zèle à ce qu'il veut de nous.

ACTE TROISIÈME.

SCÈNE I. — PAULINE.

Que de soucis flottans, que de confus nuages
Présentent à mes yeux d'inconstantes images!
Douce tranquillité, que je n'ose espérer,
Que ton divin rayon tarde à les éclairer!

Mille agitations, que mes troubles produisent,
Dans mon cœur ébranlé tour à tour se détruisent;
Aucun espoir n'y coule où j'ose persister;
Aucun effroi n'y règne où j'ose m'arrêter.
Mon esprit, embrassant tout ce qu'il s'imagine,
Voit tantôt mon bonheur, et tantôt ma ruine,
Et suit leur vaine idée avec si peu d'effet,
Qu'il ne peut espérer ni craindre tout à fait.
Sévère incessamment brouille ma fantaisie:
J'espère en sa vertu, je crains sa jalousie;
Et je n'ose penser que d'un œil bien égal
Polyeucte en ces lieux puisse voir son rival.
Comme entre deux rivaux la haine est naturelle,
L'entrevue aisément se termine en querelle;
L'un voit aux mains d'autrui ce qu'il croit mériter,
L'autre un désespéré qui peut trop attenter.
Quelque haute raison qui règle leur courage,
L'un conçoit de l'envie, et l'autre de l'ombrage;
La honte d'un affront que chacun d'eux croit voir
Ou de nouveau reçue, ou prête à recevoir,
Consumant dès l'abord toute leur patience,
Forme de la colère et de la défiance,
Et, saisissant ensemble et l'époux et l'amant,
En dépit d'eux les livre à leur ressentiment.
Mais que je me figure une étrange chimère,
Et que je traite mal Polyeucte et Sévère!
Comme si la vertu de ces fameux rivaux
Ne pouvoit s'affranchir de ces communs défauts!
Leurs âmes à tous deux d'elles-mêmes maîtresses
Sont d'un ordre trop haut pour de telles bassesses:
Ils se verront au temple en hommes généreux.
Mais las! ils se verront, et c'est beaucoup pour eux.
Que sert à mon époux d'être dans Mélitène,
Si contre lui Sévère arme l'aigle romaine,
Si mon père y commande, et craint ce favori,
Et se repent déjà du choix de mon mari?
Si peu que j'ai d'espoir ne luit qu'avec contrainte;
En naissant il avorte, et fait place à la crainte;
Ce qui doit l'affermir sert à le dissiper.
Dieux! faites que ma peur puisse enfin se tromper!

SCÈNE II. — PAULINE, STRATONICE.

PAULINE.

Mais sachons-en l'issue. Eh bien! ma Stratonice,
Comment s'est terminé ce pompeux sacrifice?
Ces rivaux généreux au temple se sont vus?

STRATONICE.
Ah! Pauline!
PAULINE.
Mes vœux ont-ils été déçus?
J'en vois sur ton visage une mauvaise marque.
Se sont-ils querellés?
STRATONICE.
Polyeucte, Néarque,
Les chrétiens....
PAULINE.
Parle donc : les chrétiens....
STRATONICE.
Je ne puis.
PAULINE.
Tu prépares mon âme à d'étranges ennuis.
STRATONICE.
Vous n'en sauriez avoir une plus juste cause.
PAULINE.
L'ont-ils assassiné?
STRATONICE.
Ce seroit peu de chose.
Tout votre songe est vrai, Polyeucte n'est plus....
PAULINE.
Il est mort!
STRATONICE.
Non, il vit; mais, ô pleurs superflus!
Ce courage si grand, cette âme si divine,
N'est plus digne du jour, ni digne de Pauline.
Ce n'est plus cet époux si charmant à vos yeux;
C'est l'ennemi commun de l'État et des dieux,
Un méchant, un infâme, un rebelle, un perfide,
Un traître, un scélérat, un lâche, un parricide,
Une peste exécrable à tous les gens de bien,
Un sacrilége impie, en un mot, un chrétien.
PAULINE.
Ce mot auroit suffi sans ce torrent d'injures.
STRATONICE.
Ces titres aux chrétiens sont-ce des impostures?
PAULINE.
Il est ce que tu dis, s'il embrasse leur foi;
Mais il est mon époux, et tu parles à moi.
STRATONICE.
Ne considérez plus que ce Dieu qu'il adore.
PAULINE.
Je l'aimai par devoir; ce devoir dure encore.
STRATONICE.
Il vous donne à présent sujet de le haïr;
Qui trahit tous nos dieux auroit pu vous trahir.

PAULINE.

Je l'aimerois encor, quand il m'auroit trahie;
Et si de tant d'amour tu peux être ébahie,
Apprends que mon devoir ne dépend point du sien :
Qu'il y manque, s'il veut; je dois faire le mien.
Quoi! s'il aimoit ailleurs, serois-je dispensée
A suivre, à son exemple, une ardeur insensée?
Quelque chrétien qu'il soit, je n'en ai point d'horreur;
Je chéris sa personne, et je hais son erreur.
Mais quel ressentiment en témoigne mon père?

STRATONICE.

Une secrète rage, un excès de colère,
Malgré qui toutefois un reste d'amitié
Montre pour Polyeucte encor quelque pitié.
Il ne veut point sur lui faire agir sa justice,
Que du traître Néarque il n'ait vu le supplice.

PAULINE.

Quoi! Néarque en est donc?

STRATONICE.

Néarque l'a séduit;
De leur vieille amitié c'est là l'indigne fruit.
Ce perfide tantôt, en dépit de lui-même,
L'arrachant de vos bras, le traînoit au baptême.
Voilà ce grand secret et si mystérieux
Que n'en pouvoit tirer votre amour curieux.

PAULINE.

Tu me blâmois alors d'être trop importune.

STRATONICE.

Je ne prévoyois pas une telle infortune.

PAULINE.

Avant qu'abandonner mon âme à mes douleurs,
Il me faut essayer la force de mes pleurs;
En qualité de femme ou de fille, j'espère
Qu'ils vaincront un époux, où fléchiront un père.
Que si sur l'un et l'autre ils manquent de pouvoir,
Je ne prendrai conseil que de mon désespoir.
Apprends-moi cependant ce qu'ils ont fait au temple.

STRATONICE.

C'est une impiété qui n'eut jamais d'exemple.
Je ne puis y penser sans frémir à l'instant,
Et crains de faire un crime en vous la racontant.
Apprenez en deux mots leur brutale insolence.
Le prêtre avoit à peine obtenu du silence,
Et devers l'orient assuré son aspect,
Qu'ils ont fait éclater leur manque de respect.
A chaque occasion de la cérémonie,
A l'envi l'un et l'autre étaloit sa manie,

Des mystères sacrés hautement se moquoit,
Et traitoit de mépris les dieux qu'on invoquoit.
Tout le peuple en murmure, et Félix s'en offense ;
Mais tous deux s'emportant à plus d'irrévérence :
« Quoi ! lui dit Polyeucte en élevant sa voix,
Adorez-vous des dieux ou de pierre ou de bois ? »
Ici dispensez-moi du récit des blasphèmes
Qu'ils ont vomis tous deux contre Jupiter mêmes[1].
L'adultère et l'inceste en étoient les plus doux.
« Oyez[2], dit-il ensuite, oyez, peuple, oyez tous :
Le Dieu de Polyeucte et celui de Néarque
De la terre et du ciel est l'absolu monarque,
Seul être indépendant, seul maître du destin,
Seul principe éternel, et souveraine fin.
C'est ce Dieu des chrétiens qu'il faut qu'on remercie
Des victoires qu'il donne à l'empereur Décie ;
Lui seul tient en sa main le succès des combats ;
Il le peut élever, il le peut mettre à bas ;
Sa bonté, son pouvoir, sa justice est immense ;
C'est lui seul qui punit, lui seul qui récompense :
Vous adorez en vain des monstres impuissans. »
Se jetant à ces mots sur le vin et l'encens,
Après en avoir mis les saints vases par terre,
Sans crainte de Félix, sans crainte du tonnerre,
D'une fureur pareille ils courent à l'autel.
Cieux ! a-t-on vu jamais, a-t-on rien vu de tel ?
Du plus puissant des dieux nous voyons la statue
Par une main impie à leurs pieds abattue,
Les mystères troublés, le temple profané,
La fuite et les clameurs d'un peuple mutiné
Qui craint d'être accablé sous le courroux céleste.
Félix.... Mais le voici qui vous dira le reste.

PAULINE.
Que son visage est sombre et plein d'émotion !
Qu'il montre de tristesse et d'indignation !

SCÈNE III. — FÉLIX, PAULINE, STRATONICE.

FÉLIX.
Une telle insolence avoir osé paroître !
En public ! à ma vue ! il en mourra, le traître.

---

1. Corneille emploie indifféremment cet adverbe *même* avec une *s* et sans *s*. Les poëtes, tant gênés d'ailleurs, peuvent avoir la liberté d'ôter et d'ajouter une *s* à ce mot. (*Voltaire.*)

2. *Oyez* n'est plus employé qu'au barreau. Nous n'avons gardé de ce verbe que l'infinitif *ouïr*. (*Id.*)

PAULINE.
Souffrez que votre fille embrasse vos genoux.
FÉLIX.
Je parle de Néarque, et non de votre époux.
Quelque indigne qu'il soit de ce doux nom de gendre,
Mon âme lui conserve un sentiment plus tendre ;
La grandeur de son crime et de mon déplaisir
N'a pas éteint l'amour qui me l'a fait choisir.
PAULINE.
Je n'attendois pas moins de la bonté d'un père.
FÉLIX.
Je pouvois l'immoler à ma juste colère :
Car vous n'ignorez pas à quel comble d'horreur
De son audace impie a monté la fureur ;
Vous l'avez pu savoir du moins de Stratonice.
PAULINE.
Je sais que de Néarque il doit voir le supplice.
FÉLIX.
Du conseil qu'il doit prendre il sera mieux instruit,
Quand il verra punir celui qui l'a séduit.
Au spectacle sanglant d'un ami qu'il faut suivre,
La crainte de mourir et le désir de vivre
Ressaisissent une âme avec tant de pouvoir,
Que qui voit le trépas cesse de le vouloir.
L'exemple touche plus que ne fait la menace :
Cette indiscrète ardeur tourne bientôt en glace,
Et nous verrons bientôt son cœur inquiété
Me demander pardon de tant d'impiété.
PAULINE.
Vous pouvez espérer qu'il change de courage ?
FÉLIX.
Aux dépens de Néarque il doit se rendre sage.
PAULINE.
Il le doit ; mais, hélas ! où me renvoyez-vous ?
Et quels tristes hasards ne court point mon époux,
Si de son inconstance il faut qu'enfin j'espère
Le bien que j'espérois de la bonté d'un père ?
FÉLIX.
Je vous en fais trop voir, Pauline, à consentir
Qu'il évite la mort par un prompt repentir.
Je devois même peine à des crimes semblables ;
Et, mettant différence entre ces deux coupables,
J'ai trahi la justice à l'amour paternel ;
Je me suis fait pour lui moi-même criminel ;
Et j'attendois de vous, au milieu de vos craintes,
Plus de remercîmens que je n'entends de plaintes.

PAULINE.
De quoi remercier qui ne me donne rien ?
Je sais quelle est l'humeur et l'esprit d'un chrétien.
Dans l'obstination jusqu'au bout il demeure :
Vouloir son repentir, c'est ordonner qu'il meure.
FÉLIX.
Sa grâce est en sa main, c'est à lui d'y rêver.
PAULINE.
Faites-la tout entière.
FÉLIX.
Il la peut achever.
PAULINE.
Ne l'abandonnez pas aux fureurs de sa secte.
FÉLIX.
Je l'abandonne aux lois, qu'il faut que je respecte.
PAULINE.
Est-ce ainsi que d'un gendre un beau-père est l'appui ?
FÉLIX.
Qu'il fasse autant pour soi comme je fais pour lui.
PAULINE.
Mais il est aveuglé.
FÉLIX.
Mais il se plaît à l'être.
Qui chérit son erreur ne la veut pas connoître.
PAULINE.
Mon père, au nom des dieux....
FÉLIX.
Ne les réclamez pas,
Ces dieux dont l'intérêt demande son trépas.
PAULINE.
Ils écoutent nos vœux.
FÉLIX.
Eh bien ! qu'il leur en fasse.
PAULINE.
Au nom de l'empereur dont vous tenez la place....
FÉLIX.
J'ai son pouvoir en main ; mais, s'il me l'a commis,
C'est pour le déployer contre ses ennemis.
PAULINE.
Polyeucte l'est-il ?
FÉLIX.
Tous chrétiens sont rebelles.
PAULINE.
N'écoutez point pour lui ces maximes cruelles ;
En épousant Pauline il s'est fait votre sang.
FÉLIX.
Je regarde sa faute, et ne vois plus son rang.
Quand le crime d'État se mêle au sacrilége,

Le sang ni l'amitié n'ont plus de privilége.
PAULINE.
Quel excès de rigueur!
FÉLIX.
Moindre que son forfait.
PAULINE.
O de mon songe affreux trop véritable effet!
Voyez-vous qu'avec lui vous perdez votre fille?
FÉLIX.
Les dieux et l'empereur sont plus que ma famille.
PAULINE.
La perte de tous deux ne vous peut arrêter!
FÉLIX.
J'ai les dieux et Décie ensemble à redouter.
Mais nous n'avons encore à craindre rien de triste.
Dans son aveuglement pensez-vous qu'il persiste?
S'il nous sembloit tantôt courir à son malheur,
C'est d'un nouveau chrétien la première chaleur.
PAULINE.
Si vous l'aimez encor, quittez cette espérance
Que deux fois en un jour il change de croyance :
Outre que les chrétiens ont plus de dureté,
Vous attendez de lui trop de légèreté.
Ce n'est point une erreur avec le lait sucée,
Que sans l'examiner son âme ait embrassée :
Polyeucte est chrétien parce qu'il l'a voulu,
Et vous portoit au temple un esprit résolu.
Vous devez présumer de lui comme du reste :
Le trépas n'est pour eux ni honteux ni funeste;
Ils cherchent de la gloire à mépriser nos dieux;
Aveugles pour la terre, ils aspirent aux cieux;
Et, croyant que la mort leur en ouvre la porte,
Tourmentés, déchirés, assassinés, n'importe,
Les supplices leur sont ce qu'à nous les plaisirs,
Et les mènent au but où tendent leurs désirs;
La mort la plus infâme, ils l'appellent martyre.
FÉLIX.
Eh bien donc! Polyeucte aura ce qu'il désire :
N'en parlons plus.
PAULINE.
Mon père....

SCÈNE IV. — FÉLIX, ALBIN, PAULINE, STRATONICE.

FÉLIX.
Albin, en est-ce fait?
ALBIN.
Oui, seigneur; et Néarque a payé son forfait.

FÉLIX.
Et notre Polyeucte a vu trancher sa vie ?
ALBIN.
Il l'a vu, mais, hélas! avec un œil d'envie.
Il brûle de le suivre, au lieu de reculer;
Et son cœur s'affermit, au lieu de s'ébranler.
PAULINE.
Je vous le disois bien. Encore un coup, mon père,
Si jamais mon respect a pu vous satisfaire,
Si vous l'avez prisé, si vous l'avez chéri....
FÉLIX.
Vous aimez trop, Pauline, un indigne mari.
PAULINE.
Je l'ai de votre main : mon amour est sans crime;
Il est de votre choix la glorieuse estime;
Et j'ai, pour l'accepter, éteint le plus beau feu
Qui d'une âme bien née ait mérité l'aveu.
  Au nom de cette aveugle et prompte obéissance
Que j'ai toujours rendue aux lois de la naissance,
Si vous avez pu tout sur moi, sur mon amour,
Que je puisse sur vous quelque chose à mon tour !
Par ce juste pouvoir à présent trop à craindre,
Par ces beaux sentimens qu'il m'a fallu contraindre,
Ne m'ôtez pas vos dons; ils sont chers à mes yeux,
Et m'ont assez coûté pour m'être précieux.
FÉLIX.
Vous m'importunez trop : bien que j'aie un cœur tendre,
Je n'aime la pitié qu'au prix que j'en veux prendre;
Employez mieux l'effort de vos justes douleurs;
Malgré moi m'en toucher, c'est perdre et temps et pleurs;
J'en veux être le maître, et je veux bien qu'on sache
Que je la désavoue alors qu'on me l'arrache.
Préparez-vous à voir ce malheureux chrétien,
Et faites votre effort quand j'aurai fait le mien.
Allez; n'irritez plus un père qui vous aime,
Et tâchez d'obtenir votre époux de lui-même.
Tantôt jusqu'en ce lieu je le ferai venir :
Cependant quittez-nous, je veux l'entretenir.
PAULINE.
De grâce, permettez....
FÉLIX.
            Laissez-nous seuls, vous dis-je;
Votre douleur m'offense autant qu'elle m'afflige.
A gagner Polyeucte appliquez tous vos soins;
Vous avancerez plus en m'importunant moins.

SCÈNE V. — FÉLIX, ALBIN.

FÉLIX.

Albin, comme est-il mort ?

ALBIN.

En brutal, en impie,
En bravant les tourmens, en dédaignant la vie,
Sans regret, sans murmure, et sans étonnement,
Dans l'obstination et l'endurcissement,
Comme un chrétien enfin, le blasphème à la bouche.

FÉLIX.

Et l'autre ?

ALBIN.

Je l'ai dit déjà, rien ne le touche.
Loin d'en être abattu, son cœur en est plus haut ;
On l'a violenté pour quitter l'échafaud :
Il est dans la prison où je l'ai vu conduire ;
Mais vous êtes bien loin encor de le réduire.

FÉLIX.

Que je suis malheureux !

ALBIN.

Tout le monde vous plaint.

FÉLIX.

On ne sait pas les maux dont mon cœur est atteint ;
De pensers sur pensers mon âme est agitée,
De soucis sur soucis elle est inquiétée ;
Je sens l'amour, la haine, et la crainte, et l'espoir,
La joie et la douleur tour à tour l'émouvoir ;
J'entre en des sentimens qui ne sont pas croyables :
J'en ai de violens, j'en ai de pitoyables ;
J'en ai de généreux qui n'oseroient agir ;
J'en ai même de bas, et qui me font rougir.
J'aime ce malheureux que j'ai choisi pour gendre,
Je hais l'aveugle erreur qui le vient de surprendre ;
Je déplore sa perte, et, le voulant sauver,
J'ai la gloire des dieux ensemble à conserver ;
Je redoute leur foudre et celui de Décie ;
Il y va de ma charge, il y va de ma vie.
Ainsi tantôt pour lui je m'expose au trépas,
Et tantôt je le perds pour ne me perdre pas.

ALBIN.

Décie excusera l'amitié d'un beau-père ;
Et d'ailleurs Polyeucte est d'un sang qu'on révère.

FÉLIX.

A punir les chrétiens son ordre est rigoureux ;
Et plus l'exemple est grand, plus il est dangereux :
On ne distingue point quand l'offense est publique ;
Et lorsqu'on dissimule un crime domestique

Par quelle autorité peut-on, par quelle loi,
Châtier en autrui ce qu'on souffre chez soi?
ALBIN.
Si vous n'osez avoir d'égard à sa personne,
Écrivez à Décie afin qu'il en ordonne.
FÉLIX.
Sévère me perdroit, si j'en usois ainsi :
Sa haine et son pouvoir font mon plus grand souci.
Si j'avois différé de punir un tel crime,
Quoiqu'il soit généreux, quoiqu'il soit magnanime,
Il est homme, et sensible, et je l'ai dédaigné;
Et de tant de mépris son esprit indigné,
Que met au désespoir cet hymen de Pauline,
Du courroux de Décie obtiendroit ma ruine.
Pour venger un affront tout semble être permis,
Et les occasions tentent les plus remis.
Peut-être (et ce soupçon n'est pas sans apparence)
Il rallume en son cœur déjà quelque espérance;
Et, croyant bientôt voir Polyeucte puni,
Il rappelle un amour à grand'peine banni.
Juge si sa colère, en ce cas implacable,
Me feroit innocent de sauver un coupable,
Et s'il m'épargneroit, voyant par mes bontés
Une seconde fois ses desseins avortés.
 Te dirai-je un penser indigne, bas et lâche?
Je l'étouffe, il renaît; il me flatte, et me fâche:
L'ambition toujours me le vient présenter,
Et tout ce que je puis, c'est de le détester.
Polyeucte est ici l'appui de ma famille;
Mais si, par son trépas, l'autre épousoit ma fille,
J'acquerrois bien par là de plus puissans appuis,
Qui me mettroient plus haut cent fois que je ne suis.
Mon cœur en prend par force une maligne joie :
Mais que plutôt le ciel à tes yeux me foudroie,
Qu'à des pensers si bas je puisse consentir,
Que jusque-là ma gloire ose se démentir!
ALBIN.
Votre cœur est trop bon, et votre âme trop haute.
Mais vous résolvez-vous à punir cette faute?
FÉLIX.
Je vais dans la prison faire tout mon effort
A vaincre cet esprit par l'effroi de la mort;
Et nous verrons après ce que pourra Pauline.
ALBIN.
Que ferez-vous enfin, si toujours il s'obstine?
FÉLIX.
Ne me presse point tant; dans un tel déplaisir

Je ne puis que résoudre, et ne sais que choisir.
ALBIN.
Je dois vous avertir, en serviteur fidèle,
Qu'en sa faveur déjà la ville se rebelle,
Et ne peut voir passer par la rigueur des lois
Sa dernière espérance et le sang de ses rois.
Je tiens sa prison même assez mal assurée;
J'ai laissé tout autour une troupe éplorée;
Je crains qu'on ne la force.
FÉLIX.
Il faut donc l'en tirer,
Et l'amener ici pour nous en assurer.
ALBIN.
Tirez-l'en donc vous-même, et d'un espoir de grâce
Apaisez la fureur de cette populace.
FÉLIX.
Allons, et s'il persiste à demeurer chrétien,
Nous en disposerons sans qu'elle en sache rien.

ACTE QUATRIÈME.

SCÈNE I. — POLYEUCTE, CLÉON, TROIS AUTRES GARDES.

POLYEUCTE.
Gardes, que me veut-on?
CLÉON.
Pauline vous demande.
POLYEUCTE.
O présence, ô combat que surtout j'appréhende!
Félix, dans la prison j'ai triomphé de toi,
J'ai ri de ta menace, et t'ai vu sans effroi :
Tu prends pour t'en venger de plus puissantes armes;
Je craignois beaucoup moins tes bourreaux que ses larmes.
    Seigneur, qui vois ici les périls que je cours,
En ce pressant besoin redouble ton secours;
Et toi qui, tout sortant encor de la victoire,
Regardes mes travaux du séjour de la gloire,
Cher Néarque, pour vaincre un si fort ennemi,
Prête du haut du ciel la main à ton ami.
    Gardes, oseriez-vous me rendre un bon office?
Non pour me dérober aux rigueurs du supplice :
Ce n'est pas mon dessein qu'on me fasse évader;
Mais comme il suffira de trois à me garder,
L'autre m'obligeroit d'aller quérir Sévère;
Je crois que sans péril on peut me satisfaire :

Si j'avois pu lui dire un secret important,
Il vivroit plus heureux, et je mourrois content.
CLÉON.
Si vous me l'ordonnez, j'y cours en diligence.
POLYEUCTE.
Sévère à mon défaut fera ta récompense.
Va, ne perds point de temps, et reviens promptement.
CLÉON.
Je serai de retour, seigneur, dans un moment.

SCÈNE II. — POLYEUCTE.

(*Les gardes se retirent aux coins du théâtre.*)

Source délicieuse, en misères féconde;
Que voulez-vous de moi, flatteuses voluptés?
Honteux attachemens de la chair et du monde,
Que ne me quittez-vous, quand je vous ai quittés?
Allez, honneurs, plaisirs, qui me livrez la guerre :
    Toute votre félicité,
    Sujette à l'instabilité,
    En moins de rien tombe par terre;
    Et, comme elle a l'éclat du verre,
    Elle en a la fragilité.

Ainsi n'espérez pas qu'après vous je soupire.
Vous étalez en vain vos charmes impuissans;
Vous me montrez en vain par tout ce vaste empire
Les ennemis de Dieu pompeux et florissans.
Il étale à son tour des revers équitables
    Par qui les grands sont confondus;
    Et les glaives qu'il tient pendus
    Sur les plus fortunés coupables
    Sont d'autant plus inévitables,
    Que leurs coups sont moins attendus.

Tigre altéré de sang, Décie impitoyable,
Ce Dieu t'a trop longtemps abandonné les siens :
De ton heureux destin vois la suite effroyable;
Le Scythe va venger la Perse et les chrétiens.
Encore un peu plus outre, et ton heure est venue;
    Rien ne t'en sauroit garantir;
    Et la foudre qui va partir,
    Toute prête à crever la nue,
    Ne peut plus être retenue
    Par l'attente du repentir.

Que cependant Félix m'immole à ta colère;
Qu'un rival plus puissant éblouisse ses yeux;

Qu'aux dépens de ma vie il s'en fasse beau-père,
Et qu'à titre d'esclave il commande en ces lieux :
Je consens, ou plutôt j'aspire à ma ruine.
   Monde, pour moi tu n'as plus rien :
   Je porte en un cœur tout chrétien
   Une flamme toute divine ;
   Et je ne regarde Pauline
   Que comme un obstacle à mon bien.

Saintes douceurs du ciel, adorables idées,
Vous remplissez un cœur qui vous peut recevoir :
De vos sacrés attraits les âmes possédées
Ne conçoivent plus rien qui les puisse émouvoir.
Vous promettez beaucoup, et donnez davantage :
   Vos biens ne sont point inconstans ;
   Et l'heureux trépas que j'attends
   Ne vous sert que d'un doux passage
   Pour nous introduire au partage
   Qui nous rend à jamais contens.

C'est vous, ô feu divin que rien ne peut éteindre,
Qui m'allez faire voir Pauline sans la craindre.
Je la vois : mais mon cœur, d'un saint zèle enflammé,
N'en goûte plus l'appas dont il étoit charmé ;
Et mes yeux, éclairés des célestes lumières,
Ne trouvent plus aux siens leurs grâces coutumières.

SCÈNE III. — POLYEUCTE, PAULINE, GARDES.

POLYEUCTE.

Madame, quel dessein vous fait me demander ?
Est-ce pour me combattre, ou pour me seconder ?
Cet effort généreux de votre amour parfaite
Vient-il à mon secours, vient-il à ma défaite ?
Apportez-vous ici la haine, ou l'amitié,
Comme mon ennemie, ou ma chère moitié ?

PAULINE.

Vous n'avez point ici d'ennemi que vous-même ;
Seul vous vous haïssez, lorsque chacun vous aime ;
Seul vous exécutez tout ce que j'ai rêvé :
Ne veuillez pas vous perdre, et vous êtes sauvé.
A quelque extrémité que votre crime passe,
Vous êtes innocent si vous vous faites grâce.
Daignez considérer le sang dont vous sortez,
Vos grandes actions, vos rares qualités ;
Chéri de tout le peuple, estimé chez le prince,
Gendre du gouverneur de toute la province,
Je ne vous compte à rien le nom de mon époux :

C'est un bonheur pour moi qui n'est pas grand pour vous;
Mais après vos exploits, après votre naissance,
Après votre pouvoir, voyez notre espérance;
Et n'abandonnez pas à la main d'un bourreau
Ce qu'à nos justes vœux promet un sort si beau.

POLYEUCTE.

Je considère plus: je sais mes avantages,
Et l'espoir que sur eux forment les grands courages.
Ils n'aspirent enfin qu'à des biens passagers,
Que troublent les soucis, que suivent les dangers;
La mort nous les ravit, la fortune s'en joue;
Aujourd'hui dans le trône, et demain dans la boue;
Et leur plus haut éclat fait tant de mécontens,
Que peu de vos Césars en ont joui longtemps.
J'ai de l'ambition, mais plus noble et plus belle :
Cette grandeur périt, j'en veux une immortelle,
Un bonheur assuré, sans mesure et sans fin,
Au-dessus de l'envie, au-dessus du destin.
Est-ce trop l'acheter que d'une triste vie
Qui tantôt, qui soudain me peut être ravie;
Qui ne me fait jouir que d'un instant qui fuit,
Et ne peut m'assurer de celui qui le suit?

PAULINE.

Voilà de vos chrétiens les ridicules songes;
Voilà jusqu'à quel point vous charment leurs mensonges;
Tout votre sang est peu pour un bonheur si doux!
Mais, pour en disposer, ce sang est-il à vous?
Vous n'avez pas la vie ainsi qu'un héritage;
Le jour qui vous la donne en même temps l'engage :
Vous la devez au prince, au public, à l'État.

POLYEUCTE.

Je la voudrois pour eux perdre dans un combat;
Je sais quel en est l'heur, et quelle en est la gloire.
Des aïeux de Décie on vante la mémoire;
Et ce nom, précieux encore à vos Romains,
Au bout de six cents ans lui met l'empire aux mains.
Je dois ma vie au peuple, au prince, à sa couronne;
Mais je la dois bien plus au Dieu qui me la donne :
Si mourir pour son prince est un illustre sort,
Quand on meurt pour son Dieu, quelle sera la mort!

PAULINE.

Quel Dieu !

POLYEUCTE.

Tout beau, Pauline : il entend vos paroles,
Et ce n'est pas un Dieu comme vos dieux frivoles,
Insensibles et sourds, impuissans, mutilés,
De bois, de marbre, ou d'or, comme vous les voulez :

C'est le Dieu des chrétiens, c'est le mien, c'est le vôtre ;
Et la terre et le ciel n'en connoissent point d'autre.
####### PAULINE.
Adorez-le dans l'âme, et n'en témoignez rien.
####### POLYEUCTE.
Que je sois tout ensemble idolâtre et chrétien !
####### PAULINE.
Ne feignez qu'un moment, laissez partir Sévère,
Et donnez lieu d'agir aux bontés de mon père.
####### POLYEUCTE.
Les bontés de mon Dieu sont bien plus à chérir :
Il m'ôte des périls que j'aurois pu courir,
Et, sans me laisser lieu de tourner en arrière,
Sa faveur me couronne entrant dans la carrière ;
Du premier coup de vent il me conduit au port,
Et, sortant du baptême, il m'envoie à la mort.
Si vous pouviez comprendre et le peu qu'est la vie,
Et de quelles douceurs cette mort est suivie !...
Mais que sert de parler de ces trésors cachés
A des esprits que Dieu n'a pas encor touchés ?
####### PAULINE.
Cruel ! (car il est temps que ma douleur éclate,
Et qu'un juste reproche accable une âme ingrate)
Est-ce là ce beau feu ? sont-ce là tes sermens ?
Témoignes-tu pour moi les moindres sentimens ?
Je ne te parlois point de l'état déplorable
Où ta mort va laisser ta femme inconsolable ;
Je croyois que l'amour t'en parleroit assez,
Et je ne voulois pas de sentimens forcés :
Mais cette amour si ferme et si bien méritée
Que tu m'avois promise, et que je t'ai portée,
Quand tu me veux quitter, quand tu me fais mourir,
Te peut-elle arracher une larme, un soupir ?
Tu me quittes, ingrat, et le fais avec joie ;
Tu ne la caches pas, tu veux que je la voie ;
Et ton cœur, insensible à ces tristes appas,
Se figure un bonheur où je ne serai pas !
C'est donc là le dégoût qu'apporte l'hyménée ?
Je te suis odieuse après m'être donnée !
####### POLYEUCTE.
Hélas !
####### PAULINE.
Que cet hélas a de peine à sortir !
Encor s'il commençoit un heureux repentir,
Que, tout forcé qu'il est, j'y trouverois de charmes !
Mais courage, il s'émeut, je vois couler des larmes.

ACTE IV, SCÈNE III.

POLYEUCTE.

J'en verse, et plût à Dieu qu'à force d'en verser
Ce cœur trop endurci se pût enfin percer!
Le déplorable état où je vous abandonne
Est bien digne des pleurs que mon amour vous donne;
Et si l'on peut au ciel sentir quelques douleurs,
J'y pleurerai pour vous l'excès de vos malheurs :
Mais si, dans ce séjour de gloire et de lumière,
Ce Dieu tout juste et bon peut souffrir ma prière,
S'il y daigne écouter un conjugal amour,
Sur votre aveuglement il répandra le jour.
Seigneur, de vos bontés il faut que je l'obtienne[1];
Elle a trop de vertus pour n'être pas chrétienne :
Avec trop de mérite il vous plut la former,
Pour ne vous pas connoître et ne vous pas aimer,
Pour vivre des enfers esclave infortunée,
Et sous leur triste joug mourir comme elle est née.

PAULINE.

Que dis-tu, malheureux? qu'oses-tu souhaiter?

POLYEUCTE.

Ce que de tout mon sang je voudrois acheter.

PAULINE.

Que plutôt....

POLYEUCTE.

C'est en vain qu'on se met en défense :
Ce Dieu touche les cœurs lorsque moins on y pense.
Ce bienheureux moment n'est pas encor venu;
Il viendra, mais le temps ne m'en est pas connu.

PAULINE.

Quittez cette chimère, et m'aimez.

POLYEUCTE.

Je vous aime,
Beaucoup moins que mon Dieu, mais bien plus que moi-même.

PAULINE.

Au nom de cet amour, ne m'abandonnez pas.

POLYEUCTE.

Au nom de cet amour, daignez suivre mes pas.

PAULINE.

C'est peu de me quitter, tu veux donc me séduire?

POLYEUCTE.

C'est peu d'aller au ciel, je vous y veux conduire.

PAULINE.

Imaginations!

---

1. Je me souviens qu'autrefois l'acteur qui jouait Polyeucte avec des gants blancs et un grand chapeau, ôtait ses gants et son chapeau pour faire sa prière à Dieu. Je ne sais pas si ce ridicule subsiste encore. (*Voltaire.*)

POLYEUCTE.
Célestes vérités !

PAULINE.
Étrange aveuglement !

POLYEUCTE.
Éternelles clartés !

PAULINE.
Tu préfères la mort à l'amour de Pauline !

POLYEUCTE.
Vous préférez le monde à la bonté divine !

PAULINE.
Va, cruel, va mourir ; tu ne m'aimas jamais.

POLYEUCTE.
Vivez heureuse au monde, et me laissez en paix.

PAULINE.
Oui, je t'y vais laisser ; ne t'en mets plus en peine ;
Je vais....

SCÈNE IV. — POLYEUCTE, PAULINE, SÉVÈRE, FABIAN,
GARDES.

PAULINE.
Mais quel dessein en ce lieu vous amène,
Sévère ? auroit-on cru qu'un cœur si généreux
Pût venir jusqu'ici braver un malheureux ?

POLYEUCTE.
Vous traitez mal, Pauline, un si rare mérite ;
A ma seule prière il rend cette visite.
Je vous ai fait, seigneur, une incivilité,
Que vous pardonnerez à ma captivité.
Possesseur d'un trésor dont je n'étois pas digne,
Souffrez avant ma mort que je vous le résigne,
Et laisse la vertu la plus rare à nos yeux
Qu'une femme jamais pût recevoir des cieux
Aux mains du plus vaillant et du plus honnête homme
Qu'ait adoré la terre et qu'ait vu naître Rome.
Vous êtes digne d'elle, elle est digne de vous ;
Ne la refusez pas de la main d'un époux :
S'il vous a désunis, sa mort vous va rejoindre.
Qu'un feu jadis si beau n'en devienne pas moindre ;
Rendez-lui votre cœur, et recevez sa foi :
Vivez heureux ensemble, et mourez comme moi ;
C'est le bien qu'à tous deux Polyeucte désire.
Qu'on me mène à la mort, je n'ai plus rien à dire.
Allons, gardes, c'est fait.

SCÈNE V. — SÉVÈRE, PAULINE, FABIAN.

SÉVÈRE.

Dans mon étonnement,
Je suis confus pour lui de son aveuglement;
Sa résolution a si peu de pareilles,
Qu'à peine je me fie encore à mes oreilles.
Un cœur qui vous chérit (mais quel cœur assez bas
Auroit pu vous connoître, et ne vous chérir pas?),
Un homme aimé de vous, sitôt qu'il vous possède,
Sans regret il vous quitte : il fait plus, il vous cède;
Et, comme si vos feux étoient un don fatal,
Il en fait un présent lui-même à son rival!
Certes, ou les chrétiens ont d'étranges manies,
Ou leurs félicités doivent être infinies,
Puisque, pour y prétendre, ils osent rejeter
Ce que de tout l'empire il faudroit acheter.
Pour moi, si mes destins, un peu plus tôt propices,
Eussent de votre hymen honoré mes services,
Je n'aurois adoré que l'éclat de vos yeux,
J'en aurois fait mes rois, j'en aurois fait mes dieux;
On m'auroit mis en poudre; on m'auroit mis en cendre,
Avant que....

PAULINE.

Brisons là; je crains de trop entendre,
Et que cette chaleur, qui sent vos premiers feux,
Ne pousse quelque suite indigne de tous deux.
Sévère, connoissez Pauline tout entière.
Mon Polyeucte touche à son heure dernière;
Pour achever de vivre il n'a plus qu'un moment;
Vous en êtes la cause encor qu'innocemment.
Je ne sais si votre âme, à vos désirs ouverte,
Auroit osé former quelque espoir sur sa perte :
Mais sachez qu'il n'est point de si cruels trépas
Où d'un front assuré je ne porte mes pas,
Qu'il n'est point aux enfers d'horreurs que je n'endure,
Plutôt que de souiller une gloire si pure,
Que d'épouser un homme, après son triste sort,
Qui de quelque façon soit cause de sa mort :
Et, si vous me croyiez d'une âme si peu saine,
L'amour que j'eus pour vous tourneroit tout en haine.
Vous êtes généreux; soyez-le jusqu'au bout.
Mon père est en état de vous accorder tout,
Il vous craint; et j'avance encor cette parole,
Que s'il perd mon époux, c'est à vous qu'il l'immole,
Sauvez ce malheureux, employez-vous pour lui;
Faites-vous un effort pour lui servir d'appui.

Je sais que c'est beaucoup que ce que je demande ;
Mais plus l'effort est grand, plus la gloire en est grande.
Conserver un rival dont vous êtes jaloux,
C'est un trait de vertu qui n'appartient qu'à vous ;
Et si ce n'est assez de votre renommée,
C'est beaucoup qu'une femme autrefois tant aimée,
Et dont l'amour peut-être encor vous peut toucher,
Doive à votre grand cœur ce qu'elle a de plus cher :
Souvenez-vous enfin que vous êtes Sévère.
Adieu. Résolvez seul ce que vous voulez faire ;
Si vous n'êtes pas tel que je l'ose espérer,
Pour vous priser encor je le veux ignorer.

SCÈNE VI. — SÉVÈRE, FABIAN.

SÉVÈRE.

Qu'est-ce-ci, Fabian ? quel nouveau coup de foudre
Tombe sur mon bonheur, et le réduit en poudre !
Plus je l'estime près, plus il est éloigné ;
Je trouve tout perdu quand je crois tout gagné ;
Et toujours la fortune, à me nuire obstinée,
Tranche mon espérance aussitôt qu'elle est née ;
Avant qu'offrir des vœux je reçois des refus :
Toujours triste, toujours et honteux et confus
De voir que lâchement elle ait osé renaître,
Qu'encor plus lâchement elle ait osé paroître ;
Et qu'une femme enfin dans la calamité
Me fasse des leçons de générosité.
　　Votre belle âme est haute autant que malheureuse,
Mais elle est inhumaine autant que généreuse,
Pauline, et vos douleurs avec trop de rigueur
D'un amant tout à vous tyrannisent le cœur.
C'est donc peu de vous perdre, il faut que je vous donne,
Que je serve un rival lorsqu'il vous abandonne ;
Et que, par un cruel et généreux effort,
Pour vous rendre en ses mains je l'arrache à la mort.

FABIAN.

Laissez à son destin cette ingrate famille ;
Qu'il accorde, s'il veut, le père avec la fille,
Polyeucte et Félix, l'épouse avec l'époux.
D'un si cruel effort quel prix espérez-vous ?

SÉVÈRE.

La gloire de montrer à cette âme si belle
Que Sévère l'égale, et qu'il est digne d'elle ;
Qu'elle m'étoit bien due, et que l'ordre des cieux
En me la refusant m'est trop injurieux.

FABIAN.

Sans accuser le sort ni le ciel d'injustice,
Prenez garde au péril qui suit un tel service;
Vous hasardez beaucoup, seigneur, pensez-y bien.
Quoi! vous entreprenez de sauver un chrétien!
Pouvez-vous ignorer pour cette secte impie
Quelle est et fut toujours la haine de Décie?
C'est un crime vers lui si grand, si capital,
Qu'à votre faveur même il peut être fatal.

SÉVÈRE.

Cet avis seroit bon pour quelque âme commune.
S'il tient entre ses mains ma vie et ma fortune,
Je suis encor Sévère; et tout ce grand pouvoir
Ne peut rien sur ma gloire, et rien sur mon devoir.
Ici l'honneur m'oblige, et j'y veux satisfaire;
Qu'après le sort se montre ou propice ou contraire,
Comme son naturel est toujours inconstant,
Périssant glorieux, je périrai content.

Je te dirai bien plus, mais avec confidence.
La secte des chrétiens n'est pas ce que l'on pense :
On les hait; la raison, je ne la connois point;
Et je ne vois Décie injuste qu'en ce point.
Par curiosité j'ai voulu les connoître :
On les tient pour sorciers dont l'enfer est le maître;
Et sur cette croyance on punit du trépas
Des mystères secrets que nous n'entendons pas.
Mais Cérès Éleusine, et la Bonne Déesse,
Ont leurs secrets comme eux à Rome et dans la Grèce;
Encore impunément nous souffrons en tous lieux,
Leur Dieu seul excepté, toutes sortes de dieux :
Tous les monstres d'Égypte ont des temples dans Rome;
Nos aïeux à leur gré faisoient un dieu d'un homme;
Et leur sang parmi nous conservant leurs erreurs,
Nous remplissons le ciel de tous nos empereurs :
Mais, à parler sans fard de tant d'apothéoses,
L'effet est bien douteux de ces métamorphoses.

Les chrétiens n'ont qu'un Dieu, maître absolu de tout,
De qui le seul vouloir fait tout ce qu'il résout :
Mais, si j'ose entre nous dire ce qu'il me semble,
Les nôtres bien souvent s'accordent mal ensemble;
Et, me dût leur colère écraser à tes yeux,
Nous en avons beaucoup pour être de vrais dieux.
Enfin chez les chrétiens les mœurs sont innocentes,
Les vices détestés, les vertus florissantes;
Ils font des vœux pour nous qui les persécutons,
Et, depuis tant de temps que nous les tourmentons,
Les a-t-on vus mutins? les a-t-on vus rebelles?

Nos princes ont-ils eu des soldats plus fidèles?
Furieux dans la guerre, ils souffrent nos bourreaux;
Et, lions au combat, ils meurent en agneaux.
J'ai trop de pitié d'eux pour ne les pas défendre.
Allons trouver Félix; commençons par son gendre;
Et contentons ainsi, d'une seule action,
Et Pauline, et ma gloire, et ma compassion.

ACTE CINQUIÈME.

SCÈNE I. — FÉLIX, ALBIN, CLÉON.

FÉLIX.

Albin, as-tu bien vu la fourbe de Sévère?
As-tu bien vu sa haine? et vois-tu ma misère?

ALBIN.

Je n'ai vu rien en lui qu'un rival généreux,
Et ne vois rien en vous qu'un père rigoureux.

FÉLIX.

Que tu discernes mal le cœur d'avec la mine!
Dans l'âme il hait Félix et dédaigne Pauline!
Et, s'il l'aima jadis, il estime aujourd'hui
Les restes d'un rival trop indignes de lui.
Il parle en sa faveur, il me prie, il menace,
Et me perdra, dit-il, si je ne lui fais grâce;
Tranchant du généreux, il croit m'épouvanter :
L'artifice est trop lourd pour ne pas l'éventer.
Je sais des gens de cour quelle est la politique,
J'en connois mieux que lui la plus fine pratique.
C'est en vain qu'il tempête et feint d'être en fureur :
Je vois ce qu'il prétend auprès de l'empereur.
De ce qu'il me demande il m'y feroit un crime;
Épargnant son rival, je serois sa victime;
Et s'il avoit affaire à quelque maladroit,
Le piége est bien tendu, sans doute il le perdroit :
Mais un vieux courtisan est un peu moins crédule;
Il voit quand on le joue, et quand on dissimule;
Et moi j'en ai tant vu de toutes les façons,
Qu'à lui-même au besoin j'en ferois des leçons.

ALBIN.

Dieux! que vous vous gênez par cette défiance!

FÉLIX.

Pour subsister en cour c'est la haute science.
Quand un homme une fois a droit de nous haïr,
Nous devons présumer qu'il cherche à nous trahir;

ACTE V, SCÈNE I.

Toute son amitié nous doit être suspecte.
Si Polyeucte enfin n'abandonne sa secte,
Quoi que son protecteur ait pour lui dans l'esprit,
Je suivrai hautement l'ordre qui m'est prescrit.

ALBIN.

Grâce, grâce, seigneur! que Pauline l'obtienne!

FÉLIX.

Celle de l'empereur ne suivroit pas la mienne;
Et, loin de le tirer de ce pas dangereux,
Ma bonté ne feroit que nous perdre tous deux.

ALBIN.

Mais Sévère promet....

FÉLIX.

Albin, je m'en défie,
Et connois mieux que lui la haine de Décie;
En faveur des chrétiens s'il choquoit son courroux,
Lui-même assurément se perdroit avec nous.
Je veux tenter pourtant encore une autre voie.
Amenez Polyeucte; et si je le renvoie,
S'il demeure insensible à ce dernier effort,
Au sortir de ce lieu qu'on lui donne la mort.

ALBIN.

Votre ordre est rigoureux.

FÉLIX.

Il faut que je le suive,
Si je veux empêcher qu'un désordre n'arrive.
Je vois le peuple ému pour prendre son parti;
Et toi-même tantôt tu m'en as averti :
Dans ce zèle pour lui qu'il fait déjà paroître,
Je ne sais si longtemps j'en pourrois être maître;
Peut-être dès demain, dès la nuit, dès ce soir,
J'en verrois des effets que je ne veux pas voir;
Et Sévère aussitôt, courant à sa vengeance,
M'iroit calomnier de quelque intelligence.
Il faut rompre ce coup, qui me seroit fatal.

ALBIN.

Que tant de prévoyance est un étrange mal!
Tout vous nuit, tout vous perd, tout vous fait de l'ombrage :
Mais voyez que sa mort mettra ce peuple en rage;
Que c'est mal le guérir que le désespérer.

FÉLIX.

En vain après sa mort il voudra murmurer;
Et s'il ose venir à quelque violence,
C'est affaire à céder deux jours à l'insolence :
J'aurai fait mon devoir, quoi qu'il puisse arriver.
Mais Polyeucte vient, tâchons à le sauver.
Soldats, retirez-vous, et gardez bien la porte.

SCÈNE II. — FÉLIX, POLYEUCTE, ALBIN.

FÉLIX.

As-tu donc pour la vie une haine si forte,
Malheureux Polyeucte? et la loi des chrétiens
T'ordonne-t-elle ainsi d'abandonner les tiens?

POLYEUCTE.

Je ne hais point la vie, et j'en aime l'usage,
Mais sans attachement qui sente l'esclavage,
Toujours prêt à la rendre au Dieu dont je la tiens;
La raison me l'ordonne, et la loi des chrétiens;
Et je vous montre à tous par là comme il faut vivre,
Si vous avez le cœur assez bon pour me suivre.

FÉLIX.

Te suivre dans l'abîme où tu te veux jeter?

POLYEUCTE.

Mais plutôt dans la gloire où je m'en vais monter.

FÉLIX.

Donne-moi pour le moins le temps de la connoître;
Pour me faire chrétien, sers-moi de guide à l'être;
Et ne dédaigne pas de m'instruire en ta foi,
Ou toi-même à ton Dieu tu répondras de moi.

POLYEUCTE.

N'en riez point, Félix, il sera votre juge;
Vous ne trouverez point devant lui de refuge;
Les rois et les bergers y sont d'un même rang :
De tous les siens sur vous il vengera le sang.

FÉLIX.

Je n'en répandrai plus, et, quoi qu'il en arrive,
Dans la foi des chrétiens je souffrirai qu'on vive;
J'en serai protecteur.

POLYEUCTE.

Non, non, persécutez,
Et soyez l'instrument de nos félicités :
Celle d'un vrai chrétien n'est que dans les souffrances;
Les plus cruels tourmens lui sont des récompenses.
Dieu, qui rend le centuple aux bonnes actions,
Pour comble donne encor les persécutions :
Mais ces secrets pour vous sont fâcheux à comprendre;
Ce n'est qu'à ses élus que Dieu les fait entendre.

FÉLIX.

Je te parle sans fard, et veux être chrétien.

POLYEUCTE.

Qui peut donc retarder l'effet d'un si grand bien?

FÉLIX.

La présence importune....

ACTE V, SCÈNE II.

POLYEUCTE.
Et de qui? de Sévère?
FÉLIX.
Pour lui seul contre toi j'ai feint tant de colère :
Dissimule un moment jusques à son départ.

POLYEUCTE.
Félix, c'est donc ainsi que vous parlez sans fard?
Portez à vos païens, portez à vos idoles,
Le sucre empoisonné que sèment vos paroles.
Un chrétien ne craint rien, ne dissimule rien;
Aux yeux de tout le monde il est toujours chrétien.

FÉLIX.
Ce zèle de ta foi ne sert qu'à te séduire,
Si tu cours à la mort plutôt que de m'instruire.

POLYEUCTE.
Je vous en parlerois ici hors de saison;
Elle est un don du ciel, et non de la raison;
Et c'est là que bientôt, voyant Dieu face à face,
Plus aisément pour vous j'obtiendrai cette grâce.

FÉLIX.
Ta perte cependant me va désespérer.

POLYEUCTE.
Vous avez en vos mains de quoi la réparer;
En vous ôtant un gendre, on vous en donne un autre
Dont la condition répond mieux à la vôtre;
Ma perte n'est pour vous qu'un change avantageux.

FÉLIX.
Cesse de me tenir ce discours outrageux.
Je t'ai considéré plus que tu ne mérites;
Mais, malgré ma bonté, qui croît plus tu l'irrites,
Cette insolence enfin te rendroit odieux,
Et je me vengerois aussi bien que nos dieux.

POLYEUCTE.
Quoi! vous changez bientôt d'humeur et de langage!
Le zèle de vos dieux rentre en votre courage!
Celui d'être chrétien s'échappe! et par hasard
Je vous viens d'obliger à me parler sans fard!

FÉLIX.
Va, ne présume pas que, quoi que je te jure,
De tes nouveaux docteurs je suive l'imposture.
Je flattois ta manie, afin de t'arracher
Du honteux précipice où tu vas trébucher;
Je voulois gagner temps pour ménager ta vie
Après l'éloignement d'un flatteur de Décie :
Mais j'ai trop fait d'injure à nos dieux tout-puissans;
Choisis de leur donner ton sang, ou de l'encens.

POLYEUCTE.

Mon choix n'est point douteux. Mais j'aperçois Pauline :
O ciel !

SCÈNE III. — FÉLIX, POLYEUCTE, PAULINE, ALBIN.

PAULINE.

Qui de vous deux aujourd'hui m'assassine?
Sont-ce tous deux ensemble ou chacun à son tour?
Ne pourrai-je fléchir la nature ou l'amour?
Et n'obtiendrai-je rien d'un époux ni d'un père?

FÉLIX.

Parlez à votre époux.

POLYEUCTE.

Vivez avec Sévère.

PAULINE.

Tigre, assassine-moi du moins sans m'outrager.

POLYEUCTE.

Mon amour, par pitié, cherche à vous soulager;
Il voit quelle douleur dans l'âme vous possède,
Et sait qu'un autre amour en est le seul remède.
Puisqu'un si grand mérite a pu vous enflammer,
Sa présence toujours a droit de vous charmer :
Vous l'aimiez, il vous aime, et sa gloire augmentée....

PAULINE.

Que t'ai-je fait, cruel, pour être ainsi traitée,
Et pour me reprocher, au mépris de ma foi,
Un amour si puissant que j'ai vaincu pour toi?
Vois, pour te faire vaincre un si fort adversaire,
Quels efforts à moi-même il a fallu me faire;
Quels combats j'ai donnés pour te donner un cœur
Si justement acquis à son premier vainqueur;
Et si l'ingratitude en ton cœur ne domine,
Fais quelque effort sur toi pour te rendre à Pauline :
Apprends d'elle à forcer ton propre sentiment;
Prends sa vertu pour guide en ton aveuglement;
Souffre que de toi-même elle obtienne ta vie,
Pour vivre sous tes lois à jamais asservie.
Si tu peux rejeter de si justes désirs,
Regarde au moins ses pleurs, écoute ses soupirs;
Ne désespère pas une âme qui t'adore.

POLYEUCTE.

Je vous l'ai déjà dit, et vous le dis encore,
Vivez avec Sévère, ou mourez avec moi.
Je ne méprise point vos pleurs ni votre foi;
Mais, de quoi que pour vous notre amour m'entretienne,
Je ne vous connois plus, si vous n'êtes chrétienne.

C'en est assez, Félix, reprenez ce courroux,

ACTE V, SCÈNE III.

Et sur cet insolent vengez vos dieux et vous.
PAULINE.
Ah! mon père, son crime à peine est pardonnable;
Mais s'il est insensé, vous êtes raisonnable :
La nature est trop forte, et ses aimables traits
Imprimés dans le sang ne s'effacent jamais :
Un père est toujours père, et sur cette assurance
J'ose appuyer encore un reste d'espérance.
    Jetez sur votre fille un regard paternel :
Ma mort suivra la mort de ce cher criminel;
Et les dieux trouveront sa peine illégitime,
Puisqu'elle confondra l'innocence et le crime,
Et qu'elle changera, par ce redoublement,
En injuste rigueur un juste châtiment;
Nos destins, par vos mains rendus inséparables,
Nous doivent rendre heureux ensemble, ou misérables;
Et vous seriez cruel jusques au dernier point,
Si vous désunissiez ce que vous avez joint.
Un cœur à l'autre uni jamais ne se retire,
Et pour l'en séparer il faut qu'on le déchire.
Mais vous êtes sensible à mes justes douleurs,
Et d'un œil paternel vous regardez mes pleurs.
FÉLIX.
Oui, ma fille, il est vrai qu'un père est toujours père;
Rien n'en peut effacer le sacré caractère;
Je porte un cœur sensible et vous l'avez percé.
Je me joins avec vous contre cet insensé.
    Malheureux Polyeucte, es-tu seul insensible?
Et veux-tu rendre seul ton crime irrémissible?
Peux-tu voir tant de pleurs d'un œil si détaché?
Peux-tu voir tant d'amour sans en être touché?
Ne reconnois-tu plus ni beau-père, ni femme,
Sans amitié pour l'un, et pour l'autre sans flamme?
Pour reprendre les noms et de gendre et d'époux,
Veux-tu nous voir tous deux embrasser tes genoux?
POLYEUCTE.
Que tout cet artifice est de mauvaise grâce!
Après avoir deux fois essayé la menace,
Après m'avoir fait voir Néarque dans la mort,
Après avoir tenté l'amour et son effort,
Après m'avoir montré cette soif du baptême,
Pour opposer à Dieu l'intérêt de Dieu même,
Vous vous joignez ensemble! Ah, ruses de l'enfer!
Faut-il tant de fois vaincre avant que triompher!
Vos résolutions usent trop de remise;
Prenez la vôtre enfin, puisque la mienne est prise.
    Je n'adore qu'un Dieu, maître de l'univers,

Sous qui tremblent le ciel, la terre, et les enfers;
Un Dieu qui, nous aimant d'une amour infinie,
Voulut mourir pour nous avec ignominie,
Et qui, par un effort de cet excès d'amour,
Veut pour nous en victime être offert chaque jour.
Mais j'ai tort d'en parler à qui ne peut m'entendre.
Voyez l'aveugle erreur que vous osez défendre :
Des crimes les plus noirs vous souillez tous vos dieux;
Vous n'en punissez point qui n'ait son maître aux cieux;
La prostitution, l'adultère, l'inceste,
Le vol, l'assassinat et tout ce qu'on déteste,
C'est l'exemple qu'à suivre offrent vos immortels.
J'ai profané leur temple, et brisé leurs autels;
Je le ferois encor, si j'avois à le faire,
Même aux yeux de Félix, même aux yeux de Sévère,
Même aux yeux du sénat, aux yeux de l'empereur.

FÉLIX.

Enfin ma bonté cède à ma juste fureur :
Adore-les, ou meurs!

POLYEUCTE.

Je suis chrétien.

FÉLIX.

Impie!
Adore-les, te dis-je, ou renonce à la vie.

POLYEUCTE.

Je suis chrétien.

FÉLIX.

Tu l'es? O cœur trop obstiné!
Soldats, exécutez l'ordre que j'ai donné.

PAULINE.

Où le conduisez-vous?

FÉLIX.

A la mort.

POLYEUCTE.

A la gloire.
Chère Pauline, adieu; conservez ma mémoire.

PAULINE.

Je te suivrai partout, et mourrai si tu meurs.

POLYEUCTE.

Ne suivez point mes pas, ou quittez vos erreurs.

FÉLIX.

Qu'on l'ôte de mes yeux, et que l'on m'obéisse.
Puisqu'il aime à périr, je consens qu'il périsse.

SCÈNE IV. — FÉLIX, ALBIN.

FÉLIX.

Je me fais violence, Albin, mais je l'ai dû ;
Ma bonté naturelle aisément m'eût perdu.
Que la rage du peuple à présent se déploie,
Que Sévère en fureur tonne, éclate, foudroie,
M'étant fait cet effort, j'ai fait ma sûreté.
Mais n'es-tu point surpris de cette dureté ?
Vois-tu comme le sien des cœurs impénétrables,
Ou des impiétés à ce point exécrables ?
Du moins j'ai satisfait mon esprit affligé :
Pour amollir son cœur je n'ai rien négligé ;
J'ai feint même à tes yeux des lâchetés extrêmes :
Et certes, sans l'horreur de ses derniers blasphèmes,
Qui m'ont rempli soudain de colère et d'effroi,
J'aurois eu de la peine à triompher de moi.

ALBIN.

Vous maudirez peut-être un jour cette victoire,
Qui tient je ne sais quoi d'une action trop noire,
Indigne de Félix, indigne d'un Romain,
Répandant votre sang par votre propre main.

FÉLIX.

Ainsi l'ont autrefois versé Brute et Manlie ;
Mais leur gloire en a crû, loin d'en être affoiblie ;
Et quand nos vieux héros avoient de mauvais sang,
Ils eussent, pour le perdre, ouvert leur propre flanc.

ALBIN.

Votre ardeur vous séduit ; mais quoi qu'elle vous die,
Quand vous la sentirez une fois refroidie,
Quand vous verrez Pauline, et que son désespoir
Par ses pleurs et ses cris saura vous émouvoir....

FÉLIX.

Tu me fais souvenir qu'elle a suivi ce traître,
Et que ce désespoir qu'elle fera paroître
De mes commandemens pourra troubler l'effet :
Va donc y donner ordre, et voir ce qu'elle fait ;
Romps ce que ses douleurs y donneroient d'obstacle ;
Tire-la, si tu peux, de ce triste spectacle ;
Tâche à la consoler. Va donc ; qui te retient ?

ALBIN.

Il n'en est pas besoin, seigneur, elle revient.

SCÈNE V. — FÉLIX, PAULINE, ALBIN.

PAULINE.

Père barbare, achève, achève ton ouvrage ;
Cette seconde hostie est digne de ta rage :

Joins ta fille à ton gendre; ose: que tardes-tu?
Tu vois le même crime, ou la même vertu :
Ta barbarie en elle a les mêmes matières.
Mon époux en mourant m'a laissé ses lumières;
Son sang, dont tes bourreaux viennent de me couvrir,
M'a dessillé les yeux, et me les vient d'ouvrir.
Je vois, je sais, je crois, je suis désabusée[1] :
De ce bienheureux sang tu me vois baptisée;
Je suis chrétienne enfin, n'est-ce point assez dit?
Conserve en me perdant ton rang et ton crédit;
Redoute l'empereur, appréhende Sévère :
Si tu ne veux périr, ma perte est nécessaire;
Polyeucte m'appelle à cet heureux trépas;
Je vois Néarque et lui qui me tendent les bras.
Mène, mène-moi voir tes dieux que je déteste;
Ils n'en ont brisé qu'un, je briserai le reste.
On m'y verra braver tout ce que vous craignez,
Ces foudres impuissans qu'en leurs mains vous peignez,
Et, saintement rebelle aux lois de la naissance,
Une fois envers toi manquer d'obéissance.
Ce n'est point ma douleur que par là je fais voir;
C'est la grâce qui parle, et non le désespoir.
Le faut-il dire encor, Félix? je suis chrétienne;
Affermis par ma mort ta fortune et la mienne;
Le coup à l'un et l'autre en sera précieux,
Puisqu'il t'assure en terre en m'élevant aux cieux.

SCÈNE VI. — FÉLIX, SÉVÈRE, PAULINE, ALBIN, FABIAN.

SÉVÈRE.

Père dénaturé, malheureux politique,
Esclave ambitieux d'une peur chimérique,
Polyeucte est donc mort! et par vos cruautés
Vous pensez conserver vos tristes dignités!
La faveur que pour lui je vous avois offerte,
Au lieu de le sauver, précipite sa perte!
J'ai prié, menacé, mais sans vous émouvoir;
Et vous m'avez cru fourbe, ou de peu de pouvoir!
Eh bien! à vos dépens vous verrez que Sévère
Ne se vante jamais que de ce qu'il peut faire;
Et par votre ruine il vous fera juger
Que qui peut bien vous perdre eût pu vous protéger.
Continuez aux dieux ce service fidèle;
Par de telles horreurs montrez-leur votre zèle.
Adieu; mais quand l'orage éclatera sur vous,

---

1. Un des plus beaux vers de Corneille.

ACTE V, SCÈNE VI.

Ne doutez point du bras dont partiront les coups.
FÉLIX.
Arrêtez-vous, seigneur, et d'une âme apaisée
Souffrez que je vous livre une vengeance aisée.
Ne me reprochez plus que par mes cruautés
Je tâche à conserver mes tristes dignités;
Je dépose à vos pieds l'éclat de leur faux lustre :
Celle où j'ose aspirer est d'un rang plus illustre;
Je m'y trouve forcé par un secret appas;
Je cède à des transports que je ne connois pas;
Et, par un mouvement que je ne puis entendre,
De ma fureur je passe au zèle de mon gendre.
C'est lui, n'en doutez point, dont le sang innocent
Pour son persécuteur prie un Dieu tout-puissant;
Son amour épandu sur toute la famille
Tire après lui le père aussi bien que la fille.
J'en ai fait un martyr, sa mort me fait chrétien :
J'ai fait tout son bonheur, il veut faire le mien.
C'est ainsi qu'un chrétien se venge et se courrouce :
Heureuse cruauté dont la suite est si douce !
Donne la main, Pauline. Apportez des liens;
Immolez à vos dieux ces deux nouveaux chrétiens.
Je le suis, elle l'est, suivez votre colère.
PAULINE.
Qu'heureusement enfin je retrouve mon père !
Cet heureux changement rend mon bonheur parfait
FÉLIX.
Ma fille, il n'appartient qu'à la main qui le fait.
SÉVÈRE.
Qui ne seroit touché d'un si tendre spectacle?
De pareils changemens ne vont point sans miracle :
Sans doute vos chrétiens qu'on persécute en vain
Ont quelque chose en eux qui surpasse l'humain;
Ils mènent une vie avec tant d'innocence,
Que le ciel leur en doit quelque reconnoissance :
Se relever plus forts, plus ils sont abattus,
N'est pas aussi l'effet des communes vertus.
Je les aimai toujours, quoi qu'on m'en ait pu dire;
Je n'en vois point mourir que mon cœur n'en soupire;
Et peut-être qu'un jour je les connoîtrai mieux.
J'approuve cependant que chacun ait ses dieux,
Qu'il les serve à sa mode, et sans peur de la peine.
Si vous êtes chrétien, ne craignez plus ma haine;
Je les aime, Félix, et de leur protecteur
Je n'en veux pas sur vous faire un persécuteur.
Gardez votre pouvoir, reprenez-en la marque;
Servez bien votre Dieu, servez notre monarque.

Je perdrai mon crédit envers Sa Majesté,
Ou vous verrez finir cette sévérité :
Par cette injuste haine il se fait trop d'outrage.
                    FÉLIX.
Daigne le ciel en vous achever son ouvrage,
Et, pour vous rendre un jour ce que vous méritez,
Vous inspirer bientôt toutes ses vérités !
Nous autres, bénissons notre heureuse aventure :
Allons à nos martyrs donner la sépulture,
Baiser leurs corps sacrés, les mettre en digne lieu,
Et faire retentir partout le nom de Dieu.

EXAMEN DE POLYEUCTE.

Ce martyre est rapporté par Surius sur le neuvième de janvier. Polyeucte vivoit en l'année 250, sous l'empereur Décius. Il étoit Arménien, ami de Néarque, et gendre de Félix, qui avoit la commission de l'empereur pour faire exécuter ses édits contre les chrétiens. Cet ami l'ayant résolu à se faire chrétien, il déchira ces édits qu'on publioit, arracha les idoles des mains de ceux qui les portoient sur les autels pour les adorer, les brisa contre terre, résista aux larmes de sa femme Pauline, que Félix employa auprès de lui pour le ramener à leur culte, et perdit la vie par l'ordre de son beau-père, sans autre baptême que celui de son sang. Voilà ce que m'a prêté l'histoire ; le reste est de mon invention.

Pour donner plus de dignité à l'action, j'ai fait Félix gouverneur d'Arménie, et ai pratiqué un sacrifice public, afin de rendre l'occasion plus illustre, et donner un prétexte à Sévère de venir en cette province, sans faire éclater son amour avant qu'il en eût l'aveu de Pauline. Ceux qui veulent arrêter nos héros dans une médiocre bonté, où quelques interprètes d'Aristote bornent leur vertu, ne trouveront pas ici leur compte, puisque celle de Polyeucte va jusqu'à la sainteté, et n'a aucun mélange de foiblesse. J'en ai déjà parlé ailleurs ; et pour confirmer ce que j'en ai dit par quelques autorités, j'ajouterai ici que Minturnus, dans son *Traité du Poëte*, agite cette question, *si la Passion de Jésus-Christ et les martyres des saints doivent être exclus du théâtre, à cause qu'ils passent cette médiocre bonté*, et résout en ma faveur. Le célèbre Heinsius, qui non-seulement a traduit la *Poétique* de notre philosophe, mais a fait un *Traité de la Constitution de la tragédie* selon sa pensée, nous en a donné une sur le martyre des Innocens. L'illustre Grotius a mis sur la scène la Passion même de Jésus-Christ et l'histoire de Joseph ; et le savant Buchanan a fait la même chose de celle de Jephté, et de la mort de saint Jean-Baptiste. C'est sur ces exemples que j'ai hasardé ce poëme, où je me suis donné des licences qu'ils n'ont pas prises, de changer l'histoire en quelque chose, et d'y mêler des épisodes d'invention : aussi m'étoit-il plus permis sur cette matière qu'à eux sur celle qu'ils ont choisie. Nous ne devons qu'une croyance pieuse à la vie des saints, et nous avons le même droit sur ce que nous en tirons pour le porter sur le théâtre, que sur ce que nous empruntons des autres histoires; mais nous devons une foi chrétienne et indispensable à tout ce qui est dans la Bible, qui ne nous laisse aucune liberté d'y rien changer. J'estime toutefois qu'il ne nous est pas défendu d'y ajouter quelque chose, pourvu qu'il ne détruise rien de ces vérités dictées par le Saint-Esprit. Buchanan ni Grotius ne l'ont pas fait dans leurs poëmes, mais aussi ne les ont-ils pas rendus assez fournis pour notre théâtre, et ne s'y sont proposé pour exemple que la constitution la plus simple des anciens. Heinsius a plus osé qu'eux dans celui que j'ai nommé : les anges qui bercent l'enfant Jésus, et l'ombre de Mariamne avec les furies qui agitent l'esprit d'Hérode, sont des agrémens qu'il n'a pas trouvés dans l'Évangile. Je crois même qu'on en peut supprimer quelque chose, quand il y a apparence qu'il ne plairoit pas sur le théâtre, pourvu qu'on ne mette rien en la place; car alors ce seroit changer l'histoire, ce que le respect que nous devons à l'Écriture ne permet point. Si j'avois à y exposer celle de David et de Bethsabée, je ne décrirois pas comme il en devint amoureux en la voyant se baigner dans une fontaine, de peur que l'image de cette nudité ne fît une impression trop chatouilleuse dans l'esprit de l'auditeur; mais je me contenterois de le peindre avec de l'amour pour elle, sans parler aucunement de quelle manière cet amour se seroit emparé de son cœur.

Je reviens à *Polyeucte*, dont le succès a été très-heureux. Le style n'en est pas si fort ni si majestueux que celui de *Cinna* et de *Pompée*, mais il a quelque chose de plus touchant, et les tendresses de l'amour humain y font un si agréable mélange avec la fermeté du divin, que sa représentation a satisfait tout ensemble les dévots et les gens du monde. A mon gré, je n'ai point fait de pièce où l'ordre du théâtre soit plus beau et l'enchaînement des scènes mieux ménagé. L'unité d'action, et celle de jour et de lieu, y ont leur justesse; et les scrupules qui peuvent naître touchant ces deux dernières se dissiperont aisément, pour peu qu'on me veuille prêter de cette faveur que l'auditeur nous doit toujours, quand l'occasion s'en offre, en reconnoissance de la peine que nous avons prise à le divertir.

Il est hors de doute que, si nous appliquons ce poëme à nos coutumes, le sacrifice se fait trop tôt après la venue de Sévère; et cette précipitation sortira du vraisemblable par la nécessité d'obéir à la règle. Quand le roi envoie ses ordres dans les villes pour y faire rendre des actions de grâces pour ses victoires, ou pour d'autres bénédictions qu'il reçoit du ciel, on ne les exécute pas dès le jour même; mais aussi il faut du temps pour assembler le clergé, les magistrats et les corps de ville, et c'est ce qui en fait différer l'exécution. Nos acteurs n'avoient ici aucune de ces assemblées à faire.

Il suffisoit de la présence de Sévère et de Félix, et du ministère du grand prêtre; ainsi nous n'avons eu aucun besoin de remettre ce sacrifice à un autre jour. D'ailleurs, comme Félix craignoit ce favori, qu'il croyoit irrité du mariage de sa fille, il étoit bien aise de lui donner le moins d'occasion de tarder qu'il lui étoit possible, et de tâcher, durant son peu de séjour, à gagner son esprit par une prompte complaisance, et montrer tout ensemble une impatience d'obéir aux volontés de l'empereur.

L'autre scrupule regarde l'unité de lieu, qui est assez exacte, puisque tout s'y passe dans une salle ou antichambre commune aux appartemens de Félix et de sa fille. Il semble que la bienséance y soit un peu forcée pour conserver cette unité au second acte, en ce que Pauline vient jusque dans cette antichambre pour trouver Sévère, dont elle devroit attendre la visite dans son cabinet. A quoi je réponds qu'elle a eu deux raisons de venir au-devant de lui : l'une, pour faire plus d'honneur à un homme dont son père redoutoit l'indignation, et qu'il lui avoit commandé d'adoucir en sa faveur; l'autre, pour rompre plus aisément la conversation avec lui, en se retirant dans ce cabinet, s'il ne vouloit pas la quitter à sa prière, et se délivrer, par cette retraite, d'un entretien dangereux pour elle; ce qu'elle n'eût pu faire, si elle eût reçu sa visite dans son appartement.

Sa confidence avec Stratonice, touchant l'amour qu'elle avoit eu pour ce cavalier, me fait faire une réflexion sur le temps qu'elle prend pour cela. Il s'en fait beaucoup sur nos théâtres d'affections qui ont déjà duré deux ou trois ans, dont on attend à révéler le secret justement au jour de l'action qui se représente, et non-seulement sans aucune raison de choisir ce jour-là plutôt qu'un autre pour le déclarer, mais lors même que vraisemblablement on s'en est dû ouvrir beaucoup auparavant avec la personne à qui on en fait confidence. Ce sont choses dont il faut instruire le spectateur en les faisant apprendre par un des acteurs à l'autre; mais il faut prendre garde avec soin que celui à qui on les apprend ait eu lieu de les ignorer jusque-là aussi bien que le spectateur, et que quelque occasion tirée du sujet oblige celui qui les récite à rompre enfin un silence qu'il a gardé si longtemps. L'infante, dans *le Cid*, avoue à Léonor l'amour secret qu'elle a pour lui, et l'auroit pu faire un an ou six mois plus tôt. Cléopatre, dans *Pompée*, ne prend pas des mesures plus justes avec Charmion; elle lui conte la passion de César pour elle, et comme

Chaque jour ses courriers
Lui portent en tribut ses vœux et ses lauriers.

Cependant, comme il ne paroît personne avec qui elle ait plus d'ouverture de cœur qu'avec cette Charmion, il y a grande apparence que c'étoit elle-même dont cette reine se servoit pour introduire ces courriers, et qu'ainsi elle devoit savoir déjà tout ce commerce entre César et sa maîtresse. Du moins il falloit marquer quelque raison qui lui eût laissé ignorer jusque-là tout ce qu'elle lui apprend, et de quel autre ministère cette princesse s'étoit servie pour recevoir ces courriers. Il n'en va pas de même ici. Pauline ne s'ouvre avec Stratonice que pour lui faire entendre le songe qui la trouble, et les sujets qu'elle a de s'en alarmer; et comme elle n'a fait ce songe que la nuit d'auparavant, et qu'elle ne lui eût jamais révélé son secret sans cette occasion qui l'y oblige, on peut dire qu'elle n'a point eu lieu de lui faire cette confidence plus tôt qu'elle ne l'a faite.

Je n'ai point fait de narration de la mort de Polyeucte, parce que je n'avois personne pour la faire ni pour l'écouter, que des païens qui ne la pouvoient ni écouter, ni faire que comme ils avoient fait et écouté celle de Néarque, ce qui auroit été une répétition et marque de stérilité, et, en outre, n'auroit pas répondu à la dignité de l'action principale, qui est terminée par là. Ainsi j'ai mieux aimé la faire connoître par un saint emportement de Pauline, que cette mort a convertie, que par un récit qui n'eût point eu de grâce dans une bouche indigne de le prononcer. Félix son père se convertit après elle; et ces deux conversions, quoique miraculeuses, sont si ordinaires dans les martyres, qu'elles ne sortent point de la vraisemblance, parce qu'elles ne sont pas de ces événemens rares et singuliers qu'on ne peut tirer en exemple; et elles servent à remettre le calme dans les esprits de Félix, de Sévère et de Pauline, que sans cela j'aurois eu bien de la peine à retirer du théâtre dans un état qui rendît la pièce complète, en ne laissant rien à souhaiter à la curiosité de l'auditeur.

FIN DE POLYEUCTE.

POMPÉE[1].

TRAGÉDIE.

1641.

A MONSEIGNEUR L'ÉMINENTISSIME CARDINAL MAZARIN.

Monseigneur,

Je présente le grand Pompée à Votre Éminence, c'est-à-dire le plus grand personnage de l'ancienne Rome au plus illustre de la nouvelle; je mets sous la protection du premier ministre de notre jeune roi un héros qui, dans sa bonne fortune, fut le protecteur de beaucoup de rois, et qui, dans sa mauvaise, eut encore des rois pour ses ministres. Il espère de la générosité de Votre Éminence qu'elle ne dédaignera pas de lui conserver cette seconde vie que j'ai tâché de lui redonner, et que, lui rendant cette justice qu'elle fait rendre par tout le royaume, elle le vengera pleinement de la mauvaise politique de la cour d'Égypte. Il l'espère, et avec raison, puisque dans le peu de séjour qu'il a fait en France, il a déjà su de la voix publique que les maximes dont vous vous servez pour la conduite de cet État ne sont point fondées sur d'autres principes que ceux de la vertu. Il a su d'elle les obligations que vous a la France de l'avoir choisie pour votre seconde mère, qui vous est d'autant plus redevable, que les grands services que vous lui rendez sont de purs effets de votre inclination et de votre zèle, et non pas des devoirs de votre naissance. Il a su d'elle que Rome s'est acquittée envers notre jeune monarque de ce qu'elle devoit à ses prédécesseurs, par le présent qu'elle lui a fait de votre personne. Il a su d'elle enfin que la solidité de votre prudence et la netteté de vos lumières enfantent des conseils si avantageux pour le gouvernement, qu'il semble que ce soit vous à qui, par un esprit de prophétie, notre Virgile ait adressé ce vers il y a plus de seize siècles:

Tu regere imperio populos, Romane, memento.

Voilà, Monseigneur, ce que ce grand homme a appris en apprenant à parler françois :

Pauca, sed a pleno venientia pectore veri[2].

Et comme la gloire de Votre Éminence est assez assurée sur la fidélité de cette voix publique, je n'y mêlerai point la foiblesse de mes pensées, ni la rudesse de mes expressions, qui pourroient diminuer quelque chose de son éclat; et je n'ajouterai rien aux célèbres témoignages qu'elle vous rend, qu'une profonde vénéra-

---

1. Dans la première édition, cette tragédie avait pour titre : *La Mort de Pompée.*
2. Vers de Lucain, *la Pharsale*, IX, 189.

ÉPÎTRE A MAZARIN.

tion pour les hautes qualités qui vous les ont acquis, avec une protestation très-sincère et très-inviolable d'être toute ma vie,

MONSEIGNEUR,

DE VOTRE ÉMINENCE,

Le très-humble, très-obéissant et très-fidèle serviteur,

CORNEILLE.

AU LECTEUR.

Si je voulois faire ici ce que j'ai fait en mes deux derniers ouvrages, et te donner le texte ou l'abrégé des auteurs dont cette histoire est tirée, afin que tu pusses remarquer en quoi je m'en serois écarté pour l'accommoder au théâtre, je ferois un avant-propos dix fois plus long que mon poëme, et j'aurois à rapporter des livres entiers de presque tous ceux qui ont écrit l'histoire romaine. Je me contenterai de t'avertir que celui dont je me suis le plus servi a été le poëte Lucain, dont la lecture m'a rendu si amoureux de la force de ses pensées et de la majesté de son raisonnement, qu'afin d'en enrichir notre langue, j'ai fait cet effort pour réduire en poëme dramatique ce qu'il a traité en épique. Tu trouveras ici cent ou deux cents vers traduits ou imités de lui[1]. J'ai tâché de suivre ce grand homme dans le reste, et de prendre son caractère quand son exemple m'a manqué : si je suis demeuré bien loin derrière, tu en jugeras. Cependant j'ai cru ne te déplaire pas de te donner ici trois passages qui ne viennent pas mal à mon sujet. Le premier est un épitaphe[2] de Pompée, prononcé par Caton dans Lucain. Les deux autres sont deux peintures de Pompée et de César, tirées de Velleius Paterculus. Je les laisse en latin, de peur que ma traduction n'ôte trop de leur grâce et de leur force. Les dames se les feront expliquer.

EPITAPHIUM POMPEII MAGNI.

Civis obit, inquit, multum majoribus impar
Nosse modum juris, sed in hoc tamen utilis ævo,
Cui non ulla fuit justi reverentia : salva
Libertate potens, et solus plebe parata
Privatus servire sibi, rectorque senatus,
Sed regnantis, erat. Nil belli jure poposcit :
Quæque dari voluit, voluit sibi posse negari.
Immodicas possedit opes, sed plura retentis
Intulit : invasit ferrum; sed ponere norat.
Prætulit arma togæ; sed pacem armatus amavit.
Juvit sumpta ducem, juvit dimissa potestas.
Casta domus, luxuque carens, corruptaque nunquam
Fortuna domini. Clarum et venerabile nomen
Gentibus, et multum nostræ quod proderat urbi.
Olim vera fides, Sylla Marioque receptis,

---

1. *La Pharsale*, livre VIII.
2. Ce mot était alors masculin.

Libertatis obit : Pompeio rebus adempto
Nunc et ficta perit. Non jam regnare pudebit :
Nec color imperii, nec frons erit ulla senatus.
O felix, cui summa dies fuit obvia victo,
Et cui quærendos Pharium scelus obtulit enses!
Forsitan in soceri potuisses vivere regno.
Scire mori, sors prima viris, sed proxima cogi.
Et mihi, si fatis aliena in jura venimus,
Da talem, Fortuna, Jubam : non deprecor hosti
Servari, dum me servet cervice recisa.
(Cato, apud Lucanum, lib. IX, v. 190 et sqq.)

ICON POMPEII MAGNI.

Fuit hic genitus matre Lucilia, stirpis senatoriæ, forma excellens, non ea qua flos commendatur ætatis, sed dignitate et constantia : quæ in illam conveniens amplitudinem, fortunam quoque ejus ad ultimum vitæ comitata est diem : innocentia eximius, sanctitate præcipuus, eloquentia medius; potentiæ, quæ honoris causa ad eum deferretur, non ut ab eo occuparetur, cupidissimus; dux bello peritissimus : civis in toga (nisi ubi vereretur ne quem haberet parem) modestissimus, amicitiarum tenax, in offensis exorabilis, in reconcilianda gratia fidelissimus, in accipienda satisfactione facillimus, potentia sua nunquam aut raro ad impotentiam usus, pene omnium votorum expers, nisi numeraretur inter maxima, in civitate libera dominaque gentium, indignari, quum omnes cives jure haberet pares, quemquam æqualem dignitate conspicere.
(Velleius Paterculus, lib. II, cap. xxix.)

ICON C. J. CÆSARIS.

Hic, nobilissima Juliorum genitus familia, et, quod inter omnes antiquissimos constabat, ab Anchise ac Venere deducens genus, forma omnium civium excellentissimus, vigore animi acerrimus, munificentia effusissimus, animo super humanam et naturam et fidem evectus, magnitudine cogitationum, celeritate bellandi, patientia periculorum, Magno illi Alexandro, sed sobrio, neque iracundo, simillimus : qui denique semper et somno et cibo in vitam, non in voluptatem uteretur.
(Velleius Paterculus, lib. II, cap. xli.)

PERSONNAGES.

JULES CÉSAR.
MARC-ANTOINE.
LÉPIDE.
CORNÉLIE, femme de Pompée.
PTOLOMÉE, roi d'Égypte.
CLÉOPATRE, sœur de Ptolomée.
PHOTIN, chef du conseil d'Égypte.
ACHILLAS, lieutenant général des armées du roi d'Égypte.

PERSONNAGES.

SEPTIME, tribun romain, à la solde du roi d'Égypte.
CHARMION, dame d'honneur de Cléopatre.
ACHORÉE, écuyer de Cléopatre.
PHILIPPE, affranchi de Pompée.
TROUPE DE ROMAINS.
TROUPE D'ÉGYPTIENS.

La scène est en Alexandrie, dans le palais de Ptolomée.

ACTE PREMIER.

SCÈNE I.—PTOLOMÉE, PHOTIN, ACHILLAS, SEPTIME.

PTOLOMÉE.

Le destin se déclare, et nous venons d'entendre
Ce qu'il a résolu du beau-père et du gendre.
Quand les dieux étonnés sembloient se partager,
Pharsale a décidé ce qu'ils n'osoient juger.
Ses fleuves teints de sang, et rendus plus rapides
Par le débordement de tant de parricides,
Cet horrible débris d'aigles, d'armes, de chars,
Sur ses champs empestés confusément épars,
Ces montagnes de morts privés d'honneurs suprêmes,
Que la nature force à se venger eux-mêmes,
Et dont les troncs pourris exhalent dans les vents
De quoi faire la guerre au reste des vivans,
Sont les titres affreux dont le droit de l'épée,
Justifiant César, a condamné Pompée.
Ce déplorable chef du parti le meilleur,
Que sa fortune lasse abandonne au malheur,
Devient un grand exemple, et laisse à la mémoire
Des changemens du sort une éclatante histoire.
Il fuit, lui qui, toujours triomphant et vainqueur,
Vit ses prospérités égaler son grand cœur;
Il fuit, et dans nos ports, dans nos murs, dans nos villes;
Et, contre son beau-père ayant besoin d'asiles,
Sa déroute orgueilleuse en cherche aux mêmes lieux
Où contre les Titans en trouvèrent les dieux :
Il croit que ce climat, en dépit de la guerre,
Ayant sauvé le ciel, sauvera bien la terre,
Et, dans son désespoir à la fin se mêlant,
Pourra prêter l'épaule au monde chancelant.
Oui, Pompée avec lui porte le sort du monde,
Et veut que notre Égypte, en miracles féconde,
Serve à sa liberté de sépulcre ou d'appui,
Et relève sa chute, ou trébuche sous lui.

C'est de quoi, mes amis, nous avons à résoudre.
Il apporte en ces lieux les palmes ou la foudre :
S'il couronna le père, il hasarde le fils ;
Et, nous l'ayant donnée, il expose Memphis.
Il faut le recevoir, ou hâter son supplice,
Le suivre, ou le pousser dedans le précipice.
L'un me semble peu sûr, l'autre peu généreux ;
Et je crains d'être injuste, ou d'être malheureux.
Quoi que je fasse enfin, la fortune ennemie
M'offre bien des périls, ou beaucoup d'infamie :
C'est à moi de choisir, c'est à vous d'aviser
A quel choix vos conseils doivent me disposer.
Il s'agit de Pompée, et nous aurons la gloire
D'achever de César ou troubler la victoire ;
Et je puis dire enfin que jamais potentat
N'eut à délibérer d'un si grand coup d'État.

PHOTIN.

Seigneur, quand par le fer les choses sont vidées,
La justice et le droit sont de vaines idées ;
Et qui veut être juste en de telles saisons
Balance le pouvoir, et non pas les raisons.
Voyez donc votre force ; et regardez Pompée,
Sa fortune abattue, et sa valeur trompée.
César n'est pas le seul qu'il fuie en cet état :
Il fuit et le reproche et les yeux du sénat,
Dont plus de la moitié piteusement étale
Une indigne curée aux vautours de Pharsale ;
Il fuit Rome perdue, il fuit tous les Romains,
A qui par sa défaite il met les fers aux mains ;
Il fuit le désespoir des peuples et des princes
Qui vengeroient sur lui le sang de leurs provinces,
Leurs États et d'argent et d'hommes épuisés,
Leurs trônes mis en cendre, et leurs sceptres brisés :
Auteur des maux de tous, il est à tous en butte,
Et fuit le monde entier écrasé sous sa chute.
Le défendrez-vous seul contre tant d'ennemis ?
L'espoir de son salut en lui seul étoit mis,
Lui seul pouvoit pour soi : cédez alors qu'il tombe.
Soutiendrez-vous un faix sous qui Rome succombe,
Sous qui tout l'univers se trouve foudroyé,
Sous qui le grand Pompée a lui-même ployé ?
Quand on veut soutenir ceux que le sort accable,
A force d'être juste on est souvent coupable ;
Et la fidélité qu'on garde imprudemment,
Après un peu d'éclat, traîne un long châtiment,
Trouve un noble revers, dont les coups invincibles,
Pour être glorieux, ne sont pas moins sensibles.

Seigneur, n'attirez point le tonnerre en ces lieux;
Rangez-vous du parti des destins et des dieux;
Et sans les accuser d'injustice ou d'outrage,
Puisqu'ils font les heureux, adorez leur ouvrage;
Quels que soient leurs décrets, déclarez-vous pour eux,
Et, pour leur obéir, perdez le malheureux.
Pressé de toutes parts des colères célestes,
Il en vient dessus vous faire fondre les restes;
Et sa tête, qu'à peine il a pu dérober,
Toute prête de choir, cherche avec qui tomber.
Sa retraite chez vous en effet n'est qu'un crime;
Elle marque sa haine, et non pas son estime;
Il ne vient que vous perdre en venant prendre port;
Et vous pouvez douter s'il est digne de mort?
Il devoit mieux remplir nos vœux et notre attente,
Faire voir sur ses nefs la victoire flottante;
Il n'eût ici trouvé que joie et que festins :
Mais puisqu'il est vaincu, qu'il s'en prenne aux destins.
J'en veux à sa disgrâce, et non à sa personne :
J'exécute à regret ce que le ciel ordonne;
Et du même poignard pour César destiné
Je perce en soupirant son cœur infortuné.
Vous ne pouvez enfin qu'aux dépens de sa tête
Mettre à l'abri la vôtre, et parer la tempête.
Laissez nommer sa mort un injuste attentat :
La justice n'est pas une vertu d'État.
Le choix des actions ou mauvaises ou bonnes
Ne fait qu'anéantir la force des couronnes :
Le droit des rois consiste à ne rien épargner;
La timide équité détruit l'art de régner.
Quand on craint d'être injuste, on a toujours à craindre;
Et qui veut tout pouvoir doit oser tout enfreindre,
Fuir comme un déshonneur la vertu qui le perd,
Et voler sans scrupule au crime qui lui sert.
   C'est là mon sentiment. Achillas et Septime
S'attacheront peut-être à quelque autre maxime.
Chacun a son avis; mais quel que soit le leur,
Qui punit le vaincu ne craint point le vainqueur.

ACHILLAS.

Seigneur, Photin dit vrai; mais, quoique de Pompée
Je voie et la fortune et la valeur trompée,
Je regarde son sang comme un sang précieux,
Qu'au milieu de Pharsale ont respecté les dieux.
Non qu'en un coup d'État je n'approuve le crime;
Mais, s'il n'est nécessaire, il n'est point légitime :
Et quel besoin ici d'une extrême rigueur?
Qui n'est point au vaincu ne craint point le vainqueur.

Neutre jusqu'à présent, vous pouvez l'être encore;
Vous pouvez adorer César, si l'on l'adore :
Mais, quoique vos encens le traitent d'immortel,
Cette grande victime est trop pour son autel ;
Et sa tête immolée au dieu de la victoire
Imprime à votre nom une tache trop noire :
Ne le pas secourir suffit sans l'opprimer.
En usant de la sorte, on ne vous peut blâmer.
Vous lui devez beaucoup ; par lui Rome animée
A fait rendre le sceptre au feu roi Ptolomée :
Mais la reconnoissance et l'hospitalité
Sur les âmes des rois n'ont qu'un droit limité.
Quoi que doive un monarque, et dût-il sa couronne,
Il doit à ses sujets encor plus qu'à personne,
Et cesse de devoir quand la dette est d'un rang
A ne point s'acquitter qu'aux dépens de leur sang.
S'il est juste d'ailleurs que tout se considère,
Que hasardoit Pompée en servant votre père ?
Il se voulut par là faire voir tout-puissant,
Et vit croître sa gloire en le rétablissant.
Il le servit enfin, mais ce fut de la langue ;
La bourse de César fit plus que sa harangue.
Sans ses mille talens, Pompée et ses discours
Pour rentrer en Égypte étoient un froid secours.
Qu'il ne vante donc plus ses mérites frivoles,
Les effets de César valent bien ses paroles :
Et si c'est un bienfait qu'il faut rendre aujourd'hui,
Comme il parla pour vous vous parlerez pour lui.
Ainsi vous le pouvez et devez reconnoître.
Le recevoir chez vous, c'est recevoir un maître,
Qui, tout vaincu qu'il est, bravant le nom de roi,
Dans vos propres États vous donneroit la loi.

Fermez-lui donc vos ports, mais épargnez sa tête.
S'il le faut toutefois, ma main est toute prête ;
J'obéis avec joie, et je serois jaloux
Qu'autre bras que le mien portât les premiers coups.

SEPTIME.

Seigneur, je suis Romain, je connois l'un et l'autre.
Pompée a besoin d'aide, il vient chercher la vôtre :
Vous pouvez, comme maître absolu de son sort,
Le servir, le chasser, le livrer vif ou mort.
Des quatre le premier vous seroit trop funeste ;
Souffrez donc qu'en deux mots j'examine le reste.
Le chasser, c'est vous faire un puissant ennemi
Sans obliger par là le vainqueur qu'à demi,
Puisque c'est lui laisser et sur mer et sur terre
La suite d'une longue et difficile guerre,

Dont peut-être tous deux également lassés
Se vengeroient sur vous de tous les maux passés.
Le livrer à César n'est pas la même chose :
Il lui pardonnera, s'il faut qu'il en dispose,
Et, s'armant à regret de générosité,
D'une fausse clémence il fera vanité ;
Heureux de l'asservir en lui donnant la vie,
Et de plaire par là même à Rome asservie !
Cependant que, forcé d'épargner son rival,
Aussi bien que Pompée il vous voudra du mal.
  Il faut le délivrer du péril et du crime,
Assurer sa puissance, et sauver son estime,
Et du parti contraire en ce grand chef détruit,
Prendre sur vous le crime, et lui laisser le fruit ;
C'est là mon sentiment, ce doit être le vôtre :
Par là vous gagnez l'un, et ne craignez plus l'autre.
Mais suivant d'Achillas le conseil hasardeux,
Vous n'en gagnez aucun, et les perdez tous deux.

PTOLOMÉE.

N'examinons donc plus la justice des causes,
Et cédons au torrent qui roule toutes choses.
Je passe au plus de voix, et de mon sentiment
Je veux bien avoir part à ce grand changement.
  Assez et trop longtemps l'arrogance de Rome
A cru qu'être Romain c'étoit être plus qu'homme.
Abattons sa superbe avec sa liberté ;
Dans le sang de Pompée éteignons sa fierté ;
Tranchons l'unique espoir où tant d'orgueil se fonde,
Et donnons un tyran à ces tyrans du monde.
Secondons le destin qui les veut mettre aux fers,
Et prêtons-lui la main pour venger l'univers.
Rome, tu serviras ; et ces rois que tu braves,
Et que ton insolence ose traiter d'esclaves,
Adoreront César avec moins de douleur,
Puisqu'il sera ton maître aussi bien que le leur.
  Allez donc, Achillas, allez avec Septime
Nous immortaliser par cet illustre crime.
Qu'il plaise au ciel ou non, laissez-m'en le souci.
Je crois qu'il veut sa mort, puisqu'il l'amène ici.

ACHILLAS.

Seigneur, je crois tout juste alors qu'un roi l'ordonne.

PTOLOMÉE.

Allez, et hâtez-vous d'assurer ma couronne ;
Et vous ressouvenez que je mets en vos mains
Le destin de l'Égypte et celui des Romains.

SCÈNE II. — PTOLOMÉE, PHOTIN.

PTOLOMÉE.

Photin, ou je me trompe, ou ma sœur est déçue.
De l'abord de Pompée elle espère autre issue.
Sachant que de mon père il a le testament,
Elle ne doute point de son couronnement;
Elle se croit déjà souveraine maîtresse
D'un sceptre partagé que sa bonté lui laisse
Et, se promettant tout de leur vieille amitié,
De mon trône en son âme elle prend la moitié,
Où de son vain orgueil les cendres rallumées
Poussent déjà dans l'air de nouvelles fumées.

PHOTIN.

Seigneur, c'est un motif que je ne disois pas,
Qui devoit de Pompée avancer le trépas.
Sans doute il jugeroit de la sœur et du frère
Suivant le testament du feu roi votre père,
Son hôte et son ami, qui l'en daigna saisir :
Jugez d'après cela de votre déplaisir [1].
Ce n'est pas que je veuille, en vous parlant contre elle,
Rompre les sacrés nœuds d'une amour fraternelle;
Du trône et non du cœur je la veux éloigner,
Car c'est ne régner pas qu'être deux à régner :
Un roi qui s'y résout est mauvais politique;
Il détruit son pouvoir quand il le communique;
Et les raisons d'État.... Mais, seigneur, la voici.

SCÈNE III. — PTOLOMÉE, CLÉOPATRE, PHOTIN.

CLÉOPATRE.

Seigneur, Pompée arrive, et vous êtes ici!

PTOLOMÉE.

J'attends dans mon palais ce guerrier magnanime,
Et lui viens d'envoyer Achillas et Septime.

CLÉOPATRE.

Quoi! Septime à Pompée, à Pompée Achillas!

PTOLOMÉE.

Si ce n'est assez d'eux, allez, suivez leurs pas.

CLÉOPATRE.

Donc pour le recevoir c'est trop que de vous-même?

PTOLOMÉE.

Ma sœur, je dois garder l'honneur du diadème.

CLÉOPATRE.

Si vous en portez un, ne vous en souvenez

---

1. Jugez de votre déplaisir si Pompée venait mettre Cléopatre sur le trône. (*Voltaire.*)

Que pour baiser la main de qui vous le tenez,
Que pour en faire hommage aux pieds d'un si grand homme.
PTOLOMÉE.
Au sortir de Pharsale est-ce ainsi qu'on le nomme?
CLÉOPATRE.
Fût-il dans son malheur de tous abandonné,
Il est toujours Pompée, et vous a couronné.
PTOLOMÉE.
Il n'en est plus que l'ombre, et couronna mon père,
Dont l'ombre et non pas moi lui doit ce qu'il espère;
Il peut aller, s'il veut, dessus son monument
Recevoir ses devoirs et son remercîment.
CLÉOPATRE.
Après un tel bienfait, c'est ainsi qu'on le traite!
PTOLOMÉE.
Je m'en souviens, ma sœur, et je vois sa défaite.
CLÉOPATRE.
Vous la voyez de vrai, mais d'un œil de mépris.
PTOLOMÉE.
Le temps de chaque chose ordonne et fait le prix.
Vous qui l'estimez tant, allez lui rendre hommage;
Mais songez qu'au port même il peut faire naufrage.
CLÉOPATRE.
Il peut faire naufrage, et même dans le port!
Quoi! vous auriez osé lui préparer la mort!
PTOLOMÉE.
J'ai fait ce que les dieux m'ont inspiré de faire,
Et que pour mon État j'ai jugé nécessaire.
CLÉOPATRE.
Je ne le vois que trop, Photin et ses pareils
Vous ont empoisonné de leurs lâches conseils :
Ces âmes que le ciel ne forma que de boue....
PHOTIN.
Ce sont de nos conseils, oui, madame, et j'avoue....
CLÉOPATRE.
Photin, je parle au roi; vous répondrez pour tous
Quand je m'abaisserai jusqu'à parler à vous.
PTOLOMÉE, *à Photin.*
Il faut un peu souffrir de cette humeur hautaine.
Je sais votre innocence, et je connois sa haine;
Après tout, c'est ma sœur, oyez sans repartir.
CLÉOPATRE.
Ah! s'il est encor temps de vous en repentir,
Affranchissez-vous d'eux et de leur tyrannie,
Rappelez la vertu par leurs conseils bannie,
Cette haute vertu dont le ciel et le sang
Enflent toujours les cœurs de ceux de notre rang.

PTOLOMÉE.

Quoi! d'un frivole espoir déjà préoccupée,
Vous me parlez en reine en parlant de Pompée;
Et d'un faux zèle ainsi votre orgueil revêtu
Fait agir l'intérêt sous le nom de vertu!
Confessez-le, ma sœur, vous sauriez vous en taire,
N'étoit le testament du feu roi notre père;
Vous savez qu'il le garde.

CLÉOPATRE.
                    Et vous saurez aussi
Que la seule vertu me fait parler ainsi,
Et que, si l'intérêt m'avoit préoccupée,
J'agirois pour César, et non pas pour Pompée.
Apprenez un secret que je voulois cacher,
Et cessez désormais de me rien reprocher.
   Quand ce peuple insolent qu'enferme Alexandrie
Fit quitter au feu roi son trône et sa patrie,
Et que jusque dans Rome il alla du sénat
Implorer la pitié contre un tel attentat,
Il nous mena tous deux pour toucher son courage,
Vous, assez jeune encor, moi déjà dans un âge
Où ce peu de beauté que m'ont donné les cieux
D'un assez vif éclat faisoit briller mes yeux.
César en fut épris, et du moins j'eus la gloire
De le voir hautement donner lieu de le croire;
Mais voyant contre lui le sénat irrité,
Il fit agir Pompée et son autorité.
Ce dernier nous servit à sa seule prière,
Qui de leur amitié fut la preuve dernière :
Vous en savez l'effet, et vous en jouissez.
Mais pour un tel amant ce ne fut pas assez :
Après avoir pour nous employé ce grand homme,
Qui nous gagna soudain toutes les voix de Rome,
Son amour en voulut seconder les efforts,
Et nous ouvrant son cœur, nous ouvrit ses trésors :
Nous eûmes de ses feux, encore en leur naissance,
Et les nerfs de la guerre, et ceux de la puissance;
Et les mille talens qui lui sont encor dus
Remirent en nos mains tous nos Etats perdus.
Le roi, qui s'en souvint à son heure fatale,
Me laissa comme à vous la dignité royale,
Et, par son testament, il vous fit cette loi
Pour me rendre une part de ce qu'il tint de moi.
C'est ainsi qu'ignorant d'où vient ce bon office,
Vous appelez faveur ce qui n'est que justice,
Et l'osez accuser d'une aveugle amitié,
Quand du tout qu'il me doit il me rend la moitié.

PTOLOMÉE.
Certes, ma sœur, le conte est fait avec adresse.
CLÉOPATRE.
César viendra bientôt, et j'en ai lettre expresse;
Et peut-être aujourd'hui vos yeux seront témoins
De ce que votre esprit s'imagine le moins.
Ce n'est pas sans sujet que je parlois en reine.
Je n'ai reçu de vous que mépris et que haine;
Et, de ma part du sceptre indigne ravisseur,
Vous m'avez plus traitée en esclave qu'en sœur;
Même, pour éviter des effets plus sinistres,
Il m'a fallu flatter vos insolens ministres,
Dont j'ai craint jusqu'ici le fer ou le poison.
Mais Pompée ou César m'en va faire raison,
Et quoi qu'avec Photin Achillas en ordonne,
Ou l'une ou l'autre main me rendra ma couronne.
Cependant mon orgueil vous laisse à démêler
Quel étoit l'intérêt qui me faisoit parler.

SCÈNE IV. — PTOLOMÉE, PHOTIN.

PTOLOMÉE.
Que dites-vous, ami, de cette âme orgueilleuse?
PHOTIN.
Seigneur, cette surprise est pour moi merveilleuse;
Je n'en sais que penser, et mon cœur étonné
D'un secret que jamais il n'auroit soupçonné,
Inconstant et confus dans son incertitude,
Ne se résout à rien qu'avec inquiétude.
PTOLOMÉE.
Sauverons-nous Pompée?
PHOTIN.
Il faudroit faire effort,
Si nous l'avions sauvé, pour conclure sa mort.
Cléopatre vous hait; elle est fière, elle est belle;
Et si l'heureux César a de l'amour pour elle,
La tête de Pompée est l'unique présent
Qui vous fasse contre elle un rempart suffisant.
PTOLOMÉE.
Ce dangereux esprit a beaucoup d'artifice.
PHOTIN.
Son artifice est peu contre un si grand service.
PTOLOMÉE.
Mais si, tout grand qu'il est, il cède à ses appas?
PHOTIN.
Il la faudra flatter : mais ne m'en croyez pas,
Et, pour mieux empêcher qu'elle ne vous opprime,

Consultez-en encore Achillas et Septimé.
PTOLOMÉE.
Allons donc les voir faire, et montons à la tour;
Et nous en résoudrons ensemble à leur retour.

ACTE SECOND.

SCÈNE I. — CLÉOPATRE, CHARMION.

CLÉOPATRE.
Je l'aime; mais l'éclat d'une si belle flamme,
Quelque brillant qu'il soit, n'éblouit point mon âme,
Et toujours ma vertu retrace dans mon cœur
Ce qu'il doit au vaincu, brûlant pour le vainqueur.
Aussi qui l'ose aimer porte une âme trop haute
Pour souffrir seulement le soupçon d'une faute;
Et je le traiterois avec indignité
Si j'aspirois à lui par une lâcheté.
CHARMION.
Quoi! vous aimez César, et, si vous étiez crue,
L'Égypte pour Pompée armeroit à sa vue,
En prendroit la défense, et, par un prompt secours,
Du destin de Pharsale arrêteroit le cours?
L'amour certes sur vous a bien peu de puissance.
CLÉOPATRE.
Les princes ont cela de leur haute naissance;
Leur âme dans leur sang prend des impressions
Qui dessous leur vertu rangent leurs passions;
Leur générosité soumet tout à leur gloire :
Tout est illustre en eux quand ils daignent se croire;
Et si le peuple y voit quelques déréglemens,
C'est quand l'avis d'autrui corrompt leurs sentimens.
Ce malheur de Pompée achève la ruine.
Le roi l'eût secouru, mais Photin l'assassine :
Il croit cette âme basse, et se montre sans foi;
Mais, s'il croyoit la sienne, il agiroit en roi.
CHARMION.
Ainsi donc de César l'amante et l'ennemie....
CLÉOPATRE.
Je lui garde une flamme exempte d'infamie,
Un cœur digne de lui.
CHARMION.
Vous possédez le sien?
CLÉOPATRE.
Je crois le posséder.

CHARMION.
Mais le savez-vous bien?
CLÉOPATRE.
Apprends qu'une princesse aimant sa renommée,
Quand elle dit qu'elle aime, est sûre d'être aimée,
Et que les plus beaux feux dont son cœur soit épris
N'oseroient l'exposer aux hontes d'un mépris.
Notre séjour à Rome enflamma son courage :
Là j'eus de son amour le premier témoignage,
Et depuis jusqu'ici chaque jour ses courriers
M'apportent en tribut ses vœux et ses lauriers.
Partout, en Italie, aux Gaules, en Espagne,
La fortune le suit, et l'amour l'accompagne.
Son bras ne dompte point de peuples ni de lieux
Dont il ne rende hommage au pouvoir de mes yeux,
Et de la même main dont il quitte l'épée
Fumante encor du sang des amis de Pompée,
Il trace des soupirs, et d'un style plaintif
Dans son champ de victoire il se dit mon captif.
Oui, tout victorieux il m'écrit de Pharsale;
Et si sa diligence à ses feux est égale,
Ou plutôt si la mer ne s'oppose à ses feux,
L'Égypte le va voir me présenter ses vœux.
Il vient, ma Charmion, jusque dans nos murailles,
Chercher auprès de moi le prix de ses batailles,
M'offrir toute sa gloire, et soumettre à mes lois
Ce cœur et cette main qui commandent aux rois :
Et ma rigueur, mêlée aux faveurs de la guerre,
Feroit un malheureux du maître de la terre.

CHARMION.
J'oserois bien jurer que vos charmans appas
Se vantent d'un pouvoir dont ils n'useront pas,
Et que le grand César n'a rien qui l'importune,
Si vos seules rigueurs ont droit sur sa fortune.
Mais quelle est votre attente, et que prétendez-vous,
Puisque d'une autre femme il est déjà l'époux,
Et qu'avec Calphurnie un paisible hyménée
Par des liens sacrés tient son âme enchaînée?

CLÉOPATRE.
Le divorce, aujourd'hui si commun aux Romains,
Peut rendre en ma faveur tous ces obstacles vains :
César en sait l'usage et la cérémonie;
Un divorce chez lui fit place à Calphurnie.

CHARMION.
Par cette même voie il pourra vous quitter.

CLÉOPATRE.
Peut-être mon bonheur saura mieux l'arrêter;

Peut-être mon amour aura quelque avantage
Qui saura mieux que moi ménager son courage.
Mais laissons au hasard ce qui peut arriver;
Achevons cet hymen, s'il se peut achever;
Ne durât-il qu'un jour, ma gloire est sans seconde
D'être du moins un jour la maîtresse du monde.
J'ai de l'ambition, et, soit vice ou vertu,
Mon cœur sous son fardeau veut bien être abattu;
J'en aime la chaleur et la nomme sans cesse
La seule passion digne d'une princesse.
Mais je veux que la gloire anime ses ardeurs,
Qu'elle mène sans honte au faîte des grandeurs;
Et je la désavoue alors que sa manie
Nous présente le trône avec ignominie.
   Ne t'étonne donc plus, Charmion, de me voir
Défendre encor Pompée et suivre mon devoir;
Ne pouvant rien de plus pour sa vertu séduite,
Dans mon âme en secret je l'exhorte à la fuite,
Et voudrois qu'un orage, écartant ses vaisseaux,
Malgré lui l'enlevât aux mains de ses bourreaux.
Mais voici de retour le fidèle Achorée,
Par qui j'en apprendrai la nouvelle assurée.

SCÈNE II. — CLÉOPATRE, ACHORÉE, CHARMION.

CLÉOPATRE.

En est-ce déjà fait, et nos bords malheureux
Sont-ils déjà souillés d'un sang si généreux?

ACHORÉE.

Madame, j'ai couru par votre ordre au rivage;
J'ai vu la trahison, j'ai vu toute sa rage;
Du plus grand des mortels j'ai vu trancher le sort :
J'ai vu dans son malheur la gloire de sa mort;
Et puisque vous voulez qu'ici je vous raconte
La gloire d'une mort qui nous couvre de honte,
Écoutez, admirez, et plaignez son trépas.
   Ses trois vaisseaux en rade avoient mis voiles bas;
Et, voyant dans le port préparer nos galères,
Il croyoit que le roi, touché de ses misères,
Par un beau sentiment d'honneur et de devoir,
Avec toute sa cour le venoit recevoir;
Mais voyant que ce prince, ingrat à ses mérites,
N'envoyoit qu'un esquif rempli de satellites,
Il soupçonne aussitôt son manquement de foi,
Et se laisse surprendre à quelque peu d'effroi;
Enfin, voyant nos bords et notre flotte en armes,
Il condamne en son cœur ces indignes alarmes,

Et réduit tous les soins d'un si pressant ennui
A ne hasarder pas Cornélie avec lui :
« N'exposons, lui dit-il, que cette seule tête
A la réception que l'Égypte m'apprête ;
Et tandis que moi seul j'en courrai le danger,
Songe à prendre la fuite afin de me venger.
Le roi Juba nous garde une foi plus sincère ;
Chez lui tu trouveras et mes fils, et ton père ;
Mais quand tu les verrois descendre chez Pluton,
Ne désespère point, du vivant de Caton. »
Tandis que leur amour en cet adieu conteste,
Achillas à son bord joint son esquif funeste.
Septime se présente, et, lui tendant la main,
Le salue empereur en langage romain ;
Et comme député de ce jeune monarque :
« Passez, seigneur, dit-il, passez dans cette barque ;
Les sables et les bancs cachés dessous les eaux
Rendent l'accès mal sûr à de plus grands vaisseaux. »
Ce héros voit la fourbe, et s'en moque dans l'âme :
Il reçoit les adieux des siens et de sa femme,
Leur défend de le suivre, et s'avance au trépas
Avec le même front qu'il donnoit les États ;
La même majesté sur son visage empreinte
Entre ces assassins montre un esprit sans crainte ;
Sa vertu tout entière à la mort le conduit :
Son affranchi Philippe est le seul qui le suit ;
C'est de lui que j'ai su ce que je viens de dire ;
Mes yeux ont vu le reste, et mon cœur en soupire,
Et croit que César même à de si grands malheurs
Ne pourra refuser des soupirs et des pleurs.

CLÉOPATRE.

N'épargnez pas les miens ; achevez, Achorée,
L'histoire d'une mort que j'ai déjà pleurée.

ACHORÉE.

On l'amène ; et du port nous le voyons venir,
Sans que pas un d'entre eux daigne l'entretenir.
Ce mépris lui fait voir ce qu'il en doit attendre.
Sitôt qu'on a pris terre on l'invite à descendre :
Il se lève ; et soudain pour signal Achillas,
Derrière ce héros, tirant son coutelas,
Septime et trois des siens, lâches enfans de Rome,
Percent à coups pressés les flancs de ce grand homme,
Tandis qu'Achillas même, épouvanté d'horreur,
De ces quatre enragés admire la fureur.

CLÉOPATRE.

Vous qui livrez la terre aux discordes civiles,
Si vous vengez sa mort, dieux, épargnez nos villes !

N'imputez rien aux lieux, reconnoissez les mains ;
Le crime de l'Égypte est fait par des Romains.
Mais que fait et que dit ce généreux courage?

ACHORÉE.

D'un des pans de sa robe il couvre son visage,
A son mauvais destin en aveugle obéit,
Et dédaigne de voir le ciel qui le trahit,
De peur que d'un coup d'œil contre une telle offense
Il ne semble implorer son aide ou sa vengeance.
Aucun gémissement à son cœur échappé
Ne le montre, en mourant, digne d'être frappé :
Immobile à leurs coups, en lui-même il rappelle
Ce qu'eut de beau sa vie, et ce qu'on dira d'elle ;
Et tient la trahison que le roi leur prescrit
Trop au-dessous de lui pour y prêter l'esprit.
Sa vertu dans leur crime augmente ainsi son lustre ;
Et son dernier soupir est un soupir illustre,
Qui, de cette grande âme achevant les destins,
Étale tout Pompée aux yeux des assassins.
Sur les bords de l'esquif sa tête enfin penchée,
Par le traître Septime indignement tranchée,
Passe au bout d'une lance en la main d'Achillas,
Ainsi qu'un grand trophée après de grands combats ;
On descend, et pour comble à sa noire aventure
On donne à ce héros la mer pour sépulture,
Et le tronc sous les flots roule dorénavant
Au gré de la fortune, et de l'onde, et du vent.
La triste Cornélie, à cet affreux spectacle,
Par de longs cris aigus tâche d'y mettre obstacle,
Défend ce cher époux de la voix et des yeux,
Puis, n'espérant plus rien, lève les mains aux cieux ;
Et, cédant tout à coup à la douleur plus forte,
Tombe, dans sa galère, évanouie ou morte.
Les siens en ce désastre, à force de ramer,
L'éloignent de la rive, et regagnent la mer.
Mais sa fuite est mal sûre : et l'infâme Septime,
Qui se voit dérober la moitié de son crime,
Afin de l'achever, prend six vaisseaux au port,
Et poursuit sur les eaux Pompée après sa mort.
 Cependant Achillas porte au roi sa conquête :
Tout le peuple tremblant en détourne la tête ;
Un effroi général offre à l'un sous ses pas
Des abîmes ouverts pour venger ce trépas ;
L'autre entend le tonnerre, et chacun se figure
Un désordre soudain de toute la nature :
Tant l'excès du forfait, troublant leurs jugemens,
Présente à leur terreur l'excès des châtimens !

ACTE II, SCÈNE II.

Philippe, d'autre part, montrant sur le rivage
Dans une âme servile un généreux courage,
Examine d'un œil et d'un soin curieux
Où les vagues rendront ce dépôt précieux,
Pour lui rendre, s'il peut, ce qu'aux morts on doit rendre,
Dans quelque urne chétive en ramasser la cendre,
Et d'un peu de poussière élever un tombeau
A celui qui du monde eut le sort le plus beau.
Mais comme vers l'Afrique on poursuit Cornélie,
On voit d'ailleurs César venir de Thessalie :
Une flotte paroît qu'on a peine à compter....

CLÉOPATRE.

C'est lui-même, Achorée, il n'en faut point douter.
Tremblez, tremblez, méchans, voici venir la foudre ;
Cléopatre a de quoi vous mettre tous en poudre :
César vient, elle est reine, et Pompée est vengé ;
La tyrannie est bas, et le sort a changé.
Admirons cependant le destin des grands hommes,
Plaignons-les, et par eux jugeons ce que nous sommes.
Ce prince d'un sénat maître de l'univers,
Dont le bonheur sembloit au-dessus du revers,
Lui que sa Rome a vu plus craint que le tonnerre,
Triompher en trois fois des trois parts de la terre,
Et qui voyoit encore en ces derniers hasards
L'un et l'autre consul suivre ses étendards ;
Sitôt que d'un malheur sa fortune est suivie,
Les monstres de l'Égypte ordonnent de sa vie :
On voit un Achillas, un Septime, un Photin,
Arbitres souverains d'un si noble destin ;
Un roi qui de ses mains a reçu la couronne
A ces pestes de cour lâchement l'abandonne.
Ainsi finit Pompée ; et peut-être qu'un jour
César éprouvera même sort à son tour.
Rendez l'augure faux, dieux qui voyez mes larmes,
Et secondez partout et mes vœux et ses armes !

CHARMION.

Madame, le roi vient, qui pourra vous ouïr.

SCÈNE III. — PTOLOMÉE, CLÉOPATRE, CHARMION.

PTOLOMÉE.

Savez-vous le bonheur dont nous allons jouir,
Ma sœur ?

CLÉOPATRE.

     Oui, je le sais, le grand César arrive :
Sous les lois de Photin je ne suis plus captive.

PTOLOMÉE.

Vous haïssez toujours ce fidèle sujet ?

CLÉOPATRE.
Non, mais en liberté je ris de son projet.
PTOLOMÉE.
Quel projet faisoit-il dont vous puissiez vous plaindre?
CLÉOPATRE.
J'en ai souffert beaucoup, et j'avois plus à craindre.
Un si grand politique est capable de tout;
Et vous donnez les mains à tout ce qu'il résout.
PTOLOMÉE.
Si je suis ses conseils, j'en connois la prudence.
CLÉOPATRE.
Si j'en crains les effets, j'en vois la violence.
PTOLOMÉE.
Pour le bien de l'État tout est juste en un roi.
CLÉOPATRE.
Ce genre de justice est à craindre pour moi;
Après ma part du sceptre, à ce titre usurpée,
Il en coûte la vie et la tête à Pompée.
PTOLOMÉE.
Jamais un coup d'État ne fut mieux entrepris.
Le voulant secourir, César nous eût surpris;
Vous voyez sa vitesse; et l'Égypte troublée
Avant qu'être en défense en seroit accablée;
Mais je puis maintenant à cet heureux vainqueur
Offrir en sûreté mon trône et votre cœur.
CLÉOPATRE.
Je ferai mes présens, n'ayez soin que des vôtres,
Et dans vos intérêts n'en confondez point d'autres.
PTOLOMÉE.
Les vôtres sont les miens, étant de même sang.
CLÉOPATRE.
Vous pouvez dire encore, étant de même rang,
Étant rois l'un et l'autre; et toutefois je pense
Que nos deux intérêts ont quelque différence.
PTOLOMÉE.
Oui, ma sœur; car l'État dont mon cœur est content
Sur quelques bords du Nil à grand'peine s'étend :
Mais César, à vos lois soumettant son courage,
Vous va faire régner sur le Gange et le Tage
CLÉOPATRE.
J'ai de l'ambition, mais je la sais régler :
Elle peut m'éblouir, et non pas m'aveugler.
Ne parlons point ici du Tage, ni du Gange;
Je connois ma portée, et ne prends point le change.
PTOLOMÉE.
L'occasion vous rit, et vous en userez.

ACTE II, SCÈNE III.

CLÉOPATRE.
Si je n'en use bien, vous m'en accuserez.
PTOLOMÉE.
J'en espère beaucoup, vu l'amour qui l'engage.
CLÉOPATRE.
Vous la craignez peut-être encore davantage ;
Mais, quelque occasion qui me rie aujourd'hui,
N'ayez aucune peur, je ne veux rien d'autrui ;
Je ne garde pour vous ni haine, ni colère ;
Et je suis bonne sœur, si vous n'êtes bon frère.
PTOLOMÉE.
Vous montrez cependant un peu bien du mépris.
CLÉOPATRE.
Le temps de chaque chose ordonne et fait le prix.
PTOLOMÉE.
Votre façon d'agir le fait assez connoître.
CLÉOPATRE.
Le grand César arrive, et vous avez un maître.
PTOLOMÉE.
Il l'est de tout le monde, et je l'ai fait le mien.
CLÉOPATRE.
Allez lui rendre hommage, et j'attendrai le sien.
Allez, ce n'est pas trop pour lui que de vous-même :
Je garderai pour vous l'honneur du diadème.
Photin vous vient aider à le bien recevoir ;
Consultez avec lui quel est votre devoir.

SCÈNE IV. — PTOLOMÉE, PHOTIN.

PTOLOMÉE.
J'ai suivi tes conseils ; mais plus je l'ai flattée,
Et plus dans l'insolence elle s'est emportée ;
Si bien qu'enfin, outré de tant d'indignités,
Je m'allois emporter dans les extrémités :
Mon bras, dont ses mépris forçoient la retenue,
N'eût plus considéré César ni sa venue,
Et l'eût mise en état, malgré tout son appui,
De s'en plaindre à Pompée auparavant qu'à lui.
L'arrogante ! à l'ouïr elle est déjà ma reine ;
Et, si César en croit son orgueil et sa haine,
Si, comme elle s'en vante, elle est son cher objet,
De son frère et son roi je deviens son sujet.
Non, non ; prévenons-la : c'est foiblesse d'attendre
Le mal qu'on voit venir sans vouloir s'en défendre.
Otons-lui les moyens de nous plus dédaigner ;
Otons-lui les moyens de plaire et de régner ;
Et ne permettons pas qu'après tant de bravades,

Mon sceptre soit le prix d'une de ses œillades.
PHOTIN.
Seigneur, ne donnez point de prétexte à César
Pour attacher l'Égypte aux pompes de son char.
Ce cœur ambitieux, qui par toute la terre
Ne cherche qu'à porter l'esclavage et la guerre,
Enflé de sa victoire, et des ressentimens
Qu'une perte pareille imprime aux vrais amans,
Quoique vous ne rendiez que justice à vous-même,
Prendroit l'occasion de venger ce qu'il aime ;
Et, pour s'assujettir et vos États et vous,
Imputeroit à crime un si juste courroux.
PTOLOMÉE.
Si Cléopatre vit, s'il la voit, elle est reine.
PHOTIN.
Si Cléopatre meurt, votre perte est certaine.
PTOLOMÉE.
Je perdrai qui me perd, ne pouvant me sauver.
PHOTIN.
Pour la perdre avec joie il faut vous conserver.
PTOLOMÉE.
Quoi ! pour voir sur sa tête éclater ma couronne ?
Sceptre, s'il faut enfin que ma main t'abandonne,
Passe, passe plutôt en celle du vainqueur.
PHOTIN.
Vous l'arracherez mieux de celle d'une sœur.
Quelques feux que d'abord il lui fasse paroître,
Il partira bientôt, et vous serez le maître.
L'amour à ses pareils ne donne point d'ardeur
Qui ne cède aisément aux soins de leur grandeur
Il voit encor l'Afrique et l'Espagne occupées
Par Juba, Scipion, et les jeunes Pompées ;
Et le monde à ses lois n'est point assujetti,
Tant qu'il verra durer ces restes du parti.
Au sortir de Pharsale un si grand capitaine
Sauroit mal son métier s'il laissoit prendre haleine,
Et s'il donnoit loisir à des cœurs si hardis
De relever du coup dont ils sont étourdis :
S'il les vainc, s'il parvient où son désir aspire,
Il faut qu'il aille à Rome établir son empire,
Jouir de sa fortune et de son attentat,
Et changer à son gré la forme de l'État.
Jugez durant ce temps ce que vous pourrez faire.
Seigneur, voyez César, forcez-vous à lui plaire ;
Et, lui déférant tout, veuillez vous souvenir
Que les événemens régleront l'avenir.
Remettez en ses mains trône, sceptre, couronne,

Et, sans en murmurer, souffrez qu'il en ordonne :
Il en croira sans doute ordonner justement,
En suivant du feu roi l'ordre et le testament ;
L'importance d'ailleurs de ce dernier service
Ne permet pas d'en craindre une entière injustice.
Quoi qu'il en fasse enfin, feignez d'y consentir,
Louez son jugement, et laissez-le partir.
Après, quand nous verrons le temps propre aux vengeances,
Nous aurons et la force et les intelligences.
Jusque-là réprimez ces transports violens
Qu'excitent d'une sœur les mépris insolens :
Les bravades enfin sont des discours frivoles,
Et qui songe aux effets néglige les paroles.

PTOLOMÉE.

Ah ! tu me rends la vie et le sceptre à la fois :
Un sage conseiller est le bonheur des rois.
Cher appui de mon trône, allons, sans plus attendre,
Offrir tout à César, afin de tout reprendre ;
Avec toute ma flotte allons le recevoir,
Et par ces vains honneurs séduire son pouvoir.

ACTE TROISIÈME.

SCÈNE I. — CHARMION, ACHORÉE.

CHARMION.

Oui, tandis que le roi va lui-même en personne
Jusqu'aux pieds de César prosterner sa couronne,
Cléopatre s'enferme en son appartement,
Et, sans s'en émouvoir, attend son compliment.
Comment nommerez-vous une humeur si hautaine ?

ACHORÉE.

Un orgueil noble et juste, et digne d'une reine
Qui soutient avec cœur et magnanimité
L'honneur de sa naissance et de sa dignité :
Lui pourrai-je parler ?

CHARMION.

Non ; mais elle m'envoie
Savoir à cet abord ce qu'on a vu de joie ;
Ce qu'à ce beau présent César a témoigné ;
S'il a paru content, ou s'il l'a dédaigné ;
S'il traite avec douceur, s'il traite avec empire ;
Ce qu'à nos assassins enfin il a su dire.

ACHORÉE.

La tête de Pompée a produit des effets

Dont ils n'ont pas sujet d'être fort satisfaits.
Je ne sais si César prendroit plaisir à feindre;
Mais pour eux jusqu'ici je trouve lieu de craindre :
S'ils aimoient Ptolomée, ils l'ont fort mal servi.
 Vous l'avez vu partir, et moi je l'ai suivi.
Ses vaisseaux en bon ordre ont éloigné la ville,
Et pour joindre César n'ont avancé qu'un mille :
Il venoit à plein voile; et si dans les hasards
Il éprouva toujours pleine faveur de Mars,
Sa flotte, qu'à l'envi favorisoit Neptune,
Avoit le vent en poupe ainsi que sa fortune.
Dès le premier abord notre prince étonné
Ne s'est plus souvenu de son front couronné;
Sa frayeur a paru sous sa fausse allégresse;
Toutes ses actions ont senti la bassesse :
J'en ai rougi moi-même, et me suis plaint à moi
De voir là Ptolomée, et n'y voir point de roi;
Et César, qui lisoit sa peur sur son visage,
Le flattoit par pitié pour lui donner courage.
Lui, d'une voix tombante offrant ce don fatal :
«Seigneur, vous n'avez plus, lui dit-il, de rival;
Ce que n'ont pu les dieux dans votre Thessalie,
Je vais mettre en vos mains Pompée et Cornélie :
En voici déjà l'un, et pour l'autre, elle fuit;
Mais avec six vaisseaux un des miens la poursuit. »
 A ces mots Achillas découvre cette tête :
Il semble qu'à parler encore elle s'apprête,
Qu'à ce nouvel affront un reste de chaleur
En sanglots mal formés exhale sa douleur;
Sa bouche encore ouverte et sa vue égarée
Rappellent sa grande âme à peine séparée;
Et son courroux mourant fait un dernier effort
Pour reprocher aux dieux sa défaite et sa mort.
César, à cet aspect, comme frappé du foudre,
Et comme ne sachant que croire ou que résoudre,
Immobile, et les yeux sur l'objet attachés,
Nous tient assez longtemps ses sentimens cachés;
Et je dirai, si j'ose en faire conjecture,
Que, par un mouvement commun à la nature,
Quelque maligne joie en son cœur s'élevoit,
Dont sa gloire indignée à peine le sauvoit.
L'aise de voir la terre à son pouvoir soumise
Chatouilloit malgré lui son âme avec surprise,
Et de cette douceur son esprit combattu
Avec un peu d'effort rassuroit sa vertu.
S'il aime sa grandeur, il hait la perfidie;
Il se juge en autrui, se tâte, s'étudie,

Examine en secret sa joie et ses douleurs,
Les balance, choisit, laisse couler des pleurs;
Et, forçant sa vertu d'être encor la maîtresse,
Se montre généreux par un trait de foiblesse :
Ensuite il fait ôter ce présent de ses yeux,
Lève les mains ensemble et les regards aux cieux,
Lâche deux ou trois mots contre cette insolence;
Puis tout triste et pensif il s'obstine au silence,
Et même à ses Romains ne daigne repartir
Que d'un regard farouche et d'un profond soupir.
Enfin, ayant pris terre avec trente cohortes,
Il se saisit du port, il se saisit des portes,
Met des gardes partout et des ordres secrets,
Fait voir sa défiance, ainsi que ses regrets,
Parle d'Égypte en maître et de son adversaire,
Non plus comme ennemi, mais comme son beau-père.
Voilà ce que j'ai vu.

CHARMION.
Voilà ce qu'attendoit,
Ce qu'au juste Osiris la reine demandoit.
Je vais bien la ravir avec cette nouvelle.
Vous, continuez-lui ce service fidèle.

ACHORÉE.
Qu'elle n'en doute point. Mais César vient. Allez,
Peignez-lui bien nos gens pâles et désolés;
Et moi, soit que l'issue en soit douce ou funeste,
J'irai l'entretenir quand j'aurai vu le reste.

SCÈNE II. — CÉSAR, PTOLOMÉE, LÉPIDE, PHOTIN,
    ACHORÉE; SOLDATS ROMAINS, SOLDATS ÉGYPTIENS.

PTOLOMÉE.
Seigneur, montez au trône, et commandez ici.

CÉSAR.
Connoissez-vous César, de lui parler ainsi?
Que m'offriroit de pis la fortune ennemie,
A moi qui tiens le trône égal à l'infamie?
Certes, Rome à ce coup pourroit bien se vanter
D'avoir eu juste lieu de me persécuter;
Elle qui d'un même œil les donne et les dédaigne,
Qui ne voit rien aux rois qu'elle aime ou qu'elle craigne,
Et qui verse en nos cœurs, avec l'âme et le sang,
Et la haine du nom, et le mépris du rang.
C'est ce que de Pompée il vous falloit apprendre :
S'il en eût aimé l'offre, il eût su s'en défendre;
Et le trône et le roi se seroient ennoblis
A soutenir la main qui les a rétablis.

Vous eussiez pu tomber, mais tout couvert de gloire :
Votre chute eût valu la plus haute victoire ;
Et si votre destin n'eût pu vous en sauver,
César eût pris plaisir à vous en relever.
Vous n'avez pu former une si noble envie.
Mais quel droit aviez-vous sur cette illustre vie ?
Que vous devoit son sang pour y tremper vos mains,
Vous qui devez respect au moindre des Romains ?
Ai-je vaincu pour vous dans les champs de Pharsale ?
Et, par une victoire aux vaincus trop fatale,
Vous ai-je acquis sur eux, en ce dernier effort,
La puissance absolue et de vie et de mort ?
Moi qui n'ai jamais pu la souffrir à Pompée,
La souffrirai-je en vous sur lui-même usurpée,
Et que de mon bonheur vous ayez abusé
Jusqu'à plus attenter que je n'aurois osé ?
De quel nom, après tout, pensez-vous que je nomme
Ce coup où vous tranchez du souverain de Rome,
Et qui sur un seul chef lui fait bien plus d'affront
Que sur tant de milliers ne fit le roi de Pont ?
Pensez-vous que j'ignore ou que je dissimule
Que vous n'auriez pas eu pour moi plus de scrupule,
Et que, s'il m'eût vaincu, votre esprit complaisant
Lui faisoit de ma tête un semblable présent ?
Grâces à ma victoire, on me rend des hommages
Où ma fuite eût reçu toutes sortes d'outrages ;
Au vainqueur, non à moi, vous faites tout l'honneur :
Si César en jouit, ce n'est que par bonheur.
Amitié dangereuse, et redoutable zèle,
Que règle la fortune, et qui tourne avec elle !
Mais parlez, c'est trop être interdit et confus.

PTOLOMÉE.

Je le suis, il est vrai, si jamais je le fus ;
Et vous-même avouerez que j'ai sujet de l'être.
Étant né souverain, je vois ici mon maître :
Ici, dis-je, où ma cour tremble en me regardant,
Où je n'ai point encore agi qu'en commandant,
Je vois une autre cour sous une autre puissance,
Et ne puis plus agir qu'avec obéissance.
De votre seul aspect je me suis vu surpris :
Jugez si vos discours rassurent mes esprits ;
Jugez par quels moyens je puis sortir d'un trouble
Que forme le respect, que la crainte redouble,
Et ce que vous peut dire un prince épouvanté
De voir tant de colère et tant de majesté.
Dans ces étonnemens dont mon âme est frappée
De rencontrer en vous le vengeur de Pompée,

Il me souvient pourtant que, s'il fut notre appui,
Nous vous dûmes dès lors autant et plus qu'à lui :
Votre faveur pour nous éclata la première,
Tout ce qu'il fit après fut à votre prière :
Il émut le sénat pour des rois outragés,
Que sans cette prière il auroit négligés;
Mais de ce grand sénat les saintes ordonnances
Eussent peu fait pour nous, seigneur, sans vos finances;
Par là de nos mutins le feu roi vint à bout;
Et, pour en bien parler, nous vous devons le tout.
Nous avons honoré votre ami, votre gendre,
Jusqu'à ce qu'à vous-même il ait osé se prendre;
Mais voyant son pouvoir, de vos succès jaloux,
Passer en tyrannie, et s'armer contre vous....
CÉSAR.
Tout beau : que votre haine en son sang assouvie
N'aille point à sa gloire; il suffit de sa vie.
N'avancez rien ici que Rome ose nier;
Et justifiez-vous, sans le calomnier.
PTOLOMÉE.
Je laisse donc aux dieux à juger ses pensées,
Et dirai seulement qu'en vos guerres passées,
Où vous fûtes forcé par tant d'indignités,
Tous nos vœux ont été pour vos prospérités;
Que, comme il vous traitoit en mortel adversaire,
J'ai cru sa mort pour vous un malheur nécessaire;
Et que sa haine injuste, augmentant tous les jours,
Jusque dans les enfers chercheroit du secours;
Ou qu'enfin, s'il tomboit dessous votre puissance,
Il nous falloit pour vous craindre votre clémence;
Et que le sentiment d'un cœur trop généreux,
Usant mal de vos droits, vous rendît malheureux.
J'ai donc considéré qu'en ce péril extrême
Nous vous devions, seigneur, servir malgré vous-même :
Et, sans attendre d'ordre en cette occasion,
Mon zèle ardent l'a prise à ma confusion.
Vous m'en désavouez, vous l'imputez à crime :
Mais pour servir César rien n'est illégitime.
J'en ai souillé mes mains pour vous en préserver :
Vous pouvez en jouir, et le désapprouver;
Et plus j'ai fait pour vous, plus l'action est noire,
Puisque c'est d'autant plus vous immoler ma gloire,
Et que ce sacrifice, offert par mon devoir,
Vous assure la vôtre avec votre pouvoir.
CÉSAR.
Vous cherchez, Ptolomée, avecque trop de ruses
De mauvaises couleurs et de froides excuses.

Votre zèle étoit faux, si seul il redoutoit
Ce que le monde entier à pleins vœux souhaitoit :
Et s'il vous a donné ces craintes trop subtiles,
Qui m'ôtent tout le fruit de nos guerres civiles,
Où l'honneur seul m'engage, et que pour terminer
Je ne veux que celui de vaincre et pardonner,
Où mes plus dangereux et plus grands adversaires,
Sitôt qu'ils sont vaincus, ne sont plus que mes frères :
Et mon ambition ne va qu'à les forcer,
Ayant dompté leur haine, à vivre et m'embrasser.
  O combien d'allégresse une si triste guerre
Auroit-elle laissé dessus toute la terre,
Si Rome avoit pu voir marcher en même char,
Vainqueurs de leur discorde, et Pompée et César !
Voilà ces grands malheurs que craignoit votre zèle,
O crainte ridicule autant que criminelle !
Vous craigniez ma clémence ! ah ! n'ayez plus ce soin :
Souhaitez-la plutôt, vous en avez besoin.
Si je n'avois égard qu'aux lois de la justice,
Je m'apaiserois Rome avec votre supplice,
Sans que ni vos respects, ni votre repentir,
Ni votre dignité, vous pussent garantir ;
Votre trône lui-même en seroit le théâtre :
Mais, voulant épargner le sang de Cléopatre,
J'impute à vos flatteurs toute la trahison,
Et je veux voir comment vous m'en ferez raison ;
Suivant les sentimens dont vous serez capable
Je saurai vous tenir innocent ou coupable.
Cependant à Pompée élevez des autels ;
Rendez-lui les honneurs qu'on rend aux immortels ;
Par un prompt sacrifice expiez tous vos crimes ;
Et surtout pensez bien au choix de vos victimes.
Allez y donner ordre, et me laissez ici
Entretenir les miens sur quelque autre souci.

SCÈNE III. — CÉSAR, ANTOINE, LÉPIDE.

CÉSAR.

Antoine, avez-vous vu cette reine adorable ?

ANTOINE.

Oui, seigneur, je l'ai vue : elle est incomparable ;
Le ciel n'a point encor, par de si doux accords,
Uni tant de vertus aux grâces d'un beau corps.
Une majesté douce épand sur son visage
De quoi s'assujettir le plus noble courage ;
Ses yeux savent ravir, son discours sait charmer ;
Et si j'étois César, je la voudrois aimer.

ACTE III, SCÈNE III.

CÉSAR.
Comme a-t-elle reçu les offres de ma flamme?
ANTOINE.
Comme n'osant la croire, et la croyant dans l'âme;
Par un refus modeste et fait pour inviter,
Elle s'en dit indigne, et la croit mériter.
CÉSAR.
En pourrai-je être aimé?
ANTOINE.
Douter qu'elle vous aime,
Elle qui de vous seul attend son diadème,
Qui n'espère qu'en vous! douter de ses ardeurs,
Vous qui la pouvez mettre au faîte des grandeurs!
Que votre amour sans crainte à son amour prétende;
Au vainqueur de Pompée il faut que tout se rende;
Et vous l'éprouverez. Elle craint toutefois
L'ordinaire mépris que Rome fait des rois;
Et surtout elle craint l'amour de Calphurnie :
Mais, l'une et l'autre crainte à votre aspect bannie,
Vous ferez succéder un espoir assez doux,
Lorsque vous daignerez lui dire un mot pour vous.
CÉSAR.
Allons donc l'affranchir de ces frivoles craintes,
Lui montrer de mon cœur les sensibles atteintes;
Allons, ne tardons plus.
ANTOINE.
Avant que de la voir,
Sachez que Cornélie est en votre pouvoir;
Septime vous l'amène, orgueilleux de son crime,
Et pense auprès de vous se mettre en haute estime :
Dès qu'ils ont abordé, vos chefs, par vous instruits,
Sans leur rien témoigner, les ont ici conduits.
CÉSAR.
Qu'elle entre. Ah! l'importune et fâcheuse nouvelle!
Qu'à mon impatience elle semble cruelle!
O ciel! et ne pourrai-je enfin à mon amour
Donner en liberté ce qui reste du jour?

SCÈNE IV. — CÉSAR, CORNÉLIE, ANTOINE, LÉPIDE, SEPTIME.

SEPTIME.
Seigneur....
CÉSAR.
Allez, Septime, allez vers votre maître;
César ne peut souffrir la présence d'un traître,
D'un Romain lâche assez pour servir sous un roi,
Après avoir servi sous Pompée et sous moi.
(*Septime rentre.*)

CORNÉLIE.

César, car le destin, que dans tes fers je brave,
Me fait ta prisonnière et non pas ton esclave,
Et tu ne prétends pas qu'il m'abatte le cœur
Jusqu'à te rendre hommage, et te nommer seigneur;
De quelque rude trait qu'il m'ose avoir frappée,
Veuve du jeune Crasse, et veuve de Pompée,
Fille de Scipion, et, pour dire encor plus,
Romaine, mon courage est encore au-dessus;
Et de tous les assauts que sa rigueur me livre,
Rien ne me fait rougir que la honte de vivre.
J'ai vu mourir Pompée, et ne l'ai pas suivi;
Et bien que le moyen m'en aye été[1] ravi,
Qu'une pitié cruelle à mes douleurs profondes
M'aye ôté le secours et du fer et des ondes,
Je dois rougir pourtant, après un tel malheur,
De n'avoir pu mourir d'un excès de douleur :
Ma mort étoit ma gloire, et le destin m'en prive
Pour croître mes malheurs, et me voir ta captive.
Je dois bien toutefois rendre grâces aux dieux
De ce qu'en arrivant je te trouve en ces lieux,
Que César y commande, et non pas Ptolomée.
Hélas! et sous quel astre, ô ciel! m'as-tu formée,
Si je leur dois des vœux de ce qu'ils ont permis
Que je rencontre ici mes plus grands ennemis,
Et tombe entre leurs mains plutôt qu'aux mains d'un prince
Qui doit à mon époux son trône et sa province.
 César, de ta victoire écoute moins le bruit;
Elle n'est que l'effet du malheur qui me suit;
Je l'ai porté pour dot chez Pompée et chez Crasse;
Deux fois du monde entier j'ai causé la disgrâce,
Deux fois de mon hymen le nœud mal assorti
A chassé tous les dieux du plus juste parti :
Heureuse en mes malheurs, si ce triste hyménée,
Pour le bonheur de Rome, à César m'eût donnée.
Et si j'eusse avec moi porté dans ta maison
D'un astre envenimé l'invincible poison!
Car enfin n'attends pas que j'abaisse ma haine.
Je te l'ai déjà dit, César, je suis Romaine,
Et, quoique ta captive, un cœur comme le mien,
De peur de s'oublier, ne te demande rien.
Ordonne; et, sans vouloir qu'il tremble, ou s'humilie,
Souviens-toi seulement que je suis Cornélie.

CÉSAR.

O d'un illustre époux noble et digne moitié,

---

1. *Aye été* pour *ait été*.

Dont le courage étonne, et le sort fait pitié !
Certes, vos sentimens font assez reconnoître
Qui vous donna la main, et qui vous donna l'être ;
Et l'on juge aisément, au cœur que vous portez,
Où vous êtes entrée, et de qui vous sortez.
L'âme du jeune Crasse, et celle de Pompée,
L'une et l'autre vertu par le malheur trompée,
Le sang des Scipions protecteur de nos dieux,
Parlent par votre bouche et brillent dans vos yeux ;
Et Rome dans ses murs ne voit point de famille
Qui soit plus honorée ou de femme ou de fille.
Plût au grand Jupiter, plût à ces mêmes dieux
Qu'Annibal eût bravés jadis sans vos aïeux,
Que ce héros si cher dont le ciel vous sépare
N'eût pas si mal connu la cour d'un roi barbare,
Ni mieux aimé tenter une incertaine foi,
Que la vieille amitié qu'il eût trouvée en moi ;
Qu'il eût voulu souffrir qu'un bonheur de mes armes
Eût vaincu ses soupçons, dissipé ses alarmes ;
Et qu'enfin, m'attendant sans plus se défier,
Il m'eût donné moyen de me justifier !
Alors, foulant aux pieds la discorde et l'envie,
Je l'eusse conjuré de se donner la vie,
D'oublier ma victoire, et d'aimer un rival
Heureux d'avoir vaincu pour vivre son égal :
J'eusse alors regagné son âme satisfaite
Jusqu'à lui faire aux dieux pardonner sa défaite ;
Il eût fait à son tour, en me rendant son cœur,
Que Rome eût pardonné la victoire au vainqueur.
Mais puisque par sa perte, à jamais sans seconde,
Le sort a dérobé cette allégresse au monde,
César s'efforcera de s'acquitter vers vous
De ce qu'il voudroit rendre à cet illustre époux.
Prenez donc en ces lieux liberté tout entière :
Seulement pour deux jours soyez ma prisonnière,
Afin d'être témoin comme, après nos débats,
Je chéris sa mémoire et venge son trépas,
Et de pouvoir apprendre à toute l'Italie
De quel orgueil nouveau m'enfle la Thessalie.
Je vous laisse à vous-même et vous quitte un moment.
Choisissez-lui, Lépide, un digne appartement ;
Et qu'on l'honore ici, mais en dame romaine,
C'est-à-dire un peu plus qu'on n'honore la reine.
Commandez, et chacun aura soin d'obéir.

CORNÉLIE.

O ciel, que de vertus vous me faites haïr !

ACTE QUATRIÈME.

SCÈNE I. — PTOLOMÉE, ACHILLAS, PHOTIN.

PTOLOMÉE.
Quoi! de la même main et de la même épée
Dont il vient d'immoler le malheureux Pompée,
Septime, par César indignement chassé,
Dans un tel désespoir à vos yeux a passé?

ACHILLAS.
Oui, seigneur; et sa mort a de quoi vous apprendre
La honte qu'il prévient et qu'il vous faut attendre.
Jugez quel est César à ce courroux si lent.
Un moment pousse et rompt un transport violent;
Mais l'indignation qu'on prend avec étude
Augmente avec le temps, et porte un coup plus rude;
Ainsi n'espérez pas de le voir modéré :
Par adresse il se fâche après s'être assuré.
Sa puissance établie, il a soin de sa gloire.
Il poursuivoit Pompée, et chérit sa mémoire;
Et veut tirer à soi, par un courroux accort,
L'honneur de sa vengeance et le fruit de sa mort.

PTOLOMÉE.
Ah! si je t'avois cru, je n'aurois pas de maître;
Je serois dans le trône où le ciel m'a fait naître :
Mais c'est une imprudence assez commune aux rois
D'écouter trop d'avis, et se tromper au choix;
Le destin les aveugle au bord du précipice;
Ou si quelque lumière en leur âme se glisse,
Cette fausse clarté, dont il les éblouit,
Les plonge dans un gouffre, et puis s'évanouit.

PHOTIN.
J'ai mal connu César; mais puisqu'en son estime
Un si rare service est un énorme crime,
Il porte dans son flanc de quoi nous en laver;
C'est là qu'est notre grâce, il nous l'y faut trouver
Je ne vous parle plus de souffrir sans murmure,
D'attendre son départ pour venger cette injure;
Je sais mieux conformer les remèdes au mal :
Justifions sur lui la mort de son rival;
Et notre main alors également trempée
Et du sang de César et du sang de Pompée,
Rome, sans leur donner de titres différens,
Se croira par vous seul libre de deux tyrans.

ACTE IV, SCÈNE I.

PTOLOMÉE.

Oui, par là seulement ma perte est évitable;
C'est trop craindre un tyran que j'ai fait redoutable :
Montrons que sa fortune est l'œuvre de nos mains;
Deux fois en même jour disposons des Romains;
Faisons leur liberté comme leur esclavage.
César, que tes exploits n'enflent plus ton courage;
Considère les miens, tes yeux en sont témoins.
Pompée étoit mortel, et tu ne l'es pas moins :
Il pouvoit plus que toi; tu lui portois envie :
Tu n'as, non plus que lui, qu'une âme et qu'une vie;
Et son sort que tu plains doit te faire penser
Que ton cœur est sensible, et qu'on peut le percer.
Tonne, tonne à ton gré, fais peur de ta justice :
C'est à moi d'apaiser Rome par ton supplice;
C'est à moi de punir ta cruelle douceur,
Qui n'épargne en un roi que le sang de sa sœur.
Je n'abandonne plus ma vie et ma puissance
Au hasard de sa haine ou de ton inconstance;
Ne crois pas que jamais tu puisses à ce prix
Récompenser sa flamme ou punir ses mépris :
J'emploierai contre toi de plus nobles maximes.
Tu m'as prescrit tantôt de choisir des victimes,
De bien penser au choix; j'obéis, et je voi
Que je n'en puis choisir de plus digne que toi,
Ni dont le sang offert, la fumée, et la cendre,
Puissent mieux satisfaire aux mânes de ton gendre.

Mais ce n'est pas assez, amis, de s'irriter;
Il faut voir quels moyens on a d'exécuter :
Toute cette chaleur est peut-être inutile;
Les soldats du tyran sont maîtres de la ville;
Que pouvons-nous contre eux? et, pour les prévenir,
Quel temps devons-nous prendre, et quel ordre tenir?

ACHILLAS.

Nous pouvons tout, seigneur, en l'état où nous sommes.
A deux milles d'ici vous avez six mille hommes,
Que depuis quelques jours, craignant des remuemens,
Je faisois tenir prêts à tous événemens.
Quelques soins qu'ait César, sa prudence est déçue.
Cette ville a sous terre une secrète issue,
Par où fort aisément on les peut cette nuit
Jusque dans le palais introduire sans bruit :
Car contre sa fortune aller à force ouverte,
Ce seroit trop courir vous-même à votre perte.
Il nous le faut surprendre au milieu du festin,
Enivré des douceurs de l'amour et du vin.
Tout le peuple est pour nous. Tantôt, à son entrée,

J'ai remarqué l'horreur que ce peuple a montrée
Lorsque avec tant de faste il a vu ses faisceaux
Marcher arrogamment, et braver nos drapeaux :
Au spectacle insolent de ce pompeux outrage
Ses farouches regards étinceloient de rage :
Je voyois sa fureur à peine se dompter ;
Et, pour peu qu'on le pousse, il est prêt d'éclater :
Mais surtout les Romains que commandoit Septime,
Pressés de la terreur que sa mort leur imprime,
Ne cherchent qu'à venger par un coup généreux
Le mépris qu'en leur chef ce superbe a fait d'eux.

PTOLOMÉE.

Mais qui pourra de nous approcher sa personne,
Si durant le festin sa garde l'environne ?

PHOTIN.

Les gens de Cornélie, entre qui vos Romains
Ont déjà reconnu des frères, des germains,
Dont l'âpre déplaisir leur a laissé paroître
Une soif d'immoler leur tyran à leur maître :
Ils ont donné parole, et peuvent, mieux que nous,
Dans les flancs de César porter les premiers coups :
Son faux art de clémence, ou plutôt sa folie,
Qui pense gagner Rome en flattant Cornélie,
Leur donnera sans doute un assez libre accès
Pour de ce grand dessein assurer le succès.
  Mais voici Cléopatre : agissez avec feinte,
Seigneur, et ne montrez que foiblesse et que crainte.
Nous allons vous quitter, comme objets odieux
Dont l'aspect importun offenseroit ses yeux.

PTOLOMÉE.

Allez, je vous rejoins.

SCÈNE II. — PTOLOMÉE, CLÉOPATRE, ACHORÉE,
CHARMION.

CLÉOPATRE.

J'ai vu César, mon frère,
Et de tout mon pouvoir combattu sa colère.

PTOLOMÉE.

Vous êtes généreuse ; et j'avois attendu
Cet office de sœur que vous m'avez rendu.
Mais cet illustre amant vous a bientôt quittée.

CLÉOPATRE.

Sur quelque brouillerie, en la ville excitée,
Il a voulu lui-même apaiser les débats
Qu'avec nos citoyens ont eus quelques soldats ;
Et moi, j'ai bien voulu moi-même vous redire
Que vous ne craigniez rien pour vous ni votre empire ;

Et que le grand César blâme votre action
Avec moins de courroux que de compassion.
Il vous plaint d'écouter ces lâches politiques
Qui n'inspirent aux rois que des mœurs tyranniques.
Ainsi que la naissance, ils ont les esprits bas;
En vain on les élève à régir des États :
Un cœur né pour servir sait mal comme on commande;
Sa puissance l'accable alors qu'elle est trop grande;
Et sa main, que le crime en vain fait redouter,
Laisse choir le fardeau qu'elle ne peut porter.

PTOLOMÉE.

Vous dites vrai, ma sœur, et ces effets sinistres
Me font bien voir ma faute au choix de mes ministres.
Si j'avois écouté de plus nobles conseils,
Je vivrois dans la gloire où vivent mes pareils;
Je mériterois mieux cette amitié si pure
Que pour un frère ingrat vous donne la nature;
César embrasseroit Pompée en ce palais;
Notre Égypte à la terre auroit rendu la paix,
Et verroit son monarque encore à juste titre
Ami de tous les deux, et peut-être l'arbitre.
Mais, puisque le passé ne peut se révoquer,
Trouvez bon qu'avec vous mon cœur s'ose expliquer.
Je vous ai maltraitée, et vous êtes si bonne,
Que vous me conservez la vie et la couronne.
Vainquez-vous tout à fait; et, par un digne effort,
Arrachez Achillas et Photin à la mort :
Elle leur est bien due; ils vous ont offensée;
Mais ma gloire en leur perte est trop intéressée :
Si César les punit des crimes de leur roi,
Toute l'ignominie en rejaillit sur moi :
Il me punit en eux; leur supplice est ma peine
Forcez, en ma faveur, une trop juste haine.
De quoi peut satisfaire un cœur si généreux
Le sang abject et vil de ces deux malheureux?
Que je vous doive tout : César cherche à vous plaire,
Et vous pouvez d'un mot désarmer sa colère.

CLÉOPATRE.

Si j'avois en mes mains leur vie et leur trépas,
Je les méprise assez pour ne m'en venger pas;
Mais sur le grand César je puis fort peu de chose,
Quand le sang de Pompée à mes désirs s'oppose.
Je ne me vante pas de pouvoir le fléchir;
J'en ai déjà parlé, mais il a su gauchir;
Et, tournant les discours sur une autre matière,
Il n'a ni refusé, ni souffert ma prière.
Je veux bien toutefois encor m'y hasarder,

Mes efforts redoublés pourront mieux succéder;
Et j'ose croire....
PTOLOMÉE.
Il vient; souffrez que je l'évite :
Je crains que ma présence à vos yeux ne l'irrite,
Que son courroux ému ne s'aigrisse à me voir;
Et vous agirez seule avec plus de pouvoir.

SCÈNE III. — CÉSAR, CLÉOPATRE, ANTOINE, LÉPIDE, CHARMION, ACHORÉE, Romains.
CÉSAR.
Reine, tout est paisible; et la ville calmée,
Qu'un trouble assez léger avoit trop alarmée,
N'a plus à redouter le divorce intestin
Du soldat insolent et du peuple mutin.
Mais, ô dieux! ce moment que je vous ai quittée
D'un trouble bien plus grand a mon âme agitée!
Et ces soins importuns, qui m'arrachoient de vous,
Contre ma grandeur même allumoient mon courroux.
Je lui voulois du mal de m'être si contraire,
De rendre ma présence ailleurs si nécessaire;
Mais je lui pardonnois, au simple souvenir
Du bonheur qu'à ma flamme elle fait obtenir.
C'est elle dont je tiens cette haute espérance
Qui flatte mes désirs d'une illustre apparence,
Et fait croire à César qu'il peut former des vœux,
Qu'il n'est pas tout à fait indigne de vos feux,
Et qu'il peut en prétendre une juste conquête,
N'ayant plus que les dieux au-dessus de sa tête.
Oui, reine, si quelqu'un dans ce vaste univers
Pouvoit porter plus haut la gloire de vos fers;
S'il étoit quelque trône où vous pussiez paroître
Plus dignement assise en captivant son maître,
J'irois, j'irois à lui; moins pour le lui ravir,
Que pour lui disputer le droit de vous servir;
Et je n'aspirerois au bonheur de vous plaire
Qu'après avoir mis bas un si grand adversaire.
C'étoit pour acquérir un droit si précieux
Que combattoit partout mon bras ambitieux;
Et dans Pharsale même il a tiré l'épée
Plus pour le conserver que pour vaincre Pompée.
Je l'ai vaincu, princesse : et le dieu des combats
M'y favorisoit moins que vos divins appas;
Ils conduisoient ma main, ils enfloient mon courage;
Cette pleine victoire est leur dernier ouvrage :
C'est l'effet des ardeurs qu'ils daignoient m'inspirer;
Et vos beaux yeux enfin m'ayant fait soupirer,

ACTE IV, SCÈNE III.

Pour faire que votre âme avec gloire y réponde,
M'ont rendu le premier et de Rome et du monde.
C'est ce glorieux titre, à présent effectif,
Que je viens ennoblir par celui de captif :
Heureux, si mon esprit gagne tant sur le vôtre,
Qu'il en estime l'un et me permette l'autre!

CLÉOPATRE.

Je sais ce que je dois au souverain bonheur
Dont me comble et m'accable un tel excès d'honneur.
Je ne vous tiendrai plus mes passions secrètes :
Je sais ce que je suis; je sais ce que vous êtes.
Vous daignâtes m'aimer dès mes plus jeunes ans;
Le sceptre que je porte est un de vos présens;
Vous m'avez par deux fois rendu le diadème :
J'avoue, après cela, seigneur, que je vous aime,
Et que mon cœur n'est point à l'épreuve des traits
Ni de tant de vertus, ni de tant de bienfaits.
Mais, hélas! ce haut rang, cette illustre naissance,
Cet État de nouveau rangé sous ma puissance,
Ce sceptre par vos mains dans les miennes remis,
A mes vœux innocens sont autant d'ennemis.
Ils allument contre eux une implacable haine :
Ils me font méprisable alors qu'ils me font reine;
Et si Rome est encor telle qu'auparavant,
Le trône où je m'assieds m'abaisse en m'élevant;
Et ces marques d'honneur, comme titres infâmes,
Me rendent à jamais indigne de vos flammes.
J'ose encor toutefois, voyant votre pouvoir,
Permettre à mes désirs un généreux espoir.
Après tant de combats, je sais qu'un si grand homme
A droit de triompher des caprices de Rome,
Et que l'injuste horreur qu'elle eut toujours des rois
Peut céder par votre ordre à de plus justes lois;
Je sais que vous pouvez forcer d'autres obstacles :
Vous me l'avez promis, et j'attends ces miracles.
Votre bras dans Pharsale a fait de plus grands coups,
Et je ne les demande à d'autres dieux qu'à vous.

CÉSAR.

Tout miracle est facile où mon amour s'applique.
Je n'ai plus qu'à courir les côtes de l'Afrique,
Qu'à montrer mes drapeaux au reste épouvanté
Du parti malheureux qui m'a persécuté;
Rome, n'ayant plus lors d'ennemis à me faire,
Par impuissance enfin prendra soin de me plaire;
Et vos yeux la verront, par un superbe accueil,
Immoler à vos pieds sa haine et son orgueil.
Encore une défaite, et dans Alexandrie

Je veux que cette ingrate en ma faveur vous prie;
Et qu'un juste respect, conduisant ses regards,
A votre chaste amour demande des Césars.
C'est l'unique bonheur où mes désirs prétendent;
C'est le fruit que j'attends des lauriers qui m'attendent :
Heureux si mon destin, encore un peu plus doux,
Me les faisoit cueillir sans m'éloigner de vous!
Mais, las! contre mon feu mon feu me sollicite.
Si je veux être à vous, il faut que je vous quitte.
En quelques lieux qu'on fuie, il me faut y courir
Pour achever de vaincre et de vous conquérir.
Permettez cependant qu'à ces douces amorces
Je prenne un nouveau cœur et de nouvelles forces,
Pour faire dire encore aux peuples pleins d'effroi,
Que venir, voir, et vaincre, est même chose en moi.

CLÉOPATRE.

C'est trop, c'est trop, seigneur, souffrez que j'en abuse :
Votre amour fait ma faute, il fera mon excuse.
Vous me rendez le sceptre, et peut-être le jour;
Mais, si j'ose abuser de cet excès d'amour,
Je vous conjure encor, par ses plus puissans charmes,
Par ce juste bonheur qui suit toujours vos armes,
Par tout ce que j'espère et que vous attendez,
De n'ensanglanter pas ce que vous me rendez.
Faites grâce, seigneur, ou souffrez que j'en fasse,
Et montre à tous par là que j'ai repris ma place.
Achillas et Photin sont gens à dédaigner;
Ils sont assez punis en me voyant régner :
Et leur crime....

CÉSAR.

Ah! prenez d'autres marques de reine :
Dessus mes volontés vous êtes souveraine;
Mais, si mes sentimens peuvent être écoutés,
Choisissez des sujets dignes de vos bontés.
Ne vous donnez sur moi qu'un pouvoir légitime,
Et ne me rendez point complice de leur crime.
C'est beaucoup que pour vous j'ose épargner le roi,
Et si mes feux n'étoient....

SCÈNE IV. — CÉSAR, CORNÉLIE, CLÉOPATRE, ACHORÉE,
ANTOINE, LÉPIDE, CHARMION, Romains.

CORNÉLIE.

César, prends garde à toi :
Ta mort est résolue, on la jure, on l'apprête;
A celle de Pompée on veut joindre ta tête.
Prends-y garde, César, ou ton sang répandu

Bientôt parmi le sien se verra confondu.
Mes esclaves en sont; apprends de leurs indices
L'auteur de l'attentat, et l'ordre, et les complices :
Je te les abandonne.
CÉSAR.
O cœur vraiment romain,
Et digne du héros qui vous donna la main!
Ses mânes, qui du ciel ont vu de quel courage
Je préparois la mienne à venger son outrage,
Mettant leur haine bas, me sauvent aujourd'hui
Par la moitié qu'en terre il nous laisse de lui.
Il vit, il vit encore en l'objet de sa flamme,
Il parle par sa bouche, il agit dans son âme;
Il la pousse, et l'oppose à cette indignité,
Pour me vaincre par elle en générosité.
CORNÉLIE.
Tu te flattes, César, de mettre en ta croyance
Que la haine ait fait place à la reconnoissance :
Ne le présume plus; le sang de mon époux
A rompu pour jamais tout commerce entre nous.
J'attends la liberté qu'ici tu m'as offerte,
Afin de l'employer tout entière à ta perte;
Et je te chercherai partout des ennemis,
Si tu m'oses tenir ce que tu m'as promis.
Mais, avec cette soif que j'ai de ta ruine,
Je me jette au-devant du coup qui t'assassine,
Et forme des désirs avec trop de raison
Pour en aimer l'effet par une trahison :
Qui la sait et la souffre a part à l'infamie.
Si je veux ton trépas, c'est en juste ennemie :
Mon époux a des fils; il aura des neveux :
Quand ils te combattront, c'est là que je le veux,
Et qu'une digne main par moi-même animée,
Dans ton champ de bataille, aux yeux de ton armée,
T'immole noblement, et par un digne effort,
Aux mânes du héros dont tu venges la mort.
Tous mes soins, tous mes vœux hâtent cette vengeance;
Ta perte la recule, et ton salut l'avance.
Quelque espoir qui d'ailleurs me l'ose ou puisse offrir,
Ma juste impatience auroit trop à souffrir :
La vengeance éloignée est à demi perdue;
Et quand il faut l'attendre, elle est trop cher vendue.
Je n'irai point chercher sur les bords africains
Le foudre souhaité que je vois en tes mains[1] :

---

1. Il y avait d'abord, *le foudre punisseur; punisseur* était un beau terme qui manquait à notre langue. (*Voltaire.*)

La tête qu'il menace en doit être frappée :
J'ai pu donner la tienne au lieu d'elle à Pompée ;
Ma haine avoit le choix ; mais cette haine enfin
Sépare son vainqueur d'avec son assassin,
Et ne croit avoir droit de punir ta victoire
Qu'après le châtiment d'une action si noire.
Rome le veut ainsi ; son adorable front
Auroit de quoi rougir d'un trop honteux affront,
De voir en même jour, après tant de conquêtes,
Sous un indigne fer ses deux plus nobles têtes.
Son grand cœur, qu'à tes lois en vain tu crois soumis,
En veut aux criminels plus qu'à ses ennemis,
Et tiendroit à malheur le bien de se voir libre,
Si l'attentat du Nil affranchissoit le Tibre.
Comme autre qu'un Romain n'a pu l'assujettir,
Autre aussi qu'un Romain ne l'en doit garantir.
Tu tomberois ici sans être sa victime ;
Au lieu d'un châtiment ta mort seroit un crime ;
Et, sans que tes pareils en conçussent d'effroi,
L'exemple que tu dois périroit avec toi.
Venge-la de l'Égypte à son appui fatale,
Et je la vengerai, si je puis, de Pharsale.
Va, ne perds point de temps, il presse. Adieu : tu peux
Te vanter qu'une fois j'ai fait pour toi des vœux.

SCÈNE V. — CÉSAR, CLÉOPATRE, ANTOINE, LÉPIDE, ACHORÉE, CHARMION.

CÉSAR.

Son courage m'étonne autant que leur audace.
Reine, voyez pour qui vous me demandiez grâce!

CLÉOPATRE.

Je n'ai rien à vous dire : allez, seigneur, allez
Venger sur ces méchans tant de droits violés.
On m'en veut plus qu'à vous : c'est ma mort qu'ils respirent,
C'est contre mon pouvoir que les traîtres conspirent ;
Leur rage, pour l'abattre, attaque mon soutien
Et par votre trépas cherche un passage au mien.
Mais, parmi ces transports d'une juste colère,
Je ne puis oublier que leur chef est mon frère.
Le saurez-vous, seigneur ? et pourrai-je obtenir
Que ce cœur irrité daigne s'en souvenir ?

CÉSAR.

Oui, je me souviendrai que ce cœur magnanime
Au bonheur de son sang veut pardonner son crime.
Adieu, ne craignez rien : Achillas et Photin
Ne sont pas gens à vaincre un si puissant destin ;

Pour les mettre en déroute, eux, et tous leurs complices,
Je n'ai qu'à déployer l'appareil des supplices,
Et, pour soldats choisis, envoyer des bourreaux
Qui portent hautement mes haches pour drapeaux.
(*César rentre avec les Romains.*)

CLÉOPATRE.

Ne quittez pas César; allez, cher Achorée,
Repousser avec lui ma mort qu'on a jurée;
Et, quand il punira nos lâches ennemis,
Faites-le souvenir de ce qu'il m'a promis.
Ayez l'œil sur le roi dans la chaleur des armes,
Et conservez mon sang pour épargner mes larmes.

ACHORÉE.

Madame, assurez-vous qu'il ne peut y périr,
Si mon zèle et mes soins peuvent le secourir.

ACTE CINQUIÈME.

SCÈNE I. — CORNÉLIE, *tenant une petite urne en sa main;* PHILIPPE.

CORNÉLIE.

Mes yeux, puis-je vous croire, et n'est-ce point un songe
Qui sur mes tristes vœux a formé ce mensonge?
Te revois-je, Philippe, et cet époux si cher
A-t-il reçu de toi les honneurs du bûcher?
Cette urne que je tiens contient-elle sa cendre?
  O vous, à ma douleur objet terrible et tendre,
Éternel entretien de haine et de pitié,
Reste du grand Pompée, écoutez sa moitié.
N'attendez point de moi de regrets, ni de larmes;
Un grand cœur à ses maux applique d'autres charmes.
Les foibles déplaisirs s'amusent à parler,
Et quiconque se plaint cherche à se consoler.
Moi, je jure des dieux la puissance suprême,
Et, pour dire encor plus, je jure par vous-même,
Car vous pouvez bien plus sur ce cœur affligé
Que le respect des dieux qui l'ont mal protégé :
Je jure donc par vous, ô pitoyable reste,
Ma divinité seule après ce coup funeste,
Par vous, qui seul ici pouvez me soulager,
De n'éteindre jamais l'ardeur de le venger.
Ptolomée à César, par un lâche artifice,
Rome, de ton Pompée a fait un sacrifice;
Et je n'entrerai point dans tes murs désolés,

Que le prêtre et le dieu ne lui soient immolés.
Faites-m'en souvenir, et soutenez ma haine.
O cendres, mon espoir aussi bien que ma peine;
Et, pour m'aider un jour à perdre son vainqueur,
Versez dans tous les cœurs ce que ressent mon cœur.
　　Toi qui l'as honoré sur cette infâme rive
D'une flamme pieuse autant comme chétive,
Dis-moi, quel bon démon a mis en ton pouvoir
De rendre à ce héros ce funèbre devoir?

PHILIPPE.

Tout couvert de son sang, et plus mort que lui-même,
Après avoir cent fois maudit le diadème,
Madame, j'ai porté mes pas et mes sanglots
Du côté que le vent poussoit encor les flots.
Je cours longtemps en vain; mais enfin d'une roche
J'en découvre le tronc vers un sable assez proche,
Où la vague en courroux sembloit prendre plaisir
A feindre de le rendre, et puis s'en ressaisir.
Je m'y jette, et l'embrasse, et le pousse au rivage;
Et, ramassant sous lui le débris d'un naufrage,
Je lui dresse un bûcher à la hâte et sans art,
Tel que je pus sur l'heure, et qu'il plut au hasard.
A peine brûloit-il que le ciel plus propice
M'envoie un compagnon en ce pieux office :
Cordus, un vieux Romain qui demeure en ces lieux,
Retournant de la ville, y détourne les yeux;
Et, n'y voyant qu'un tronc dont la tête est coupée,
A cette triste marque il reconnoît Pompée.
Soudain la larme à l'œil : « O toi, qui que tu sois,
A qui le ciel permet de si dignes emplois,
Ton sort est bien, dit-il, autre que tu ne penses;
Tu crains des châtimens, attends des récompenses.
César est en Égypte, et venge hautement
Celui pour qui ton zèle a tant de sentiment.
Tu peux faire éclater les soins qu'on t'en voit prendre,
Tu peux même à sa veuve en reporter la cendre.
Son vainqueur l'a reçue avec tout le respect
Qu'un dieu pourroit ici trouver à son aspect.
Achève, je reviens. » Il part et m'abandonne,
Et rapporte aussitôt ce vase qu'il me donne,
Où sa main et la mienne enfin ont renfermé
Ces restes d'un héros par le feu consumé.

CORNÉLIE.

O que sa piété mérite de louanges!

PHILIPPE.

En entrant j'ai trouvé des désordres étranges.
J'ai vu fuir tout un peuple en foule vers le port.

Où le roi, disoit-on, s'étoit fait le plus fort.
Les Romains poursuivoient; et César, dans la place
Ruisselante du sang de cette populace,
Montroit de sa justice un exemple assez beau,
Faisant passer Photin par les mains d'un bourreau.
Aussitôt qu'il me voit, il daigne me connoître;
Et prenant de ma main les cendres de mon maître :
« Restes d'un demi-dieu, dont à peine je puis
Égaler le grand nom, tout vainqueur que j'en suis,
De vos traîtres, dit-il, voyez punir les crimes :
Attendant des autels, recevez ces victimes;
Bien d'autres vont les suivre. Et toi, cours au palais
Porter à sa moitié ce don que je lui fais;
Porte à ses déplaisirs cette foible allégeance,
Et dis-lui que je cours achever sa vengeance. »
Ce grand homme à ces mots me quitte en soupirant,
Et baise avec respect ce vase qu'il me rend.

CORNÉLIE.

O soupirs! ô respect! ô qu'il est doux de plaindre
Le sort d'un ennemi quand il n'est plus à craindre[1]!
Qu'avec chaleur, Philippe, on court à le venger
Lorsqu'on s'y voit forcé par son propre danger,
Et quand cet intérêt qu'on prend pour sa mémoire
Fait notre sûreté comme il croît notre gloire!
César est généreux, j'en veux être d'accord;
Mais le roi le veut perdre, et son rival est mort.
Sa vertu laisse lieu de douter à l'envie
De ce qu'elle feroit s'il le voyoit en vie :
Pour grand qu'en soit le prix, son péril en rabat;
Cette ombre qui la couvre en affoiblit l'éclat;
L'amour même s'y mêle, et le force à combattre :
Quand il venge Pompée, il défend Cléopatre.
Tant d'intérêts sont joints à ceux de mon époux,
Que je ne devrois rien à ce qu'il fait pour nous,
Si, comme par soi-même un grand cœur juge un autre,
Je n'aimois mieux juger sa vertu par la nôtre,
Et croire que nous seuls armons ce combattant,
Parce qu'au point qu'il est j'en voudrois faire autant.

SCÈNE II. — CLÉOPATRE, CORNÉLIE, PHILIPPE, CHARMION.

CLÉOPATRE.

Je ne viens pas ici pour troubler une plainte
Trop juste à la douleur dont vous êtes atteinte;

1. Beaux vers, devenus proverbe.

Je viens pour rendre hommage aux cendres d'un héros
Qu'un fidèle affranchi vient d'arracher aux flots,
Pour le plaindre avec vous, et vous jurer, madame,
Que j'aurois conservé ce maître de votre âme,
Si le ciel, qui vous traite avec trop de rigueur,
M'en eût donné la force aussi bien que le cœur.
Si pourtant, à l'aspect de ce qu'il vous renvoie,
Vos douleurs laissoient place à quelque peu de joie;
Si la vengeance avoit de quoi vous soulager,
Je vous dirois aussi qu'on vient de vous venger,
Que le traître Photin.... Vous le savez peut-être?

CORNÉLIE.

Oui, princesse, je sais qu'on a puni ce traître.

CLÉOPATRE.

Un si prompt châtiment vous doit être bien doux.

CORNÉLIE.

S'il a quelque douceur, elle n'est que pour vous.

CLÉOPATRE.

Tous les cœurs trouvent doux le succès qu'ils espèrent.

CORNÉLIE.

Comme nos intérêts, nos sentimens diffèrent.
Si César à sa mort joint celle d'Achillas,
Vous êtes satisfaite, et je ne la suis pas.
Aux mânes de Pompée il faut une autre offrande:
La victime est trop basse, et l'injure est trop grande;
Et ce n'est pas un sang que pour la réparer
Son ombre et ma douleur daignent considérer;
L'ardeur de le venger, dans mon âme allumée,
En attendant César, demande Ptolomée.
Tout indigne qu'il est de vivre et de régner,
Je sais bien que César se force à l'épargner;
Mais, quoi que son amour ait osé vous promettre,
Le ciel, plus juste enfin, n'osera le permettre;
Et, s'il peut une fois écouter tous mes vœux,
Par la main l'un de l'autre ils périront tous deux.
Mon âme à ce bonheur, si le ciel me l'envoie,
Oubliera ses douleurs pour s'ouvrir à la joie;
Mais si ce grand souhait demande trop pour moi,
Si vous n'en perdez qu'un, ô ciel! perdez le roi.

CLÉOPATRE.

Le ciel sur nos souhaits ne règle pas les choses.

CORNÉLIE.

Le ciel règle souvent les effets sur les causes,
Et rend aux criminels ce qu'ils ont mérité.

CLÉOPATRE.

Comme de la justice, il a de la bonté.

CORNÉLIE.
Oui ; mais il fait juger, à voir comme il commence,
Que sa justice agit, et non pas sa clémence.
CLÉOPATRE.
Souvent de la justice il passe à la douceur.
CORNÉLIE.
Reine, je parle en veuve, et vous parlez en sœur.
Chacune a son sujet d'aigreur ou de tendresse,
Qui dans le sort du roi justement l'intéresse.
Apprenons par le sang qu'on aura répandu
A quels souhaits le ciel a le mieux répondu.
Voici votre Achorée.

SCÈNE III. — CORNÉLIE, CLÉOPATRE, ACHORÉE, PHILIPPE, CHARMION.

CLÉOPATRE.
Hélas ! sur son visage
Rien ne s'offre à mes yeux que de mauvais présage.
Ne nous déguisez rien, parlez sans me flatter :
Qu'ai-je à craindre, Achorée ? ou qu'ai-je à regretter ?
ACHORÉE.
Aussitôt que César eut su la perfidie....
CLÉOPATRE.
Ce ne sont pas ses soins que je veux qu'on me die.
Je sais qu'il fit trancher et clore ce conduit
Par où ce grand secours devoit être introduit ;
Qu'il manda tous les siens pour s'assurer la place
Où Photin a reçu le prix de son audace ;
Que d'un si prompt supplice Achillas étonné
S'est aisément saisi du port abandonné ;
Que le roi l'a suivi ; qu'Antoine a mis à terre
Ce qui dans ses vaisseaux restoit de gens de guerre ;
Que César l'a rejoint ; et je ne doute pas
Qu'il n'ait su vaincre encore, et punir Achillas.
ACHORÉE.
Oui, madame, on a vu son bonheur ordinaire....
CLÉOPATRE.
Dites-moi seulement s'il a sauvé mon frère,
S'il m'a tenu promesse.
ACHORÉE.
Oui, de tout son pouvoir.
CLÉOPATRE.
C'est là l'unique point que je voulois savoir.
Madame, vous voyez, les dieux m'ont écoutée.
CORNÉLIE.
Ils n'ont que différé la peine méritée.

CLÉOPATRE.
Vous la vouliez sur l'heure, ils l'en ont garanti.
ACHORÉE.
Il faudroit qu'à nos vœux il eût mieux consenti.
CLÉOPATRE.
Que disiez-vous naguère? et que viens-je d'entendre?
Accordez ces discours, que j'ai peine à comprendre.
ACHORÉE.
Aucuns ordres ni soins n'ont pu le secourir;
Malgré César et nous il a voulu périr :
Mais il est mort, madame, avec toutes les marques
Que puissent laisser d'eux les plus dignes monarques;
Sa vertu rappelée a soutenu son rang,
Et sa perte aux Romains a coûté bien du sang.
 Il combattoit Antoine avec tant de courage,
Qu'il emportoit déjà sur lui quelque avantage;
Mais l'abord de César a changé le destin;
Aussitôt Achillas suit le sort de Photin :
Il meurt, mais d'une mort trop belle pour un traître,
Les armes à la main, en défendant son maître.
Le vainqueur crie en vain qu'on épargne le roi;
Ces mots au lieu d'espoir lui donnent de l'effroi;
Son esprit alarmé les croit un artifice
Pour réserver sa tête à l'affront d'un supplice.
Il pousse dans nos rangs, il les perce, et fait voir
Ce que peut la vertu qu'arme le désespoir;
Et son cœur, emporté par l'erreur qui l'abuse,
Cherche partout la mort, que chacun lui refuse.
Enfin perdant haleine après ces grands efforts,
Près d'être environné, ses meilleurs soldats morts,
Il voit quelques fuyards sauter dans une barque;
Il s'y jette, et les siens, qui suivent leur monarque,
D'un si grand nombre en foule accablent ce vaisseau,
Que la mer l'engloutit avec tout son fardeau.
 C'est ainsi que sa mort lui rend toute sa gloire,
A vous toute l'Égypte, à César la victoire.
Il vous proclame reine; et, bien qu'aucun Romain
Du sang que vous pleurez n'ait vu rougir sa main,
Il nous fait voir à tous un déplaisir extrême,
Il soupire, il gémit. Mais le voici lui-même,
Qui pourra mieux que moi vous montrer la douleur
Que lui donne du roi l'invincible malheur.

ACTE V, SCÈNE IV.

SCÈNE IV. — CÉSAR, CORNÉLIE, CLÉOPATRE, ANTOINE, LÉPIDE, ACHORÉE, CHARMION, PHILIPPE.

CORNÉLIE.

César, tiens-moi parole, et me rends mes galères.
Achillas et Photin ont reçu leurs salaires;
Leur roi n'a pu jouir de ton cœur adouci;
Et Pompée est vengé ce qu'il peut l'être ici.
Je n'y saurois plus voir qu'un funeste rivage
Qui de leur attentat m'offre l'horrible image,
Ta nouvelle victoire, et le bruit éclatant
Qu'aux changemens de roi pousse un peuple inconstant;
Et, parmi ces objets, ce qui le plus m'afflige,
C'est d'y revoir toujours l'ennemi qui m'oblige.
Laisse-moi m'affranchir de cette indignité,
Et souffre que ma haine agisse en liberté.
A cet empressement j'ajoute une requête :
Vois l'urne de Pompée; il y manque sa tête :
Ne me la retiens plus; c'est l'unique faveur
Dont je te puis encor prier avec honneur.

CÉSAR.

Il est juste, et César est tout prêt de vous rendre
Ce reste où vous avez tant de droit de prétendre;
Mais il est juste aussi qu'après tant de sanglots
A ses mânes errans nous rendions le repos,
Qu'un bûcher allumé par ma main et la vôtre
Le venge pleinement de la honte de l'autre,
Que son ombre s'apaise en voyant notre ennui,
Et qu'une urne plus digne et de vous et de lui,
Après la flamme éteinte et les pompes finies,
Renferme avec éclat ses cendres réunies.
De cette même main dont il fut combattu,
Il verra des autels dressés à sa vertu;
Il recevra des vœux, de l'encens, des victimes,
Sans recevoir par là d'honneurs que légitimes :
Pour ces justes devoirs je ne veux que demain;
Ne me refusez pas ce bonheur souverain.
Faites un peu de force à votre impatience;
Vous êtes libre après; partez en diligence;
Portez à notre Rome un si digne trésor;
Portez....

CORNÉLIE.

Non pas, César, non pas à Rome encor :
Il faut que ta défaite et que tes funérailles
A cette cendre aimée en ouvrent les murailles;
Et quoiqu'elle la tienne aussi chère que moi,
Elle n'y doit rentrer qu'en triomphant de toi.

Je la porte en Afrique; et c'est là que j'espère
Que les fils de Pompée, et Caton et mon père,
Secondés par l'effort d'un roi plus généreux,
Ainsi que la justice auront le sort pour eux.
C'est là que tu verras sur la terre et sur l'onde
Le débris de Pharsale armer un autre monde;
Et c'est là que j'irai, pour hâter tes malheurs,
Porter de rang en rang ces cendres et mes pleurs.
Je veux que de ma haine ils reçoivent des règles,
Qu'ils suivent au combat des urnes au lieu d'aigles;
Et que ce triste objet porte en leur souvenir
Les soins de le venger, et ceux de te punir.
Tu veux à ce héros rendre un devoir suprême;
L'honneur que tu lui rends rejaillit sur toi-même :
Tu m'en veux pour témoin; j'obéis au vainqueur;
Mais ne présume pas toucher par là mon cœur.
La perte que j'ai faite est trop irréparable;
La source de ma haine est trop inépuisable :
A l'égal de mes jours je la ferai durer;
Je veux vivre avec elle, avec elle expirer.
  Je t'avouerai pourtant, comme vraiment Romaine,
Que pour toi mon estime est égale à ma haine;
Que l'une et l'autre est juste, et montre le pouvoir,
L'une de ta vertu, l'autre de mon devoir;
Que l'une est généreuse, et l'autre intéressée,
Et que dans mon esprit l'une et l'autre est forcée.
Tu vois que ta vertu, qu'en vain on veut trahir,
Me force de priser ce que je dois haïr :
Juge ainsi de la haine où mon devoir me lie;
La veuve de Pompée y force Cornélie.
J'irai, n'en doute point, au sortir de ces lieux,
Soulever contre toi les hommes et les dieux;
Ces dieux qui t'ont flatté, ces dieux qui m'ont trompée,
Ces dieux qui dans Pharsale ont mal servi Pompée,
Qui, la foudre à la main, l'ont pu voir égorger;
Ils connoîtront leur faute, et le voudront venger.
Mon zèle, à leur refus, aidé de sa mémoire,
Te saura bien sans eux arracher la victoire :
Et quand tout mon effort se trouvera rompu,
Cléopatre fera ce que je n'aurai pu.
Je sais quelle est ta flamme et quelles sont ses forces,
Que tu n'ignores pas comme on fait les divorces,
Que ton amour t'aveugle, et que pour l'épouser
Rome n'a point de lois que tu n'oses briser :
Mais sache aussi qu'alors la jeunesse romaine
Se croira tout permis sur l'époux d'une reine,
Et que de cet hymen tes amis indignés

Vengeront sur ton sang leurs avis dédaignés.
J'empêche ta ruine, empêchant tes caresses.
Adieu : j'attends demain l'effet de tes promesses.

SCÈNE V. — CÉSAR, CLÉOPATRE, ANTOINE, LÉPIDE, ACHORÉE, CHARMION.

CLÉOPATRE.

Plutôt qu'à ces périls je vous puisse exposer,
Seigneur, perdez en moi ce qui les peut causer :
Sacrifiez ma vie au bonheur de la vôtre ;
Le mien sera trop grand, et je n'en veux point d'autre,
Indigne que je suis d'un César pour époux,
Que de vivre en votre âme, étant morte pour vous.

CÉSAR.

Reine, ces vains projets sont le seul avantage
Qu'un grand cœur impuissant a du ciel en partage :
Comme il a peu de force, il a beaucoup de soins ;
Et, s'il pouvoit plus faire, il souhaiteroit moins.
Les dieux empêcheront l'effet de ces augures,
Et mes félicités n'en seront pas moins pures,
Pourvu que votre amour gagne sur vos douleurs,
Qu'en faveur de César vous tarissiez vos pleurs,
Et que votre bonté, sensible à ma prière,
Pour un fidèle amant oublie un mauvais frère.
On aura pu vous dire avec quel déplaisir
J'ai vu le désespoir qu'il a voulu choisir ;
Avec combien d'efforts j'ai voulu le défendre
Des paniques terreurs qui l'avoient pu surprendre !
Il s'est de mes bontés jusqu'au bout défendu,
Et de peur de se perdre il s'est enfin perdu.
O honte pour César, qu'avec tant de puissance,
Tant de soins de vous rendre entière obéissance,
Il n'ait pu toutefois, en ces événemens,
Obéir au premier de vos commandemens !
Prenez-vous-en au ciel, dont les ordres sublimes
Malgré tous nos efforts savent punir les crimes ;
Sa rigueur envers lui vous ouvre un sort plus doux,
Puisque par cette mort l'Égypte est toute à vous.

CLÉOPATRE.

Je sais que j'en reçois un nouveau diadème,
Qu'on n'en peut accuser que les dieux et lui-même ;
Mais comme il est, seigneur, de la fatalité
Que l'aigreur soit mêlée à la félicité,
Ne vous offensez pas si cet heur de vos armes,
Qui me rend tant de biens, me coûte un peu de larmes,
Et si, voyant sa mort due à sa trahison,
Je donne à la nature ainsi qu'à la raison.

Je n'ouvre point les yeux sur ma grandeur si proche,
Qu'aussitôt à mon cœur mon sang ne le reproche;
J'en ressens dans mon âme un murmure secret,
Et ne puis remonter au trône sans regret.

ACHORÉE.

Un grand peuple, seigneur, dont cette cour est pleine,
Par des cris redoublés demande à voir sa reine,
Et, tout impatient, déjà se plaint aux cieux
Qu'on lui donne trop tard un bien si précieux.

CÉSAR.

Ne lui refusons plus le bonheur qu'il désire :
Princesse, allons par là commencer votre empire.
Fasse le juste ciel, propice à mes désirs,
Que ces longs cris de joie étouffent vos soupirs,
Et puissent ne laisser dedans votre pensée
Que l'image des traits dont mon âme est blessée!
Cependant, qu'à l'envi ma suite et votre cour
Préparent pour demain la pompe d'un beau jour,
Où, dans un digne emploi l'une et l'autre occupée,
Couronne Cléopatre et m'apaise Pompée,
Élève à l'une un trône, à l'autre des autels,
Et jure à tous les deux des respects immortels.

EXAMEN DE POMPÉE.

A bien considérer cette pièce, je ne crois pas qu'il y en ait sur le théâtre où l'histoire soit plus conservée et plus falsifiée tout ensemble. Elle est si connue, que je n'ai osé en changer les événemens; mais il s'y en trouvera peu qui soient arrivés comme je les fais arriver. Je n'y ai ajouté que ce qui regarde Cornélie, qui semble s'y offrir d'elle-même, puisque, dans la vérité historique, elle étoit dans le même vaisseau que son mari lorsqu'il aborda en Égypte, qu'elle le vit descendre dans la barque, où il fut assassiné à ses yeux par Septime, et qu'elle fut poursuivie sur mer par les ordres de Ptolomée. C'est ce qui m'a donné occasion de feindre qu'on l'atteignit, et qu'elle fut ramenée devant César, bien que l'histoire n'en parle point. La diversité des lieux où les choses se sont passées, et la longueur du temps qu'elles ont consumé dans la vérité historique, m'ont réduit à cette falsification pour les ramener dans l'unité de jour et de lieu. Pompée fut massacré devant les murs de Pélusium, qu'on appelle aujourd'hui Damiette, et César prit terre à Alexandrie. Je n'ai nommé ni l'une ni l'autre ville, de peur que le nom de l'une n'arrêtât l'imagination de l'auditeur, et ne lui fît remarquer malgré lui la fausseté de ce qui s'est passé ailleurs. Le lieu particulier est, comme dans *Polyeucte*, un grand vestibule commun à tous les appartemens du palais royal; et cette unité n'a rien que de vraisemblable, pourvu qu'on se détache de la vérité historique. Le premier, le troisième et le quatrième acte, y ont leur justesse manifeste; il y peut avoir quelque difficulté pour le second et le cinquième, dont Cléopatre ouvre l'un, et Cornélie l'autre. Elles sembleroient toutes deux avoir plus de raison de parler dans leur appartement; mais l'impatience de la curiosité féminine les en peut faire sortir : l'une pour apprendre plus tôt les nouvelles de la mort de Pompée, ou par Achorée, qu'elle a envoyé en être témoin, ou par le premier qui entrera dans ce vestibule; et l'autre, pour en savoir du combat de César et des Romains contre Ptolomée et les Égyptiens, pour empêcher que ce héros n'en aille donner à Cléopatre avant qu'à elle, et pour obtenir de lui d'autant plus tôt la permission de partir. En quoi on peut remarquer que, comme elle sait qu'il est amoureux de cette reine, et qu'elle peut douter qu'au retour de son combat, les trouvant ensemble, il ne lui fasse le premier compliment, le soin qu'elle a de conserver la dignité romaine lui fait prendre la parole la première, et obliger par là César à lui répondre avant qu'il puisse dire rien à l'autre.

Pour le temps, il m'a fallu réduire en soulèvement tumultuaire une guerre qui n'a pu durer guère moins d'un an, puisque Plutarque rapporte qu'incontinent après que César fut parti d'Alexandrie, Cléopatre accoucha de Césarion. Quand Pompée se présenta pour entrer en Égypte, cette princesse et le roi son frère avoient chacun leur armée prête à en venir aux mains l'une contre l'autre, et n'avoient garde ainsi de loger dans le même palais. César, dans ses *Commentaires*, ne parle point de ses amours avec elle, ni que la tête de Pompée lui fut présentée quand il arriva : c'est Plutarque et Lucain qui nous apprennent l'un et l'autre; mais ils ne lui font présenter cette tête que par un des ministres du roi, nommé Théodote, et non pas par le roi même, comme je l'ai fait.

Il y a quelque chose d'extraordinaire dans le titre de ce poëme, qui porte le nom d'un héros qui n'y parle point; mais il ne laisse pas d'en être, en quelque sorte, le principal acteur, puisque sa mort est la cause unique de tout ce qui s'y passe. J'ai justifié ailleurs l'unité d'action qui s'y rencontre, par cette raison que les événemens y ont une telle dépendance l'un de l'autre, que la tragédie n'auroit pas été complète, si je ne l'eusse poussée jusqu'au terme où je la fais finir. C'est à ce dessein que, dès le premier acte, je fais connoître la venue de César, à qui la cour d'Égypte immole Pompée pour gagner les bonnes grâces du victorieux; et ainsi il m'a fallu nécessairement faire voir quelle réception il feroit à leur lâche et cruelle politique. J'ai avancé l'âge de Ptolomée, afin qu'il pût agir, et que, portant le titre de roi, il tâchât d'en soutenir le caractère. Bien que les historiens et le poëte Lucain l'appellent communément *rex puer*, *le roi enfant*, il ne l'étoit pas à tel point qu'il ne fût en état d'épouser sa sœur Cléopatre, comme l'avoit ordonné son père. Hirtius dit qu'il étoit *puer jam adulta ætate;* et Lucain appelle Cléopatre incestueuse, dans ce vers qu'il adresse à ce roi par apostrophe :

Incestæ sceptris cessure sororis;

soit qu'elle eût déjà contracté ce mariage incestueux, soit à cause qu'après la guerre d'Alexandrie et la mort de Ptolomée, César la fit épouser à son jeune frère, qu'il rétablit dans le trône : d'où l'on peut tirer une conséquence infaillible, que si le plus jeune des deux frères étoit en âge de se marier quand César partit d'Égypte, l'aîné en étoit capable quand il y arriva, puisqu'il ne tarda pas plus d'un an.

Le caractère de Cléopatre garde une ressemblance ennoblie par ce qu'on y peut imaginer de plus illustre. Je ne la fais amoureuse que par ambition, et en sorte qu'elle semble n'avoir point d'amour qu'en tant qu'il peut servir à sa grandeur. Quoique la réputation qu'elle a laissée la fasse passer pour une femme lascive et abandonnée à ses plaisirs, et que Lucain, peut-être en haine de César, la nomme en quelque endroit *meretrix regina*, et fasse dire ailleurs à l'eunuque Photin, qui gouvernoit sous le nom de son frère Ptolomée :

> Quem non e nobis credit Cleopatra nocentem,
> A quo casta fuit ?

je trouve qu'à bien examiner l'histoire, elle n'avoit que de l'ambition sans amour, et que, par politique, elle se servoit des avantages de sa beauté pour affermir sa fortune. Cela paroît visible, en ce que les historiens ne marquent point qu'elle se soit donnée qu'aux deux premiers hommes du monde, César et Antoine; et qu'après la déroute de ce dernier, elle n'épargna aucun artifice pour engager Auguste dans la même passion qu'ils avoient eue pour elle, et fit voir par là qu'elle ne s'étoit attachée qu'à la haute puissance d'Antoine, et non pas à sa personne.

Pour le style, il est plus élevé en ce poëme qu'en aucun des miens, et ce sont, sans contredit, les vers les plus pompeux que j'aie faits. La gloire n'en est pas toute à moi : j'ai traduit de Lucain tout ce que j'y ai trouvé de propre à mon sujet ; et comme je n'ai point fait de scrupule d'enrichir notre langue du pillage que j'ai pu faire chez lui, j'ai tâché, pour le reste, à entrer si bien dans sa manière de former ses pensées et de s'expliquer, que ce qu'il m'a fallu y joindre du mien sentît son génie, et ne fût pas indigne d'être pris pour un larcin que je lui eusse fait. J'ai parlé, en l'examen de *Polyeucte*, de ce que je trouve à dire en la confidence que fait Cléopatre à Charmion au second acte; il ne me reste qu'un mot touchant les narrations d'Achorée, qui ont toujours passé pour fort belles : en quoi je ne veux pas aller contre le jugement du public, mais seulement faire remarquer de nouveau que celui qui les fait et les personnes qui les écoutent ont l'esprit assez tranquille pour avoir toute la patience qu'il y faut donner. Celle du troisième acte, qui est à mon gré la plus magnifique, a été accusée de n'être pas reçue par une personne digne de la recevoir : mais bien que Charmion qui l'écoute ne soit qu'une domestique de Cléopatre, qu'on peut toutefois prendre pour sa dame d'honneur, étant envoyée exprès par cette reine pour l'écouter, elle tient lieu de cette reine même, qui cependant montre un orgueil digne d'elle, d'attendre la visite de César dans sa chambre sans aller au-devant de lui. D'ailleurs Cléopatre eût rompu tout le reste de ce troisième acte, si elle s'y fût montrée; et il m'a fallu la cacher par adresse de théâtre, et trouver pour cela dans l'action un prétexte qui fût glorieux pour elle, et qui ne laissât point paroître le secret de l'art qui m'obligeoit à l'empêcher de se produire.

FIN DE POMPÉE.

LE MENTEUR.

COMÉDIE.

1642.

ÉPITRE.

Monsieur,

Je vous présente une pièce de théâtre d'un style si éloigné de ma dernière, qu'on aura de la peine à croire qu'elles soient parties toutes deux de la même main, dans le même hiver. Aussi les raisons qui m'ont obligé à y travailler ont été bien différentes. J'ai fait *Pompée* pour satisfaire à ceux qui ne trouvoient pas les vers de *Polyeucte* si puissans que ceux de *Cinna*, et leur montrer que j'en saurois bien retrouver la pompe quand le sujet le pourroit souffrir; j'ai fait *le Menteur* pour contenter les souhaits de beaucoup d'autres qui, suivant l'humeur des François, aiment le changement, et, après tant de poëmes graves dont nos meilleures plumes ont enrichi la scène, m'ont demandé quelque chose de plus enjoué qui ne servît qu'à les divertir. Dans le premier, j'ai voulu faire un essai de ce que pouvoient la majesté du raisonnement et la force des vers dénués de l'agrément du sujet; dans celui-ci, j'ai voulu tenter ce que pourroit l'agrément du sujet dénué de la force des vers. Et d'ailleurs, étant obligé au genre comique de ma première réputation, je ne pouvois l'abandonner tout à fait sans quelque espèce d'ingratitude. Il est vrai que comme, alors que je me hasardai à le quitter, je n'osai me fier à mes seules forces, et que, pour m'élever à la dignité du tragique, je pris l'appui du grand Sénèque, à qui j'empruntai tout ce qu'il avoit donné de rare à sa *Médée* : ainsi, quand je me suis résolu de repasser du héroïque au naïf, je n'ai osé descendre de si haut sans m'assurer d'un guide, et me suis laissé conduire au fameux Lope de Vega, de peur de m'égarer dans les détours de tant d'intrigues que fait notre Menteur. En un mot, ce n'est ici qu'une copie d'un excellent original qu'il a mis au jour sous le titre de *la Verdad sospechosa;* et, me fiant sur notre Horace, qui donne liberté de tout oser aux poëtes ainsi qu'aux peintres, j'ai cru que, nonobstant la guerre des deux couronnes, il m'étoit permis de trafiquer en Espagne. Si cette sorte de commerce étoit un crime, il y a longtemps que je serois coupable, je ne dis pas seulement pour *le Cid*, où je me suis aidé de don Guillem de Castro, mais aussi pour *Médée*, dont je viens de parler, et pour *Pompée* même, où, pensant me fortifier du secours de deux Latins, j'ai pris celui de deux Espagnols, Sénèque et Lucain étant tous deux de Cordoue. Ceux qui ne voudront pas me pardonner cette intelligence avec nos ennemis approuveront du moins que je pille chez eux; et, soit qu'on fasse passer ceci pour un larcin ou pour un emprunt, je m'en suis trouvé si bien, que je n'ai pas envie que ce soit le dernier que je ferai chez eux. Je crois que vous en serez d'avis, et ne m'en estimerez pas moins.

Je suis,

MONSIEUR,

Votre très-humble serviteur,

CORNEILLE.

AU LECTEUR.

Bien que cette comédie et celle qui la suit soient toutes deux de l'invention de Lope de Vega, je ne vous les donne point dans le même ordre que je vous ai donné *le Cid* et *Pompée*, dont en l'un vous avez vu les vers espagnols, et en l'autre les latins, que j'ai traduits ou imités de Guillem de Castro et de Lucain. Ce n'est pas que je n'aie ici emprunté beaucoup de choses de cet admirable original; mais, comme j'ai entièrement dépaysé les sujets pour les habiller à la françoise, vous trouveriez si peu de rapport entre l'Espagnol et le François, qu'au lieu de satisfaction vous n'en recevriez que de l'importunité.

Par exemple, tout ce que je fais conter à notre Menteur des guerres d'Allemagne, où il se vante d'avoir été, l'Espagnol le lui fait dire du Pérou et des Indes, dont il fait le nouveau revenu; et ainsi de la plupart des autres incidens, qui, bien qu'ils soient imités de l'original, n'ont presque point de ressemblance avec lui pour les pensées, ni pour les termes qui les expriment. Je me contenterai donc de vous avouer que les sujets sont entièrement de lui, comme vous les trouverez dans la vingt et deuxième partie de ses comédies. Pour le reste, j'en ai pris tout ce qui s'est pu accommoder à notre usage; et, s'il m'est permis de dire mon sentiment touchant une chose où j'ai si peu de part, je vous avouerai en même temps que l'invention de celle-ci me charme tellement, que je ne trouve rien à mon gré qui lui soit comparable en ce genre, ni parmi les anciens, ni parmi les modernes. Elle est toute spirituelle depuis le commencement jusqu'à la fin, et les incidens si justes et si gracieux, qu'il faut être, à mon avis, de bien mauvaise humeur pour n'en approuver pas la conduite, et n'en aimer pas la représentation.

Je me défierois peut-être de l'estime extraordinaire que j'ai pour ce poëme, si je n'y étois confirmé par celle qu'en a faite un des premiers hommes de ce siècle, et qui non-seulement est le protecteur des savantes muses dans la Hollande, mais fait voir encore par son propre exemple que les grâces de la poésie ne sont pas incompatibles avec les plus hauts emplois de la politique et les plus nobles fonctions d'un homme d'État. Je parle de M. de Zuylichem, secrétaire des commandemens de Mgr le prince d'Orange. C'est lui que MM. Heinsius et Balzac ont pris comme pour arbitre de leur fameuse querelle, puisqu'ils lui ont adressé l'un et l'autre leurs doctes dissertations, et qui n'a pas dédaigné de montrer au public l'état qu'il fait de cette comédie par deux épigrammes[1], l'un françois et l'autre latin, qu'il a mis au-devant de l'impression

---

1. *Épigramme* est aujourd'hui du genre féminin.

qu'en ont faite les Elzévirs, à Leyden. Je vous les donne ici[1] d'autant plus volontiers, que, n'ayant pas l'honneur d'être connu de lui, son témoignage ne peut être suspect, et qu'on n'aura pas lieu de m'accuser de beaucoup de vanité pour en avoir fait parade, puisque toute la gloire qu'il m'y donne doit être attribuée au grand Lope de Vega, que peut-être il ne connoissoit pas pour le premier auteur de cette merveille du théâtre.

PERSONNAGES.

GÉRONTE, père de Dorante.
DORANTE, fils de Géronte.
ALCIPPE, ami de Dorante et amant de Clarice.
PHILISTE, ami de Dorante et d'Alcippe.
CLARICE, maîtresse d'Alcippe.
LUCRÈCE, amie de Clarice.
ISABELLE, suivante de Clarice.
SABINE, femme de chambre de Lucrèce.
CLITON, valet de Dorante.
LYCAS, valet d'Alcippe.

La scène est à Paris.

ACTE PREMIER.

SCÈNE I. — DORANTE, CLITON.

DORANTE.

A la fin j'ai quitté la robe pour l'épée :
L'attente où j'ai vécu n'a point été trompée ;
Mon père a consenti que je suive mon choix
Et j'ai fait banqueroute à ce fatras de lois.
Mais puisque nous voici dedans les Tuileries,
Le pays du beau monde et des galanteries,
Dis-moi, me trouves-tu bien fait en cavalier?
Ne vois-tu rien en moi qui sente l'écolier?
Comme il est malaisé qu'aux royaumes du code
On apprenne à se faire un visage à la mode,
J'ai lieu d'appréhender....

CLITON.
          Ne craignez rien pour vous ;
Vous ferez en une heure ici mille jaloux.
Ce visage et ce port n'ont point l'air de l'école,
Et jamais comme vous on ne peignit Barthole :
Je prévois du malheur pour beaucoup de maris.

---

[1]. Voir aux *Poésies diverses*.

Mais que vous semble encor maintenant de Paris?
DORANTE.
J'en trouve l'air bien doux, et cette loi bien rude
Qui m'en avoit banni sous prétexte d'étude.
Toi, qui sais les moyens de s'y bien divertir,
Ayant eu le bonheur de n'en jamais sortir,
Dis-moi comme en ce lieu l'on gouverne les dames.
CLITON.
C'est là le plus beau soin qui vienne aux belles âmes,
Disent les beaux esprits. Mais, sans faire le fin,
Vous avez l'appétit ouvert de bon matin!
D'hier au soir seulement vous êtes dans la ville,
Et vous vous ennuyez déjà d'être inutile!
Votre humeur sans emploi ne peut passer un jour!
Et déjà vous cherchez à pratiquer l'amour!
Je suis auprès de vous en fort bonne posture
De passer pour un homme à donner tablature;
J'ai la taille d'un maître en ce noble métier,
Et je suis, tout au moins, l'intendant du quartier.
DORANTE.
Ne t'effarouche point : je ne cherche, à vrai dire,
Que quelque connoissance où l'on se plaise à rire,
Qu'on puisse visiter par divertissement,
Où l'on puisse en douceur couler quelque moment.
Pour me connoître mal, tu prends mon sens à gauche.
CLITON.
J'entends, vous n'êtes pas un homme de débauche,
Et tenez celles-là trop indignes de vous
Que le son d'un écu rend traitables à tous :
Aussi que vous cherchiez de ces sages coquettes
Où peuvent tous venans débiter leurs fleurettes,
Mais qui ne font l'amour que de babil et d'yeux,
Vous êtes d'encolure à vouloir un peu mieux.
Loin de passer son temps, chacun le perd chez elles;
Et le jeu, comme on dit, n'en vaut pas les chandelles.
Mais ce seroit pour vous un bonheur sans égal
Que ces femmes de bien qui se gouvernent mal,
Et de qui la vertu, quand on leur fait service,
N'est pas incompatible avec un peu de vice.
Vous en verrez ici de toutes les façons.
Ne me demandez point cependant de leçons;
Ou je me connois mal à voir votre visage,
Ou vous n'en êtes pas à votre apprentissage :
Vos lois ne régloient pas si bien tous vos desseins
Que vous eussiez toujours un portefeuille aux mains.
DORANTE.
A ne rien déguiser, Cliton, je te confesse

Qu'à Poitiers j'ai vécu comme vit la jeunesse ;
J'étois en ces lieux-là de beaucoup de métiers :
Mais Paris, après tout, est bien loin de Poitiers.
Le climat différent veut une autre méthode :
Ce qu'on admire ailleurs est ici hors de mode ;
La diverse façon de parler et d'agir
Donne aux nouveaux venus souvent de quoi rougir.
Chez les provinciaux on prend ce qu'on rencontre ;
Et là, faute de mieux, un sot passe à la montre[1].
Mais il faut à Paris bien d'autres qualités ;
On ne s'éblouit point de ces fausses clartés ;
Et tant d'honnêtes gens, que l'on y voit ensemble,
Font qu'on est mal reçu, si l'on ne leur ressemble.

CLITON.

Connoissez mieux Paris, puisque vous en parlez.
Paris est un grand lieu plein de marchands mêlés :
L'effet n'y répond pas toujours à l'apparence ;
On s'y laisse duper autant qu'en lieu de France ;
Et parmi tant d'esprits plus polis et meilleurs,
Il y croît des badauds autant et plus qu'ailleurs.
Dans la confusion que ce grand monde apporte,
Il y vient de tous lieux des gens de toute sorte ;
Et dans toute la France il est fort peu d'endroits
Dont il n'ait le rebut aussi bien que le choix.
Comme on s'y connoît mal, chacun s'y fait de mise,
Et vaut communément autant comme il se prise :
De bien pires que vous s'y font assez valoir.
Mais, pour venir au point que vous voulez savoir,
Êtes-vous libéral?

DORANTE.

Je ne suis point avare.

CLITON.

C'est un secret d'amour et bien grand et bien rare ;
Mais il faut de l'adresse à le bien débiter.
Autrement on s'y perd au lieu d'en profiter.
Tel donne à pleines mains qui n'oblige personne :
La façon de donner vaut mieux que ce qu'on donne.
L'un perd exprès au jeu son présent déguisé ;
L'autre oublie un bijou qu'on auroit refusé.
Un lourdaud libéral auprès d'une maîtresse
Semble donner l'aumône alors qu'il fait largesse ;
Et d'un tel contre-temps il fait tout ce qu'il fait,
Que, quand il tâche à plaire, il offense en effet.

DORANTE.

Laissons là ces lourdauds contre qui tu déclames,

---

1. Ce mot signifie *revue*.

Et me dis seulement si tu connois ces dames.
CLITON.
Non : cette marchandise est de trop bon aloi ;
Ce n'est point là gibier à des gens comme moi ;
Il est aisé pourtant d'en savoir des nouvelles,
Et bientôt leur cocher m'en dira des plus belles.
DORANTE.
Penses-tu qu'il t'en dise ?
CLITON.
Assez pour en mourir ;
Puisque c'est un cocher, il aime à discourir.

SCÈNE II. — DORANTE, CLARICE, LUCRÈCE, ISABELLE.

CLARICE, *faisant un faux pas, et comme se laissant choir.*
Ay !
DORANTE, *lui donnant la main.*
Ce malheur me rend un favorable office,
Puisqu'il me donne lieu de ce petit service ;
Et c'est pour moi, madame, un bonheur souverain
Que cette occasion de vous donner la main.
CLARICE.
L'occasion ici fort peu vous favorise,
Et ce foible bonheur ne vaut pas qu'on le prise.
DORANTE.
Il est vrai, je le dois tout entier au hasard ;
Mes soins ni vos désirs n'y prennent point de part ;
Et sa douceur mêlée avec cette amertume
Ne me rend pas le sort plus doux que de coutume,
Puisque enfin ce bonheur, que j'ai si fort prisé,
A mon peu de mérite eût été refusé.
CLARICE.
S'il a perdu sitôt ce qui pouvoit vous plaire,
Je veux être à mon tour d'un sentiment contraire,
Et crois qu'on doit trouver plus de félicité
A posséder un bien sans l'avoir mérité.
J'estime plus un don qu'une reconnoissance :
Qui nous donne fait plus que qui nous récompense ;
Et le plus grand bonheur au mérite rendu
Ne fait que nous payer de ce qui nous est dû.
La faveur qu'on mérite est toujours achetée ;
L'heur en croît d'autant plus, moins elle est méritée ;
Et le bien où sans peine elle fait parvenir
Par le mérite à peine auroit pu s'obtenir.
DORANTE.
Aussi ne croyez pas que jamais je prétende
Obtenir par mérite une faveur si grande :

J'en sais mieux le haut prix ; et mon cœur amoureux,
Moins il s'en connoît digne, et plus s'en tient heureux.
On me l'a pu toujours dénier sans injure ;
Et si la recevant ce cœur même en murmure,
Il se plaint du malheur de ses félicités,
Que le hasard lui donne, et non vos volontés.
Un amant a fort peu de quoi se satisfaire
Des faveurs qu'on lui fait sans dessein de les faire :
Comme l'intention seule en forme le prix,
Assez souvent sans elle on les joint au mépris.
Jugez par là quel bien peut recevoir ma flamme
D'une main qu'on me donne en me refusant l'âme.
Je la tiens, je la touche et je la touche en vain,
Si je ne puis toucher le cœur avec la main.

CLARICE.

Cette flamme, monsieur, est pour moi fort nouvelle,
Puisque j'en viens de voir la première étincelle.
Si votre cœur ainsi s'embrase en un moment,
Le mien ne sut jamais brûler si promptement ;
Mais peut-être, à présent que j'en suis avertie,
Le temps donnera place à plus de sympathie.
Confessez cependant qu'à tort vous murmurez
Du mépris de vos feux, que j'avois ignorés.

SCÈNE III. — DORANTE, CLARICE, LUCRÈCE, ISABELLE, CLITON.

DORANTE.

C'est l'effet du malheur qui partout m'accompagne.
Depuis que j'ai quitté les guerres d'Allemagne,
C'est-à-dire du moins depuis un an entier,
Je suis et jour et nuit dedans votre quartier ;
Je vous cherche en tous lieux, aux bals, aux promenades ;
Vous n'avez que de moi reçu des sérénades ;
Et je n'ai pu trouver que cette occasion
A vous entretenir de mon affection.

CLARICE.

Quoi ! vous avez donc vu l'Allemagne et la guerre ?

DORANTE.

Je m'y suis fait quatre ans craindre comme un tonnerre.

CLITON.

Que lui va-t-il conter ?

DORANTE.

Et durant ces quatre ans
Il ne s'est fait combats, ni siéges importans,
Nos armes n'ont jamais remporté de victoire,
Où cette main n'ait eu bonne part à la gloire :

Et même la gazette a souvent divulgué....
CLITON, *le tirant par la basque.*
Savez-vous bien, monsieur, que vous extravaguez?
DORANTE.
Tais-toi.
CLITON.
Vous rêvez, dis-je, ou....
DORANTE.
Tais-toi, misérable.
CLITON.
Vous venez de Poitiers, ou je me donne au diable;
Vous en revîntes hier.
DORANTE, *à Cliton.*
Te tairas-tu, maraud?
(*A Clarice.*)
Mon nom dans nos succès s'étoit mis assez haut
Pour faire quelque bruit sans beaucoup d'injustice;
Et je suivrois encore un si noble exercice,
N'étoit que l'autre hiver, faisant ici ma cour,
Je vous vis, et je fus retenu par l'amour.
Attaqué par vos yeux, je leur rendis les armes;
Je me fis prisonnier de tant d'aimables charmes;
Je leur livrai mon âme; et ce cœur généreux
Dès ce premier moment oublia tout pour eux.
Vaincre dans les combats, commander dans l'armée,
De mille exploits fameux enfler ma renommée,
Et tous ces nobles soins qui m'avoient su ravir,
Cédèrent aussitôt à ceux de vous servir.
ISABELLE, *à Clarice, tout bas.*
Madame, Alcippe vient; il aura de l'ombrage.
CLARICE.
Nous en saurons, monsieur, quelque jour davantage.
Adieu.
DORANTE.
Quoi! me priver sitôt de tout mon bien?
CLARICE.
Nous n'avons pas loisir d'un plus long entretien;
Et, malgré la douceur de me voir cajolée,
Il faut que nous fassions seules deux tours d'allée.
DORANTE.
Cependant accordez à mes vœux innocens
La licence d'aimer des charmes si puissans.
CLARICE.
Un cœur qui veut aimer, et qui sait comme on aime,
N'en demande jamais licence qu'à soi-même.

SCÈNE IV. — DORANTE, CLITON.

DORANTE.

Suis-les, Cliton.

CLITON.

J'en sais ce qu'on en peut savoir.
La langue du cocher a fait tout son devoir.
« La plus belle des deux, dit-il, est ma maîtresse ;
Elle loge à la place, et son nom est Lucrèce. »

DORANTE.

Quelle place?

CLITON.

Royale, et l'autre y loge aussi.
Il n'en sait pas le nom, mais j'en prendrai souci.

DORANTE.

Ne te mets point, Cliton, en peine de l'apprendre.
Celle qui m'a parlé, celle qui m'a su prendre,
C'est Lucrèce, ce l'est sans aucun contredit :
Sa beauté m'en assure, et mon cœur me le dit.

CLITON.

Quoique mon sentiment doive respect au vôtre,
La plus belle des deux, je crois que ce soit l'autre.

DORANTE.

Quoi! celle qui s'est tue, et qui dans nos propos
N'a jamais eu l'esprit de mêler quatre mots?

CLITON.

Monsieur, quand une femme a le don de se taire,
Elle a des qualités au-dessus du vulgaire ;
C'est un effort du ciel qu'on a peine à trouver ;
Sans un petit miracle il ne peut l'achever ;
Et la nature souffre extrême violence
Lorsqu'il en fait d'humeur à garder le silence.
Pour moi, jamais l'amour n'inquiète mes nuits ;
Et, quand le cœur m'en dit, j'en prends par où je puis.
Mais naturellement femme qui se peut taire
A sur moi tel pouvoir et tel droit de me plaire,
Qu'eût-elle en vrai magot tout le corps fagoté,
Je lui voudrois donner le prix de la beauté.
C'est elle assurément qui s'appelle Lucrèce :
Cherchez un autre nom pour l'objet qui vous blesse ;
Ce n'est point là le sien : celle qui n'a dit mot,
Monsieur, c'est la plus belle, ou je ne suis qu'un sot.

DORANTE.

Je t'en crois sans jurer avec tes incartades.
Mais voici les plus chers de mes vieux camarades :
Ils semblent étonnés, à voir leur action.

SCÈNE V. — DORANTE, ALCIPPE, PHILISTE, CLITON.

PHILISTE, *à Alcippe.*
Quoi! sur l'eau la musique et la collation?
ALCIPPE, *à Philiste.*
Oui, la collation avecque la musique.
PHILISTE, *d'Alcippe.*
Hier au soir?
ALCIPPE, *à Philiste.*
Hier au soir.
PHILISTE, *à Alcippe.*
Et belle?
ALCIPPE, *à Philiste.*
Et magnifique
PHILISTE, *à Alcippe.*
Et par qui?
ALCIPPE, *à Philiste.*
C'est de quoi je suis mal éclairci.
DORANTE, *les saluant.*
Que mon bonheur est grand de vous revoir ici!
ALCIPPE.
Le mien est sans pareil, puisque je vous embrasse.
DORANTE.
J'ai rompu vos discours d'assez mauvaise grâce :
Vous le pardonnerez à l'aise de vous voir.
PHILISTE.
Avec nous, de tout temps, vous avez tout pouvoir.
DORANTE.
Mais de quoi parliez-vous?
ALCIPPE.
D'une galanterie.
DORANTE.
D'amour?
ALCIPPE.
Je le présume.
DORANTE.
Achevez, je vous prie,
Et souffrez qu'à ce mot ma curiosité
Vous demande sa part de cette nouveauté.
ALCIPPE.
On dit qu'on a donné musique à quelque dame.
DORANTE.
Sur l'eau?
ALCIPPE.
Sur l'eau.
DORANTE.
Souvent l'onde irrite la flamme.
PHILISTE.
Quelquefois.

ACTE I, SCÈNE V.

DORANTE.
Et ce fut hier au soir?
ALCIPPE.
Hier au soir.
DORANTE.
Dans l'ombre de la nuit le feu se fait mieux voir.
Le temps étoit bien pris. Cette dame, elle est belle?
ALCIPPE.
Aux yeux de bien du monde elle passe pour telle.
DORANTE.
Et la musique?
ALCIPPE.
Assez pour n'en rien dédaigner.
DORANTE.
Quelque collation a pu l'accompagner?
ALCIPPE.
On le dit.
DORANTE.
Fort superbe?
ALCIPPE.
Et fort bien ordonnée.
DORANTE.
Et vous ne savez pas celui qui l'a donnée?
ALCIPPE.
Vous en riez !
DORANTE.
Je ris de vous voir étonné
D'un divertissement que je me suis donné.
ALCIPPE.
Vous?
DORANTE.
Moi-même.
ALCIPPE.
Et déjà vous avez fait maîtresse?
DORANTE.
Si je n'en avois fait, j'aurois bien peu d'adresse,
Moi qui depuis un mois suis ici de retour.
Il est vrai que je sors fort peu souvent de jour;
De nuit, incognito, je rends quelques visites;
Ainsi....
CLITON, *à Dorante, à l'oreille.*
Vous ne savez, monsieur, ce que vous dites.
DORANTE.
Tais-toi; si jamais plus tu me viens avertir..
CLITON.
J'enrage de me taire et d'entendre mentir !
PHILISTE, *à Alcippe.*
Voyez qu'heureusement dedans cette rencontre
Votre rival lui-même à vous-même se montre.

DORANTE, *revenant à eux.*
Comme à mes chers amis je vous veux tout conter.
J'avois pris cinq bateaux pour mieux tout ajuster ;
Les quatre contenoient quatre chœurs de musique,
Capables de charmer le plus mélancolique.
Au premier, violons ; en l'autre, luths et voix ;
Des flûtes, au troisième ; au dernier, des hautbois,
Qui tour à tour dans l'air poussoient des harmonies
Dont on pouvoit nommer les douceurs infinies.
Le cinquième étoit grand, tapissé tout exprès
De rameaux enlacés pour conserver le frais,
Dont chaque extrémité portoit un doux mélange
De bouquets de jasmin, de grenade, et d'orange
Je fis de ce bateau la salle du festin :
Là je menai l'objet qui fait seul mon destin ;
De cinq autres beautés la sienne fut suivie,
Et la collation fut aussitôt servie.
Je ne vous dirai point les différens apprêts,
Le nom de chaque plat, le rang de chaque mets :
Vous saurez seulement qu'en ce lieu de délices
On servit douze plats, et qu'on fit six services,
Cependant que les eaux, les rochers et les airs,
Répondoient aux accens de nos quatre concerts.
Après qu'on eut mangé, mille et mille fusées,
S'élançant vers les cieux, ou droites ou croisées,
Firent un nouveau jour, d'où tant de serpenteaux
D'un déluge de flamme attaquèrent les eaux,
Qu'on crut que, pour leur faire une plus rude guerre,
Tout l'élément du feu tomboit du ciel en terre.
Après ce passe-temps on dansa jusqu'au jour,
Dont le soleil jaloux avança le retour :
S'il eût pris notre avis, sa lumière importune
N'eût pas troublé sitôt ma petite fortune ;
Mais, n'étant pas d'humeur à suivre nos désirs,
Il sépara la troupe, et finit nos plaisirs.

ALCIPPE.
Certes, vous avez grâce à conter ces merveilles ;
Paris, tout grand qu'il est, en voit peu de pareilles.

DORANTE.
J'avois été surpris ; et l'objet de mes vœux
Ne m'avoit tout au plus donné qu'une heure ou deux.

PHILISTE.
Cependant l'ordre est rare, et la dépense belle.

DORANTE.
Il s'est fallu passer à cette bagatelle :
Alors que le temps presse, on n'a pas à choisir.

ALCIPPE.
Adieu : nous nous verrons avec plus de loisir.
DORANTE.
Faites état de moi.
ALCIPPE, *à Philiste, en s'en allant.*
Je meurs de jalousie !
PHILISTE, *à Alcippe.*
Sans raison toutefois votre âme en est saisie ;
Les signes du festin ne s'accordent pas bien.
ALCIPPE, *à Philiste.*
Le lieu s'accorde, et l'heure : et le reste n'est rien.

SCÈNE VI. — DORANTE, CLITON.

CLITON.
Monsieur, puis-je à présent parler sans vous déplaire ?
DORANTE.
Je remets à ton choix de parler ou te taire ;
Mais quand tu vois quelqu'un, ne fais plus l'insolent.
CLITON.
Votre ordinaire est-il de rêver en parlant ?
DORANTE.
Où me vois-tu rêver ?
CLITON.
J'appelle rêveries
Ce qu'en d'autres qu'un maître on nomme menteries.
Je parle avec respect.
DORANTE.
Pauvre esprit !
CLITON.
Je le perds
Quand je vous ois parler de guerre et de concerts.
Vous voyez sans péril nos batailles dernières,
Et faites des festins qui ne vous coûtent guères.
Pourquoi depuis un an vous feindre de retour ?
DORANTE.
J'en montre plus de flamme, et j'en fais mieux ma cour.
CLITON.
Qu'a de propre la guerre à montrer votre flamme ?
DORANTE.
O le beau compliment à charmer une dame,
De lui dire d'abord : « J'apporte à vos beautés
Un cœur nouveau venu des universités ;
Si vous avez besoin de lois et de rubriques,
Je sais le Code entier avec les *Authentiques*,
Le *Digeste* nouveau, le vieux, l'*Infortiat*,
Ce qu'en a dit Jason, Balde, Accurse, Alciat ! »
Qu'un si riche discours nous rend considérables !

Qu'on amollit par là de cœurs inexorables !
Qu'un homme à paragraphe est un joli galant !
　On s'introduit bien mieux à titre de vaillant :
Tout le secret ne gît qu'en un peu de grimace,
A mentir à propos, jurer de bonne grâce,
Étaler force mots qu'elles n'entendent pas ;
Faire sonner Lamboy, Jean de Vert, et Galas[1] ;
Nommer quelques châteaux de qui les noms barbares
Plus ils blessent l'oreille, et plus leur semblent rares ;
Avoir toujours en bouche angles, lignes, fossés,
Vedette, contrescarpe, et travaux avancés :
Sans ordre et sans raison, n'importe, on les étonne ;
On leur fait admirer les baies[2] qu'on leur donne
Et tel, à la faveur d'un semblable débit,
Passe pour homme illustre, et se met en crédit.

CLITON.

A qui vous veut ouïr, vous en faites bien croire ;
Mais celle-ci bientôt peut savoir votre histoire.

DORANTE.

J'aurai déjà gagné chez elle quelque accès ;
Et, loin d'en redouter un malheureux succès,
Si jamais un fâcheux nous nuit par sa présence,
Nous pourrons sous ces mots être d'intelligence.
Voilà traiter l'amour, Cliton, et comme il faut.

CLITON.

A vous dire le vrai, je tombe de bien haut.
Mais parlons du festin : Urgande et Mélusine
N'ont jamais sur-le-champ mieux fourni leur cuisine ;
Vous allez au delà de leurs enchantemens :
Vous seriez un grand maître à faire des romans ;
Ayant si bien en main le festin et la guerre,
Vos gens en moins de rien courroient toute la terre ;
Et ce seroit pour vous des travaux fort légers
Que d'y mêler partout la pompe et les dangers.
Ces hautes fictions vous sont bien naturelles.

DORANTE.

J'aime à braver ainsi les conteurs de nouvelles ;
Et sitôt que j'en vois quelqu'un s'imaginer
Que ce qu'il veut m'apprendre a de quoi m'étonner,
Je le sers aussitôt d'un conte imaginaire
Qui l'étonne lui-même, et le force à se taire.
Si tu pouvois savoir quel plaisir on a lors
De leur faire rentrer leurs nouvelles au corps....

---

1. Généraux de l'empereur Ferdinand III. (*Voltaire.*)
2. « Les bourdes. »

CLITON.
Je le juge assez grand; mais enfin ces pratiques
Vous peuvent engager en de fâcheux intriques [1].
DORANTE.
Nous nous en tirerons; mais tous ces vains discours
M'empêchent de chercher l'objet de mes amours;
Tâchons de le rejoindre, et sache qu'à me suivre
Je t'apprendrai bientôt d'autres façons de vivre.

ACTE SECOND.

SCÈNE I. — GÉRONTE, CLARICE, ISABELLE.

CLARICE.
Je sais qu'il vaut beaucoup étant sorti de vous;
Mais, monsieur, sans le voir, accepter un époux
Par quelque haut récit qu'on en soit conviée,
C'est grande avidité de se voir mariée :
D'ailleurs, en recevoir visite et compliment,
Et lui permettre accès en qualité d'amant,
A moins qu'à vos projets un plein effet réponde,
Ce seroit trop donner à discourir au monde.
Trouvez donc un moyen de me le faire voir,
Sans m'exposer au blâme et manquer au devoir.
GÉRONTE.
Oui, vous avez raison, belle et sage Clarice;
Ce que vous m'ordonnez est la même justice;
Et comme c'est à nous à subir votre loi,
Je reviens tout à l'heure, et Dorante avec moi.
Je le tiendrai longtemps dessous votre fenêtre,
Afin qu'avec loisir vous puissiez le connoître,
Examiner sa taille, et sa mine, et son air,
Et voir quel est l'époux que je vous veux donner.
Il vint hier de Poitiers, mais il sent peu l'école;
Et si l'on pouvoit croire un père à sa parole,
Quelque écolier qu'il soit, je dirois qu'aujourd'hui
Peu de nos gens de cour sont mieux taillés que lui.
Mais vous en jugerez après la voix publique.
Je cherche à l'arrêter, parce qu'il m'est unique,
Et je brûle surtout de le voir sous vos lois.
CLARICE.
Vous m'honorez beaucoup d'un si glorieux choix.

---

1. « De fâcheuses intrigues. »

Je l'attendrai, monsieur, avec impatience,
Et je l'aime déjà sur cette confiance.

SCÈNE II. — CLARICE, ISABELLE.

ISABELLE.
Ainsi vous le verrez, et sans vous engager.
CLARICE.
Mais pour le voir ainsi qu'en pourrai-je juger?
J'en verrai le dehors, la mine, l'apparence;
Mais du reste, Isabelle, où prendre l'assurance?
Le dedans paroît mal en ces miroirs flatteurs;
Les visages souvent sont de doux imposteurs.
Que de défauts d'esprit se couvrent de leurs grâces!
Et que de beaux semblans cachent des âmes basses!
Les yeux en ce grand choix ont la première part;
Mais leur déférer tout, c'est tout mettre au hasard:
Qui veut vivre en repos ne doit pas leur déplaire;
Mais, sans leur obéir, il doit les satisfaire,
En croire leur refus, et non pas leur aveu,
Et sur d'autres conseils laisser naître son feu.
Cette chaîne, qui dure autant que notre vie,
Et qui devroit donner plus de peur que d'envie,
Si l'on n'y prend bien garde, attache assez souvent
Le contraire au contraire, et le mort au vivant :
Et pour moi, puisqu'il faut qu'elle me donne un maître,
Avant que l'accepter je voudrois le connoître,
Mais connoître dans l'âme.
ISABELLE.
Eh bien! qu'il parle à vous.
CLARICE.
Alcippe le sachant en deviendroit jaloux.
ISABELLE.
Qu'importe qu'il le soit, si vous avez Dorante?
CLARICE.
Sa perte ne m'est pas encore indifférente;
Et l'accord de l'hymen entre nous concerté,
Si son père venoit, seroit exécuté.
Depuis plus de deux ans il promet et diffère;
Tantôt c'est maladie, et tantôt quelque affaire;
Le chemin est mal sûr, ou les jours sont trop courts;
Et le bonhomme enfin ne peut sortir de Tours.
Je prends tous ces délais pour une résistance,
Et ne suis pas d'humeur à mourir de constance.
Chaque moment d'attente ôte de notre prix,
Et fille qui vieillit tombe dans le mépris :
C'est un nom glorieux qui se garde avec honte;

Sa défaite est fâcheuse à moins que d'être prompte.
Le temps n'est pas un dieu qu'elle puisse braver,
Et son honneur se perd à le trop conserver.
ISABELLE.
Ainsi vous quitteriez Alcippe pour un autre
De qui l'humeur auroit de quoi plaire à la vôtre?
CLARICE.
Oui, je le quitterois; mais pour ce changement
Il me faudroit en main avoir un autre amant,
Savoir qu'il me fût propre, et que son hyménée
Dût bientôt à la sienne unir ma destinée.
Mon humeur sans cela ne s'y résout pas bien,
Car Alcippe, après tout, vaut toujours mieux que rien;
Son père peut venir, quelque longtemps qu'il tarde.
ISABELLE.
Pour en venir à bout sans que rien s'y hasarde,
Lucrèce est votre amie, et peut beaucoup pour vous;
Elle n'a point d'amans qui deviennent jaloux:
Qu'elle écrive à Dorante, et lui fasse paroître
Qu'elle veut cette nuit le voir par sa fenêtre.
Comme il est jeune encore, on l'y verra voler;
Et là, sous ce faux nom, vous pourrez lui parler,
Sans qu'Alcippe jamais en découvre l'adresse,
Ni que lui-même pense à d'autre qu'à Lucrèce.
CLARICE.
L'invention est belle; et Lucrèce aisément
Se résoudra pour moi d'écrire un compliment:
J'admire ton adresse à trouver cette ruse.
ISABELLE.
Puis-je vous dire encor que, si je ne m'abuse,
Tantôt cet inconnu ne vous déplaisoit pas?
CLARICE.
Ah! bon Dieu! si Dorante avoit autant d'appas,
Que d'Alcippe aisément il obtiendroit la place!
ISABELLE.
Ne parlez point d'Alcippe; il vient.
CLARICE.
                    Qu'il m'embarrasse!
Va pour moi chez Lucrèce, et lui dis mon projet,
Et tout ce qu'on peut dire en un pareil sujet.

SCÈNE III. — CLARICE, ALCIPPE.

ALCIPPE.
Ah! Clarice, ah! Clarice! inconstante! volage!
CLARICE, *à part, le premier vers.*
Auroit-il deviné déjà ce mariage?

Alcippe, qu'avez-vous? qui vous fait soupirer?

ALCIPPE.

Ce que j'ai, déloyale! eh! peux-tu l'ignorer?
Parle à ta conscience, elle devroit t'apprendre....

CLARICE.

Parlez un peu plus bas, mon père va descendre.

ALCIPPE.

Ton père va descendre, âme double et sans foi!
Confesse que tu n'as un père que pour moi.
La nuit, sur la rivière....

CLARICE.

Eh! bien, sur la rivière?
La nuit! quoi? qu'est-ce enfin?

ALCIPPE.

Oui, la nuit tout entière.

CLARICE.

Après?

ALCIPPE.

Quoi! sans rougir?...

CLARICE.

Rougir! à quel propos?

ALCIPPE.

Tu ne meurs pas de honte, entendant ces deux mots!

CLARICE.

Mourir pour les entendre! et qu'ont-ils de funeste?

ALCIPPE.

Tu peux donc les ouïr et demander le reste?
Ne saurois-tu rougir, si je ne te dis tout?

CLARICE.

Quoi, tout?

ALCIPPE.

Tes passe-temps, de l'un à l'autre bout.

CLARICE.

Je meure, en vos discours si je puis rien comprendre!

ALCIPPE.

Quand je te veux parler, ton père va descendre,
Il t'en souvient alors; le tour est excellent!
Mais pour passer la nuit auprès de ton galant....

CLARICE.

Alcippe, êtes-vous fou?

ALCIPPE.

Je n'ai plus lieu de l'être,
A présent que le ciel me fait te mieux connoître.
Oui, pour passer la nuit en danses et festin,
Être avec ton galant du soir jusqu'au matin
(Je ne parle que d'hier), tu n'as point lors de père.

CLARICE.

Rêvez-vous? raillez-vous? et quel est ce mystère?

ACTE II, SCÈNE III.

ALCIPPE.
Ce mystère est nouveau, mais non pas fort secret.
Choisis une autre fois un amant plus discret;
Lui-même il m'a tout dit.
CLARICE.
Qui, lui-même?
ALCIPPE.
Dorante.
CLARICE.
Dorante!
ALCIPPE.
Continue, et fais bien l'ignorante.
CLARICE.
Si je le vis jamais, et si je le connoi!...
ALCIPPE.
Ne viens-je pas de voir son père avecque toi?
Tu passes, infidèle, âme ingrate et légère,
La nuit avec le fils, le jour avec le père!
CLARICE.
Son père, de vieux temps, est grand ami du mien.
ALCIPPE.
Cette vieille amitié faisoit votre entretien?
Tu te sens convaincue, et tu m'oses répondre!
Te faut-il quelque chose encor pour te confondre?
CLARICE.
Alcippe, si je sais quel visage a le fils....
ALCIPPE.
La nuit étoit fort noire alors que tu le vis.
Il ne t'a pas donné quatre chœurs de musique,
Une collation superbe et magnifique,
Six services de rang, douze plats à chacun?
Son entretien alors t'étoit fort importun?
Quand ses feux d'artifice éclairoient le rivage,
Tu n'eus pas le loisir de le voir au visage?
Tu n'as pas avec lui dansé jusques au jour?
Et tu ne l'as pas vu pour le moins au retour?
T'en ai-je dit assez? Rougis, et meurs de honte!
CLARICE.
Je ne rougirai point pour le récit d'un conte.
ALCIPPE.
Quoi! je suis donc un fourbe, un bizarre, un jaloux?
CLARICE.
Quelqu'un a pris plaisir à se jouer de vous,
Alcippe, croyez-moi.
ALCIPPE.
Ne cherche point d'excuses;
Je connois tes détours, et devine tes ruses.

Adieu : suis ton Dorante, et l'aime désormais ;
Laisse en repos Alcippe, et n'y pense jamais.

CLARICE.

Écoutez quatre mots.

ALCIPPE.

Ton père va descendre.

CLARICE.

Non, il ne descend point, et ne peut nous entendre ;
Et j'aurai tout loisir de vous désabuser.

ALCIPPE.

Je ne t'écoute point, à moins que m'épouser,
A moins qu'en attendant le jour du mariage,
M'en donner ta parole et deux baisers en gage.

CLARICE.

Pour me justifier vous demandez de moi,
Alcippe ?

ALCIPPE.

Deux baisers, et ta main, et ta foi.

CLARICE.

Que cela ?

ALCIPPE.

Résous-toi, sans plus me faire attendre.

CLARICE.

Je n'ai pas le loisir, mon père va descendre.

SCÈNE IV. — ALCIPPE.

Va, ris de ma douleur alors que je te perds ;
Par ces indignités romps toi-même mes fers ;
Aide mes feux trompés à se tourner en glace ;
Aide un juste courroux à se mettre en leur place.
Je cours à la vengeance, et porte à ton amant
Le vif et prompt effet de mon ressentiment.
S'il est homme de cœur, ce jour même nos armes
Régleront par leur sort tes plaisirs ou tes larmes ;
Et plutôt que le voir possesseur de mon bien,
Puissé-je dans son sang voir couler tout le mien !
Le voici, ce rival que son père t'amène :
Ma vieille amitié cède à ma nouvelle haine ;
Sa vue accroît l'ardeur dont je me sens brûler :
Mais ce n'est pas ici qu'il faut le quereller.

SCÈNE V. — GÉRONTE, DORANTE, CLITON.

GÉRONTE.

Dorante, arrêtons-nous ; le trop de promenade
Me mettroit hors d'haleine, et me feroit malade.
Que l'ordre est rare et beau de ces grands bâtimens !

DORANTE.

Paris semble à mes yeux un pays de romans.
J'y croyois ce matin voir une île enchantée :
Je la laissois déserte, et la trouve habitée;
Quelque Amphion nouveau, sans l'aide des maçons,
En superbes palais a changé ses buissons.

GÉRONTE.

Paris voit tous les jours de ces métamorphoses :
Dans tout le Pré aux Clercs tu verras mêmes choses;
Et l'univers entier ne peut rien voir d'égal
Aux superbes dehors du palais Cardinal[1].
Toute une ville entière, avec pompe bâtie,
Semble d'un vieux fossé par miracle sortie,
Et nous fait présumer, à ses superbes toits,
Que tous ses habitans sont des dieux ou des rois.
Mais changeons de discours. Tu sais combien je t'aime?

DORANTE.

Je chéris cet honneur bien plus que le jour même.

GÉRONTE.

Comme de mon hymen il n'est sorti que toi,
Et que je te vois prendre un périlleux emploi,
Où l'ardeur pour la gloire à tout oser convie,
Et force à tout moment de négliger la vie,
Avant qu'aucun malheur te puisse être avenu,
Pour te faire marcher un peu plus retenu,
Je te veux marier.

DORANTE, *à part.*
O ma chère Lucrèce !

GÉRONTE.

Je t'ai voulu choisir moi-même une maîtresse,
Honnête, belle, riche.

DORANTE.

Ah ! pour la bien choisir,
Mon père, donnez-vous un peu plus de loisir.

GÉRONTE.

Je la connois assez. Clarice est belle et sage
Autant que dans Paris il en soit de son âge;
Son père de tout temps est mon plus grand ami,
Et l'affaire est conclue.

DORANTE.

Ah ! monsieur, j'en frémi;
D'un fardeau si pesant accabler ma jeunesse !

GÉRONTE.

Fais ce que je t'ordonne.

---

1. Aujourd'hui le Palais-Royal.

DORANTE, *à part.*
Il faut jouer d'adresse.
(*Haut.*)
Quoi! monsieur, à présent qu'il faut dans les combats
Acquérir quelque nom, et signaler mon bras....
GÉRONTE.
Avant qu'être au hasard qu'un autre bras t'immole,
Je veux dans ma maison avoir qui m'en console;
Je veux qu'un petit-fils puisse y tenir ton rang,
Soutenir ma vieillesse, et réparer mon sang.
En un mot, je le veux.
DORANTE.
Vous êtes inflexible?
GÉRONTE.
Fais ce que je te dis.
DORANTE.
Mais s'il est impossible?
GÉRONTE.
Impossible! et comment?
DORANTE.
Souffrez qu'aux yeux de tous
Pour obtenir pardon j'embrasse vos genoux.
Je suis....
GÉRONTE.
Quoi?
DORANTE.
Dans Poitiers....
GÉRONTE.
Parle donc, et te lève.
DORANTE.
Je suis donc marié, puisqu'il faut que j'achève.
GÉRONTE.
Sans mon consentement?
DORANTE.
On m'a violenté:
Vous ferez tout casser par votre autorité;
Mais nous fûmes tous deux forcés à l'hyménée
Par la fatalité la plus inopinée....
Ah! si vous le saviez!
GÉRONTE.
Dis, ne me cache rien.
DORANTE.
Elle est de fort bon lieu, mon père; et pour son bien,
S'il n'est du tout si grand que votre humeur souhaite....
GÉRONTE.
Sachons, à cela près, puisque c'est chose faite.
Elle se nomme?
DORANTE.
Orphise; et son père, Armédon.

GÉRONTE.
Je n'ai jamais ouï ni l'un ni l'autre nom.
Mais poursuis.
DORANTE.
Je la vis presque à mon arrivée.
Une âme de rocher ne s'en fût pas sauvée,
Tant elle avoit d'appas, et tant son œil vainqueur
Par une douce force assujettit mon cœur!
Je cherchai donc chez elle à faire connoissance;
Et les soins obligeans de ma persévérance
Surent plaire de sorte à cet objet charmant,
Que j'en fus en six mois autant aimé qu'amant.
J'en reçus des faveurs secrètes, mais honnêtes;
Et j'étendis si loin mes petites conquêtes,
Qu'en son quartier souvent je me coulois sans bruit,
Pour causer avec elle une part de la nuit.
Un soir que je venois de monter dans sa chambre
(Ce fut, s'il m'en souvient, le second de septembre,
Oui, ce fut ce jour-là que je fus attrapé),
Ce soir même son père en ville avoit soupé;
Il monte à son retour, il frappe à la porte : elle
Transit, pâlit, rougit, me cache en sa ruelle,
Ouvre enfin, et d'abord (qu'elle eut d'esprit et d'art!)
Elle se jette au cou de ce pauvre vieillard,
Dérobe en l'embrassant son désordre à sa vue :
Il se sied; il lui dit qu'il veut la voir pourvue;
Lui propose un parti qu'on lui venoit d'offrir.
Jugez combien mon cœur avoit lors à souffrir!
Par sa réponse adroite elle sut si bien faire,
Que sans m'inquiéter elle plut à son père.
Ce discours ennuyeux enfin se termina;
Le bonhomme partoit quand ma montre sonna;
Et lui, se retournant vers sa fille étonnée :
« Depuis quand cette montre? et qui vous l'a donnée?
— Acaste, mon cousin, me la vient d'envoyer,
Dit-elle; et veut ici la faire nettoyer,
N'ayant point d'horlogiers[1] au lieu de sa demeure :
Elle a déjà sonné deux fois en un quart d'heure.
— Donnez-la-moi, dit-il, j'en prendrai mieux le soin. »
Alors pour me la prendre elle vient en mon coin :
Je la lui donne en main; mais, voyez ma disgrâce,
Avec mon pistolet le cordon s'embarrasse,
Fait marcher le déclin : le feu prend, le coup part;
Jugez de notre trouble à ce triste hasard.
Elle tombe par terre; et moi, je la crus morte.

1. *Horlogier* pour *horloger*. Ce mot venait d'être créé.

Le père épouvanté gagne aussitôt la porte ;
Il appelle au secours, il crie à l'assassin :
Son fils et deux valets me coupent le chemin.
Furieux de ma perte, et combattant de rage,
Au milieu de tous trois je me faisois passage,
Quand un autre malheur de nouveau me perdit ;
Mon épée en ma main en trois morceaux rompit.
Désarmé, je recule, et rentre : alors Orphise,
De sa frayeur première aucunement remise,
Sait prendre un temps si juste en son reste d'effroi,
Qu'elle pousse la porte et s'enferme avec moi.
Soudain nous entassons, pour défenses nouvelles,
Bancs, tables, coffres, lits, et jusqu'aux escabelles,
Nous nous barricadons, et, dans ce premier feu,
Nous croyons gagner tout à différer un peu.
Mais comme à ce rempart l'un et l'autre travaille,
D'une chambre voisine on perce la muraille :
Alors me voyant pris, il fallut composer.
    (Ici Clarice les voit de sa fenêtre ; et Lucrèce, avec Isabelle,
        les voit aussi de la sienne.)

GÉRONTE.

C'est-à-dire en françois qu'il fallut l'épouser ?

DORANTE.

Les siens m'avoient trouvé de nuit seul avec elle,
Ils étoient les plus forts, elle me sembloit belle,
Le scandale étoit grand, son honneur se perdoit ;
A ne le faire pas ma tête en répondoit ;
Ses grands efforts pour moi, son péril, et ses larmes,
A mon cœur amoureux étoient de nouveaux charmes :
Donc, pour sauver ma vie ainsi que son honneur,
Et me mettre avec elle au comble du bonheur,
Je changeai d'un seul mot la tempête en bonace,
Et fis ce que tout autre auroit fait en ma place.
Choisissez maintenant de me voir ou mourir,
Ou posséder un bien qu'on ne peut trop chérir.

GÉRONTE.

Non, non, je ne suis pas si mauvais que tu penses,
Et trouve en ton malheur de telles circonstances,
Que mon amour t'excuse ; et mon esprit touché
Te blâme seulement de l'avoir trop caché.

DORANTE.

Le peu de bien qu'elle a me faisoit vous le taire.

GÉRONTE.

Je prends peu garde au bien, afin d'être bon père.
Elle est belle, elle est sage, elle sort de bon lieu,
Tu l'aimes, elle t'aime ; il me suffit. Adieu :
Je vais me dégager du père de Clarice.

SCÈNE VI. — DORANTE, CLITON

DORANTE.

Que dis-tu de l'histoire, et de mon artifice?
Le bonhomme en tient-il? m'en suis-je bien tiré
Quelque sot en ma place y seroit demeuré;
Il eût perdu le temps à gémir et se plaindre,
Et, malgré son amour, se fût laissé contraindre
Oh! l'utile secret que mentir à propos!

CLITON.

Quoi! ce que vous disiez n'est pas vrai?

DORANTE.

Pas deux mots
Et tu ne viens d'ouïr qu'un trait de gentillesse
Pour conserver mon âme et mon cœur à Lucrèce.

CLITON.

Quoi! la montre, l'épée, avec le pistolet....

DORANTE.

Industrie.

CLITON.

Obligez, monsieur, votre valet.
Quand vous voudrez jouer de ces grands coups de maître
Donnez-lui quelque signe à les pouvoir connoître;
Quoique bien averti, j'étois dans le panneau.

DORANTE.

Va, n'appréhende pas d'y tomber de nouveau;
Tu seras de mon cœur l'unique secrétaire,
Et de tous mes secrets le grand dépositaire.

CLITON.

Avec ces qualités j'ose bien espérer
Qu'assez malaisément je pourrois m'en parer.
Mais parlons de vos feux. Certes cette maîtresse....

SCÈNE VII. — DORANTE, CLITON, SABINE.

SABINE.

(*Elle lui donne un billet.*)
Lisez ceci, monsieur.

DORANTE.

D'où vient-il?

SABINE.

De Lucrèce.

DORANTE, *après l'avoir lu.*

Dis-lui que j'y viendrai.
(*Sabine rentre, et Dorante continue.*)
Doute encore, Cliton,
A laquelle des deux appartient ce beau nom.
Lucrèce sent sa part des feux qu'elle fait naître,

Et me veut cette nuit parler par sa fenêtre.
Dis encor que c'est l'autre, ou que tu n'es qu'un sot.
Qu'auroit l'autre à m'écrire, à qui je n'ai dit mot?
CLITON.
Monsieur, pour ce sujet n'ayons point de querelle;
Cette nuit, à la voix, vous saurez si c'est elle.
DORANTE.
Coule-toi là dedans, et de quelqu'un des siens
Sache subtilement sa famille et ses biens.

SCÈNE VIII. — DORANTE, LYCAS.

LYCAS, *lui présentant un billet.*
Monsieur.
DORANTE.
Autre billet.
(*Il continue, après avoir lu tout bas le billet.*)
J'ignore quelle offense
Peut d'Alcippe avec moi rompre l'intelligence;
Mais n'importe, dis-lui que j'irai volontiers.
Je te suis.
(*Lycas rentre, et Dorante continue seul.*)
Je revins hier au soir de Poitiers,
D'aujourd'hui seulement je produis mon visage,
Et j'ai déjà querelle, amour et mariage.
Pour un commencement ce n'est point mal trouvé.
Vienne encore un procès, et je suis achevé.
Se charge qui voudra d'affaires plus pressantes,
Plus en nombre à la fois et plus embarrassantes,
Je pardonne à qui mieux s'en pourra démêler.
Mais allons voir celui qui m'ose quereller.

ACTE TROISIÈME.

SCÈNE I. — DORANTE, ALCIPPE, PHILISTE.

PHILISTE.
Oui, vous faisiez tous deux en hommes de courage,
Et n'aviez l'un ni l'autre aucun désavantage.
Je rends grâces au ciel de ce qu'il a permis
Que je sois survenu pour vous refaire amis,
Et que, la chose égale, ainsi je vous sépare :
Mon heur en est extrême, et l'aventure rare.
DORANTE.
L'aventure est encor bien plus rare pour moi,
Qui lui faisois raison sans avoir su de quoi.

ACTE III, SCÈNE I.

Mais, Alcippe, à présent tirez-moi hors de peine.
Quel sujet aviez-vous de colère ou de haine?
Quelque mauvais rapport m'auroit-il pu noircir?
Dites, que devant lui je vous puisse éclaircir.

ALCIPPE.
Vous le savez assez.

DORANTE.
        Plus je me considère,
Moins je découvre en moi ce qui vous peut déplaire.

ALCIPPE.
Eh bien! puisqu'il vous faut parler plus clairement,
Depuis plus de deux ans j'aime secrètement;
Mon affaire est d'accord, et la chose vaut faite;
Mais pour quelque raison nous la tenons secrète.
Cependant à l'objet qui me tient sous sa loi,
Et qui sans me trahir ne peut être qu'à moi,
Vous avez donné bal, collation, musique;
Et vous n'ignorez pas combien cela me pique,
Puisque, pour me jouer un si sensible tour,
Vous m'avez à dessein caché vôtre retour,
Et n'avez aujourd'hui quitté votre embuscade
Qu'afin de m'en conter l'histoire par bravade.
Ce procédé m'étonne, et j'ai lieu de penser
Que vous n'avez rien fait qu'afin de m'offenser.

DORANTE.
Si vous pouviez encor douter de mon courage,
Je ne vous guérirois ni d'erreur ni d'ombrage,
Et nous nous reverrions, si nous étions rivaux;
Mais comme vous savez tous deux ce que je vaux,
Écoutez en deux mots l'histoire démêlée :
  Celle que cette nuit sur l'eau j'ai régalée
N'a pu vous donner lieu de devenir jaloux,
Car elle est mariée, et ne peut être à vous;
Depuis peu pour affaire elle est ici venue,
Et je ne pense pas qu'elle vous soit connue.

ALCIPPE.
Je suis ravi, Dorante, en cette occasion,
De voir sitôt finir notre division.

DORANTE.
Alcippe, une autre fois donnez moins de croyance
Aux premiers mouvemens de votre défiance;
Jusqu'à mieux savoir tout sachez vous retenir,
Et ne commencez plus par où l'on doit finir.
Adieu; je suis à vous.

SCÈNE II. — ALCIPPE, PHILISTE,

PHILISTE.
Ce cœur encor soupire?
ALCIPPE.
Hélas! je sors d'un mal pour tomber dans un pire.
Cette collation, qui l'aura pu donner?
A qui puis-je m'en prendre? et que m'imaginer?
PHILISTE.
Que l'ardeur de Clarice est égale à vos flammes.
Cette galanterie étoit pour d'autres dames.
L'erreur de votre page a causé votre ennui;
S'étant trompé lui-même, il vous trompe après lui.
J'ai tout su de lui-même, et des gens de Lucrèce.
 Il avoit vu chez elle entrer votre maîtresse,
Mais il n'avoit pas su qu'Hippolyte et Daphné,
Ce jour-là, par hasard, chez elle avoient dîné.
Il les en voit sortir, mais à coiffe abattue,
Et sans les approcher il suit de rue en rue;
Aux couleurs, au carrosse, il ne doute de rien;
Tout étoit à Lucrèce, et le dupe si bien,
Que, prenant ces beautés pour Lucrèce et Clarice,
Il rend à votre amour un très-mauvais service.
Il les voit donc aller jusques au bord de l'eau,
Descendre de carrosse, entrer dans un bateau;
Il voit porter des plats, entend quelque musique,
A ce que l'on m'a dit, assez mélancolique.
Mais cessez d'en avoir l'esprit inquiété,
Car enfin le carrosse avoit été prêté:
L'avis se trouve faux; et ces deux autres belles
Avoient en plein repos passé la nuit chez elles.
ALCIPPE.
Quel malheur est le mien! Ainsi donc sans sujet
J'ai fait ce grand vacarme à ce charmant objet!
PHILISTE.
Je ferai votre paix. Mais sachez autre chose:
Celui qui de ce trouble est la seconde cause,
Dorante, qui tantôt nous en a tant conté
De son festin superbe et sur l'heure apprêté,
Lui qui, depuis un mois nous cachant sa venue,
La nuit, incognito, visite une inconnue,
Il vint hier de Poitiers, et, sans faire aucun bruit,
Chez lui paisiblement a dormi toute nuit.
ALCIPPE.
Quoi! sa collation?...
PHILISTE.
N'est rien qu'un pur mensonge;

Ou, quand il l'a donnée, il l'a donnée en songe.
####ALCIPPE.
Dorante, en ce combat si peu prémédité,
M'a fait voir trop de cœur pour tant de lâcheté.
La valeur n'apprend point la fourbe en son école;
Tout homme de courage est homme de parole;
A des vices si bas il ne peut consentir,
Et fuit plus que la mort la honte de mentir.
Cela n'est point.
####PHILISTE.
Dorante, à ce que je présume,
Est vaillant par nature, et menteur par coutume.
Ayez sur ce sujet moins d'incrédulité,
Et vous-même admirez notre simplicité.
A nous laisser duper nous sommes bien novices :
Une collation servie à six services,
Quatre concerts entiers, tant de plats, tant de feux,
Tout cela cependant prêt en une heure ou deux,
Comme si l'appareil d'une telle cuisine
Fût descendu du ciel dedans quelque machine.
Quiconque le peut croire ainsi que vous et moi,
S'il a manqué de sens, n'a pas manqué de foi.
Pour moi, je voyois bien que tout ce badinage
Répondoit assez mal aux remarques du page;
Mais vous?
####ALCIPPE.
La jalousie aveugle un cœur atteint,
Et, sans examiner, croit tout ce qu'elle craint.
Mais laissons là Dorante avecque son audace;
Allons trouver Clarice, et lui demander grâce :
Elle pouvoit tantôt m'entendre sans rougir.
####PHILISTE.
Attendez à demain, et me laissez agir;
Je veux par ce récit vous préparer la voie,
Dissiper sa colère, et lui rendre sa joie.
Ne vous exposez point, pour gagner un moment,
Aux premières chaleurs de son ressentiment.
####ALCIPPE.
Si du jour qui s'enfuit la lumière est fidèle,
Je pense l'entrevoir avec son Isabelle.
Je suivrai tes conseils, et fuirai son courroux
Jusqu'à ce qu'elle ait ri de m'avoir vu jaloux.

SCÈNE III. — CLARICE, ISABELLE.

####CLARICE.
Isabelle, il est temps, allons trouver Lucrèce.

ISABELLE.

Il n'est pas encor tard, et rien ne vous en presse.
Vous avez un pouvoir bien grand sur son esprit;
A peine ai-je parlé, qu'elle a sur l'heure écrit.

CLARICE.

Clarice à la servir n'en seroit pas moins prompte.
Mais dis, par sa fenêtre as-tu bien vu Géronte?
Et sais-tu que ce fils qu'il m'avoit tant vanté
Est ce même inconnu qui m'en a tant conté?

ISABELLE.

A Lucrèce avec moi je l'ai fait reconnoître;
Et sitôt que Géronte a voulu disparoître,
Le voyant resté seul avec un vieux valet,
Sabine à nos yeux même a rendu le billet.
Vous parlerez à lui.

CLARICE.
Qu'il est fourbe, Isabelle!

ISABELLE.

Eh bien! cette pratique est-elle si nouvelle?
Dorante est-il le seul qui, de jeune écolier,
Pour être mieux reçu s'érige en cavalier?
Que j'en sais comme lui qui parlent d'Allemagne,
Et, si l'on veut les croire, ont vu chaque campagne;
Sur chaque occasion tranchent des entendus,
Content quelque défaite, et des chevaux perdus;
Qui, dans une gazette apprenant ce langage,
S'ils sortent de Paris, ne vont qu'à leur village,
Et se donnent ici pour témoins approuvés
De tous ces grands combats qu'ils ont lus ou rêvés!
Il aura cru sans doute, ou je suis fort trompée,
Que les filles de cœur aiment les gens d'épée;
Et, vous prenant pour telle, il a jugé soudain
Qu'une plume au chapeau vous plaît mieux qu'à la main
Ainsi donc, pour vous plaire, il a voulu paroître,
Non pas pour ce qu'il est, mais pour ce qu'il veut être,
Et s'est osé promettre un traitement plus doux
Dans la condition qu'il veut prendre pour vous.

CLARICE.

En matière de fourbe il est maître, il y pipe;
Après m'avoir dupée, il dupe encore Alcippe.
Ce malheureux jaloux s'est blessé le cerveau
D'un festin qu'hier au soir il m'a donné sur l'eau.
Juge un peu si la pièce a la moindre apparence!
Alcippe cependant m'accuse d'inconstance,
Me fait une querelle où je ne comprends rien.
J'ai, dit-il, toute nuit souffert son entretien;
Il me parle de bal, de danse, de musique,

D'une collation superbe et magnifique,
Servie à tant de plats, tant de fois redoublés,
Que j'en ai la cervelle et les esprits troublés.

ISABELLE.

Reconnoissez par là que Dorante vous aime,
Et que dans son amour son adresse est extrême;
Il aura su qu'Alcippe étoit bien avec vous,
Et pour l'en éloigner il l'a rendu jaloux.
Soudain à cet effort il en a joint un autre :
Il a fait que son père est venu voir le vôtre.
Un amant peut-il mieux agir en un moment
Que de gagner un père et brouiller l'autre amant?
Votre père l'agrée, et le sien vous souhaite,
Il vous aime, il vous plaît, c'est une affaire faite.

CLARICE.

Elle est faite, de vrai, ce qu'elle se fera.

ISABELLE.

Quoi! votre cœur se change, et désobéira?

CLARICE.

Tu vas sortir de garde, et perdre tes mesures.
Explique, si tu peux, encor ses impostures :
Il étoit marié sans que l'on en sût rien;
Et son père a repris sa parole du mien,
Fort triste de visage et fort confus dans l'âme.

ISABELLE.

Ah! je dis à mon tour : Qu'il est fourbe, madame!
C'est bien aimer la fourbe, et l'avoir bien en main,
Que de prendre plaisir à fourber sans dessein.
Car, pour moi, plus j'y songe, et moins je puis comprendre
Quel fruit auprès de vous il en ose prétendre.
Mais qu'allez-vous donc faire? et pourquoi lui parler?
Est-ce à dessein d'en rire, ou de le quereller?

CLARICE.

Je prendrai du plaisir du moins à le confondre.

ISABELLE.

J'en prendrois davantage à le laisser morfondre.

CLARICE.

Je veux l'entretenir par curiosité.
Mais j'entrevois quelqu'un dans cette obscurité,
Et si c'étoit lui-même, il pourroit me connoître :
Entrons donc chez Lucrèce, allons à sa fenêtre,
Puisque c'est sous son nom que je dois lui parler.
Mon jaloux, après tout, sera mon pis-aller.
Si sa mauvaise humeur déjà n'est apaisée,
Sachant ce que je sais, la chose est fort aisée.

SCÈNE IV. — DORANTE, CLITON.

DORANTE.
Voici l'heure et le lieu que marque le billet.
CLITON.
J'ai su tout ce détail d'un ancien valet.
Son père est de la robe, et n'a qu'elle de fille ;
Je vous ai dit son bien, son âge, et sa famille.
  Mais, monsieur, ce seroit pour me bien divertir,
Si comme vous Lucrèce excelloit à mentir.
Le divertissement seroit rare, ou je meure ;
Et je voudrois qu'elle eût ce talent pour une heure ;
Qu'elle pût un moment vous piper en votre art,
Rendre conte pour conte, et martre pour renard :
D'un et d'autre côté j'en entendrois de bonnes.
DORANTE.
Le ciel fait cette grâce à fort peu de personnes :
Il y faut promptitude, esprit, mémoire, soins,
Ne se brouiller jamais, et rougir encor moins.
Mais la fenêtre s'ouvre, approchons.

SCÈNE V. — CLARICE, LUCRÈCE, ISABELLE, *à la fenêtre* ; DORANTE, CLITON, *en bas*.

CLARICE, *à Isabelle*.
                    Isabelle,
Durant notre entretien demeure en sentinelle.
ISABELLE.
Lorsque votre vieillard sera prêt à sortir,
Je ne manquerai pas de vous en avertir.
  (*Isabelle descend de la fenêtre, et ne se montre plus.*)
LUCRÈCE, *à Clarice*.
Il conte assez au long ton histoire à mon père.
Mais parle sous mon nom, c'est à moi de me taire.
CLARICE.
Êtes-vous là, Dorante ?
DORANTE.
            Oui, madame, c'est moi,
Qui veux vivre et mourir sous votre seule loi.
LUCRÈCE, *à Clarice*.
Sa fleurette pour toi prend encor même style.
CLARICE, *à Lucrèce*.
Il devroit s'épargner cette gêne inutile.
Mais m'auroit-il déjà reconnue à la voix ?
CLITON, *à Dorante*.
C'est elle ; et je me rends, monsieur, à cette fois.
DORANTE, *à Clarice*.
Oui, c'est moi qui voudrois effacer de ma vie

ACTE III, SCÈNE V.

Les jours que j'ai vécu sans vous avoir servie.
Que vivre sans vous voir est un sort rigoureux !
C'est ou ne vivre point, ou vivre malheureux ;
C'est une longue mort ; et pour moi, je confesse
Que pour vivre il faut être esclave de Lucrèce.

CLARICE, *à Lucrèce.*

Chère amie, il en conte à chacune à son tour.

LUCRÈCE, *à Clarice.*

Il aime à promener sa fourbe et son amour.

DORANTE.

A vos commandemens j'apporte donc ma vie ;
Trop heureux si pour vous elle m'étoit ravie !
Disposez-en, madame, et me dites en quoi
Vous avez résolu de vous servir de moi.

CLARICE.

Je vous voulois tantôt proposer quelque chose ;
Mais il n'est plus besoin que je vous la propose,
Car elle est impossible.

DORANTE.

Impossible ? ah ! pour vous
Je pourrai tout, madame, en tous lieux, contre tous.

CLARICE.

Jusqu'à vous marier, quand je sais que vous l'êtes ?

DORANTE.

Moi, marié ! ce sont pièces qu'on vous a faites ;
Quiconque vous l'a dit s'est voulu divertir.

CLARICE, *à Lucrèce.*

Est-il un plus grand fourbe ?

LUCRÈCE, *à Clarice.*

Il ne sait que mentir.

DORANTE.

Je ne le fus jamais ; et si, par cette voie,
On pense....

CLARICE.

Et vous pensez encor que je vous croie ?

DORANTE.

Que le foudre à vos yeux m'écrase si je mens !

CLARICE.

Un menteur est toujours prodigue de sermens.

DORANTE.

Non, si vous aviez eu pour moi quelque pensée
Qui sur ce faux rapport puisse être balancée,
Cessez d'être en balance, et de vous défier
De ce qu'il m'est aisé de vous justifier.

CLARICE, *à Lucrèce.*

On diroit qu'il dit vrai, tant son effronterie
Avec naïveté pousse une menterie.

DORANTE.

Pour vous ôter de doute, agréez que demain
En qualité d'époux je vous donne la main.

CLARICE.

Hé! vous la donneriez en un jour à deux mille.

DORANTE.

Certes, vous m'allez mettre en crédit par la ville,
Mais en crédit si grand, que j'en crains les jaloux.

CLARICE.

C'est tout ce que mérite un homme tel que vous,
Un homme qui se dit un grand foudre de guerre,
Et n'en a vu qu'à coups d'écritoire ou de verre;
Qui vint hier de Poitiers, et conte, à son retour,
Que depuis une année il fait ici sa cour;
Qui donne toute nuit festin, musique, et danse,
Bien qu'il l'ait dans son lit passée en tout silence;
Qui se dit marié, puis soudain s'en dédit.
Sa méthode est jolie à se mettre en crédit!
Vous-même, apprenez-moi comme il faut qu'on le nomme.

CLITON, *à Dorante.*

Si vous vous en tirez, je vous tiens habile homme.

DORANTE, *à Cliton.*

Ne t'épouvante point, tout vient en sa saison.

(*A Clarice.*)

De ces inventions chacune à sa raison;
Sur toutes quelque jour je vous rendrai contente;
Mais à présent je passe à la plus importante:
  J'ai donc feint cet hymen (pourquoi désavouer
Ce qui vous forcera vous-même à me louer?);
Je l'ai feint, et ma feinte à vos mépris m'expose.
Mais si de ces détours vous seule étiez la cause?

CLARICE.

Moi?

DORANTE.

Vous. Écoutez-moi. Ne pouvant consentir....

CLITON, *à Dorante.*

De grâce, dites-moi si vous allez mentir.

DORANTE, *bas, à Cliton.*

Ah! je t'arracherai cette langue importune.
(*A Clarice.*)
Donc comme à vous servir j'attache ma fortune,
L'amour que j'ai pour vous ne pouvant consentir
Qu'un père à d'autres lois voulût m'assujettir....

CLARICE, *bas, à Lucrèce.*

Il fait pièce nouvelle, écoutons.

DORANTE.

                    Cette adresse

A conservé mon âme à la belle Lucrèce;
Et, par ce mariage au besoin inventé,
J'ai su rompre celui qu'on m'avoit apprêté.
Blâmez-moi de tomber en des fautes si lourdes,
Appelez-moi grand fourbe et grand donneur de bourdes;
Mais louez-moi du moins d'aimer si puissamment,
Et joignez à ces noms celui de votre amant.
Je fais par cet hymen banqueroute à tous autres;
J'évite tous leurs fers pour mourir dans les vôtres;
Et, libre pour entrer en des liens si doux,
Je me fais marié pour toute autre que vous.

CLARICE.

Votre flamme en naissant a trop de violence,
Et me laisse toujours en juste défiance.
Le moyen que mes yeux eussent de tels appas
Pour qui m'a si peu vue et ne me connoît pas?

DORANTE.

Je ne vous connois pas! Vous n'avez plus de mère;
Périandre est le nom de monsieur votre père;
Il est homme de robe, adroit et retenu;
Dix mille écus de rente en font le revenu;
Vous perdîtes un frère aux guerres d'Italie;
Vous aviez une sœur qui s'appeloit Julie.
Vous connois-je à présent? dites encor que non.

CLARICE, *bas, à Lucrèce.*

Cousine, il te connoît, et t'en veut tout de bon.

LUCRÈCE, *en elle-même.*

Plût à Dieu!

CLARICE, *bas, à Lucrèce.*

Découvrons le fond de l'artifice.
(*A Dorante.*)
J'avois voulu tantôt vous parler de Clarice,
Quelqu'un de vos amis m'en est venu prier.
Dites-moi, seriez-vous pour elle à marier?

DORANTE.

Par cette question n'éprouvez plus ma flamme.
Je vous ai trop fait voir jusqu'au fond de mon âme,
Et vous ne pouvez plus désormais ignorer
Que j'ai feint cet hymen afin de m'en parer.
Je n'ai ni feux ni vœux que pour votre service,
Et ne puis plus avoir que mépris pour Clarice.

CLARICE.

Vous êtes, à vrai dire, un peu bien dégoûté:
Clarice est de maison, et n'est pas sans beauté;
Si Lucrèce à vos yeux paroît un peu plus belle,
De bien mieux faits que vous se contenteroient d'elle.

DORANTE.
Oui, mais un grand défaut ternit tous ses appas.
CLARICE.
Quel est-il, ce défaut?
DORANTE.
Elle ne me plaît pas;
Et plutôt que l'hymen avec elle me lie,
Je serai marié si l'on veut en Turquie.
CLARICE.
Aujourd'hui cependant on m'a dit qu'en plein jour
Vous lui serriez la main, et lui parliez d'amour.
DORANTE.
Quelqu'un auprès de vous m'a fait cette imposture.
CLARICE, *bas, à Lucrèce.*
Écoutez l'imposteur; c'est hasard s'il n'en jure.
DORANTE.
Que du ciel....
CLARICE, *bas, à Lucrèce.*
L'ai-je dit?
DORANTE.
J'éprouve le courroux
Si j'ai parlé, Lucrèce, à personne qu'à vous!
CLARICE.
Je ne puis plus souffrir une telle impudence,
Après ce que j'ai vu moi-même en ma présence :
Vous couchez d'imposture[1], et vous osez jurer,
Comme si je pouvois vous croire, ou l'endurer?
Adieu : retirez-vous, et croyez, je vous prie,
Que souvent je m'égaye ainsi par raillerie,
Et que, pour me donner des passe-temps si doux,
J'ai donné cette baie à bien d'autres qu'à vous.

SCÈNE VI. — DORANTE, CLITON.

CLITON.
Eh bien, vous le voyez, l'histoire est découverte.
DORANTE.
Ah! Cliton, je me trouve à deux doigts de ma perte.
CLITON.
Vous en avez sans doute un plus heureux succès,
Et vous avez gagné chez elle un grand accès.
Mais je suis ce fâcheux qui nuis par ma présence,
Et vous fais sous ces mots être d'intelligence.

---

1. *Vous couchez d'imposture.* Cette manière de s'exprimer n'est plus admise; elle vient du jeu. On disait : *couché de vingt pistoles, de trente pistoles, couché belle.* (Voltaire.)

DORANTE.
Peut-être : qu'en crois-tu?
CLITON.
Le peut-être est gaillard.
DORANTE.
Penses-tu qu'après tout j'en quitte encor ma part,
Et tienne tout perdu pour un peu de traverse?
CLITON.
Si jamais cette part tomboit dans le commerce,
Et qu'il vous vînt marchand pour ce trésor caché,
Je vous conseillerois d'en faire bon marché.
DORANTE.
Mais pourquoi si peu croire un feu si véritable?
CLITON.
A chaque bout de champ vous mentez comme un diable.
DORANTE.
Je disois vérité.
CLITON.
Quand un menteur la dit,
En passant par sa bouche elle perd son crédit.
DORANTE.
Il faut donc essayer si par quelque autre bouche
Elle pourra trouver un accueil moins farouche.
Allons sur le chevet rêver quelque moyen
D'avoir de l'incrédule un plus doux entretien.
Souvent leur belle humeur suit le cours de la lune :
Telle rend des mépris qui veut qu'on l'importune ;
Et de quelques effets que les siens soient suivis,
Il sera demain jour, et la nuit porte avis.

ACTE QUATRIÈME.

SCÈNE I. — DORANTE, CLITON.

CLITON.
Mais, monsieur, pensez-vous qu'il soit jour chez Lucrèce?
Pour sortir si matin elle a trop de paresse.
DORANTE.
On trouve bien souvent plus qu'on ne croit trouver,
Et ce lieu pour ma flamme est plus propre à rêver :
J'en puis voir sa fenêtre, et de sa chère idée
Mon âme à cet aspect sera mieux possédée.
CLITON.
A propos de rêver, n'avez-vous rien trouvé
Pour servir de remède au désordre arrivé?

DORANTE.

Je me suis souvenu d'un secret que toi-même
Me donnois hier pour grand, pour rare, pour suprême :
Un amant obtient tout quand il est libéral.

CLITON.

Le secret est fort beau, mais vous l'appliquez mal :
Il ne fait réussir qu'auprès d'une coquette.

DORANTE.

Je sais ce qu'est Lucrèce, elle est sage et discrète;
A lui faire présent mes efforts seroient vains :
Elle a le cœur trop bon; mais ses gens ont des mains;
Et, bien que sur ce point elle les désavoue,
Avec un tel secret leur langue se dénoue :
Ils parlent ; et souvent on les daigne écouter.
A tel prix que ce soit, il m'en faut acheter.
Si celle-ci venoit qui m'a rendu sa lettre,
Après ce qu'elle a fait j'ose tout m'en promettre ;
Et ce sera hasard si, sans beaucoup d'effort,
Je ne trouve moyen de lui payer le port.

CLITON.

Certes, vous dites vrai, j'en juge par moi-même :
Ce n'est point mon humeur de refuser qui m'aime ;
Et comme c'est m'aimer que me faire présent,
Je suis toujours alors d'un esprit complaisant.

DORANTE.

Il est beaucoup d'humeurs pareilles à la tienne.

CLITON.

Mais, monsieur, attendant que Sabine survienne,
Et que sur son esprit vos dons fassent vertu,
Il court quelque bruit sourd qu'Alcippe s'est battu.

DORANTE.

Contre qui ?

CLITON.

L'on ne sait, mais un confus murmure
D'un air pareil au vôtre à peu près le figure ;
Et, si de tout le jour je vous avois quitté,
Je vous soupçonnerois de cette nouveauté.

DORANTE.

Tu ne me quittas pas pour entrer chez Lucrèce ?

CLITON.

Ah ! monsieur, m'auriez-vous joué ce tour d'adresse ?

DORANTE.

Nous nous battîmes hier, et j'avois fait serment
De ne parler jamais de cet événement ;
Mais à toi, de mon cœur l'unique secrétaire,
A toi, de mes secrets le grand dépositaire,
Je ne célerai rien, puisque je l'ai promis.

Depuis cinq ou six mois nous étions ennemis :
Il passa par Poitiers, où nous prîmes querelle ;
Et comme on nous fit lors une paix telle quelle,
Nous sûmes l'un à l'autre en secret protester
Qu'à la première vue il en faudroit tâter.
Hier nous nous rencontrons ; cette ardeur se réveille,
Fait de notre embrassade un appel à l'oreille ;
Je me défais de toi, j'y cours, je le rejoins,
Nous vidons sur le pré l'affaire sans témoins ;
Et, le perçant à jour de deux coups d'estocade,
Je le mets hors d'état d'être jamais malade :
Il tombe dans son sang.

CLITON.
A ce compte il est mort ?
LORANTE.
Je le laissai pour tel.
CLITON.
Certes, je plains son sort :
Il étoit honnête homme ; et le ciel ne déploie....

SCÈNE II. — DORANTE, ALCIPPE, CLITON.

ALCIPPE.
Je te veux, cher ami, faire part de ma joie.
Je suis heureux ; mon père....
DORANTE.
Eh bien ?
ALCIPPE.
Vient d'arriver.
CLITON, *à Dorante.*
Cette place pour vous est commode à rêver.
DORANTE.
Ta joie est peu commune, et pour revoir un père
Un homme tel que nous ne se réjouit guère.
ALCIPPE.
Un esprit que la joie entièrement saisit
Présume qu'on l'entend au moindre mot qu'il dit.
Sache donc que je touche à l'heureuse journée
Qui doit avec Clarice unir ma destinée :
On attendoit mon père afin de tout signer.
DORANTE.
C'est ce que mon esprit ne pouvoit deviner ;
Mais je m'en réjouis. Tu vas entrer chez elle ?
ALCIPPE.
Oui, je lui vais porter cette heureuse nouvelle ;
Et je t'en ai voulu faire part en passant.
DORANTE.
Tu t'acquiers d'autant plus un cœur reconnoissant.

Enfin donc ton amour ne craint plus de disgrâce ?
ALCIPPE.
Cependant qu'au logis mon père se délasse,
J'ai voulu par devoir prendre l'heure du sien.
CLITON, *bas, à Dorante.*
Les gens que vous tuez se portent assez bien.
ALCIPPE.
Je n'ai de part ni d'autre aucune défiance :
Excuse d'un amant la juste impatience.
Adieu.
DORANTE.
Le ciel te donne un hymen sans souci !

SCÈNE III. — DORANTE, CLITON.

CLITON.
Il est mort ! Quoi ! monsieur, vous m'en donnez aussi,
A moi, de votre cœur l'unique secrétaire,
A moi, de vos secrets le grand dépositaire !
Avec ces qualités j'avois lieu d'espérer
Qu'assez malaisément je pourrois m'en parer.
DORANTE.
Quoi ! mon combat te semble un conte imaginaire ?
CLITON.
Je croirai tout, monsieur, pour ne vous pas déplaire;
Mais vous en contez tant, à toute heure, en tous lieux,
Qu'il faut bien de l'esprit avec vous, et bons yeux.
Maure, juif, ou chrétien, vous n'épargnez personne.
DORANTE.
Alcippe te surprend ! sa guérison t'étonne !
L'état où je le mis étoit fort périlleux ;
Mais il est à présent des secrets merveilleux :
Ne t'a-t-on point parlé d'une source de vie
Que nomment nos guerriers poudre de sympathie ?
On en voit tous les jours des effets étonnans.
CLITON.
Encor ne sont-ils pas du tout si surprenans ;
Et je n'ai point appris qu'elle eût tant d'efficace,
Qu'un homme que pour mort on laisse sur la place,
Qu'on a de deux grands coups percé de part en part,
Soit dès le lendemain si frais et si gaillard.
DORANTE.
La poudre que tu dis n'est que de la commune,
On n'en fait plus de cas; mais, Cliton, j'en sais une
Qui rappelle sitôt des portes du trépas,
Qu'en moins d'un tourne-main on ne s'en souvient pas ;
Quiconque la sait faire a de grands avantages.

CLITON.
Donnez-m'en le secret, et je vous sers sans gages.
DORANTE.
Je te le donnerois, et tu serois heureux;
Mais le secret consiste en quelques mots hébreux,
Qui tous à prononcer sont si fort difficiles,
Que ce seroit pour toi des trésors inutiles.
CLITON.
Vous savez donc l'hébreu?
DORANTE.
L'hébreu! parfaitement:
J'ai dix langues, Cliton, à mon commandement.
CLITON.
Vous auriez bien besoin de dix des mieux nourries,
Pour fournir tour à tour à tant de menteries;
Vous les hachez menu comme chair à pâtés.
Vous avez tout le corps bien plein de vérités,
Il n'en sort jamais une.
DORANTE.
Ah! cervelle ignorante!
Mais mon père survient.

SCÈNE IV. — GÉRONTE, DORANTE, CLITON.

GÉRONTE.
Je vous cherchois, Dorante.
DORANTE, *à part*.
Je ne vous cherchois pas, moi. Que mal à propos
Son abord importun vient troubler mon repos!
Et qu'un père incommode un homme de mon âge!
GÉRONTE.
Vu l'étroite union que fait le mariage,
J'estime qu'en effet c'est n'y consentir point,
Que laisser désunis ceux que le ciel a joint.
La raison le défend, et je sens dans mon âme
Un violent désir de voir ici ta femme.
J'écris donc à son père; écris-lui comme moi.
Je lui mande qu'après ce que j'ai su de toi,
Je me tiens trop heureux qu'une si belle fille,
Si sage, et si bien née, entre dans ma famille.
J'ajoute à ce discours que je brûle de voir
Celle qui de mes ans devient l'unique espoir;
Que pour me l'amener tu t'en vas en personne;
Car enfin il le faut, et le devoir l'ordonne :
N'envoyer qu'un valet sentiroit son mépris.
DORANTE.
De vos civilités il sera bien surpris,
Et pour moi, je suis prêt; mais je perdrai ma peine :

Il ne souffrira pas encor qu'on vous l'amène;
Elle est grosse.
GÉRONTE.
Elle est grosse !
DORANTE.
Et de plus de six mois.
GÉRONTE.
Que de ravissemens je sens à cette fois !
DORANTE.
Vous ne voudriez pas hasarder sa grossesse ?
GÉRONTE.
Non, j'aurai patience autant que d'allégresse;
Pour hasarder ce gage il m'est trop précieux.
A ce coup ma prière a pénétré les cieux.
Je pense en le voyant que je mourrai de joie.
 Adieu : je vais changer la lettre que j'envoie,
En écrire à son père un nouveau compliment,
Le prier d'avoir soin de son accouchement,
Comme du seul espoir où mon bonheur se fonde.
DORANTE, *bas, à Cliton.*
Le bonhomme s'en va le plus content du monde.
GÉRONTE, *se retournant.*
Écris-lui comme moi.
DORANTE.
Je n'y manquerai pas.
(*A Cliton.*)
Qu'il est bon !
CLITON.
Taisez-vous, il revient sur ses pas.
GÉRONTE.
Il ne me souvient plus du nom de ton beau-père.
Comment s'appelle-t-il ?
DORANTE.
Il n'est pas nécessaire;
Sans que vous vous donniez ces soucis superflus,
En fermant le paquet j'écrirai le dessus.
GÉRONTE.
Étant tout d'une main, il sera plus honnête.
DORANTE, *à part, le premier vers.*
Ne lui pourrai-je ôter ce souci de la tête?
Votre main ou la mienne, il n'importe des deux.
GÉRONTE.
Ces nobles de province y sont un peu fâcheux.
DORANTE.
Son père sait la cour.
GÉRONTE.
Ne me fais plus attendre,
Dis-moi....

ACTE IV, SCÈNE IV.

DORANTE, *à part.*
Que lui dirai-je?
GÉRONTE.
Il s'appelle?
DORANTE.
Pyrandre.
GÉRONTE.
Pyrandre! tu m'as dit tantôt un autre nom :
C'étoit, je m'en souviens, oui, c'étoit Armédon.
DORANTE.
Oui, c'est là son nom propre, et l'autre d'une terre;
Il portoit ce dernier quand il fut à la guerre,
Et se sert si souvent de l'un et l'autre nom,
Que tantôt c'est Pyrandre, et tantôt Armédon.
GÉRONTE.
C'est un abus commun qu'autorise l'usage,
Et j'en usois ainsi du temps de mon jeune âge.
Adieu : je vais écrire.

SCÈNE V. — DORANTE, CLITON.

DORANTE.
Enfin j'en suis sorti.
CLITON.
Il faut bonne mémoire après qu'on a menti.
DORANTE.
L'esprit a secouru le défaut de mémoire.
CLITON.
Mais on éclaircira bientôt toute l'histoire.
Après ce mauvais pas où vous avez bronché,
Le reste encor longtemps ne peut être caché :
On le sait chez Lucrèce, et chez cette Clarice,
Qui, d'un mépris si grand piquée avec justice,
Dans son ressentiment prendra l'occasion
De vous couvrir de honte et de confusion.
DORANTE.
Ta crainte est bien fondée, et, puisque le temps presse,
Il faut tâcher en hâte à m'engager Lucrèce.
Voici tout à propos ce que j'ai souhaité.

SCÈNE VI. — DORANTE, CLITON, SABINE.

DORANTE.
Chère amie, hier au soir j'étois si transporté,
Qu'en ce ravissement je ne pus me permettre
De bien penser à toi quand j'eus lu cette lettre;
Mais tu n'y perdras rien, et voici pour le port.

SABINE.

Ne croyez pas, monsieur....

DORANTE.

Tiens.

SABINE.

Vous me faites tort.
Je ne suis pas de....

DORANTE.

Prends.

SABINE.

Hé, monsieur!

DORANTE.

Prends, te dis-je :
Je ne suis point ingrat alors que l'on m'oblige;
Dépêche, tends la main.

CLITON.

Qu'elle y fait de façons!
Je lui veux par pitié donner quelques leçons.
  Chère amie, entre nous, toutes tes révérences
En ces occasions ne sont qu'impertinences;
Si ce n'est assez d'une, ouvre toutes les deux :
Le métier que tu fais ne veut point de honteux.
Sans te piquer d'honneur, crois qu'il n'est que de prendre,
Et que tenir vaut mieux mille fois que d'attendre.
Cette pluie est fort douce; et, quand j'en vois pleuvoir,
J'ouvrirois jusqu'au cœur pour la mieux recevoir.
On prend à toutes mains dans le siècle où nous sommes,
Et refuser n'est plus le vice des grands hommes.
Retiens bien ma doctrine; et, pour faire amitié,
Si tu veux, avec toi je serai de moitié.

SABINE.

Cet article est de trop.

DORANTE.

Vois-tu, je me propose
De faire avec le temps pour toi tout autre chose.
Mais comme j'ai reçu cette lettre de toi,
En voudrois-tu donner la réponse pour moi?

SABINE.

Je la donnerai bien, mais je n'ose vous dire
Que ma maîtresse daigne ou la prendre, ou la lire :
J'y ferai mon effort.

CLITON.

Voyez, elle se rend
Plus douce qu'une épouse, et plus souple qu'un gant.

DORANTE.

(*Bas, à Cliton.*)   (*Haut, à Sabine.*)
Le secret a joué. Présente-la, n'importe;
Elle n'a pas pour moi d'aversion si forte.

Je reviens dans une heure en apprendre l'effet.
SABINE.
Je vous conterai lors tout ce que j'aurai fait.

SCÈNE VII. — CLITON, SABINE.

CLITON.
Tu vois que les effets préviennent les paroles;
C'est un homme qui fait litière de pistoles :
Mais comme auprès de lui je puis beaucoup pour toi....
SABINE.
Fais tomber de la pluie, et laisse faire à moi.
CLITON.
Tu viens d'entrer en goût.
SABINE.
Avec mes révérences,
Je ne suis pas encor si dupe que tu penses.
Je sais bien mon métier, et ma simplicité
Joue aussi bien son jeu que ton avidité.
CLITON.
Si tu sais ton métier, dis-moi quelle espérance
Doit obtenir mon maître à la persévérance.
Sera-t-elle insensible? en viendrons-nous à bout?
SABINE.
Puisqu'il est si brave homme, il faut te dire tout.
Pour te désabuser, sache donc que Lucrèce
N'est rien moins qu'insensible à l'ardeur qui le presse;
Durant toute la nuit elle n'a point dormi;
Et, si je ne me trompe, elle l'aime à demi.
CLITON.
Mais sur quel privilége est-ce qu'elle se fonde,
Quand elle aime à demi, de maltraiter le monde?
Il n'en a cette nuit reçu que des mépris.
Chère amie, après tout, mon maître vaut son prix.
Ces amours à demi sont d'une étrange espèce;
Et, s'il me vouloit croire, il quitteroit Lucrèce.
SABINE.
Qu'il ne se hâte point, on l'aime assurément.
CLITON.
Mais on le lui témoigne un peu bien rudement;
Et je ne vis jamais de méthodes pareilles..
SABINE.
Elle tient, comme on dit, le loup par les oreilles;
Elle l'aime, et son cœur n'y sauroit consentir,
Parce que d'ordinaire il ne fait que mentir.
Hier même elle le vit dedans les Tuileries,
Où tout ce qu'il conta n'étoit que menteries.

Il en a fait autant depuis à deux ou trois.
CLITON.
Les menteurs les plus grands disent vrai quelquefois.
SABINE.
Elle a lieu de douter, et d'être en défiance.
CLITON.
Qu'elle donne à ses feux un peu plus de croyance :
Il n'a fait toute nuit que soupirer d'ennui.
SABINE.
Peut-être que tu mens aussi bien comme lui?
CLITON.
Je suis homme d'honneur; tu me fais injustice.
SABINE.
Mais, dis-moi, sais-tu bien qu'il n'aime plus Clarice?
CLITON.
Il ne l'aima jamais.
SABINE.
Pour certain?
CLITON.
Pour certain
SABINE.
Qu'il ne craigne donc plus de soupirer en vain.
Aussitôt que Lucrèce a pu le reconnoître,
Elle a voulu qu'exprès je me sois fait paroître,
Pour voir si par hasard il ne me diroit rien;
Et, s'il l'aime en effet, tout le reste ira bien.
Va-t'en; et, sans te mettre en peine de m'instruire,
Crois que je lui dirai tout ce qu'il lui faut dire.
CLITON.
Adieu; de ton côté si tu fais ton devoir,
Tu dois croire du mien que je ferai pleuvoir.

SCÈNE VIII. — SABINE, LUCRÈCE.

SABINE.
Que je vais bientôt voir une fille contente!
Mais la voici déjà; qu'elle est impatiente!
Comme elle a les yeux fins, elle a vu le poulet.
LUCRÈCE.
Eh bien! que t'ont conté le maître et le valet?
SABINE.
Le maître et le valet m'ont dit la même chose.
Le maître est tout à vous, et voici de sa prose.
LUCRÈCE, *après avoir lu.*
Dorante avec chaleur fait le passionné;
Mais le fourbe qu'il est nous en a trop donné,
Et je ne suis pas fille à croire ses paroles.

SABINE.

Je ne les crois non plus; mais j'en crois ses pistoles.

LUCRÈCE.

Il t'a donc fait présent?

SABINE.

Voyez.

LUCRÈCE.

Et tu l'as pris?

SABINE.

Pour vous ôter du trouble où flottent vos esprits,
Et vous mieux témoigner ses flammes véritables,
J'en ai pris les témoins les plus indubitables;
Et je remets, madame, au jugement de tous
Si qui donne à vos gens est sans amour pour vous,
Et si ce traitement marque une âme commune.

LUCRÈCE.

Je ne m'oppose pas à ta bonne fortune;
Mais, comme en l'acceptant tu sors de ton devoir,
Du moins une autre fois ne m'en fais rien savoir.

SABINE.

Mais à ce libéral que pourrai-je promettre?

LUCRÈCE.

Dis-lui que, sans la voir, j'ai déchiré sa lettre.

SABINE.

O ma bonne fortune, où vous enfuyez-vous?

LUCRÈCE.

Mêles-y de ta part deux ou trois mots plus doux;
Conte-lui dextrement le naturel des femmes;
Dis-lui qu'avec le temps on amollit leurs âmes;
Et l'avertis surtout des heures et des lieux
Où par rencontre il peut se montrer à mes yeux.
Parce qu'il est grand fourbe, il faut que je m'assure.

SABINE.

Ah! si vous connoissiez les peines qu'il endure,
Vous ne douteriez plus si son cœur est atteint;
Toute nuit il soupire, il gémit, il se plaint.

LUCRÈCE.

Pour apaiser les maux que cause cette plainte,
Donne-lui de l'espoir avec beaucoup de crainte;
Et sache entre les deux toujours le modérer,
Sans m'engager à lui, ni le désespérer.

SCÈNE IX. — CLARICE, LUCRÈCE, SABINE.

CLARICE.

Il t'en veut tout de bon, et m'en voilà défaite;
Mais je souffre aisément la perte que j'ai faite;
Alcippe la répare, et son père est ici.

LUCRÈCE.
Te voilà donc bientôt quitte d'un grand souci?
CLARICE.
M'en voilà bientôt quitte; et toi, te voilà prête
A t'enrichir bientôt d'une étrange conquête.
Tu sais ce qu'il m'a dit.
SABINE.
S'il vous mentoit alors,
A présent il dit vrai; j'en réponds corps pour corps.
CLARICE.
Peut-être qu'il le dit; mais c'est un grand peut-être.
LUCRÈCE.
Dorante est un grand fourbe, et nous l'a fait connoître;
Mais s'il continuoit encore à m'en conter,
Peut-être avec le temps il me feroit douter.
CLARICE.
Si tu l'aimes, du moins, étant bien avertie,
Prends bien garde à ton fait, et fais bien ta partie.
LUCRÈCE.
C'en est trop; et tu dois seulement présumer
Que je penche à le croire, et non pas à l'aimer.
CLARICE.
De le croire à l'aimer la distance est petite:
Qui fait croire ses feux fait croire son mérite;
Ces deux points en amour se suivent de si près,
Que qui se croit aimée aime bientôt après.
LUCRÈCE.
La curiosité souvent dans quelques âmes
Produit le même effet que produiroient des flammes.
CLARICE.
Je suis prête à le croire afin de t'obliger.
SABINE.
Vous me feriez ici toutes deux enrager.
Voyez, qu'il est besoin de tout ce badinage!
Faites moins la sucrée, et changez de langage,
Ou vous n'en casserez, ma foi, que d'une dent.
LUCRÈCE.
Laissons là cette folle, et dis-moi cependant,
Quand nous le vîmes hier dedans les Tuileries,
Qu'il te conta d'abord tant de galanteries,
Il fut, ou je me trompe, assez bien écouté.
Étoit-ce amour alors, ou curiosité?
CLARICE.
Curiosité pure, avec dessein de rire
De tous les complimens qu'il auroit pu me dire.
LUCRÈCE.
Je fais de ce billet même chose à mon tour;

Je l'ai pris, je l'ai lu, mais le tout sans amour :
Curiosité pure, avec dessein de rire
De tous les complimens qu'il auroit pu m'écrire.
CLARICE.
Ce sont deux que de lire, et d'avoir écouté :
L'un est grande faveur; l'autre, civilité;
Mais trouves-y ton compte, et j'en serai ravie;
En l'état où je suis j'en parle sans envie.
LUCRÈCE.
Sabine lui dira que je l'ai déchiré.
CLARICE.
Nul avantage ainsi n'en peut être tiré.
Tu n'es que curieuse.
LUCRÈCE.
Ajoute, à ton exemple.
CLARICE.
Soit. Mais il est saison que nous allions au temple.
LUCRÈCE, *à Clarice.*
Allons.
(*A Sabine.*)
Si tu le vois, agis comme tu sais.
SABINE.
Ce n'est pas sur ce coup que je fais mes essais :
Je connois à tous deux où tient la maladie,
Et le mal sera grand si je n'y remédie
Mais sachez qu'il est homme à prendre sur le vert[1].
LUCRÈCE.
Je te croirai.
SABINE.
Mettons cette pluie à couvert.

ACTE CINQUIÈME.

SCÈNE I. — GÉRONTE, PHILISTE.

GÉRONTE.
Je ne pouvois avoir rencontre plus heureuse
Pour satisfaire ici mon humeur curieuse.
Vous avez feuilleté le *Digeste* à Poitiers,
Et vu, comme mon fils, les gens de ces quartiers :

---

1. On appelait alors *le vert* le gazon de rempart sur lequel on se promenait, et de là vient le mot *boulevert*, *vert* à jouer à la boule, qu'on prononce aujourd'hui *boulevart*. Le nom de *vert* se donnait au marché aux herbes. (*Voltaire.*)

Ainsi vous me pouvez facilement apprendre
Quelle est et la famille et le bien de Pyrandre.

PHILISTE.

Quel est-il, ce Pyrandre?

GÉRONTE.

Un de leurs citoyens :
Noble, à ce qu'on m'a dit, mais un peu mal en biens.

PHILISTE.

Il n'est dans tout Poitiers bourgeois ni gentilhomme
Qui, si je m'en souviens, de la sorte se nomme.

GÉRONTE.

Vous le connoîtrez mieux peut-être à l'autre nom;
Ce Pyrandre s'appelle autrement Armédon.

PHILISTE.

Aussi peu l'un que l'autre.

GÉRONTE.

Et le père d'Orphise,
Cette rare beauté qu'en ces lieux même on prise?
Vous connoissez le nom de cet objet charmant
Qui fait de ces cantons le plus digne ornement?

PHILISTE.

Croyez que cette Orphise, Armédon, et Pyrandre,
Sont gens dont à Poitiers on ne peut rien apprendre.
S'il vous faut sur ce point encor quelque garant....

GÉRONTE.

En faveur de mon fils vous faites l'ignorant;
Mais je ne sais que trop qu'il aime cette Orphise,
Et qu'après les douceurs d'une longue hantise,
On l'a seul dans sa chambre avec elle trouvé;
Que par son pistolet un désordre arrivé
L'a forcé sur-le-champ d'épouser cette belle.
Je sais tout; et de plus, ma bonté paternelle
M'a fait y consentir; et votre esprit discret
N'a plus d'occasion de m'en faire un secret.

PHILISTE.

Quoi! Dorante a donc fait un secret mariage?

GÉRONTE.

Et, comme je suis bon, je pardonne à son âge.

PHILISTE.

Qui vous l'a dit?

GÉRONTE.

Lui-même.

PHILISTE.

Ah! puisqu'il vous l'a dit,
Il vous fera du reste un fidèle récit;
Il en sait mieux que moi toutes les circonstances :
Non qu'il vous faille en prendre aucunes défiances;

ACTE V, SCÈNE I.

Mais il a le talent de bien imaginer,
Et moi, je n'eus jamais celui de deviner.
GÉRONTE.
Vous me feriez par là soupçonner son histoire.
PHILISTE.
Non, sa parole est sûre, et vous pouvez l'en croire;
Mais il nous servit hier d'une collation
Qui partoit d'un esprit de grande invention;
Et, si ce mariage est de même méthode,
La pièce est fort complète, et des plus à la mode.
GÉRONTE.
Prenez-vous du plaisir à me mettre en courroux?
PHILISTE.
Ma foi, vous en tenez aussi bien comme nous;
Et, pour vous en parler avec toute franchise,
Si vous n'avez jamais pour bru que cette Orphise,
Vos chers collatéraux s'en trouveront fort bien.
Vous m'entendez; adieu : je ne vous dis plus rien.

SCÈNE II. — GÉRONTE.

O vieillesse facile! ô jeunesse impudente!
O de mes cheveux gris honte trop évidente!
Est-il dessous le ciel père plus malheureux?
Est-il affront plus grand pour un cœur généreux?
Dorante n'est qu'un fourbe; et cet ingrat que j'aime,
Après m'avoir fourbé, me fait fourber moi-même;
Et d'un discours en l'air, qu'il forge en imposteur,
Il me fait le trompette et le second auteur!
Comme si c'étoit peu pour mon reste de vie
De n'avoir à rougir que de son infamie,
L'infâme, se jouant de mon trop de bonté,
Me fait encor rougir de ma crédulité!

SCÈNE III. — GÉRONTE, DORANTE, CLITON.

GÉRONTE.
Êtes-vous gentilhomme?
DORANTE, *à part.*
Ah! rencontre fâcheuse!
(*Haut.*)
Étant sorti de vous, la chose est peu douteuse.
GÉRONTE.
Croyez-vous qu'il suffit d'être sorti de moi?
DORANTE.
Avec toute la France aisément je le croi.
GÉRONTE.
Et ne savez-vous point avec toute la France

CORNEILLE II

D'où ce titre d'honneur a tiré sa naissance,
Et que la vertu seule a mis en ce haut rang
Ceux qui l'ont jusqu'à moi fait passer dans leur sang?

DORANTE.

J'ignorerois un point que n'ignore personne,
Que la vertu l'acquiert, comme le sang le donne?

GÉRONTE.

Où le sang a manqué, si la vertu l'acquiert,
Où le sang l'a donné, le vice aussi le perd.
Ce qui naît d'un moyen périt par son contraire;
Tout ce que l'un a fait, l'autre le peut défaire;
Et, dans la lâcheté du vice où je te voi,
Tu n'es plus gentilhomme, étant sorti de moi.

DORANTE.

Moi?

GÉRONTE.

Laisse-moi parler, toi, de qui l'imposture
Souille honteusement ce don de la nature :
Qui se dit gentilhomme, et ment comme tu fais,
Il ment quand il le dit, et ne le fut jamais.
Est-il vice plus bas? est-il tache plus noire,
Plus indigne d'un homme élevé pour la gloire?
Est-il quelque foiblesse, est-il quelque action
Dont un cœur vraiment noble ait plus d'aversion,
Puisqu'un seul démenti lui porte une infamie
Qu'il ne peut effacer s'il n'expose sa vie,
Et si dedans le sang il ne lave l'affront
Qu'un si honteux outrage imprime sur son front?

DORANTE.

Qui vous dit que je mens?

GÉRONTE.

Qui me le dit, infâme?
Dis-moi, si tu le peux, dis le nom de ta femme.
Le conte qu'hier au soir tu m'en fis publier....

CLITON, *bas, à Dorante.*

Dites que le sommeil vous l'a fait oublier.

GÉRONTE.

Ajoute, ajoute encore avec effronterie
Le nom de ton beau-père et de sa seigneurie;
Invente à m'éblouir quelques nouveaux détours.

CLITON, *bas, à Dorante.*

Appelez la mémoire ou l'esprit au secours.

GÉRONTE.

De quel front cependant faut-il que je confesse
Que ton effronterie a surpris ma vieillesse,
Qu'un homme de mon âge a cru légèrement
Ce qu'un homme du tien débite impudemment?

Tu me fais donc servir de fable et de risée,
Passer pour esprit foible, et pour cervelle usée!
Mais, dis-moi, te portois-je à la gorge un poignard?
Voyois-tu violence ou courroux de ma part?
Si quelque aversion t'éloignoit de Clarice,
Quel besoin avois-tu d'un si lâche artifice?
Et pouvois-tu douter que mon consentement
Ne dût tout accorder à ton contentement,
Puisque mon indulgence, au dernier point venue,
Consentoit à tes yeux l'hymen d'une inconnue?
Ce grand excès d'amour que je t'ai témoigné
N'a point touché ton cœur, ou ne l'a point gagné :
Ingrat, tu m'as payé d'une impudente feinte,
Et tu n'as eu pour moi respect, amour, ni crainte.
Va, je te désavoue.

DORANTE.
Eh! mon père, écoutez.
GÉRONTE.
Quoi? des contes en l'air et sur l'heure inventés?
DORANTE.
Non, la vérité pure.
GÉRONTE.
En est-il dans ta bouche?
CLITON, *bas, à Dorante.*
Voici pour votre adresse une assez rude touche.
DORANTE.
Épris d'une beauté qu'à peine j'ai pu voir
Qu'elle a pris sur mon âme un absolu pouvoir,
De Lucrèce, en un mot, vous la pouvez connoître....
GÉRONTE.
Dis vrai : je la connois, et ceux qui l'ont fait naître;
Son père est mon ami.
DORANTE.
Mon cœur en un moment
Étant de ses regards charmé si puissamment,
Le choix que vos bontés avoient fait de Clarice,
Sitôt que je le sus, me parut un supplice;
Mais comme j'ignorois si Lucrèce et son sort
Pouvoient avec le vôtre avoir quelque rapport,
Je n'osai pas encor vous découvrir la flamme
Que venoient ses beautés d'allumer dans mon âme;
Et j'avois ignoré, monsieur, jusqu'à ce jour
Que l'adresse d'esprit fût un crime en amour.
Mais, si je vous osois demander quelque grâce,
A présent que je sais et son bien et sa race,
Je vous conjurerois, par les nœuds les plus doux
Dont l'amour et le sang puissent m'unir à vous,

De seconder mes vœux auprès de cette belle;
Obtenez-la d'un père, et je l'obtiendrai d'elle.
                    GÉRONTE.
Tu me fourbes encor.
                    DORANTE.
                        Si vous ne m'en croyez,
Croyez-en pour le moins Cliton que vous voyez;
Il sait tout mon secret.
                    GÉRONTE.
                        Tu ne meurs pas de honte
Qu'il faille que de lui je fasse plus de compte,
Et que ton père même, en doute de ta foi,
Donne plus de croyance à ton valet qu'à toi!
  Écoute : je suis bon, et, malgré ma colère,
Je veux encore un coup montrer un cœur de père;
Je veux encore un coup pour toi me hasarder.
Je connois ta Lucrèce, et la vais demander;
Mais si de ton côté le moindre obstacle arrive....
                    DORANTE.
Pour vous mieux assurer, souffrez que je vous suive.
                    GÉRONTE.
Demeure ici, demeure, et ne suis point mes pas :
Je doute, je hasarde, et je ne te crois pas.
Mais sache que tantôt si pour cette Lucrèce
Tu fais la moindre fourbe, ou la moindre finesse,
Tu peux bien fuir mes yeux, et ne me voir jamais;
Autrement souviens-toi du serment que je fais :
Je jure les rayons du jour qui nous éclaire
Que tu ne mourras point que de la main d'un père,
Et que ton sang indigne à mes pieds répandu
Rendra prompte justice à mon honneur perdu.

SCÈNE IV. — DORANTE, CLITON.

                    DORANTE.
Je crains peu les effets d'une telle menace.
                    CLITON.
Vous vous rendez trop tôt et de mauvaise grâce;
Et cet esprit adroit, qui l'a dupé deux fois,
Devoit en galant homme aller jusques à trois :
Toutes tierces, dit-on, sont bonnes ou mauvaises.
                    DORANTE.
Cliton, ne raille point, que tu ne me déplaises :
D'un trouble tout nouveau j'ai l'esprit agité.
                    CLITON.
N'est-ce point du remords d'avoir dit vérité?
Si pourtant ce n'est point quelque nouvelle adresse;
Car je doute à présent si vous aimez Lucrèce,

Et vous vois si fertile en semblables détours,
Que, quoi que vous disiez, je l'entends au rebours.
DORANTE.
Je l'aime; et sur ce point ta défiance est vaine;
Mais je hasarde trop, et c'est ce qui me gêne.
Si son père et le mien ne tombent point d'accord,
Tout commerce est rompu, je fais naufrage au port.
Et d'ailleurs, quand l'affaire entre eux seroit conclue,
Suis-je sûr que la fille y soit bien résolue?
J'ai tantôt vu passer cet objet si charmant :
Sa compagne, ou je meure, a beaucoup d'agrément.
Aujourd'hui que mes yeux l'ont mieux examinée,
De mon premier amour j'ai l'âme un peu gênée :
Mon cœur entre les deux est presque partagé;
Et celle-ci l'auroit s'il n'étoit engagé.
CLITON.
Mais pourquoi donc montrer une flamme si grande,
Et porter votre père à faire une demande?
DORANTE.
Il ne m'auroit pas cru, si je ne l'avois fait.
CLITON.
Quoi! même en disant vrai, vous mentiez en effet.
DORANTE.
C'étoit le seul moyen d'apaiser sa colère.
Que maudit soit quiconque a détrompé mon père!
Avec ce faux hymen j'aurois eu le loisir
De consulter mon cœur, et je pourrois choisir.
CLITON.
Mais sa compagne enfin n'est autre que Clarice.
DORANTE.
Je me suis donc rendu moi-même un bon office.
Oh! qu'Alcippe est heureux, et que je suis confus!
Mais Alcippe, après tout, n'aura que mon refus.
N'y pensons plus, Cliton, puisque la place est prise.
CLITON.
Vous en voilà défait aussi bien que d'Orphise.
DORANTE.
Reportons à Lucrèce un esprit ébranlé,
Que l'autre à ses yeux même avoit presque volé.
Mais Sabine survient.

SCÈNE V. — DORANTE, SABINE, CLITON.

DORANTE.
Qu'as-tu fait de ma lettre?
En de si belles mains as-tu su la remettre?

SABINE.
Oui, monsieur, mais....
DORANTE.
Quoi! mais?
SABINE.
Elle a tout déchiré.
DORANTE.
Sans lire?
SABINE.
Sans rien lire.
DORANTE.
Et tu l'as enduré?
SABINE.
Ah! si vous aviez vu comme elle m'a grondée!
Elle me va chasser, l'affaire en est vidée.
DORANTE.
Elle s'apaisera; mais, pour t'en consoler,
Tends la main.
SABINE.
Eh! monsieur!
DORANTE.
Ose encor lui parler.
Je ne perds pas sitôt toutes mes espérances.
CLITON.
Voyez la bonne pièce avec ses révérences!
Comme ses déplaisirs sont déjà consolés,
Elle vous en dira plus que vous n'en voulez.
DORANTE.
Elle a donc déchiré mon billet sans le lire?
SABINE.
Elle m'avoit donné charge de vous le dire;
Mais, à parler sans fard....
CLITON.
Sait-elle son métier!
SABINE.
Elle n'en a rien fait et l'a lu tout entier.
Je ne puis si longtemps abuser un brave homme.
CLITON.
Si quelqu'un l'entend mieux, je l'irai dire à Rome.
DORANTE.
Elle ne me hait pas, à ce compte?
SABINE.
Elle? non.
DORANTE.
M'aime-t-elle?
SABINE.
Non plus.
DORANTE.
Tout de bon?

ACTE V, SCÈNE V.

SABINE.
Tout de bon.
DORANTE.
Aime-t-elle quelque autre?
SABINE.
Encor moins.
DORANTE.
Qu'obtiendrai-je?
SABINE.
Je ne sais.
DORANTE.
Mais enfin, dis-moi.
SABINE.
Que vous dirai-je?
DORANTE.
Vérité.
SABINE.
Je la dis.
DORANTE.
Mais elle m'aimera?
SABINE.
Peut-être.
DORANTE.
Et quand encor?
SABINE.
Quand elle vous croira.
DORANTE.
Quand elle me croira? Que ma joie est extrême!
SABINE.
Quand elle vous croira, dites qu'elle vous aime.
DORANTE.
Je le dis déjà donc, et m'en ose vanter,
Puisque ce cher objet n'en sauroit plus douter :
Mon père....
SABINE.
La voici qui vient avec Clarice.

SCÈNE VI. — CLARICE, LUCRÈCE, DORANTE, SABINE, CLITON.

CLARICE, *bas, à Lucrèce.*
Il peut te dire vrai, mais ce n'est pas son vice.
Comme tu le connois, ne précipite rien.
DORANTE, *à Clarice.*
Beauté qui pouvez seule et mon mal et mon bien....
CLARICE, *bas, à Lucrèce.*
On diroit qu'il m'en veut, et c'est moi qu'il regarde.
LUCRÈCE, *bas, à Clarice.*
Quelques regards sur toi sont tombés par mégarde.
Voyons s'il continue.

DORANTE, *à Clarice.*
Ah! que loin de vos yeux
Les momens à mon cœur deviennent ennuyeux!
Et que je reconnois par mon expérience
Quel supplice aux amans est une heure d'absence!
CLARICE, *bas, à Lucrèce.*
Il continue encor.
LUCRÈCE, *bas, à Clarice.*
Mais vois ce qu'il m'écrit.
CLARICE, *bas, à Lucrèce,*
Mais écoute.
LUCRÈCE, *bas, à Clarice.*
Tu prends pour toi ce qu'il me dit.
CLARICE.
(*Bas, à Lucrèce.*)   (*Haut, à Dorante.*)
Éclaircissons-nous-en. Vous m'aimez donc, Dorante?
DORANTE, *à Clarice.*
Hélas! que cette amour vous est indifférente!
Depuis que vos regards m'ont mis sous votre loi....
CLARICE, *bas, à Lucrèce.*
Crois-tu que le discours s'adresse encore à toi?
LUCRÈCE, *bas, à Clarice.*
Je ne sais où j'en suis!
CLARICE, *bas, à Lucrèce.*
Oyons la fourbe entière.
LUCRÈCE, *bas, à Clarice.*
Vu ce que nous savons, elle est un peu grossière.
CLARICE, *bas, à Lucrèce.*
C'est ainsi qu'il partage entre nous son amour;
Il te flatte de nuit, et m'en conte de jour.
DORANTE, *à Clarice.*
Vous consultez ensemble! Ah! quoi qu'elle vous die,
Sur de meilleurs conseils disposez de ma vie;
Le sien auprès de vous me seroit trop fatal;
Elle a quelque sujet de me vouloir du mal.
LUCRÈCE, *en elle-même.*
Ah! je n'en ai que trop, et si je ne me venge....
CLARICE, *à Dorante.*
Ce qu'elle me disoit est de vrai fort étrange.
DORANTE.
C'est quelque invention de son esprit jaloux.
CLARICE.
Je le crois : mais enfin me reconnoissez-vous?
DORANTE.
Si je vous reconnois! quittez ces railleries,
Vous que j'entretins hier dedans les Tuileries;
Que je fis aussitôt maîtresse de mon sort.

CLARICE.
Si je veux toutefois en croire son rapport,
Pour une autre déjà votre âme inquiétée....
DORANTE.
Pour une autre déjà je vous aurois quittée?
Que plutôt à vos pieds mon cœur sacrifié....
CLARICE.
Bien plus, si je la crois, vous êtes marié.
DORANTE.
Vous me jouez, madame, et, sans doute pour rire,
Vous prenez du plaisir à m'entendre redire
Qu'à dessein de mourir en des liens si doux
Je me fais marié pour toute autre que vous.
CLARICE.
Mais avant qu'avec moi le nœud d'hymen vous lie,
Vous serez marié, si l'on veut, en Turquie.
DORANTE.
Avant qu'avec toute autre on me puisse engager,
Je serai marié, si l'on veut, en Alger.
CLARICE.
Mais enfin vous n'avez que mépris pour Clarice?
DORANTE.
Mais enfin vous savez le nœud de l'artifice,
Et que pour être à vous je fais ce que je puis.
CLARICE.
Je ne sais plus moi-même à mon tour où j'en suis.
Lucrèce, écoute un mot.
DORANTE, *bas, à Cliton.*
Lucrèce! que dit-elle?
CLITON, *bas, à Dorante.*
Vous en tenez, monsieur : Lucrèce est la plus belle;
Mais laquelle des deux? J'en ai le mieux jugé,
Et vous auriez perdu si vous aviez gagé.
DORANTE, *bas, à Cliton.*
Cette nuit à la voix j'ai cru la reconnoître.
CLITON, *bas, à Dorante.*
Clarice sous son nom parloit à sa fenêtre ;
Sabine m'en a fait un secret entretien.
DORANTE, *bas, à Cliton.*
Bonne bouche! j'en tiens : mais l'autre la vaut bien;
Et, comme dès tantôt je la trouvois bien faite,
Mon cœur déjà penchoit où mon erreur le jette.
Ne me découvre point; et dans ce nouveau feu
Tu me vas voir, Cliton, jouer un nouveau jeu.
Sans changer de discours, changeons de batterie.
LUCRÈCE, *bas, à Clarice.*
Voyons le dernier point de son effronterie.

Quand tu lui diras tout, il sera bien surpris.
CLARICE, *à Dorante.*
Comme elle est mon amie, elle m'a tout appris.
Cette nuit vous l'aimiez, et m'avez méprisée.
Laquelle de nous deux avez-vous abusée?
Vous lui parliez d'amour en termes assez doux.
DORANTE.
Moi! depuis mon retour je n'ai parlé qu'à vous.
CLARICE.
Vous n'avez point parlé cette nuit à Lucrèce?
DORANTE.
Vous n'avez point voulu me faire un tour d'adresse?
Et je ne vous ai point reconnue à la voix?
CLARICE.
Nous diroit-il bien vrai pour la première fois?
DORANTE.
Pour me venger de vous j'eus assez de malice
Pour vous laisser jouir d'un si lourd artifice,
Et, vous laissant passer pour ce que vous vouliez,
Je vous en donnai plus que vous ne m'en donniez.
Je vous embarrassai, n'en faites point la fine;
Choisissez un peu mieux vos dupes à la mine;
Vous pensiez me jouer; et moi je vous jouois,
Mais par de faux mépris que je désavouois:
Car enfin je vous aime, et je hais de ma vie
Les jours que j'ai vécu sans vous avoir servie.
CLARICE.
Pourquoi, si vous m'aimez, feindre un hymen en l'air,
Quand un père pour vous est venu me parler?
Quel fruit de cette fourbe osez-vous vous promettre?
LUCRÈCE, *à Dorante.*
Pourquoi, si vous l'aimez, m'écrire cette lettre?
DORANTE, *à Lucrèce.*
J'aime de ce courroux les principes cachés.
Je ne vous déplais pas, puisque vous vous fâchez.
Mais j'ai moi-même enfin assez joué d'adresse;
Il faut vous dire vrai, je n'aime que Lucrèce.
CLARICE, *à Lucrèce.*
Est-il un plus grand fourbe? et peux-tu l'écouter?
DORANTE, *à Lucrèce.*
Quand vous m'aurez ouï, vous n'en pourrez douter.
Sous votre nom, Lucrèce, et par votre fenêtre,
Clarice m'a fait pièce, et je l'ai su connoître;
Comme en y consentant vous m'avez affligé,
Je vous ai mise en peine, et je m'en suis vengé.
LUCRÈCE.
Mais que disiez-vous hier dedans les Tuileries?

DORANTE.
Clarice fut l'objet de mes galanteries....
CLARICE, *bas, à Lucrèce.*
Veux-tu longtemps encore écouter ce moqueur?
DORANTE, *à Lucrèce.*
Elle avoit mes discours, mais vous aviez mon cœur,
Où vos yeux faisoient naître un feu que j'ai fait taire,
Jusqu'à ce que ma flamme ait eu l'aveu d'un père;
Comme tout ce discours n'étoit que fiction,
Je cachois mon retour et ma condition.
CLARICE, *bas, à Lucrèce.*
Vois que fourbe sur fourbe à nos yeux il entasse,
Et ne fait que jouer des tours de passe-passe.
DORANTE, *à Lucrèce.*
Vous seule êtes l'objet dont mon cœur est charmé.
LUCRÈCE, *à Dorante.*
C'est ce que les effets m'ont fort mal confirmé.
DORANTE.
Si mon père à présent porte parole au vôtre,
Après son témoignage, en voudrez-vous quelque autre?
LUCRÈCE.
Après son témoignage il faudra consulter
Si nous aurons encor quelque lieu d'en douter.
DORANTE, *à Lucrèce.*
Qu'à de telles clartés votre erreur se dissipe.
(*A Clarice.*)
Et vous, belle Clarice, aimez toujours Alcippe;
Sans l'hymen de Poitiers il ne tenoit plus rien;
Je ne lui ferai pas ce mauvais entretien;
Mais entre vous et moi vous savez le mystère.
Le voici qui s'avance, et j'aperçois mon père.

SCÈNE VII. — GÉRONTE, DORANTE, ALCIPPE, CLARICE, LUCRÈCE, ISABELLE, SABINE, CLITON.

ALCIPPE, *sortant de chez Clarice et parlant à elle.*
Nos parens sont d'accord, et vous êtes à moi.
GÉRONTE, *sortant de chez Lucrèce et parlant à elle.*
Votre père à Dorante engage votre foi.
ALCIPPE, *à Clarice.*
Un mot de votre main, l'affaire est terminée.
GÉRONTE, *à Lucrèce.*
Un mot de votre bouche achève l'hyménée.
DORANTE, *à Lucrèce.*
Ne soyez pas rebelle à seconder mes vœux.
ALCIPPE.
Êtes-vous aujourd'hui muettes toutes deux?

CLARICE.
Mon père a sur mes vœux une entière puissance.
LUCRÈCE.
Le devoir d'une fille est dans l'obéissance.
GÉRONTE, *à Lucrèce.*
Venez donc recevoir ce doux commandement.
ALCIPPE, *à Clarice.*
Venez donc ajouter ce doux consentement.
(*Alcippe rentre chez Clarice avec elle et Isabelle, et le reste rentre chez Lucrèce.*)
SABINE, *à Dorante, comme il rentre.*
Si vous vous mariez, il ne pleuvra plus guères.
DORANTE.
Je changerai pour toi cette pluie en rivières.
SABINE.
Vous n'aurez pas loisir seulement d'y penser.
Mon métier ne vaut rien quand on s'en peut passer.
CLITON, *seul.*
Comme en sa propre fourbe un menteur s'embarrasse!
Peu sauroient comme lui s'en tirer avec grâce.
Vous autres qui doutiez s'il en pourroit sortir,
Par un si rare exemple apprenez à mentir.

EXAMEN DU MENTEUR.

Cette pièce est en partie traduite, en partie imitée de l'espagnol. Le sujet m'en semble si spirituel et si bien tourné, que j'ai dit souvent que je voudrois avoir donné les deux plus belles que j'aie faites, et qu'il fût de mon invention. On l'a attribué au fameux Lope de Vega; mais il m'est tombé depuis peu entre les mains un volume de don Juan d'Alarcon, où il prétend que cette comédie est à lui, et se plaint des imprimeurs qui l'ont fait courir sous le nom d'un autre. Si c'est son bien, je n'empêche pas qu'il ne s'en ressaisisse. De quelque main que parte cette comédie, il est constant qu'elle est très-ingénieuse; et je n'ai rien vu dans cette langue qui m'ait satisfait davantage. J'ai tâché de la réduire à notre usage et dans nos règles; mais il m'a fallu forcer mon aversion pour les aparté, dont je n'aurois pu la purger sans lui faire perdre une bonne partie de ses beautés. Je les ai faits les plus courts que j'ai pu, et je me les suis permis rarement, sans laisser deux acteurs ensemble qui s'entretiennent tout bas cependant que d'autres disent ce que ceux-là ne doivent pas écouter. Cette duplicité d'action particulière ne rompt point l'unité de la principale, mais elle gêne un peu l'attention de l'auditeur, qui ne sait à laquelle s'attacher, et qui se trouve obligé de séparer aux deux ce qu'il est accoutumé de donner à une. L'unité de lieu s'y trouve, et tout ce qui s'y passe dans Paris; mais le premier acte est dans les Tuileries, et le reste à la place Royale. Celle de jour n'y est pas forcée, pourvu qu'on lui laisse les vingt-quatre heures entières. Quant à celle d'action, je ne sais s'il n'y a point quelque chose à dire, en ce que Dorante aime Clarice dans toute la pièce, et épouse Lucrèce à la fin, qui par là ne répond pas à la protase. L'auteur espagnol lui donne ainsi le change pour punition de ses menteries, et le réduit à épouser par force cette Lucrèce qu'il n'aime point. Comme il se méprend toujours au nom, et croit que Clarice porte celui-là, il lui présente la main quand on lui a accordé l'autre, et dit hautement, lorsqu'on l'avertit de son erreur, que s'il s'est trompé au nom, il ne se trompe point à la personne. Sur quoi, le père de Lucrèce le menace de le tuer s'il n'épouse sa fille après l'avoir demandée et obtenue; et le sien propre lui fait la même menace. Pour moi, j'ai trouvé cette manière de finir un peu dure, et cru qu'un mariage moins violenté seroit plus au goût de notre auditoire. C'est ce qui m'a obligé à lui donner une pente vers la personne de Lucrèce au cinquième acte, afin qu'après qu'il a reconnu sa méprise aux noms, il fasse de nécessité vertu de meilleure grâce, et que la comédie se termine avec pleine tranquillité de tous côtés.

FIN DU MENTEUR.

LA SUITE DU MENTEUR.

COMÉDIE.
1643.

ÉPITRE.

Monsieur,

Je vous avois bien dit que *le Menteur* ne seroit pas le dernier emprunt ou larcin que je ferois chez les Espagnols : en voici une suite qui est encore tirée du même original, et dont Lope a traité le sujet sous le titre de *Amar sine saber à quien*. Elle n'a pas été si heureuse au théâtre que l'autre, quoique plus remplie de beaux sentimens et de beaux vers. Ce n'est pas que j'en veuille accuser ni le défaut des acteurs, ni le mauvais jugement du peuple; la faute en est toute à moi, qui devois mieux prendre mes mesures, et choisir des sujets plus répondans au goût de mon auditoire. Si j'étois de ceux qui tiennent que la poésie a pour but de profiter aussi bien que de plaire, je tâcherois de vous persuader que celle-ci est beaucoup meilleure que l'autre, à cause que Dorante y paroît beaucoup plus honnête homme, et donne des exemples de vertu à suivre; au lieu qu'en l'autre, il ne donne que des imperfections à éviter; mais pour moi, qui tiens avec Aristote et Horace que notre art n'a pour but que le divertissement, j'avoue qu'il est ici bien moins à estimer qu'en la première comédie, puisque, avec ses mauvaises habitudes, il a perdu presque toutes ses grâces, et qu'il semble avoir quitté la meilleure part de ses agrémens lorsqu'il a voulu se corriger de ses défauts. Vous me direz que je suis bien injurieux au métier qui me fait connoître, d'en ravaler le but si bas que de le réduire à plaire au peuple, et que je suis bien hardi tout ensemble de prendre pour garans de mon opinion les deux maîtres dont ceux du parti contraire se fortifient. A cela, je vous dirai que ceux-là même qui mettent si haut le but de l'art sont injurieux à l'artisan, dont ils ravalent d'autant plus le mérite, qu'ils pensent relever la dignité de sa profession, parce que, s'il est obligé de prendre soin de l'utile, il évite seulement une faute quand il s'en acquitte, et n'est digne d'aucune louange. C'est mon Horace qui me l'apprend :

> Vitavi denique culpam,
> Non laudem merui.

En effet, monsieur, vous ne loueriez pas beaucoup un homme pour avoir réduit un poëme dramatique dans l'unité de jour et de lieu, parce que les lois du théâtre le lui prescrivent, et que sans cela son ouvrage ne seroit qu'un monstre. Pour moi, j'estime extrêmement ceux qui mêlent l'utile au délectable, et d'autant plus qu'ils n'y sont pas obligés par les règles de la poésie : je suis bien aise de dire avec notre docteur :

> Omne tulit punctum qui miscuit utile dulci.

Mais je dénie qu'ils faillent contre ces règles, lorsqu'ils ne l'y mêlent pas, et les blâme seulement de ne s'être pas proposé un objet assez digne d'eux, ou, si vous me permettez de parler un peu chrétiennement, de n'avoir pas eu assez de charité pour prendre l'occasion de donner en passant quelque instruction à ceux qui les écoutent ou qui les lisent; pourvu qu'ils aient trouvé le moyen de plaire, ils sont quittes envers leur art; et s'ils pèchent, ce n'est pas contre lui, c'est contre les bonnes mœurs et contre leur auditoire. Pour vous faire voir le sentiment d'Horace là-dessus, je n'ai qu'à répéter ce que j'en ai déjà pris; puisqu'il ne tient pas qu'on soit digne de louange quand on n'a fait que s'acquitter de ce qu'on doit, et qu'il en donne tant à celui qui joint l'utile à l'agréable, il est aisé de conclure qu'il tient que celui-là fait plus qu'il n'étoit obligé de faire. Quant à Aristote, je ne crois pas que ceux du parti contraire aient d'assez bons yeux pour trouver le mot d'utilité dans tout son *Art poétique* : quand il recherche la cause de la poésie, il ne l'attribue qu'au plaisir que les hommes reçoivent de l'imitation; et, comparant l'une à l'autre les parties de la tragédie, il préfère la fable aux mœurs, seulement pour ce qu'elle contient tout ce qu'il y a d'agréable dans le poëme; et c'est pour cela qu'il l'appelle l'âme de la tragédie. Cependant, quand on y mêle quelque utilité, ce doit être principalement dans cette partie qui regarde les mœurs, et que ce grand homme toutefois ne tient point du tout nécessaire, puisqu'il permet de la retrancher entièrement, et demeure d'accord qu'on peut faire une tragédie sans mœurs. Or, pour ne vous pas donner mauvaise impression de la comédie du *Menteur*, qui a donné lieu à cette suite, que vous pourriez juger être simplement faite pour plaire, et n'avoir pas ce noble mélange de l'utilité, d'autant qu'elle semble violer une autre maxime, qu'on veut tenir pour indubitable, touchant la récompense des bonnes actions et la punition des mauvaises, il ne sera peut-être pas hors de propos que je vous dise là-dessus ce que je pense. Il est certain que les actions de Dorante ne sont pas bonnes moralement, n'étant que fourbes et menteries; et néanmoins il obtient enfin ce qu'il souhaite, puisque la vraie Lucrèce est en cette pièce sa dernière inclination. Ainsi, si cette maxime est une véritable règle du théâtre, j'ai failli; et si c'est en ce point seul que consiste l'utilité de la poésie, je n'y en ai point mêlé. Pour le premier, je n'ai qu'à vous dire que cette règle imaginaire est entièrement contre la pratique des anciens; et, sans aller chercher des exemples parmi les Grecs, Sénèque, qui en a tiré presque tous ses sujets, nous en fournira assez : Médée brave Jason après avoir brûlé le palais royal, fait périr le roi et sa fille et tué ses enfans; dans *la Troade*, Ulysse précipite Astyanax, et Pyrrhus immole Polyxène, tous deux impunément; dans *Agamemnon*, il est assassiné par sa femme et par son adultère, qui s'empare de son trône sans qu'on voie tomber de foudre sur leurs têtes; Atrée même, dans le *Thyeste*, triomphe de son misérable frère, après lui avoir fait manger ses enfans. Et, dans les comédies de Plaute et de Térence, que voyons-nous autre chose que de jeunes fous qui, après avoir, par quelque tromperie, tiré de l'argent de leurs pères, pour dépenser à la suite de leurs amours déréglées, sont enfin richement mariés; et des esclaves qui, après avoir conduit toute l'intrique[1], et servi de ministres à leurs débauches, obtiennent leur liberté pour récompense ! Ce sont des exemples qui ne seroient non plus propres à imiter que les mauvaises finesses de notre Menteur. Vous me demanderez en quoi donc consiste cette utilité de la poésie, qui en doit être un des grands ornemens, et qui relève si haut le mérite du poëte quand il en enrichit son ouvrage. J'en trouve deux à mon sens : l'une empruntée de la morale, l'autre qui lui est particulière : celle-là se rencontre aux sentences et réflexions que l'on peut adroitement semer presque partout ; celle-ci en la naïve peinture des vices et des vertus. Pourvu qu'on les sache mettre en leur jour, et les faire connoître par leurs véritables caractères, celles-ci se feront aimer, quoique malheureuses, et ceux-là se feront détester, quoique triomphans. Et comme le portrait d'une laide femme ne laisse pas d'être beau, et qu'il n'est pas besoin d'avertir que l'original n'en est pas aimable pour empêcher qu'on l'aime, il en est de même dans notre peinture parlante : quand le crime est bien peint de ses couleurs, quand les imperfections sont bien figurées, il n'est pas besoin d'en faire voir un mauvais succès à la fin pour avertir qu'il ne les faut pas imiter ; et je m'assure que, toutes les fois que *le Menteur* a été représenté, bien qu'on l'ait vu sortir du théâtre pour aller épouser l'objet de ses derniers désirs, il n'y a eu personne qui se soit proposé son exemple pour acquérir une maîtresse, et qui n'ait pris toutes ses fourbes, quoique heureuses, pour des friponneries d'écolier, dont il faut qu'on se corrige avec soin, si l'on veut passer pour honnête homme. Je vous dirois qu'il y a encore une autre utilité propre à la tragédie, qui est la purgation des passions ; mais ce n'est pas ici le lieu d'en parler, puisque ce n'est qu'une comédie que je vous présente. Vous y pourrez rencontrer en quelques endroits ces deux sortes d'utilités dont je vous viens d'entretenir. Je voudrois que le peuple y eût trouvé autant d'agréable, afin que je vous pusse présenter quelque chose qui eût mieux atteint le but de l'art. Telle qu'elle est, je vous la donne, aussi bien que la première, et demeure de tout mon cœur,

MONSIEUR,

Votre très-humble serviteur,
CORNEILLE.

PERSONNAGES.

DORANTE.
CLITON, valet de Dorante.
CLÉANDRE, gentilhomme de Lyon.
MÉLISSE, sœur de Cléandre.
PHILISTE, ami de Dorante, et amoureux de Mélisse.
LYSE, femme de chambre de Mélisse.
UN PRÉVÔT.

La scène est à Lyon.

---

1. «Intrigue.»

ACTE PREMIER.

SCÈNE I. — DORANTE, CLITON.

(Dorante paroît écrivant dans une prison, et le geôlier ouvrant la porte à Cliton, et le lui montrant.)

CLITON.
Ah! monsieur, c'est donc vous?
DORANTE.
Cliton, je te revoi!
CLITON.
Je vous trouve, monsieur, dans la maison du roi!
Quel charme, quel désordre, ou quelle raillerie,
Des prisons de Lyon fait votre hôtellerie?
DORANTE.
Tu le sauras tantôt. Mais qui t'amène ici?
CLITON.
Les soins de vous chercher.
DORANTE.
Tu prends trop de souci;
Et bien qu'après deux ans ton devoir s'en avise,
Ta rencontre me plaît, j'en aime la surprise;
Ce devoir, quoique tard, enfin s'est éveillé.
CLITON.
Et qui savoit, monsieur, où vous étiez allé?
Vous ne nous témoigniez qu'ardeur et qu'allégresse,
Qu'impatiens désirs de posséder Lucrèce;
L'argent étoit touché, les accords publiés,
Le festin commandé, les parens conviés,
Les violons choisis, ainsi que la journée:
Rien ne sembloit plus sûr qu'un si proche hyménée;
Et parmi ces apprêts, la nuit d'auparavant
Vous sûtes faire gille[1], et fendîtes le vent.
Comme il ne fut jamais d'éclipse plus obscure,
Chacun sur ce départ forma sa conjecture;
Tous s'entre-regardoient, étonnés, ébahis;
L'un disoit: « Il est jeune, il veut voir le pays; »
L'autre : « Il s'est allé battre, il a quelque querelle; »
L'autre d'une autre idée embrouilloit sa cervelle;
Et tel vous soupçonnoit de quelque guérison

---

1. Quand quelqu'un s'est dérobé et s'en est fui secrètement, on dit qu'il a fait gille, parce que saint Gilles, prince du Languedoc, s'enfuit secrètement, de peur d'être fait roi. (Bellingen, *Étymologie des proverbes françois*, édition de 1656.)

D'un mal privilégié dont je tairai le nom.
Pour moi, j'écoutois tout, et mis dans mon caprice
Qu'on ne devinoit rien que par votre artifice.
Ainsi ce qui chez eux prenoit plus de crédit
M'étoit aussi suspect que si vous l'eussiez dit ;
Et tout simple et doucet, sans chercher de finesse,
Attendant le boiteux [1], je consolois Lucrèce.

DORANTE.

Je l'aimois, je te jure ; et, pour la posséder,
Mon amour mille fois voulut tout hasarder ;
Mais quand j'eus bien pensé que j'allois à mon âge
Au sortir de Poitiers entrer au mariage,
Que j'eus considéré ses chaînes de plus près,
Son visage à ce prix n'eut plus pour moi d'attraits :
L'horreur d'un tel lien m'en fit de la maîtresse ;
Je crus qu'il falloit mieux employer ma jeunesse,
Et que, quelques appas qui pussent me ravir,
C'étoit mal en user que sitôt m'asservir.
Je combats toutefois ; mais le temps qui s'avance
Me fait précipiter en cette extravagance ;
Et la tentation de tant d'argent touché
M'achève de pousser où j'étois trop penché.
Que l'argent est commode à faire une folie !
L'argent me fait résoudre à courir l'Italie.
Je pars de nuit en poste, et d'un soin diligent
Je quitte la maîtresse, et j'emporte l'argent.
   Mais, dis-moi, que fit-elle ? et que dit lors son père ?
Le mien, ou je me trompe, étoit fort en colère ?

CLITON.

D'abord de part et d'autre on vous attend sans bruit ;
Un jour se passe, deux, trois, quatre, cinq, six, huit ;
Enfin, n'espérant plus, on éclate, on foudroie :
Lucrèce par dépit témoigne de la joie,
Chante, danse, discourt, rit ; mais, sur mon honneur,
Elle enrageoit, monsieur, dans l'âme, et de bon cœur.
Ce grand bruit s'accommode, et, pour plâtrer l'affaire,
La pauvre délaissée épouse votre père,
Et, rongeant dans son cœur son déplaisir secret,
D'un visage content prend le change à regret.
L'éclat d'un tel affront l'ayant trop décriée,
Il n'est à son avis que d'être mariée ;
Et comme en un naufrage on se prend où l'on peut,
En fille obéissante elle veut ce qu'on veut.
Voilà donc le bonhomme enfin à sa seconde,
C'est-à-dire qu'il prend la poste à l'autre monde ;

---

1. « Le temps. »

ACTE I, SCÈNE I.

Un peu moins de deux mois le met dans le cercueil.

DORANTE.

J'ai su sa mort à Rome, où j'en ai pris le deuil.

CLITON.

Elle a laissé chez vous un diable de ménage :
Ville prise d'assaut n'est pas mieux au pillage ;
La veuve et les cousins, chacun y fait pour soi,
Comme fait un traitant pour les deniers du roi ;
Où qu'ils jettent la main ils font rafles entières ;
Ils ne pardonnent pas même au plomb des gouttières ;
Et ce sera beaucoup si vous trouvez chez vous,
Quand vous y rentrerez, deux gonds et quatre clous.
J'apprends qu'on vous a vu cependant à Florence.
Pour vous donner avis je pars en diligence ;
Et je suis étouné qu'en entrant dans Lyon
Je vois courir du peuple avec émotion :
Je veux voir ce que c'est ; et je vois, ce me semble,
Pousser dans la prison quelqu'un qui vous ressemble ;
On m'y permet l'entrée ; et, vous trouvant ici,
Je trouve en même temps mon voyage accourci.
Voilà mon aventure ; apprenez-moi la vôtre.

DORANTE.

La mienne est bien étrange, on me prend pour un autre.

CLITON.

J'eusse osé le gager. Est-ce meurtre, ou larcin ?

DORANTE.

Suis-je fait en voleur, ou bien en assassin ?
Traître, en ai-je l'habit, ou la mine, ou la taille ?

CLITON.

Connoît-on à l'habit aujourd'hui la canaille ?
Et n'est-il point, monsieur, à Paris de filous
Et de taille et de mine aussi bonnes que vous ?

DORANTE.

Tu dis vrai, mais écoute. Après une querelle
Qu'à Florence un jaloux me fit pour quelque belle,
J'eus avis que ma vie y couroit du danger :
Ainsi donc sans trompette il fallut déloger.
Je pars seul et de nuit, et prends ma route en France,
Où, sitôt que je suis en pays d'assurance,
Comme d'avoir couru je me sens un peu las,
J'abandonne la poste, et viens au petit pas.
Approchant de Lyon, je vois dans la campagne....

CLITON, *bas*.

N'aurons-nous point ici de guerres d'Allemagne ?

DORANTE.

Que dis-tu ?

CLITON.
   Rien, monsieur, je gronde entre mes dents
Du malheur qui suivra ces rares incidens;
J'en ai l'âme déjà toute préoccupée.
       DORANTE.
Donc à deux cavaliers je vois tirer l'épée;
Et, pour en empêcher l'événement fatal,
J'y cours la mienne au poing, et descends de cheval.
L'un et l'autre, voyant à quoi je me prépare,
Se hâte d'achever avant qu'on les sépare,
Presse sans perdre temps, si bien qu'à mon abord
D'un coup que l'un allonge, il blesse l'autre à mort.
Je me jette au blessé, je l'embrasse, et j'essaie
Pour arrêter son sang de lui bander sa plaie;
L'autre, sans perdre temps en cet événement,
Saute sur mon cheval, le presse vivement,
Disparoît, et, mettant à couvert le coupable,
Me laisse auprès du mort faire le charitable.
   Ce fut en cet état, les doigts de sang souillés,
Qu'au bruit de ce duel trois sergens éveillés,
Tout gonflés de l'espoir d'une bonne lippée,
Me découvrirent seul, et la main à l'épée.
Lors, suivant du métier le serment solennel,
Mon argent fut pour eux le premier criminel;
Et s'en étant saisis aux premières approches,
Ces messieurs pour prison lui donnèrent leurs poches,
Et moi, non sans couleur, encor qu'injustement,
Je fus conduit par eux en cet appartement.
Qui te fait ainsi rire? et qu'est-ce que tu penses?
       CLITON.
Je trouve ici, monsieur, beaucoup de circonstances :
Vous en avez sans doute un trésor infini;
Votre hymen de Poitiers n'en fut pas mieux fourni;
Et le cheval surtout vaut en cette rencontre
Le pistolet ensemble, et l'épée, et la montre.
       DORANTE.
Je me suis bien défait de ces traits d'écolier
Dont l'usage autrefois m'étoit si familier;
Et maintenant, Cliton, je vis en honnête homme.
       CLITON.
Vous êtes amendé du voyage de Rome;
Et votre âme en ce lieu, réduite au repentir,
Fait mentir le proverbe en cessant de mentir.
Ah! j'aurois plutôt cru....
       DORANTE.
          Le temps m'a fait connoître
Quelle indignité c'est, et quel mal en peut naître.

CLITON.

Quoi! ce duel, ces coups si justement portés,
Ce cheval, ces sergens....

DORANTE.
Autant de vérités.

CLITON.

J'en suis fâché pour vous, monsieur, et surtout d'une,
Que je ne compte pas à petite fortune :
Vous êtes prisonnier, et n'avez point d'argent;
Vous serez criminel.

DORANTE.
Je suis trop innocent.

CLITON.

Ah! monsieur, sans argent est-il de l'innocence?

DORANTE.

Fort peu; mais dans ces murs Philiste a pris naissance,
Et comme il est parent des premiers magistrats,
Soit d'argent, soit d'amis, nous n'en manquerons pas.
J'ai su qu'il est en ville, et lui venois d'écrire
Lorsqu'ici le concierge est venu t'introduire.
Va lui porter ma lettre.

CLITON.
Avec un tel secours
Vous serez innocent avant qu'il soit deux jours.
Mais je ne comprends rien à ces nouveaux mystères :
Les filles doivent être ici fort volontaires;
Jusque dans la prison elles cherchent les gens.

SCÈNE II. — DORANTE, CLITON, LYSE.

CLITON, *à Lyse.*

Il ne fait que sortir des mains de trois sergens;
Je t'en veux avertir : un fol espoir te trouble;
Il cajole des mieux, mais il n'a pas le double.

LYSE.

J'en apporte pour lui.

CLITON.
Pour lui! tu m'as dupé;
Et je doute sans toi si nous aurions soupé.

LYSE, *montrant une bourse.*

Avec ce passe-port suis-je la bienvenue?

CLITON.

Tu nous vas à tous deux donner dedans la vue.

LYSE.

Ai-je bien pris mon temps?

CLITON.
Le mieux qu'il se pouvoit.

C'est une honnête fille, et Dieu nous la devoit.
Monsieur, écoutez-la.
DORANTE.
Que veut-elle?
LYSE.
Une dame
Vous offre en cette lettre un cœur tout plein de flamme.
DORANTE.
Une dame?
CLITON.
Lisez sans faire de façon :
Dieu nous aime, monsieur, comme nous sommes bons;
Et ce n'est pas là tout, l'amour ouvre son coffre,
Et l'argent qu'elle tient vaut bien le cœur qu'elle offre.
DORANTE lit.

Au bruit du monde qui vous conduisoit prisonnier, j'ai mis les yeux à la fenêtre, et vous ai trouvé de si bonne mine, que mon cœur est allé dans la même prison que vous, et n'en veut point sortir tant que vous y serez. Je ferai mon possible pour vous en tirer au plus tôt. Cependant obligez-moi de vous servir de ces cent pistoles que je vous envoie; vous en pouvez avoir besoin en l'état où vous êtes, et il m'en demeure assez d'autres à votre service.

(*Dorante continue.*)
Cette lettre est sans nom.
CLITON.
Les mots en sont françois.
(*A Lyse.*)
Dis-moi, sont-ce louis, ou pistoles de poids?
DORANTE.
Tais-toi.
LYSE, *à Dorante.*
Pour ma maîtresse il est de conséquence
De vous taire deux jours son nom et sa naissance;
Ce secret trop tôt su peut la perdre d'honneur.
DORANTE.
Je serai cependant aveugle en mon bonheur?
Et d'un si grand bienfait j'ignorerai la source?
CLITON, *à Dorante.*
Curiosité bas, prenons toujours la bourse.
Souvent c'est perdre tout que vouloir tout savoir.
LYSE, *à Dorante.*
Puis-je la lui donner?
CLITON, *à Lyse.*
Donne, j'ai tout pouvoir,
Quand même ce seroit le trésor de Venise.
DORANTE.
Tout beau, tout beau, Cliton, il nous faut....

CLITON.
                        Lâcher prise?
Quoi! c'est ainsi, monsieur....
               DORANTE.
                        Parleras-tu toujours?
               CLITON.
Et voulez-vous du ciel renvoyer le secours?
               DORANTE.
Accepter de l'argent porte en soi quelque honte.
               CLITON.
Je m'en charge pour vous, et la prends pour mon compte.
               DORANTE, *à Lyse.*
Écoute un mot.
               CLITON, *à part.*
            Je tremble, il va la refuser.
               DORANTE.
Ta maîtresse m'oblige.
               CLITON, *à part.*
                   Il en veut mieux user.
Oyons.
               DORANTE.
       Sa courtoisie est extrême et m'étonne;
Mais....
               CLITON, *à part.*
      Le diable de mais!
               DORANTE.
                   Mais qu'elle me pardonne....
               CLITON, *à part.*
Je me meurs, je suis mort.
               DORANTE.
                   Si j'en change l'effet,
Et reçois comme un prêt le don qu'elle me fait.
               CLITON, *à part.*
Je suis ressuscité; prêt ou non, ne m'importe.
               DORANTE, *à Cliton, et puis à Lyse.*
Prends. Je le lui rendrai même avant que je sorte.
               CLITON, *à Lyse.*
Écoute un mot : tu peux t'en aller à l'instant,
Et revenir demain avec encor autant.
Et vous, monsieur, songez à changer de demeure.
Vous serez innocent avant qu'il soit une heure.
               DORANTE, *à Cliton, et puis à Lyse.*
Ne me romps plus la tête; et toi, tarde un moment;
J'écris à ta maîtresse un mot de compliment.
         (*Dorante va écrire sur la table.*)
               CLITON.
Dirons-nous cependant deux mots de guerre ensemble?

LYSE.

Disons.

CLITON.

Contemple-moi.

LYSE.

Toi?

CLITON.

Oui, moi. Que t'en semble?

Dis.

LYSE.

Que tout vert et rouge, ainsi qu'un perroquet,
Tu n'es que bien en cage, et n'as que du caquet.

CLITON.

Tu ris. Cette action, qu'est-elle?

LYSE.

Ridicule.

CLITON.

Et cette main?

LYSE.

De taille à bien ferrer la mule[1].

CLITON.

Cette jambe, ce pied?

LYSE.

Si tu sors des prisons,
Dignes de t'installer aux Petites-Maisons.

CLITON.

Ce front?

LYSE.

Est un peu creux.

CLITON.

Cette tête?

LYSE.

Un peu folle.

CLITON.

Ce ton de voix enfin avec cette parole?

LYSE.

Ah! c'est là que mes sens demeurent étonnés :
Le ton de voix est rare, aussi bien que le nez.

CLITON.

Je meurs, ton humeur me semble si jolie,
Que tu vas me résoudre à faire une folie.
Touche, je veux t'aimer, tu seras mon souci :
Nos maîtres font l'amour, nous le ferons aussi.
J'aurai mille beaux mots tous les jours à te dire;
Je coucherai de feux, de sanglots, de martyre;
Je te dirai : « Je meurs, je suis dans les abois,
« Je brûle.... »

1. « Faire sauter l'anse du panier. »

LYSE.
Et tout cela de ce beau ton de voix?
Ah! si tu m'entreprends deux jours de cette sorte,
Mon cœur est déconfit, et je me tiens pour morte;
Si tu me veux en vie, affoiblis ces attraits,
Et retiens pour le moins la moitié de leurs traits.
CLITON.
Tu sais même charmer alors que tu te moques.
Gouverne doucement l'âme que tu m'escroques.
On a traité mon maître avec moins de rigueur;
On n'a pris que sa bourse, et tu prends jusqu'au cœur.
LYSE.
Il est riche, ton maître?
CLITON.
Assez.
LYSE.
Et gentilhomme?
CLITON.
Il le dit.
LYSE.
Il demeure?
CLITON.
A Paris.
LYSE.
Et se nomme?
DORANTE, *fouillant dans la bourse.*
Porte-lui cette lettre, et reçois....
CLITON, *lui retenant le bras.*
Sans compter?
DORANTE.
Cette part de l'argent que tu viens d'apporter.
CLITON.
Elle n'en prendra pas, monsieur, je vous proteste.
LYSE.
Celle qui vous l'envoie en a pour moi de reste.
CLITON.
Je vous le disois bien, elle a le cœur trop bon.
LYSE.
Lui pourrai-je, monsieur, apprendre votre nom?
DORANTE.
Il est dans mon billet. Mais prends, je t'en conjure.
CLITON.
Vous faut-il dire encor que c'est lui faire injure?
LYSE.
Vous perdez temps, monsieur, je sais trop mon devoir.
Adieu : dans peu de temps je viendrai vous revoir,
Et porte tant de joie à celle qui vous aime,
Qu'elle rapportera la réponse elle-même.

CLITON.
Adieu, belle railleuse.
LYSE.
Adieu, cher babillard.

SCÈNE III. — DORANTE, CLITON.

DORANTE.
Cette fille est jolie, elle a l'esprit gaillard.
CLITON.
J'en estime l'humeur, j'en aime le visage;
Mais plus que tous les deux j'adore son message.
DORANTE.
C'est celle dont il vient qu'il en faut estimer;
C'est elle qui me charme, et que je veux aimer.
CLITON.
Quoi! vous voulez, monsieur, aimer cette inconnue?
DORANTE.
Oui, je la veux aimer, Cliton.
CLITON.
Sans l'avoir vue?
DORANTE.
Un si rare bienfait en un besoin pressant
S'empare puissamment d'un cœur reconnoissant;
Et comme de soi-même il marque un grand mérite,
Dessous cette couleur il parle, il sollicite,
Peint l'objet aussi beau qu'on le voit généreux;
Et, si l'on n'est ingrat, il faut être amoureux.
CLITON.
Votre amour va toujours d'un étrange caprice :
Dès l'abord autrefois vous aimâtes Clarice;
Celle-ci, sans la voir; mais, monsieur, votre nom,
Lui deviez-vous l'apprendre, et sitôt?
DORANTE.
Pourquoi non?
J'ai cru le devoir faire, et l'ai fait avec joie
CLITON.
Il est plus décrié que la fausse monnoie.
DORANTE.
Mon nom?
CLITON.
Oui, dans Paris, en langage commun,
Dorante et le Menteur à présent ce n'est qu'un;
Et vous y possédez ce haut degré de gloire
Qu'en une comédie on a mis votre histoire.
DORANTE.
En une comédie?

ACTE I, SCÈNE III.

CLITON.
　　　　　　　Et si naïvement,
Que j'ai cru, la voyant, voir un enchantement.
On y voit un Dorante avec votre visage ;
On le prendroit pour vous ; il a votre air, votre âge,
Vos yeux, votre action, votre maigre embonpoint,
Et paroît, comme vous, adroit au dernier point.
Comme à l'événement j'ai part à la peinture ;
Après votre portrait on produit ma figure.
Le héros de la farce, un certain Jodelet,
Fait marcher après vous votre digne valet ;
Il a jusqu'à mon nez et jusqu'à ma parole,
Et nous avons tous deux appris en même école ;
C'est l'original même, il vaut ce que je vaux ;
Si quelque autre s'en mêle, on peut s'inscrire en faux ;
Et tout autre que lui dans cette comédie
N'en fera jamais voir qu'une fausse copie.
Pour Clarice et Lucrèce, elles en ont quelque air.
Philiste avec Alcippe y vient vous accorder.
Votre feu père même est joué sous le masque.

DORANTE.
Cette pièce doit être et plaisante et fantasque.
Mais son nom ?

CLITON.
　　　　Votre nom de guerre, *le Menteur*.

DORANTE.
Les vers en sont-ils bons ? fait-on cas de l'auteur ?

CLITON.
La pièce a réussi, quoique foible de style ;
Et d'un nouveau proverbe elle enrichit la ville ;
De sorte qu'aujourd'hui presque en tous les quartiers
On dit quand quelqu'un ment, qu'il revient de Poitiers.
Et pour moi, c'est bien pis, je n'ose plus paroître.
Ce maraud de farceur m'a fait si bien connoître,
Que les petits enfans, sitôt qu'on m'aperçoit,
Me courent dans la rue et me montrent au doigt ;
Et chacun rit de voir les courtauds de boutique,
Grossissant à l'envi leur chienne de musique,
Se rompre le gosier, dans cette belle humeur,
A crier après moi : « le valet du Menteur ! »
Vous en riez vous-même !

DORANTE.
　　　　　　Il faut bien que j'en rie.

CLITON.
Je n'y trouve que rire, et cela vous décrie,
Mais si bien, qu'à présent, voulant vous marier,
Vous ne trouveriez pas la fille d'un huissier,

Pas celle d'un recors, pas d'un cabaret même.
DORANTE.
Il faut donc avancer près de celle qui m'aime.
Comme Paris est loin, si je n'y suis déçu,
Nous pourrons réussir avant qu'elle ait rien su.
Mais quelqu'un vient à nous et j'entends du murmure.

SCÈNE IV. — CLÉANDRE, DORANTE, CLITON,
LE PRÉVÔT.

CLÉANDRE, *au prévôt.*
Ah ! je suis innocent ; vous me faites injure.
LE PRÉVÔT, *à Cléandre.*
Si vous l'êtes, monsieur, ne craignez aucun mal ;
Mais comme enfin le mort étoit votre rival,
Et que le prisonnier proteste d'innocence,
Je dois sur ce soupçon vous mettre en sa présence.
CLÉANDRE, *au prévôt.*
Et si pour s'affranchir il ose me charger?
LE PRÉVÔT, *à Cléandre.*
La justice entre vous en saura bien juger.
Souffrez paisiblement que l'ordre s'exécute.
(*A Dorante.*)
Vous avez vu, monsieur, le coup qu'on vous impute ;
Voyez ce cavalier ; en seroit-il l'auteur?
CLÉANDRE, *bas.*
Il va me reconnoître. Ah ! Dieu ! je meurs de peur.
DORANTE, *au prévôt.*
Souffrez que j'examine à loisir son visage.
(*Bas.*)
C'est lui, mais il n'a fait qu'en homme de courage ;
Ce seroit lâcheté, quoi qu'il puisse arriver,
De perdre un si grand cœur quand je puis le sauver.
Ne le découvrons point.
CLÉANDRE, *bas.*
Il me connoît, je tremble.
DORANTE, *au prévôt.*
Ce cavalier, monsieur, n'a rien qui lui ressemble ;
L'autre est de moindre taille, il a le poil plus blond,
Le teint plus coloré, le visage plus rond,
Et je le connois moins, tant plus je le contemple.
CLÉANDRE, *bas.*
O générosité qui n'eut jamais d'exemple !
DORANTE.
L'habit même est tout autre.
LE PRÉVÔT.
Enfin ce n'est pas lui?

ACTE I, SCENE IV.

DORANTE.
Non, il n'a point de part au duel d'aujourd'hui.
LE PRÉVÔT, *à Cléandre.*
Je suis ravi, monsieur, de voir votre innocence
Assurée à présent par sa reconnoissance;
Sortez quand vous voudrez, vous avez tout pouvoir.
Excusez la rigueur qu'a voulu mon devoir.
Adieu.
CLÉANDRE, *au prévôt.*
Vous avez fait le dû de votre office.

SCÈNE V. — DORANTE, CLÉANDRE, CLITON.

DORANTE, *à Cléandre.*
Mon cavalier, pour vous je me fais injustice;
Je vous tiens pour brave homme, et vous reconnois bien;
Faites votre devoir comme j'ai fait le mien.
CLÉANDRE.
Monsieur....
DORANTE.
Point de réplique, on pourroit nous entendre.
CLÉANDRE.
Sachez donc seulement qu'on m'appelle Cléandre,
Que je sais mon devoir, que j'en prendrai souci,
Et que je périrai pour vous tirer d'ici.

SCÈNE VI. — DORANTE, CLITON.

DORANTE.
N'est-il pas vrai, Cliton, que c'eût été dommage
De livrer au malheur ce généreux courage?
J'avois entre mes mains et sa vie et sa mort,
Et je me viens de voir arbitre de son sort.
CLITON.
Quoi! c'est là donc, monsieur?...
DORANTE.
Oui, c'est là le coupable.
CLITON.
L'homme à votre cheval?
DORANTE.
Rien n'est si véritable.
CLITON.
Je ne sais où j'en suis, et deviens tout confus.
Ne m'aviez-vous pas dit que vous ne mentiez plus?
DORANTE.
J'ai vu sur son visage un noble caractère,
Qui, me parlant pour lui, m'a forcé de me taire,
Et d'une voix connue entre les gens de cœur

M'a dit qu'en le perdant je me perdois d'honneur.
J'ai cru devoir mentir pour sauver un brave homme.
CLITON.
Et c'est ainsi, monsieur, que l'on s'amende à Rome?
Je me tiens au proverbe; oui, courez, voyagez;
Je veux être guenon si jamais vous changez :
Vous mentirez toujours, monsieur, sur ma parole.
Croyez-moi que Poitiers est une bonne école;
Pour le bien du public je la veux publier;
Les leçons qu'on y prend ne peuvent s'oublier.
DORANTE.
Je ne mens plus, Cliton, je t'en donne assurance;
Mais en un tel sujet l'occasion dispense.
CLITON.
Vous en prendrez autant comme vous en verrez.
Menteur vous voulez vivre, et menteur vous mourrez;
Et l'on dira de vous pour oraison funèbre :
« C'étoit en menterie un auteur très-célèbre,
Qui sut y raffiner de si digne façon,
Qu'aux maîtres du métier il en eût fait leçon;
Et qui tant qu'il vécut, sans craindre aucune risque,
Aux plus forts d'après lui put donner quinze et bisque. »
DORANTE.
Je n'ai plus qu'à mourir, mon épitaphe est fait,
Et tu m'érigeras en cavalier parfait :
Tu ferois violence à l'humeur la plus triste.
Mais, sans plus badiner, va-t'en chercher Philiste;
Donne-lui cette lettre; et moi, sans plus mentir,
Avec les prisonniers j'irai me divertir.

ACTE SECOND.

SCÈNE I. — MÉLISSE, LYSE.

MÉLISSE, *tenant une lettre ouverte en sa main.*
Certes, il écrit bien; sa lettre est excellente.
LYSE.
Madame, sa personne est encor plus galante :
Tout est charmant en lui, sa grâce, son maintien....
MÉLISSE.
Il semble que déjà tu lui veuilles du bien.
LYSE.
J'en trouve, à dire vrai, la rencontre si belle,
Que je voudrois l'aimer si j'étois demoiselle.
Il est riche, et de plus il demeure à Paris,

ACTE II, SCÈNE I.

Où des dames, dit-on, est le vrai paradis ;
Et ce qui vaut bien mieux que toutes ces richesses,
Les maris y sont bons, et les femmes maîtresses.
Je vous le dis encor, je m'y passerois bien ;
Et si j'étois son fait, il seroit fort le mien.

MÉLISSE.

Tu n'es pas dégoûtée. Enfin, Lyse, sans rire,
C'est un homme bien fait?

LYSE.

Plus que je ne puis dire.

MÉLISSE.

A sa lettre il paroît qu'il a beaucoup d'esprit ;
Mais, dis-moi, parle-t-il aussi bien qu'il écrit?

LYSE.

Pour lui faire en discours montrer son éloquence
Il lui faudroit des gens de plus de conséquence ;
C'est à vous d'éprouver ce que vous demandez.

MÉLISSE.

Et que croit-il de moi?

LYSE.

Ce que vous lui mandez ;
Que vous l'avez tantôt vu par votre fenêtre ;
Que vous l'aimez déjà.

MÉLISSE.

Cela pourroit bien être.

LYSE.

Sans l'avoir jamais vu?

MÉLISSE.

J'écris bien sans le voir.

LYSE.

Mais vous suivez d'un frère un absolu pouvoir,
Qui, vous ayant conté par quel bonheur étrange
Il s'est mis à couvert de la mort de Florange,
Se sert de cette feinte, en cachant votre nom,
Pour lui donner secours dedans cette prison.
L'y voyant en sa place, il fait ce qu'il doit faire.

MÉLISSE.

Je n'écrivois tantôt qu'à dessein de lui plaire.
Mais, Lyse, maintenant j'ai pitié de l'ennui
D'un homme si bien fait qui souffre pour autrui ;
Et, par quelques motifs que je vienne d'écrire,
Il est de mon honneur de ne m'en pas dédire.
La lettre est de ma main, elle parle d'amour :
S'il ne sait qui je suis, il peut l'apprendre un jour.
Un tel gage m'oblige à lui tenir parole :
Ce qu'on met par écrit passe une amour frivole.
Puisqu'il a du mérite, on ne m'en peut blâmer ;
Et je lui dois mon cœur, s'il daigne l'estimer.

Je m'en forme en idée une image si rare,
Qu'elle pourroit gagner l'âme la plus barbare ;
L'amour en est le peintre, et ton rapport flatteur
En fournit les couleurs à ce doux enchanteur.
LYSE.
Tout comme vous l'aimez vous verrez qu'il vous aime .
Si vous vous engagez, il s'engage de même,
Et se forme de vous un tableau si parfait,
Que c'est lettre pour lettre, et portrait pour portrait.
Il faut que votre amour plaisamment s'entretienne ;
Il sera votre idée, et vous serez la sienne.
L'alliance est mignarde, et cette nouveauté,
Surtout dans une lettre, aura grande beauté,
Quand vous y souscrirez pour Dorante ou Mélisse :
« Votre très-humble idée à vous rendre service. »
Vous vous moquez, madame ; et, loin d'y consentir,
Vous n'en parlez ainsi que pour vous divertir ?
MÉLISSE.
Je ne me moque point.
LYSE.
Et que fera, madame,
Cet autre cavalier dont vous possédez l'âme,
Votre amant ?
MÉLISSE.
Qui ?
LYSE.
Philiste.
MÉLISSE.
Ah ! ne présume pas
Que son cœur soit sensible au peu que j'ai d'appas ;
Il fait mine d'aimer, mais sa galanterie
N'est qu'un amusement et qu'une raillerie.
LYSE.
Il est riche, et parent des premiers de Lyon.
MÉLISSE.
Et c'est ce qui le porte à plus d'ambition.
S'il me voit quelquefois, c'est comme par surprise ;
Dans ses civilités on diroit qu'il méprise,
Qu'un seul mot de sa bouche est un rare bonheur,
Et qu'un de ses regards est un excès d'honneur.
L'amour même d'un roi me seroit importune,
S'il falloit la tenir à si haute fortune.
La sienne est un trésor qu'il fait bien d'épargner ;
L'avantage est trop grand, j'y pourrois trop gagner.
Il n'entre point chez nous ; et quand il me rencontre,
Il semble qu'avec peine à mes yeux il se montre,
Et prend l'occasion avec une froideur
Qui craint en me parlant d'abaisser sa grandeur.

LYSE.
Peut-être il est timide, et n'ose davantage.
MÉLISSE.
S'il craint, c'est que l'amour trop avant ne l'engage.
Il voit souvent mon frère, et ne parle de rien.
LYSE.
Mais, vous le recevez, ce me semble, assez bien.
MÉLISSE.
Comme je ne suis pas en amour des plus fines,
Faute d'autre j'en souffre, et je lui rends ses mines;
Mais je commence à voir que de tels cajoleurs
Ne font qu'effaroucher les partis les meilleurs,
Et ne dois plus souffrir qu'avec cette grimace
D'un véritable amant il occupe la place.
LYSE.
Je l'ai vu pour vous voir faire beaucoup de tours.
MÉLISSE.
Qui l'empêche d'entrer, et me voir tous les jours?
Cette façon d'agir est-elle plus polie?
Croit-il...?
LYSE.
Les amoureux ont chacun leur folie :
La sienne est de vous voir avec tant de respect,
Qu'il passe pour superbe, et vous devient suspect;
Et la vôtre, un dégoût de cette retenue,
Qui vous fait mépriser la personne connue,
Pour donner votre estime, et chercher avec soin
L'amour d'un inconnu, parce qu'il est de loin.

SCÈNE II. — CLÉANDRE, MÉLISSE, LYSE.

CLÉANDRE.
Envers ce prisonnier as-tu fait cette feinte,
Ma sœur?
MÉLISSE.
Sans me connoître, il me croit l'âme atteinte,
Que je l'ai vu conduire en ce triste séjour,
Que ma lettre et l'argent sont des effets d'amour;
Et Lyse, qui l'a vu, m'en dit tant de merveilles,
Qu'elle fait presque entrer l'amour par les oreilles.
CLÉANDRE.
Ah! si tu savois tout!
MÉLISSE.
Elle ne laisse rien;
Elle en vante l'esprit, la taille, le maintien,
Le visage attrayant, et la façon modeste.
CLÉANDRE.
Ah! que c'est peu de chose au prix de ce qui reste!

MÉLISSE.
Que reste-t-il à dire ? Un courage invaincu ?
CLÉANDRE.
C'est le plus généreux qui jamais ait vécu ;
C'est le cœur le plus noble, et l'âme la plus haute....
MÉLISSE.
Quoi ! vous voulez, mon frère, ajouter à sa faute,
Percer avec ces traits un cœur qu'il a blessé,
Et vous-même achever ce qu'elle a commencé ?
CLÉANDRE.
Ma sœur, à peine sais-je encor comme il se nomme,
Et je sais qu'on n'a vu jamais plus honnête homme,
Et que ton frère enfin périroit aujourd'hui,
Si nous avions affaire à tout autre qu'à lui.
  Quoique notre partie ait été si secrète
Que j'en dusse espérer une sûre retraite,
Et que Florange et moi, comme je t'ai conté,
Afin que ce duel ne pût être éventé,
Sans prendre de seconds, l'eussions faite de sorte
Que chacun pour sortir choisît diverse porte,
Que nous n'eussions ensemble été vus de huit jours,
Que presque tout le monde ignorât nos amours,
Et que l'occasion me fût si favorable
Que je vis l'innocent saisi pour le coupable ;
Je crois te l'avoir dit, qu'il nous vint séparer,
Et que sur son cheval je sus me retirer.
Comme je me montrois, afin que ma présence
Donnât lieu d'en juger une entière innocence,
Sur un bruit répandu que le défunt et moi
D'une même beauté nous adorions la loi,
Un prévôt soupçonneux me saisit dans la rue,
Me mène au prisonnier, et m'expose à sa vue.
Juge quel trouble j'eus de me voir en ces lieux :
Ce cavalier me voit, m'examine des yeux,
Me reconnoît, je tremble encore à te le dire ;
Mais apprends sa vertu, chère sœur, et l'admire.
Ce grand cœur, se voyant mon destin en la main,
Devient pour me sauver à soi-même inhumain ;
Lui qui souffre pour moi sait mon crime et le nie,
Dit que ce qu'on m'impute est une calomnie,
Dépeint le criminel de toute autre façon,
Oblige le prévôt à sortir sans soupçon,
Me promet amitié, m'assure de se taire.
Voilà ce qu'il a fait ; vois ce que je dois faire.
MÉLISSE.
L'aimer, le secourir, et tous deux avouer
Qu'une telle vertu ne se peut trop louer.

CLÉANDRE.
Si je l'ai plaint tantôt de souffrir pour mon crime,
Cette pitié, ma sœur, étoit bien légitime ;
Mais ce n'est plus pitié, c'est obligation,
Et le devoir succède à la compassion.
Nos plus puissans secours ne sont qu'ingratitude ;
Mets à les redoubler ton soin et ton étude ;
Sous ce même prétexte et ces déguisemens,
Ajoute à ton argent perles et diamans ;
Qu'il ne manque de rien ; et pour sa délivrance
Je vais de mes amis faire agir la puissance.
Que si tous leurs efforts ne peuvent le tirer,
Pour m'acquitter vers lui j'irai me déclarer.
Adieu. De ton côté prends souci de me plaire,
Et vois ce que tu dois à qui te sauve un frère.

MÉLISSE.
Je vous obéirai très-ponctuellement.

SCÈNE III. — MÉLISSE, LYSE.

LYSE.
Vous pouviez dire encor très-volontairement ;
Et la faveur du ciel vous a bien conservée,
Si ces derniers discours ne vous ont achevée.
Le parti de Philiste a de quoi s'appuyer ;
Je n'en suis plus, madame ; il n'est bon qu'à noyer ;
Il ne valut jamais un cheveu de Dorante.
Je puis vers la prison apprendre une courante ?

MÉLISSE.
Oui, tu peux te résoudre encore à te crotter.

LYSE.
Quels de vos diamans me faut-il lui porter ?

MÉLISSE.
Mon frère va trop vite ; et sa chaleur l'emporte
Jusqu'à connoître mal des gens de cette sorte.
Aussi, comme son but est différent du mien,
Je dois prendre un chemin fort éloigné du sien.
Il est reconnoissant, et je suis amoureuse ;
Il a peur d'être ingrat, et je veux être heureuse.
A force de présens il se croit acquitter ;
Mais le redoublement ne fait que rebuter.
Si le premier oblige un homme de mérite,
Le second l'importune, et le reste l'irrite,
Et, passé le besoin, quoi qu'on lui puisse offrir,
C'est un accablement qu'il ne sauroit souffrir.
L'amour est libéral, mais c'est avec adresse :
Le prix de ses présens est en leur gentillesse ;

Et celui qu'à Dorante exprès tu vas porter,
Je veux qu'il le dérobe au lieu de l'accepter.
Écoute une pratique assez ingénieuse.

LYSE.

Elle doit être belle et fort mystérieuse.

MÉLISSE.

Au lieu des diamans dont tu viens de parler,
Avec quelques douceurs il faut le régaler,
Entrer sous ce prétexte, et trouver quelque voie
Par où, sans que j'y sois, tu fasses qu'il me voie :
Porte-lui mon portrait, et, comme sans dessein,
Fais qu'il puisse aisément le surprendre en ton sein ;
Feins lors pour le ravoir un déplaisir extrême :
S'il le rend, c'en est fait ; s'il le retient, il m'aime.

LYSE.

A vous dire le vrai, vous en savez beaucoup.

MÉLISSE.

L'amour est un grand maître, il instruit tout d'un coup.

LYSE.

Il vient de vous donner de belles tablatures.

MÉLISSE.

Viens querir mon portrait avec des confitures :
Comme pourra Dorante en user bien ou mal,
Nous résoudrons après touchant l'original.

SCÈNE IV. — PHILISTE, DORANTE, CLITON, *dans la prison.*

DORANTE.

Voilà, mon cher ami, la véritable histoire
D'une aventure étrange et difficile à croire ;
Mais puisque je vous vois, mon sort est assez doux.

PHILISTE.

L'aventure est étrange, et bien digne de vous ;
Et, si je n'en voyois la fin trop véritable,
J'aurois bien de la peine à la trouver croyable :
Vous me seriez suspect, si vous étiez ailleurs.

CLITON.

Ayez pour lui, monsieur, des sentimens meilleurs :
Il s'est bien converti dans un si long voyage ;
C'est tout un autre esprit sous le même visage ;
Et tout ce qu'il débite est pure vérité,
S'il ne ment quelquefois par générosité.
C'est le même qui prit Clarice pour Lucrèce,
Qui fit jaloux Alcippe avec sa noble adresse ;
Et, malgré tout cela, le même toutefois,
Depuis qu'il est ici, n'a menti qu'une fois.

PHILISTE.

En voudrois-tu jurer ?

CLITON.
Oui, monsieur, et j'en jure
Par le dieu des menteurs, dont il est créature;
Et, s'il vous faut encore un serment plus nouveau,
Par l'hymen de Poitiers et le festin sur l'eau.
PHILISTE.
Laissant là ce badin, ami, je vous confesse
Qu'il me souvient toujours de vos traits de jeunesse;
Cent fois en cette ville aux meilleures maisons
J'en ai fait un bon conte en déguisant les noms;
J'en ai ri de bon cœur, et j'en ai bien fait rire;
Et, quoi que maintenant je vous entende dire,
Ma mémoire toujours me les vient présenter,
Et m'en fait un rapport qui m'invite à douter.
DORANTE.
Formez en ma faveur de plus saines pensées;
Ces petites humeurs sont aussitôt passées;
Et l'air du monde change en bonnes qualités
Ces teintures qu'on prend aux universités.
PHILISTE.
Dès lors, à cela près, vous étiez en estime
D'avoir une âme noble, et grande, et magnanime.
CLITON.
Je le disois dès lors; sans cette qualité,
Vous n'eussiez pu jamais le payer de bonté.
DORANTE.
Ne te tairas-tu point?
CLITON.
Dis-je rien qu'il ne sache?
Et fais-je à votre nom quelque nouvelle tache?
N'étoit-il pas, monsieur, avec Alcippe et vous,
Quand ce festin en l'air le rendit si jaloux?
Lui qui fut le témoin du conte que vous fîtes,
Lui qui vous sépara lorsque vous vous battîtes?
Ne sait-il pas encor les plus rusés détours
Dont votre esprit adroit bricola vos amours?
PHILISTE.
Ami, ce flux de langue est trop grand pour se taire;
Mais, sans plus l'écouter, parlons de votre affaire.
Elle me semble aisée, et j'ose me vanter
Qu'assez facilement je pourrai l'emporter :
Ceux dont elle dépend sont de ma connoissance,
Et même à la plupart je touche de naissance;
Le mort étoit d'ailleurs fort peu considéré,
Et chez les gens d'honneur on ne l'a point pleuré.
Sans perdre plus de temps, souffrez que j'aille apprendre
Pour en venir à bout quel chemin il faut prendre.

Ne vous attristez point cependant en prison,
On aura soin de vous comme en votre maison;
Le concierge en a l'ordre, il tient de moi sa place,
Et sitôt que je parle il n'est rien qu'il ne fasse.

DORANTE.

Ma joie est de vous voir, vous me l'allez ravir.

PHILISTE.

Je prends congé de vous pour vous aller servir.
Cliton divertira votre mélancolie.

SCÈNE V. — DORANTE, CLITON.

CLITON.

Comment va maintenant l'amour ou la folie?
Cette dame obligeante au visage inconnu,
Qui s'empare des cœurs avec son revenu,
Est-elle encore aimable? a-t-elle encor des charmes?
Par générosité lui rendrons-nous les armes?

DORANTE.

Cliton, je la tiens belle, et m'ose figurer
Qu'elle n'a rien en soi qu'on ne puisse adorer.
Qu'en imagines-tu?

CLITON.

J'en fais des conjectures
Qui s'accordent fort mal avecque vos figures.
Vous payer par avance, et vous cacher son nom,
Quoi que vous présumiez, ne marque rien de bon.
A voir ce qu'elle a fait, et comme elle procède,
Je jurerois, monsieur, qu'elle est ou vieille ou laide,
Peut-être l'une et l'autre, et vous a regardé
Comme un galant commode, et fort incommodé.

DORANTE.

Tu parles en brutal.

CLITON.

Vous, en visionnaire.
Mais, si je disois vrai, que prétendez-vous faire?

DORANTE.

Envoyer et la dame et les amours au vent.

CLITON.

Mais vous avez reçu; quiconque prend se vend.

DORANTE.

Quitte pour lui jeter son argent à la tête.

CLITON.

Le compliment est doux et la défaite honnête.
Tout de bon à ce coup vous êtes converti;
Je le soutiens, monsieur, le proverbe a menti.
Sans scrupule autrefois, témoin votre Lucrèce,
Vous emportiez l'argent, et quittiez la maîtresse;

Mais Rome vous a fait si grand homme de bien,
Qu'à présent vous voulez rendre à chacun le sien.
Vous vous êtes instruit des cas de conscience.
DORANTE.
Tu m'embrouilles l'esprit faute de patience.
Deux ou trois jours peut-être, un peu plus, un peu moins,
Éclairciront ce trouble, et purgeront ces soins.
Tu sais qu'on m'a promis que la beauté qui m'aime
Viendra me rapporter sa réponse elle-même :
Vois déjà sa servante, elle revient.
CLITON.   Tant pis.
Dussiez-vous enrager, c'est ce que je vous dis.
Si fréquente ambassade, et maîtresse invisible,
Sont de ma conjecture une preuve infaillible.
Voyons ce qu'elle veut, et si son passe-port
Est aussi bien fourni comme au premier abord.
DORANTE.
Veux-tu qu'à tous momens il pleuve des pistoles ?
CLITON.
Qu'avons-nous sans cela besoin de ses paroles ?

SCÈNE VI. — DORANTE, LYSE, CLITON.

DORANTE, *à Lyse.*
Je ne t'espérois pas si soudain de retour.
LYSE.
Vous jugerez par là d'un cœur qui meurt d'amour.
De vos civilités ma maîtresse est ravie :
Elle seroit venue, elle en brûle d'envie ;
Mais une compagnie au logis la retient :
Elle viendra bientôt, et peut-être elle vient ;
Et je me connois mal à l'ardeur qui l'emporte,
Si vous ne la voyez même avant que je sorte.
Acceptez cependant quelque peu de douceurs
Fort propres en ces lieux à conforter les cœurs ;
Les sèches sont dessous, celles-ci sont liquides.
CLITON.
Les amours de tantôt me sembloient plus solides.
Si tu n'as autre chose, épargne mieux tes pas ;
Cette inégalité ne me satisfait pas.
Nous avons le cœur bon, et, dans nos aventures,
Nous ne fûmes jamais hommes à confitures.
LYSE.
Badin, qui te demande ici ton sentiment ?
CLITON.
Ah ! tu me fais l'amour un peu bien rudement.

LYSE.
Est-ce à toi de parler? que n'attends-tu ton heure?
DORANTE.
Saurons-nous cette fois son nom, ou sa demeure?
LYSE.
Non pas encor sitôt.
DORANTE.
Mais te vaut-elle bien?
Parle-moi franchement, et ne déguise rien.
LYSE.
A ce compte, monsieur, vous me trouvez passable?
DORANTE.
Je te trouve de taille et d'esprit agréable,
Tant de grâce en l'humeur, et tant d'attraits aux yeux,
Qu'à te dire le vrai, je ne voudrois pas mieux;
Elle me charmera, pourvu qu'elle te vaille.
LYSE.
Ma maîtresse n'est pas tout à fait de ma taille,
Mais elle me surpasse en esprit, en beauté,
Autant et plus encor, monsieur, qu'en qualité.
DORANTE.
Tu sais adroitement couler ta flatterie.
Que ce bout de ruban a de galanterie!
Je veux le dérober. Mais qu'est-ce qui le suit?
LYSE.
Rendez-le-moi, monsieur; j'ai hâte, il s'en va nuit.
DORANTE.
Je verrai ce que c'est.
LYSE.
C'est une mignature[1].
DORANTE.
Oh! le charmant portrait! l'adorable peinture!
Elle est faite à plaisir?
LYSE.
Après le naturel.
DORANTE.
Je ne crois pas jamais avoir rien vu de tel.
LYSE.
Ces quatre diamans dont elle est enrichie
Ont sous eux quelque feuille, ou mal nette, ou blanchie;
Et je cours de ce pas y faire regarder.
DORANTE.
Et quel est ce portrait?
LYSE.
Le faut-il demander?
Et doutez-vous si c'est ma maîtresse elle-même?

1. Pour *miniature* qui aurait fait une syllabe de plus.

ACTE II, SCÈNE VI.

DORANTE.

Quoi ! celle qui m'écrit ?

LYSE.

Oui, celle qui vous aime;
A l'aimer tant soit peu vous l'auriez deviné.

DORANTE.

Un si rare bonheur ne m'est pas destiné;
Et tu me veux flatter par cette fausse joie.

LYSE.

Quand je dis vrai, monsieur, je prétends qu'on me croie.
Mais je m'amuse trop, l'orfévre est loin d'ici ;
Donnez-moi, je perds temps.

DORANTE.

Laisse-moi ce souci;
Nous avons un orfévre arrêté pour ses dettes,
Qui saura tout remettre au point que tu souhaites.

LYSE.

Vous m'en donnez, monsieur.

DORANTE.

Je te le ferai voir.

LYSE.

A-t-il la main fort bonne?

DORANTE.

Autant qu'on peut l'avoir.

LYSE.

Sans mentir?

DORANTE.

Sans mentir.

CLITON.

Il est trop jeune, il n'ose.

LYSE.

Je voudrois bien pour vous faire ici quelque chose;
Mais vous le montrerez.

DORANTE.

Non, à qui que ce soit.

LYSE.

Vous me ferez chasser si quelque autre le voit.

DORANTE.

Va, dors en sûreté.

LYSE.

Mais enfin à quand rendre?

DORANTE.

Dès demain.

LYSE.

Demain donc je viendrai le reprendre;
Je ne puis me résoudre à vous désobliger.

CLITON, *à Dorante, puis à Lyse.*

Elle se met pour vous en un très-grand danger.
Dirons nous rien nous deux?

LYSE.
Non.
CLITON.
Comme tu méprises!
LYSE.
Je n'ai pas le loisir d'entendre tes sottises.
CLITON.
Avec cette rigueur tu me feras mourir.
LYSE.
Peut être à mon retour je saurai te guérir;
Je ne puis mieux pour l'heure : adieu.
CLITON.
Tout me succède.

SCÈNE VII. — DORANTE, CLITON.

DORANTE.
Viens, Cliton, et regarde. Est-elle vieille ou laide?
Voit-on des yeux plus vifs? voit-on des traits plus doux?
CLITON.
Je suis un peu moins dupe, et plus futé que vous.
C'est un leurre, monsieur, la chose est toute claire;
Elle a fait tout du long les mines qu'il faut faire.
On amorce le monde avec de tels portraits,
Pour les faire surprendre on les apporte exprès;
On s'en fâche, on fait bruit, on vous les redemande,
Mais on tremble toujours de crainte qu'on les rende;
Et pour dernière adresse, une telle beauté
Ne se voit que de nuit et dans l'obscurité,
De peur qu'en un moment l'amour ne s'estropie
A voir l'original si loin de la copie.
Mais laissons ce discours, qui peut vous ennuyer.
Vous ferai-je venir l'orfévre prisonnier?
DORANTE.
Simple! n'as-tu point vu que c'étoit une feinte,
Un effet de l'amour dont mon âme est atteinte?
CLITON.
Bon; en voici déjà de deux en même jour,
Par devoir d'honnête homme, et par effet d'amour.
Avec un peu de temps nous en verrons bien d'autres.
Chacun a ses talens, et ce sont là les vôtres.
DORANTE.
Tais-toi, tu m'étourdis de tes sottes raisons.
Allons prendre un peu l'air dans la cour des prisons.

ACTE TROISIÈME.

(L'acte se passe dans la prison.)

SCÈNE I. — CLÉANDRE, DORANTE, CLITON.

DORANTE.
Je vous en prie encor, discourons d'autre chose,
Et sur un tel sujet ayons la bouche close :
On peut nous écouter, et vous surprendre ici ;
Et si vous vous perdez, vous me perdez aussi.
La parfaite amitié que pour vous j'ai conçue,
Quoiqu'elle soit l'effet d'une première vue,
Joint mon péril au vôtre, et les unit si bien
Qu'au cours de votre sort elle attache le mien.

CLÉANDRE.
N'ayez aucune peur, et sortez d'un tel doute.
J'ai des gens là dehors qui gardent qu'on n'écoute ;
Et je puis vous parler en toute sûreté
De ce que mon malheur doit à votre bonté.
  Si d'un bienfait si grand qu'on reçoit sans mérite
Qui s'avoue insolvable aucunement s'acquitte,
Pour m'acquitter vers vous autant que je le puis,
J'avoue, et hautement, monsieur, que je le suis ;
Mais si cette amitié par l'amitié se paie,
Ce cœur qui vous doit tout vous en rend une vraie.
La vôtre la devance à peine d'un moment,
Elle attache mon sort au vôtre également ;
Et l'on n'y trouvera que cette différence,
Qu'en vous elle est faveur, en moi reconnoissance.

DORANTE.
N'appelez point faveur ce qui fut un devoir :
Entre les gens de cœur il suffit de se voir.
Par un effort secret de quelque sympathie
L'un à l'autre aussitôt un certain nœud les lie :
Chacun d'eux sur son front porte écrit ce qu'il est :
Et quand on lui ressemble, on prend son intérêt.

CLITON.
Par exemple, voyez, aux traits de ce visage
Mille dames m'ont pris pour homme de courage,
Et sitôt que je parle, on devine à demi
Que le sexe jamais ne fut mon ennemi.

CLÉANDRE.
Cet homme a de l'humeur.

DORANTE.
　　　　　C'est un vieux domestique

Qui, comme vous voyez, n'est pas mélancolique.
A cause de son âge il se croit tout permis ;
Il se rend familier avec tous mes amis,
Mêle partout son mot ; et jamais, quoi qu'on die,
Pour donner son avis il n'attend qu'on l'en prie.
Souvent il importune, et quelquefois il plaît.

CLÉANDRE.

J'en voudrois connoître un de l'humeur dont il est.

CLITON.

Croyez qu'à le trouver vous auriez de la peine :
Le monde n'en voit pas quatorze à la douzaine ;
Et je jurerois bien, monsieur, en bonne foi,
Qu'en France il n'en est point que Jodelet et moi.

DORANTE.

Voilà de ses bons mots les galantes surprises ;
Mais qui parle beaucoup dit beaucoup de sottises ;
Et quand il a dessein de se mettre en crédit,
Plus il y fait d'effort, moins il sait ce qu'il dit.

CLITON.

On appelle cela des vers à ma louange.

CLÉANDRE.

Presque insensiblement nous avons pris le change.
Mais revenons, monsieur, à ce que je vous dois.

DORANTE.

Nous en pourrons parler encor quelque autre fois :
Il suffit pour ce coup.

CLÉANDRE.
                Je ne saurois vous taire
En quel heureux état se trouve votre affaire.
   Vous sortirez bientôt, et peut-être demain ;
Mais un si prompt secours ne vient pas de ma main ;
Les amis de Philiste en ont trouvé la voie :
J'en dois rougir de honte au milieu de ma joie ;
Et je ne saurois voir sans être un peu jaloux
Qu'il m'ôte les moyens de m'employer pour vous.
Je cède avec regret à cet ami fidèle ;
S'il a plus de pouvoir, il n'a pas plus de zèle ;
Et vous m'obligerez, au sortir de prison,
De me faire l'honneur de prendre ma maison.
Je n'attends point le temps de votre délivrance,
De peur qu'encore un coup Philiste me devance ;
Comme il m'ôte aujourd'hui l'espoir de vous servir,
Vous loger est un bien que je lui veux ravir.

DORANTE.

C'est un excès d'honneur que vous me voulez rendre ;
Et je croirois faillir de m'en vouloir défendre.

ACTE III, SCÈNE I.

CLÉANDRE.

Je vous en reprierai quand vous pourrez sortir ;
Et lors nous tâcherons à vous bien divertir,
Et vous faire oublier l'ennui que je vous cause.
 Auriez-vous cependant besoin de quelque chose?
Vous êtes voyageur, et pris par des sergens ;
Et quoique ces messieurs soient fort honnêtes gens,
Il en est quelques-uns....

CLITON.

 Les siens en sont du nombre ;
Ils ont en le prenant pillé jusqu'à son ombre ;
Et n'étoit que le ciel a su le soulager,
Vous le verriez encor fort net et fort léger ;
Mais comme je pleurois ses tristes aventures,
Nous avons reçu lettre, argent et confitures.

CLÉANDRE.

Et de qui?

DORANTE.

 Pour le dire, il faudroit deviner.
Jugez ce qu'en ma place on peut s'imaginer.
 Une dame m'écrit, me flatte, me régale,
Me promet une amour qui n'eut jamais d'égale,
Me fait force présens....

CLÉANDRE.

Et vous visite?

DORANTE.

 Non.

CLÉANDRE.

Vous savez son logis?

DORANTE.

 Non, pas même son nom.
Ne soupçonnez-vous point ce que ce pourroit être?

CLÉANDRE.

A moins que de la voir je ne la puis connoître.

DORANTE.

Pour un si bon ami je n'ai point de secret.
Voyez, connoissez-vous les traits de ce portrait?

CLÉANDRE.

Elle semble éveillée, et passablement belle ;
Mais je ne vous en puis dire aucune nouvelle,
Et je ne connois rien à ces traits que je voi.
Je vais vous préparer une chambre chez moi.
Adieu.

SCÈNE II. — DORANTE, CLITON.

DORANTE.

 Ce brusque adieu marque un trouble dans l'âme.
Sans doute il la connoît.

CLITON.
C'est peut-être sa femme.
DORANTE.
Sa femme?
CLITON.
Oui, c'est sans doute elle qui vous écrit;
Et vous venez de faire un coup de grand esprit.
Voilà de vos secrets et de vos confidences.
DORANTE.
Nomme-les par leur nom, dis de mes imprudences.
Mais seroit-ce en effet celle que tu me dis?
CLITON.
Envoyez vos portraits à de tels étourdis,
Ils gardent un secret avec extrême adresse.
C'est sa femme, vous dis-je, ou du moins sa maîtresse.
Ne l'avez-vous pas vu tout changé de couleur?
DORANTE.
Je l'ai vu, comme atteint d'une vive douleur,
Faire de vains efforts pour cacher sa surprise.
Son désordre, Cliton, montre ce qu'il déguise.
Il a pris un prétexte à sortir promptement,
Sans se donner loisir d'un mot de compliment.
CLITON.
Qu'il fera dangereux rencontrer sa colère !
Il va tout renverser si l'on le laisse faire,
Et je vous tiens pour mort si sa fureur se croit;
Mais surtout ses valets peuvent bien marcher droit :
Malheureux le premier qui fâchera son maître !
Pour autres cent louis je ne voudrois pas l'être.
DORANTE.
La chose est sans remède; en soit ce qui pourra:
S'il fait tant le mauvais, peut-être on le verra.
Ce n'est pas qu'après tout, Cliton, si c'est sa femme,
Je ne sache étouffer cette naissante flamme;
Ce seroit lui prêter un fort mauvais secours
Que lui ravir l'honneur en conservant ses jours;
D'une belle action j'en ferois une noire.
J'en ai fait mon ami, je prends part à sa gloire;
Et je ne voudrois pas qu'on pût me reprocher
De servir un brave homme au prix d'un bien si cher.
CLITON.
Et s'il est son amant?
DORANTE.
Puisqu'elle me préfère,
Ce que j'ai fait pour lui vaut bien qu'il me défère;
Sinon, il a du cœur, il en sait bien les lois,
Et je suis résolu de défendre son choix.

ACTE III, SCÈNE II.

Tandis, pour un moment trêve de raillerie,
Je veux entretenir un peu ma rêverie.
(*Il prend le portrait de Mélisse.*)

    Merveille qui m'as enchanté,
    Portrait à qui je rends les armes,
    As-tu bien autant de bonté
    Comme tu me fais voir de charmes?
    Hélas! au lieu de l'espérer,
    Je ne fais que me figurer
    Que tu te plains à cette belle,
    Que tu lui dis mon procédé,
    Et que je te fus infidèle
    Sitôt que je t'eus possédé.

    Garde mieux le secret que moi,
    Daigne en ma faveur te contraindre :
    Si j'ai pu te manquer de foi,
    C'est m'imiter que de t'en plaindre.
    Ta colère en me punissant
    Te fait criminel d'innocent;
    Sur toi retombent les vengeances....

    CLITON, *lui ôtant le portrait.*
Vous ne dites, monsieur, que des extravagances,
Et parlez justement le langage des fous.
Donnez, j'entretiendrai ce portrait mieux que vous;
Je veux vous en montrer de meilleures méthodes,
Et lui faire des vœux plus courts et plus commodes.

    Adorable et riche beauté,
    Qui joins les effets aux paroles,
    Merveille qui m'as enchanté
    Par tes douceurs et tes pistoles,
    Sache un peu mieux les partager;
    Et, si tu nous veux obliger
    A dépeindre aux races futures
    L'éclat de tes faits inouïs,
    Garde pour toi les confitures,
    Et nous accable de louis.

Voilà parler en homme.
        DORANTE.
        Arrête tes saillies,
Ou va du moins ailleurs débiter tes folies:
Je ne suis pas toujours d'humeur à t'écouter.
        CLITON.
Et je ne suis jamais d'humeur à vous flatter;
Je ne vous puis souffrir de dire une sottise :
Par un double intérêt je prends cette franchise;

L'un vous êtes mon maître, et j'en rougis pour vous ;
L'autre, c'est mon talent, et j'en deviens jaloux.

DORANTE.

Si c'est là ton talent, ma faute est sans exemple.

CLITON.

Ne me l'enviez point, le vôtre est assez ample ;
Et puisque enfin le ciel m'a voulu départir
Le don d'extravaguer, comme à vous de mentir,
Comme je ne mens point devant votre excellence,
Ne dites à mes yeux aucune extravagance ;
N'entreprenez sur moi, non plus que moi sur vous.

DORANTE.

Tais-toi ; le ciel m'envoie un entretien plus doux :
L'ambassade revient.

CLITON.

Que nous apporte-t-elle ?

DORANTE.

Maraud, veux-tu toujours quelque douceur nouvelle ?

CLITON.

Non pas, mais le passé m'a rendu curieux ;
Je lui regarde aux mains un peu plutôt qu'aux yeux.

SCÈNE III. — DORANTE, MÉLISSE, *déguisée en servante, cachant son visage sous une coiffe;* CLITON, LYSE.

CLITON, *à Lyse.*

Montre ton passe-port. Quoi ! tu viens les mains vides !
   (*A Dorante.*)
Ainsi détruit le temps les biens les plus solides ;
Et moins d'un jour réduit tout votre heur et le mien,
Des louis aux douceurs, et des douceurs à rien.

LYSE.

Si j'apportai tantôt, à présent je demande.

DORANTE.

Que veux-tu ?

LYSE.

Ce portrait, que je veux qu'on me rende.

DORANTE.

As-tu pris du secours pour faire plus de bruit ?

LYSE.

J'amène ici ma sœur, parce qu'il s'en va nuit ;
Mais vous pensez en vain chercher une défaite :
Demandez-lui, monsieur, quelle vie on m'a faite.

DORANTE.

Quoi ! ta maîtresse sait que tu me l'as laissé ?

LYSE.

Elle s'en est doutée, et je l'ai confessé.

ACTE III, SCÈNE III.

DORANTE.
Elle s'en est donc mise en colère?

LYSE.
Et si forte,
Que je n'ose rentrer si je ne le rapporte :
Si vous vous obstinez à me le retenir,
Je ne sais dès ce soir, monsieur, que devenir;
Ma fortune est perdue, et dix ans de service.

DORANTE.
Écoute, il n'est pour toi chose que je ne fisse.
Si je te nuis ici, c'est avec grand regret;
Mais on aura mon cœur avant que ce portrait.
Va dire de ma part à celle qui t'envoie
Qu'il fait tout mon bonheur, qu'il fait toute ma joie;
Que rien n'approcheroit de mon ravissement,
Si je le possédois de son consentement;
Qu'il est l'unique bien où mon espoir se fonde,
Qu'il est le seul trésor qui me soit cher au monde.
Et, quant à ta fortune, il est en mon pouvoir
De la faire monter par delà ton espoir.

LYSE.
Je ne veux point de vous, ni de vos récompenses.

DORANTE.
Tu me dédaignes trop.

LYSE.
Je le dois.

CLITON.
Tu l'offenses.
Mais voulez-vous, monsieur, me croire et vous venger?
Rendez-lui son portrait pour la faire enrager.

LYSE.
O le grand habile homme! il y connoît finesse.
C'est donc ainsi, monsieur, que vous tenez promesse?
Mais puisque auprès de vous j'ai si peu de crédit,
Demandez à ma sœur ce qu'elle m'en a dit,
Et si c'est sans raison que j'ai tant d'épouvante.

DORANTE.
Tu verras que ta sœur sera plus obligeante;
Mais si ce grand courroux lui donne autant d'effroi,
Je ferai tout autant pour elle que pour toi.

LYSE.
N'importe, parlez-lui; du moins vous saurez d'elle
Avec quelle chaleur j'ai pris votre querelle.

DORANTE, *à Mélisse.*
Son ordre est-il si rude?

MÉLISSE.
Il est assez exprès;

Mais, sans mentir, ma sœur vous presse un peu de près :
Quoi qu'elle ait commandé, la chose a deux visages.

CLITON.

Comme toutes les deux jouent leurs personnages!

MÉLISSE.

Souvent tout cet effort à ravoir un portrait
N'est que pour voir l'amour par l'état qu'on en fait.
C'est peut-être après tout le dessein de madame.
Ma sœur, non plus que moi, ne lit pas dans son âme;
En ces occasions il fait bon hasarder,
Et de force ou de gré je saurois le garder.
Si vous l'aimez, monsieur, croyez qu'en son courage
Elle vous aime assez pour vous laisser ce gage :
Ce seroit vous traiter avec trop de rigueur,
Puisque avant ce portrait on aura votre cœur;
Et je la trouverois d'une humeur bien étrange,
Si je ne lui faisois accepter cet échange.
Je l'entreprends pour vous, et vous répondrai bien
Qu'elle aimera ce gage autant comme le sien.

DORANTE.

O ciel! et de quel nom faut-il que je te nomme?

CLITON.

Ainsi font deux soldats logés chez le bonhomme :
Quand l'un veut tout tuer, l'autre rabat les coups;
L'un jure comme un diable, et l'autre file doux.
  Les belles, n'en déplaise à tout votre grimoire,
Vous vous entr'entendez comme larrons en foire.

MÉLISSE.

Que dit cet insolent?

DORANTE.

C'est un fou qui me sert.

CLITON.

Vous dites que....

DORANTE, *à Cliton.*

Tais-toi, ta sottise me perd.

(*A Mélisse.*)
Je suivrai ton conseil, il m'a rendu la vie.

LYSE.

Avec sa complaisance à flatter votre envie,
Dans le cœur de madame elle croit pénétrer;
Mais son front en rougit, et n'ose se montrer.

MÉLISSE, *se découvrant.*

Mon front n'en rougit point; et je veux bien qu'il voie
D'où lui vient ce conseil qui lui rend tant de joie.

DORANTE.

Mes yeux, que vois-je? où suis-je? êtes-vous des flatteurs?
Si le portrait dit vrai, les habits sont menteurs.

Madame, c'est ainsi que vous savez surprendre?
MÉLISSE.
C'est ainsi que je tâche à ne me point méprendre,
A voir si vous m'aimez, et savez mériter
Cette parfaite amour que je vous veux porter.
 Ce portrait est à vous, vous l'avez su défendre,
Et de plus sur mon cœur vous pouvez tout prétendre;
Mais, par quelque motif que vous l'eussiez rendu,
L'un et l'autre à jamais étoit pour vous perdu.
Je retirois le cœur en retirant ce gage,
Et vous n'eussiez de moi jamais vu que l'image.
Voilà le vrai sujet de mon déguisement.
Pour ne rien hasarder j'ai pris ce vêtement,
Pour entrer sans soupçon, pour en sortir de même,
Et ne me point montrer qu'ayant vu si l'on m'aime.
DORANTE.
Je demeure immobile, et, pour vous répliquer
Je perds la liberté même de m'expliquer.
Surpris, charmé, confus d'une telle merveille,
Je ne sais si je dors, je ne sais si je veille,
Je ne sais si je vis ; et je sais toutefois
Que ma vie est trop peu pour ce que je vous dois;
Que tous mes jours usés à vous rendre service,
Que tout mon sang pour vous offert en sacrifice,
Que tout mon cœur brûlé d'amour pour vos apppas,
Envers votre beauté ne m'acquitteroient pas.
MÉLISSE.
Sachez, pour arrêter ce discours qui me flatte,
Que je n'ai pu moins faire, à moins que d'être ingrate.
Vous avez fait pour moi plus que vous ne savez;
Et je vous dois bien plus que vous ne me devez.
Vous m'entendrez un jour, à présent je vous quitte;
Et, malgré mon amour, je romps cette visite:
Le soin de mon honneur veut que j'en use ainsi;
Je crains à tous momens qu'on me surprenne ici;
Encor que déguisée, on pourroit me connoître.
Je vous puis cette nuit parler par ma fenêtre,
Du moins si le concierge est homme à consentir,
A force de présens, que vous puissiez sortir.
Un peu d'argent fait tout chez les gens de sa sorte.
DORANTE.
Mais après que les dons m'auront ouvert la porte,
Où dois-je vous chercher?
MÉLISSE.
 Ayant su la maison,
Vous pourriez aisément vous informer du nom;
Encore un jour ou deux il me faut vous le taire :

Mais vous n'êtes pas homme à me vouloir déplaire.
  Je loge en Bellecour, environ au milieu,
Dans un grand pavillon. N'y manquez pas. Adieu.

DORANTE.

Donnez quelque signal pour plus certaine adresse.

LYSE.

Un linge servira de marque plus expresse ;
J'en prendrai soin.

MÉLISSE.

On ouvre et quelqu'un vous vient voir.
Si vous m'aimez, monsieur....

(*Elles baissent toutes deux leurs coiffes.*)

DORANTE.

Je sais bien mon devoir ;
Sur ma discrétion prenez toute assurance.

SCÈNE IV. — PHILISTE, DORANTE, CLITON.

PHILISTE.

Ami, notre bonheur passe notre espérance.
Vous avez compagnie? Ah! voyons, s'il vous plaît.

DORANTE.

Laissez-les s'échapper, je vous dirai qui c'est.
Ce n'est qu'une lingère : allant en Italie,
Je la vis en passant, et la trouvai jolie ;
Nous fîmes connoissance ; et me sachant ici,
Comme vous le voyez, elle en a pris souci.

PHILISTE.

Vous trouvez en tous lieux d'assez bonnes fortunes.

DORANTE.

Celle-ci pour le moins n'est pas des plus communes.

PHILISTE.

Elle vous semble belle, à ce compte?

DORANTE.

A ravir.

PHILISTE.

Je n'en suis point jaloux.

DORANTE.

M'y voulez-vous servir ?

PHILISTE.

Je suis trop maladroit pour un si noble rôle.

DORANTE.

Vous n'avez seulement qu'à dire une parole.

PHILISTE.

Qu'une?

DORANTE.

Non. Cette nuit j'ai promis de la voir,

ACTE III, SCÈNE IV.

Sûr que vous obtiendrez mon congé pour ce soir.
Le concierge est à vous.
             PHILISTE.
             C'est une affaire faite.
             DORANTE.
Quoi! vous me refusez un mot que je souhaite?
             PHILISTE.
L'ordre, tout au contraire, en est déjà donné,
Et votre esprit trop prompt n'a pas bien deviné.
  Comme je vous quittois avec peine à vous croire,
Quatre de mes amis m'ont conté votre histoire :
Ils marchoient après vous deux ou trois mille pas;
Ils vous ont vu courir, tomber le mort à bas,
L'autre vous démonter, et fuir en diligence :
Il ont vu tout cela de sur une éminence,
Et n'ont connu personne, étant trop éloignés.
Voilà, quoi qu'il en soit, tous nos procès gagnés,
Et plus tôt de beaucoup que je n'osois prétendre.
Je n'ai point perdu temps, et les ai fait entendre;
Si bien que, sans chercher d'autre éclaircissement,
Vos juges m'ont promis votre élargissement.
Mais, quoiqu'il soit constant qu'on vous prend pour un autre,
Il faudra caution, et je serai la vôtre :
Ce sont formalités que pour vous dégager
Les juges, disent-ils, sont tenus d'exiger;
Mais sans doute ils en font ainsi que bon leur semble.
Tandis, ce soir chez moi nous souperons ensemble;
Dans un moment ou deux vous y pourrez venir;
Nous aurons tout loisir de nous entretenir,
Et vous prendrez le temps de voir votre lingère.
Ils m'ont dit toutefois qu'il seroit nécessaire
De coucher pour la forme un moment en prison,
Et m'en ont sur-le-champ rendu quelque raison;
Mais c'est si peu mon jeu que de telles matières,
Que j'en perds aussitôt les plus belles lumières.
Vous sortirez demain, il n'est rien de plus vrai;
C'est tout ce que j'en aime, et tout ce que j'en sai.
             DORANTE.
Que ne vous dois-je point pour de si bons offices!
             PHILISTE.
Ami, ce ne sont là que de petits services;
Je voudrois pouvoir mieux, tout me seroit fort doux.
Je vais chercher du monde à souper avec vous.
Adieu : je vous attends au plus tard dans une heure.

SCÈNE V. — DORANTE, CLITON.

DORANTE.

Tu ne dis mot Cliton.

CLITON.

Elle est belle, ou je meure.

DORANTE.

Elle te semble belle?

CLITON.

Et si parfaitement
Que j'en suis même encor dans le ravissement.
Encor dans mon esprit je la vois, et l'admire,
Et je n'ai su depuis trouver le mot à dire.

DORANTE.

Je suis ravi de voir que mon élection
Ait enfin mérité ton approbation.

CLITON.

Ah! plût à Dieu, monsieur, que ce fût la servante!
Vous verriez comme quoi je la trouve charmante
Et comme pour l'aimer je ferois le mutin.

DORANTE.

Admire en cet amour la force du destin.

CLITON.

J'admire bien plutôt votre adresse ordinaire,
Qui change en un moment cette dame en lingère

DORANTE.

C'étoit nécessité dans cette occasion,
De crainte que Philiste eût quelque vision,
S'en formât quelque idée, et la pût reconnoître.

CLITON.

Cette métamorphose est de vos coups de maître;
Je n'en parlerai plus, monsieur, que cette fois;
Mais en un demi-jour comptez déjà pour trois.
Un coupable honnête homme, un portrait, une dame,
A son premier métier rendent soudain votre âme;
Et vous savez mentir par générosité,
Par adresse d'amour, et par nécessité.
Quelle conversion!

DORANTE.

Tu fais bien le sévère.

CLITON.

Non, non, à l'avenir je fais vœu de m'en taire:
J'aurois trop à compter.

DORANTE.

Conserver un secret,
Ce n'est pas tant mentir qu'être amoureux discret;
L'honneur d'une maîtresse aisément y dispose.

CLITON.
Ce n'est qu'autre prétexte, et non pas autre chose.
Croyez-moi, vous mourrez, monsieur, dans votre peau,
Et vous mériterez cet illustre tombeau;
Cette digne oraison que naguère j'ai faite :
Vous vous en souvenez sans que je la répète.
DORANTE.
Pour de pareils sujets peut-on s'en garantir?
Et toi-même, à ton tour, ne crois-tu point mentir?
L'occasion convie, aide, engage, dispense;
Et pour servir un autre on ment sans qu'on y pense.
CLITON.
Si vous m'y surprenez, étrillez-y-moi bien.
DORANTE.
Allons trouver Philiste, et ne jurons de rien.

ACTE QUATRIÈME.

SCÈNE I. — LYSE, MÉLISSE.

MÉLISSE.
J'en tremble encor de peur, et n'en suis pas remise.
LYSE.
Aussi bien comme vous je pensois être prise.
MÉLISSE.
Non, Philiste n'est fait que pour m'incommoder.
Voyez ce qu'en ces lieux il venoit demander,
S'il est heure si tard de faire une visite.
LYSE.
Un ami véritable à toute heure s'acquitte;
Mais un amant fâcheux, soit de jour, soit de nuit,
Toujours à contre-temps à nos yeux se produit;
Et depuis qu'une fois il commence à déplaire,
Il ne manque jamais d'occasion contraire :
Tant son mauvais destin semble prendre de soins
A mêler sa présence où l'on la veut le moins!
MÉLISSE.
Quel désordre eût-ce été, Lyse, s'il m'eût connue!
LYSE.
Il vous auroit donné fort avant dans la vue.
MÉLISSE.
Quel bruit et quel éclat n'eût point fait son courroux!
LYSE.
Il eût été peut-être aussi honteux que vous.
Un homme un peu content et qui s'en fait accroire,

Se voyant méprisé, rabat bien de sa gloire,
Et, surpris qu'il en est en telle occasion,
Toute sa vanité tourne en confusion.
Quand il a de l'esprit, il sait rendre le change;
Loin de s'en émouvoir, en raillant il se venge,
Affecte des mépris, comme pour reprocher
Que la perte qu'il fait ne vaut pas s'en fâcher;
Tant qu'il peut, il témoigne une âme indifférente.
Quoi qu'il en soit enfin, vous avez vu Dorante,
Et fort adroitement je vous ai mise en jeu.

MÉLISSE.

Et fort adroitement tu m'as fait voir son feu.

LYSE.

Eh bien! mais que vous semble encor du personnage?
Vous en ai-je trop dit?

MÉLISSE.

   J'en ai vu davantage.

LYSE.

Avez-vous du regret d'avoir trop hasardé?

MÉLISSE.

Je n'ai qu'un déplaisir, d'avoir si peu tardé.

LYSE.

Vous l'aimez?

MÉLISSE.

 Je l'adore.

LYSE.

   Et croyez qu'il vous aime?

MÉLISSE.

Qu'il m'aime, et d'une amour, comme la mienne, extrême.

LYSE.

Une première vue, un moment d'entretien,
Vous fait ainsi tout croire, et ne douter de rien!

MÉLISSE.

Quand les ordres du ciel nous ont fait l'un pour l'autre,
Lyse, c'est un accord bientôt fait que le nôtre :
Sa main entre les cœurs, par un secret pouvoir,
Sème l'intelligence avant que de se voir;
Il prépare si bien l'amant et la maîtresse,
Que leur âme au seul nom s'émeut et s'intéresse.
On s'estime, on se cherche, on s'aime en un moment;
Tout ce qu'on s'entre-dit persuade aisément;
Et sans s'inquiéter d'aucunes peurs frivoles,
La foi semble courir au-devant des paroles;
La langue en peu de mots en explique beaucoup;
Les yeux, plus éloquens, font tout voir tout d'un coup;
Et de quoi qu'à l'envi tous les deux nous instruisent,
Le cœur en entend plus que tous les deux n'en disent.

LYSE.
Si, comme dit Sylvandre, une âme en se formant [1],
Ou descendant du ciel, prend d'une autre l'aimant,
La sienne a pris le vôtre, et vous a rencontrée.
MÉLISSE.
Quoi! tu lis les romans?
LYSE.
Je puis bien lire *Astrée;*
Je suis de son village, et j'ai de bons garans
Qu'elle et son Céladon étoient de mes parens.
MÉLISSE.
Quelle preuve en as-tu?
LYSE.
Ce vieux saule, madame,
Où chacun d'eux cachoit ses lettres et sa flamme,
Quand le jaloux Sémire en fit un faux témoin;
Du pré de mon grand-père il fait encor le coin,
Et l'on m'a dit que c'est un infaillible signe
Que d'un si rare hymen je viens en droite ligne.
Vous ne m'en croyez pas?
MÉLISSE.
De vrai, c'est un grand point.
LYSE.
Aurois-je tant d'esprit, si cela n'étoit point?
D'où viendroit cette adresse à faire vos messages,
A jouer avec vous de si bons personnages,
Ce trésor de lumière et de vivacité,
Que d'un sang amoureux que j'ai d'eux hérité?
MÉLISSE.
Tu le disois tantôt, chacun a sa folie;
Les uns l'ont importune, et la tienne est jolie.

SCÈNE II. — CLÉANDRE, MÉLISSE, LYSE.

CLÉANDRE.
Je viens d'avoir querelle avec ce prisonnier,
Ma sœur.
MÉLISSE.
Avec Dorante, avec ce cavalier
Dont vous tenez l'honneur, dont vous tenez la vie?
Qu'avez-vous fait?
CLÉANDRE.
Un coup dont tu seras ravie.
MÉLISSE.
Qu'à cette lâcheté je puisse consentir!

---

1. Tout ce qui suit est une allusion au roman de l'*Astrée.*

CLÉANDRE.
Bien plus, tu m'aideras à le faire mentir.
MÉLISSE.
Ne le présumez pas, quelque espoir qui vous flatte;
Si vous êtes ingrat, je ne puis être ingrate.
CLÉANDRE.
Tu sembles t'en fâcher?
MÉLISSE.
Je m'en fâche pour vous.
D'un mot il peut vous perdre, et je crains son courroux.
CLÉANDRE.
Il est trop généreux, et d'ailleurs la querelle,
Dans les termes qu'elle est, n'est pas si criminelle.
Ecoute. Nous parlions des dames de Lyon;
Elles sont assez mal en son opinion :
Il confesse de vrai qu'il a peu vu la ville,
Mais il se l'imagine en beautés fort stérile,
Et ne peut se résoudre à croire qu'en ces lieux
La plus belle ait de quoi captiver de bons yeux.
Pour l'honneur du pays j'en nomme trois ou quatre;
Mais, à moins que de voir, il n'en veut rien rabattre;
Et, comme il ne le peut étant dans la prison,
J'ai cru par un portrait le mettre à la raison;
Et, sans chercher plus loin ces beautés qu'on admire,
Je ne veux que le tien pour le faire dédire.
Me le dénieras-tu, ma sœur, pour un moment?
MÉLISSE.
Vous me jouez, mon frère, assez accortement;
La querelle est adroite et bien imaginée.
CLÉANDRE.
Non, je m'en suis vanté, ma parole est donnée.
MÉLISSE.
S'il faut ruser ici, j'en sais autant que vous,
Et vous serez bien fin si je ne romps vos coups.
Vous pensez me surprendre, et je n'en fais que rire;
Dites donc tout d'un coup ce que vous voulez dire.
CLÉANDRE.
Eh bien, je viens de voir ton portrait en ses mains.
MÉLISSE.
Et c'est ce qui vous fâche?
CLÉANDRE.
Et c'est dont je me plains.
MÉLISSE.
J'ai cru vous obliger, et l'ai fait pour vous plaire :
Votre ordre étoit exprès.
CLÉANDRE.
Quoi! je te l'ai fait faire?

ACTE IV, SCÈNE II.

MÉLISSE.
Ne m'avez-vous pas dit : « Sous ces déguisemens
Ajoute à ton argent perles et diamans? »
Ce sont vos propres mots, et vous en êtes cause.
CLÉANDRE.
Eh quoi! de ce portrait disent-ils quelque chose?
MÉLISSE.
Puisqu'il est enrichi de quatre diamans,
N'est-ce pas obéir à vos commandemens?
CLÉANDRE.
C'est fort bien expliquer le sens de mes prières.
Mais, ma sœur, ces faveurs sont un peu singulières :
Qui donne le portrait promet l'original.
MÉLISSE.
C'est encore votre ordre, ou je m'y connois mal.
Ne m'avez-vous pas dit : « Prends souci de me plaire,
Et vois ce que tu dois à qui te sauve un frère? »
Puisque vous lui devez et la vie et l'honneur,
Pour vous en revancher dois-je moins que mon cœur?
Et doutez-vous encore à quel point je vous aime,
Quand pour vous acquitter je me donne moi-même?
CLÉANDRE.
Certes, pour m'obéir avec plus de chaleur,
Vous donnez à mon ordre une étrange couleur,
Et prenez un grand soin de bien payer mes dettes :
Non que mes volontés en soient mal satisfaites;
Loin d'éteindre ce feu, je voudrois l'allumer,
Qu'il eût de quoi vous plaire, et voulût vous aimer.
Je tiendrois à bonheur de l'avoir pour beau-frère;
J'en cherche les moyens, j'y fais ce qu'on peut faire;
Et c'est à ce dessein qu'au sortir de prison
Je viens de l'obliger à prendre la maison,
Afin que l'entretien produise quelques flammes
Qui forment doucement l'union de vos âmes.
Mais vous savez trouver des chemins plus aisés;
Sans savoir s'il vous plaît, ni si vous lui plaisez,
Vous pensez l'engager en lui donnant ces gages,
Et lui donnez sur vous de trop grands avantages.
Que sera-ce, ma sœur, si, quand vous le verrez,
Vous n'y rencontrez pas ce que vous espérez,
Si quelque aversion vous prend pour son visage,
Si le vôtre le choque, ou qu'un autre l'engage,
Et que de ce portrait, donné légèrement,
Il érige un trophée à quelque objet charmant?
MÉLISSE.
Sans l'avoir jamais vu je connois son courage;
Qu'importe après cela quel en soit le visage?

Tout le reste m'en plaît; si le cœur en est haut,
Et si l'âme est parfaite, il n'a point de défaut.
Ajoutez que vous-même, après votre aventure,
Ne m'en avez pas fait une laide peinture;
Et, comme vous devez vous y connoître mieux,
Je m'en rapporte à vous, et choisis par vos yeux.
N'en doutez nullement, je l'aimerai, mon frère;
Et si ces foibles traits n'ont point de quoi lui plaire,
S'il aime en autre lieu, n'en appréhendez rien;
Puisqu'il est généreux, il en usera bien.

CLÉANDRE.

Quoi qu'il en soit, ma sœur, soyez plus retenue
Alors qu'à tous momens vous serez à sa vue.
Votre amour me ravit, je veux le couronner;
Mais souffrez qu'il se donne avant que vous donner.
Il sortira demain, n'en soyez point en peine.
Adieu : je vais une heure entretenir Climène.

SCÈNE III. — MÉLISSE, LYSE.

LYSE.

Vous en voilà défaite et quitte à bon marché.
Encore est-il traitable alors qu'il est fâché.
Sa colère a pour vous une douce méthode,
Et sur la remontrance il n'est pas incommode.

MÉLISSE.

Aussi qu'ai-je commis pour en donner sujet?
Me ranger à son choix sans savoir son projet,
Deviner sa pensée, obéir par avance,
Sont-ce, Lyse, envers lui des crimes d'importance?

LYSE.

Obéir par avance est un jeu délicat,
Dont tout autre que lui feroit un mauvais plat.
Mais ce nouvel amant dont vous faites votre âme
Avec un grand secret ménage votre flamme :
Devoit-il exposer ce portrait à ses yeux?
Je le tiens indiscret.

MÉLISSE.

    Il n'est que curieux,
Et ne montreroit pas si grande impatience,
S'il me considéroit avec indifférence;
Outre qu'un tel secret peut souffrir un ami.

LYSE.

Mais un homme qu'à peine il connoît à demi?

MÉLISSE.

Mon frère lui doit tant, qu'il a lieu d'en attendre
Tout ce que d'un ami tout autre peut prétendre.

LYSE.

L'amour excuse tout dans un cœur enflammé,
Et tout crime est léger dont l'auteur est aimé.
Je serois plus sévère, et tiens qu'à juste titre
Vous lui pouvez tantôt en faire un bon chapitre.

MÉLISSE.

Ne querellons personne; et puisque tout va bien,
De crainte d'avoir pis, ne nous plaignons de rien.

LYSE.

Que vous avez de peur que le marché n'échappe!

MÉLISSE.

Avec tant de façons que veux-tu que j'attrape?
Je possède son cœur, je ne veux rien de plus,
Et je perdrois le temps en débats superflus.
Quelquefois en amour trop de finesse abuse.
S'excusera-t-il mieux que mon feu ne l'excuse?
Allons, allons l'attendre; et, sans en murmurer,
Ne pensons qu'aux moyens de nous en assurer.

LYSE.

Vous ferez-vous connoître?

MÉLISSE.

Oui, s'il sait de mon frère
Ce que jusqu'à présent j'avois voulu lui taire;
Sinon, quand il viendra prendre son logement,
Il se verra surpris plus agréablement.

SCÈNE IV. — DORANTE, PHILISTE, CLITON.

DORANTE.

Me reconduire encor! cette cérémonie
D'entre les vrais amis devroit être bannie.

PHILISTE.

Jusques en Bellecour je vous ai reconduit,
Pour voir une maîtresse en faveur de la nuit.
Le temps est assez doux, et je la vois paroître
En de semblables nuits souvent à la fenêtre :
J'attendrai le hasard un moment en ce lieu,
Et vous laisse aller voir votre lingère. Adieu.

DORANTE.

Que je vous laisse ici, de nuit, sans compagnie!

PHILISTE.

C'est faire à votre tour trop de cérémonie.
Peut-être qu'à Paris j'aurois besoin de vous;
Mais je ne crains ici ni rivaux, ni filous.

DORANTE.

Ami, pour des rivaux, chaque jour en fait naître;
Vous en pouvez avoir, et ne les pas connoître :

Ce n'est pas que je veuille entrer dans vos secrets;
Mais nous nous tiendrons loin en confidens discrets.
J'ai du loisir assez.

PHILISTE.

Si l'heure ne vous presse,
Vous saurez mon secret touchant cette maîtresse;
Elle demeure, ami, dans ce grand pavillon.

CLITON, *bas.*

Tout se prépare mal, à cet échantillon.

DORANTE.

Est-ce où je pense voir un linge qui voltige?

PHILISTE.

Justement.

DORANTE.

Elle est belle?

PHILISTE.

Assez.

DORANTE.

Et vous oblige?

PHILISTE.

Je ne saurois encor, s'il faut tout avouer,
Ni m'en plaindre beaucoup, ni beaucoup m'en louer;
Son accueil n'est pour moi ni trop doux, ni trop rude;
Il est et sans faveur, et sans ingratitude,
Et je la vois toujours dedans un certain point
Qui ne me chasse pas, et ne l'engage point.
Mais je me trompe fort, ou sa fenêtre s'ouvre.

DORANTE.

Je me trompe moi-même, ou quelqu'un s'y découvre.

PHILISTE.

J'avance; approchez-vous, mais sans suivre mes pas,
Et prenez un détour qui ne vous montre pas :
Vous jugerez quel fruit je puis espérer d'elle.
Pour Cliton, il peut faire ici la sentinelle.

DORANTE, *parlant à Cliton, après que Philiste s'est éloigné.*

Que me vient-il de dire? et qu'est-ce que je voi?
Cliton, sans doute il aime en même lieu que moi.
O ciel! que mon bonheur est de peu de durée!

CLITON.

S'il prend l'occasion qui vous est préparée,
Vous pouvez disputer avec votre valet
A qui mieux de vous deux gardera le mulet[1].

DORANTE.

Que de confusion et de trouble en mon âme!

---

1. *Garder le mulet,* attendre à une porte avec impatience, s'ennuyer à attendre.

ACTE IV, SCÈNE IV.

CLITON.

Allez prêter l'oreille aux discours de la dame;
Au bruit que je ferai prenez bien votre temps,
Et nous lui donnerons de jolis passe-temps.
(*Dorante va auprès de Philiste.*)

SCÈNE V. — MÉLISSE, LYSE, *à la fenêtre;* PHILISTE, DORANTE, CLITON.

MÉLISSE.

Est-ce vous?

PHILISTE.

Oui, madame.

MÉLISSE.

Ah! que j'en suis ravie!
Que mon sort cette nuit devient digne d'envie!
Certes, je n'osois plus espérer ce bonheur.

PHILISTE.

Manquerois-je à venir où j'ai laissé mon cœur?

MÉLISSE.

Qu'ainsi je sois aimée! et que de vous j'obtienne
Une amour si parfaite, et pareille à la mienne!

PHILISTE.

Ah! s'il en est besoin, j'en jure, et par vos yeux

MÉLISSE.

Vous revoir en ce lieu m'en persuade mieux;
Et, sans autre serment, cette seule visite
M'assure d'un bonheur qui passe mon mérite.

CLITON.

A l'aide!

MÉLISSE.

J'ois du bruit.

CLITON.

A la force! au secours!

PHILISTE.

C'est quelqu'un qu'on maltraite; excusez si j'y cours.
Madame, je reviens.

CLITON, *s'éloignant toujours derrière le théâtre.*

On m'égorge, on me tue.

Au meurtre!

PHILISTE.

Il est déjà dans la prochaine rue.

DORANTE.

C'est Cliton; retournez, il suffira de moi.

PHILISTE.

Je ne vous quitte point; allons.
(*Ils sortent tous deux.*)

MÉLISSE.

Je meurs d'effroi.

CLITON, *derrière le théâtre.*

Je suis mort!

MÉLISSE.

Un rival lui fait cette surprise.

LYSE.

C'est plutôt quelque ivrogne, ou quelque autre sottise
Qui ne méritoit pas rompre votre entretien.

MÉLISSE.

Tu flattes mes désirs.

SCÈNE VI. — DORANTE, MÉLISSE, LYSE.

DORANTE.

Madame, ce n'est rien :
Des marauds, dont le vin embrouilloit la cervelle,
Vidoient à coups de poing une vieille querelle;
Ils étoient trois contre un, et le pauvre battu
A crier de la sorte exerçoit sa vertu.
   (*Bas.*)
Si Cliton m'entendoit, il compteroit pour quatre.

MÉLISSE.

Vous n'avez donc point eu d'ennemis à combattre?

DORANTE.

Un coup de plat d'épée a tout fait écouler.

MÉLISSE.

Je mourois de frayeur, vous y voyant aller.

DORANTE.

Que Philiste est heureux! qu'il doit aimer la vie!

MÉLISSE.

Vous n'avez pas sujet de lui porter envie.

DORANTE.

Vous lui parliez naguère en termes assez doux.

MÉLISSE.

Je pense d'aujourd'hui n'avoir parlé qu'à vous.

DORANTE.

Vous ne lui parliez pas avant tout ce vacarme?
Vous ne lui disiez pas que son amour vous charme,
Qu'aucuns feux à vos feux ne peuvent s'égaler?

MÉLISSE.

J'ai tenu ce discours, mais j'ai cru vous parler.
N'êtes-vous pas Dorante?

DORANTE.

Oui, je le suis, madame,
Le malheureux témoin de votre peu de flamme.
Ce qu'un moment fit naître, un autre l'a détruit;
Et l'ouvrage d'un jour se perd en une nuit.

MÉLISSE.

L'erreur n'est pas un crime; et votre aimable idée,

Régnant sur mon esprit, m'a si bien possédée,
Que dans ce cher objet le sien s'est confondu,
Et lorsqu'il m'a parlé je vous ai répondu;
En sa place tout autre eût passé pour vous-même :
Vous verrez par la suite à quel point je vous aime.
Pardonnez cependant à mes esprits déçus;
Daignez prendre pour vous les vœux qu'il a reçus;
Ou si, manque d'amour, votre soupçon persiste....
DORANTE.
N'en parlons plus, de grâce, et parlons de Philiste;
Il vous sert, et la nuit me l'a trop découvert.
MÉLISSE.
Dites qu'il m'importune, et non pas qu'il me sert;
N'en craignez rien. Adieu, j'ai peur qu'il ne revienne.
DORANTE.
Où voulez-vous demain que je vous entretienne?
Je dois être élargi.
MÉLISSE.
Je vous ferai savoir
Dès demain chez Cléandre où vous me pourrez voir.
DORANTE.
Et qui vous peut sitôt apprendre ces nouvelles?
MÉLISSE.
Et ne savez-vous pas que l'amour a des ailes?
DORANTE.
Vous avez habitude avec ce cavalier?
MÉLISSE.
Non, je sais tout cela d'un esprit familier.
Soyez moins curieux, plus secret, plus modeste,
Sans ombrage, et demain nous parlerons du reste.
DORANTE, *seul*.
Comme elle est ma maîtresse, elle m'a fait leçon,
Et d'un soupçon je tombe en un autre soupçon.
Lorsque je crains Cléandre, un ami me traverse;
Mais nous avons bien fait de rompre le commerce.
Je crois l'entendre.

SCÈNE VII. — DORANTE, PHILISTE, CLITON.

PHILISTE.
Ami, vous m'avez tôt quitté!
DORANTE.
Sachant fort peu la ville, et dans l'obscurité,
En moins de quatre pas j'ai tout perdu de vue;
Et m'étant égaré dès la première rue,
Comme je sais un peu ce que c'est que l'amour,
J'ai cru qu'il vous falloit attendre en Bellecour;

Mais je n'ai plus trouvé personne à la fenêtre.
Dites-moi, cependant, qui massacroit ce traître?
Qui le faisoit crier?

PHILISTE.

A quelque mille pas,
Je l'ai rencontré seul tombé sur des plâtras.

DORANTE.

Maraud, ne criois-tu que pour nous mettre en peine?

CLITON.

Souffrez encore un peu que je reprenne haleine.
Comme à Lyon le peuple aime fort les laquais,
Et leur donne souvent de dangereux paquets,
Deux coquins, me trouvant tantôt en sentinelle,
Ont laissé choir sur moi leur haine naturelle;
Et sitôt qu'ils ont vu mon habit rouge et vert....

DORANTE.

Quand il est nuit sans lune, et qu'il fait temps couvert,
Connoît-on les couleurs? tu donnes une bourde.

CLITON.

Ils portoient sous le bras une lanterne sourde.
C'étoit fait de ma vie, ils me traînoient à l'eau;
Mais sentant du secours, ils ont craint pour leur peau,
Et, jouant des talons tous deux en gens habiles,
Ils m'ont fait trébucher sur un monceau de tuiles,
Chargé de tant de coups et de poing et de pied,
Que je crois tout au moins en être estropié.
Puissé-je voir bientôt la canaille noyée!

PHILISTE.

Si j'eusse pu les joindre, ils me l'eussent payée,
L'heureuse occasion dont je n'ai pu jouir,
Et que cette sottise a fait évanouir.
Vous en êtes témoin, cette belle adorable
Ne me pourroit jamais être plus favorable;
Jamais je n'en reçus d'accueil si gracieux :
Mais j'ai bientôt perdu ces momens précieux.
 Adieu. Je prendrai soin demain de votre affaire.
Il est saison pour vous de voir votre lingère.
Puissiez-vous recevoir dans ce doux entretien
Un plaisir plus solide et plus long que le mien!

SCÈNE VIII. — DORANTE, CLITON.

DORANTE.

Cliton, si tu le peux, regarde-moi sans rire.

CLITON.

J'entends à demi-mot, et ne m'en puis dédire.
J'ai gagné votre mal.

ACTE IV, SCÈNE VIII.

DORANTE.
Eh bien! l'occasion?

CLITON.
Elle fait le menteur, ainsi que le larron.
Mais si j'en ai donné, c'est pour votre service.

DORANTE.
Tu l'as bien fait courir avec cet artifice.

CLITON.
Si je ne fusse chu, je l'eusse mené loin;
Mais surtout j'ai trouvé la lanterne au besoin;
Et, sans ce prompt secours, votre feinte importune
M'eût bien embarrassé de votre nuit sans lune.
Sachez une autre fois que ces difficultés
Ne se proposent point qu'entre gens concertés.

DORANTE.
Pour le mieux éblouir, je faisois le sévère.

CLITON.
C'étoit un jeu tout propre à gâter le mystère.
Dites-moi cependant, êtes-vous satisfait?

DORANTE.
Autant comme on peut l'être.

CLITON.
En effet?

DORANTE.
En effet.

CLITON.
Et Philiste?

DORANTE.
Il se tient comblé d'heur et de gloire :
Mais on l'a pris pour moi dans une nuit si noire;
On s'excuse du moins avec cette couleur.

CLITON.
Ces fenêtres toujours vous ont porté malheur.
Vous y prîtes jadis Clarice pour Lucrèce[1] :
Aujourd'hui même erreur trompe cette maîtresse;
Et vous n'avez point eu de pareils rendez-vous
Sans faire une jalouse ou devenir jaloux.

DORANTE.
Je n'ai pas lieu de l'être, et n'en sors pas fort triste.

CLITON.
Vous pourrez maintenant savoir tout de Philiste.

DORANTE.
Cliton, tout au contraire, il me faut l'éviter :
Tout est perdu pour moi s'il me va tout conter.
De quel front oserois-je, après sa confidence,

---

1. Voy. *le Menteur*, acte III, scène IV.

Souffrir que mon amour se mît en évidence ?
Après les soins qu'il prend de rompre ma prison,
Aimer en même lieu semble une trahison.
Voyant cette chaleur qui pour moi l'intéresse,
Je rougis en secret de servir sa maîtresse,
Et crois devoir du moins ignorer son amour
Jusqu'à ce que le mien ait pu paroître au jour.
Déclaré le premier, je l'oblige à se taire ;
Ou, si de cette flamme il ne se peut défaire,
Il ne peut refuser de s'en remettre au choix
De celle dont tous deux nous adorons les lois.

CLITON.

Quand il vous préviendra, vous pouvez le défendre
Aussi bien contre lui comme contre Cléandre.

DORANTE.

Contre Cléandre et lui je n'ai pas même droit :
Je dois autant à l'un comme l'autre me doit ;
Et tout homme d'honneur n'est qu'en inquiétude,
Pouvant être suspect de quelque ingratitude.
Allons nous reposer ; la nuit et le sommeil
Nous pourront inspirer quelque meilleur conseil.

ACTE CINQUIÈME.

SCÈNE I. — LYSE, CLITON.

CLITON.

Nous voici bien logés, Lyse, et, sans raillerie,
Je ne souhaitois pas meilleure hôtellerie.
Enfin nous voyons clair à ce que nous faisons,
Et je puis à loisir te conter mes raisons.

LYSE.

Tes raisons ? c'est-à-dire autant d'extravagances.

CLITON.

Tu me connois déjà !

LYSE.

Bien mieux que tu ne penses.

CLITON.

J'en débite beaucoup.

LYSE.

Tu sais les prodiguer.

CLITON.

Mais sais-tu que l'amour me fait extravaguer ?

LYSE.

En tiens-tu donc pour moi ?

CLITON.
J'en tiens, je le confesse.
LYSE.
Autant comme ton maître en tient pour ma maîtresse?
CLITON.
Non pas encor si fort, mais dès ce même instant
Il ne tiendra qu'à toi que je n'en tienne autant :
Tu n'as qu'à l'imiter pour être autant aimée.
LYSE.
Si son âme est en feu, la mienne est enflammée;
Et je crois jusqu'ici ne l'imiter pas mal.
CLITON.
Tu manques, à vrai dire, encore au principal.
LYSE.
Ton secret est obscur.
CLITON.
Tu ne veux pas l'entendre?
Vois quelle est sa méthode, et tâche de la prendre.
Ses attraits tout-puissans ont des avant-coureurs
Encor plus souverains à lui gagner les cœurs :
Mon maître se rendit à ton premier message.
Ce n'est pas qu'en effet je n'aime ton visage;
Mais l'amour aujourd'hui dans les cœurs les plus vains
Entre moins par les yeux qu'il ne fait par les mains;
Et quand l'objet aimé voit les siennes garnies,
Il voit en l'autre objet des grâces infinies :
Pourrois-tu te résoudre à m'attaquer ainsi?
LYSE.
J'en voudrois être quitte à moins d'un grand merci.
CLITON.
Écoute; je n'ai pas une âme intéressée,
Et je te veux ouvrir le fond de ma pensée.
Aimons-nous but à but, sans soupçons, sans rigueur;
Donnons âme pour âme, et rendons cœur pour cœur.
LYSE.
J'en veux bien à ce prix.
CLITON.
Donc, sans plus de langage,
Tu veux bien m'en donner quelques baisers pour gage?
LYSE.
Pour l'âme et pour le cœur, tant que tu le voudras;
Mais pour le bout du doigt, ne le demande pas :
Un amour délicat hait ces faveurs grossières,
Et je t'ai bien donné des preuves plus entières.
Pourquoi me demander des gages superflus?
Ayant l'âme et le cœur, que te faut-il de plus?

CLITON.

J'ai le goût fort grossier en matière de flamme;
Je sais que c'est beaucoup qu'avoir le cœur et l'âme;
Mais je ne sais pas moins qu'on a fort peu de fruit
Et de l'âme et du cœur, si le reste ne suit.

LYSE.

Eh quoi! pauvre ignorant, ne sais-tu pas encore
Qu'il faut suivre l'humeur de celle qu'on adore,
Se rendre complaisant, vouloir ce qu'elle veut?

CLITON.

Si tu n'en veux changer, c'est ce qui ne se peut.
De quoi me guériroient ces gages invisibles?
Comme j'ai l'esprit lourd, je les veux plus sensibles;
Autrement, marché nul.

LYSE.

Ne désespère point.
Chaque chose a son ordre, et tout vient à son point;
Peut-être avec le temps nous pourrons nous connoître.
Apprends-moi cependant qu'est devenu ton maître.

CLITON.

Il est avec Philiste allé remercier
Ceux que pour son affaire il a voulu prier.

LYSE.

Je crois qu'il est ravi de voir que sa maîtresse
Est la sœur de Cléandre, et devient son hôtesse?

CLITON.

Il a raison de l'être, et de tout espérer.

LYSE.

Avec toute assurance il peut se déclarer;
Autant comme la sœur le frère le souhaite;
Et s'il l'aime en effet, je tiens la chose faite.

CLITON.

Ne doute point s'il l'aime après qu'il meurt d'amour.

LYSE.

Il semble toutefois fort triste à son retour.

SCÈNE II. — DORANTE, CLITON, LYSE.

DORANTE.

Tout est perdu, Cliton; il faut ployer bagage.

CLITON.

Je fais ici, monsieur, l'amour de bon courage;
Au lieu de m'y troubler, allez en faire autant.

DORANTE.

N'en parlons plus.

CLITON.

Entrez, vous dis-je, on vous attend.

DORANTE.

Que m'importe ?

CLITON.

On vous aime.

DORANTE.

Hélas!

CLITON.

On vous adore.

DORANTE.

Je le sais.

CLITON.

D'où vient donc l'ennui qui vous dévore ?

DORANTE.

Que je te trouve heureux!

CLITON.

Le destin m'est si doux
Que vous avez sujet d'en être fort jaloux :
Alors qu'on vous caresse à grands coups de pistoles,
J'obtiens tout doucement paroles pour paroles.
L'avantage est fort rare, et me rend fort heureux.

DORANTE.

Il faut partir, te dis-je.

CLITON.

Oui, dans un an ou deux.

DORANTE.

Sans tarder un moment.

LYSE.

L'amour trouve des charmes
A donner quelquefois de pareilles alarmes.

DORANTE.

Lyse, c'est tout de bon.

LYSE.

Vous n'en avez pas lieu.

DORANTE.

Ta maîtresse survient; il faut lui dire adieu.
Puisse en ses belles mains ma douleur immortelle
Laisser toute mon âme en prenant congé d'elle !

SCÈNE III. — DORANTE, MÉLISSE, LYSE, CLITON.

MÉLISSE.

Au bruit de vos soupirs, tremblante et sans couleur,
Je viens savoir de vous mon crime, ou mon malheur;
Si j'en suis le sujet, si j'en suis le remède;
Si je puis le guérir, ou s'il faut que j'y cède;
Si je dois, ou vous plaindre, ou me justifier,
Et de quels ennemis il faut me défier.

DORANTE.

De mon mauvais destin, qui seul me persécute.

MÉLISSE.
A ses injustes lois que faut-il que j'impute?
DORANTE.
Le coup le plus mortel dont il m'eût pu frapper.
MÉLISSE.
Est-ce un mal que mes yeux ne puissent dissiper?
DORANTE.
Votre amour le fait naître, et vos yeux le redoublent.
MÉLISSE.
Si je ne puis calmer les soucis qui vous troublent,
Mon amour avec vous saura les partager.
DORANTE.
Ah! vous les aigrissez, les voulant soulager!
Puis-je voir tant d'amour avec tant de mérite,
Et dire sans mourir qu'il faut que je vous quitte?
MÉLISSE.
Vous me quittez! ô ciel! Mais, Lyse, soutenez;
Je sens manquer la force à mes sens étonnés.
DORANTE.
Ne croissez point ma plaie, elle est assez ouverte;
Vous me montrez en vain la grandeur de ma perte.
Ce grand excès d'amour que font voir vos douleurs
Triomphe de mon cœur sans vaincre mes malheurs.
On ne m'arrête pas pour redoubler mes chaînes,
On redouble ma flamme, on redouble mes peines;
Mais tous ces nouveaux feux qui viennent m'embraser
Me donnent seulement plus de fers à briser.
MÉLISSE.
Donc à m'abandonner votre âme est résolue?
DORANTE.
Je cède à la rigueur d'une force absolue.
MÉLISSE.
Votre manque d'amour vous y fait consentir.
DORANTE.
Traitez-moi de volage, et me laissez partir;
Vous me serez plus douce en m'étant plus cruelle.
Je ne pars toutefois que pour être fidèle;
A quelques lois par là qu'il me faille obéir,
Je m'en révolterois, si je pouvois trahir.
Sachez-en le sujet; et peut-être, madame,
Que vous-même avouerez, en lisant dans mon âme,
Qu'il faut plaindre Dorante au lieu de l'accuser;
Que plus il quitte en vous, plus il est à priser,
Et que tant de faveurs dessus lui répandues
Sur un indigne objet ne sont pas descendues.
Je ne vous redis point combien il m'étoit doux
De vous connoître enfin, et de loger chez vous,

ACTE V, SCÈNE III.

Ni comme avec transport je vous ai rencontrée :
Par cette porte, hélas ! mes maux ont pris entrée,
Par ce dernier bonheur mon bonheur s'est détruit ;
Ce funeste départ en est l'unique fruit,
Et ma bonne fortune, à moi-même contraire,
Me fait perdre la sœur par la faveur du frère.
  Le cœur enflé d'amour et de ravissement,
J'allois rendre à Philiste un mot de compliment ;
Mais lui tout aussitôt, sans le vouloir entendre :
« Cher ami, m'a-t-il dit, vous logez chez Cléandre,
Vous aurez vu sa sœur, je l'aime, et vous pouvez
Me rendre beaucoup plus que vous ne me devez :
En faveur de mes feux parlez à cette belle ;
Et comme mon amour a peu d'accès chez elle,
Faites l'occasion quand je vous irai voir. »
A ces mots j'ai frémi sous l'horreur du devoir.
Par ce que je lui dois jugez de ma misère ;
Voyez ce que je puis, et ce que je dois faire.
Ce cœur qui le trahit, s'il vous aime aujourd'hui,
Ne vous trahit pas moins s'il vous parle pour lui.
Ainsi, pour n'offenser son amour ni le vôtre,
Ainsi, pour n'être ingrat ni vers l'un ni vers l'autre,
J'ôte de votre vue un amant malheureux,
Qui ne peut plus vous voir sans vous trahir tous deux :
Lui, puisqu'à son amour j'oppose ma présence ;
Vous, puisqu'en sa faveur je m'impose silence.

MÉLISSE.

C'est à Philiste donc que vous m'abandonnez ?
Ou plutôt c'est Philiste à qui vous me donnez ?
Votre amitié trop ferme, ou votre amour trop lâche,
M'ôtant ce qui me plaît, me rend ce qui me fâche ?
Que c'est à contre-temps faire l'amant discret,
Qu'en ces occasions conserver un secret !
Il falloit découvrir.... mais, simple ! je m'abuse ;
Un amour si léger eût mal servi d'excuse ;
Un bien acquis sans peine est un trésor en l'air ;
Ce qui coûte si peu ne vaut pas en parler :
La garde en importune, et la perte en console ;
Et pour le retenir, c'est trop qu'une parole.

DORANTE.

Quelle excuse, madame ! et quel remercîment !
Et quel compte eût-il fait d'un amour d'un moment,
Allumé d'un coup d'œil ? car lui dire autre chose,
Lui conter de vos feux la véritable cause,
Que je vous sauve un frère, et qu'il me doit le jour,
Que la reconnoissance a produit votre amour,
C'étoit mettre en sa main le destin de Cléandre,

C'étoit trahir ce frère en voulant vous défendre,
C'étoit me repentir de l'avoir conservé,
C'étoit l'assassiner après l'avoir sauvé;
C'étoit désavouer ce généreux silence
Qu'au péril de mon sang garda mon innocence,
Et perdre, en vous forçant à ne plus m'estimer,
Toutes les qualités qui vous firent m'aimer.
MÉLISSE.
Hélas! tout ce discours ne sert qu'à me confondre.
Je n'y puis consentir, et ne sais qu'y répondre.
Mais je découvre enfin l'adresse de vos coups;
Vous parlez pour Philiste, et vous faites pour vous :
Vos dames de Paris vous rappellent vers elles;
Nos provinces pour vous n'en ont point d'assez belles.
Si dans votre prison vous avez fait l'amant,
Je ne vous y servois que d'un amusement.
A peine en sortez-vous que vous changez de style;
Pour quitter la maîtresse il faut quitter la ville.
Je ne vous retiens plus, allez.
DORANTE.
Puisse à vos yeux
M'écraser à l'instant la colère des cieux,
Si j'adore autre objet que celui de Mélisse,
Si je conçois des vœux que pour votre service,
Et si pour d'autres yeux on m'entend soupirer,
Tant que je pourrai voir quelque lieu d'espérer!
Oui, madame, souffrez que cette amour persiste
Tant que l'hymen engage ou Mélisse, ou Philiste;
Jusque-là les douceurs de votre souvenir
Avec un peu d'espoir sauront m'entretenir :
J'en jure par vous-même, et ne suis point capable
D'un serment ni plus saint ni plus inviolable.
Mais j'offense Philiste avec un tel serment;
Pour guérir vos soupçons je nuis à votre amant.
J'effacerai ce crime avec cette prière :
Si vous devez le cœur à qui vous sauve un frère,
Vous ne devez pas moins au généreux secours
Dont tient le jour celui qui conserva ses jours.
Aimez en ma faveur un ami qui vous aime,
Et possédez Dorante en un autre lui-même.
Adieu. Contre vos yeux c'est assez combattu;
Je sens à leurs regards chanceler ma vertu;
Et, dans le triste état où mon âme est réduite,
Pour sauver mon honneur, je n'ai plus que la fuite.

SCÈNE IV. — DORANTE, PHILISTE, MÉLISSE, LYSE, CLITON.

PHILISTE.

Ami, je vous rencontre assez heureusement.
Vous sortiez?

DORANTE.

Oui, je sors, ami, pour un moment.
Entrez, Mélisse est seule, et je pourrois vous nuire.

PHILISTE.

Ne m'échappez donc point avant que m'introduire ;
Après, sur le discours vous prendrez votre temps ;
Et nous serons ainsi l'un et l'autre contens.
Vous me semblez troublé!

DORANTE.

J'ai bien raison de l'être.
Adieu.

PHILISTE.

Vous soupirez, et voulez disparoître!
De Mélisse ou de vous je saurai vos malheurs.
Madame, puis-je.... O ciel! elle-même est en pleurs!
Je ne vois des deux parts que des sujets d'alarmes.
D'où viennent ses soupirs? et d'où naissent vos larmes?
Quel accident vous fâche, et le fait retirer?
Qu'ai-je à craindre pour vous, ou qu'ai-je à déplorer?

MÉLISSE.

Philiste, il est tout vrai.... Mais retenez Dorante ;
Sa présence au secret est la plus importante.

DORANTE.

Vous me perdez, madame.

MÉLISSE.

Il faut tout hasarder
Pour un bien qu'autrement je ne puis plus garder.

LYSE.

Cléandre entre.

MÉLISSE.

Le ciel à propos nous l'envoie.

SCÈNE V. — DORANTE, PHILISTE, CLÉANDRE, MÉLISSE, LYSE, CLITON.

CLÉANDRE.

Ma sœur, auriez-vous cru?... Vous montrez peu de joie!
En si bon entretien qui vous peut attrister?

MÉLISSE, *à Cléandre*.

J'en contois le sujet, vous pouvez l'écouter.

(*A Philiste.*)
Vous m'aimez, je l'ai su de votre propre bouche,
Je l'ai su de Dorante, et votre amour me touche,
Si trop peu pour vous rendre un amour tout pareil,
Assez pour vous donner un fidèle conseil.
Ne vous obstinez plus à chérir une ingrate;
J'aime ailleurs, c'est en vain qu'un faux espoir vous flatte.
J'aime, et je suis aimée, et mon frère y consent;
Mon choix est aussi beau que mon amour puissant.
Vous l'auriez fait pour moi, si vous étiez mon frère.
C'est Dorante, en un mot, qui seul a pu me plaire.
Ne me demandez point ni quelle occasion,
Ni quel temps entre nous a fait cette union;
S'il la faut appeler ou surprise, ou constance;
Je ne vous en puis dire aucune circonstance :
Contentez-vous de voir que mon frère aujourd'hui
L'estime et l'aime assez pour le loger chez lui,
Et d'apprendre de moi que mon cœur se propose
Le change et le tombeau pour une même chose.
Lorsque notre destin nous sembloit le plus doux,
Vous l'avez obligé de me parler pour vous;
Il l'a fait, et s'en va pour vous quitter la place :
Jugez par ce discours quel malheur nous menace.
Voilà cet accident qui le fait retirer;
Voilà ce qui le trouble, et qui me fait pleurer;
Voilà ce que je crains; et voilà les alarmes
D'où viennent ses soupirs, et d'où naissent mes larmes.

PHILISTE.

Ce n'est pas là, Dorante, agir en cavalier.
Sur ma parole encor vous êtes prisonnier;
Votre liberté n'est qu'une prison plus large;
Et je réponds de vous s'il survient quelque charge.
Vous partez cependant, et sans m'en avertir!
Rentrez dans la prison dont vous vouliez sortir.

DORANTE.

Allons, je suis tout prêt d'y laisser une vie
Plus digne de pitié qu'elle n'étoit d'envie;
Mais, après le bonheur que je vous ai cédé,
Je méritois peut-être un plus doux procédé.

PHILISTE.

Un ami tel que vous n'en mérite point d'autre.
Je vous dis mon secret, vous me cachez le vôtre,
Et vous ne craignez point d'irriter mon courroux,
Lorsque vous me jugez moins généreux que vous!
Vous pouvez me céder un objet qui vous aime;
Et j'ai le cœur trop bas pour vous traiter de même,

Pour vous en céder un à qui l'amour me rend
Sinon trop malvoulu, du moins indifférent.
Si vous avez pu naître et noble et magnanime,
Vous ne me deviez pas tenir en moindre estime :
Malgré notre amitié, je m'en dois ressentir.
Rentrez dans la prison dont vous vouliez sortir.

CLÉANDRE.

Vous prenez pour mépris son trop de déférence,
Dont il ne faut tirer qu'une pleine assurance
Qu'un ami si parfait, que vous osez blâmer,
Vous aime plus que lui, sans vous moins estimer.
Si pour lui votre foi sert aux juges d'otage,
Permettez qu'auprès d'eux la mienne la dégage,
Et sortant du péril d'en être inquiété,
Remettez-lui, monsieur, toute sa liberté ;
Ou, si mon mauvais sort vous rend inexorable,
Au lieu de l'innocent arrêtez le coupable :
C'est moi qui me suis hier sauvé sur son cheval,
Après avoir donné la mort à mon rival ;
Ce duel fut l'effet de l'amour de Climène,
Et Dorante sans vous se fût tiré de peine,
Si devant le prévôt son cœur trop généreux
N'eût voulu méconnoître un homme malheureux.

PHILISTE.

Je ne demande plus quel secret a pu faire
Et l'amour de la sœur, et l'amitié du frère ;
Ce qu'il a fait pour vous est digne de vos soins.
Vous lui devez beaucoup, vous ne rendez pas moins :
D'un plus haut sentiment la vertu n'est capable ;
Et puisque ce duel vous avoit fait coupable,
Vous ne pouviez jamais envers un innocent
Être plus obligé ni plus reconnoissant.
Je ne m'oppose point à votre gratitude ;
Et si je vous ai mis en quelque inquiétude,
Si d'un si prompt départ j'ai paru me piquer,
Vous ne m'entendiez pas, et je vais m'expliquer.
On nomme une prison le nœud de l'hyménée ;
L'amour même a des fers dont l'âme est enchaînée ;
Vous les rompiez pour moi, je n'y puis consentir.
Rentrez dans la prison dont vous vouliez sortir.

DORANTE.

Ami, c'est là le but qu'avoit votre colère ?

PHILISTE.

Ami, je fais bien moins que vous ne vouliez faire.

CLÉANDRE.

Comme à lui je vous dois et la vie et l'honneur.

MÉLISSE.
Vous m'avez fait trembler pour croître mon bonheur.
PHILISTE, à Mélisse.
J'ai voulu voir vos pleurs pour mieux voir votre flamme,
Et la crainte a trahi les secrets de votre âme.
Mais quittons désormais des complimens si vains.
(A Cléandre.)
Votre secret, monsieur, est sûr entre mes mains;
Recevez-moi pour tiers d'une amitié si belle,
Et croyez qu'à l'envi je vous serai fidèle.
CLITON, seul.
Ceux qui sont las debout se peuvent aller seoir[1];
Je vous donne en passant cet avis, et bonsoir.

EXAMEN DE LA SUITE DU MENTEUR.

L'effet de cette pièce n'a pas été si avantageux que celui de la précédente, bien qu'elle soit mieux écrite. L'original espagnol est de Lope de Vega sans contredit, et a ce défaut que ce n'est que le valet qui fait rire, au lieu qu'en l'autre les principaux agrémens sont dans la bouche du maître. L'on a pu voir par les divers succès quelle différence il y a entre les railleries spirituelles d'un honnête homme de bonne humeur, et les bouffonneries froides d'un plaisant à gages. L'obscurité que fait en celle-ci le rapport à l'autre a pu contribuer quelque chose à sa disgrâce, y ayant beaucoup de choses qu'on ne peut entendre, si l'on n'a l'idée présente du *Menteur*. Elle a encore quelques défauts particuliers. Au second acte, Cléandre raconte à sa sœur la générosité de Dorante qu'on a vue au premier, contre la maxime qu'il ne faut jamais faire raconter ce que le spectateur a déjà vu. Le cinquième est trop sérieux pour une pièce si enjouée, et n'a rien de plaisant que la première scène entre un valet et une servante. Cela plaît si fort en Espagne, qu'ils font souvent parler bas les amans de condition, pour donner lieu à ces sortes de gens de s'entredire des badinages; mais en France, ce n'est pas le goût de l'auditoire. Leur entretien est plus supportable au premier acte, cependant que Dorante écrit : car il ne faut jamais laisser le théâtre sans qu'on y agisse, et l'on n'y agit qu'en parlant. Ainsi Dorante qui écrit ne le remplit pas assez; et toutes les fois que cela arrive, il faut fournir l'action par d'autres gens qui parlent. Le second débute par une adresse digne d'être remarquée, et dont on peut former cette règle, que, quand on a quelque occasion de louer une lettre, un billet ou quelque autre pièce éloquente ou spirituelle, il ne faut jamais la faire voir, parce qu'alors c'est une propre louange que le poëte se donne à soi-même; et souvent le mérite de la chose répond si mal aux éloges qu'on en fait, que j'ai vu des stances présentées à une maîtresse, qu'elle vantoit d'une haute excellence, bien

---

1. Il faut se rappeler qu'autrefois on était debout au parterre.

qu'elles fussent très-médiocres; et cela devenoit ridicule. Mélisse loue ici la lettre que Dorante lui a écrite; et comme elle ne la lit point, l'auditeur a lieu de croire qu'elle est aussi bien faite qu'elle le dit. Bien que d'abord cette pièce n'eût pas grande approbation, quatre ou cinq ans après la troupe du Marais la remit sur le théâtre avec un succès plus heureux; mais aucune des troupes qui courent les provinces ne s'en est chargée. Le contraire est arrivé de *Théodore*, que les troupes de Paris n'y ont point rétablie depuis sa disgrâce, mais que celles des provinces y ont fait assez passablement réussir.

FIN DE LA SUITE DU MENTEUR.

THÉODORE, VIERGE ET MARTYRE.
TRAGÉDIE CHRÉTIENNE.
1645.

A MONSIEUR L. P. C. B.

Monsieur,

Je n'abuserai point de votre absence de la cour pour vous imposer touchant cette tragédie : sa représentation n'a pas eu grand éclat; et, quoique beaucoup en attribuent la cause à diverses conjonctures qui pourroient me justifier aucunement, pour moi je ne m'en veux prendre qu'à ses défauts, et la tiens mal faite, puisqu'elle a été mal suivie. J'aurois tort de m'opposer au jugement du public : il m'a été trop avantageux en mes autres ouvrages pour le désavouer en celui-ci; et, si je l'accusois d'erreur ou d'injustice pour *Théodore*, mon exemple donneroit lieu à tout le monde de soupçonner des mêmes choses tous les arrêts qu'il a prononcés en ma faveur. Ce n'est pas toutefois sans quelque sorte de satisfaction que je vois que la meilleure partie de mes juges impute ce mauvais succès à l'idée de la prostitution que l'on n'a pu souffrir, quoiqu'on sût bien qu'elle n'auroit pas d'effet, et que pour en exténuer l'horreur j'aie employé tout ce que l'art et l'expérience m'ont pu fournir de lumières; et certes, il y a de quoi congratuler à la pureté de notre théâtre, de voir qu'une histoire qui fait le plus bel ornement du second livre *des Vierges* de saint Ambroise, se trouve trop licencieuse pour y être supportée. Qu'eût-on dit, si, comme ce grand docteur de l'Église, j'eusse fait voir Théodore dans le lieu infâme, si j'eusse décrit les diverses agitations de son âme durant qu'elle y fut, si j'eusse figuré les troubles qu'elle y ressentit au premier moment qu'elle y vit entrer Didyme? C'est là-dessus que ce grand saint fait triompher son éloquence, et c'est pour ce spectacle qu'il invite particulièrement les vierges à ouvrir les yeux. Je l'ai dérobé à la vue, et, autant que j'ai pu, à l'imagination de mes auditeurs; et après y avoir consumé toute mon adresse, la modestie de notre scène a désavoué comme indigne d'elle ce peu que la nécessité de mon sujet m'a forcé d'en faire connoître. Après cela, j'oserai bien dire que ce n'est pas contre des comédies pareilles aux nôtres que déclame saint Augustin, et que ceux que le scrupule, ou le caprice, ou le zèle, en rend opiniâtres ennemis, n'ont pas grande raison de s'appuyer de son autorité : c'est avec justice qu'il condamne celles de son temps, qui ne méritoient que trop le nom qu'il leur donne de spectacles de turpitude; mais c'est avec injustice qu'on veut étendre cette condamnation jusqu'à celles du nôtre, qui ne contiennent, pour l'ordinaire, que des exemples d'innocence, de vertu et de piété. J'aurois mauvaise grâce de vous en entretenir plus au long, vous êtes déjà trop persuadé de ces vérités, et ce n'est pas mon dessein d'entreprendre ici de désabuser ceux qui ne veulent pas l'être : il est juste qu'on les abandonne à leur aveuglement volontaire, et que, pour peine de la trop facile croyance qu'ils donnent à des invectives mal fondées, ils demeurent privés du plus agréable et du plus utile des divertissemens dont l'esprit humain soit capable. Contentons-nous d'en jouir sans leur en faire part ; et souffrez que, sans faire aucun effort pour les guérir de leur foiblesse, je finisse en vous assurant que je suis et serai toute ma vie,

MONSIEUR,

Votre très-humble et très-obligé serviteur,
CORNEILLE.

PERSONNAGES.

VALENS, gouverneur d'Antioche.
PLACIDE, fils de Valens et amoureux de Théodore.
CLÉOBULE, ami de Placide.
DIDYME, amoureux de Théodore.
PAULIN, confident de Valens.
LYCANTE, capitaine d'une cohorte romaine.
MARCELLE, femme de Valens.
THÉODORE, princesse d'Antioche.
STÉPHANIE, confidente de Marcelle.

La scène est à Antioche, dans le palais du gouverneur.

ACTE PREMIER.

SCÈNE I. — PLACIDE, CLÉOBULE.

PLACIDE.

Il est vrai, Cléobule, et je veux l'avouer,
La fortune me flatte assez pour m'en louer :
Mon père est gouverneur de toute la Syrie;
Et, comme si c'étoit trop peu de flatterie,
Moi-même elle m'embrasse, et vient de me donner,
Tout jeune que je suis, l'Égypte à gouverner.
Certes, si je m'enflois de ces vaines fumées
Dont on voit à la cour tant d'âmes si charmées,
Si l'éclat des grandeurs avoit pu me ravir,
J'aurois de quoi me plaire et de quoi m'assouvir.
Au-dessous des Césars, je suis ce qu'on peut être;
A moins que de leur rang le mien ne sauroit croître ;
Et pour haut qu'on ait mis des titres si sacrés,
On y monte souvent par de moindres degrés.
Mais ces honneurs pour moi ne sont qu'une infamie,
Parce que je les tiens d'une main ennemie,
Et leur plus doux appât qu'un excès de rigueur.

Parce que pour échange on veut avoir mon cœur.
On perd temps toutefois; ce cœur n'est point à vendre.
Marcelle, en vain par là tu crois gagner un gendre;
Ta Flavie à mes yeux fait toujours même horreur.
Ton frère Marcellin peut tout sur l'empereur.
Mon père est ton époux, et tu peux sur son âme
Ce que sur un mari doit pouvoir une femme :
Va plus outre; et par zèle ou par dextérité,
Joins le vouloir des dieux à leur autorité :
Assemble leur faveur, assemble leur colère :
Pour aimer je n'écoute empereur, dieux, ni père;
Et je la trouverois un objet odieux
Des mains de l'empereur, et d'un père, et des dieux.

CLÉOBULE.

Quoique pour vous Marcelle ait le nom de marâtre,
Considérez, seigneur, qu'elle vous idolâtre;
Voyez d'un œil plus sain ce que vous lui devez,
Les biens et les honneurs qu'elle vous a sauvés.
Quand Dioclétien fut maître de l'empire....

PLACIDE.

Mon père étoit perdu, c'est ce que tu veux dire.
Sitôt qu'à son parti le bonheur eut manqué,
Sa tête fut proscrite, et son bien confisqué;
On vit à Marcellin sa dépouille donnée :
Il sut la racheter par ce triste hyménée;
Et, forçant son grand cœur à ce honteux lien,
Lui-même il se livra pour rançon de son bien.
Dès lors on asservit jusques à mon enfance;
De Flavie avec moi l'on conclut l'alliance;
Et depuis ce moment Marcelle a fait chez nous
Un destin que tout autre auroit trouvé fort doux.
La dignité du fils, comme celle du père,
Descend du haut pouvoir que lui donne ce frère;
Mais, à la regarder de l'œil dont je la voi,
Ce n'est qu'un joug pompeux qu'on veut jeter sur moi.
On élève chez nous un trône pour sa fille;
On y sème l'éclat dont on veut qu'elle brille :
Et dans tous ces honneurs je ne vois en effet
Qu'un infâme dépôt des présens qu'on lui fait.

CLÉOBULE.

S'ils ne sont qu'un dépôt du bien qu'on lui veut faire,
Vous en êtes, seigneur, mauvais dépositaire,
Puisqu'avec tant d'effort on vous voit travailler
A mettre ailleurs l'éclat dont elle doit briller.
Vous aimez Théodore, et votre âme ravie
Lui veut donner ce trône élevé pour Flavie :
C'est là le fondement de votre aversion.

ACTE I, SCÈNE I.

PLACIDE.
Ce n'est point un secret que cette passion :
Flavie au lit malade en meurt de jalousie ;
Et dans l'âpre dépit dont sa mère est saisie,
Elle tonne, foudroie, et, pleine de fureur,
Menace de tout perdre auprès de l'empereur.
Comme de ses faveurs, je ris de sa colère :
Quoi qu'elle ait fait pour moi, quoi qu'elle puisse faire,
Le passé sur mon cœur ne peut rien obtenir,
Et je laisse au hasard le soin de l'avenir.
Je me plais à braver cet orgueilleux courage ;
Chaque jour pour l'aigrir je vais jusqu'à l'outrage ;
Son âme impérieuse et prompte à fulminer
Ne sauroit me haïr jusqu'à m'abandonner :
Souvent elle me flatte alors que je l'offense ;
Et, quand je l'ai poussée à quelque violence,
L'amour de sa Flavie en rompt tous les effets,
Et l'éclat s'en termine à de nouveaux bienfaits.
Je la plains toutefois ; et, plus à plaindre qu'elle,
Comme elle aime un ingrat, j'adore une cruelle,
Dont la rigueur la venge, et, rejetant ma foi,
Me rend tous les mépris que Flavie a de moi.
Mon sort des deux côtés mérite qu'on le plaigne :
L'une me persécute, et l'autre me dédaigne ;
Je hais qui m'idolâtre, et j'aime qui me fuit,
Et je poursuis en vain, ainsi qu'on me poursuit.
Telle est de mon destin la fatale injustice ;
Telle est la tyrannie ensemble et le caprice
Du démon aveugle qui sans discrétion
Verse l'antipathie et l'inclination.
    Mais, puisqu'à d'autres yeux je parois trop aimable,
Que peut voir Théodore en moi de méprisable ?
Sans doute elle aime ailleurs, et s'impute à bonheur
De préférer Didyme au fils du gouverneur.

CLÉOBULE.
Comme elle je suis né, seigneur, dans Antioche,
Et par les droits du sang je lui suis assez proche ;
Je connois son courage, et vous répondrai bien
Qu'étant sourde à vos vœux elle n'écoute rien,
Et que cette rigueur dont votre amour l'accuse
Ne donne point ailleurs ce qu'elle vous refuse.
Ce malheureux rival dont vous êtes jaloux
En reçoit chaque jour plus de mépris que vous :
Mais quand même ses feux répondroient à vos flammes,
Qu'une amour mutuelle uniroit vos deux âmes,
Voyez où cette amour vous peut précipiter,
Quel orage sur vous elle doit exciter,

Ce que dira Valens, ce que fera Marcelle.
Souffrez que son parent vous dise enfin pour elle....
PLACIDE.
Ah ! si je puis encor quelque chose sur toi,
Ne me dis rien pour elle, et dis-lui tout pour moi ;
Dis-lui que je suis sûr des bontés de mon père ;
Ou que, s'il se rendoit d'une humeur trop sévère,
L'Égypte où l'on m'envoie est un asile ouvert
Pour mettre notre flamme et notre heur à couvert.
Là, saisis d'un rayon des puissances suprêmes,
Nous ne recevrons plus de lois que de nous-mêmes.
Quelques noires vapeurs que puissent concevoir
Et la mère et la fille ensemble au désespoir,
Tout ce qu'elles pourront enfanter de tempêtes,
Sans venir jusqu'à nous, crèvera sur leurs têtes,
Et nous érigerons en cet heureux séjour
De leur rage impuissante un trophée à l'amour.
 Parle, parle pour moi, presse, agis, persuade ;
Fais quelque chose enfin pour mon esprit malade ;
Fais-lui voir mon pouvoir, fais-lui voir mon ardeur :
Son dédain est peut-être un effet de sa peur ;
Et, si tu lui pouvois arracher cette crainte,
Tu pourrois dissiper cette froideur contrainte,
Tu pourrois..... Mais je vois Marcelle qui survient.

SCÈNE II. — MARCELLE, PLACIDE, CLÉOBULE, STÉPHANIE.

MARCELLE.
Ce mauvais conseiller toujours vous entretient !
PLACIDE.
Vous dites vrai, madame, il tâche à me surprendre ;
Son conseil est mauvais, mais je sais m'en défendre.
MARCELLE.
Il vous parle d'aimer ?
PLACIDE.
 Contre mon sentiment.
MARCELLE.
Levez, levez le masque, et parlez franchement :
De votre Théodore il est l'agent fidèle ;
Pour vous mieux engager elle fait la cruelle,
Vous chasse en apparence, et, pour vous retenir,
Par ce parent adroit vous fait entretenir.
PLACIDE.
Par ce fidèle agent elle est donc mal servie :
Loin de parler pour elle, il parle pour Flavie ;
Et ce parent adroit en matière d'amour

Agit contre son sang pour mieux faire sa cour.
C'est, madame, en effet, le mal qu'il me conseille;
Mais j'ai le cœur trop bon pour lui prêter l'oreille.
MARCELLE.
Dites le cœur trop bas pour aimer en bon lieu.
PLACIDE.
L'objet où vont mes vœux seroit digne d'un dieu.
MARCELLE.
Il est digne de vous, d'une âme vile et basse.
PLACIDE.
Je fais donc seulement ce qu'il faut que je fasse.
Ne blâmez que Flavie : un cœur si bien placé
D'une âme vile et basse est trop embarrassé;
D'un choix qui lui fait honte il faut qu'elle s'irrite,
Et me prive d'un bien qui passe mon mérite.
MARCELLE.
Avec quelle arrogance osez-vous me parler?
PLACIDE.
Au-dessous de Flavie ainsi me ravaler,
C'est de cette arrogance un mauvais témoignage.
Je ne me puis, madame, abaisser davantage.
MARCELLE.
Votre respect est rare, et fait voir clairement
Que votre humeur modeste aime l'abaissement.
Eh bien! puisqu'à présent j'en suis mieux avertie,
Il faudra satisfaire à cette modestie;
Avec un peu de temps nous en viendrons à bout.
PLACIDE.
Vous ne m'ôterez rien, puisque je vous dois tout.
Qui n'a que ce qu'il doit a peu de perte à faire.
MARCELLE.
Vous pourrez bientôt prendre un sentiment contraire.
PLACIDE.
Je n'en changerai point pour la perte d'un bien
Qui me rendra celui de ne vous devoir rien.
MARCELLE.
Ainsi l'ingratitude en soi-même se flatte.
Mais je saurai punir cette âme trop ingrate;
Et, pour mieux abaisser vos esprits soulevés,
Je vous ôterai plus que vous ne me devez.
PLACIDE.
La menace est obscure; expliquez-la, de grâce.
MARCELLE.
L'effet expliquera le sens de la menace.
Tandis, souvenez-vous, malgré tous vos mépris,
Que j'ai fait ce que sont et le père et le fils :
Vous me devez l'Égypte; et Valens, Antioche.

PLACIDE.
Nous ne vous devons rien après un tel reproche.
Un bienfait perd sa grâce à le trop publier :
Qui veut qu'on s'en souvienne, il le doit oublier.
MARCELLE.
Je l'oublierois, ingrat, si pour tant de puissance
Je recevois de vous quelque reconnoissance.
PLACIDE.
Et je m'en souviendrois jusqu'aux derniers abois,
Si vous vous contentiez de ce que je vous dois.
MARCELLE.
Après tant de bienfaits, osé-je trop prétendre?
PLACIDE.
Ce ne sont plus bienfaits alors qu'on veut les vendre.
MARCELLE.
Que doit donc un grand cœur aux faveurs qu'il reçoit?
PLACIDE.
S'avouant redevable il rend tout ce qu'il doit.
MARCELLE.
Tous les ingrats en foule iront à votre école,
Puisqu'on y devient quitte en payant de parole.
PLACIDE.
Je vous dirai donc plus, puisque vous me pressez :
Nous ne vous devons pas tout ce que vous pensez.
MARCELLE.
Que seriez-vous sans moi?
PLACIDE.
Sans vous? ce que nous sommes.
Notre empereur est juste, et sait choisir les hommes;
Et mon père, après tout, ne se trouve qu'au rang
Où l'auroient mis sans vous ses vertus et son sang.
MARCELLE.
Ne vous souvient-il plus qu'on proscrivit sa tête?
PLACIDE.
Par là votre artifice en fit votre conquête.
MARCELLE.
Ainsi de ma faveur vous nommez les effets!
PLACIDE.
Un autre ami peut-être auroit bien fait sa paix;
Et si votre faveur pour lui s'est employée,
Par son hymen, madame, il vous a trop payée.
On voit peu d'unions de deux telles moitiés;
Et, la faveur à part, on sait qui vous étiez.
MARCELLE.
L'ouvrage de mes mains avoir tant d'insolence!
PLACIDE.
Elles m'ont mis trop haut pour souffrir une offense.

ACTE I, SCÈNE II.

MARCELLE.
Quoi! vous tranchez ici du nouveau gouverneur?
PLACIDE.
De mon rang en tous lieux je soutiendrai l'honneur.
MARCELLE.
Considérez donc mieux quelle main vous y porte;
L'hymen seul de Flavie en est pour vous la porte.
PLACIDE.
Si je n'y puis entrer qu'acceptant cette loi,
Reprenez votre Égypte, et me laissez à moi.
MARCELLE.
Plus il me doit d'honneurs, plus son orgueil me brave!
PLACIDE.
Plus je reçois d'honneurs, moins je dois être esclave.
MARCELLE.
Conservez ce grand cœur, vous en aurez besoin.
PLACIDE.
Je le conserverai, madame, avec grand soin;
Et votre grand pouvoir en chassera la vie
Avant que d'y surprendre aucun lieu pour Flavie.
MARCELLE.
J'en chasserai du moins l'ennemi qui me nuit.
PLACIDE.
Vous ferez peu d'effet avec beaucoup de bruit.
MARCELLE.
Je joindrai de si près l'effet à la menace,
Que sa perte aujourd'hui me quittera la place.
PLACIDE.
Vous perdrez aujourd'hui...?
MARCELLE.
Théodore à vos yeux.
M'entendez-vous, Placide? Oui, j'en jure les dieux
Qu'aujourd'hui mon courroux, armé contre son crime,
Au pied de leurs autels en fera ma victime.
PLACIDE.
Et je jure à vos yeux ces mêmes immortels
Que je la vengerai jusque sur leurs autels.
Je jure plus encor, que, si je pouvois croire
Que vous eussiez dessein d'une action si noire,
Il n'est point de respect qui pût me retenir
D'en punir la pensée et de vous prévenir;
Et que, pour garantir une tête si chère,
Je vous irois chercher jusqu'au lit de mon père.
M'entendez-vous, madame? Adieu. Pensez-y bien.
N'épargnez pas mon sang si vous versez le sien;
Autrement ce beau sang en fera verser d'autre,
Et ma fureur n'est pas pour se borner au vôtre.

SCÈNE III. — MARCELLE, STÉPHANIE.

MARCELLE.
As-tu vu, Stéphanie, un plus farouche orgueil?
As-tu vu des mépris plus dignes du cercueil?
Et pourrois-je épargner cette insolente vie,
Si sa perte n'étoit la perte de Flavie,
Dont le cruel destin prend un si triste cours
Qu'aux jours de ce barbare il attache ses jours?

STÉPHANIE.
Je tremble encor de voir où sa rage l'emporte.

MARCELLE.
Ma colère en devient et plus juste et plus forte;
Et l'aveugle fureur dont ses discours sont pleins
Ne m'arrachera pas ma vengeance des mains.

STÉPHANIE.
Après votre vengeance appréhendez la sienne.

MARCELLE.
Qu'une indigne épouvante à présent me retienne!
De ce feu turbulent l'éclat impétueux
N'est qu'un foible avorton d'un cœur présomptueux.
La menace à grand bruit ne porte aucune atteinte,
Elle n'est qu'un effet d'impuissance et de crainte;
Et qui si près du mal s'amuse à menacer
Veut amollir le coup qu'il ne peut repousser.

STÉPHANIE.
Théodore vivante, il craint votre colère;
Mais voyez qu'il ne craint que parce qu'il espère;
Et c'est à vous, madame, à bien considérer
Qu'il cessera de craindre en cessant d'espérer.

MARCELLE.
Si l'espoir fait sa peur, nous n'avons qu'à l'éteindre
Il cessera d'aimer aussi bien que de craindre.
L'amour va rarement jusque dans un tombeau
S'unir au reste affreux de l'objet le plus beau.
Hasardons; je ne vois que ce conseil à prendre.
Théodore vivante, il n'en faut rien prétendre;
Et Théodore morte, on peut encor douter
Quel sera le succès que tu veux redouter.
Quoi qu'il arrive enfin, de la sorte outragée,
C'est un plaisir bien doux que de se voir vengée
Mais dis-moi, ton indice est-il bien assuré?

STÉPHANIE.
J'en réponds sur ma tête, et l'ai trop avéré.

MARCELLE.
Ne t'oppose donc plus à ce moment de joie
Qu'aujourd'hui par ta main le juste ciel m'envoie.

Valens vient à propos, et sur tes bons avis
Je vais forcer le père à me venger du fils.

SCÈNE IV. — VALENS, MARCELLE, PAULIN, STÉPHANIE.

MARCELLE.
Jusques à quand, seigneur, voulez-vous qu'abusée
Au mépris d'un ingrat je demeure exposée,
Et qu'un fils arrogant sous votre autorité
Outrage votre femme avec impunité?
Sont-ce là les douceurs, sont-ce là les caresses
Qu'en faisoient à ma fille espérer vos promesses?
Et faut-il qu'un amour conçu par votre aveu
Lui coûte enfin la vie, et vous touche si peu?

VALENS.
Plût aux dieux que mon sang eût de quoi satisfaire
Et l'amour de la fille, et l'espoir de la mère,
Et qu'en le répandant je lui pusse gagner
Ce cœur dont l'insolence ose la dédaigner !
Mais de ses volontés le ciel est le seul maître.
J'ai promis de l'amour, il le doit faire naître.
Si son ordre n'agit, l'effet ne s'en peut voir,
Et je pense être quitte y faisant mon pouvoir

MARCELLE.
Faire votre pouvoir avec tant d'indulgence,
C'est avec son orgueil être d'intelligence;
Aussi bien que le fils le père m'est suspect,
Et vous manquez de foi comme lui de respect
Ah! si vous déployiez cette haute puissance
Que donnent aux parens les droits de la naissance....

VALENS.
Si la haine et l'amour lui doivent obéir,
Déployez-la, madame, à le faire haïr.
Quel que soit le pouvoir d'un père en sa famille,
Puis-je plus sur mon fils que vous sur votre fille?
Et si vous n'en pouvez vaincre la passion,
Dois-je plus obtenir sur tant d'aversion?

MARCELLE.
Elle tâche à se vaincre, et son cœur y succombe;
Et l'effort qu'elle y fait la jette sous la tombe.

VALENS.
Elle n'a toutefois que l'amour à dompter;
Et Placide bien moins se pourroit surmonter,
Puisque deux passions le font être rebelle,
L'amour pour Théodore, et la haine pour elle.

MARCELLE.
Otez-lui Théodore; et, son amour dompté,

Vous dompterez sa haine avec facilité.

MARCELLE.

VALENS.

Pour l'ôter à Placide il faut qu'elle se donne.
Aime-t-elle quelque autre ?

MARCELLE.

Elle n'aime personne.
Mais qu'importe, seigneur, qu'elle écoute aucuns vœux ?
Ce n'est pas son hymen, c'est sa mort que je veux.

VALENS.

Quoi ! madame, abuser ainsi de ma puissance !
A votre passion immoler l'innocence !
Les dieux m'en puniroient.

MARCELLE.

Trouvent-ils innocens
Ceux dont l'impiété leur refuse l'encens ?
Prenez leur intérêt : Théodore est chrétienne ;
C'est la cause des dieux, et ce n'est plus la mienne.

VALENS.

Souvent la calomnie....

MARCELLE.

Il n'en faut plus parler,
Si vous vous préparez à le dissimuler.
Devenez protecteur de cette secte impie
Que l'empereur jamais ne crut digne de vie ;
Vous pouvez en ces lieux vous en faire l'appui :
Mais songez qu'il me reste un frère auprès de lui.

VALENS.

Sans en importuner l'autorité suprême,
Si je vous suis suspect, n'en croyez que vous-même,
Agissez en ma place, et faites-la venir ;
Quand vous la convaincrez, je saurai la punir ;
Et vous reconnoîtrez que dans le fond de l'âme
Je prends, comme je dois, l'intérêt d'une femme.

MARCELLE.

Puisque vous le voulez, j'oserai la mander :
Allez-y, Stéphanie, allez sans plus tarder.

(*Stéphanie s'en va, et Marcelle continue à parler à Valens.*)

Et si l'on m'a flattée avec un faux indice,
Je vous irai moi-même en demander justice.

VALENS.

N'oubliez pas alors que je la dois à tous,
Et même à Théodore, aussi bien comme à vous.

MARCELLE.

N'oubliez pas non plus quelle est votre promesse.

(*Valens s'en va, et Marcelle continue.*)

Il est temps que Flavie ait part à l'allégresse :
Avec cette espérance allons la soulager.

Et vous, dieux, qu'avec moi j'entreprends de venger,
Agréez ma victime, et pour finir ma peine,
Jetez un peu d'amour où règne tant de haine;
Ou, si c'est trop pour nous qu'il soupire à son tour,
Jetez un peu de haine où règne tant d'amour.

ACTE SECOND.

SCÈNE I. — THÉODORE, CLÉOBULE, STÉPHANIE.

STÉPHANIE.

Marcelle n'est pas loin, et je me persuade
Que son amour l'attache auprès de sa malade;
Mais je vais l'avertir que vous êtes ici.

THÉODORE.

Vous m'obligerez fort d'en prendre le souci,
Et de lui témoigner avec quelle franchise
A ses commandemens vous me voyez soumise.

STÉPHANIE.

Dans un moment ou deux vous la verrez venir.

SCÈNE II. — CLÉOBULE, THÉODORE.

CLÉOBULE.

Tandis, permettez-moi de vous entretenir,
Et de blâmer un peu cette vertu farouche,
Cette insensible humeur qu'aucun objet ne touche,
D'où naissent tant de feux sans pouvoir l'enflammer,
Et qui semble haïr quiconque l'ose aimer.
　Je veux bien avec vous que dessous votre empire
Toute notre jeunesse en vain brûle et soupire;
J'approuve les mépris que vous rendez à tous :
Le ciel n'en a point fait qui soient dignes de vous;
Mais je ne puis souffrir que la grandeur romaine
S'abaissant à vos pieds ait part à cette haine,
Et que vous égaliez par vos durs traitemens
Ces maîtres de la terre aux vulgaires amans.
Quoiqu'une âpre vertu du nom d'amour s'irrite,
Elle trouve sa gloire à céder au mérite;
Et sa sévérité ne lui fait point de lois
Qu'elle n'aime à briser pour un illustre choix.
Voyez ce qu'est Valens, voyez ce qu'est Placide,
Voyez sur quels États l'un et l'autre préside,
Où le père et le fils peuvent un jour régner;
Et cessez d'être aveugle, et de le dédaigner.

THÉODORE.
Je ne suis point aveugle, et vois ce qu'est un homme
Qu'élèvent la naissance, et la fortune, et Rome;
Je rends ce que je dois à l'éclat de son sang;
J'honore son mérite, et respecte son rang;
Mais vous connoissez mal cette vertu farouche
De vouloir qu'aujourd'hui l'ambition la touche,
Et qu'une âme insensible aux plus saintes ardeurs
Cède honteusement à l'éclat des grandeurs.
Si cette fermeté dont elle est ennoblie
Par quelques traits d'amour pouvoit être affoiblie,
Mon cœur, plus incapable encor de vanité,
Ne feroit point de choix que dans l'égalité;
Et, rendant aux grandeurs un respect légitime,
J'honorerois Placide, et j'aimerois Didyme.
CLÉOBULE.
Didyme, que sur tous vous semblez dédaigner!
THÉODORE.
Didyme, que sur tous je tâche d'éloigner,
Et qui verroit bientôt sa flamme couronnée
Si mon âme à mes sens étoit abandonnée,
Et se laissoit conduire à ces impressions
Que forment en naissant les belles passions.
Comme cet avantage est digne qu'on le craigne,
Plus je penche à l'aimer, et plus je le dédaigne;
Et m'arme d'autant plus, que mon cœur en secret
Voudroit s'en laisser vaincre, et combat à regret.
Je me fais tant d'effort lorsque je le méprise,
Que par mes propres sens je crains d'être surprise;
J'en crains une révolte, et que, las d'obéir,
Comme je les trahis, ils ne m'osent trahir.
  Voilà, pour vous montrer mon âme toute nue,
Ce qui m'a fait bannir Didyme de ma vue :
Je crains d'en recevoir quelque coup d'œil fatal,
Et chasse un ennemi dont je me défends mal.
Voilà quelle je suis, et quelle je veux être;
La raison quelque jour s'en fera mieux connoître :
Nommez-la cependant vertu, caprice, orgueil,
Ce dessein me suivra jusque dans le cercueil.
CLÉOBULE.
Il peut vous y pousser, si vous n'y prenez garde.
D'un œil envenimé Marcelle vous regarde;
Et, se prenant à vous du mauvais traitement
Que sa fille à ses yeux reçoit de votre amant,
Sa jalouse fureur ne peut être assouvie
A moins de votre sang, à moins de votre vie :
Ce n'est plus en secret que frémit son courroux,

Elle en parle tout haut, elle s'en vante à nous,
Elle en jure les dieux; et, ce que j'appréhende,
Pour ce triste sujet sans doute elle vous mande.
Dans un péril si grand faites un protecteur.
THÉODORE.
Si je suis en péril, Placide en est l'auteur;
L'amour qu'il a pour moi lui seul m'y précipite;
C'est par là qu'on me hait, c'est par là qu'on s'irrite.
On n'en veut qu'à sa flamme, on n'en veut qu'à son choix;
C'est contre lui qu'on arme ou la force ou les lois.
Tous les vœux qu'il m'adresse avancent ma ruine,
Et par une autre main c'est lui qui m'assassine.

Je sais quel est mon crime, et je ne doute pas
Du prétexte qu'aura l'arrêt de mon trépas;
Je l'attends sans frayeur; mais, de quoi qu'on m'accuse,
S'il portoit à Flavie un cœur que je refuse,
Qui veut finir mes jours les voudroit protéger,
Et par ce changement il feroit tout changer.
Mais mon péril le flatte, et son cœur en espère
Ce que jusqu'à présent tous ses soins n'ont pu faire;
Il attend que du mien j'achète son appui :
J'en trouverai peut-être un plus puissant que lui;
Et s'il me faut périr, dites-lui qu'avec joie
Je cours à cette mort où son amour m'envoie,
Et que, par un exemple assez rare à nommer,
Je périrai pour lui, si je ne puis l'aimer.
CLÉOBULE.
Ne vous pas mieux servir d'un amour si fidèle,
C'est....
THÉODORE.
Quittons ce discours, je vois venir Marcelle.

SCÈNE III. — MARCELLE, THÉODORE, CLÉOBULE, STÉPHANIE.

MARCELLE, à Cléobule.
Quoi! toujours l'un ou l'autre est par vous obsédé?
Qui vous amène ici? vous avois-je mandé?
Et ne pourrai-je voir Théodore ou Placide,
Sans que vous leur serviez d'interprète ou de guide?
Cette assiduité marque un zèle imprudent;
Et ce n'est pas agir en adroit confident.
CLÉOBULE.
Je crois qu'on me doit voir d'une âme indifférente
Accompagner ici Placide et ma parente.
Je fais ma cour à l'un à cause de son rang,
Et rends à l'autre un soin où m'oblige le sang.

MARCELLE.
Vous êtes bon parent.
CLÉOBULE.
Elle m'oblige à l'être.
MARCELLE.
Votre humeur généreuse aime à le reconnoître ;
Et sensible aux faveurs que vous en recevez,
Vous rendez à tous deux ce que vous leur devez.
Un si rare service aura sa récompense
Plus grande qu'on n'estime et plus tôt qu'on ne pense.
Cependant quittez-nous, que je puisse à mon tour
Servir de confidence à cet illustre amour.
CLÉOBULE.
Ne croyez pas, madame....
MARCELLE.
Obéissez, de grâce.
Je sais ce qu'il faut croire, et vois ce qui se passe.

SCÈNE IV. — MARCELLE, THÉODORE, STÉPHANIE

MARCELLE.
Ne vous offensez pas, objet rare et charmant,
Si ma haine avec lui traite un peu rudement.
Ce n'est point avec vous que je la dissimule :
Je chéris Théodore, et je hais Cléobule ;
Et, par un pur effet du bien que je vous veux,
Je ne puis voir ici ce parent dangereux.
Je sais que pour Placide il vous fait tout facile,
Qu'en sa grandeur nouvelle il vous peint un asile,
Et tâche à vous porter jusqu'à la vanité
D'espérer me braver avec impunité ;
Je n'ignore non plus que votre âme plus saine,
Connoissant son devoir, ou redoutant ma haine,
Rejette ses conseils, en dédaigne le prix,
Et fait de ces grandeurs un généreux mépris.
Mais comme avec le temps il pourroit vous séduire,
Et vous, changeant d'humeur, me forcer à vous nuire,
J'ai voulu vous parler, pour vous mieux avertir
Qu'il seroit malaisé de vous en garantir ;
Que si ce qu'est Placide enfloit votre courage,
Je puis en un moment renverser mon ouvrage,
Abattre sa fortune, et détruire avec lui
Quiconque m'oseroit opposer son appui.
Gardez donc d'aspirer au rang où je l'élève.
Qui commence le mieux ne fait rien s'il n'achève.
Ne servez point d'obstacle à ce que j'en prétends ;
N'acquérez point ma haine en perdant votre temps.

Croyez que me tromper, c'est vous tromper vous-même ;
Et si vous vous aimez, souffrez que je vous aime.

MARGIN:THÉODORE.

Je n'ai point vu, madame, encor jusqu'à ce jour
Avec tant de menace expliquer tant d'amour,
Et peu faite à l'honneur de pareilles visites,
J'aurois lieu de douter de ce que vous me dites ;
Mais soit que ce puisse être ou feinte, ou vérité,
Je veux bien vous répondre avec sincérité.
 Quoique vous me jugiez l'âme basse et timide,
Je croirois sans faillir pouvoir aimer Placide,
Et, si sa passion avoit pu me toucher,
J'aurois assez de cœur pour ne le point cacher.
Cette haute puissance à ses vertus rendue
L'égale presque aux rois dont je suis descendue ;
Et, si Rome et le temps m'en ont ôté le rang,
Il m'en demeure encor le courage et le sang.
Dans mon sort ravalé je sais vivre en princesse ;
Je fuis l'ambition, mais je hais la foiblesse :
Et comme ses grandeurs ne peuvent m'ébranler,
L'épouvante jamais ne me fera parler.
Je l'estime beaucoup, mais en vain il soupire ;
Quand même sur ma tête il feroit choir l'empire,
Vous me verriez répondre à cette illustre ardeur
Avec la même estime et la même froideur.
Sortez d'inquiétude, et m'obligez de croire
Que la gloire où j'aspire est tout une autre gloire ;
Et que, sans m'éblouir de cet éclat nouveau,
Plutôt que dans son lit j'entrerois au tombeau.

MARCELLE.

Je vous crois ; mais souvent l'amour brûle sans luire :
Dans un profond secret il aime à se conduire ;
Et voyant Cléobule aller tant et venir,
Entretenir Placide, et vous entretenir,
Je sens toujours dans l'âme un reste de scrupule,
Que je blâme moi-même et tiens pour ridicule.
Mais mon cœur soupçonneux ne s'en peut départir.
Vous avez deux moyens de l'en faire sortir :
Épousez ou Didyme, ou Cléante, ou quelque autre.
Ne m'importe pas qui, mon choix suivra le vôtre,
Et je le comblerai de tant de dignités,
Que peut-être il vaudra ce que vous me quittez ;
Ou, si vous ne pouvez sitôt vous y résoudre,
Jurez-moi par ce Dieu qui porte en main la foudre,
Et dont tout l'univers doit craindre le courroux,
Que Placide jamais ne sera votre époux.
Je lui fais pour Flavie offrir un sacrifice :

Peut-être que vos vœux le rendront plus propice;
Venez les joindre aux miens, et le prendre à témoin.

THÉODORE.

Je veux vous satisfaire; et, sans aller si loin,
J'atteste ici le Dieu qui lance le tonnerre,
Ce monarque absolu du ciel et de la terre,
Et dont tout l'univers doit craindre le courroux,
Que Placide jamais ne sera mon époux.
En est-ce assez, madame, êtes-vous satisfaite?

MARCELLE.

Ce serment à peu près est ce que je souhaite;
Mais, pour vous dire tout, la sainteté des lieux,
Le respect des autels, la présence des dieux,
Le rendant et plus saint et plus inviolable,
Me le pourroient ainsi rendre bien plus croyable.

THÉODORE.

Le Dieu que j'ai juré connoît tout, entend tout;
Il remplit l'univers de l'un à l'autre bout;
Sa grandeur est sans borne ainsi que sans exemple;
Il n'est pas moins ici qu'au milieu de son temple,
Et ne m'entend pas mieux dans son temple qu'ici.

MARCELLE.

S'il vous entend partout, je vous entends aussi :
On ne m'éblouit point d'une mauvaise ruse;
Suivez-moi dans le temple, et tôt, et sans excuse.

THÉODORE.

Votre cœur soupçonneux ne m'y croiroit non plus,
Et je vous y ferois des sermens superflus.

MARCELLE.

Vous désobéissez?

THÉODORE.

    Je crois vous satisfaire.

MARCELLE.

Suivez, suivez mes pas.

THÉODORE.

     Ce seroit vous déplaire;
Vos desseins d'autant plus en seroient reculés;
Ma désobéissance est ce que vous voulez.

MARCELLE.

Il faut de deux raisons que l'une vous retienne :
Ou vous aimez Placide, ou vous êtes chrétienne.

THÉODORE.

Oui, je le suis, madame, et le tiens à plus d'heur
Qu'une autre ne tiendroit toute votre grandeur.
Je vois qu'on vous l'a dit, ne cherchez plus de ruse;
J'avoue et hautement, et tôt, et sans excuse.
Armez-vous à ma perte, éclatez, vengez-vous,

Par ma mort à Flavie assurez un époux ;
Et noyez dans ce sang, dont vous êtes avide,
Et le mal qui la tue, et l'amour de Placide.
．．．．．．．．．．．．MARCELLE.
Oui, pour vous en punir je n'épargnerai rien ;
Et l'intérêt des dieux assurera le mien.
．．．．．．．．．．．．THÉODORE.
Le vôtre en même temps assurera ma gloire ;
Triomphant de ma vie, il fera ma victoire,
Mais si grande, si haute, et si pleine d'appas,
Qu'à ce prix j'aimerai les plus cruels trépas.
．．．．．．．．．．．．MARCELLE.
De cette illusion soyez persuadée ;
Périssant à mes yeux, triomphez en idée ;
Goûtez d'un autre monde à loisir les appas,
Et devenez heureuse où je ne serai pas :
Je n'en suis point jalouse, et toute ma puissance
Vous veut bien d'un tel heur hâter la jouissance ;
Mais gardez de pâlir et de vous étonner
A l'aspect du chemin qui vous y doit mener.
．．．．．．．．．．．．THÉODORE.
La mort n'a que douceur pour une âme chrétienne.
．．．．．．．．．．．．MARCELLE.
Votre félicité va donc faire la mienne.
．．．．．．．．．．．．THÉODORE.
Votre haine est trop lente à me la procurer.
．．．．．．．．．．．．MARCELLE.
Vous n'aurez pas longtemps sujet d'en murmurer.
Allez trouver Valens, allez, ma Stéphanie.
Mais demeurez ; il vient.

SCÈNE V.—VALENS, MARCELLE, THÉODORE, PAULIN,
．．．．．．．．．STÉPHANIE.

．．．．．．．．．．．．MARCELLE.
．．．．．．．．．．Ce n'est point calomnie,
Seigneur, elle est chrétienne, et s'en ose vanter.
．．．．．．．．．．．．VALENS.
Théodore, parlez sans vous épouvanter.
．．．．．．．．．．．．THÉODORE.
Puisque je suis coupable aux yeux de l'injustice,
Je fais gloire du crime, et j'aspire au supplice ;
Et d'un crime si beau le supplice est si doux,
Que qui peut le connoître en doit être jaloux.
．．．．．．．．．．．．VALENS.
Je ne recherche plus la damnable origine
De cette aveugle amour où Placide s'obstine ;

CORNEILLE II．．．．．．．．．．．．．．．．．．．．16

Cette noire magie, ordinaire aux chrétiens,
L'arrête indignement dans vos honteux liens;
Votre charme après lui se répand sur Flavie :
De l'un il prend le cœur, et de l'autre la vie.
Vous osez donc ainsi jusque dans ma maison,
Jusque sur mes enfans verser votre poison?
Vous osez donc tous deux les prendre pour victimes?

THÉODORE.

Seigneur, il ne faut point me supposer de crimes,
C'est à des faussetés sans besoin recourir;
Puisque je suis chrétienne, il suffit pour mourir.
Je suis prête; où faut-il que je porte ma vie?
Où me veut votre haine immoler à Flavie?
Hâtez, hâtez, seigneur, ces heureux châtimens
Qui feront mes plaisirs et vos contentemens.

VALENS.

Ah! je rabattrai bien cette fière constance.

THÉODORE.

Craindrois-je des tourmens qui font ma récompense?

VALENS.

Oui, j'en sais que peut-être aisément vous craindrez;
Vous en recevrez l'ordre, et vous en résoudrez.
Ce courage toujours ne sera pas si ferme.
Paulin, que là dedans pour prison on l'enferme.
Mettez-y bonne garde.

(*Paulin la conduit avec quelques soldats, et l'ayant enfermée,
il revient incontinent.*)

SCÈNE VI. — VALENS, MARCELLE, PAULIN, STÉPHANIE.

MARCELLE.

Eh quoi! pour la punir,
Quand le crime est constant, qui vous peut retenir?

VALENS.

Agréerez-vous le choix que je fais d'un supplice?

MARCELLE.

J'agréerai tout, seigneur, pourvu qu'elle périsse :
Choisissez le plus doux, ce sera m'obliger.

VALENS.

Ah! que vous savez mal comme il faut se venger!

MARCELLE.

Je ne suis point cruelle, et n'en veux à sa vie
Que pour rendre Placide à l'amour de Flavie.
Otez-nous cet obstacle à nos contentemens;
Mais en faveur du sexe épargnez les tourmens;
Qu'elle meure, il suffit.

ACTE II, SCÈNE VI.

VALENS.
  Oui, sans plus de demeure,
Pour l'intérêt des dieux je consens qu'elle meure :
Indigne de la vie, elle doit en sortir ;
Mais pour votre intérêt je n'y puis consentir.
Quoi ! madame, la perdre est-ce gagner Placide ?
Croyez-vous que sa mort le change, ou l'intimide ?
Que ce soit un moyen d'être aimable à ses yeux,
Que de mettre au tombeau ce qu'il aime le mieux ?
Ah ! ne vous flattez point d'une espérance vaine :
En cherchant son amour vous redoublez sa haine ;
Et dans le désespoir où vous l'allez plonger,
Loin d'en aimer la cause, il voudra s'en venger.
Chaque jour à ses yeux cette ombre ensanglantée,
Sortant des tristes nuits où vous l'aurez jetée,
Vous peindra toutes deux avec des traits d'horreur
Qui feront de sa haine une aveugle fureur :
Et lors je ne dis pas tout ce que j'appréhende.
Son âme est violente, et son amour est grande :
Verser le sang aimé ce n'est pas l'en guérir ;
Et le désespérer ce n'est pas l'acquérir.

MARCELLE.
Ainsi donc vous laissez Théodore impunie ?

VALENS.
Non, je la veux punir, mais par l'ignominie ;
Et, pour forcer Placide à vous porter ses vœux,
Rendre cette chrétienne indigne de ses feux.

MARCELLE.
Je ne vous entends point.

VALENS.
  Contentez-vous, madame,
Que je vois pleinement les désirs de votre âme,
Que de votre intérêt je veux faire le mien.
Allez, et sur ce point ne demandez plus rien.
Si je m'expliquois mieux, quoique son ennemie,
Vous la garantiriez d'une telle infamie ;
Et, quelque bon succès qu'il en faille espérer,
Votre haute vertu ne pourroit l'endurer.
Agréez ce supplice, et sans que je le nomme,
Sachez qu'assez souvent on le pratique à Rome,
Qu'il est craint des chrétiens, qu'il plaît à l'empereur,
Qu'aux filles de sa sorte il fait le plus d'horreur,
Et que ce digne objet de votre juste haine
Voudroit de mille morts racheter cette peine.

MARCELLE.
Soit que vous me vouliez éblouir ou venger,
Jusqu'à l'événement je n'en veux point juger ;

Je vous en laisse faire. Adieu : disposez d'elle ;
Mais gardez d'oublier qu'enfin je suis Marcelle,
Et que, si vous trompez un si juste courroux,
Je me saurai bientôt venger d'elle et de vous.

SCÈNE VII. — VALENS, PAULIN.

VALENS.

L'impérieuse humeur ! vois comme elle me brave,
Comme son fier orgueil m'ose traiter d'esclave.

PAULIN.

Seigneur, j'en suis confus, mais vous le méritez :
Au lieu d'y résister, vous vous y soumettez.

VALENS.

Ne t'imagine pas que dans le fond de l'âme
Je préfère à mon fils les fureurs d'une femme ;
L'un m'est plus cher que l'autre, et par ce triste arrêt
Ce n'est que de ce fils que je prends l'intérêt.
 Théodore est chrétienne, et ce honteux supplice
Vient moins de ma rigueur que de mon artifice :
Cette haute infamie où je veux la plonger
Est moins pour la punir que pour la voir changer.
Je connois les chrétiens ; la mort la plus cruelle
Affermit leur constance, et redouble leur zèle ;
Et, sans s'épouvanter de tous nos châtimens,
Ils trouvent des douceurs au milieu des tourmens ;
Mais la pudeur peut tout sur l'esprit d'une fille
Dont la vertu répond à l'illustre famille ;
Et j'attends aujourd'hui d'un si puissant effort
Ce que n'obtiendroient pas les frayeurs de la mort.
Après ce grand effet, j'oserai tout pour elle,
En dépit de Flavie, en dépit de Marcelle ;
Et je n'ai rien à craindre auprès de l'empereur,
Si ce cœur endurci renonce à son erreur :
Lui-même il me louera d'avoir su l'y réduire ;
Lui-même il détruira ceux qui m'en voudroient nuire.
J'aurai lieu de braver Marcelle et ses amis :
Ma vertu me soutient où son crédit m'a mis ;
Mais elle me perdroit, quelque rang que je tienne,
Si j'osois à ses yeux sauver cette chrétienne.
 Va la voir de ma part, et tâche à l'étonner :
Dis-lui qu'à tout le peuple on va l'abandonner,
Tranche le mot enfin, que je la prostitue ;
Et, quand tu la verras troublée et combattue,
Donne entrée à Placide, et souffre que son feu
Tâche d'en arracher un favorable aveu.
Les larmes d'un amant et l'horreur de sa honte

Pourront fléchir ce cœur qu'aucun péril ne dompte,
Et lors elle n'a point d'ennemis si puissans
Dont elle ne triomphe avec un peu d'encens;
Et cette ignominie où je l'ai condamnée
Se changera soudain en heureux hyménée.
PAULIN.
Votre prudence est rare, et j'en suivrai les lois.
Daigne le juste ciel seconder votre choix,
Et, par une influence un peu moins rigoureuse,
Disposer Théodore à vouloir être heureuse !

ACTE TROISIÈME.

SCÈNE I. — THÉODORE, PAULIN

THÉODORE.
Où m'allez-vous conduire?
PAULIN.
Il est en votre choix :
Suivez-moi dans le temple, ou subissez nos lois.
THÉODORE.
De ces indignités vos juges sont capables !
PAULIN.
Ils égalent la peine aux crimes des coupables.
THÉODORE.
Si le mien est trop grand pour le dissimuler,
N'est-il point de tourmens qui puissent l'égaler?
PAULIN.
Comme dans les tourmens vous trouvez des délices,
Ils ont trouvé pour vous ailleurs de vrais supplices,
Et, par un châtiment aussi grand que nouveau,
De votre vertu même ils font votre bourreau.
THÉODORE.
Ah! qu'un si détestable et honteux sacrifice
Est pour elle en effet un rigoureux supplice !
PAULIN.
Ce mépris de la mort qui partout à nos yeux
Brave si hautement et nos lois et nos dieux,
Cette indigne fierté ne seroit pas punie
A ne vous ôter rien de plus cher que la vie :
Il faut qu'on leur immole, après de tels mépris,
Ce que chez votre sexe on met à plus haut prix,
Ou que cette fierté, de nos lois ennemie,
Cède aux justes horreurs d'une pleine infamie,
Et que votre pudeur rende à nos immortels

L'encens que votre orgueil refuse à leurs autels.
THÉODORE.
Valens me fait par vous porter cette menace;
Mais, s'il hait les chrétiens, il respecte ma race :
Le sang d'Antiochus n'est pas encore si bas
Qu'on l'abandonne en proie aux fureurs des soldats.
PAULIN.
Ne vous figurez point qu'en un tel sacrilége
Le sang d'Antiochus ait quelque privilége :
Les dieux sont au-dessus des rois dont vous sortez,
Et l'on vous traite ici comme vous les traitez.
Vous les déshonorez, et l'on vous déshonore.
THÉODORE.
Vous leur immolez donc l'honneur de Théodore,
A ces dieux dont enfin la plus sainte action
N'est qu'inceste, adultère, et prostitution?
Pour venger les mépris que je fais de leurs temples,
Je me vois condamnée à suivre leurs exemples;
Et, dans vos dures lois, je ne puis éviter
Ou de leur rendre hommage, ou de les imiter!
Dieu de la pureté, que vos lois sont bien autres!
PAULIN.
Au lieu de blasphémer, obéissez aux nôtres,
Et ne redoublez point par vos impiétés
La haine et le courroux de nos dieux irrités :
Après nos châtimens ils ont encor leur foudre.
On vous donne de grâce une heure à vous résoudre;
Vous savez votre arrêt, vous avez à choisir;
Usez utilement de ce peu de loisir.
THÉODORE.
Quelles sont vos rigueurs, si vous le nommez grâce!
Et quel choix voulez-vous qu'une chrétienne fasse,
Réduite à balancer son esprit agité
Entre l'idolâtrie et l'impudicité?
Le choix est inutile où les maux sont extrêmes.
Reprenez votre grâce, et choisissez vous-mêmes :
Quiconque peut choisir consent à l'un des deux,
Et le consentement est seul lâche et honteux.
Dieu, tout juste et tout bon, qui lis dans nos pensées,
N'impute point de crime aux actions forcées.
Soit que vous contraigniez pour vos dieux impuissans
Mon corps à l'infamie ou ma main à l'encens,
Je saurai conserver d'une âme résolue
A l'époux sans macule une épouse impollue.

SCÈNE II. — PLACIDE, THÉODORE, PAULIN.

THÉODORE.

Mais que vois-je? Ah! seigneur, est-ce Marcelle ou vous
Dont sur mon innocence éclate le courroux?
L'arrêt qu'a contre moi prononcé votre père,
Est-ce pour la venger, ou pour vous satisfaire?
Est-ce mon ennemie ou mon illustre amant
Qui du nom de vos dieux abuse insolemment?
Vos feux de sa fureur se sont-ils faits complices?
Sont-ils d'intelligence à choisir mes supplices?
Étouffent-ils si bien vos respects généreux,
Qu'ils fassent mon bourreau d'un héros amoureux!

PLACIDE.

Retirez-vous, Paulin.

PAULIN.

On me l'a mise en garde.

PLACIDE.

Je sais jusqu'à quel point ce devoir vous regarde;
Prenez soin de la porte, et sans me répliquer :
Ce n'est pas devant vous que je veux m'expliquer.

PAULIN.

Seigneur....

PLACIDE.

Laissez-nous, dis-je, et craignez ma colère;
Je vous garantirai de celle de mon père.

SCÈNE III. — PLACIDE, THÉODORE.

THÉODORE.

Quoi! vous chassez Paulin, et vous craignez ses yeux,
Vous qui ne craignez pas la colère des cieux!

PLACIDE.

Redoublez vos mépris, mais bannissez des craintes
Qui portent à mon cœur de plus rudes atteintes;
Ils sont encor plus doux que les indignités
Qu'imputent vos frayeurs à mes témérités;
Et ce n'est pas contre eux que mon âme s'irrite.
Je sais qu'ils font justice à mon peu de mérite;
Et lorsque vous pouviez jouir de vos dédains,
Si j'osois les nommer quelquefois inhumains,
Je les justifiois dedans ma conscience,
Et je n'attendois rien que de ma patience,
Sans que pour ces grandeurs qui font tant de jaloux,
Je me sois jamais cru moins indigne de vous.
Aussi ne pensez pas que je vous importune
De payer mon amour, ou de voir ma fortune :
Je ne demande pas un bien qui leur soit dû;

Mais je viens pour vous rendre un bien presque perdu,
Encor le même amant qu'une rigueur si dure
A toujours vu brûler et souffrir sans murmure,
Qui plaint du sexe en vous les respects violés,
Votre libérateur enfin, si vous voulez.

THÉODORE.

Pardonnez donc, seigneur, à la première idée
Qu'a jeté dans mon âme une peur mal fondée.
De mille objets d'horreur mon esprit combattu
Auroit tout soupçonné de la même vertu.
Dans un péril si proche et si grand pour ma gloire,
Comme je dois tout craindre, aussi je puis tout croire ;
Et mon honneur timide, entre tant d'ennemis,
Sur les ordres du père a mal jugé le fils.
Je vois, grâces au ciel, par un effet contraire,
Que la vertu du fils soutient celle du père,
Qu'elle ranime en lui la raison qui mouroit,
Qu'elle rappelle en lui l'honneur qui s'égaroit ;
Et, le rétablissant dans une âme si belle,
Détruit heureusement l'ouvrage de Marcelle.
Donc à votre prière il s'est laissé toucher?

PLACIDE.

J'aurois touché plutôt un cœur tout de rocher ;
Soit crainte, soit amour qui possède son âme,
Elle est tout asservie aux fureurs d'une femme.
Je le dis à ma honte, et j'en rougis pour lui,
Il est inexorable, et j'en mourrois d'ennui,
Si nous n'avions l'Égypte où fuir l'ignominie
Dont vous veut lâchement combler sa tyrannie.
Consentez-y, madame, et je suis assez fort
Pour rompre vos prisons et changer votre sort ;
Ou, si votre pudeur au peuple abandonnée
S'en peut mieux affranchir que par mon hyménée,
S'il est quelque autre voie à vous sauver l'honneur,
J'y consens, et renonce à mon plus doux bonheur ;
Mais si, contre un arrêt à cet honneur funeste,
Pour en rompre le coup ce moyen seul vous reste,
Si, refusant Placide, il vous faut être à tous,
Fuyez cette infamie en suivant un époux ;
Suivez-moi dans les lieux où je serai le maître,
Où vous serez sans peur ce que vous voudrez être ;
Et peut-être, suivant ce que vous résoudrez,
Je n'y serai bientôt que ce que vous voudrez.
C'est assez m'expliquer ; que rien ne vous retienne :
Je vous aime, madame, et vous aime chrétienne.
Venez me donner lieu d'aimer ma dignité,
Qui fera mon bonheur et votre sûreté.

THÉODORE.

N'espérez pas, seigneur, que mon sort déplorable
Me puisse à votre amour rendre plus favorable,
Et que d'un si grand coup mon esprit abattu
Défère à ses malheurs plus qu'à votre vertu.
Je l'ai toujours connue et toujours estimée ;
Je l'ai plainte souvent d'aimer sans être aimée ;
Et par tous ces dédains où j'ai su recourir,
J'ai voulu vous déplaire afin de vous guérir.
Louez-en le dessein, en apprenant la cause.
Un obstacle éternel à vos désirs s'oppose.
Chrétienne, et sous les lois d'un plus puissant époux....
Mais, seigneur, à ce mot ne soyez point jaloux.
Quelque haute splendeur que vous teniez de Rome,
Il est plus grand que vous ; mais ce n'est point un homme
C'est le Dieu des chrétiens, c'est le maître des rois,
C'est lui qui tient ma foi, c'est lui dont j'ai fait choix ;
Et c'est enfin à lui que mes vœux ont donnée
Cette virginité que l'on a condamnée.
 Que puis-je donc pour vous, n'ayant rien à donner ?
Et par où votre amour se peut-il couronner,
Si pour moi votre hymen n'est qu'un lâche adultère,
D'autant plus criminel qu'il seroit volontaire,
Dont le ciel puniroit les sacriléges nœuds,
Et que ce Dieu jaloux vengeroit sur tous deux ?
Non, non, en quelque état que le sort m'ait réduite,
Ne me parlez, seigneur, ni d'hymen ni de fuite :
C'est changer d'infamie, et non pas l'éviter ;
Loin de m'en garantir, c'est m'y précipiter.
Mais, pour braver Marcelle et m'affranchir de honte,
Il est une autre voie et plus sûre et plus prompte,
Que dans l'éternité j'aurois lieu de bénir,
La mort ; et c'est de vous que je dois l'obtenir.
Si vous m'aimez encor, comme j'ose le croire,
Vous devez cette grâce à votre propre gloire ;
En m'arrachant la mienne on la va déchirer ;
C'est votre choix, c'est vous qu'on va déshonorer.
L'amant si fortement s'unit à ce qu'il aime,
Qu'il en fait dans son cœur une part de lui-même ;
C'est par là qu'on vous blesse, et c'est par là, seigneur,
Que peut jusques à vous aller mon déshonneur.
 Tranchez donc cette part par où l'ignominie
Pourroit souiller l'éclat d'une si belle vie :
Rendez à votre honneur toute sa pureté,
Et mettez par ma mort son lustre en sûreté.
Mille dont votre Rome adore la mémoire
Se sont bien tout entiers immolés à leur gloire ;

Comme eux, en vrai Romain de la vôtre jaloux,
Immolez cette part trop indigne de vous;
Sauvez-la par sa perte; ou, si quelque tendresse
A ce bras généreux imprime sa foiblesse,
Si du sang d'une fille il craint de se rougir,
Armez, armez le mien, et le laissez agir.
Ma loi me le défend, mais mon Dieu me l'inspire;
Il parle, et j'obéis à son secret empire;
Et contre l'ordre exprès de son commandement,
Je sens que c'est de lui que vient ce mouvement.
Pour le suivre, seigneur, souffrez que votre épée
Me puisse....

PLACIDE.

Oui, vous l'aurez, mais dans mon sang trempée;
Et votre bras du moins en recevra du mien
Le glorieux exemple avant que le moyen.

THÉODORE.

Ah! ce n'est pas pour vous un mouvement à suivre;
C'est à moi de mourir, mais c'est à vous de vivre.

PLACIDE.

Ah! faites-moi donc vivre, ou me laissez mourir;
Cessez de me tuer ou de me secourir.
Puisque vous n'écoutez ni mes vœux ni mes larmes,
Puisque la mort pour vous a plus que moi de charmes,
Souffrez que ce trépas, que vous trouvez si doux,
Ait à son tour pour moi plus de douceur que vous.
Puis-je vivre et vous voir morte ou déshonorée,
Vous que de tout mon cœur j'ai toujours adorée,
Vous qui de mon destin réglez le triste cours,
Vous, dis-je, à qui j'attache et ma gloire et mes jours?
Non, non, s'il vous faut voir déshonorée ou morte,
Souffrez un désespoir où la raison me porte;
Renoncer à la vie avant de tels malheurs,
Ce n'est que prévenir l'effet de mes douleurs.
En ces extrémités je vous conjure encore,
Non par ce zèle ardent d'un cœur qui vous adore,
Non par ce vain éclat de tant de dignités,
Trop au-dessous du sang des rois dont vous sortez,
Non par ce désespoir où vous poussez ma vie,
Mais par la sainte horreur que vous fait l'infamie,
Par ce Dieu que j'ignore, et pour qui vous vivez,
Et par ce même bien que vous lui conservez.
Daignez en éviter la perte irréparable,
Et sous les saints liens d'un nœud si vénérable
Mettez en sûreté ce qu'on vous va ravir.

THÉODORE.

Vous n'êtes pas celui dont Dieu s'y veut servir :

Il saura bien sans vous en susciter un autre,
Dont le bras moins puissant, mais plus saint que le vôtre,
Par un zèle plus pur se fera mon appui,
Sans porter ses désirs sur un bien tout à lui.
Mais parlez à Marcelle.

SCÈNE IV. — MARCELLE, PLACIDE, THÉODORE, PAULIN, STÉPHANIE.

PLACIDE.
Ah dieux! quelle infortune!
Faut-il qu'à tous momens....
MARCELLE.
Je vous suis importune
De mêler ma présence aux secrets des amans,
Qui n'ont jamais besoin de pareils truchemens.
PAULIN.
Madame, on m'a forcé de puissance absolue.
MARCELLE, *à Paulin.*
L'ayant soufferte ainsi, vous l'avez bien voulue :
Ne me répliquez plus, et me la renfermez.

SCÈNE V. — MARCELLE, PLACIDE, STÉPHANIE.

MARCELLE.
Ainsi donc vos désirs en sont toujours charmés?
Et quand un juste arrêt la couvre d'infamie,
Comme de tout l'empire et des dieux ennemie,
Au milieu de sa honte elle plaît à vos yeux,
Et vous fait l'ennemi de l'empire et des dieux;
Tant les illustres noms d'infâme et de rebelle
Vous semblent précieux à les porter pour elle!
Vous trouvez, je m'assure, en un si digne lieu
Cet objet de vos vœux encor digne d'un dieu?
J'ai conservé son sang de peur de vous déplaire,
Et pour ne forcer pas votre juste colère
A ce serment conçu par tous les immortels
De venger son trépas jusque sur les autels.
Vous vous étiez par là fait une loi si dure,
Que sans moi vous seriez sacrilége, ou parjure :
Je vous en ai fait grâce en lui laissant le jour;
Et j'épargne du moins un crime à votre amour.
PLACIDE.
Triomphez-en dans l'âme, et tâchez de paroître
Moins insensible aux maux que vous avez fait naître
En l'état où je suis, c'est une lâcheté
D'insulter aux malheurs où vous m'avez jeté;
Et l'amertume enfin de cette raillerie

Tourneroit aisément ma douleur en furie.
Si quelque espoir arrête et suspend mon courroux,
Il ne peut être grand, puisqu'il n'est plus qu'en vous;
En vous, que j'ai traitée avec tant d'insolence,
En vous de qui la haine a tant de violence.
Contre ces malheurs même où vous m'avez jeté,
J'espère encore en vous trouver quelque bonté;
Je fais plus, je l'implore, et cette âme si fière
Du haut de son orgueil descend à la prière,
Après tant de mépris s'abaisse pleinement,
Et de votre triomphe achève l'ornement.
 Voyez ce qu'aucun dieu n'eût osé vous promettre,
Ce que jamais mon cœur n'auroit cru se permettre :
Placide suppliant, Placide à vos genoux
Vous doit être, madame, un spectacle assez doux;
Et c'est par la douceur de ce même spectacle
Que mon cœur vous demande un aussi grand miracle.
Arrachez Théodore aux hontes d'un arrêt
Qui mêle avec le sien mon plus cher intérêt.
Tout ingrate, inhumaine, inflexible, chrétienne,
Madame, elle est mon choix, et sa gloire est la mienne;
S'il faut qu'elle subisse une si dure loi,
Toute l'ignominie en rejaillit sur moi;
Et je n'ai pas moins qu'elle à rougir d'un supplice
Qui profane l'autel où j'ai fait sacrifice,
Et de l'illustre objet de mes plus saints désirs
Fait l'infâme rebut des plus sales plaisirs.
S'il vous demeure encor quelque espoir pour Flavie,
Conservez-moi l'honneur pour conserver sa vie;
Et songez que l'affront où vous m'abandonnez
Déshonore l'époux que vous lui destinez.
Je vous le dis encor, sauvez-moi cette honte;
Ne désespérez pas une âme qui se dompte,
Et, par le noble effort d'un généreux emploi,
Triomphez de vous-même aussi bien que de moi.
Théodore est pour vous une utile ennemie;
Et si proche qu'elle est de choir dans l'infamie,
Ma plus sincère ardeur n'en peut rien obtenir.
Vous n'avez pas beaucoup à craindre l'avenir.
Le temps ne la rendra que plus inexorable;
Le temps détrompera peut-être un misérable.
Daignez lui donner lieu de me pouvoir guérir,
Et ne me perdez pas en voulant m'acquérir.
     MARCELLE.
Quoi! vous voulez enfin me devoir votre gloire!
Certes, un tel miracle est difficile à croire,
Que vous, qui n'aspiriez qu'à ne me devoir rien,

Vous me vouliez devoir un si précieux bien.
Mais, comme en ses désirs aisément on se flatte,
Dussé-je contre moi servir une âme ingrate,
Perdre encor mes faveurs, et m'en voir abuser,
Je vous aime encor trop pour vous rien refuser.
 Oui, puisque Théodore enfin me rend capable
De vous rendre une fois un office agréable,
Puisque son intérêt vous force à me traiter
Mieux que tous mes bienfaits n'avoient su mériter,
Et par soin de vous plaire, et par reconnoissance,
Je vais pour l'un et l'autre employer ma puissance,
Et, pour un peu d'espoir qui m'est en vain rendu,
Rendre à mes ennemis l'honneur presque perdu.
Je vais d'un juste juge adoucir la colère,
Rompre le triste effet d'un arrêt trop sévère,
Répondre à votre attente, et vous faire éprouver
Cette bonté qu'en moi vous espérez trouver.
Jugez par cette épreuve, à mes vœux si cruelle,
Quel pouvoir vous avez sur l'esprit de Marcelle,
Et ce que vous pourriez un peu plus complaisant,
Quand vous y pouvez tout même en la méprisant.
Mais pourrai-je à mon tour vous faire une prière?

PLACIDE.

Madame, au nom des dieux, faites-moi grâce entière :
En l'état où je suis, quoi qu'il puisse avenir,
Je vous dois tout promettre, et ne puis rien tenir;
Je ne vous puis donner qu'une attente frivole;
Ne me réduisez point à manquer de parole :
Je crains, mais j'aime encore, et mon cœur amoureux....

MARCELLE.

Le mien est raisonnable autant que généreux.
Je ne demande pas que vous cessiez encore
Ou de haïr Flavie, ou d'aimer Théodore :
Ce grand coup doit tomber plus insensiblement,
Et je me défierois d'un si prompt changement.
Il faut languir encor dedans l'incertitude,
Laisser faire le temps et cette ingratitude :
Je ne veux à présent qu'une fausse pitié,
Qu'une feinte douceur, qu'une ombre d'amitié.
Un moment de visite à la triste Flavie
Des portes du trépas rappelleroit sa vie.
Cependant que pour vous je vais tout obtenir,
Pour soulager ses maux allez l'entretenir;
Ne lui promettez rien, mais souffrez qu'elle espère,
Et trompez-la du moins pour la rendre à sa mère :
Un coup d'œil y suffit, un mot ou deux plus doux.
Faites un peu pour moi quand je fais tout pour vous;

Daignez pour Théodore un moment vous contraindre.
PLACIDE.
Un moment est bien long à qui ne sait pas feindre ;
Mais vous m'en conjurez par un nom trop puissant
Pour ne rencontrer pas un cœur obéissant.
J'y vais ; mais, par pitié, souvenez-vous vous-même
Des troubles d'un amant qui craint pour ce qu'il aime,
Et qui n'a pas pour feindre assez de liberté,
Tant que pour son objet il est inquiété.
MARCELLE.
Allez sans plus rien craindre, ayant pour vous Marcelle.

SCÈNE VI. — MARCELLE, STÉPHANIE.

STÉPHANIE.
Enfin vous triomphez de cet esprit rebelle.
MARCELLE.
Quel triomphe !
STÉPHANIE.
Est-ce peu que de voir à vos pieds
Sa haine et son orgueil enfin humiliés ?
MARCELLE.
Quel triomphe, te dis-je, et qu'il a d'amertumes !
Et que nous sommes loin de ce que tu présumes !
Tu le vois à mes pieds pleurer, gémir, prier ;
Mais ne crois pas pourtant le voir s'humilier,
Ne crois pas qu'il se rende aux bontés qu'il implore :
Mais vois de quelle ardeur il aime Théodore ;
Et juge quel pouvoir cet amour a sur lui,
Puisqu'il peut le réduire à chercher mon appui.
Que n'oseront ses feux entreprendre pour elle,
S'ils ont pu l'abaisser jusqu'aux pieds de Marcelle?
Et que dois-je espérer d'un cœur si fort épris,
Qui, même en m'adorant, me fait voir ses mépris?
Dans ses submissions vois ce qui l'y convie ;
Mesure à son amour sa haine pour Flavie ;
Et, voyant l'un et l'autre en son abaissement,
Juge de mon triomphe un peu plus sainement ;
Vois dans son triste effet sa ridicule pompe.
J'ai peine en triomphant d'obtenir qu'il me trompe,
Qu'il feigne par pitié, qu'il donne un faux espoir.
STÉPHANIE.
Et vous l'allez servir de tout votre pouvoir ?
MARCELLE.
Oui, je vais le servir, mais comme il le mérite.
Toi, va par quelque adresse amuser sa visite,
Et sous un faux appât prolonger l'entretien.

STÉPHANIE.
Donc....
MARCELLE.
Le temps presse; va, sans t'informer de rien.

ACTE QUATRIÈME.

SCÈNE I. — PLACIDE, STÉPHANIE, *sortant de chez Marcelle.*

STÉPHANIE.
Seigneur....
PLACIDE.
Va, Stéphanie, en vain tu me rappelles,
Ces feintes ont pour moi des gênes trop cruelles :
Marcelle en ma faveur agit trop lentement,
Et laisse trop durer cet ennuyeux moment.
Pour souffrir plus longtemps un supplice si rude,
J'ai trop d'impatience et trop d'inquiétude :
Il faut voir Théodore, il faut savoir mon sort,
Il faut....
STÉPHANIE.
Ah! faites-vous, seigneur, un peu d'effort.
Marcelle, qui vous sert de toute sa puissance,
Mérite bien du moins cette reconnoissance.
Retournez chez Flavie attendre un bien si doux,
Et ne craignez plus rien, puisqu'elle agit pour vous.
PLACIDE.
L'effet tarde beaucoup pour n'avoir rien à craindre;
Elle feignoit peut-être en me priant de feindre.
On retire souvent le bras pour mieux frapper.
Qui veut que je la trompe a droit de me tromper.
STÉPHANIE.
Considérez l'humeur implacable d'un père,
Quelle est pour les chrétiens sa haine et sa colère,
Combien il faut de temps afin de l'émouvoir.
PLACIDE.
Hélas! il n'en faut guère à trahir mon espoir.
Peut-être en ce moment qu'ici tu me cajoles,
Que tu remplis mon cœur d'espérances frivoles,
Ce rare et cher objet, qui fait seul mon destin,
Du soldat insolent est l'indigne butin.
Va flatter, si tu veux, la douleur de Flavie,
Et me laisse éclaircir de l'état de ma vie :
C'est trop l'abandonner à l'injuste pouvoir.

Ouvrez, Paulin, ouvrez, et me la faites voir.
On ne me répond point, et la porte est ouverte!
Paulin! madame!
STÉPHANIE.
O dieux! la fourbe est découverte.
Où fuirai-je?
PLACIDE.
Demeure, infâme, et ne crains rien :
Je ne veux pas d'un sang abject comme le tien.
Il faut à mon courroux de plus nobles victimes :
Instruis-moi seulement de l'ordre de tes crimes.
Qu'a-t-on fait de mon âme? où la dois-je chercher?
STÉPHANIE.
Vous n'avez pas sujet encor de vous fâcher :
Elle est....
PLACIDE.
Dépêche, dis ce qu'en a fait Marcelle.
STÉPHANIE.
Tout ce que votre amour pouvoit attendre d'elle.
Peut-on croire autre chose avec quelque raison,
Quand vous voyez déjà qu'elle est hors de prison?
PLACIDE.
Ah! j'en aurois déjà reçu les assurances;
Et tu veux m'amuser de vaines apparences,
Cependant que Marcelle agit comme il lui plaît,
Et fait sans résistance exécuter l'arrêt.
De ma crédulité Théodore est punie :
Elle est hors de prison, mais dans l'ignominie;
Et je devois juger, dans mon sort rigoureux,
Que l'ennemi qui flatte est le plus dangereux.
Mais souvent on s'aveugle, et, dans des maux extrêmes,
Les esprits généreux jugent tout par eux-mêmes;
Et lorsqu'on les trahit....

SCÈNE II. — PLACIDE, LYCANTE, STÉPHANIE.

LYCANTE.
Jugez-en mieux, seigneur :
Marcelle vous renvoie et la joie et l'honneur;
Elle a de l'infamie arraché Théodore.
PLACIDE.
Elle a fait ce miracle!
LYCANTE.
Elle a fait plus encore.
PLACIDE.
Ne me fais plus languir, dis promptement.
LYCANTE.
D'abord

Valens changeoit l'arrêt en un arrêt de mort....
PLACIDE.
Ah ! si de cet arrêt jusqu'à l'effet on passe....
LYCANTE.
Marcelle a refusé cette sanglante grâce :
Elle la veut entière, et tâche à l'obtenir ;
Mais Valens irrité s'obstine à la bannir ;
Et voulant que cet ordre à l'instant s'exécute,
Quoi qu'en votre faveur Marcelle lui dispute,
Il mande Théodore, et la veut promptement
Faire conduire au lieu de son bannissement.
STÉPHANIE.
Et vous vous alarmiez de voir sa prison vide !
PLACIDE.
Tout fait peur à l'amour, c'est un enfant timide ;
Et si tu le connois, tu me dois pardonner.
LYCANTE.
Elle fait ses efforts pour vous la ramener,
Et vous conjure encore un moment de l'attendre.
PLACIDE.
Quelles grâces, bons dieux, ne lui dois-je point rendre !
Va, dis-lui que j'attends ici ce grand succès,
Où sa bonté pour moi paroît avec excès.
(*Lycante sort.*)
STÉPHANIE.
Et moi je vais pour vous consoler sa Flavie.
PLACIDE.
Fais-lui donc quelque excuse à flatter son envie,
Et dis-lui de ma part tout ce que tu voudras.
Mon âme n'eut jamais les sentimens ingrats,
Et j'ai honte en secret d'être dans l'impuissance
De montrer plus d'effets de ma reconnoissance.
(*Il est seul.*)
Certes, une ennemie à qui je dois l'honneur
Méritoit dans son choix un peu plus de bonheur,
Devoit trouver une âme un peu moins défendue,
Et j'ai pitié de voir tant de bonté perdue :
Mais le cœur d'un amant ne peut se partager ;
Elle a beau se contraindre, elle a beau m'obliger,
Je n'ai qu'aversion pour ce qui la regarde.

SCÈNE III. — PLACIDE, PAULIN.

PLACIDE.
Vous ne me direz plus qu'on vous l'a mise en garde,
Paulin ?
PAULIN.
Elle n'est plus, seigneur, en mon pouvoir.

PLACIDE.
Quoi! vous en soupirez?
PAULIN.
Je pense le devoir.
PLACIDE.
Soupirer du bonheur que le ciel me renvoie!
PAULIN.
Je ne vois pas pour vous de grands sujets de joie.
PLACIDE.
Qu'on la bannisse ou non, je la verrai toujours.
PAULIN.
Quel fruit de cette vue espèrent vos amours?
PLACIDE.
Le temps adoucira cette âme rigoureuse.
PAULIN.
Le temps ne rendra pas la vôtre plus heureuse.
PLACIDE.
Sans doute elle aura peine à me laisser périr.
PAULIN.
Qui le peut espérer devoit la secourir.
PLACIDE.
Marcelle a fait pour moi tout ce que j'ai dû faire.
PAULIN.
Je n'ai donc rien à dire et dois ici me taire.
PLACIDE.
Non, non, il faut parler avec sincérité,
Et louer hautement sa générosité.
PAULIN.
Si vous me l'ordonnez, je louerai donc sa rage.
Mais depuis quand, seigneur, changez-vous de courage?
Depuis quand pour vertu prenez-vous la fureur?
Depuis quand louez-vous ce qui doit faire horreur?
PLACIDE.
Ah! je tremble à ces mots que j'ai peine à comprendre.
PAULIN.
Je ne sais pas, seigneur ce qu'on vous fait entendre,
Ou quel puissant motif retient votre courroux;
Mais Théodore enfin n'est plus digne de vous.
PLACIDE.
Quoi! Marcelle en effet ne l'a pas garantie?
PAULIN.
A peine d'avec vous, seigneur, elle est sortie,
Que l'âme toute en feu, les yeux étincelans,
Rapportant elle-même un ordre de Valens,
Avec trente soldats elle a saisi la porte,
Et tirant de ce lieu Théodore à main-forte....

PLACIDE.

O dieux! jusqu'à ses pieds j'ai donc pu m'abaisser
Pour voir trahir des vœux qu'elle a feint d'exaucer,
Et pour en recevoir avec tant d'insolence
De tant de lâcheté la digne récompense!
Mon cœur avoit déjà pressenti ce malheur.
Mais achève, Paulin, d'irriter ma douleur;
Et, sans m'entretenir des crimes de Marcelle,
Dis-moi qui je me dois immoler après elle,
Et sur quels insolens, après son châtiment,
Doit choir le reste affreux de mon ressentiment.

PAULIN.

Armez-vous donc, seigneur, d'un peu de patience,
Et forcez vos transports à me prêter silence,
Tandis que le récit d'une juste rigueur
Peut-être à chaque mot vous percera le cœur.
Je ne vous dirai point avec quelle tristesse
A ce honteux supplice a marché la princesse :
Forcé de la conduire en ces infâmes lieux,
De honte et de dépit j'en détournois les yeux;
Et, pour la consoler, ne sachant que lui dire,
Je maudissois tout bas les lois de notre empire;
Et vous étiez le dieu que, dans mes déplaisirs,
En secret pour les rompre invoquoient mes soupirs.

PLACIDE.

Ah! pour gagner ce temps on charmoit mon courage
D'une fausse promesse, et puis d'un faux message;
Et j'ai cru dans ces cœurs de la sincérité!
Ne fais plus de reproche à ma crédulité,
Et poursuis.

PAULIN.

Dans ces lieux à peine on l'a traînée,
Qu'on a vu des soldats la troupe mutinée;
Tous courent à la proie avec avidité;
Tous montrent à l'envi même brutalité.
Je croyois déjà voir de cette ardeur égale
Naître quelque discorde à ces tigres fatale,
Quand Didyme....

PLACIDE.
Ah! le lâche! ah! le traître!

PAULIN.
Écoutez.
Ce traître a réuni toutes leurs volontés;
Le front plein d'impudence, et l'œil armé d'audace :
« Compagnons, a-t-il dit, on me doit une grâce;
Depuis plus de dix ans je souffre les mépris
Du plus ingrat objet dont on puisse être épris :

Ce n'est pas de mes feux que je veux récompense,
Mais de tant de rigueurs la première vengeance :
Après, vous punirez à loisir ses dédains. »
Il leur jette de l'or ensuite à pleines mains ;
Et lors, soit par respect qu'on eût pour sa naissance,
Soit qu'ils eussent marché sous son obéissance,
Soit que son or pour lui fît un si prompt effort,
Ces cœurs en sa faveur tombent soudain d'accord ;
Il entre sans obstacle.

PLACIDE.

Il y mourra, l'infâme !
Viens me voir dans ses bras lui faire vomir l'âme,
Viens voir de ma colère un juste et prompt effet
Joindre en ces mêmes lieux la peine à son forfait,
Confondre son triomphe avecque son supplice.

PAULIN.

Ce n'est pas en ces lieux qu'il vous fera justice :
Didyme en est sorti.

PLACIDE.

Quoi ! Paulin, ce voleur
A déjà par sa fuite évité ma douleur !

PAULIN.

Oui ; mais il n'étoit plus, en sortant, ce Didyme
Dont l'orgueil insolent demandoit sa victime ;
Ses cheveux sur son front s'efforçoient de cacher
La rougeur que son crime y sembloit attacher,
Et le remords de sorte abattoit son courage,
Que même il n'osoit plus nous montrer son visage ;
L'œil bas, le pied timide, et le corps chancelant,
Tel qu'un coupable enfin qui s'échappe en tremblant.
A peine il est sorti, que la fière insolence
Du soldat mutiné reprend sa violence ;
Chacun, en sa valeur mettant tout son appui,
S'efforce de montrer qu'il n'a cédé qu'à lui ;
On se pousse, on se presse, on se bat, on se tue :
J'en vois une partie à mes pieds abattue.
Au spectacle sanglant que je m'étois promis,
Cléobule survient avec quelques amis,
Met l'épée à la main, tourne en fuite le reste,
Entre....

PLACIDE.

Lui seul ?

PAULIN.

Lui seul.

PLACIDE.

Ah ! dieux ! quel coup funeste !

PAULIN.

Sans doute il n'est entré que pour l'en retirer.

PLACIDE.

Dis, dis qu'il est entré pour la déshonorer,
Et que le sort cruel, pour hâter ma ruine,
Veut qu'après un rival un ami m'assassine.
Le traître! Mais, dis-moi, l'en as-tu vu sortir?
Montroit-il de l'audace ou quelque repentir?
Qui des siens l'a suivi?

PAULIN.

Cette troupe fidèle
M'a chassé comme chef des soldats de Marcelle :
Je n'ai rien vu de plus; mais, loin de le blâmer,
Je présume....

PLACIDE.

Ah! je sais ce qu'il faut présumer.
Il est entré lui seul.

PAULIN.

Ayant si peu d'escorte,
C'est ainsi qu'il a dû s'assurer de la porte ;
Et si là tous ensemble il ne les eût laissés,
Assez facilement on les auroit forcés.
Mais le voici qui vient pour vous en rendre compte :
A son zèle, de grâce, épargnez cette honte.

SCÈNE IV. — PLACIDE, PAULIN, CLÉOBULE.

PLACIDE.

Eh bien! votre parente est-elle hors de ces lieux
Où l'on sacrifioit sa pudeur à nos dieux?

CLÉOBULE.

Oui, seigneur.

PLACIDE.

J'ai regret qu'un cœur si magnanime
Se soit ainsi laissé prévenir par Didyme.

CLÉOBULE.

J'en dois être honteux; mais je m'étonne fort
Qui vous a pu sitôt en faire le rapport :
J'en croyois apporter les premières nouvelles.

PLACIDE.

Grâces aux dieux, sans vous j'ai des amis fidèles.
Mais ne différez plus à me la faire voir.

CLÉOBULE.

Qui, seigneur?

PLACIDE.

Théodore.

CLÉOBULE.

Est-elle en mon pouvoir?

PLACIDE.

Ne me dites-vous pas que vous l'avez sauvée?

CLÉOBULE.
Je vous le dirois, moi qui ne l'ai plus trouvée!
PLACIDE.
Quoi! soudain par un charme elle avoit disparu?
CLÉOBULE.
Puisque déjà ce bruit jusqu'à vous a couru,
Vous savez que sans charme elle a fui sa disgrâce,
Que je n'ai pu trouver que Didyme en sa place :
Quel plaisir prenez-vous à me le déguiser?
PLACIDE.
Quel plaisir prenez-vous vous-même à m'abuser,
Quand Paulin de ses yeux a vu sortir Didyme?
CLÉOBULE.
Si ses yeux l'ont trompé, l'erreur est légitime;
Et si vous n'en savez que ce qu'il vous a dit,
Écoutez-en, seigneur, un fidèle récit.
Vous ignorez encor la meilleure partie :
Sous l'habit de Didyme elle-même est sortie.

PLACIDE.
Qui?
CLÉOBULE.
Votre Théodore; et cet audacieux
Sous le sien au lieu d'elle est resté dans ces lieux.
PLACIDE.
Que dis-tu, Cléobule? ils ont fait cet échange?
CLÉOBULE.
C'est une nouveauté qui doit sembler étrange....
PLACIDE.
Et qui me porte encor de plus étranges coups.
Vois si c'est sans raison que j'en étois jaloux;
Et malgré les avis de ta fausse prudence,
Juge de leur amour par leur intelligence.
CLÉOBULE.
J'ose en douter encore, et je ne vois pas bien
Si c'est zèle d'amant ou fureur de chrétien.
PLACIDE.
Non, non, ce téméraire, au péril de sa tête,
A mis en sûreté son illustre conquête :
Par tant de feints mépris elle qui t'abusoit
Lui conservoit ce cœur qu'elle me refusoit,
Et ses dédains cachoient une faveur secrète,
Dont tu n'étois pour moi qu'un aveugle interprète.
L'œil d'un amant jaloux a bien d'autres clartés;
Les cœurs pour ses soupçons n'ont point d'obscurités;
Son amour lui fait jour jusques au fond d'une âme,
Pour y lire sa perte écrite en traits de flamme.
Elle me disoit bien, l'ingrate, que son Dieu

Sauroit, sans mon secours, la tirer de ce lieu;
Et sûre qu'elle étoit de celui de Didyme,
A se servir du mien elle eût cru faire un crime.
Mais auroit-on bien pris pour générosité
L'impétueuse ardeur de sa témérité?
Après un tel affront et de telles offenses,
M'auroit-on envié la douceur des vengeances?

CLÉOBULE.

Vous le verriez déjà, si j'avois pu souffrir
Qu'en cet habit de fille on vous le vînt offrir.
J'ai cru que sa valeur et l'éclat de sa race
Pouvoient bien mériter cette petite grâce;
Et vous pardonnerez à ma vieille amitié
Si jusque-là, seigneur, elle étend sa pitié.
Le voici qu'Amintas vous amène à main-forte.

PLACIDE.

Pourrai-je retenir la fureur qui m'emporte?

CLÉOBULE.

Seigneur, réglez si bien ce violent courroux,
Qu'il n'en échappe rien trop indigne de vous.

SCÈNE V. — PLACIDE, DIDYME, CLÉOBULE, PAULIN,
AMINTAS, TROUPE.

PLACIDE.

Approche, heureux rival, heureux choix d'une ingrate,
Dont je vois qu'à ma honte enfin l'amour éclate.
C'est donc pour t'enrichir d'un si noble butin
Qu'elle s'est obstinée à suivre son destin?
Et, pour mettre ton âme au comble de sa joie,
Cet esprit déguisé n'a point eu d'autre voie?
Dans ces lieux dignes d'elle elle a reçu ta foi,
Et pris l'occasion de se donner à toi?

DIDYME.

Ah! seigneur, traitez mieux une vertu parfaite.

PLACIDE.

Ah! je sais mieux que toi comme il faut qu'on la traite!
J'en connois l'artifice et de tous ses mépris.
Sur quelle confiance as-tu tant entrepris?
Ma perfide marâtre et mon tyran de père
Auroient-ils contre moi choisi ton ministère?
Et, pour mieux t'enhardir à me voler mon bien,
T'auroient-ils promis grâce, appui, faveur, soutien?
Aurois-tu bien uni leurs fureurs à ton zèle,
Son amant tout ensemble et l'agent de Marcelle?
Qu'en as-tu fait enfin? où me la caches-tu?

DIDYME.

Derechef jugez mieux de la même vertu.
Je n'ai rien entrepris, ni comme amant fidèle,
Ni comme impie agent des fureurs de Marcelle,
Ni sous l'espoir flatteur de quelque impunité,
Mais par un pur effet de générosité :
Je le nommerois mieux, si vous pouviez comprendre
Par quel zèle un chrétien ose tout entreprendre.
La mort, qu'avec ce nom je ne puis éviter,
Ne vous laisse aucun lieu de vous inquiéter :
Qui s'apprête à mourir, qui court à ses supplices,
N'abaisse pas son âme à ces molles délices ;
Et près de rendre compte à son juge éternel,
Il craint d'y porter même un désir criminel.
J'ai soustrait Théodore à la rage insensée,
Sans blesser sa pudeur de la moindre pensée :
Elle fuit, et sans tache, où l'inspire son Dieu.
Ne m'en demandez point ni l'ordre ni le lieu :
Comme je n'en prétends ni faveur ni salaire,
J'ai voulu l'ignorer, afin de le mieux taire.

PLACIDE.

Ah ! tu me fais ici des contes superflus :
J'ai trop été crédule, et je ne le suis plus.
Quoi ! sans rien obtenir, sans même rien prétendre,
Un zèle de chrétien t'a fait tout entreprendre ?
Quel prodige pareil s'est jamais rencontré ?

DIDYME.

Paulin vous aura dit comme je suis entré ;
Prêtez l'oreille au reste, et punissez ensuite
Tout ce que vous verrez de coupable en sa fuite.

PLACIDE.

Dis, mais en peu de mots, et sûr que les tourmens
M'auront bientôt vengé de tes déguisemens.

DIDYME.

La princesse, à ma vue également atteinte
D'étonnement, d'horreur, de colère et de crainte,
A tant de passions exposée à la fois,
A perdu quelque temps l'usage de la voix ;
Aussi j'avois l'audace encor sur le visage
Qui parmi ces mutins m'avoit donné passage,
Et je portois encor sur le front imprimé
Cet insolent orgueil dont je l'avois armé.
Enfin, reprenant cœur : « Arrête, me dit-elle,
Arrête ; » et m'alloit faire une longue querelle ;
Mais, pour laisser agir l'erreur qui la surprend,
Le temps étoit trop cher, et le péril trop grand ;
Donc, pour la détromper : « Non, lui dis-je, madame,

Quelque outrageux mépris dont vous traitiez ma flamme,
Je ne viens point ici comme amant indigné
Me venger de l'objet dont je fus dédaigné ;
Une plus sainte ardeur règne au cœur de Didyme :
Il vient de votre honneur se faire la victime,
Le payer de son sang, et s'exposer pour vous
A tout ce qu'oseront la haine et le courroux.
Fuyez sous mon habit, et me laissez, de grâce,
Sous le vôtre en ces lieux occuper votre place ;
C'est par ce moyen seul qu'on peut vous garantir :
Conservez une vierge en faisant un martyr. »
Elle, à cette prière encor demi-tremblante,
Et mêlant à sa joie un reste d'épouvante,
Me demande pardon, d'un visage étonné,
De tout ce que son âme a craint ou soupçonné.
Je m'apprête à l'échange, elle à la mort s'apprête ;
Je lui tends mes habits, elle m'offre sa tête,
Et demande à sauver un si précieux bien
Aux dépens de son sang, plutôt qu'au prix du mien ;
Mais Dieu la persuade, et notre combat cesse.
Je vois, suivant mes vœux, échapper la princesse.

PAULIN.
C'étoit donc à dessein qu'elle cachoit ses yeux,
Comme rouges de honte, en sortant de ces lieux?

DIDYME.
En lui disant adieu je l'en avois instruite ;
Et le ciel a daigné favoriser sa fuite.
Seigneur, ce peu de mots suffit pour vous guérir :
Vivez sans jalousie, et m'envoyez mourir.

PLACIDE.
Hélas! et le moyen d'être sans jalousie,
Lorsque ce cher objet te doit plus que la vie?
Ta courageuse adresse à ses divins appas
Vient de rendre un secours que leur devoit mon bras ;
Et lorsque je me laisse amuser de paroles,
Tu t'exposes pour elle, ou plutôt tu t'immoles :
Tu donnes tout ton sang pour lui sauver l'honneur ;
Et je ne serois pas jaloux de ton bonheur!
Mais ferois-je périr celui qui l'a sauvée,
Celui par qui Marcelle est pleinement bravée,
Qui m'a rendu ma gloire, et préservé mon front
Des infâmes couleurs d'un si mortel affront?
Tu vivras. Toutefois défendrai-je ta tête,
Alors que Théodore est ta juste conquête,
Et que cette beauté qui me tient sous sa loi
Ne sauroit plus sans crime être à d'autres qu'à toi?
N'importe ; si ta flamme en est mieux écoutée,

Je dirai seulement que tu l'as méritée;
Et, sans plus regarder ce que j'aurai perdu,
J'aurai devant les yeux ce que tu m'as rendu.
De mille déplaisirs qui m'arrachoient la vie
Je n'ai plus que celui de te porter envie;
Je saurai bien le vaincre, et garder pour tes feux
Dans une âme jalouse un esprit généreux.
   Va donc, heureux rival, rejoindre ta princesse,
Dérobe-toi comme elle aux yeux d'une tigresse :
Tu m'as sauvé l'honneur, j'assurerai tes jours,
Et mourrai, s'il le faut, moi-même à ton secours.

DIDYME.

Seigneur....

PLACIDE.

          Ne me dis rien. Après de tels services,
Je n'ai rien à prétendre à moins que tu périsses.
Je le sais, je l'ai dit; mais, dans ce triste état,
Je te suis redevable, et ne puis être ingrat.

ACTE CINQUIÈME.

SCÈNE I. — PAULIN, CLÉOBULE.

PAULIN.

Oui, Valens pour Placide a beaucoup d'indulgence;
Il est même en secret de son intelligence :
C'étoit par cet arrêt lui qu'il considéroit;
Et je vous ai conté ce qu'il en espéroit.
Mais il hait des chrétiens l'opiniâtre zèle;
Et s'il aime Placide, il redoute Marcelle;
Il en sait le pouvoir, il en voit la fureur,
Et ne veut pas se perdre auprès de l'empereur :
Il ne veut pas périr pour conserver Didyme;
Puisqu'il s'est laissé prendre, il paiera pour son crime.
Valens saura punir son illustre attentat
Par inclination et par raison d'État;
Et si quelque malheur ramène Théodore,
A moins qu'elle renonce à ce Dieu qu'elle adore,
Dût Placide lui-même après elle en mourir,
Par les mêmes motifs il la fera périr.
Dans l'âme il est ravi d'ignorer sa retraite,
Il fait des vœux au ciel pour la tenir secrète;
Il craint qu'un indiscret la vienne révéler,
Et n'osera rien plus que de dissimuler.

CLÉOBULE.

Cependant vous savez, pour grand que soit ce crime,
Ce qu'a juré Placide en faveur de Didyme.
Piqué contre Marcelle, il cherche à la braver,
Et hasardera tout afin de le sauver.
Il a des amis prêts, il en assemble encore;
Et si quelque malheur vous rendoit Théodore,
Je prévois des transports en lui si violens,
Que je crains pour Marcelle et même pour Valens.
Mais a-t-il condamné ce généreux coupable?

PAULIN.

Il l'interroge encor, mais en juge implacable.

CLÉOBULE.

Il m'a permis pourtant de l'attendre en ce lieu,
Pour tâcher à le vaincre, ou pour lui dire adieu.
Ah! qu'il dissiperoit un dangereux orage,
S'il vouloit à nos dieux rendre le moindre hommage!

PAULIN.

Quand de sa folle erreur vous l'auriez diverti,
En vain de ce péril vous le croiriez sorti.
Flavie est aux abois, Théodore échappée
D'un mortel désespoir jusqu'au cœur l'a frappée;
Marcelle n'attend plus que son dernier soupir :
Jugez à quelle rage ira son déplaisir;
Et si, comme on ne peut s'en prendre qu'à Didyme,
Son époux lui voudra refuser sa victime.

CLÉOBULE.

Ah! Paulin, un chrétien à nos autels réduit
Fait auprès des Césars un trop précieux bruit;
Il leur devient trop cher pour souffrir qu'il périsse.
Mais je le vois déjà qu'on amène au supplice.

SCÈNE II. — PAULIN, CLÉOBULE, LYCANTE, DIDYME.

CLÉOBULE.

Lycante, souffre ici l'adieu de deux amis,
Et me donne un moment que Valens m'a promis.

LYCANTE.

J'en ai l'ordre, et je vais disposer ma cohorte
A garder cependant les dehors de la porte.
Je ne mets point d'obstacle à vos derniers secrets;
Mais tranchez promptement d'inutiles regrets.

SCÈNE III. — CLÉOBULE, DIDYME, PAULIN.

CLÉOBULE.

Ce n'est point, cher ami, le cœur troublé d'alarmes
Que je t'attends ici pour te donner des larmes;

Un astre plus bénin vient d'éclairer tes jours :
Il faut vivre, Didyme, il faut vivre.

DIDYME.

Et j'y cours.
Pour la cause de Dieu s'offrir en sacrifice,
C'est courir à la vie, et non pas au supplice.

CLÉOBULE.

Peut-être dans ta secte est-ce une vision ;
Mais l'heur que je t'apporte est sans illusion.
Théodore est à toi : ce dernier témoignage
Et de ta passion et de ton grand courage
A si bien en amour changé tous ses mépris,
Qu'elle t'attend chez moi pour t'en donner le prix.

DIDYME.

Que me sert son amour et sa reconnoissance,
Alors que leur effet n'est plus en sa puissance ?
Et qui t'amène ici par ce frivole attrait
Aux douceurs de ma mort mêler un vain regret,
Empêcher que ma joie à mon heur ne réponde,
Et m'arracher encore un regard vers le monde ?
Ainsi donc Théodore est cruelle à mon sort
Jusqu'à persécuter et ma vie et ma mort ;
Dans sa haine et sa flamme également à craindre,
Et moi dans l'une et l'autre également à plaindre !

CLÉOBULE.

Ne te figure point d'impossibilité
Où tu fais, si tu veux, trop de facilité,
Où tu n'as qu'à te faire un moment de contrainte :
Donne à ton Dieu ton cœur, aux nôtres quelque feinte ;
Un peu d'encens offert aux pieds de leurs autels
Peut égaler ton sort au sort des immortels.

DIDYME.

Et pour cela vers moi Théodore t'envoie ?
Son esprit adouci me veut par cette voie ?

CLÉOBULE.

Non, elle ignore encor que tu sois arrêté :
Mais ose en sa faveur te mettre en liberté ;
Ose te dérober aux fureurs de Marcelle,
Et Placide t'enlève en Égypte avec elle,
Où son cœur généreux te laisse entre ses bras
Être avec sûreté tout ce que tu voudras.

DIDYME.

Va, dangereux ami que l'enfer me suscite,
Ton damnable artifice en vain me sollicite :
Mon cœur, inébranlable aux plus cruels tourmens,
A presque été surpris de tes chatouillemens ;
Leur mollesse a plus fait que le fer ni la flamme ;

Elle a frappé mes sens, elle a brouillé mon âme;
Ma raison s'est troublée, et mon foible a paru :
Mais j'ai dépouillé l'homme, et Dieu m'a secouru.
  Va revoir ta parente, et dis-lui qu'elle quitte
Ce soin de me payer par delà mon mérite.
Je n'ai rien fait pour elle, elle ne me doit rien;
Ce qu'elle juge amour n'est qu'ardeur de chrétien :
C'est la connoître mal que de la reconnoître;
Je n'en veux point de prix que du souverain maître;
Et comme c'est lui seul que j'ai considéré,
C'est lui seul dont j'attends ce qu'il m'a préparé.
  Si pourtant elle croit me devoir quelque chose,
Et peut avant ma mort souffrir que j'en dispose,
Qu'elle paye à Placide, et tâche à conserver
Des jours que par les miens je lui viens de sauver;
Qu'elle fuie avec lui, c'est tout ce que veut d'elle
Le souvenir mourant d'une flamme si belle.
Mais elle-même vient, hélas! à quel dessein?

SCÈNE IV. — DIDYME, THÉODORE, CLÉOBULE, PAULIN, LYCANTE.

(Lycante suit Théodore, et entre incontinent chez Marcelle sans rien dire.)

DIDYME.

Pensez-vous m'arracher la palme de la main,
Madame, et mieux que lui m'expliquant votre envie,
Par un charme plus fort m'attacher à la vie?

THÉODORE.

Oui, Didyme, il faut vivre et me laisser mourir;
C'est à moi qu'on en veut, c'est à moi de périr.

CLÉOBULE, *à Théodore.*

O dieux! quelle fureur aujourd'hui vous possède?
  (*A Paulin.*)
Mais prévenons le mal par le dernier remède :
Je cours trouver Placide; et toi, tire en longueur
De Valens, si tu peux, la dernière rigueur.

SCÈNE V. — DIDYME, THÉODORE, PAULIN.

DIDYME.

Quoi! ne craignez-vous point qu'une rage ennemie
Vous fasse de nouveau traîner à l'infamie?

THÉODORE.

Non, non, Flavie est morte, et Marcelle en fureur
Dédaigne un châtiment qui m'a fait tant d'horreur;
Je n'en ai rien à craindre, et Dieu me le révèle :

Ce n'est plus que du sang que veut cette cruelle ;
Et quelque cruauté qu'elle veuille essayer,
S'il ne faut que du sang j'ai trop de quoi payer.
Rends-moi, rends-moi ma place assez et trop gardée.
Pour me sauver l'honneur je te l'avois cédée ;
Jusque-là seulement j'ai souffert ton secours ;
Mais je la viens reprendre alors qu'on veut mes jours.
Rends, Didyme, rends-moi le seul bien où j'aspire,
C'est le droit de mourir, c'est l'honneur du martyre.
A quel titre peux-tu me retenir mon bien ?

DIDYME.

A quel droit voulez-vous vous emparer du mien ?
C'est à moi qu'appartient, quoi que vous puissiez dire,
Et le droit de mourir, et l'honneur du martyre ;
De sort comme d'habits nous avons su changer,
Et l'arrêt de Valens me le vient d'adjuger.

THÉODORE.

Tu t'obstines en vain, la haine de Marcelle....

SCÈNE VI. — MARCELLE, THÉODORE, DIDYME, PAULIN,
LYCANTE, STÉPHANIE.

MARCELLE, *à Lycante.*

Avec quelque douceur j'en reçois la nouvelle ;
Non que mes déplaisirs s'en puissent soulager,
Mais c'est toujours beaucoup que se pouvoir venger.

THÉODORE.

Madame, je vous viens rendre votre victime ;
Ne le retenez plus, ma fuite est tout son crime :
Ce n'est qu'au lieu de moi qu'on le mène à l'autel ;
Et puisque je me montre, il n'est plus criminel.
C'est pour moi que Placide a dédaigné Flavie ;
C'est moi par conséquent qui lui coûte la vie.

DIDYME.

Non ; c'est moi seul, madame, et vous l'avez pu voir,
Qui, sauvant sa rivale, ai fait son désespoir.

MARCELLE.

O couple de ma perte également coupable !
Sacriléges auteurs du malheur qui m'accable,
Qui dans ce vain débat vous vantez à l'envi,
Lorsque j'ai tout perdu, de me l'avoir ravi !
Donc jusques à ce point vous bravez ma colère,
Qu'en vous faisant périr je ne vous puis déplaire,
Et que, loin de trembler sous la punition,
Vous y courez tous deux avec ambition !
Elle semble à tous deux porter un diadème ;
Vous en êtes jaloux comme d'un bien suprême ;

L'un et l'autre de moi s'efforce à l'obtenir :
Je puis vous immoler, et ne puis vous punir;
Et quelque sang qu'épande une mère affligée,
Ne vous punissant pas elle n'est pas vengée.
 Toutefois Placide aime, et votre châtiment
Portera sur son cœur ses coups plus puissamment;
Dans ce gouffre de maux c'est lui qui m'a plongée,
Et si je l'en punis, je suis assez vengée.

THÉODORE, *à Didyme.*

J'ai donc enfin gagné, Didyme, et tu le vois;
L'arrêt est prononcé, c'est moi dont on fait choix,
C'est moi qu'aime Placide, et ma mort te délivre.

DIDYME.

Non, non, si vous mourez, Didyme vous doit suivre.

MARCELLE.

Tu la suivras, Didyme, et je suivrai tes vœux;
Un déplaisir si grand n'a pas trop de tous deux.
Que ne puis-je aussi bien immoler à Flavie
Tous les chrétiens ensemble, et toute la Syrie!
Ou que ne peut ma haine avec un plein loisir
Animer les bourreaux qu'elle sauroit choisir,
Repaître mes douleurs d'une mort dure et lente,
Vous la rendre à la fois et cruelle et traînante,
Et parmi les tourmens soutenir votre sort,
Pour vous faire sentir chaque jour une mort!
 Mais je sais le secours que Placide prépare;
Je sais l'effort pour vous que fera ce barbare;
Et ma triste vengeance a beau se consulter,
Il me faut ou la perdre ou la précipiter.
Hâtons-la donc, Lycante, et courons-y sur l'heure :
La plus prompte des morts est ici la meilleure;
N'avoir pour y descendre à pousser qu'un soupir,
C'est mourir doucement, mais c'est enfin mourir;
Et lorsqu'un grand obstacle à nos fureurs s'oppose,
Se venger à demi c'est du moins quelque chose.
Amenez-les tous deux.

PAULIN.

 Sans l'ordre de Valens?
Madame, écoutez moins des transports si bouillans :
Sur son autorité c'est beaucoup entreprendre.

MARCELLE.

S'il en demande compte, est-ce à vous de le rendre?
Paulin, portez ailleurs vos conseils indiscrets,
Et ne prenez souci que de vos intérêts.

THÉODORE, *à Didyme.*

Ainsi de ce combat que la vertu nous donne,
Nous sortirons tous deux avec une couronne.

DIDYME.

Oui, madame, on exauce et vos vœux et les miens.
Dieu....

MARCELLE.

Vous suivrez ailleurs de si doux entretiens.
Amenez-les tous deux.

PAULIN, *seul.*

Quel orage s'apprête !
Que je vois se former une horrible tempête !
Si Placide survient, que de sang répandu !
Et qu'il en répandra s'il trouve tout perdu !
Allons chercher Valens ; qu'à tant de violence
Il oppose, non plus une molle prudence,
Mais un courage mâle, et qui d'autorité,
Sans rien craindre....

SCÈNE VII. — VALENS, PAULIN.

VALENS.

Ah ! Paulin, est-ce une vérité ?
Est-ce une illusion ? est-ce une rêverie ?
Viens-je d'ouïr la voix de Marcelle en furie ?
Ose-t-elle traîner Théodore à la mort ?

PAULIN.

Oui, si Valens n'y fait un généreux effort.

VALENS.

Quel effort généreux veux-tu que Valens fasse,
Lorsque de tous côtés il ne voit que disgrâce ?

PAULIN.

Faites voir qu'en ces lieux c'est vous qui gouvernez.
Qu'aucun n'y doit périr si vous ne l'ordonnez.
La Syrie à vos lois est-elle assujettie,
Pour souffrir qu'une femme y soit juge et partie ?
Jugez de Théodore.

VALENS.

Et qu'en puis-je ordonner,
Qui dans mon triste sort ne serve à me gêner ?
Ne la condamner pas, c'est me perdre avec elle,
C'est m'exposer en butte aux fureurs de Marcelle,
Au pouvoir de son frère, au courroux des Césars,
Et pour un vain effort courir mille hasards.
La condamner d'ailleurs, c'est faire un parricide,
C'est de ma propre main assassiner Placide,
C'est lui porter au cœur d'inévitables coups.

PAULIN.

Placide donc, seigneur, osera plus que vous.
Marcelle a fait armer Lycante et sa cohorte ;
Mais sur elle et sur eux il va fondre à main-forte,

Résolu de forcer pour cet objet charmant
Jusqu'à votre palais et votre appartement.
 Prévenez ce désordre, et jugez quel carnage
Produit le désespoir qui s'oppose à la rage,
Et combien des deux parts l'amour et la fureur
Etaleront ici de spectacles d'horreur.
VALENS.
N'importe, laissons faire et Marcelle et Placide.
Que l'amour en furie ou la haine en décide ;
Que Théodore en meure ou ne périsse pas,
J'aurai lieu d'excuser sa vie ou son trépas.
S'il la sauve, peut-être on trouvera dans Rome
Plus de cœur que de crime à l'ardeur d'un jeune homme.
Je l'en désavouerai, j'irai l'en accuser,
Les pousser par ma plainte à le favoriser,
A plaindre son malheur en blâmant son audace :
César même pour lui me demandera grâce ;
Et cette illusion de ma sévérité
Augmentera ma gloire et mon autorité.
PAULIN.
Et s'il ne peut sauver cet objet qu'il adore?
Si Marcelle à ses yeux fait périr Théodore?
VALENS.
Marcelle aura sans moi commis cet attentat :
J'en saurai près de lui faire un crime d'État,
A ses ressentimens égaler ma colère,
Lui promettre vengeance, et trancher du sévère,
Et, n'ayant point de part en cet événement,
L'en consoler en père un peu plus aisément.
Mes soins avec le temps pourront tarir ses larmes.
PAULIN.
Seigneur, d'un mal si grand c'est prendre peu d'alarmes.
Placide est violent, et pour la secourir
Il périra lui-même, ou fera tout périr.
Si Marcelle y succombe, appréhendez son frère,
Et si Placide y meurt, les déplaisirs d'un père.
De grâce, prévenez ce funeste hasard.
Mais que vois-je? peut-être il est déjà trop tard.
Stéphanie entre ici, de pleurs toute trempée.
VALENS.
Théodore à Marcelle est sans doute échappée,
Et l'amour de Placide a bravé son effort.

SCÈNE VIII. — VALENS, PAULIN, STÉPHANIE.

VALENS, à *Stéphanie.*
Marcelle a donc osé les traîner à la mort

Sans mon su, sans mon ordre ? et son audace extrême....
STÉPHANIE.
Seigneur, pleurez sa perte, elle est morte elle-même.
VALENS.
Elle est morte !
STÉPHANIE.
Elle l'est.
VALENS.
Et Placide a commis....
STÉPHANIE.
Non, ce n'est en effet ni lui ni ses amis;
Mais s'il n'en est l'auteur, du moins il en est cause.
VALENS.
Ah ! pour moi l'un et l'autre est une même chose;
Et puisque c'est l'effet de leur inimitié,
Je dois venger sur lui cette chère moitié.
Mais apprends-moi sa mort, du moins si tu l'as vue.
STÉPHANIE.
De l'escalier à peine elle étoit descendue,
Qu'elle aperçoit Placide aux portes du palais,
Suivi d'un gros armé d'amis et de valets;
Sur les bords du perron soudain elle s'avance,
Et, pressant sa fureur qu'accroît cette présence :
« Viens, dit-elle, viens voir l'effet de ton secours; »
Et, sans perdre de temps en de plus longs discours,
Ayant fait avancer l'une et l'autre victime,
D'un côté Théodore, et de l'autre Didyme,
Elle lève le bras, et de la même main
Leur enfonce à tous deux un poignard dans le sein
VALENS.
Quoi ! Théodore est morte ?
STÉPHANIE.
Et Didyme avec elle.
VALENS.
Et l'un et l'autre enfin de la main de Marcelle ?
Ah ! tout est pardonnable aux douleurs d'un amant,
Et quoi qu'ait fait Placide en son ressentiment....
STÉPHANIE.
Il n'a rien fait, seigneur; mais écoutez le reste :
Il demeure immobile à cet objet funeste;
Quelque ardeur qui le pousse à venger ce malheur,
Pour en avoir la force il a trop de douleur;
Il pâlit, il frémit, il tremble, il tombe, il pâme,
Sur son cher Cléobule il semble rendre l'âme.
Cependant, triomphante entre ces deux mourans,
Marcelle les contemple à ses pieds expirans,
Jouit de sa vengeance, et d'un regard avide

En cherche les douceurs jusqu'au cœur de Placide;
Et tantôt se repaît de leurs derniers soupirs,
Tantôt goûte à pleins yeux ses mortels déplaisirs,
Y mesure sa joie, et trouve plus charmante
La douleur de l'amant que la mort de l'amante,
Nous témoigne un dépit qu'après ce coup fatal,
Pour être trop sensible il sent trop peu son mal;
En hait sa pâmoison qui la laisse impunie,
Au péril de ses jours la souhaite finie.
Mais à peine il revit, qu'elle, haussant la voix :
« Je n'ai pas résolu de mourir à ton choix,
Dit-elle, ni d'attendre à rejoindre Flavie
Que ta rage insolente ordonne de ma vie. »
A ces mots, furieuse, et se perçant le flanc
De ce même poignard fumant d'un autre sang,
Elle ajoute : « Va, traître, à qui j'épargne un crime;
Si tu veux te venger, cherche une autre victime.
Je meurs, mais j'ai de quoi rendre grâces aux dieux,
Puisque je meurs vengée, et vengée à tes yeux. »
Lors même, dans la mort conservant son audace,
Elle tombe, et tombant elle choisit sa place,
D'où son œil semble encore à longs traits se soûler
Du sang des malheureux qu'elle vient d'immoler.

VALENS.

Et Placide?

STÉPHANIE.

J'ai fui, voyant Marcelle morte,
De peur qu'une douleur et si juste et si forte
Ne vengeât.... Mais, seigneur, je l'aperçois qui vient.

VALENS.

Arrête, de foiblesse à peine il se soutient;
Et d'ailleurs à ma vue il saura se contraindre.
Ne crains rien. Mais, ô dieux! que j'ai moi-même à craindre!

SCÈNE IX. — VALENS, PLACIDE, CLÉOBULE, PAULIN,
STÉPHANIE, TROUPE.

VALENS.

Cléobule, quel sang coule sur ses habits?

CLÉOBULE.

Le sien propre, seigneur.

VALENS.

Ah! Placide! ah! mon fils!

PLACIDE.

Retire-toi, cruel!

VALENS.

Cet ami si fidèle

N'a pu rompre le coup qui t'immole à Marcelle !
Qui sont les assassins ?
CLÉOBULE.
Son propre désespoir.
VALENS.
Et vous ne deviez pas le craindre et le prévoir ?
CLÉOBULE.
Je l'ai craint et prévu jusqu'à saisir ses armes ;
Mais, comme après ce soin j'en avois moins d'alarmes,
Embrassant Théodore, un funeste hasard
A fait dessous sa main rencontrer ce poignard,
Par où ses déplaisirs trompant ma prévoyance....
VALENS.
Ah ! falloit-il avoir si peu de défiance ?
PLACIDE.
Rends-en grâces au ciel, heureux père et mari :
Par là t'est conservé ce pouvoir si chéri,
Ta dignité dans l'âme à ton fils préférée ;
Ta propre vie enfin par là t'est assurée,
Et ce sang qu'un amour pleinement indigné
Peut-être en ses transports n'auroit pas épargné.
Pour ne point violer les droits de la naissance,
Il falloit que mon bras s'en mît dans l'impuissance :
C'est par là seulement qu'il s'est pu retenir,
Et je me suis puni de peur de te punir.
    Je te punis pourtant, c'est ton sang que je verse ;
Si tu m'aimes encor, c'est ton sein que je perce ;
Et c'est pour te punir que je viens en ces lieux,
Pour le moins en mourant te blesser par les yeux.
Daigne ce juste ciel....
VALENS.
Cléobule, il expire !
CLÉOBULE.
Non, seigneur, je l'entends encore qui soupire ;
Ce n'est que la douleur qui lui coupe la voix.
VALENS.
Non, non, j'ai tout perdu, Placide est aux abois ;
Mais ne rejetons pas une espérance vaine,
Portons-le reposer dans la chambre prochaine ;
Et vous autres, allez prendre souci des morts,
Tandis que j'aurai soin de calmer ses transports.

EXAMEN DE THÉODORE.

La représentation de cette tragédie n'a pas eu grand éclat, et, sans chercher des couleurs à la justifier, je veux bien ne m'en prendre qu'à ses défauts, et la croire mal faite, puisqu'elle a été mal suivie. J'aurois tort de m'opposer au jugement du public; il m'a été trop avantageux en d'autres ouvrages pour le contredire en celui-ci; et si je l'accusois d'erreur ou d'injustice pour *Théodore*, mon exemple donneroit lieu à tout le monde de soupçonner des mêmes choses les arrêts qu'il a prononcés en ma faveur. Ce n'est pas toutefois sans quelque satisfaction que je vois la meilleure et la plus saine partie de mes juges imputer ce mauvais succès à l'idée de la prostitution, qu'on n'a pu souffrir, bien qu'on sût assez qu'elle n'auroit point d'effet, et que, pour en exténuer l'horreur, j'aie employé tout ce que l'art et l'expérience m'ont pu fournir de lumière; pouvant dire du quatrième acte de cette pièce, que je ne crois pas en avoir fait aucun où les diverses passions soient ménagées avec plus d'adresse, et qui donne plus de lieu à faire voir tout le talent d'un excellent acteur. Dans cette disgrâce, j'ai de quoi congratuler à la pureté de notre scène, de voir qu'une histoire qui fait le plus bel ornement du second livre *des Vierges* de saint Ambroise, se trouve trop licencieuse pour y être supportée. Qu'eût-on dit, si, comme ce grand docteur de l'Église, j'eusse fait voir cette vierge dans le lieu infâme; si j'eusse décrit les diverses agitations de son âme pendant qu'elle y fut; si j'eusse peint les troubles qu'elle ressentit au premier moment qu'elle y vit entrer Didyme? C'est là-dessus que ce grand saint fait triompher cette éloquence qui convertit saint Augustin, et c'est pour ce spectacle qu'il invite particulièrement les vierges à ouvrir les yeux. Je l'ai dérobé à la vue, et, autant que je l'ai pu, à l'imagination de mes auditeurs; et, après y avoir consumé toute mon industrie, la modestie de notre théâtre a désavoué ce peu que la nécessité de mon sujet m'a forcé d'en faire connoître.

Je ne veux pas toutefois me flatter jusqu'à dire que cette fâcheuse idée ait été le seul défaut de ce poëme. A le bien examiner, s'il y a quelques caractères vigoureux et animés, comme ceux de Placide et de Marcelle, il y en a de traînans, qui ne peuvent avoir grand charme ni grand feu sur le théâtre. Celui de Théodore est entièrement froid : elle n'a aucune passion qui l'agite; et, là même où son zèle pour Dieu, qui occupe toute son âme, devroit éclater le plus, c'est-à-dire dans sa contestation avec Didyme pour le martyre, je lui ai donné si peu de chaleur, que cette scène, bien que très-courte, ne laisse pas d'ennuyer. Aussi, pour en parler sainement, une vierge et martyre sur un théâtre n'est autre chose qu'un terme qui n'a ni jambes ni bras, et par conséquent point d'action.

Le caractère de Valens ressemble trop à celui de Félix dans *Polyeucte*, et a même quelque chose de plus bas, en ce qu'il se ravale à craindre sa femme, et n'ose s'opposer à ses fureurs, bien que dans l'âme il tienne le parti de son fils. Tout gouverneur qu'il est, il demeure les bras croisés, au cinquième acte, quand il les voit prêts à s'entre-immoler l'un à l'autre, et attend le succès de leur haine mutuelle pour se ranger du côté du plus fort. La connoissance que Placide son fils a de cette bassesse d'âme, fait qu'il le regarde si bien comme un esclave de Marcelle, qu'il ne daigne pas s'adresser à lui pour obtenir ce qu'il souhaite en faveur de sa maîtresse, sachant bien qu'il le feroit inutilement : il aime mieux se jeter aux pieds de cette marâtre impérieuse, qu'il hait et qu'il a bravée, que de perdre des prières et des soupirs auprès d'un père qui l'aime dans le fond de l'âme et n'oseroit lui rien accorder.

Le reste est assez ingénieusement conduit; et la maladie de Flavie, sa mort, et les violences des désespoirs de sa mère qui la venge, ont assez de justesse. J'avois peint des haines trop envenimées pour finir autrement; et j'eusse été ridicule, si j'eusse fait faire au sang de ces martyrs le même effet sur les cœurs de Marcelle et de Placide, que fait celui de Polyeucte sur ceux de Félix et de Pauline. La mort de Théodore peut servir de preuve à ce que dit Aristote, que, *quand un ennemi tue son ennemi, il ne s'excite par là aucune pitié dans l'âme des spectateurs.* Placide en peut faire naître, et purger ensuite ces forts attachemens d'amour qui sont cause de son malheur; mais les funestes désespoirs de Marcelle et de Flavie, bien que l'une ni l'autre ne fasse de pitié, sont encore plus capables de purger l'opiniâtreté à faire des mariages par force, et à ne se point départir du projet qu'on en fait par un accommodement de famille entre des enfans dont les volontés ne s'y conforment point quand ils sont venus en âge de l'exécuter.

L'unité de jour et de lieu se rencontre en cette pièce; mais je ne sais s'il n'y a point une duplicité d'action, en ce que Théodore, échappée d'un péril, se rejette dans un autre de son propre mouvement. L'histoire le porte; mais la tragédie n'est pas obligée de représenter toute la vie de son héros ou de son héroïne, et doit ne s'attacher qu'à une action propre au théâtre. Dans l'histoire même, j'ai trouvé toujours quelque chose à dire en cette offre volontaire qu'elle fait de sa vie aux bourreaux de Didyme. Elle venoit d'échapper de la prostitution, et n'avoit aucune assurance qu'on ne l'y condamneroit point de nouveau, et qu'on accepteroit sa vie en échange de sa pudicité qu'on avoit voulu sacrifier. Je l'ai sauvée de ce péril, non-seulement par une révélation de Dieu qu'on se contenteroit de sa mort, mais encore par une raison assez vraisemblable, que Marcelle, qui vient de voir expirer sa fille unique entre ses bras, voudroit obstinément du sang pour sa vengeance; mais, avec toutes ces précautions, je ne vois pas comment je pourrois justifier ici cette duplicité de péril, après l'avoir condamnée dans l'*Horace*. La seule couleur qui pourroit y servir de prétexte, c'est que la pièce ne seroit pas achevée, si on ne savoit ce que devient Théodore après être échappée de l'infamie, et qu'il n'y a point de fin glorieuse ni même raisonnable pour elle que le martyre, qui est historique; du moins l'imagination ne m'en offre point. Si les maîtres de l'art veulent consentir que cette nécessité de faire connoître ce qu'elle devient suffise pour réunir ce nouveau péril à l'autre, et empêcher qu'il n'y ait duplicité d'action, je ne m'opposerai pas à leur jugement; mais aussi je n'en appellerai pas quand ils la voudront condamner.

FIN DE THÉODORE.

RODOGUNE,
PRINCESSE DES PARTHES.
TRAGÉDIE.
1644.

A MONSEIGNEUR LE PRINCE.

Monseigneur,

Rodogune se présente à Votre Altesse avec quelque sorte de confiance, et ne peut croire qu'après avoir fait sa bonne fortune vous dédaigniez de la prendre en votre protection. Elle a trop de connoissance de votre bonté pour craindre que vous veuilliez laisser votre ouvrage imparfait, et lui dénier la continuation des grâces dont vous lui avez été si prodigue. C'est à votre illustre suffrage qu'elle est obligée de tout ce qu'elle a reçu d'applaudissement; et les favorables regards dont il vous plut fortifier la foiblesse de sa naissance lui donnèrent tant d'éclat et de vigueur, qu'il sembloit que vous eussiez pris à plaisir à répandre sur elle un rayon de cette gloire qui vous environne, et à lui faire part de cette facilité de vaincre qui vous suit partout. Après cela, Monseigneur, quels hommages peut-elle rendre à Votre Altesse qui ne soient au-dessous de ce qu'elle lui doit? Si elle tâche à lui témoigner quelque reconnoissance par l'admiration de ses vertus, où trouvera-t-elle des éloges dignes de cette main qui fait trembler tous nos ennemis, et dont les coups d'essai furent signalés par la défaite des premiers capitaines de l'Europe? Votre Altesse sut vaincre avant qu'ils se pussent imaginer qu'elle sût combattre; et ce grand courage, qui n'avoit encore vu la guerre que dans les livres, effaça tout ce qu'il y avoit lu des Alexandre et des César, sitôt qu'il parut à la tête d'une armée. La générale consternation où la perte de notre grand monarque nous avoit plongés, enfloit l'orgueil de nos adversaires en un tel point qu'ils osoient se persuader que du siége de Rocroi dépendoit la prise de Paris, et l'avidité de leur ambition dévoroit déjà le cœur d'un royaume dont ils pensoient avoir surpris les frontières. Cependant les premiers miracles de votre valeur renversèrent si pleinement toutes leurs espérances, que ceux-là mêmes qui s'étoient promis tant de conquêtes sur nous virent terminer la campagne de cette même année par celles que vous fîtes sur eux. Ce fut par là, Monseigneur, que vous commençâtes ces grandes victoires que vous avez toujours si bien choisies, qu'elles ont honoré deux règnes tout à la fois, comme si c'eût été trop peu pour Votre Altesse d'étendre les bornes de l'Etat sous celui-ci, si elle n'eût en même temps effacé quelques-uns des malheurs qui s'étoient mêlés aux longues prospérités de l'autre. Thionville, Philippsbourg et Nordlingen, étoient des lieux funestes pour la France: elle n'en pouvoit entendre les noms sans gémir; elle ne pouvoit y porter sa pensée sans soupirer; et ces mêmes lieux, dont le souvenir lui arrachoit des soupirs et des gémissemens, sont devenus les éclatantes marques de sa nouvelle félicité, les dignes occasions de ses feux de joie, et les glorieux sujets des actions de grâces qu'elle a rendues au ciel pour les triomphes que votre courage invincible en a obtenus. Dispensez-moi, Monseigneur, de vous parler de Dunkerque: j'épuise toutes les forces de mon imagination, et je ne conçois rien qui réponde à la dignité de ce grand ouvrage, qui nous vient d'assurer l'Océan par la prise de cette fameuse retraite de corsaires. Tous nos havres en étoient comme assiégés; il n'en pouvoit échapper un vaisseau qu'à la merci de leurs brigandages; et nous en avons vu souvent de pillés à la vue des mêmes ports dont ils venoient de faire voile: et maintenant, par la conquête d'une seule ville, je vois, d'un côté, nos mers libres, nos côtes affranchies, notre commerce rétabli, la racine de nos maux publics coupée; d'autre côté, la Flandre ouverte, l'embouchure de ses rivières captive, la porte de son secours fermée, la source de son abondance en notre pouvoir; et ce que je vois n'est rien encore au prix de ce que je prévois sitôt que Votre Altesse y reportera la terreur de ses armes. Dispensez-moi donc, Monseigneur, de profaner des effets si merveilleux et des attentes si hautes par la bassesse de mes idées et par l'impuissance de mes expressions; et trouvez bon que, demeurant dans un respectueux silence, je n'ajoute rien ici qu'une protestation très-inviolable d'être toute ma vie,

MONSEIGNEUR,

DE VOTRE ALTESSE,

Le très-humble, très-obéissant et très-passionné serviteur,

CORNEILLE.

APPIAN ALEXANDRIN,
Au livre *des Guerres de Syrie*, sur la fin.

« Démétrius, surnommé Nicanor, roi de Syrie, entreprit la guerre contre les Parthes, et, étant devenu leur prisonnier, vécut dans la cour de leur roi Phraates, dont il épousa la sœur, nommée Rodogune. Cependant Diodotus, domestique des rois précédens, s'empara du trône de Syrie, et y fit asseoir un Alexandre encore enfant, fils d'Alexandre le Bâtard et d'une fille de Ptolémée. Ayant gouverné quelque temps comme son tuteur, il se défit de ce malheureux pupille, et eut l'insolence de prendre lui-même la couronne sous un nouveau nom de Tryphon qu'il se donna. Mais Antiochus, frère du roi prisonnier, ayant appris à Rhodes sa captivité, et les troubles qui l'avoient suivie, revint dans le pays, où, ayant défait Tryphon avec beaucoup de peine, il le fit mourir: de là il porta ses armes contre Phraates, lui redemandant son frère; et, vaincu dans une bataille, il se tua lui-même. Démétrius, retourné en son royaume, fut tué par sa femme Cléopatre, qui lui dressa des embûches en haine de cette seconde femme Rodogune qu'il avoit épousée, dont elle avoit conçu une telle indignation, que, pour s'en venger, elle avoit épousé ce même Antiochus, frère de son mari.

Elle avoit eu deux fils de Démétrius, l'un nommé Séleucus, et l'autre Antiochus, dont elle tua le premier d'un coup de flèche, sitôt qu'il eut pris le diadème après la mort de son père, soit qu'elle craignît qu'il ne la voulût venger, soit que l'impétuosité de la même fureur la portât à ce nouveau parricide. Antiochus lui succéda, qui contraignit cette mauvaise mère de boire le poison qu'elle lui avoit préparé. C'est ainsi qu'elle fut enfin punie. »

Voilà ce que m'a prêté l'histoire, où j'ai changé les circonstances de quelques incidens, pour leur donner plus de bienséance. Je me suis servi du nom de Nicanor plutôt que de celui de Démétrius, à cause que le vers souffroit plus aisément l'un que l'autre. J'ai supposé qu'il n'avoit pas encore épousé Rodogune, afin que ses deux fils pussent avoir de l'amour pour elle sans choquer les spectateurs, qui eussent trouvé étrange cette passion pour la veuve de leur père, si j'eusse suivi l'histoire. L'ordre de leur naissance incertain, Rodogune prisonnière, quoiqu'elle ne vînt jamais en Syrie; la haine de Cléopatre pour elle, la proposition sanglante qu'elle fait à ses fils, celle que cette princesse est obligée de leur faire pour se garantir, l'inclination qu'elle a pour Antiochus, et la jalouse fureur de cette mère qui se résout plutôt à perdre ses fils qu'à se voir sujette de sa rivale, ne sont que des embellissemens de l'invention, et des acheminemens vraisemblables à l'effet dénaturé que me présentoit l'histoire, et que les lois du poëme ne me permettoient pas de changer. Je l'ai même adouci tant que j'ai pu en Antiochus, que j'avois fait trop honnête homme dans le reste de l'ouvrage, pour forcer à la fin sa mère à s'empoisonner elle-même.

On s'étonnera peut-être de ce que j'ai donné à cette tragédie le nom de *Rodogune* plutôt que celui de *Cléopatre*, sur qui tombe toute l'action tragique, et même on pourra douter si la liberté de la poésie peut s'étendre jusqu'à feindre un sujet entier sous des noms véritables, comme j'ai fait ici, où depuis la narration du premier acte, qui sert de fondement au reste, jusques aux effets qui paroissent dans le cinquième, il n'y a rien que l'histoire avoue.

Pour le premier, je confesse ingénument que ce poëme devoit plutôt porter le nom de *Cléopatre* que de *Rodogune;* mais ce qui m'a fait en user ainsi a été la peur que j'ai eue qu'à ce nom le peuple ne se laissât préoccuper des idées de cette fameuse et dernière reine d'Égypte, et ne confondît cette reine de Syrie avec elle, s'il l'entendoit prononcer. C'est pour cette même raison que j'ai évité de le mêler dans mes vers, n'ayant jamais fait parler de cette seconde Médée que sous celui de la reine; et je me suis enhardi à cette licence d'autant plus librement, que j'ai remarqué parmi nos anciens maîtres qu'ils se sont fort peu mis en peine de donner à leurs poëmes le nom des héros qu'ils y faisoient paroître, et leur ont souvent fait porter celui des chœurs, qui ont encore bien moins de part dans l'action que les personnages épisodiques, comme Rodogune : témoin *les Trachiniennes* de Sophocle, que nous n'aurions jamais voulu nommer autrement que *la Mort d'Hercule*.

Pour le second point, je le tiens un peu plus difficile à résoudre, et n'en voudrois pas donner mon opinion pour bonne : j'ai cru que, pourvu que nous conservassions les effets de l'histoire, toutes les circonstances, ou, comme je viens de les nommer, les acheminemens, étoient en notre pouvoir; au moins je ne pense point avoir vu de règle qui restreigne cette liberté que j'ai prise. Je m'en suis assez bien trouvé en cette tragédie; mais comme je l'ai poussée encore plus loin dans *Héraclius*, que je viens de mettre sur le théâtre, ce sera en le donnant au public que je tâcherai de la justifier, si je vois que les savans s'en offensent, ou que le peuple en murmure. Cependant ceux qui en auront quelque scrupule m'obligeront de considérer les deux *Électre* de Sophocle et d'Euripide, qui, conservant le même effet, y parviennent par des voies si différentes, qu'il faut nécessairement conclure que l'une des deux est tout à fait de l'invention de son auteur. Ils pourront encore jeter l'œil sur l'*Iphigénie in Tauris*[1], que notre Aristote nous donne pour exemple d'une parfaite tragédie, et qui a bien la mine d'être toute de même nature, vu qu'elle n'est fondée que sur cette feinte que Diane enleva Iphigénie du sacrifice dans une nuée, et supposa une biche en sa place. Enfin, ils pourront prendre garde à l'*Hélène* d'Euripide, où la principale action et les épisodes, le nœud et le dénoûment, sont entièrement inventés sous des noms véritables.

Au reste, si quelqu'un a la curiosité de voir cette histoire plus au long, qu'il prenne la peine de lire Justin, qui la commence au trente-sixième livre, et, l'ayant quittée, la reprend sur la fin du trente et huitième, et l'achève au trente-neuvième. Il la rapporte un peu autrement, et ne dit pas que Cléopatre tua son mari, mais qu'elle l'abandonna, et qu'il fut tué par le commandement d'un des capitaines d'un Alexandre qu'il lui oppose. Il varie aussi beaucoup sur ce qui regarde Tryphon et son pupille, qu'il nomme Antiochus, et ne s'accorde avec Appian que sur ce qui se passa entre la mère et les deux fils.

Le premier livre des *Machabées*, aux chapitres XI, XIII, XIV et XV, parle de ces guerres de Tryphon et de la prison de Démétrius chez les Parthes; mais il nomme ce pupille Antiochus, ainsi que Justin, et attribue la défaite de Tryphon à Antiochus, fils de Démétrius, et non pas à son frère, comme fait Appian, que j'ai suivi, et ne dit rien du reste.

Josèphe, au treizième livre des *Antiquités judaïques*, nomme encore ce pupille de Tryphon Antiochus, fait marier Cléopatre à Antiochus, frère de Démétrius, durant la captivité de ce premier mari chez les Parthes, lui attribue la défaite et la mort de Tryphon, s'accorde avec Justin touchant la mort de Démétrius, abandonné et non pas tué par sa femme, et ne parle point de ce qu'Appian et lui rapportent d'elle et de ses deux fils, dont j'ai fait cette tragédie.

---

1. L'*Iphigénie en Tauride*.

PERSONNAGES.

CLÉOPATRE, reine de Syrie, veuve de Démétrius Nicanor.
SÉLEUCUS,
ANTIOCHUS, } fils de Démétrius et de Cléopatre.
RODOGUNE, sœur de Phraates, roi des Parthes.
TIMAGÈNE, gouverneur des deux princes.
ORONTE, ambassadeur de Phraates.
LAONICE, sœur de Timagène, confidente de Cléopatre.

La scène est à Séleucie, dans le palais royal.

ACTE PREMIER.

SCÈNE I. — LAONICE, TIMAGÈNE.

LAONICE.

Enfin ce jour pompeux, cet heureux jour nous luit,
Qui d'un trouble si long doit dissiper la nuit,
Ce grand jour où l'hymen, étouffant la vengeance,
Entre le Parthe et nous remet l'intelligence,
Affranchit sa princesse, et nous fait pour jamais
Du motif de la guerre un lien de la paix;
Ce grand jour est venu, mon frère, où notre reine,
Cessant de plus tenir la couronne incertaine,
Doit rompre aux yeux de tous son silence obstiné,
De deux princes gémeaux[1] nous déclarer l'aîné :
Et l'avantage seul d'un moment de naissance,
Dont elle a jusqu'ici caché la connoissance,
Mettant au plus heureux le sceptre dans la main,
Va faire l'un sujet, et l'autre souverain.
Mais n'admirez-vous point que cette même reine
Le donne pour époux à l'objet de sa haine,
Et n'en doit faire un roi qu'afin de couronner
Celle que dans les fers elle aimoit à gêner?
Rodogune, par elle en esclave traitée,
Par elle se va voir sur le trône montée,
Puisque celui des deux qu'elle nommera roi
Lui doit donner la main et recevoir sa foi.

TIMAGÈNE.

Pour le mieux admirer trouvez bon, je vous prie,
Que j'apprenne de vous les troubles de Syrie.
J'en ai vu les premiers, et me souviens encor

---

1. « Jumeaux. »

Des malheureux succès du grand roi Nicanor,
Quand, des Parthes vaincus pressant l'adroite fuite,
Il tomba dans leurs fers au bout de sa poursuite.
Je n'ai pas oublié que cet événement
Du perfide Tryphon fit le soulèvement.
Voyant le roi captif, la reine désolée,
Il crut pouvoir saisir la couronne ébranlée,
Et le sort, favorable à son lâche attentat,
Mit d'abord sous ses lois la moitié de l'Etat.
La reine, craignant tout de ces nouveaux orages,
En sut mettre à l'abri ses plus précieux gages;
Et, pour n'exposer pas l'enfance de ses fils,
Me les fit chez son frère enlever à Memphis[1].
Là, nous n'avons rien su que de la renommée,
Qui, par un bruit confus diversement semée,
N'a porté jusqu'à nous ces grands renversemens
Que sous l'obscurité de cent déguisemens.

LAONICE.

Sachez donc que Tryphon, après quatre batailles,
Ayant su nous réduire à ces seules murailles,
En forma tôt le siége, et, pour comble d'effroi,
Un faux bruit s'y coula touchant la mort du roi.
Le peuple épouvanté, qui déjà dans son âme
Ne suivoit qu'à regret les ordres d'une femme,
Voulut forcer la reine à choisir un époux.
Que pouvoit-elle faire et seule et contre tous?
Croyant son mari mort, elle épousa son frère[2].
L'effet montra soudain ce conseil salutaire.
Le prince Antiochus, devenu nouveau roi,
Sembla de tous côtés traîner l'heur avec soi :
La victoire attachée au progrès de ses armes
Sur nos fiers ennemis rejeta nos alarmes;
Et la mort de Tryphon dans un dernier combat,
Changeant tout notre sort, lui rendit tout l'État.
Quelque promesse alors qu'il eût faite à la mère
De remettre ses fils au trône de leur père[3],
Il témoigna si peu de la vouloir tenir,
Qu'elle n'osa jamais les faire revenir.
Ayant régné sept ans, son ardeur militaire
Ralluma cette guerre où succomba son frère[4]:
Il attaqua le Parthe, et se crut assez fort

1. Elle les transporta chez son frère à Memphis.
2. Le frère de son mari.
3. Cette veuve de Nicanor était Cléopatre, mère des deux princes, et le roi Antiochus avait promis de rendre la couronne aux enfants du premier lit.
4. Où son frère Nicanor avait succombé.

ACTE I, SCÈNE I.

Pour en venger sur lui la prison et la mort.
Jusque dans ses États il lui porta la guerre;
Il s'y fit partout craindre à l'égal du tonnerre;
Il lui donna bataille, où mille beaux exploits....
Je vous achèverai le reste une autre fois,
Un des princes survient.

(*Elle se veut retirer.*)

SCÈNE II. — ANTIOCHUS, TIMAGÈNE, LAONICE.

ANTIOCHUS.

Demeurez, Laonice;
Vous pouvez, comme lui, me rendre un bon office.
Dans l'état où je suis, triste et plein de souci,
Si j'espère beaucoup, je crains beaucoup aussi.
Un seul mot aujourd'hui, maître de ma fortune,
M'ôte ou donne à jamais le sceptre et Rodogune,
Et de tous les mortels ce secret révélé
Me rend le plus content ou le plus désolé.
Je vois dans le hasard tous les biens que j'espère,
Et ne puis être heureux sans le malheur d'un frère,
Mais d'un frère si cher, qu'une sainte amitié
Fait sur moi de ses maux rejaillir la moitié.
Donc pour moins hasarder j'aime mieux moins prétendre;
Et, pour rompre le coup que mon cœur n'ose attendre,
Lui cédant de deux biens le plus brillant aux yeux,
M'assurer de celui qui m'est plus précieux :
Heureux si, sans attendre un fâcheux droit d'aînesse,
Pour un trône incertain j'en obtiens la princesse,
Et puis par ce partage épargner les soupirs
Qui naîtroient de ma peine ou de ses déplaisirs!
Va le voir de ma part, Timagène, et lui dire
Que pour cette beauté je lui cède l'empire;
Mais porte-lui si haut la douceur de régner,
Qu'à cet éclat du trône il se laisse gagner;
Qu'il s'en laisse éblouir jusqu'à ne pas connoître
A quel prix je consens de l'accepter pour maître.

(*Timagène s'en va, et le prince continue à parler à Laonice.*)

Et vous, en ma faveur voyez ce cher objet,
Et tâchez d'abaisser ses yeux sur un sujet
Qui peut-être aujourd'hui porteroit la couronne,
S'il n'attachoit les siens à sa seule personne,
Et ne la préféroit à cet illustre rang
Pour qui les plus grands cœurs prodiguent tout leur sang.

(*Timagène rentre sur le théâtre.*)

TIMAGÈNE.

Seigneur, le prince vient; et votre amour lui-même

Lui peut sans interprète offrir le diadème.

ANTIOCHUS.

Ah ! je tremble ; et la peur d'un trop juste refus
Rend ma langue muette et mon esprit confus.

SCÈNE III. — SÉLEUCUS, ANTIOCHUS, TIMAGÈNE, LAONICE.

SÉLEUCUS.

Vous puis-je en confiance expliquer ma pensée ?

ANTIOCHUS.

Parlez ; notre amitié par ce doute est blessée.

SÉLEUCUS.

Hélas ! c'est le malheur que je crains aujourd'hui.
L'égalité, mon frère, en est le ferme appui ;
C'en est le fondement, la liaison, le gage,
Et, voyant d'un côté tomber tout l'avantage,
Avec juste raison je crains qu'entre nous deux
L'égalité rompue en rompe les doux nœuds,
Et que ce jour, fatal à l'heur de notre vie,
Jette sur l'un de nous trop de honte ou d'envie.

ANTIOCHUS.

Comme nous n'avons eu jamais qu'un sentiment,
Cette peur me touchoit, mon frère, également ;
Mais, si vous le voulez, j'en sais bien le remède.

SÉLEUCUS.

Si je le veux ! bien plus, je l'apporte, et vous cède
Tout ce que la couronne a de charmant en soi.
Oui, seigneur, car je parle à présent à mon roi,
Pour le trône cédé, cédez-moi Rodogune,
Et je n'envierai point votre haute fortune.
Ainsi notre destin n'aura rien de honteux,
Ainsi notre bonheur n'aura rien de douteux ;
Et nous mépriserons ce foible droit d'aînesse,
Vous, satisfait du trône, et moi, de la princesse.

ANTIOCHUS.

Hélas !

SÉLEUCUS.

Recevez-vous l'offre avec déplaisir ?

ANTIOCHUS.

Pouvez-vous nommer offre une ardeur de choisir,
Qui, de la même main qui me cède un empire,
M'arrache un bien plus grand, et le seul où j'aspire ?

SÉLEUCUS.

Rodogune ?

ANTIOCHUS.

Elle-même ; ils en sont les témoins.

ACTE I, SCÈNE III.

SÉLEUCUS.

Quoi! l'estimez-vous tant?

ANTIOCHUS.

Quoi! l'estimez-vous moins?

SÉLEUCUS.

Elle vaut bien un trône, il faut que je le die.

ANTIOCHUS.

Elle vaut à mes yeux tout ce qu'en a l'Asie.

SÉLEUCUS.

Vous l'aimez donc, mon frère?

ANTIOCHUS.

Et vous l'aimez aussi;
C'est là tout mon malheur, c'est là tout mon souci.
J'espérois que l'éclat dont le trône se pare
Toucheroit vos désirs plus qu'un objet si rare;
Mais aussi bien qu'à moi son prix vous est connu,
Et dans ce juste choix vous m'avez prévenu.
Ah! déplorable prince!

SÉLEUCUS.

Ah! destin trop contraire!

ANTIOCHUS.

Que ne ferois-je point contre un autre qu'un frère!

SÉLEUCUS.

O mon cher frère! ô nom pour un rival trop doux!
Que ne ferois-je point contre un autre que vous!

ANTIOCHUS.

Où nous vas-tu réduire, amitié fraternelle?

SÉLEUCUS.

Amour, qui doit ici vaincre de vous ou d'elle?

ANTIOCHUS.

L'amour, l'amour doit vaincre, et la triste amitié
Ne doit être à tous deux qu'un objet de pitié.
Un grand cœur cède un trône, et le cède avec gloire:
Cet effort de vertu couronne sa mémoire;
Mais lorsqu'un digne objet a pu nous enflammer,
Qui le cède est un lâche, et ne sait pas aimer.
De tous deux Rodogune a charmé le courage;
Cessons par trop d'amour de lui faire un outrage:
Elle doit épouser, non pas vous, non pas moi,
Mais de moi, mais de vous, quiconque sera roi.
La couronne entre nous flotte encore incertaine;
Mais sans incertitude elle doit être reine.
Cependant, aveuglés dans notre vain projet,
Nous la faisons tous deux la femme d'un sujet!
Régnons; l'ambition ne peut être que belle,
Et pour elle quittée, et reprise pour elle;
Et ce trône, où tous deux nous osions renoncer,

Souhaitons-le tous deux, afin de l'y placer :
C'est dans notre destin le seul conseil à prendre ;
Nous pouvons nous en plaindre, et nous devons l'attendre.

SÉLEUCUS.

Il faut encor plus faire, il faut qu'en ce grand jour
Notre amitié triomphe aussi bien que l'amour.
　Ces deux siéges fameux de Thèbes et de Troie,
Qui mirent l'une en sang, l'autre aux flammes en proie,
N'eurent pour fondemens à leurs maux infinis
Que ceux que contre nous le sort a réunis.
Il sème entre nous deux toute la jalousie
Qui dépeupla la Grèce et saccagea l'Asie ;
Un même espoir du sceptre est permis à tous deux ;
Pour la même beauté nous faisons mêmes vœux.
Thèbes périt pour l'un, Troie a brûlé pour l'autre.
Tout va choir en ma main ou tomber en la vôtre.
En vain votre amitié tâchoit à partager ;
Et, si j'ose tout dire, un titre assez léger,
Un droit d'aînesse obscur, sur la foi d'une mère,
Va combler l'un de gloire, et l'autre de misère.
Que de sujets de plainte en ce double intérêt
Aura le malheureux contre un si foible arrêt !
Que de sources de haine ! Hélas ! jugez le reste,
Craignez-en avec moi l'événement funeste,
Ou plutôt avec moi faites un digne effort
Pour armer votre cœur contre un si triste sort.
Malgré l'éclat du trône et l'amour d'une femme,
Faisons si bien régner l'amitié sur notre âme,
Qu'étouffant dans leur perte un regret suborneur,
Dans le bonheur d'un frère on trouve son bonheur.
Ainsi ce qui jadis perdit Thèbes et Troie
Dans nos cœurs mieux unis ne versera que joie :
Ainsi notre amitié, triomphante à son tour,
Vaincra la jalousie en cédant à l'amour ;
Et, de notre destin bravant l'ordre barbare,
Trouvera des douceurs aux maux qu'il nous prépare.

ANTIOCHUS.

Le pourrez-vous, mon frère ?

SÉLEUCUS.

　　　　　　　　Ah ! que vous me pressez !
Je le voudrai du moins, mon frère, et c'est assez ;
Et ma raison sur moi gardera tant d'empire,
Que je désavouerai mon cœur s'il en soupire.

ANTIOCHUS.

J'embrasse comme vous ces nobles sentimens.
Mais allons leur donner le secours des sermens,
Afin qu'étant témoins de l'amitié jurée

Les dieux contre un tel coup assurent sa durée.
SÉLEUCUS.
Allons, allons l'étreindre au pied de leurs autels
Par des liens sacrés et des nœuds immortels.

SCÈNE IV. — LAONICE, TIMAGÈNE.

LAONICE.
Peut-on plus dignement mériter la couronne?
TIMAGÈNE.
Je ne suis point surpris de ce qui vous étonne;
Confident de tous deux, prévoyant leur douleur,
J'ai prévu leur constance, et j'ai plaint leur malheur.
Mais, de grâce, achevez l'histoire commencée.
LAONICE.
Pour la reprendre donc où nous l'avons laissée,
Les Parthes, au combat par les nôtres forcés,
Tantôt presque vainqueurs, tantôt presque enfoncés,
Sur l'une et l'autre armée également heureuse,
Virent longtemps voler la victoire douteuse;
Mais la fortune enfin se tourna contre nous,
Si bien qu'Antiochus, percé de mille coups,
Près de tomber aux mains d'une troupe ennemie,
Lui voulut dérober les restes de sa vie,
Et, préférant aux fers la gloire de périr,
Lui-même par sa main acheva de mourir.
La reine, ayant appris cette triste nouvelle,
En reçut tôt après une autre plus cruelle :
Que Nicanor vivoit; que, sur un faux rapport,
De ce premier époux elle avoit cru la mort;
Que, piqué jusqu'au vif contre son hyménée,
Son âme à l'imiter s'étoit déterminée,
Et que, pour s'affranchir des fers de son vainqueur,
Il alloit épouser la princesse sa sœur.
C'est cette Rodogune, où l'un et l'autre frère
Trouve encor les appas qu'avoit trouvés leur père.
  La reine envoie en vain pour se justifier;
On a beau la défendre, on a beau le prier,
On ne rencontre en lui qu'un juge inexorable;
Et son amour nouveau la veut croire coupable :
Son erreur est un crime, et, pour l'en punir mieux,
Il veut même épouser Rodogune à ses yeux,
Arracher de son front le sacré diadème
Pour ceindre une autre tête en sa présence même;
Soit qu'ainsi sa vengeance eût plus d'indignité,
Soit qu'ainsi cet hymen eût plus d'autorité;
Et qu'il assurât mieux par cette barbarie

Aux enfans qui naîtroient le trône de Syrie.
  Mais tandis qu'animé de colère et d'amour
Il vient déshériter ses fils par son retour,
Et qu'un gros escadron de Parthes pleins de joie
Conduit ces deux amans, et court comme à la proie.
La reine, au désespoir de n'en rien obtenir,
Se résout de se perdre ou de le prévenir.
Elle oublie un mari qui veut cesser de l'être,
Qui ne veut plus la voir qu'en implacable maître;
Et, changeant à regret son amour en horreur,
Elle abandonne tout à sa juste fureur.
Elle-même leur dressé une embûche au passage,
Se mêle dans les coups, porte partout sa rage,
En pousse jusqu'au bout les furieux effets.
Que vous dirai-je enfin? les Parthes sont défaits;
Le roi meurt, et, dit-on, par la main de la reine;
Rodogune captive est livrée à sa haine.
Tous les maux qu'un esclave endure dans les fers,
Alors sans moi, mon frère, elle les eût soufferts.
La reine, à la gêner prenant mille délices,
Ne commettoit qu'à moi l'ordre de ses supplices;
Mais, quoi que m'ordonnât cette âme toute en feu,
Je promettois beaucoup, et j'exécutois peu.
Le Parthe cependant en jure la vengeance;
Sur nous à main armée il fond en diligence,
Nous surprend, nous assiége, et fait un tel effort,
Que, la ville aux abois, on lui parle d'accord.
Il veut fermer l'oreille, enflé de l'avantage;
Mais voyant parmi nous Rodogune en otage,
Enfin il craint pour elle et nous daigne écouter;
Et c'est ce qu'aujourd'hui l'on doit exécuter.
  La reine de l'Égypte a rappelé nos princes
Pour remettre à l'aîné son trône et ses provinces.
Rodogune a paru, sortant de sa prison,
Comme un soleil levant dessus notre horizon.
Le Parthe a décampé, pressé par d'autres guerres
Contre l'Arménien qui ravage ses terres;
D'un ennemi cruel il s'est fait notre appui;
La paix finit la haine, et pour comble aujourd'hui,
Dois-je dire de bonne ou mauvaise fortune?
Nos deux princes tous deux adorent Rodogune.

TIMAGÈNE.

Sitôt qu'ils ont paru tous deux en cette cour,
Ils ont vu Rodogune, et j'ai vu leur amour;
Mais comme étant rivaux nous les trouvons à plaindre,
Connoissant leur vertu, je n'en vois rien à craindre.
Pour vous qui gouvernez cet objet de leurs vœux....

LAONICE.
Je n'ai point encor vu qu'elle aime aucun des deux.
TIMAGÈNE.
Vous me trouvez mal propre à cette confidence,
Et peut-être à dessein je la vois qui s'avance.
Adieu : je dois au rang qu'elle est prête à tenir
Du moins la liberté de vous entretenir.

SCÈNE V. — RODOGUNE, LAONICE.

RODOGUNE.
Je ne sais quel malheur aujourd'hui me menace,
Et coule dans ma joie une secrète glace :
Je tremble, Laonice, et te voulois parler,
Ou pour chasser ma crainte ou pour m'en consoler.
LAONICE.
Quoi! madame, en ce jour pour vous si plein de gloire?
RODOGUNE.
Ce jour m'en promet tant que j'ai peine à tout croire.
La fortune me traite avec trop de respect;
Et le trône et l'hymen, tout me devient suspect.
L'hymen semble à mes yeux cacher quelque supplice,
Le trône sous mes pas creuser un précipice;
Je vois de nouveaux fers après les miens brisés,
Et je prends tous ces biens pour des maux déguisés :
En un mot, je crains tout de l'esprit de la reine.
LAONICE.
La paix qu'elle a jurée en a calmé la haine.
RODOGUNE.
La haine entre les grands se calme rarement;
La paix souvent n'y sert que d'un amusement;
Et, dans l'État où j'entre, à te parler sans feinte,
Elle a lieu de me craindre, et je crains cette crainte.
Non qu'enfin je ne donne au bien des deux États
Ce que j'ai dû de haine à de tels attentats :
J'oublie et pleinement toute mon aventure;
Mais une grande offense est de cette nature,
Que toujours son auteur impute à l'offensé
Un vif ressentiment dont il le croit blessé;
Et, quoiqu'en apparence on les réconcilie,
Il le craint, il le hait, et jamais ne s'y fie;
Et, toujours alarmé de cette illusion,
Sitôt qu'il peut le perdre, il prend l'occasion.
Telle est pour moi la reine.
LAONICE.
Ah! madame, je jure
Que par ce faux soupçon vous lui faites injure.

Vous devez oublier un désespoir jaloux
Où força son courage un infidèle époux.
Si, teinte de son sang et toute furieuse,
Elle vous traita lors en rivale odieuse,
L'impétuosité d'un premier mouvement
Engageoit sa vengeance à ce dur traitement;
Il falloit un prétexte à vaincre sa colère,
Il y falloit du temps, et, pour ne rien vous taire,
Quand je me dispensois à lui mal obéir,
Quand en votre faveur je semblois la trahir,
Peut-être qu'en son cœur plus douce et repentie
Elle en dissimuloit la meilleure partie;
Que, se voyant tromper, elle fermoit les yeux,
Et qu'un peu de pitié la satisfaisoit mieux.
A présent que l'amour succède à la colère,
Elle ne vous voit plus qu'avec des yeux de mère;
Et si de cet amour je la voyois sortir,
Je jure de nouveau de vous en avertir :
Vous savez comme quoi je vous suis toute acquise.
Le roi souffriroit-il d'ailleurs quelque surprise?

RODOGUNE.

Qui que ce soit des deux qu'on couronne aujourd'hui,
Elle sera sa mère, et pourra tout sur lui.

LAONICE.

Qui que ce soit des deux, je sais qu'il vous adore :
Connoissant leur amour, pouvez-vous craindre encore?

RODOGUNE.

Oui, je crains leur hymen, et d'être à l'un des deux.

LAONICE.

Quoi! sont-ils des sujets indignes de vos feux?

RODOGUNE.

Comme ils ont même sang avec pareil mérite,
Un avantage égal pour eux me sollicite;
Mais il est malaisé, dans cette égalité,
Qu'un esprit combattu ne penche d'un côté.
Il est des nœuds secrets, il est des sympathies,
Dont par le doux rapport les âmes assorties
S'attachent l'une à l'autre, et se laissent piquer
Par ces je ne sais quoi qu'on ne peut expliquer.
C'est par là que l'un d'eux obtient la préférence;
Je crois voir l'autre encore avec indifférence;
Mais cette indifférence est une aversion
Lorsque je la compare avec ma passion.
Étrange effet d'amour! incroyable chimère!
Je voudrois être à lui si je n'aimois son frère;
Et le plus grand des maux toutefois que je crains,
C'est que mon triste sort me livre entre ses mains.

LAONICE.
Ne pourrai-je servir une si belle flamme?
RODOGUNE.
Ne crois pas en tirer le secret de mon âme :
Quelque époux que le ciel veuille me destiner,
C'est à lui pleinement que je veux me donner.
De celui que je crains si je suis le partage,
Je saurai l'accepter avec même visage;
L'hymen me le rendra précieux à son tour,
Et le devoir fera ce qu'auroit fait l'amour,
Sans crainte qu'on reproche à mon humeur forcée
Qu'un autre qu'un mari règne sur ma pensée.
LAONICE.
Vous craignez que ma foi vous l'ose reprocher?
RODOGUNE.
Que ne puis-je à moi-même aussi bien le cacher!
LAONICE.
Quoi que vous me cachiez, aisément je devine;
Et, pour vous dire enfin ce que je m'imagine,
Le prince....
RODOGUNE.
Garde-toi de nommer mon vainqueur :
Ma rougeur trahiroit les secrets de mon cœur,
Et je te voudrois mal de cette violence
Que ta dextérité feroit à mon silence;
Même, de peur qu'un mot par hasard échappé
Te fasse voir ce cœur et quels traits l'ont frappé,
Je romps un entretien dont la suite me blesse.
Adieu : mais souviens-toi que c'est sur ta promesse
Que mon esprit reprend quelque tranquillité.
LAONICE.
Madame, assurez-vous sur ma fidélité.

ACTE SECOND.

SCÈNE I. — CLÉOPATRE.

Sermens fallacieux, salutaire contrainte,
Que m'imposa la force et qu'accepta ma crainte,
Heureux déguisemens d'un immortel courroux,
Vains fantômes d'État, évanouissez-vous!
Si d'un péril pressant la terreur vous fit naître,
Avec ce péril même il vous faut disparoître,
Semblables à ces vœux dans l'orage formés,
Qu'efface un prompt oubli quand les flots sont calmés.

Et vous, qu'avec tant d'art cette feinte a voilée,
Recours des impuissans, haine dissimulée,
Digne vertu des rois, noble secret de cour,
Éclatez, il est temps; et voici notre jour.
Montrons-nous toutes deux, non plus comme sujettes,
Mais telle que je suis, et telle que vous êtes.
Le Parthe est éloigné, nous pouvons tout oser :
Nous n'avons rien à craindre et rien à déguiser;
Je hais, je règne encor. Laissons d'illustres marques
En quittant, s'il le faut, ce haut rang des monarques :
Faisons-en avec gloire un départ éclatant,
Et rendons-le funeste à celle qui l'attend.
C'est encor, c'est encor cette même ennemie
Qui cherchoit ses honneurs dedans mon infamie,
Dont la haine à son tour croit me faire la loi,
Et régner par mon ordre et sur vous et sur moi.
Tu m'estimes bien lâche, imprudente rivale,
Si tu crois que mon cœur jusque-là se ravale,
Qu'il souffre qu'un hymen qu'on t'a promis en vain
Te mette ta vengeance et mon sceptre à la main.
Vois jusqu'où m'emporta l'amour du diadème.
Vois quel sang il me coûte, et tremble pour toi-même :
Tremble, te dis-je; et songe, en dépit du traité,
Que, pour t'en faire un don, je l'ai trop acheté.

SCÈNE II. — CLÉOPATRE, LAONICE.

CLÉOPATRE.

Laonice, vois-tu que le peuple s'apprête
Au pompeux appareil de cette grande fête?

LAONICE.

La joie en est publique, et les princes tous deux
Des Syriens ravis emportent tous les vœux;
L'un et l'autre fait voir un mérite si rare,
Que le souhait confus entre les deux s'égare;
Et ce qu'en quelques-uns on voit d'attachement
N'est qu'un foible ascendant d'un premier mouvement.
Ils penchent d'un côté, prêts à tomber de l'autre :
Leur choix pour s'affermir attend encor le vôtre;
Et de celui qu'ils font ils sont si peu jaloux,
Que votre secret su les réunira tous.

CLÉOPATRE.

Sais-tu que mon secret n'est pas ce que l'on pense?

LAONICE.

J'attends avec eux tous celui de leur naissance.

CLÉOPATRE.

Pour un esprit de cour, et nourri chez les grands,

Tes yeux dans leurs secrets sont bien peu pénétrans.
Apprends, ma confidente, apprends à me connoître.
 Si je cache en quel rang le ciel les a fait naître[1],
Vois, vois que, tant que l'ordre en demeure douteux,
Aucun des deux ne règne, et je règne pour eux :
Quoique ce soit un bien que l'un et l'autre attende,
De crainte de le perdre aucun ne le demande ;
Cependant je possède, et leur droit incertain
Me laisse avec leur sort leur sceptre dans la main :
Voilà mon grand secret. Sais-tu par quel mystère
Je les laissois tous deux en dépôt chez mon frère ?

LAONICE.

J'ai cru qu'Antiochus les tenoit éloignés
Pour jouir des États qu'il avoit regagnés.

CLÉOPATRE.

Il occupoit leur trône, et craignoit leur présence,
Et cette juste crainte assuroit ma puissance.
Mes ordres en étoient de point en point suivis
Quand je le menaçois du retour de mes fils :
Voyant ce foudre prêt à suivre ma colère,
Quoi qu'il me plût oser, il n'osoit me déplaire ;
Et, content malgré lui du vain titre de roi,
S'il régnoit au lieu d'eux, ce n'étoit que sous moi.
 Je te dirai bien plus. Sans violence aucune
J'aurois vu Nicanor épouser Rodogune,
Si, content de lui plaire et de me dédaigner,
Il eût vécu chez elle en me laissant régner.
Son retour me fâchoit plus que son hyménée,
Et j'aurois pu l'aimer s'il ne l'eût couronnée.
Tu vis comme il y fit des efforts superflus :
Je fis beaucoup alors, et ferois encore plus
S'il étoit quelque voie, infâme ou légitime,
Que m'enseignât la gloire, ou que m'ouvrît le crime,
Qui me pût conserver un bien que j'ai chéri
Jusqu'à verser pour lui tout le sang d'un mari.
Dans l'état pitoyable où m'en réduit la suite,
Délices de mon cœur, il faut que je te quitte ;
On m'y force, il le faut : mais on verra quel fruit
En recevra bientôt celle qui m'y réduit.
L'amour que j'ai pour toi tourne en haine pour elle :
Autant que l'un fut grand, l'autre sera cruelle ;
Et, puisqu'en te perdant j'ai sur qui m'en venger,
Ma perte est supportable, et mon mal est léger.

LAONICE.

Quoi ! vous parlez encor de vengeance et de haine

---

1. « Je cache qui des deux a le droit d'aînesse. »

Pour celle dont vous-même allez faire une reine!
CLÉOPATRE.
Quoi! je ferois un roi pour être son époux,
Et m'exposer aux traits de son juste courroux!
N'apprendras-tu jamais, âme basse et grossière,
A voir par d'autres yeux que les yeux du vulgaire?
Toi qui connois ce peuple, et sais qu'aux champs de Mars
Lâchement d'une femme il suit les étendards;
Que, sans Antiochus, Tryphon m'eût dépouillée;
Que sous lui son ardeur fut soudain réveillée;
Ne saurois-tu juger que, si je nomme un roi,
C'est pour le commander, et combattre pour moi?
J'en ai le choix en main avec le droit d'aînesse,
Et puisqu'il en faut faire une aide à ma foiblesse,
Que la guerre sans lui ne peut se rallumer,
J'userai bien du droit que j'ai de le nommer.
On ne montera point au rang dont je dévale,
Qu'en épousant ma haine au lieu de ma rivale :
Ce n'est qu'en me vengeant qu'on me le peut ravir,
Et je ferai régner qui me voudra servir.
LAONICE.
Je vous connoissois mal.
CLÉOPATRE.
Connois-moi tout entière.
Quand je mis Rodogune en tes mains prisonnière,
Ce ne fut ni pitié, ni respect de son rang,
Qui m'arrêta le bras, et conserva son sang.
La mort d'Antiochus me laissoit sans armée,
Et d'une troupe en hâte à me suivre animée,
Beaucoup dans ma vengeance ayant fini leurs jours
M'exposoient à son frère, et foible et sans secours.
Je me voyois perdue à moins d'un tel otage :
Il vint, et sa fureur craignit pour ce cher gage;
Il m'imposa des lois, exigea des sermens,
Et moi, j'accordai tout pour obtenir du temps.
Le temps est un trésor plus grand qu'on ne peut croire :
J'en obtins, et je crus obtenir la victoire.
J'ai pu reprendre haleine, et sous de faux apprêts....
Mais voici mes deux fils que j'ai mandés exprès.
Écoute, et tu verras quel est cet hyménée
Où se doit terminer cette illustre journée.

SCÈNE III. — CLÉOPATRE, ANTIOCHUS, SÉLEUCUS, LAONICE.

CLÉOPATRE.
Mes enfans, prenez place. Enfin voici le jour
Si doux à mes souhaits, si cher à mon amour,

ACTE II, SCÈNE III.

Où je puis voir briller sur une de vos têtes
Ce que j'ai conservé parmi tant de tempêtes,
Et vous remettre un bien, après tant de malheurs,
Qui m'a coûté pour vous tant de soins et de pleurs.
Il peut vous souvenir quelles furent mes larmes
Quand Tryphon me donna de si rudes alarmes,
Que, pour ne vous pas voir exposés à ses coups,
Il fallut me résoudre à me priver de vous.
Quelles peines depuis, grands dieux! n'ai-je souffertes!
Chaque jour redoubla mes douleurs et mes pertes.
Je vis votre royaume entre ces murs réduit;
Je crus mort votre père; et sur un si faux bruit
Le peuple mutiné voulut avoir un maître.
J'eus beau le nommer lâche, ingrat, parjure, traître,
Il fallut satisfaire à son brutal désir,
Et, de peur qu'il n'en prît, il m'en fallut choisir.
Pour vous sauver l'État que n'eussé-je pu faire?
Je choisis un époux avec des yeux de mère,
Votre oncle Antiochus, et j'espérai qu'en lui
Votre trône tombant trouveroit un appui;
Mais à peine son bras en relève la chute,
Que par lui de nouveau le sort me persécute :
Maître de votre État par sa valeur sauvé,
Il s'obstine à remplir ce trône relevé :
Qui lui parle de vous attire sa menace.
Il n'a défait Tryphon que pour prendre sa place;
Et, de dépositaire et de libérateur,
Il s'érige en tyran et lâche usurpateur.
Sa main l'en a puni : pardonnons à son ombre;
Aussi bien en un seul voici des maux sans nombre.
   Nicanor votre père, et mon premier époux....
Mais pourquoi lui donner encor des noms si doux,
Puisque, l'ayant cru mort, il sembla ne revivre
Que pour s'en dépouiller afin de nous poursuivre?
Passons; je ne me puis souvenir sans trembler
Du coup dont j'empêchai qu'il nous pût accabler :
Je ne sais s'il est digne ou d'honneur ou d'estime,
S'il plut aux dieux ou non, s'il fut justice ou crime;
Mais, soit crime ou justice, il est certain, mes fils,
Que mon amour pour vous fit tout ce que je fis :
Ni celui des grandeurs, ni celui de la vie
Ne jeta dans mon cœur cette aveugle furie.
J'étois lasse d'un trône où d'éternels malheurs
Me combloient chaque jour de nouvelles douleurs.
Ma vie est presque usée, et ce reste inutile
Chez mon frère avec vous trouvoit un sûr asile :
Mais voir, après douze ans et de soins et de maux,

Un père vous ôter le fruit de mes travaux !
Mais voir votre couronne après lui destinée
Aux enfans qui naîtroient d'un second hyménée !
A cette indignité je ne connus plus rien ;
Je me crus tout permis pour garder votre bien.
Recevez donc, mes fils, de la main d'une mère,
Un trône racheté par le malheur d'un père.
Je crus qu'il fit lui-même un crime en vous l'ôtant,
Et si j'en ai fait un en vous le rachetant,
Daigne du juste ciel la bonté souveraine,
Vous en laissant le fruit, m'en réserver la peine,
Ne lancer que sur moi les foudres mérités,
Et n'épandre sur vous que des prospérités !

ANTIOCHUS.

Jusques ici, madame, aucun ne met en doute
Les longs et grands travaux que notre amour vous coûte ;
Et nous croyons tenir des soins de cet amour
Ce doux espoir du trône aussi bien que le jour ;
Le récit nous en charme, et nous fait mieux comprendre
Quelles grâces tous deux nous vous en devons rendre :
Mais afin qu'à jamais nous les puissions bénir,
Épargnez le dernier à notre souvenir ;
Ce sont fatalités dont l'âme embarrassée
A plus qu'elle ne veut se voit souvent forcée.
Sur les noires couleurs d'un si triste tableau
Il faut passer l'éponge, ou tirer le rideau :
Un fils est criminel quand il les examine ;
Et quelque suite enfin que le ciel y destine,
J'en rejette l'idée, et crois qu'en ces malheurs
Le silence ou l'oubli nous sied mieux que les pleurs.
Nous attendons le sceptre avec même espérance ;
Mais si nous l'attendons, c'est sans impatience :
Nous pouvons sans régner vivre tous deux contens ;
C'est le fruit de vos soins, jouissez-en longtemps :
Il tombera sur nous quand vous en serez lasse ;
Nous le recevrons lors de bien meilleure grâce ;
Et l'accepter sitôt semble nous reprocher
De n'être revenus que pour vous l'arracher.

SÉLEUCUS.

J'ajouterai, madame, à ce qu'a dit mon frère,
Que, bien qu'avec plaisir et l'un et l'autre espère,
L'ambition n'est pas notre plus grand désir.
Régnez, nous le verrons tous deux avec plaisir ;
Et c'est bien la raison que pour tant de puissance
Nous vous rendions du moins un peu d'obéissance,
Et que celui de nous dont le ciel a fait choix
Sous votre illustre exemple apprenne l'art des rois.

CLÉOPATRE.

Dites tout, mes enfans : vous fuyez la couronne,
Non que son trop d'éclat ou son poids vous étonne;
L'unique fondement de cette aversion,
C'est la honte attachée à sa possession.
Elle passe à vos yeux pour la même infamie,
S'il faut la partager avec notre ennemie,
Et qu'un indigne hymen la fasse retomber
Sur celle qui venoit pour vous la dérober.
 O nobles sentimens d'une âme généreuse!
O fils vraiment mes fils! ô mère trop heureuse!
Le sort de votre père enfin est éclairci :
Il étoit innocent, et je puis l'être aussi;
Il vous aima toujours et ne fut mauvais père
Que charmé par la sœur, ou forcé par le frère;
Et dans cette embuscade où son effort fut vain,
Rodogune, mes fils, le tua par ma main.
Ainsi de cet amour la fatale puissance
Vous coûte votre père, à moi, mon innocence;
Et si ma main pour vous n'avoit tout attenté,
L'effet de cet amour vous auroit tout coûté.
Ainsi vous me rendrez l'innocence et l'estime,
Lorsque vous punirez la cause de mon crime.
De cette même main qui vous a tout sauvé,
Dans son sang odieux je l'aurois bien lavé;
Mais comme vous aviez votre part aux offenses,
Je vous ai réservé votre part aux vengeances;
Et, pour ne tenir plus en suspens vos esprits,
Si vous voulez régner, le trône est à ce prix.
Entre deux fils que j'aime avec même tendresse,
Embrasser ma querelle est le seul droit d'aînesse :
La mort de Rodogune en nommera l'aîné.
 Quoi! vous montrez tous deux un visage étonné!
Redoutez-vous son frère? après la paix infâme
Que même en la jurant je détestois dans l'âme,
J'ai fait lever des gens par des ordres secrets,
Qu'à vous suivre en tous lieux vous trouverez tout prêts;
Et tandis qu'il fait tête aux princes d'Arménie,
Nous pouvons sans péril briser sa tyrannie.
Qui vous fait donc pâlir à cette juste loi?
Est-ce pitié pour elle? est-ce haine pour moi?
Voulez-vous l'épouser afin qu'elle me brave
Et mettre mon destin aux mains de mon esclave?
Vous ne répondez point! Allez, enfans ingrats,
Pour qui je crus en vain conserver ces États :
J'ai fait votre oncle roi, j'en ferai bien un autre;
Et mon nom peut encore ici plus que le vôtre.

SÉLEUCUS.
Mais, madame, voyez que pour premier exploit....
CLÉOPATRE.
Mais que chacun de vous pense à ce qu'il me doit.
Je sais bien que le sang qu'à vos mains je demande
N'est pas le digne essai d'une valeur bien grande;
Mais si vous me devez et le sceptre et le jour,
Ce doit être envers moi le sceau de votre amour :
Sans ce gage ma haine à jamais s'en défie;
Ce n'est qu'en m'imitant que l'on me justifie.
Rien ne vous sert ici de faire les surpris :
Je vous le dis encor, le trône est à ce prix;
Je puis en disposer comme de ma conquête;
Point d'aîné, point de roi, qu'en m'apportant sa tête;
Et puisque mon seul choix vous y peut élever,
Pour jouir de mon crime il le faut achever.

SCÈNE IV. — SÉLEUCUS, ANTIOCHUS.

SÉLEUCUS.
Est-il une constance à l'épreuve du foudre
Dont ce cruel arrêt met notre espoir en poudre ?
ANTIOCHUS.
Est-il un coup de foudre à comparer aux coups
Que ce cruel arrêt vient de lancer sur nous ?
SÉLEUCUS.
O haines, ô fureurs dignes d'une Mégère !
O femme, que je n'ose appeler encor mère !
Après que tes forfaits ont régné pleinement,
Ne saurois-tu souffrir qu'on règne innocemment ?
Quels attraits penses-tu qu'ait pour nous la couronne,
S'il faut qu'un crime égal par ta main nous la donne ?
Et de quelles horreurs nous doit-elle combler,
Si pour monter au trône il faut te ressembler ?
ANTIOCHUS.
Gardons plus de respect aux droits de la nature,
Et n'imputons qu'au sort notre triste aventure :
Nous le nommions cruel, mais il nous étoit doux
Quand il ne nous donnoit à combattre que nous.
Confidens tout ensemble et rivaux l'un de l'autre,
Nous ne concevions point de mal pareil au nôtre;
Cependant, à nous voir l'un de l'autre rivaux,
Nous ne concevions pas la moitié de nos maux.
SÉLEUCUS.
Une douleur si sage et si respectueuse,
Ou n'est guère sensible, ou guère impétueuse,
Et c'est en de tels maux avoir l'esprit bien fort

D'en connoître la cause, et l'imputer au sort.
Pour moi, je sens les miens avec plus de foiblesse ;
Plus leur cause m'est chère, et plus l'effet m'en blesse :
Non que pour m'en venger j'ose entreprendre rien ;
Je donnerois encor tout mon sang pour le sien :
Je sais ce que je dois ; mais dans cette contrainte,
Si je retiens mon bras, je laisse aller ma plainte ;
Et j'estime qu'au point qu'elle nous a blessés,
Qui ne fait que s'en plaindre a du respect assez.
Voyez-vous bien quel est le ministère infâme
Qu'ose exiger de nous la haine d'une femme ?
Voyez-vous qu'aspirant à des crimes nouveaux,
De deux princes ses fils elle fait ses bourreaux ?
Si vous pouvez le voir, pouvez-vous vous en taire ?
                    ANTIOCHUS.
Je vois bien plus encor, je vois qu'elle est ma mère ;
Et plus je vois son crime indigne de ce rang,
Plus je lui vois souiller la source de mon sang.
J'en sens de ma douleur croître la violence ;
Mais ma confusion m'impose le silence,
Lorsque dans ses forfaits sur nos fronts imprimés
Je vois les traits honteux dont nous sommes formés.
Je tâche à cet objet d'être aveugle ou stupide ;
J'ose me déguiser jusqu'à son parricide ;
Je me cache à moi-même un excès de malheur
Où notre ignominie égale ma douleur ;
Et, détournant les yeux d'une mère cruelle,
J'impute tout au sort qui m'a fait naître d'elle.
  Je conserve pourtant encore un peu d'espoir :
Elle est mère, et le sang a beaucoup de pouvoir ;
Et le sort l'eût-il faite encor plus inhumaine,
Une larme d'un fils peut amollir sa haine.
                    SÉLEUCUS.
Ah ! mon frère, l'amour n'est guère véhément
Pour des fils élevés dans un bannissement,
Et qu'ayant fait nourrir presque dans l'esclavage
Elle n'a rappelés que pour servir sa rage.
De ses pleurs tant vantés je découvre le fard ;
Nous avons en son cœur vous et moi peu de part :
Elle fait bien sonner ce grand amour de mère ;
Mais elle seule enfin s'aime et se considère ;
Et, quoi que nous étale un langage si doux,
Elle a tout fait pour elle, et n'a rien fait pour nous.
Ce n'est qu'un faux amour que la haine domine ;
Nous ayant embrassés, elle nous assassine,
En veut au cher objet dont nous sommes épris,
Nous demande son sang, met le trône à ce prix.

Ce n'est plus de sa main qu'il nous le faut attendre;
Il est, il est à nous, si nous osons le prendre.
Notre révolte ici n'a rien que d'innocent;
Il est à l'un de nous, si l'autre le consent :
Régnons, et son courroux ne sera que foiblesse;
C'est l'unique moyen de sauver la princesse.
Allons la voir, mon frère, et demeurons unis,
C'est l'unique moyen de voir nos maux finis.
Je forme un beau dessein que son amour m'inspire;
Mais il faut qu'avec lui notre union conspire :
Notre amour, aujourd'hui si digne de pitié,
Ne sauroit triompher que par notre amitié.

ANTIOCHUS.

Cet avertissement marque une défiance
Que la mienne pour vous souffre avec patience.
Allons, et soyez sûr que même le trépas
Ne peut rompre des nœuds que l'amour ne rompt pas.

ACTE TROISIÈME.

SCÈNE I. — RODOGUNE, ORONTE, LAONICE.

RODOGUNE.

Voilà comme l'amour succède à la colère,
Comme elle ne me voit qu'avec des yeux de mère,
Comme elle aime la paix, comme elle fait un roi,
Et comme elle use enfin de ses fils et de moi.
Et tantôt mes soupçons lui faisoient une offense?
Elle n'avoit rien fait qu'en sa juste défense?
Lorsque tu la trompois elle fermoit les yeux?
Ah! que ma défiance en jugeoit beaucoup mieux!
Tu le vois, Laonice.

LAONICE.

Et vous voyez, madame,
Quelle fidélité vous conserve mon âme,
Et qu'ayant reconnu sa haine et mon erreur,
Le cœur gros de soupirs, et frémissant d'horreur,
Je romps une foi due aux secrets de ma reine,
Et vous viens découvrir mon erreur et sa haine.

RODOGUNE.

Cet avis salutaire est l'unique secours
A qui je crois devoir le reste de mes jours.
Mais ce n'est pas assez de m'avoir avertie;
Il faut de ces périls m'aplanir la sortie;
Il faut que tes conseils m'aident à repousser....

LAONICE.

Madame, au nom des dieux, veuillez m'en dispenser ;
C'est assez que pour vous je lui sois infidèle,
Sans m'engager encore à des conseils contre elle.
Oronte est avec vous, qui, comme ambassadeur,
Devoit de cet hymen honorer la splendeur ;
Comme c'est en ses mains que le roi votre frère
A déposé le soin d'une tête si chère,
Je vous laisse avec lui pour en délibérer.
Quoi que vous résolviez, laissez-moi l'ignorer.
Au reste, assurez-vous de l'amour des deux princes ;
Plutôt que de vous perdre ils perdront leurs provinces :
Mais je ne réponds pas que ce cœur inhumain
Ne veuille à leur refus s'armer d'une autre main.
Je vous parle en tremblant ; si j'étois ici vue,
Votre péril croîtroit, et je serois perdue.
Fuyez, grande princesse, et souffrez cet adieu.

RODOGUNE.

Va, je reconnoîtrai ce service en son lieu.

SCÈNE II. — RODOGUNE, ORONTE.

RODOGUNE.

Que ferons-nous, Oronte, en ce péril extrême,
Où l'on fait de mon sang le prix d'un diadème ?
Fuirons-nous chez mon frère ? attendrons-nous la mort,
Ou ferons-nous contre elle un généreux effort ?

ORONTE.

Notre fuite, madame, est assez difficile ;
J'ai vu des gens de guerre épandus par la ville.
Si l'on veut votre perte, on vous fait observer ;
Ou, s'il vous est permis encor de vous sauver,
L'avis de Laonice est sans doute une adresse :
Feignant de vous servir elle sert sa maîtresse.
La reine, qui surtout craint de vous voir régner,
Vous donne ces terreurs pour vous faire éloigner ;
Et, pour rompre un hymen qu'avec peine elle endure,
Elle en veut à vous-même imputer la rupture.
Elle obtiendra par vous le but de ses souhaits,
Et vous accusera de violer la paix ;
Et le roi, plus piqué contre vous que contre elle,
Vous voyant lui porter une guerre nouvelle,
Blâmera vos frayeurs et nos légèretés,
D'avoir osé douter de la foi des traités ;
Et peut-être, pressé des guerres d'Arménie,
Vous laissera moquée, et la reine impunie.
  A ces honteux moyens gardez de recourir.

C'est ici qu'il vous faut ou régner ou périr.
Le ciel pour vous ailleurs n'a point fait de couronne;
Et l'on s'en rend indigne alors qu'on l'abandonne.

RODOGUNE.

Ah! que de vos conseils j'aimerois la vigueur,
Si nous avions la force égale à ce grand cœur!
Mais pourrons-nous braver une reine en colère
Avec ce peu de gens que m'a laissés mon frère?

ORONTE.

J'aurois perdu l'esprit si j'osois me vanter
Qu'avec ce peu de gens nous pussions résister.
Nous mourrons à vos pieds, c'est toute l'assistance
Que vous peut en ces lieux offrir notre impuissance :
Mais pouvez-vous trembler quand dans ces mêmes lieux
Vous portez le grand maître et des rois et des dieux?
L'amour fera lui seul tout ce qu'il vous faut faire.
Faites-vous un rempart des fils contre la mère;
Ménagez bien leur flamme, ils voudront tout pour vous;
Et ces astres naissans sont adorés de tous.
Quoi que puisse en ces lieux une reine cruelle,
Pouvant tout sur ses fils, vous y pouvez plus qu'elle.
Cependant trouvez bon qu'en ces extrémités
Je tâche à rassembler nos Parthes écartés;
Ils sont peu, mais vaillans, et peuvent de sa rage
Empêcher la surprise et le premier outrage.
Craignez moins, et surtout, madame, en ce grand jour,
Si vous voulez régner, faites régner l'amour.

SCÈNE III. — RODOGUNE.

Quoi! je pourrois descendre à ce lâche artifice
D'aller de mes amans mendier le service,
Et sous l'indigne appât d'un coup d'œil affété,
J'irois jusqu'en leur cœur chercher ma sûreté!
Celles de ma naissance ont horreur des bassesses;
Leur sang tout généreux hait ces molles adresses.
Quel que soit le secours qu'ils me puissent offrir,
Je croirai faire assez de le daigner souffrir :
Je verrai leur amour, j'éprouverai sa force,
Sans flatter leurs désirs, sans leur jeter d'amorce;
Et, s'il est assez fort pour me servir d'appui,
Je le ferai régner, mais en régnant sur lui.
    Sentimens étouffés de colère et de haine,
Rallumez vos flambeaux à celles de la reine,
Et d'un oubli contraint rompez la dure loi,
Pour rendre enfin justice aux mânes d'un grand roi;
Rapportez à mes yeux son image sanglante,

D'amour et de fureur encore étincelante,
Telle que je le vis, quand tout percé de coups
Il me cria : « Vengeance ! Adieu ; je meurs pour vous ! »
Chère ombre, hélas ! bien loin de l'avoir poursuivie,
J'allois baiser la main qui t'arracha la vie,
Rendre un respect de fille à qui versa ton sang ;
Mais pardonne au devoir que m'impose mon rang :
Plus la haute naissance approche des couronnes,
Plus cette grandeur même asservit nos personnes ;
Nous n'avons point de cœur pour aimer ni haïr ;
Toutes nos passions ne savent qu'obéir.
Après avoir armé pour venger cet outrage,
D'une paix mal conçue on m'a faite le gage ;
Et moi, fermant les yeux sur ce noir attentat,
Je suivois mon destin en victime d'État.
Mais aujourd'hui qu'on voit cette main parricide,
Des restes de ta vie insolemment avide,
Vouloir encor percer ce sein infortuné,
Pour y chercher le cœur que tu m'avois donné,
De la paix qu'elle rompt je ne suis plus le gage ;
Je brise avec honneur mon illustre esclavage ;
J'ose reprendre un cœur pour aimer et haïr,
Et ce n'est plus qu'à toi que je veux obéir.
    Le consentiras-tu, cet effort sur ma flamme,
Toi, son vivant portrait, que j'adore dans l'âme,
Cher prince, dont je n'ose en mes plus doux souhaits
Fier encor le nom aux murs de ce palais ?
Je sais quelles seront tes douleurs et tes craintes ;
Je vois déjà tes maux, j'entends déjà tes plaintes :
Mais pardonne aux devoirs qu'exige enfin un roi
A qui tu dois le jour qu'il a perdu pour moi.
J'aurai mêmes douleurs, j'aurai mêmes alarmes ;
S'il t'en coûte un soupir, j'en verserai des larmes.
    Mais, dieux ! que je me trouble en les voyant tous deux !
Amour, qui me confonds, cache du moins tes feux ;
Et content de mon cœur dont je te fais le maître,
Dans mes regards surpris garde-toi de paroître.

SCÈNE IV. — ANTIOCHUS, SÉLEUCUS, RODOGUNE.

ANTIOCHUS.

Ne vous offensez pas, princesse, de nous voir
De vos yeux à vous-même expliquer le pouvoir.
Ce n'est pas d'aujourd'hui que nos cœurs en soupirent ;
A vos premiers regards tous deux ils se rendirent ;
Mais un profond respect nous fit taire et brûler,
Et ce même respect nous force de parler.

L'heureux moment approche où votre destinée
Semble être aucunement à la nôtre enchaînée,
Puisque d'un droit d'aînesse incertain parmi nous
La nôtre attend un sceptre, et la vôtre un époux.
C'est trop d'indignité que notre souveraine
De l'un de ses captifs tienne le nom de reine ;
Notre amour s'en offense, et, changeant cette loi,
Remet à notre reine à nous choisir un roi.
Ne vous abaissez plus à suivre la couronne ;
Donnez-la, sans souffrir qu'avec elle on vous donne ;
Réglez notre destin qu'ont mal réglé les dieux ;
Notre seul droit d'aînesse est de plaire à vos yeux :
L'ardeur qu'allume en nous une flamme si pure
Préfère votre choix au choix de la nature,
Et vient sacrifier à votre élection
Toute notre espérance et notre ambition.
 Prononcez donc, madame, et faites un monarque
Nous céderons sans honte à cette illustre marque ;
Et celui qui perdra votre divin objet
Demeurera du moins votre premier sujet ;
Son amour immortel saura toujours lui dire
Que ce rang près de vous vaut ailleurs un empire ;
Il y mettra sa gloire, et, dans un tel malheur,
L'heur de vous obéir flattera sa douleur.
                    RODOGUNE.
Prince, je dois beaucoup à cette déférence
De votre ambition et de votre espérance ;
Et j'en recevrois l'offre avec quelque plaisir,
Si celles de mon rang avoient droit de choisir.
Comme sans leur avis les rois disposent d'elles
Pour affermir leur trône ou finir leurs querelles,
Le destin des États est arbitre du leur,
Et l'ordre des traités règle tout dans leur cœur.
C'est lui que suit le mien, et non pas la couronne :
J'aimerai l'un de vous, parce qu'il me l'ordonne ;
Du secret révélé j'en prendrai le pouvoir,
Et mon amour pour naître attendra mon devoir.
N'attendez rien de plus, ou votre attente est vaine.
Le choix que vous m'offrez appartient à la reine ;
J'entreprendrois sur elle à l'accepter de vous.
Peut-être on vous a tu jusqu'où va son courroux ;
Mais je dois par épreuve assez bien le connoître
Pour fuir l'occasion de le faire renaître.
Que n'en ai-je souffert, et que n'a-t-elle osé ?
Je veux croire avec vous que tout est apaisé ;
Mais craignez avec moi que ce choix ne ranime
Cette haine mourante à quelque nouveau crime :

Pardonnez-moi ce mot qui viole un oubli
Que la paix entre nous doit avoir établi.
Le feu qui semble éteint souvent dort sous la cendre ;
Qui l'ose réveiller peut s'en laisser surprendre ;
Et je mériterois qu'il me pût consumer,
Si je lui fournissois de quoi se rallumer.
SÉLEUCUS.
Pouvez-vous redouter sa haine renaissante,
S'il est en votre main de la rendre impuissante ?
Faites un roi, madame, et régnez avec lui ;
Son courroux désarmé demeure sans appui,
Et toutes ses fureurs sans effet rallumées
Ne pousseront en l'air que de vaines fumées.
Mais a-t-elle intérêt au choix que vous ferez,
Pour en craindre les maux que vous vous figurez ?
La couronne est à nous ; et, sans lui faire injure,
Sans manquer de respect aux droits de la nature,
Chacun de nous à l'autre en peut céder sa part,
Et rendre à votre choix ce qu'il doit au hasard.
Qu'un si foible scrupule en notre faveur cesse :
Votre inclination vaut bien un droit d'aînesse,
Dont vous seriez traitée avec trop de rigueur,
S'il se trouvoit contraire aux vœux de votre cœur.
On vous applaudiroit quand vous seriez à plaindre ;
Pour vous faire régner ce seroit vous contraindre,
Vous donner la couronne en vous tyrannisant,
Et verser du poison sur ce noble présent.
Au nom de ce beau feu qui tous deux nous consume,
Princesse, à notre espoir ôtez cette amertume ;
Et permettez que l'heur qui suivra votre époux
Se puisse redoubler à le tenir de vous.
RODOGUNE.
Ce beau feu vous aveugle autant comme il vous brûle ;
Et, tâchant d'avancer, son effort vous recule.
Vous croyez que ce choix que l'un et l'autre attend
Pourra faire un heureux sans faire un mécontent ;
Et moi, quelque vertu que votre cœur prépare,
Je crains d'en faire deux si le mien se déclare :
Non que de l'un et l'autre il dédaigne les vœux ;
Je tiendrois à bonheur d'être à l'un de vous deux ;
Mais souffrez que je suive enfin ce qu'on m'ordonne :
Je me mettrai trop haut s'il faut que je me donne ;
Quoique aisément je cède aux ordres de mon roi,
Il n'est pas bien aisé de m'obtenir de moi.
Savez-vous quels devoirs, quels travaux, quels services,
Voudront de mon orgueil exiger les caprices ?
Par quels degrés de gloire on me peut mériter ?

En quels affreux périls il faudra vous jeter?
Ce cœur vous est acquis après le diadème,
Princes; mais gardez-vous de le rendre à lui-même.
Vous y renoncerez peut-être pour jamais,
Quand je vous aurai dit à quel prix je le mets.

SÉLEUCUS.

Quels seront les devoirs, quels travaux, quels services
Dont nous ne vous fassions d'amoureux sacrifices?
Et quels affreux périls pourrons-nous redouter,
Si c'est par ces degrés qu'on peut vous mériter?

ANTIOCHUS.

Princesse, ouvrez ce cœur, et jugez mieux du nôtre;
Jugez mieux du beau feu qui brûle l'un et l'autre,
Et dites hautement à quel prix votre choix
Veut faire l'un de nous le plus heureux des rois.

RODOGUNE.

Prince, le voulez-vous?

ANTIOCHUS.

C'est notre unique envie.

RODOGUNE.

Je verrai cette ardeur d'un repentir suivie.

SÉLEUCUS.

Avant ce repentir tous deux nous périrons.

RODOGUNE.

Enfin vous le voulez?

SÉLEUCUS.

Nous vous en conjurons.

RODOGUNE.

Eh bien donc! il est temps de me faire connoître.
J'obéis à mon roi, puisqu'un de vous doit l'être;
Mais quand j'aurai parlé, si vous vous en plaignez,
J'atteste tous les dieux que vous m'y contraignez,
Et que c'est malgré moi qu'à moi-même rendue
J'écoute une chaleur qui m'étoit défendue;
Qu'un devoir rappelé me rend un souvenir
Que la foi des traités ne doit plus retenir.

Tremblez, princes, tremblez au nom de votre père:
Il est mort, et pour moi, par les mains d'une mère.
Je l'avois oublié, sujette à d'autres lois;
Mais libre, je lui rends enfin ce que je dois.
C'est à vous de choisir mon amour ou ma haine.
J'aime les fils du roi, je hais ceux de la reine:
Réglez-vous là-dessus; et, sans plus me presser,
Voyez auquel des deux vous voulez renoncer.
Il faut prendre parti, mon choix suivra le vôtre:
Je respecte autant l'un que je déteste l'autre.
Mais ce que j'aime en vous du sang de ce grand roi,

S'il n'est digne de lui, n'est pas digne de moi.
Ce sang que vous portez, ce trône qu'il vous laisse,
Valent bien que pour lui votre cœur s'intéresse.
Votre gloire le veut, l'amour vous le prescrit.
Qui peut contre elle et lui soulever votre esprit[1]?
Si vous leur préférez une mère cruelle,
Soyez cruels, ingrats, parricides comme elle :
Vous devez la punir, si vous la condamnez;
Vous devez l'imiter, si vous la soutenez.
Quoi! cette ardeur s'éteint! l'un et l'autre soupire!
J'avois su le prévoir, j'avois su le prédire....

ANTIOCHUS.
Princesse....

RODOGUNE.
Il n'est plus temps, le mot en est lâché.
Quand j'ai voulu me taire, en vain je l'ai tâché.
Appelez ce devoir haine, rigueur, colère;
Pour gagner Rodogune il faut venger un père;
Je me donne à ce prix : osez me mériter;
Et voyez qui de vous daignera m'accepter.
Adieu, princes.

SCÈNE V. — ANTIOCHUS, SÉLEUCUS.

ANTIOCHUS.
Hélas! c'est donc ainsi qu'on traite
Les plus profonds respects d'une amour si parfaite!

SÉLEUCUS.
Elle nous fuit, mon frère, après cette rigueur.

ANTIOCHUS.
Elle fuit, mais en Parthe, en nous perçant le cœur.

SÉLEUCUS.
Que le ciel est injuste! Une âme si cruelle
Méritoit notre mère, et devoit naître d'elle.

ANTIOCHUS.
Plaignons-nous sans blasphème.

SÉLEUCUS.
Ah! que vous me gênez
Par cette retenue où vous vous obstinez!
Faut-il encor régner? faut-il l'aimer encore?

ANTIOCHUS.
Il faut plus de respect pour celle qu'on adore.

SÉLEUCUS.
C'est ou d'elle ou du trône être ardemment épris,
Que vouloir ou l'aimer ou régner à ce prix.

---

1. Le sens est louche : *contre elle* signifie *contre votre gloire;* et *lui* signifie *votre amour;* c'est là le sens, mais il faut le chercher. (*Voltaire.*)

ANTIOCHUS.

C'est et d'elle et de lui tenir bien peu de compte,
Que faire une révolte et si pleine et si prompte.

SÉLEUCUS.

Lorsque l'obéissance a tant d'impiété,
La révolte devient une nécessité.

ANTIOCHUS.

La révolte, mon frère, est bien précipitée,
Quand la loi qu'elle rompt peut être rétractée;
Et c'est à nos désirs trop de témérité
De vouloir de tels biens avec facilité :
Le ciel par les travaux veut qu'on monte à la gloire;
Pour gagner un triomphe il faut une victoire.
Mais que je tâche en vain de flatter nos tourmens!
Nos malheurs sont plus forts que ces déguisemens.
Leur excès à mes yeux paroît un noir abîme
Où la haine s'apprête à couronner le crime,
Où la gloire est sans nom, la vertu sans honneur,
Où sans un parricide il n'est point de bonheur;
Et, voyant de ces maux l'épouvantable image,
Je me sens affoiblir quand je vous encourage;
Je frémis, je chancelle ; et mon cœur abattu
Suit tantôt sa douleur, et tantôt sa vertu.
Mon frère, pardonnez à des discours sans suite,
Qui font trop voir le trouble où mon âme est réduite.

SÉLEUCUS.

J'en ferois comme vous, si mon esprit troublé
Ne secouoit le joug dont il est accablé.
Dans mon ambition, dans l'ardeur de ma flamme,
Je vois ce qu'est un trône, et ce qu'est une femme;
Et, jugeant par leur prix de leur possession,
J'éteins enfin ma flamme et mon ambition,
Et je vous céderois l'un et l'autre avec joie,
Si, dans la liberté que le ciel me renvoie,
La crainte de vous faire un funeste présent
Ne me jetoit dans l'âme un remords trop cuisant.
Dérobons-nous, mon frère, à ces âmes cruelles,
Et laissons-les sans nous achever leurs querelles.

ANTIOCHUS.

Comme j'aime beaucoup, j'espère encore un peu.
L'espoir ne peut s'éteindre où brûle tant de feu;
Et son reste confus me rend quelques lumières
Pour juger mieux que vous de ces âmes si fières.
Croyez-moi, l'une et l'autre a redouté nos pleurs :
Leur fuite à nos soupirs a dérobé leurs cœurs;
Et si tantôt leur haine eût attendu nos larmes,
Leur haine à nos douleurs auroit rendu les armes.

SÉLEUCUS.

Pleurez donc à leurs yeux, gémissez, soupirez,
Et je craindrai pour vous ce que vous espérez.
Quoi qu'en votre faveur vos pleurs obtiennent d'elles,
Il vous faudra parer leurs haines mutuelles;
Sauver l'une de l'autre; et peut-être leurs coups,
Vous trouvant au milieu, ne perceront que vous :
C'est ce qu'il faut pleurer. Ni maîtresse ni mère
N'ont plus de choix ici ni de lois à nous faire [1];
Quoi que leur rage exige ou de vous ou de moi,
Rodogune est à vous, puisque je vous fais roi.
Épargnez vos soupirs près de l'une et de l'autre.
J'ai trouvé mon bonheur, saisissez-vous du vôtre :
Je n'en suis point jaloux; et ma triste amitié
Ne le verra jamais que d'un œil de pitié.

SCÈNE VI. — ANTIOCHUS.

Que je serois heureux si je n'aimois un frère!
Lorsqu'il ne veut pas voir le mal qu'il se veut faire,
Mon amitié s'oppose à son aveuglement :
Elle agira pour vous, mon frère, également,
Et n'abusera point de cette violence
Que l'indignation fait à votre espérance.
La pesanteur du coup souvent nous étourdit :
On le croit repoussé quand il s'approfondit;
Et, quoi qu'un juste orgueil sur l'heure persuade,
Qui ne sent point son mal est d'autant plus malade;
Ces ombres de santé cachent mille poisons,
Et la mort suit de près ces fausses guérisons.
Daignent les justes dieux rendre vain ce présage!
Cependant allons voir si nous vaincrons l'orage,
Et si, contre l'effort d'un si puissant courroux,
La nature et l'amour voudront parler pour nous.

ACTE QUATRIÈME.

SCÈNE I. — ANTIOCHUS, RODOGUNE.

RODOGUNE.

Prince, qu'ai-je entendu? parce que je soupire,
Vous présumez que j'aime, et vous m'osez le dire!

---

[1]. « Ni Cléopatre ni Rodogune n'ont plus désormais à choisir entre nous. »

Est-ce un frère, est-ce vous dont la témérité
S'imagine....
ANTIOCHUS.
Apaisez ce courage irrité,
Princesse; aucun de nous ne seroit téméraire
Jusqu'à s'imaginer qu'il eût l'heur de vous plaire :
Je vois votre mérite et le peu que je vaux,
Et ce rival si cher connoît mieux ses défauts.
Mais si tantôt ce cœur parloit par votre bouche,
Il veut que nous croyions qu'un peu d'amour le touche,
Et qu'il daigne écouter quelques-uns de nos vœux,
Puisqu'il tient à bonheur d'être à l'un de nous deux.
Si c'est présomption de croire ce miracle,
C'est une impiété de douter de l'oracle,
Et mériter les maux où vous nous condamnez,
Qu'éteindre un bel espoir que vous nous ordonnez.
Princesse, au nom des dieux, au nom de cette flamme....
RODOGUNE.
Un mot ne fait pas voir jusques au fond d'une âme;
Et votre espoir trop prompt prend trop de vanité
Des termes obligeans de ma civilité.
Je l'ai dit, il est vrai; mais, quoi qu'il en puisse être,
Méritez cet amour que vous voulez connoître.
Lorsque j'ai soupiré, ce n'étoit pas pour vous;
J'ai donné ces soupirs aux mânes d'un époux;
Et ce sont les effets du souvenir fidèle
Que sa mort à toute heure en mon âme rappelle.
Princes, soyez ses fils, et prenez son parti.
ANTIOCHUS.
Recevez donc son cœur en nous deux réparti;
Ce cœur qu'un saint amour rangea sous votre empire,
Ce cœur, pour qui le vôtre à tous momens soupire,
Ce cœur, en vous aimant indignement percé,
Reprend pour vous aimer le sang qu'il a versé;
Il le reprend en nous, il revit, il vous aime,
Et montre, en vous aimant, qu'il est encor le même.
Ah! princesse, en l'état où le sort nous a mis,
Pouvons-nous mieux montrer que nous sommes ses fils?
RODOGUNE.
Si c'est son cœur en vous qui revit et qui m'aime,
Faites ce qu'il feroit s'il vivoit en lui-même;
A ce cœur qu'il vous laisse osez prêter un bras :
Pouvez-vous le porter et ne l'écouter pas?
S'il vous explique mal ce qu'il en doit attendre,
Il emprunte ma voix pour se mieux faire entendre.
Une seconde fois il vous le dit par moi :
Prince, il faut le venger.

ACTE IV, SCÈNE I.

ANTIOCHUS.
J'accepte cette loi.
Nommez les assassins, et j'y cours.
RODOGUNE.
Quel mystère
Vous fait, en l'acceptant, méconnoître une mère?
ANTIOCHUS.
Ah! si vous ne voulez voir finir nos destins,
Nommez d'autres vengeurs ou d'autres assassins.
RODOGUNE.
Ah! je vois trop régner son parti dans votre âme;
Prince, vous le prenez.
ANTIOCHUS.
Oui, je le prends, madame;
Et j'apporte à vos pieds le plus pur de son sang,
Que la nature enferme en ce malheureux flanc.
Satisfaites vous-même à cette voix secrète
Dont la vôtre envers nous daigne être l'interprète :
Exécutez son ordre; et hâtez-vous sur moi
De punir une reine et de venger un roi;
Mais quitte par ma mort d'un devoir si sévère,
Écoutez-en un autre en faveur de mon frère.
De deux princes unis à soupirer pour vous
Prenez l'un pour victime, et l'autre pour époux;
Punissez un des fils des crimes de la mère,
Mais payez l'autre aussi des services du père;
Et laissez un exemple à la postérité
Et de rigueur entière, et d'entière équité.
Quoi! n'écouterez-vous ni l'amour ni la haine?
Ne pourrai-je obtenir ni salaire ni peine?
Ce cœur qui vous adore, et que vous dédaignez....
RODOGUNE.
Hélas, prince!
ANTIOCHUS.
Est-ce encor le roi que vous plaignez?
Ce soupir ne va-t-il que vers l'ombre d'un père?
RODOGUNE.
Allez, ou pour le moins rappelez votre frère :
Le combat pour mon âme étoit moins dangereux
Lorsque je vous avois à combattre tous deux :
Vous êtes plus fort seul que vous n'étiez ensemble;
Je vous bravois tantôt, et maintenant je tremble.
J'aime; n'abusez pas, prince, de mon secret :
Au milieu de ma haine il m'échappe à regret;
Mais enfin il m'échappe, et cette retenue
Ne peut plus soutenir l'effort de votre vue.
Oui, j'aime un de vous deux malgré ce grand courroux,

Et ce dernier soupir dit assez que c'est vous.
  Un rigoureux devoir à cet amour s'oppose :
Ne m'en accusez point, vous en êtes la cause;
Vous l'avez fait renaître en me pressant d'un choix
Qui rompt de vos traités les favorables lois.
D'un père mort pour moi voyez le sort étrange :
Si vous me laissez libre, il faut que je le venge;
Et mes feux dans mon âme ont beau s'en mutiner,
Ce n'est qu'à ce prix seul que je puis me donner :
Mais ce n'est pas de vous qu'il faut que je l'attende;
Votre refus est juste autant que ma demande.
A force de respect votre amour s'est trahi.
Je voudrois vous haïr s'il m'avoit obéi;
Et je n'estime pas l'honneur d'une vengeance
Jusqu'à vouloir d'un crime être la récompense.
Rentrons donc sous les lois que m'impose la paix,
Puisque m'en affranchir c'est vous perdre à jamais.
Prince, en votre faveur je ne puis davantage :
L'orgueil de ma naissance enfle encor mon courage,
Et, quelque grand pouvoir que l'amour ait sur moi,
Je n'oublierai jamais que je me dois un roi.
Oui, malgré mon amour, j'attendrai d'une mère
Que le trône me donne ou vous ou votre frère.
Attendant son secret vous aurez mes désirs,
Et, s'il le fait régner, vous aurez mes soupirs :
C'est tout ce qu'à mes feux ma gloire peut permettre,
Et tout ce qu'à vos feux les miens osent promettre.

ANTIOCHUS.

Que voudrois-je de plus? son bonheur est le mien;
Rendez heureux ce frère, et je ne perdrai rien.
L'amitié le consent, et l'amour l'appréhende.
Je bénirai le ciel d'une perte si grande;
Et, quittant les douceurs de cet espoir flottant,
Je mourrai de douleur, mais je mourrai content.

RODOGUNE.

Et moi, si mon destin entre ses mains me livre,
Pour un autre que vous s'il m'ordonne de vivre,
Mon amour.... Mais adieu; mon esprit se confond.
Prince, si votre flamme à la mienne répond,
Si vous n'êtes ingrat à ce cœur qui vous aime,
Ne me revoyez point qu'avec le diadème.

SCÈNE II. — ANTIOCHUS.

Les plus doux de mes vœux enfin sont exaucés.
Tu viens de vaincre, amour; mais ce n'est pas assez :
Si tu veux triompher en cette conjoncture,

Après avoir vaincu, fais vaincre la nature ;
Et prête-lui pour nous ces tendres sentimens
Que ton ardeur inspire aux cœurs des vrais amans,
Cette pitié qui force, et ces dignes foiblesses
Dont la vigueur détruit les fureurs vengeresses.
Voici la reine. Amour, nature, justes dieux,
Faites-la-moi fléchir ou mourir à ses yeux.

SCÈNE III. — CLÉOPATRE, ANTIOCHUS, LAONICE.

CLÉOPATRE.
Eh bien ! Antiochus, vous dois-je la couronne ! ?
ANTIOCHUS.
Madame, vous savez si le ciel me la donne.
CLÉOPATRE.
Vous savez mieux que moi si vous la méritez.
ANTIOCHUS.
Je sais que je péris si vous ne m'écoutez.
CLÉOPATRE.
Un peu trop lent peut-être à servir ma colère,
Vous vous êtes laissé prévenir par un frère :
Il a su me venger quand vous délibériez,
Et je dois à son bras ce que vous espériez.
Je vous en plains, mon fils, ce malheur est extrême ;
C'est périr en effet que perdre un diadème.
Je n'y sais qu'un remède, encore est-il fâcheux,
Étonnant, incertain, et triste pour tous deux ;
Je périrai moi-même avant que de le dire :
Mais enfin on perd tout quand on perd un empire.
ANTIOCHUS.
Le remède à nos maux est tout en votre main,
Et n'a rien de fâcheux, d'étonnant, d'incertain :
Votre seule colère a fait notre infortune.
Nous perdons tout, madame, en perdant Rodogune :
Nous l'adorons tous deux ; jugez en quels tourmens
Nous jette la rigueur de vos commandemens.
L'aveu de cet amour sans doute vous offense ;
Mais enfin nos malheurs croissent par le silence,
Et votre cœur, qu'aveugle un peu d'inimitié,
S'il ignore nos maux, n'en peut prendre pitié.
Au point où je les vois, c'en est le seul remède.
CLÉOPATRE.
Quelle aveugle fureur vous-même vous possède ?

---

1. C'est-à-dire, voulez-vous tuer Rodogune ? cela ne peut s'entendre autrement ; cela même signifie : avez-vous tué Rodogune ? car elle n'a promis la couronne qu'à l'assassin. (*Voltaire.*)

Avez-vous oublié que vous parlez à moi?
Ou si vous présumez être déjà mon roi?
ANTIOCHUS.
Je tâche avec respect à vous faire connoître
Les forces d'un amour que vous avez fait naître.
CLÉOPATRE.
Moi, j'aurois allumé cet insolent amour?
ANTIOCHUS.
Et quel autre prétexte a fait notre retour?
Nous avez-vous mandés qu'afin qu'un droit d'aînesse
Donnât à l'un de nous le trône et la princesse?
Vous avez bien fait plus, vous nous l'avez fait voir;
Et c'étoit par vos mains nous mettre en son pouvoir.
Qui de nous deux, madame, eût osé s'en défendre,
Quand vous nous ordonniez à tous deux d'y prétendre?
Si sa beauté dès lors n'eût allumé nos feux,
Le devoir auprès d'elle eût attaché nos vœux;
Le désir de régner eût fait la même chose;
Et dans l'ordre des lois que la paix nous impose,
Nous devions aspirer à sa possession
Par amour, par devoir, ou par ambition.
Nous avons donc aimé, nous avons cru vous plaire;
Chacun de nous n'a craint que le bonheur d'un frère;
Et cette crainte enfin cédant à l'amitié,
J'implore pour tous deux un moment de pitié.
Avons-nous dû prévoir cette haine cachée,
Que la foi des traités n'avoit point arrachée?
CLÉOPATRE.
Non, mais vous avez dû garder le souvenir
Des hontes que pour vous j'avois su prévenir,
Et de l'indigne état où votre Rodogune,
Sans moi, sans mon courage, eût mis votre fortune.
Je croyois que vos cœurs, sensibles à ces coups,
En sauroient conserver un généreux courroux;
Et je le retenois avec ma douceur feinte,
Afin que, grossissant sous un peu de contrainte,
Ce torrent de colère et de ressentiment
Fût plus impétueux en son débordement.
Je fais plus maintenant : je presse, sollicite,
Je commande, menace, et rien ne vous irrite.
Le sceptre, dont ma main vous doit récompenser,
N'a point de quoi vous faire un moment balancer;
Vous ne considérez ni lui ni mon injure;
L'amour étouffe en vous la voix de la nature :
Et je pourrois aimer des fils dénaturés!
ANTIOCHUS.
La nature et l'amour ont leurs droits séparés;

ACTE IV, SCÈNE III.

L'un n'ôte point à l'autre une âme qu'il possède.
CLÉOPATRE.
Non, non; où l'amour règne il faut que l'autre cède.
ANTIOCHUS.
Leurs charmes à nos cœurs sont également doux.
Nous périrons tous deux s'il faut périr pour vous;
Mais aussi....
CLÉOPATRE.
Poursuivez, fils ingrat et rebelle.
ANTIOCHUS.
Nous périrons tous deux s'il faut périr pour elle.
CLÉOPATRE.
Périssez, périssez; votre rébellion
Mérite plus d'horreur que de compassion.
Mes yeux sauront le voir sans verser une larme,
Sans regarder en vous que l'objet qui vous charme;
Et je triompherai, voyant périr mes fils,
De ses adorateurs et de mes ennemis.
ANTIOCHUS.
Eh bien! triomphez-en, que rien ne vous retienne :
Votre main tremble-t-elle? y voulez-vous la mienne?
Madame, commandez, je suis prêt d'obéir;
Je percerai ce cœur qui vous ose trahir :
Heureux si par ma mort je puis vous satisfaire,
Et noyer dans mon sang toute votre colère.
Mais si la dureté de votre aversion
Nomme encor notre amour une rébellion,
Du moins souvenez-vous qu'elle n'a pris pour armes
Que de foibles soupirs et d'impuissantes larmes.
CLÉOPATRE.
Ah! que n'a-t-elle pris et la flamme et le fer!
Que bien plus aisément j'en saurois triompher!
Vos larmes dans mon cœur ont trop d'intelligence;
Elles ont presque éteint cette ardeur de vengeance!
Je ne puis refuser des soupirs à vos pleurs;
Je sens que je suis mère auprès de vos douleurs.
C'en est fait, je me rends, et ma colère expire.
Rodogune est à vous aussi bien que l'empire;
Rendez grâces aux dieux qui vous ont fait l'aîné :
Possédez-la, régnez.
ANTIOCHUS.
O moment fortuné!
O trop heureuse fin de l'excès de ma peine!
Je rends grâces aux dieux qui calment votre haine;
Madame, est-il possible?
CLÉOPATRE.
En vain j'ai résisté,

La nature est trop forte, et mon cœur s'est dompté.
Je ne vous dis plus rien, vous aimez votre mère,
Et votre amour pour moi taira ce qu'il faut taire.

ANTIOCHUS.

Quoi! je triomphe donc sur le point de périr?
La main qui me blessoit a daigné me guérir!

CLÉOPATRE.

Oui, je veux couronner une flamme si belle.
Allez à la princesse en porter la nouvelle;
Son cœur, comme le vôtre, en deviendra charmé :
Vous n'aimeriez pas tant si vous n'étiez aimé.

ANTIOCHUS.

Heureux Antiochus! heureuse Rodogune!
Oui, madame, entre nous la joie en est commune.

CLÉOPATRE.

Allez donc; ce qu'ici vous perdez de momens
Sont autant de larcins à vos contentemens;
Et ce soir, destiné pour la cérémonie,
Fera voir pleinement si ma haine est finie.

ANTIOCHUS.

Et nous vous ferons voir tous nos désirs bornés
A vous donner en nous des sujets couronnés.

SCÈNE IV. — CLÉOPATRE, LAONICE.

LAONICE.

Enfin ce grand courage a vaincu sa colère.

CLÉOPATRE.

Que ne peut point un fils sur le cœur d'une mère!

LAONICE.

Vos pleurs coulent encore, et ce cœur adouci....

CLÉOPATRE.

Envoyez-moi son frère, et nous laissez ici.
Sa douleur sera grande, à ce que je présume;
Mais j'en saurai sur l'heure adoucir l'amertume.
Ne lui témoignez rien : il lui sera plus doux
D'apprendre tout de moi, qu'il ne seroit de vous.

SCÈNE V. — CLÉOPATRE.

Que tu pénètres mal le fond de mon courage!
Si je verse des pleurs, ce sont des pleurs de rage;
Et ma haine, qu'en vain tu crois s'évanouir,
Ne les a fait couler qu'afin de t'éblouir.
Je ne veux plus que moi dedans ma confidence.
Et toi, crédule amant, que charme l'apparence,
Et dont l'esprit léger s'attache avidement
Aux attraits captieux de mon déguisement,

Va, triomphe en idée avec ta Rodogune,
Au sort des immortels préfère ta fortune,
Tandis que mieux instruite en l'art de me venger,
En de nouveaux malheurs je saurai te plonger.
Ce n'est pas tout d'un coup que tant d'orgueil trébuche :
De qui se rend trop tôt on doit craindre une embûche;
Et c'est mal démêler le cœur d'avec le front,
Que prendre pour sincère un changement si prompt.
L'effet te fera voir comme je suis changée.

SCÈNE VI. — CLÉOPATRE, SÉLEUCUS.

CLÉOPATRE.
Savez-vous, Séleucus, que je me suis vengée?
SÉLEUCUS.
Pauvre princesse, hélas!
CLÉOPATRE.
Vous déplorez son sort!
Quoi! l'aimiez-vous?
SÉLEUCUS.
Assez pour regretter sa mort.
CLÉOPATRE.
Vous lui pouvez servir encor d'amant fidèle;
Si j'ai su me venger, ce n'a pas été d'elle.
SÉLEUCUS.
O ciel! et de qui donc, madame?
CLÉOPATRE.
C'est de vous,
Ingrat, qui n'aspirez qu'à vous voir son époux;
De vous, qui l'adorez en dépit d'une mère;
De vous, qui dédaignez de servir ma colère;
De vous, de qui l'amour, rebelle à mes désirs,
S'oppose à ma vengeance, et détruit mes plaisirs.
SÉLEUCUS.
De moi?
CLÉOPATRE.
De toi, perfide! Ignore, dissimule
Le mal que tu dois craindre et le feu qui te brûle;
Et, si pour l'ignorer tu crois t'en garantir,
Du moins en l'apprenant commence à le sentir.
Le trône étoit à toi par le droit de naissance;
Rodogune avec lui tomboit en ta puissance;
Tu devois l'épouser, tu devois être roi!
Mais comme ce secret n'est connu que de moi,
Je puis, comme je veux, tourner le droit d'aînesse,
Et donne à ton rival ton sceptre et ta maîtresse.
SÉLEUCUS.
A mon frère?

CLÉOPATRE.
C'est lui que j'ai nommé l'aîné.
SÉLEUCUS.
Vous ne m'affligez point de l'avoir couronné :
Et, par une raison qui vous est inconnue,
Mes propres sentimens vous avoient prévenue :
Les biens que vous m'ôtez n'ont point d'attraits si doux
Que mon cœur n'ait donnés à ce frère avant vous ;
Et si vous bornez là toute votre vengeance,
Vos désirs et les miens seront d'intelligence.
CLÉOPATRE.
C'est ainsi qu'on déguise un violent dépit ;
C'est ainsi qu'une feinte au dehors l'assoupit,
Et qu'on croit amuser de fausses patiences
Ceux dont en l'âme on craint les justes défiances.
SÉLEUCUS.
Quoi ! je conserverois quelque courroux secret !
CLÉOPATRE.
Quoi ! lâche, tu pourrois la perdre sans regret,
Elle, de qui les dieux te donnoient l'hyménée,
Elle, dont tu plaignois la perte imaginée ?
SÉLEUCUS.
Considérer sa perte avec compassion,
Ce n'est pas aspirer à sa possession.
CLÉOPATRE.
Que la mort la ravisse, ou qu'un rival l'emporte,
La douleur d'un amant est également forte ;
Et tel qui se console après l'instant fatal,
Ne sauroit voir son bien aux mains de son rival :
Piqué jusques au vif, il tâche à le reprendre ;
Il fait de l'insensible, afin de mieux surprendre ;
D'autant plus animé, que ce qu'il a perdu
Par rang ou par mérite à sa flamme étoit dû.
SÉLEUCUS.
Peut-être ; mais enfin par quel amour de mère
Pressez-vous tellement ma douleur contre un frère ?
Prenez-vous intérêt à la faire éclater ?
CLÉOPATRE.
J'en prends à la connoître, et la faire avorter ;
J'en prends à conserver malgré toi mon ouvrage
Des jaloux attentats de ta secrète rage.
SÉLEUCUS.
Je le veux croire ainsi ; mais quel autre intérêt
Nous fait tous deux aînés quand et comme il vous plaît ?
Qui des deux vous doit croire, et par quelle justice
Faut-il que sur moi seul tombe tout le supplice,
Et que du même amour dont nous sommes blessés

Il soit récompensé, quand vous m'en punissez?
CLÉOPATRE.
Comme reine, à mon choix je fais justice ou grâce,
Et je m'étonne fort d'où vous vient cette audace,
D'où vient qu'un fils, vers moi noirci de trahison,
Ose de mes faveurs me demander raison.
SÉLEUCUS.
Vous pardonnerez donc ces chaleurs indiscrètes :
Je ne suis point jaloux du bien que vous lui faites;
Et je vois quel amour vous avez pour tous deux,
Plus que vous ne pensez, et plus que je ne veux :
Le respect me défend d'en dire davantage.
Je n'ai ni faute d'yeux, ni faute de courage,
Madame; mais enfin n'espérez voir en moi
Qu'amitié pour mon frère, et zèle pour mon roi.
Adieu.

SCÈNE VII. — CLÉOPATRE.

De quel malheur suis-je encore capable !
Leur amour m'offensoit, leur amitié m'accable;
Et contre mes fureurs je trouve en mes deux fils
Deux enfans révoltés et deux rivaux unis.
Quoi ! sans émotion perdre trône et maîtresse !
Quel est ici ton charme, odieuse princesse ?
Et par quel privilége, allumant de tels feux,
Peux-tu n'en prendre qu'un et m'ôter tous les deux ?
N'espère pas pourtant triompher de ma haine :
Pour régner sur deux cœurs, tu n'es pas encor reine.
Je sais bien qu'en l'état où tous deux je les voi,
Il me les faut percer pour aller jusqu'à toi;
Mais n'importe : mes mains sur le père enhardies
Pour un bras refusé sauront prendre deux vies;
Leurs jours également sont pour moi dangereux :
J'ai commencé par lui, j'achèverai par eux.
Sors de mon cœur, nature, ou fais qu'ils m'obéissent :
Fais-les servir ma haine, ou consens qu'ils périssent.
Mais déjà l'un a vu que je les veux punir.
Souvent qui tarde trop se laisse prévenir.
Allons chercher le temps d'immoler nos victimes,
Et de me rendre heureuse à force de grands crimes.

ACTE CINQUIÈME.

SCÈNE I. — CLÉOPATRE.

Enfin, grâces aux dieux, j'ai moins d'un ennemi.
La mort de Séleucus m'a vengée à demi;
Son ombre, en attendant Rodogune et son frère,
Peut déjà de ma part les promettre à son père :
Ils le suivront de près, et j'ai tout préparé
Pour réunir bientôt ce que j'ai séparé.
　O toi, qui n'attends plus que la cérémonie
Pour jeter à mes pieds ma rivale punie,
Et par qui deux amans vont d'un seul coup du sort
Recevoir l'hyménée, et le trône, et la mort;
Poison, me sauras-tu rendre mon diadème?
Le fer m'a bien servie, en feras-tu de même?
Me seras-tu fidèle? Et toi, que me veux-tu,
Ridicule retour d'une sotte vertu,
Tendresse dangereuse autant comme importune?
Je ne veux point pour fils l'époux de Rodogune,
Et ne vois plus en lui les restes de mon sang,
S'il m'arrache du trône et la met en mon rang.
　Reste du sang ingrat d'un époux infidèle,
Héritier d'une flamme envers moi criminelle,
Aime mon ennemie, et péris comme lui.
Pour la faire tomber j'abattrai son appui :
Aussi bien sous mes pas c'est creuser un abîme,
Que retenir ma main sur la moitié du crime;
Et, te faisant mon roi, c'est trop me négliger,
Que te laisser sur moi père et frère à venger.
Qui se venge à demi court lui-même à sa peine :
Il faut ou condamner ou couronner sa haine.
Dût le peuple en fureur pour ses maîtres nouveaux
De mon sang odieux arroser leurs tombeaux,
Dût le Parthe vengeur me trouver sans défense,
Dût le ciel égaler le supplice à l'offense,
Trône, à t'abandonner je ne puis consentir;
Par un coup de tonnerre il vaut mieux en sortir;
Il vaut mieux mériter le sort le plus étrange.
Tombe sur moi le ciel, pourvu que je me venge!
J'en recevrai le coup d'un visage remis :
Il est doux de périr après ses ennemis;
Et, de quelque rigueur que le destin me traite,
Je perds moins à mourir qu'à vivre leur sujette.

Mais voici Laonice; il faut dissimuler
Ce que le seul effet doit bientôt révéler.

SCÈNE II. — CLÉOPATRE, LAONICE.

CLÉOPATRE.
Viennent-ils, nos amans?
LAONICE.
Ils approchent, madame :
On lit dessus leur front l'allégresse de l'âme;
L'amour s'y fait paroître avec la majesté;
Et, suivant le vieil ordre en Syrie usité,
D'une grâce en tous deux tout auguste et royale,
Ils viennent prendre ici la coupe nuptiale,
Pour s'en aller au temple, au sortir du palais,
Par les mains du grand prêtre être unis à jamais :
C'est là qu'il les attend pour bénir l'alliance.
Le peuple tout ravi par ses vœux les devance,
Et pour eux à grands cris demande aux immortels
Tout ce qu'on leur souhaite au pied de leurs autels,
Impatient pour eux que la cérémonie
Ne commence bientôt, ne soit bientôt finie.
Les Parthes à la foule aux Syriens mêlés,
Tous nos vieux différends de leur âme exilés,
Font leur suite assez grosse, et d'une voix commune
Bénissent à l'envi le prince et Rodogune.
Mais je les vois déjà : madame, c'est à vous
A commencer ici des spectacles si doux.

SCÈNE III. — CLÉOPATRE, ANTIOCHUS, RODOGUNE, ORONTE, LAONICE, TROUPE DE PARTHES ET DE SYRIENS.

CLÉOPATRE.
Approchez, mes enfans; car l'amour maternelle,
Madame, dans mon cœur, vous tient déjà pour telle;
Et je crois que ce nom ne vous déplaira pas.
RODOGUNE.
Je le chérirai même au delà du trépas.
Il m'est trop doux, madame; et tout l'heur que j'espère,
C'est de vous obéir et respecter en mère.
CLÉOPATRE.
Aimez-moi seulement; vous allez être rois,
Et s'il faut du respect, c'est moi qui vous le dois.
ANTIOCHUS.
Ah! si nous recevons la suprême puissance,
Ce n'est pas pour sortir de votre obéissance :
Vous régnerez ici quand nous y régnerons,
Et ce seront vos lois que nous y donnerons.

CLÉOPATRE.

J'ose le croire ainsi; mais prenez votre place :
Il est temps d'avancer ce qu'il faut que je fasse.

(*Ici Antiochus s'assied dans un fauteuil, Rodogune à sa gauche, en même rang, et Cléopatre à sa droite, mais en rang inférieur, et qui marque quelque inégalité. Oronte s'assied aussi à la gauche de Rodogune, avec la même différence; et Cléopatre, cependant qu'ils prennent leurs places, parle à l'oreille de Laonice, qui s'en va querir une coupe pleine de vin empoisonné. Après qu'elle est partie, Cléopatre continue :*)

Peuple qui m'écoutez, Parthes et Syriens,
Sujets du roi son frère, ou qui fûtes les miens,
Voici de mes deux fils celui qu'un droit d'aînesse
Élève dans le trône, et donne à la princesse.
Je lui rends cet État que j'ai sauvé pour lui;
Je cesse de régner, il commence aujourd'hui.
Qu'on ne me traite plus ici de souveraine :
Voici votre roi, peuple, et voilà votre reine.
Vivez pour les servir, respectez-les tous deux,
Aimez-les, et mourez, s'il est besoin, pour eux.
   Oronte, vous voyez avec quelle franchise
Je leur rends ce pouvoir dont je me suis démise :
Prêtez les yeux au reste, et voyez les effets
Suivre de point en point les traités de la paix.

(*Laonice revient avec une coupe à la main.*)

ORONTE.

Votre sincérité s'y fait assez paroître,
Madame, et j'en ferai récit au roi mon maître.

CLÉOPATRE.

L'hymen est maintenant notre plus cher souci.
L'usage veut, mon fils, qu'on le commence ici :
Recevez de ma main la coupe nuptiale,
Pour être après unis sous la foi conjugale;
Puisse-t-elle être un gage, envers votre moitié,
De votre amour ensemble et de mon amitié!

ANTIOCHUS, *prenant la coupe.*

Ciel! que ne dois-je point aux bontés d'une mère!

CLÉOPATRE.

Le temps presse, et votre heur d'autant plus se diffère.

ANTIOCHUS, *à Rodogune.*

Madame, hâtons donc ces glorieux momens :
Voici l'heureux essai de nos contentemens.
Mais si mon frère étoit le témoin de ma joie....

CLÉOPATRE.

C'est être trop cruel de vouloir qu'il la voie :
Ce sont des déplaisirs qu'il fait bien d'épargner;

Et sa douleur secrète a droit de l'éloigner.
ANTIOCHUS.
Il m'avoit assuré qu'il la verroit sans peine.
Mais n'importe, achevons.

SCÈNE IV. — CLÉOPATRE, ANTIOCHUS, RODOGUNE, ORONTE, TIMAGÈNE, LAONICE, TROUPE.

TIMAGÈNE.
Ah ! seigneur !
CLÉOPATRE.
Timagène,
Quelle est votre insolence?
TIMAGÈNE.
Ah! madame!
ANTIOCHUS, *rendant la coupe à Laonice.*
Parlez.
TIMAGÈNE.
Souffrez-pour un moment que mes sens rappelés....
ANTIOCHUS.
Qu'est-il donc arrivé?
TIMAGÈNE.
Le prince votre frère....
ANTIOCHUS.
Quoi! se voudroit-il rendre à mon bonheur contraire?
TIMAGÈNE.
L'ayant cherché longtemps afin de divertir
L'ennui que de sa perte il pouvoit ressentir,
Je l'ai trouvé, seigneur, au bout de cette allée,
Où la clarté du ciel semble toujours voilée.
Sur un lit de gazon, de foiblesse étendu,
Il sembloit déplorer ce qu'il avoit perdu;
Son âme à ce penser paroissoit attachée;
Sa tête sur un bras languissamment penchée,
Immobile et rêveur, en malheureux amant....
ANTIOCHUS.
Enfin, que faisoit-il? achevez promptement.
TIMAGÈNE.
D'une profonde plaie en l'estomac ouverte,
Son sang à gros bouillons sur cette couche verte....
CLÉOPATRE.
Il est mort?
TIMAGÈNE.
Oui, madame.
CLÉOPATRE.
Ah! destins ennemis,
Qui m'enviez le bien que je m'étois promis,
Voilà le coup fatal que je craignois dans l'âme,

Voilà le désespoir où l'a réduit sa flamme.
Pour vivre en vous perdant il avoit trop d'amour,
Madame, et de sa main il s'est privé du jour.
TIMAGÈNE, *à Cléopatre.*
Madame, il a parlé; sa main est innocente.
CLÉOPATRE, *à Timagène.*
La tienne est donc coupable, et ta rage insolente,
Par une lâcheté qu'on ne peut égaler,
L'ayant assassiné, le fait encor parler!
ANTIOCHUS.
Timagène, souffrez la douleur d'une mère,
Et les premiers soupçons d'une aveugle colère.
Comme ce coup fatal n'a point d'autres témoins,
J'en ferois autant qu'elle, à vous connoître moins.
Mais que vous a-t-il dit? achevez, je vous prie.
TIMAGÈNE.
Surpris d'un tel spectacle, à l'instant je m'écrie;
Et soudain à mes cris, ce prince, en soupirant,
Avec assez de peine entr'ouvre un œil mourant;
Et ce reste égaré de lumière incertaine
Lui peignant son cher frère au lieu de Timagène,
Rempli de votre idée, il m'adresse pour vous
Ces mots où l'amitié règne sur le courroux :
« Une main qui nous fut bien chère
Venge ainsi le refus d'un coup trop inhumain.
Régnez; et surtout, mon cher frère,
Gardez-vous de la même main.
« C'est.... » La Parque à ce mot lui coupe la parole;
Sa lumière s'éteint, et son âme s'envole;
Et moi, tout effrayé d'un si tragique sort,
J'accours pour vous en faire un funeste rapport.
ANTIOCHUS.
Rapport vraiment funeste, et sort vraiment tragique,
Qui va changer en pleurs l'allégresse publique.
O frère, plus aimé que la clarté du jour!
O rival, aussi cher que m'étoit mon amour!
Je te perds, et je trouve en ma douleur extrême
Un malheur dans ta mort plus grand que ta mort même.
O de ses derniers mots fatale obscurité!
En quel gouffre d'horreur m'as-tu précipité?
Quand j'y pense chercher la main qui l'assassine,
Je m'impute à forfait tout ce que j'imagine;
Mais aux marques enfin que tu m'en viens donner,
Fatale obscurité! qui dois-je en soupçonner?
« Une main qui nous fut bien chère! »
Madame, est-ce la vôtre, ou celle de ma mère?
Vous vouliez toutes deux un coup trop inhumain;

ACTE V, SCÈNE IV.

Nous vous avons tous deux refusé notre main :
Qui de vous s'est vengée? est-ce l'une, est-ce l'autre,
Qui fait agir la sienne au refus de la nôtre?
Est-ce vous qu'en coupable il me faut regarder?
Est-ce vous désormais dont je me dois garder?

CLÉOPATRE.

Quoi! vous me soupçonnez?

RODOGUNE.

Quoi! je vous suis suspecte?

ANTIOCHUS.

Je suis amant et fils; je vous aime et respecte;
Mais quoi que sur mon cœur puissent des noms si doux,
A ces marques enfin je ne connois que vous.
As-tu bien entendu? dis-tu vrai, Timagène?

TIMAGÈNE.

Avant qu'en soupçonner la princesse ou la reine,
Je mourrois mille fois; mais enfin mon récit
Contient, sans rien de plus, ce que le prince a dit.

ANTIOCHUS.

D'un et d'autre côté l'action est si noire,
Que, n'en pouvant douter, je n'ose encor la croire.
O quiconque des deux avez versé son sang,
Ne vous préparez plus à me percer le flanc.
Nous avons mal servi vos haines mutuelles,
Aux jours l'une de l'autre également cruelles;
Mais si j'ai refusé ce détestable emploi,
Je veux bien vous servir toutes deux contre moi :
Qui que vous soyez donc, recevez une vie
Que déjà vos fureurs m'ont à demi ravie.

RODOGUNE.

Ah! seigneur, arrêtez.

TIMAGÈNE.

Seigneur, que faites-vous?

ANTIOCHUS.

Je sers ou l'une ou l'autre, et je préviens ses coups.

CLÉOPATRE.

Vivez, régnez heureux.

ANTIOCHUS.

Otez-moi donc de doute,
Et montrez-moi la main qu'il faut que je redoute,
Qui pour m'assassiner ose me secourir,
Et me sauve de moi pour me faire périr.
Puis-je vivre et traîner cette gêne éternelle,
Confondre l'innocente avec la criminelle,
Vivre, et ne pouvoir plus vous voir sans m'alarmer?
Vous craindre toutes deux, toutes deux vous aimer?
Vivre avec ce tourment, c'est mourir à toute heure.

Tirez-moi de ce trouble, ou souffrez que je meure,
Et que mon déplaisir, par un coup généreux,
Épargne un parricide à l'une de vous deux.
CLÉOPATRE.
Puisque le même jour que ma main vous couronne
Je perds un de mes fils, et l'autre me soupçonne;
Qu'au milieu de mes pleurs, qu'il devroit essuyer,
Son peu d'amour me force à me justifier;
Si vous n'en pouvez mieux consoler une mère
Qu'en la traitant d'égal avec une étrangère,
Je vous dirai, seigneur (car ce n'est plus à moi
A nommer autrement et mon juge et mon roi),
Que vous voyez l'effet de cette vieille haine
Qu'en dépit de la paix me garde l'inhumaine,
Qu'en son cœur du passé soutient le souvenir,
Et que j'avois raison de vouloir prévenir.
Elle a soif de mon sang, elle a voulu l'épandre:
J'ai prévu d'assez loin ce que j'en viens d'apprendre;
Mais je vous ai laissé désarmer mon courroux.
         (*A Rodogune.*)
Sur la foi de ses pleurs je n'ai rien craint de vous,
Madame; mais ô dieux! quelle rage est la vôtre!
Quand je vous donne un fils, vous assassinez l'autre,
Et m'enviez soudain l'unique et foible appui
Qu'une mère opprimée eût pu trouver en lui!
Quand vous m'accablerez, où sera mon refuge?
Si je m'en plains au roi, vous possédez mon juge;
Et s'il m'ose écouter, peut-être, hélas! en vain
Il voudra se garder de cette même main.
Enfin, je suis leur mère, et vous leur ennemie;
J'ai recherché leur gloire, et vous leur infamie;
Et si je n'eusse aimé ces fils que vous m'ôtez,
Votre abord en ces lieux les eût déshérités.
C'est à lui maintenant, en cette concurrence,
A régler ses soupçons sur cette différence,
A voir de qui des deux il doit se défier,
Si vous n'avez un charme à vous justifier.
RODOGUNE, *à Cléopatre.*
Je me défendrai mal: l'innocence étonnée
Ne peut s'imaginer qu'elle soit soupçonnée;
Et n'ayant rien prévu d'un attentat si grand,
Qui l'en veut accuser sans peine la surprend.
    Je ne m'étonne point de voir que votre haine
Pour me faire coupable a quitté Timagène.
Au moindre jour ouvert de tout jeter sur moi,
Son récit s'est trouvé digne de votre foi.
Vous l'accusiez pourtant, quand votre âme alarmée

Craignoit qu'en expirant ce fils vous eût nommée :
Mais de ses derniers mots voyant le sens douteux,
Vous avez pris soudain le crime entre nous deux.
Certes, si vous voulez passer pour véritable
Que l'une de nous deux de sa mort soit coupable,
Je veux bien par respect ne vous imputer rien ;
Mais votre bras au crime est plus fait que le mien
Et qui sur un époux fit son apprentissage
A bien pu sur un fils achever son ouvrage.
Je ne dénierai point, puisque vous les savez,
De justes sentimens dans mon âme élevés :
Vous demandiez mon sang ; j'ai demandé le vôtre :
Le roi sait quels motifs ont poussé l'une et l'autre ;
Comme par sa prudence il a tout adouci,
Il vous connoît peut-être, et me connoît aussi.
   (*A Antiochus.*)
Seigneur, c'est un moyen de vous être bien chère
Que pour don nuptial vous immoler un frère :
On fait plus ; on m'impute un coup si plein d'horreur,
Pour me faire un passage à vous percer le cœur.
   (*A Cléopatre.*)
Où fuirois-je de vous après tant de furie,
Madame ? et que feroit toute votre Syrie,
Où seule, et sans appui contre mes attentats,
Je verrois...? Mais, seigneur, vous ne m'écoutez pas.

ANTIOCHUS.

Non, je n'écoute rien ; et dans la mort d'un frère
Je ne veux point juger entre vous et ma mère :
Assassinez un fils, massacrez un époux,
Je ne veux me garder ni d'elle ni de vous.
   Suivons aveuglément ma triste destinée ;
Pour m'exposer à tout achevons l'hyménée.
Cher frère, c'est pour moi le chemin du trépas ;
La main qui t'a percé ne m'épargnera pas ;
Je cherche à te rejoindre, et non à m'en défendre,
Et lui veux bien donner tout lieu de me surprendre :
Heureux si sa fureur, qui me prive de toi,
Se fait bientôt connoître en achevant sur moi,
Et si du ciel, trop lent à la réduire en poudre,
Son crime redoublé peut arracher la foudre !
Donnez-moi....
   RODOGUNE, *l'empêchant de prendre la coupe.*
      Quoi ! seigneur !
         ANTIOCHUS.
            Vous m'arrêtez en vain :
Donnez.

RODOGUNE.
Ah! gardez-vous de l'une et l'autre main!
Cette coupe est suspecte, elle vient de la reine;
Craignez de toutes deux quelque secrète haine.
CLÉOPATRE.
Qui m'épargnoit tantôt ose enfin m'accuser!
RODOGUNE.
De toutes deux, madame, il doit tout refuser.
Je n'accuse personne, et vous tiens innocente;
Mais il en faut sur l'heure une preuve évidente:
Je veux bien à mon tour subir les mêmes lois.
On ne peut craindre trop pour le salut des rois.
Donnez donc cette preuve; et, pour toute réplique,
Faites faire un essai par quelque domestique.
CLÉOPATRE, *prenant la coupe*.
Je le ferai moi-même. Eh bien! redoutez-vous
Quelque sinistre effet encor de mon courroux?
J'ai souffert cet outrage avecque patience.
ANTIOCHUS, *prenant la coupe des mains de Cléopatre,
après qu'elle a bu.*
Pardonnez-lui, madame, un peu de défiance:
Comme vous l'accusez, elle fait son effort
A rejeter sur vous l'horreur de cette mort;
Et soit amour pour moi, soit adresse pour elle,
Ce soin la fait paroître un peu moins criminelle.
Pour moi, qui ne vois rien, dans le trouble où je suis,
Qu'un gouffre de malheurs, qu'un abîme d'ennuis,
Attendant qu'en plein jour ces vérités paroissent,
J'en laisse la vengeance aux dieux qui les connoissent,
Et vais sans plus tarder....
RODOGUNE.
Seigneur, voyez ses yeux
Déjà tout égarés, troubles et furieux,
Cette affreuse sueur qui court sur son visage,
Cette gorge qui s'enfle. Ah! bons dieux! quelle rage!
Pour vous perdre après elle, elle a voulu périr.
ANTIOCHUS, *rendant la coupe à Laonice ou à quelque autre.*
N'importe, elle est ma mère, il faut la secourir.
CLÉOPATRE.
Va, tu me veux en vain rappeler à la vie;
Ma haine est trop fidèle, et m'a trop bien servie:
Elle a paru trop tôt pour te perdre avec moi;
C'est le seul déplaisir qu'en mourant je reçoi;
Mais j'ai cette douceur dedans cette disgrâce
De ne voir point régner ma rivale en ma place.
Règne; de crime en crime enfin te voilà roi.
Je t'ai défait d'un père, et d'un frère, et de moi:

ACTE V, SCÈNE IV.

Puisse le ciel tous deux vous prendre pour victimes,
Et laisser choir sur vous les peines de mes crimes!
Puissiez-vous ne trouver dedans votre union
Qu'horreur, que jalousie, et que confusion!
Et, pour vous souhaiter tous les malheurs ensemble,
Puisse naître de vous un fils qui me ressemble!

ANTIOCHUS.

Ah! vivez pour changer cette haine en amour.

CLÉOPATRE.

Je maudirois les dieux s'ils me rendoient le jour.
Qu'on m'emporte d'ici : je me meurs, Laonice.
Si tu veux m'obliger par un dernier service,
Après les vains efforts de mes inimitiés,
Sauve-moi de l'affront de tomber à leurs pieds.

(*Elle s'en va, et Laonice lui aide à marcher.*)

ORONTE.

Dans les justes rigueurs d'un sort si déplorable,
Seigneur, le juste ciel vous est bien favorable;
Il vous a préservé, sur le point de périr,
Du danger le plus grand que vous puissiez courir;
Et, par un digne effet de ses faveurs puissantes,
La coupable est punie et vos mains innocentes.

ANTIOCHUS.

Oronte, je ne sais, dans son funeste sort,
Qui m'afflige le plus, ou sa vie, ou sa mort;
L'une et l'autre a pour moi des malheurs sans exemple :
Plaignez mon infortune. Et vous, allez au temple
Y changer l'allégresse en un deuil sans pareil,
La pompe nuptiale en funèbre appareil;
Et nous verrons après, par d'autres sacrifices,
Si les dieux voudront être à nos vœux plus propices.

EXAMEN DE RODOGUNE.

Le sujet de cette tragédie est tiré d'Appian Alexandrin, dont voici les paroles, sur la fin du livre qu'il a fait *des Guerres de Syrie* : « Démétrius, surnommé Nicanor, entreprit la guerre contre les Parthes, et vécut quelque temps prisonnier dans la cour de leur roi Phraates, dont il épousa la sœur, nommée Rodogune. Cependant Diodotus, domestique des rois précédens, s'empara du trône de Syrie, et y fit asseoir un Alexandre, encore enfant, fils d'Alexandre le Bâtard et d'une fille de Ptoloméee Ayant gouverné quelque temps comme tuteur sous le nom de ce pupille, il s'en défit, et prit lui-même la couronne sous un nouveau nom de Tryphon qu'il se donna. Antiochus, frère du roi prisonnier, ayant appris sa captivité à Rhodes, et les troubles qui l'avoient suivie, revint dans la Syrie, où, ayant défait Tryphon, il le fit mourir. De là, il porta ses armes contre Phraates, et, vaincu dans une bataille, il se tua lui-même. Démétrius, retournant en son royaume, fut tué par sa femme Cléopatre, qui lui dressa des embûches sur le chemin, en haine de cette Rodogune qu'il avoit épousée, dont elle avoit conçu une telle indignation, qu'elle avoit épousé ce même Antiochus, frère de son mari. Elle avoit deux fils de Démétrius, dont elle tua Séleucus, l'aîné, d'un coup de flèche, sitôt qu'il eut pris le diadème après la mort de son père, soit qu'elle craignît qu'il ne la voulût venger sur elle, soit que la même fureur l'emportât à ce nouveau parricide. Antiochus son frère lui succéda, et contraignit cette mère dénaturée de prendre le poison qu'elle lui avoit préparé. »

Justin, en son trente-sixième, trente-huitième et trente-neuvième livre, raconte cette histoire plus au long, avec quelques autres circonstances. Le premier des *Machabées*, et Josèphe, au treizième des *Antiquités judaïques*, en disent aussi quelque chose qui ne s'accorde pas tout à fait avec Appian. C'est à lui que je me suis attaché pour la narration que j'ai mise au premier acte, et pour l'effet du cinquième que j'ai adouci du côté d'Antiochus. J'en ai dit la raison ailleurs. Le reste sont des épisodes d'invention, qui ne sont pas incompatibles avec l'histoire, puisqu'elle ne dit point ce que devint Rodogune après la mort de Démétrius, qui vraisemblablement l'amenoit en Syrie prendre possession de sa couronne. J'ai fait porter à la pièce le nom de cette princesse plutôt que celui de Cléopatre, que je n'ai même osé nommer dans mes vers, de peur qu'on ne confondît cette reine de Syrie avec cette fameuse princesse d'Égypte qui portoit même nom, et que l'idée de celle-ci, beaucoup plus connue que l'autre, ne semât une dangereuse préoccupation parmi les auditeurs.

On m'a souvent fait une question à la cour : quel étoit celui de mes poëmes que j'estimois le plus; et j'ai trouvé tous ceux qui me l'ont faite si prévenus en faveur de *Cinna* ou du *Cid*, que je n'ai jamais osé déclarer toute la tendresse que j'ai toujours eue pour celui-ci, à qui j'aurois volontiers donné mon suffrage, si je n'avois craint de manquer, en quelque sorte, au respect que je devois à ceux que je voyois pencher d'un autre côté. Cette préférence est peut-être en moi un effet de ces inclinations aveugles qu'ont beaucoup de pères pour quelques-uns de leurs enfans plus que pour les autres; peut-être y entre-t-il un peu d'amour-propre, en ce que cette tragédie me semble être un peu plus à moi que celles qui l'ont précédée, à cause des incidens surprenans qui sont purement de mon invention, et n'avoient jamais été vus au théâtre; et peut-être enfin y a-t-il un peu de vrai mérite qui fait que cette inclination n'est pas tout à fait injuste. Je veux bien laisser chacun en liberté de ses sentimens, mais certainement on peut dire que mes autres pièces ont peu d'avantages qui ne se rencontrent en celle-ci : elle a tout ensemble la beauté du sujet, la nouveauté des fictions, la force des vers, la facilité de l'expression, la solidité du raisonnement, la chaleur des passions, les tendresses de l'amour et de l'amitié; et cet heureux assemblage est ménagé de sorte qu'elle s'élève d'acte en acte. Le second passe le premier, le troisième est au-dessus du second, et le dernier l'emporte sur tous les autres. L'action y est une, grande, complète; sa durée ne va point, ou fort peu, au delà de celle de la représentation. Le jour en est le plus illustre qu'on puisse imaginer, et l'unité de lieu s'y rencontre en la manière que je l'explique dans le troisième de mes discours, et avec l'indulgence que j'ai demandée pour le théâtre.

Ce n'est pas que je me flatte assez pour présumer qu'elle soit sans taches. On a fait tant d'objections contre la narration de Laonice au premier acte, qu'il est malaisé de ne donner pas les mains à quelques-unes. Je ne la tiens pas toutefois si inutile qu'on l'a dit. Il est hors de doute que Cléopâtre, dans le second, feroit connoître beaucoup de choses par sa confidence avec cette Laonice, et par le récit qu'elle en a fait à ses deux fils, pour leur remettre devant les yeux combien ils lui ont d'obligation; mais ces deux scènes demeureroient assez obscures, si cette narration ne les avoit précédées, et du moins les justes défiances de Rodogune à la fin du premier acte, et la peinture que Cléopâtre fait d'elle-même dans son monologue qui ouvre le second, n'auroient pu se faire entendre sans ce secours.

J'avoue qu'elle est sans artifice, et qu'on la fait de sang-froid à un personnage protatique, qui se pourroit toutefois justifier par les deux exemples de Térence que j'ai cités sur ce sujet au premier discours. Timagène, qui l'écoute, n'est introduit que pour l'écouter, bien que je l'emploie au cinquième à faire celle de la mort de Séleucus, qui se pouvoit faire par un autre. Il l'écoute sans y avoir aucun intérêt notable, et par simple curiosité d'apprendre ce qu'il pouvoit avoir su déjà en la cour d'Égypte, où il étoit en assez bonne posture, étant gouverneur des neveux du roi, pour entendre des nouvelles assurées de tout ce qui se passoit dans la Syrie, qui en est voisine. D'ailleurs, ce qui ne peut recevoir d'excuse, c'est que, comme il y avoit déjà quelque temps qu'il étoit de retour avec les princes, il n'y a pas d'apparence qu'il ait attendu ce grand jour de cérémonie pour s'informer de sa sœur comment se sont passés tous ces troubles qu'il dit ne savoir que confusément. Pollux, dans *Médée*, n'est qu'un personnage protatique qui écoute sans intérêt comme lui; mais sa surprise de voir Jason à Corinthe, où il vient d'arriver, et son séjour en Asie, que la mer en sépare, lui donnent juste sujet d'ignorer ce qu'il en apprend. La narration ne laisse pas de demeurer froide comme celle-ci, parce qu'il ne s'est encore rien passé dans la pièce qui excite la curiosité de l'auditeur, ni qui lui puisse donner quelque émotion en l'écoutant; mais si vous voulez réfléchir sur celle de Curiace dans l'*Horace*, vous trouverez qu'elle fait tout un autre effet. Camille, qui l'écoute, a intérêt, comme lui, à savoir comment s'est faite une paix dont dépend leur mariage; et l'auditeur, que Sabine et elle n'ont entretenu que de leurs malheurs et des appréhensions d'une bataille qui se va donner entre deux partis, où elles voient leurs frères dans l'un et leur amour dans l'autre, n'a pas moins d'avidité qu'elle d'apprendre comment une paix si surprenante s'est pu conclure.

Ces défauts dans cette narration confirment ce que j'ai dit ailleurs, que, lorsque la tragédie a son fondement sur des guerres entre deux États, ou sur d'autres affaires publiques, il est trèsmalaisé d'introduire un acteur qui les ignore, et qui puisse recevoir le récit qui en doit instruire les spectateurs en parlant à lui.

J'ai déguisé quelque chose de la vérité historique en celui-ci : Cléopatre n'épousa Antiochus qu'en haine de ce que son mari avoit épousé Rodogune chez les Parthes, et je fais qu'elle ne l'épouse que par la nécessité de ses affaires, sur un faux bruit de la mort de Démétrius, tant pour ne la faire pas méchante sans nécessité, comme Ménélas dans l'*Oreste* d'Euripide, que pour avoir lieu de feindre que Démétrius n'avoit pas encore épousé Rodogune, et venoit l'épouser dans son royaume pour la mieux établir en la place de l'autre, par le consentement de ses peuples, et assurer la couronne aux enfans qui naîtroient de ce mariage. Cette fiction m'étoit absolument nécessaire, afin qu'il fût tué avant que de l'avoir épousée, et que l'amour que ses deux fils ont pour elle ne fît point d'horreur aux spectateurs, qui n'auroient pas manqué d'en prendre une assez forte, s'ils les eussent vus amoureux de la veuve de leur père : tant cette affection incestueuse répugne à nos mœurs !

Cléopatre a lieu d'attendre ce jour-là à faire confidence à Laonice de ses desseins et des véritables raisons de tout ce qu'elle a fait. Elle eût pu trahir son secret aux princes ou à Rodogune, si elle l'eût su plus tôt ; et cette ambitieuse mère ne lui en fait part qu'au moment qu'elle veut bien qu'il éclate, par la cruelle proposition qu'elle va faire à ses fils. On a trouvé celle que Rodogune leur fait à son tour indigne d'une personne vertueuse, comme je la peins ; mais on n'a pas considéré qu'elle ne la fait pas, comme Cléopatre, avec espoir de la voir exécuter par les princes, mais seulement pour s'exempter d'en choisir aucun, et les attacher tous deux à sa protection par une espérance égale. Elle étoit avertie par Laonice de celle que la reine leur avoit faite, et devoit prévoir que, si elle se fût déclarée pour Antiochus qu'elle aimoit, son ennemie, qui avoit seule le secret de leur naissance, n'eût pas manqué de nommer Séleucus pour aîné afin de les commettre l'un contre l'autre, et d'exciter une guerre civile qui eût pu causer sa perte. Ainsi elle devoit s'exempter de choisir, pour les contenir tous deux dans l'égalité de prétention, et elle n'en avoit point de meilleur moyen que de rappeler le souvenir de ce qu'elle devoit à la mémoire de leur père, qui avoit perdu la vie pour elle, et leur faire cette proposition qu'elle savoit bien qu'ils n'accepteroient pas. Si le traité de paix l'avoit forcée à se départir de ce juste sentiment de reconnoissance, la liberté qu'ils lui rendoient la rejetoit dans cette obligation. Il étoit de son devoir de venger cette mort ; mais il étoit de celui des princes de ne se pas charger de cette vengeance. Elle avoue elle-même à Antiochus qu'elle les haïroit, s'ils lui avoient obéi ; que, comme elle a fait ce qu'elle a dû par cette demande, ils font ce qu'ils doivent par leur refus ; qu'elle aime trop la vertu pour vouloir être le prix d'un crime, et que la justice qu'elle demande de la mort de leur père seroit un parricide, si elle la recevoit de leurs mains.

Je dirai plus : quand cette proposition seroit tout à fait condamnable en sa bouche, elle mériteroit quelque grâce et pour l'éclat que la nouveauté de l'invention a fait au théâtre, et pour l'embarras surprenant où elle jette les princes, et pour l'effet qu'elle produit dans le reste de la pièce qu'elle conduit à l'action historique. Elle est cause que Séleucus, par dépit, renonce au trône et à la possession de cette princesse; que la reine, le voulant animer contre son frère, n'en peut rien obtenir, et qu'enfin elle se résout par désespoir de les perdre tous deux, plutôt que de se voir sujette de son ennemie.

Elle commence par Séleucus, tant pour suivre l'ordre de l'histoire, que parce que, s'il fût demeuré en vie après Antiochus et Rodogune, qu'elle vouloit empoisonner publiquement, il les auroit pu venger. Elle ne craint pas la même chose d'Antiochus pour son frère, d'autant qu'elle espère que le poison violent qu'elle lui a préparé fera un effet assez prompt pour le faire mourir avant qu'il ait pu rien savoir de cette autre mort, ou du moins avant qu'il l'en puisse convaincre, puisqu'elle a si bien pris son temps pour l'assassiner, que ce parricide n'a point eu de témoins. J'ai parlé ailleurs de l'adoucissement que j'ai apporté pour empêcher qu'Antiochus n'en commît un en la forçant de prendre le poison qu'elle lui présente, et du peu d'apparence qu'il y avoit qu'un moment après qu'elle a expiré presque à sa vue, il parlât d'amour et de mariage à Rodogune. Dans l'état où ils rentrent derrière le théâtre, ils peuvent le résoudre quand ils le jugeront à propos. L'action est complète, puisqu'ils sont hors de péril; et la mort de Séleucus m'a exempté de développer le secret du droit d'aînesse entre les deux frères, qui d'ailleurs n'eût jamais été croyable, ne pouvant être éclairci que par une bouche en qui l'on n'a pas vu assez de sincérité pour prendre aucune assurance sur son témoignage.

FIN DE RODOGUNE.

HÉRACLIUS.

TRAGÉDIE.

1647.

A MONSEIGNEUR SÉGUIER, CHANCELIER DE FRANCE.

Monseigneur,

Je sais que cette tragédie n'est pas d'un genre assez relevé pour espérer légitimement que vous y daigniez jeter les yeux, et que, pour offrir quelque chose à Votre Grandeur qui n'en fût pas entièrement indigne, j'aurois eu besoin d'une parfaite peinture de toute la vertu d'un Caton ou d'un Sénèque; mais comme je tâchois d'amasser des forces pour ce grand dessein, les nouvelles faveurs que j'ai reçues de vous m'ont donné une juste impatience de les publier; et les applaudissemens qui ont suivi les représentations de ce poëme m'ont fait présumer que sa bonne fortune pourroit suppléer à son peu de mérite. La curiosité que son récit a laissée dans les esprits pour sa lecture m'a flatté aisément, jusques à me persuader que je pouvois prendre une plus heureuse occasion de leur faire savoir combien je vous suis redevable; et j'ai précipité ma reconnoissance, quand j'ai considéré qu'autant que je la différerois pour m'en acquitter plus dignement, autant je demeurerois dans les apparences d'une ingratitude inexcusable envers vous. Mais quand même les dernières obligations que je vous ai ne m'auroient pas fait cette glorieuse violence, il faut que je vous avoue ingénument que les intérêts de ma propre réputation m'en imposoient une très-pressante nécessité. Le bonheur de mes ouvrages ne la porte en aucun lieu où elle ne demeure fort douteuse, et où l'on ne se défie, avec raison, de ce qu'en dit la voix publique, parce qu'aucun d'eux n'y fait connoître l'honneur que j'ai d'être connu de vous. Cependant on sait par toute l'Europe l'accueil favorable que Votre Grandeur fait aux gens de lettres; que l'accès auprès de vous est ouvert et libre à tous ceux que les sciences ou les talens de l'esprit élèvent au-dessus du commun; que les caresses dont vous les honorez sont les marques les plus indubitables et les plus solides de ce qu'ils valent; et qu'enfin nos plus belles muses, que feu Mgr le cardinal de Richelieu avoit choisies de sa main pour en composer un corps tout d'esprit, seroient encore inconsolables de sa perte, si elles n'avoient trouvé chez Votre Grandeur la même protection qu'elles rencontroient chez Son Éminence. Quelle apparence donc qu'en quelque climat où notre langue puisse avoir entrée, on puisse croire qu'un homme mérite quelque véritable estime, si ses travaux n'y portent les assurances de l'état que vous en faites dans les hommages qu'il vous en doit? Trouvez bon, Monseigneur, que celui-ci, plus heureux que le reste des miens, affranchisse mon nom de la honte de ne vous en avoir point encore rendu, et que, pour affermir ce peu de réputation qu'ils m'ont acquis, il tire mes lecteurs d'un doute si légitime, en leur apprenant non-seulement que je ne vous suis pas tout à fait inconnu, mais aussi même que votre bonté ne dédaigne pas de répandre sur moi votre bienveillance et vos grâces : de sorte que, quand votre vertu ne me donneroit pas toutes les passions imaginables pour votre service, je serois le plus ingrat de tous les hommes, si je n'étois toute ma vie très-véritablement,

MONSEIGNEUR,

Votre très-humble, très-obéissant et très-obligé serviteur,

CORNEILLE.

AU LECTEUR.

Voici une hardie entreprise sur l'histoire, dont vous ne reconnoîtrez aucune chose dans cette tragédie, que l'ordre de la succession des empereurs Tibère, Maurice, Phocas et Héraclius. J'ai falsifié la naissance de ce dernier ; mais ce n'a été qu'en sa faveur, et pour lui en donner une plus illustre, le faisant fils de l'empereur Maurice, bien qu'il ne le fût que d'un préteur d'Afrique de même nom que lui. J'ai prolongé la durée de l'empire de son prédécesseur de douze années, et lui ai donné un fils, quoique l'histoire n'en parle point, mais seulement d'une fille nommée Domitia, qu'il maria à un Priscus ou Crispus. J'ai prolongé de même la vie de l'impératrice Constantine, et comme j'ai fait régner ce tyran vingt ans au lieu de huit, je n'ai fait mourir cette princesse que dans la quinzième année de sa tyrannie, quoiqu'il l'eût sacrifiée à sa sûreté avec ses filles dès la cinquième. Je ne me mettrai pas en peine de justifier cette licence que j'ai prise ; l'événement l'a assez justifiée, et les exemples des anciens que j'ai rapportés sur *Rodogune* semblent l'autoriser suffisamment : mais, à parler sans fard, je ne voudrois pas conseiller à personne de la tirer en exemple. C'est beaucoup hasarder, et l'on n'est pas toujours heureux ; et, dans un dessein de cette nature, ce qu'un bon succès fait passer pour une ingénieuse hardiesse, un mauvais le fait prendre pour une témérité ridicule.

Baronius, parlant de la mort de l'empereur Maurice, et de celle de ses fils, que Phocas faisoit immoler à sa vue, rapporte une circonstance très-rare, dont j'ai pris l'occasion de former le nœud de cette tragédie, à qui elle sert de fondement. Cette nourrice eut tant de zèle pour ce malheureux prince, qu'elle exposa son propre fils au supplice, au lieu d'un des siens qu'on lui avoit donné à nourrir. Maurice reconnut l'échange, et l'empêcha par une considération pieuse que cette extermination de toute sa famille étoit un juste jugement de Dieu, auquel il n'eût pas cru satisfaire, s'il eût souffert que le sang d'un autre eût payé pour celui d'un de ses fils. Mais quant à ce qui étoit de la mère, elle avoit surmonté l'affection maternelle en faveur de son prince, et l'on peut dire que son enfant étoit mort pour son regard. Comme j'ai cru que cette action étoit assez généreuse pour mériter une personne plus illustre à la produire, j'ai fait de cette nourrice une gouvernante. J'ai supposé que l'échange avoit eu son effet; et de cet enfant sauvé par la supposition d'un autre, j'en ai fait Héraclius, le successeur de Phocas. Bien plus, j'ai feint que cette Léontine, ne croyant pas pouvoir cacher longtemps cet enfant que Maurice avoit commis à sa fidélité, vu la recherche exacte que Phocas en faisoit faire, et se voyant même déjà soupçonnée et prête à être découverte, se voulut mettre dans les bonnes grâces de ce tyran, en lui allant offrir ce petit prince dont il étoit en peine, au lieu duquel elle lui livra son propre fils Léonce. J'ai ajouté que par cette action Phocas fut tellement gagné, qu'il crut ne pouvoir remettre son fils Martian aux mains d'une personne qui lui fût plus acquise, d'autant que ce qu'elle venoit de faire l'avoit jetée, à ce qu'il croyoit, dans une haine irréconciliable avec les amis de Maurice, qu'il avoit seuls à craindre. Cette faveur où je la mets auprès de lui donne lieu à un second échange d'Héraclius, qu'elle nourrissoit comme son fils sous le nom de Léonce, avec Martian, que Phocas lui avoit confié. Je lui fais prendre l'occasion de l'éloignement de ce tyran, que j'arrête trois ans, sans revenir, à la guerre contre les Perses; et à son retour, je fais qu'elle lui donne Héraclius pour fils, qui est dorénavant élevé auprès de lui sous le nom de Martian, cependant qu'elle retient le vrai Martian auprès d'elle, et le nourrit sous le nom de son Léonce, qu'elle avoit exposé pour l'autre. Comme ces deux princes sont grands, et que Phocas, abusé par ce dernier échange, presse Héraclius d'épouser Pulchérie, fille de Maurice, qu'il avoit réservée exprès seule de toute sa famille, afin qu'elle portât par ce mariage le droit et les titres de l'empire dans sa maison, Léontine, pour empêcher cette alliance incestueuse du frère et de la sœur, avertit Héraclius de sa naissance. Je serois trop long si je voulois ici toucher le reste des incidens d'un poëme si embarrassé, et me contenterai de vous avoir donné ces lumières, afin que vous en puissiez commencer la lecture avec moins d'obscurité. Vous vous souviendrez seulement qu'Héraclius passe pour Martian, fils de Phocas, et Martian pour Léonce, fils de Léontine, et qu'Héraclius sait qui il est, et qui est ce faux Léonce; mais que le vrai Martian, Phocas, ni Pulchérie, n'en savent rien, non plus que le reste des acteurs, hormis Léontine et sa fille Eudoxe.

On m'a fait quelque scrupule de ce qu'il n'est pas vraisemblable qu'une mère expose son fils à la mort pour en préserver un autre; à quoi j'ai deux réponses à faire : la première, que notre unique docteur Aristote nous permet de mettre quelquefois des choses qui même soient contre la raison et l'apparence, pourvu que ce soit hors de l'action, ou, pour me servir des termes latins de ses interprètes, *extra fabulam*, comme est ici cette supposition d'enfant, et nous donne pour exemple Œdipe, qui, ayant tué un roi de Thèbes, l'ignore encore vingt ans après; l'autre, que l'action étant vraie du côté de la mère, comme j'ai remarqué tantôt, il ne faut plus s'informer si elle est vraisemblable, étant certain que toutes les vérités sont recevables dans la poésie, quoiqu'elle ne soit pas obligée à les suivre. La liberté qu'elle a de s'en écarter n'est pas une nécessité, et la vraisemblance n'est qu'une condition nécessaire à la disposition, et non pas au choix du sujet, ni des incidens qui sont appuyés de l'histoire. Tout ce qui entre dans le poëme doit être croyable; et il l'est, selon Aristote, par l'un de ces trois moyens, la vérité, la vraisemblance, ou l'opinion commune. J'irai plus outre; et, quoique peut-être on voudra prendre cette proposition pour un paradoxe, je ne craindrai point d'avancer que le sujet d'une belle tragédie doit n'être pas vraisemblable. La preuve en est aisée par le même Aristote, qui ne veut pas qu'on en compose une d'un ennemi qui tue son ennemi, parce que, bien que cela soit fort vraisemblable, il n'excite dans l'âme des spectateurs ni pitié ni crainte, qui sont les deux passions de la tragédie; mais il nous renvoie la choisir dans les événemens extraordinaires qui se passent entre personnes proches, comme d'un père qui tue son fils, une femme son mari, un frère sa sœur; ce qui, n'étant jamais vraisemblable, doit avoir l'autorité de l'histoire ou de l'opinion commune pour être cru : si bien qu'il n'est pas permis d'inventer un sujet de cette nature. C'est la raison qu'il donne de ce que les anciens traitoient presque les mêmes sujets, d'autant qu'ils rencontroient peu de familles où fussent arrivés de pareils désordres, qui font les belles et puissantes oppositions du devoir et de la passion.

Ce n'est pas ici le lieu de m'étendre plus au long sur cette matière : j'en ai dit ces deux mots en passant, par une nécessité de me défendre d'une objection qui détruiroit tout mon ouvrage, puisqu'elle va à en saper le fondement, et non par ambition d'étaler mes maximes, qui peut-être ne sont pas généralement avouées des savans. Aussi ne donné-je ici mes opinions qu'à la mode de M. de Montaigne, non pour bonnes, mais pour miennes. Je m'en suis bien trouvé jusqu'à présent; mais je ne tiens pas impossible qu'on réussisse mieux en suivant les contraires.

PERSONNAGES.

PHOCAS, empereur d'Orient.
HÉRACLIUS, fils de l'empereur Maurice, cru Martian, fils de Phocas, amant d'Eudoxe.
MARTIAN, fils de Phocas, cru Léonce, fils de Léontine, amant de Pulchérie.
PULCHÉRIE, fille de l'empereur Maurice, maîtresse de Martian.
LÉONTINE, dame de Constantinople, autrefois gouvernante d'Héraclius et de Martian.
EUDOXE, fille de Léontine, et maîtresse d'Héraclius.
CRISPE, gendre de Phocas.
EXUPÈRE, patricien de Constantinople.
AMINTAS, ami d'Exupère.
UN PAGE de Léontine.

La scène est à Constantinople.

ACTE PREMIER.

SCÈNE I. — PHOCAS, CRISPE.

PHOCAS.

Crispe, il n'est que trop vrai, la plus belle couronne
N'a que de faux brillans dont l'éclat l'environne;
Et celui dont le ciel pour un sceptre fait choix,
Jusqu'à ce qu'il le porte, en ignore le poids.
Mille et mille douceurs y semblent attachées,
Qui ne sont qu'un amas d'amertumes cachées :
Qui croit les posséder les sent s'évanouir;
Et la peur de les perdre empêche d'en jouir :
Surtout qui, comme moi, d'une obscure naissance
Monte par la révolte à la toute-puissance,
Qui de simple soldat à l'empire élevé
Ne l'a que par le crime acquis et conservé;
Autant que sa fureur s'est immolé de têtes,
Autant dessus la sienne il croit voir de tempêtes;
Et comme il n'a semé qu'épouvante et qu'horreur,
Il n'en recueille enfin que trouble et que terreur.
J'en ai semé beaucoup; et depuis quatre lustres
Mon trône n'est fondé que sur des morts illustres;
Et j'ai mis au tombeau, pour régner sans effroi,
Tout ce que j'en ai vu de plus digne que moi.
Mais le sang répandu de l'empereur Maurice,
Ses cinq fils à ses yeux envoyés au supplice,
En vain en ont été les premiers fondemens,
Si pour m'ôter ce trône ils servent d'instrumens
On en fait revivre un au bout de vingt années :
Byzance ouvre, dis-tu, l'oreille à ces menées;
Et le peuple, amoureux de tout ce qui me nuit,
D'une croyance avide embrasse ce faux bruit,
Impatient déjà de se laisser séduire
Au premier imposteur armé pour me détruire,
Qui, s'osant revêtir de ce fantôme aimé,
Voudra servir d'idole à son zèle charmé.
Mais sais-tu sous quel nom ce fâcheux bruit s'excite?

CRISPE.

Il nomme Héraclius celui qu'il ressuscite.

PHOCAS.

Quiconque en est l'auteur devoit mieux l'inventer.
Le nom d'Héraclius doit peu m'épouvanter;
Sa mort est trop certaine, et fut trop remarquable
Pour craindre un grand effet d'une si vaine fable.

Il n'avoit que six mois; et, lui perçant le flanc,
On en fit dégoutter plus de lait que de sang;
Et ce prodige affreux, dont je tremblai dans l'âme,
Fut aussitôt suivi de la mort de ma femme.
Il me souvient encor qu'il fut deux jours caché,
Et que sans Léontine on l'eût longtemps cherché :
Il fut livré par elle, à qui, pour récompense,
Je donnai de mon fils à gouverner l'enfance,
Du jeune Martian, qui, d'âge presque égal,
Étoit resté sans mère à ce moment fatal.
Juge par là combien ce conte est ridicule.

CRISPE.

Tout ridicule, il plaît, et le peuple est crédule;
Mais avant qu'à ce conte il se laisse emporter,
Il vous est trop aisé de le faire avorter.
Quand vous fîtes périr Maurice et sa famille,
Il vous en plut, seigneur, réserver une fille,
Et résoudre dès lors qu'elle auroit pour époux
Ce prince destiné pour régner après vous.
Le peuple en sa personne aime encore et révère
Et son père Maurice et son aïeul Tibère,
Et vous verra sans trouble en occuper le rang,
S'il voit tomber leur sceptre au reste de leur sang.
Non, il ne courra plus après l'ombre du frère,
S'il voit monter la sœur dans le trône du père.
Mais pressez cet hymen : le prince aux champs de Mars,
Chaque jour, chaque instant, s'offre à mille hasards;
Et n'eût été Léonce, en la dernière guerre,
Ce dessein avec lui seroit tombé par terre,
Puisque, sans la valeur de ce jeune guerrier,
Martian demeuroit ou mort ou prisonnier.
Avant que d'y périr, s'il faut qu'il y périsse,
Qu'il vous laisse un neveu qui le soit de Maurice,
Et qui, réunissant l'une et l'autre maison,
Tire chez vous l'amour qu'on garde pour son nom.

PHOCAS.

Hélas! de quoi me sert ce dessein solitaire,
Si pour en voir l'effet tout me devient contraire?
Pulchérie et mon fils ne se montrent d'accord
Qu'à fuir cet hyménée à l'égal de la mort;
Et les aversions entre eux deux mutuelles
Les font d'intelligence à se montrer rebelles.
La princesse surtout frémit à mon aspect;
Et, quoiqu'elle étudie un peu de faux respect,
Le souvenir des siens, l'orgueil de sa naissance,
L'emporte à tous momens à braver ma puissance.
Sa mère, que longtemps je voulus épargner,

Et qu'en vain par douceur j'espérai de gagner,
L'a de la sorte instruite; et ce que je vois suivre
Me punit bien du trop que je la laissai vivre.
CRISPE.
Il faut agir de force avec de tels esprits,
Seigneur; et qui les flatte endurcit leurs mépris :
La violence est juste où la douceur est vaine.
PHOCAS.
C'est par là qu'aujourd'hui je veux dompter sa haine.
Je l'ai mandée exprès, non plus pour la flatter,
Mais pour prendre mon ordre et pour l'exécuter.
CRISPE.
Elle entre.

SCÈNE II. — PHOCAS, PULCHÉRIE, CRISPE.

PHOCAS.
      Enfin, madame, il est temps de vous rendre.
Le besoin de l'État défend de plus attendre;
Il lui faut des Césars, et je me suis promis
D'en voir naître bientôt de vous et de mon fils.
Ce n'est pas exiger grande reconnoissance
Des soins que mes bontés ont pris de votre enfance,
De vouloir qu'aujourd'hui, pour prix de mes bienfaits,
Vous daigniez accepter les dons que je vous fais.
Ils ne font point de honte au rang le plus sublime;
Ma couronne et mon fils valent bien quelque estime :
Je vous les offre encore après tant de refus;
Mais apprenez aussi que je n'en souffre plus;
Que de force ou de gré je me veux satisfaire;
Qu'il me faut craindre en maître, ou me chérir en père,
Et que, si votre orgueil s'obstine à me haïr,
Qui ne peut être aimé se peut faire obéir.
PULCHÉRIE.
J'ai rendu jusqu'ici cette reconnoissance
A ces soins tant vantés d'élever mon enfance,
Que, tant qu'on m'a laissée en quelque liberté,
J'ai voulu me défendre avec civilité;
Mais, puisqu'on use enfin d'un pouvoir tyrannique,
Je vois bien qu'à mon tour il faut que je m'explique,
Que je me montre entière à l'injuste fureur,
Et parle à mon tyran en fille d'empereur.
   Il falloit me cacher avec quelque artifice
Que j'étois Pulchérie et fille de Maurice,
Si tu faisois dessein de m'éblouir les yeux
Jusqu'à prendre tes dons pour des dons précieux.
Vois quels sont ces présens, dont le refus t'étonne :
Tu me donnes, dis-tu, ton fils et ta couronne;

Mais que me donnes-tu, puisque l'une est à moi,
Et l'autre en est indigne, étant sorti de toi?
 Ta libéralité me fait peine à comprendre :
Tu parles de donner, quand tu ne fais que rendre ;
Et puisque avecque moi tu veux le couronner,
Tu ne me rends mon bien que pour te le donner.
Tu veux que cet hymen que tu m'oses prescrire
Porte dans ta maison les titres de l'empire,
Et de cruel tyran, d'infâme ravisseur,
Te fasse vrai monarque, et juste possesseur.
Ne reproche donc plus à mon âme indignée
Qu'en perdant tous les miens tu m'as seule épargnée :
Cette feinte douceur, cette ombre d'amitié,
Vint de ta politique, et non de ta pitié.
Ton intérêt dès lors fit seul cette réserve :
Tu m'as laissé la vie, afin qu'elle te serve ;
Et, mal sûr dans un trône où tu crains l'avenir,
Tu ne m'y veux placer que pour t'y maintenir ;
Tu ne m'y fais monter que de peur d'en descendre :
Mais connois Pulchérie, et cesse de prétendre.
 Je sais qu'il m'appartient, ce trône où tu te sieds,
Que c'est à moi d'y voir tout le monde à mes pieds ;
Mais comme il est encor teint du sang de mon père,
S'il n'est lavé du tien, il ne sauroit me plaire ;
Et ta mort, que mes vœux s'efforcent de hâter,
Est l'unique degré par où j'y veux monter :
Voilà quelle je suis, et quelle je veux être.
Qu'un autre t'aime en père, ou te redoute en maître,
Le cœur de Pulchérie est trop haut et trop franc
Pour craindre ou pour flatter le bourreau de son sang.

PHOCAS.

J'ai forcé ma colère à te prêter silence,
Pour voir à quel excès iroit ton insolence :
J'ai vu ce qui t'abuse et me fait mépriser,
Et t'aime encore assez pour te désabuser.
 N'estime plus mon sceptre usurpé sur ton père,
Ni que pour l'appuyer ta main soit nécessaire.
Depuis vingt ans je règne, et je règne sans toi ;
Et j'en eus tout le droit du choix qu'on fit de moi.
Le trône où je me sieds n'est pas un bien de race :
L'armée a ses raisons pour remplir cette place ;
Son choix en est le titre ; et tel est notre sort
Qu'une autre élection nous condamne à la mort.
Celle qu'on fit de moi fut l'arrêt de Maurice ;
J'en vis avec regret le triste sacrifice :
Au repos de l'État il fallut l'accorder ;
Mon cœur, qui résistoit, fut contraint de céder ;

Mais pour remettre un jour l'empire en sa famille
Je fis ce que je pus, je conservai sa fille,
Et, sans avoir besoin de titres ni d'appui,
Je te fais part d'un bien qui n'étoit plus à lui.
     PULCHÉRIE.
Un chétif centenier des troupes de Mysie,
Qu'un gros de mutinés élut par fantaisie,
Oser arrogamment se vanter à mes yeux
D'être juste seigneur du bien de mes aïeux!
Lui qui n'a pour l'empire autre droit que ses crimes,
Lui qui de tous les miens fit autant de victimes,
Croire s'être lavé d'un si noir attentat
En imputant leur perte au repos de l'État!
Il fait plus, il me croit digne de cette excuse!
Souffre, souffre à ton tour que je te désabuse :
Apprends que si jadis quelques séditions
Usurpèrent le droit de ces élections,
L'empire étoit chez nous un bien héréditaire;
Maurice ne l'obtint qu'en gendre de Tibère;
Et l'on voit depuis lui remonter mon destin
Jusqu'au grand Théodose, et jusqu'à Constantin;
Et je pourrois avoir l'âme assez abattue....
     PHOCAS.
Eh bien! si tu le veux, je te le restitue,
Cet empire, et consens encor que ta fierté
Impute à mes remords l'effet de ma bonté;
Dis que je te le rends et te fais des caresses,
Pour apaiser des tiens les ombres vengeresses,
Et tout ce qui pourra sous quelque autre couleur
Autoriser ta haine et flatter ta douleur;
Par un dernier effort je veux souffrir la rage
Qu'allume dans ton cœur cette sanglante image.
Mais que t'a fait mon fils? étoit-il, au berceau,
Des tiens que je perdis le juge ou le bourreau?
Tant de vertus qu'en lui le monde entier admire
Ne l'ont-elles pas fait trop digne de l'empire?
En ai-je eu quelque espoir qu'il n'ait assez rempli?
Et voit-on sous le ciel prince plus accompli?
Un cœur comme le tien, si grand, si magnanime....
     PULCHÉRIE.
Va, je ne confonds point ses vertus et ton crime;
Comme ma haine est juste, et ne m'aveugle pas,
J'en vois assez en lui pour les plus grands États;
J'admire chaque jour les preuves qu'il en donne;
J'honore sa valeur, j'estime sa personne,
Et penche d'autant plus à lui vouloir du bien
Que s'en voyant indigne il ne demande rien,

Que ses longues froideurs témoignent qu'il s'irrite
De ce qu'on veut de moi par delà son mérite,
Et que de tes projets son cœur triste et confus
Pour m'en faire justice approuve mes refus.
Ce fils si vertueux d'un père si coupable,
S'il ne devoit régner, me pourroit être aimable;
Et cette grandeur même où tu veux le porter
Est l'unique motif qui m'y fait résister.
Après l'assassinat de ma famille entière,
Quand tu ne m'as laissé, père, mère, ni frère,
Que j'en fasse ton fils légitime héritier!
Que j'assure par là leur trône au meurtrier!
Non, non; si tu me crois le cœur si magnanime
Qu'il ose séparer ses vertus de ton crime,
Sépare tes présens, et ne m'offre aujourd'hui
Que ton fils sans le sceptre, ou le sceptre sans lui.
Avise; et si tu crains qu'il te fût trop infâme
De remettre l'empire en la main d'une femme,
Tu peux dès aujourd'hui le voir mieux occupé.
Le ciel me rend un frère à ta rage échappé;
On dit qu'Héraclius est tout prêt de paroître :
Tyran, descends du trône, et fais place à ton maître.

PHOCAS.

A ce compte, arrogante, un fantôme nouveau,
Qu'un murmure confus fait sortir du tombeau,
Te donne cette audace et cette confiance!
Ce bruit s'est fait déjà digne de ta croyance.
Mais....

PULCHÉRIE.

Je sais qu'il est faux; pour t'assurer ce rang
Ta rage eut trop de soin de verser tout mon sang;
Mais la soif de ta perte en cette conjoncture
Me fait aimer l'auteur d'une belle imposture.
Au seul nom de Maurice il te fera trembler :
Puisqu'il se dit son fils, il veut lui ressembler;
Et cette ressemblance où son courage aspire
Mérite mieux que toi de gouverner l'empire.
J'irai par mon suffrage affermir cette erreur,
L'avouer pour mon frère et pour mon empereur,
Et dedans son parti jeter tout l'avantage
Du peuple convaincu par mon premier hommage.
Toi, si quelque remords te donne un juste effroi,
Sors du trône, et te laisse abuser comme moi;
Prends cette occasion de te faire justice.

PHOCAS.

Oui, je me la ferai bientôt par ton supplice :
Ma bonté ne peut plus arrêter mon devoir;

Ma patience a fait par delà son pouvoir.
Qui se laisse outrager mérite qu'on l'outrage ;
Et l'audace impunie enfle trop un courage.
Tonne, menace, brave, espère en de faux bruits,
Fortifie, affermis ceux qu'ils auront séduits.
Dans ton âme à ton gré change ma destinée ;
Mais choisis pour demain la mort ou l'hyménée.

PULCHÉRIE.

Il n'est pas pour ce choix besoin d'un grand effort
A qui hait l'hyménée, et ne craint point la mort.

(*En ces deux scènes, Héraclius passe pour Martian, et Martian pour Léonce. Héraclius se connoît, mais Martian ne se connoît pas.*)

SCÈNE III. — PHOCAS, PULCHÉRIE, HÉRACLIUS, CRISPE.

PHOCAS, *à Pulchérie.*

Dis, si tu veux encor, que ton cœur la souhaite.
(*A Héraclius.*)
Approche, Martian, que je te le répète :
Cette ingrate furie, après tant de mépris,
Conspire encor la perte et du père et du fils :
Elle-même a semé cette erreur populaire
D'un faux Héraclius qu'elle accepte pour frère ;
Mais quoi qu'à ces mutins elle puisse imposer,
Demain ils la verront mourir, ou t'épouser.

HÉRACLIUS.

Seigneur....

PHOCAS.

Garde sur toi d'attirer ma colère.

HÉRACLIUS.

Dussé-je mal user de cet amour de père,
Etant ce que je suis, je me dois quelque effort
Pour vous dire, seigneur [1], que c'est vous faire tort,
Et que c'est trop montrer d'injuste défiance
De ne pouvoir régner que par son alliance :
Sans prendre un nouveau droit du nom de son époux,
Ma naissance suffit pour régner après vous.
J'ai du cœur, et tiendrois l'empire même infâme,
S'il falloit le tenir de la main d'une femme.

PHOCAS.

Eh bien ! elle mourra, tu n'en as pas besoin.

HÉRACLIUS.

De vous-même, seigneur, daignez mieux prendre soin.
Le peuple aime Maurice ; en perdre ce qui reste

---

1. Le sens de la phrase est : *Je dois vous dire, quoi qu'il m'en coûte.*

Nous rendroit ce tumulte au dernier point funeste.
Au nom d'Héraclius à demi soulevé,
Vous verriez par sa mort le désordre achevé.
Il vaut mieux la priver du rang qu'elle rejette,
Faire régner une autre, et la laisser sujette;
Et d'un parti plus bas punissant son orgueil....
PHOCAS.
Quand Maurice peut tout du creux de son cercueil,
A ce fils supposé, dont il me faut défendre,
Tu parles d'ajouter un véritable gendre!
HÉRACLIUS.
Seigneur, j'ai des amis chez qui cette moitié....
PHOCAS.
A l'épreuve d'un sceptre il n'est point d'amitié,
Point qui ne s'éblouisse à l'éclat de sa pompe,
Point qu'après son hymen sa haine ne corrompe.
Elle mourra, te dis-je.
PULCHÉRIE, *à Héraclius.*
Ah! ne m'empêchez pas
De rejoindre les miens par un heureux trépas.
La vapeur de mon sang ira grossir la foudre
Que Dieu tient déjà prête à le réduire en poudre;
Et ma mort, en servant de comble à tant d'horreurs....
PHOCAS.
Par ses remercîmens juge de ses fureurs.
J'ai prononcé l'arrêt, il faut que l'effet suive.
Résous-la de t'aimer, si tu veux qu'elle vive;
Sinon, j'en jure encore, et ne t'écoute plus:
Son trépas dès demain punira ses refus.

SCÈNE IV. — PULCHÉRIE, HÉRACLIUS, MARTIAN.

HÉRACLIUS.
En vain il se promet que, sous cette menace,
J'espère en votre cœur surprendre quelque place :
Votre refus est juste, et j'en sais les raisons.
Ce n'est pas à nous deux d'unir les deux maisons;
D'autres destins, madame, attendent l'un et l'autre :
Ma foi m'engage ailleurs aussi bien que la vôtre.
Vous aurez en Léonce un digne possesseur[1];
Je serai trop heureux d'en posséder la sœur.
Ce guerrier vous adore, et vous l'aimez de même;
Je suis aimé d'Eudoxe autant comme je l'aime[1].
Léontine leur mère est propice à nos vœux;

1. Le lecteur doit savoir que Léonce, dont on n'a point encore parlé, passe pour le fils de Léontine, ancienne gouvernante du prince Héraclius, fils de Maurice, et du prince Martian, fils de Phocas. (*Volt.*)

Et, quelque effort qu'on fasse à rompre ces beaux nœuds,
D'un amour si parfait les chaînes sont si belles,
Que nos captivités doivent être éternelles.

PULCHÉRIE.

Seigneur, vous connoissez ce cœur infortuné :
Léonce y peut beaucoup ; vous me l'avez donné,
Et votre main illustre augmente le mérite
Des vertus dont l'éclat pour lui me sollicite ;
Mais à d'autres pensers il me faut recourir :
Il n'est plus temps d'aimer alors qu'il faut mourir ;
Et quand à ce départ une âme se prépare....

HÉRACLIUS.

Redoutez un peu moins les rigueurs d'un barbare :
Pardonnez-moi ce mot ; pour vous servir d'appui
J'ai peine à reconnoître encore un père en lui[2].
Résolu de périr pour vous sauver la vie,
Je sens tous mes respects céder à cette envie ;
Je ne suis plus son fils, s'il en veut à vos jours,
Et mon cœur tout entier vole à votre secours.

PULCHÉRIE.

C'est donc avec raison que je commence à craindre,
Non la mort, non l'hymen où l'on me veut contraindre,
Mais ce péril extrême où pour me secourir
Je vois votre grand cœur aveuglément courir.

MARTIAN.

Ah ! mon prince ! ah ! madame ! il vaut mieux vous résoudre,
Par un heureux hymen, à dissiper ce foudre.
  Au nom de votre amour et de votre amitié,
Prenez de votre sort tous deux quelque pitié.
Que la vertu du fils, si pleine et si sincère,
Vainque la juste horreur que vous avez du père,
Et, pour mon intérêt, n'exposez pas tous deux....

HÉRACLIUS.

Que me dis-tu, Léonce ? et qu'est-ce que tu veux ?
Tu m'as sauvé la vie ; et, pour reconnoissance,
Je voudrois à tes feux ôter leur récompense ;
Et, ministre insolent d'un prince furieux,
Couvrir de cette honte un nom si glorieux ;
Ingrat à mon ami, perfide à ce que j'aime,

---

1. Cette Eudoxe est une fille de Léontine, que par conséquent Martian croit sa sœur. On n'a point encore parlé d'elle, et le véritable Héraclius, cru Martian, s'occupe ici de l'arrangement d'un double mariage. (*Voltaire.*)

2. Le lecteur doit ici se souvenir qu'Héraclius sait bien que Phocas n'est point son père, mais qu'il n'a point dit son secret à Pulchérie. (*Id.*)

Cruel à la princesse, odieux à moi-même!
　Je te connois, Léonce, et mieux que tu ne crois;
Je sais ce que tu vaux, et ce que je te dois.
Son bonheur est le mien, madame; et je vous donne
Léonce et Martian en la même personne;
C'est Martian en lui que vous favorisez.
Opposons la constance aux périls opposés.
Je vais près de Phocas essayer la prière;
Et, si je n'en obtiens la grâce toute entière,
Malgré le nom de père, et le titre de fils,
Je deviens le plus grand de tous ses ennemis.
Oui, si sa cruauté s'obstine à votre perte,
J'irai pour l'empêcher jusqu'à la force ouverte;
Et puisse, si le ciel m'y voit rien épargner,
Un faux Héraclius en ma place régner!
Adieu, madame.

PULCHÉRIE.
　　　　Adieu, prince trop magnanime,
　　(*Héraclius s'en va, et Pulchérie continue.*)
Prince digne en effet d'un trône acquis sans crime,
Digne d'un autre père. Ah! Phocas! ah! tyran!
Se peut-il que ton sang ait formé Martian?
　Mais allons, cher Léonce, admirant son courage,
Tâcher de notre part à repousser l'orage.
Tu t'es fait des amis, je sais des mécontens;
Le peuple est ébranlé, ne perdons point de temps :
L'honneur te le commande, et l'amour t'y convie.

MARTIAN.
Pour otage en ses mains ce tigre a votre vie;
Et je n'oserai rien qu'avec un juste effroi
Qu'il ne venge sur vous ce qu'il craindra de moi.

PULCHÉRIE.
N'importe; à tout oser le péril doit contraindre.
Il ne faut craindre rien quand on a tout à craindre.
Allons examiner pour ce coup généreux
Les moyens les plus prompts et les moins dangereux.

ACTE SECOND.

SCÈNE I. — LÉONTINE, EUDOXE.

LÉONTINE.
Voilà ce que j'ai craint de son âme enflammée.

EUDOXE.
S'il m'eût caché son sort, il m'auroit mal aimée.

LÉONTINE.
Avec trop d'imprudence il vous l'a révélé.
Vous êtes fille, Eudoxe, et vous avez parlé :
Vous n'avez pu savoir cette grande nouvelle
Sans la dire à l'oreille à quelque âme infidèle,
A quelque esprit léger, ou de votre heur jaloux,
A qui ce grand secret a pesé comme à vous.
C'est par là qu'il est su, c'est par là qu'on publie
Ce prodige étonnant d'Héraclius en vie ;
C'est par là qu'un tyran, plus instruit que troublé
De l'ennemi secret qui l'auroit accablé,
Ajoutera bientôt sa mort à tant de crimes[1],
Et se sacrifiera pour nouvelles victimes
Ce prince dans son sein pour son fils élevé,
Vous qu'adore son âme, et moi qui l'ai sauvé.
Voyez combien de maux pour n'avoir su vous taire!

EUDOXE.
Madame, mon respect souffre tout d'une mère,
Qui, pour peu qu'elle veuille écouter la raison,
Ne m'accusera plus de cette trahison ;
Car c'en est une enfin bien digne de supplice
Qu'avoir d'un tel secret donné le moindre indice.

LÉONTINE.
Et qui donc aujourd'hui le fait connoître à tous?
Est-ce le prince, ou moi?

EUDOXE.
Ni le prince, ni vous.
De grâce, examinez ce bruit qui vous alarme.
On dit qu'il est en vie, et son nom seul les charme :
On ne dit point comment vous trompâtes Phocas,
Livrant un de vos fils pour ce prince au trépas,
Ni comme après, du sien étant la gouvernante,
Par une tromperie encor plus importante,
Vous en fîtes l'échange, et, prenant Martian,
Vous laissâtes pour fils ce prince à son tyran :
En sorte que le sien passe ici pour mon frère,
Cependant que de l'autre il croit être le père,
Et voit en Martian Léonce qui n'est plus,
Tandis que sous ce nom il aime Héraclius.
On diroit tout cela si, par quelque imprudence,
Il m'étoit échappé d'en faire confidence ;
Mais pour toute nouvelle on dit qu'il est vivant ;
Aucun n'ose pousser l'histoire plus avant.
Comme ce sont pour tous des routes inconnues,

---

1. Par la construction, c'est la mort de Phocas ; par le sens, c'est celle de Maurice. (*Voltaire.*)

Il semble à quelques-uns qu'il doit tomber des nues;
Et j'en sais tel qui croit, dans sa simplicité,
Que pour punir Phocas Dieu l'a ressuscité.
Mais le voici.

SCÈNE II. — HÉRACLIUS, LÉONTINE, EUDOXE.

HÉRACLIUS.

Madame, il n'est plus temps de taire
D'un si profond secret le dangereux mystère :
Le tyran, alarmé du bruit qui le surprend,
Rend ma crainte trop juste, et le péril trop grand.
Non que de ma naissance il fasse conjecture;
Au contraire, il prend tout pour grossière imposture,
Et me connoît si peu, que, pour la renverser,
A l'hymen qu'il souhaite il prétend me forcer.
Il m'oppose à mon nom qui le vient de surprendre :
Je suis fils de Maurice; il m'en veut faire gendre,
Et s'acquérir les droits d'un prince si chéri
En me donnant moi-même à ma sœur pour mari.
En vain nous résistons à son impatience,
Elle par haine aveugle, et moi par connoissance :
Lui, qui ne conçoit rien de l'obstacle éternel
Qu'oppose la nature à ce nœud criminel,
Menace Pulchérie, au refus obstinée,
Lui propose à demain la mort ou l'hyménée.
J'ai fait pour le fléchir un inutile effort;
Pour éviter l'inceste, elle n'a que la mort.
Jugez s'il n'est pas temps de montrer qui nous sommes,
De cesser d'être fils du plus méchant des hommes,
D'immoler mon tyran aux périls de ma sœur,
Et de rendre à mon père un juste successeur.

LÉONTINE.

Puisque vous ne craignez que sa mort, ou l'inceste,
Je rends grâce, seigneur, à la bonté céleste
De ce qu'en ce grand bruit le sort nous est si doux
Que nous n'avons encor rien à craindre pour vous.
Votre courage seul nous donne lieu de craindre :
Modérez-en l'ardeur, daignez vous y contraindre;
Et, puisqu'aucun soupçon ne dit rien à Phocas,
Soyez encor son fils, et ne vous montrez pas.
De quoi que ce tyran menace Pulchérie,
J'aurai trop de moyens d'arrêter sa furie,
De rompre cet hymen, ou de le retarder,
Pourvu que vous veuillez ne vous point hasarder.
Répondez-moi de vous, et je vous réponds d'elle.

HÉRACLIUS.

Jamais l'occasion ne s'offrira si belle.

Vous voyez un grand peuple à demi révolté,
Sans qu'on sache l'auteur de cette nouveauté.
Il semble que de Dieu la main appesantie,
Se faisant du tyran l'effroyable partie,
Veuille avancer par là son juste châtiment ;
Que, par un si grand bruit semé confusément,
Il dispose les cœurs à prendre un nouveau maître,
Et presse Héraclius de se faire connoître.
C'est à nous de répondre à ce qu'il en prétend :
Montrons Héraclius au peuple qui l'attend ;
Évitons le hasard qu'un imposteur l'abuse,
Et qu'après s'être armé d'un nom que je refuse,
De mon trône, à Phocas sous ce titre arraché,
Il puisse me punir de m'être trop caché.
Il ne sera pas temps, madame, de lui dire
Qu'il me rende mon nom, ma naissance et l'empire,
Quand il se prévaudra de ce nom déjà pris
Pour me joindre au tyran dont je passe pour fils.

LÉONTINE.

Sans vous donner pour chef à cette populace,
Je romprai bien encor ce coup, s'il vous menace ;
Mais gardons jusqu'au bout ce secret important ;
Fiez-vous plus à moi qu'à ce peuple inconstant.
Ce que j'ai fait pour vous depuis votre naissance,
Semble digne, seigneur, de cette confiance :
Je ne laisserai point mon ouvrage imparfait,
Et bientôt mes desseins auront leur plein effet.
Je punirai Phocas, je vengerai Maurice ;
Mais aucun n'aura part à ce grand sacrifice :
J'en veux toute la gloire, et vous me la devez.
Vous régnerez par moi, si par moi vous vivez.
Laissez entre mes mains mûrir vos destinées,
Et ne hasardez point le fruit de vingt années.

EUDOXE.

Seigneur, si votre amour peut écouter mes pleurs,
Ne vous exposez point au dernier des malheurs.
La mort de ce tyran, quoique trop légitime,
Aura dedans vos mains l'image d'un grand crime :
Le peuple pour miracle osera maintenir
Que le ciel par son fils l'aura voulu punir ;
Et sa haine obstinée après cette chimère
Vous croira parricide en vengeant votre père ;
La vérité n'aura ni le nom ni l'effet
Que d'un adroit mensonge à couvrir ce forfait ;
Et d'une telle erreur l'ombre sera trop noire
Pour ne pas obscurcir l'éclat de votre gloire.
Je sais bien que l'ardeur de venger vos parens....

HÉRACLIUS.

Vous en êtes aussi, madame, et je me rends;
Je n'examine rien, et n'ai pas la puissance
De combattre l'amour et la reconnoissance;
Le secret est à vous, et je serois ingrat
Si sans votre congé j'osois en faire éclat,
Puisque, sans votre aveu, toute mon aventure
Passeroit pour un songe ou pour une imposture.
Je dirai plus : l'empire est plus à vous qu'à moi,
Puisqu'à Léonce mort tout entier je le doi :
C'est le prix de son sang, c'est pour y satisfaire
Que je rends à la sœur ce que je tiens du frère :
Non que pour m'acquitter par cette élection
Mon devoir ait forcé mon inclination ;
Il présenta mon cœur aux yeux qui le charmèrent;
Il prépara mon âme aux feux qu'ils allumèrent;
Et ces yeux tout divins, par un soudain pouvoir,
Achevèrent sur moi l'effet de ce devoir.
Oui, mon cœur, chère Eudoxe, à ce trône n'aspire
Que pour vous voir bientôt maîtresse de l'empire.
Je ne me suis voulu jeter dans le hasard
Que par la seule soif de vous en faire part;
C'étoit là tout mon but. Pour éviter l'inceste,
Je n'ai qu'à m'éloigner de ce climat funeste;
Mais si je me dérobe au rang qui vous est dû,
Ce sera par moi seul que vous l'aurez perdu;
Seul je vous ôterai ce que je vous dois rendre.
Disposez des moyens et du temps de le prendre.
Quand vous voudrez régner, faites-m'en possesseur :
Mais, comme enfin j'ai lieu de craindre pour ma sœur,
Tirez-la dans ce jour de ce péril extrême,
Ou demain je ne prends conseil que de moi-même.

LÉONTINE.

Reposez-vous sur moi, seigneur, de tout son sort,
Et n'en appréhendez ni l'hymen ni la mort.

SCÈNE III. — LÉONTINE, EUDOXE.

LÉONTINE.

Ce n'est plus avec vous qu'il faut que je déguise;
A ne vous rien cacher son amour m'autorise :
Vous saurez les desseins de tout ce que j'ai fait,
Et pourrez me servir à presser leur effet.
  Notre vrai Martian adore la princesse :
Animons toutes deux l'amant pour la maîtresse;
Faisons que son amour nous venge de Phocas,
Et de son propre fils arme pour nous le bras.

Si j'ai pris soin de lui, si je l'ai laissé vivre,
Si je perdis Léonce, et ne le fis pas suivre,
Ce fut sur l'espoir seul qu'un jour, pour s'agrandir,
A ma pleine vengeance il pourroit s'enhardir.
Je ne l'ai conservé que pour ce parricide.

EUDOXE.

Ah! madame!

LÉONTINE.

Ce mot déjà vous intimide!
C'est à de telles mains qu'il nous faut recourir;
C'est par là qu'un tyran est digne de périr;
Et le courroux du ciel, pour en purger la terre,
Nous doit un parricide au refus du tonnerre.
C'est à nous qu'il remet de l'y précipiter :
Phocas le commettra s'il le peut éviter;
Et nous immolerons au sang de votre frère
Le père par le fils, ou le fils par le père.
L'ordre est digne de nous; le crime est digne d'eux :
Sauvons Héraclius au péril de tous deux.

EUDOXE.

Je sais qu'un parricide est digne d'un tel père;
Mais faut-il qu'un tel fils soit en péril d'en faire?
Et sachant sa vertu, pouvez-vous justement
Abuser jusque-là de son aveuglement?

LÉONTINE.

Dans le fils d'un tyran l'odieuse naissance
Mérite que l'erreur arrache l'innocence,
Et que, de quelque éclat qu'il se soit revêtu,
Un crime qu'il ignore en souille la vertu.

SCÈNE IV. — LÉONTINE, EUDOXE, UN PAGE.

LE PAGE.

Exupère, madame, est là qui vous demande.

LÉONTINE.

Exupère! à ce nom que ma surprise est grande!
Qu'il entre. A quel dessein vient-il parler à moi,
Lui que je ne vois point, qu'à peine je connoi?
Dans l'âme il hait Phocas, qui s'immola son père;
Et sa venue ici cache quelque mystère.
Je vous l'ai déjà dit, votre langue nous perd.

SCÈNE V. — EXUPÈRE, LÉONTINE, EUDOXE.

EXUPÈRE.

Madame, Héraclius vient d'être découvert.

LÉONTINE, *à Eudoxe.*

Eh bien?

ACTE II, SCÈNE V.

EUDOXE.

Si....

LÉONTINE.

(*A Eudoxe.*) (*A Exupère.*)
Taisez-vous. Depuis quand?

EXUPÈRE.

Tout à l'heure.

LÉONTINE.

Et déjà l'empereur a commandé qu'il meure?

EXUPÈRE.

Le tyran est bien loin de s'en voir éclairci.

LÉONTINE.

Comment?

EXUPÈRE.

Ne craignez rien, madame, le voici.

LÉONTINE.

Je ne vois que Léonce.

EXUPÈRE.

Ah! quittez l'artifice.

SCÈNE VI. — MARTIAN, LÉONTINE, EXUPÈRE, EUDOXE.

MARTIAN.

Madame, dois-je croire un billet de Maurice?
Voyez si c'est sa main, ou s'il est contrefait;
Dites s'il me détrompe, ou m'abuse en effet,
Si je suis votre fils, ou s'il étoit mon père :
Vous en devez connoître encor le caractère.

LÉONTINE *lit le billet.*

Léontine a trompé Phocas,
Et, livrant pour mon fils un des siens au trépas,
Dérobe à sa fureur l'héritier de l'empire.
O vous qui me restez de fidèles sujets,
Honorez son grand zèle, appuyez ses projets!
Sous le nom de Léonce Héraclius respire.

MAURICE.

(*Elle rend le billet à Exupère, qui le lui a donné, et continue.*)
Seigneur, il vous dit vrai : vous étiez en mes mains
Quand on ouvrit Byzance au pire des humains.
Maurice m'honora de cette confiance;
Mon zèle y répondit par delà sa croyance.
Le voyant prisonnier et ses quatre autres fils,
Je cachai quelques jours ce qu'il m'avoit commis;
Mais enfin, toute prête à me voir découverte,
Ce zèle sur mon sang détourna votre perte.
J'allai pour vous sauver vous offrir à Phocas;
Mais j'offris votre nom, et ne vous donnai pas.
La généreuse ardeur de sujette fidèle

Me rendit pour mon prince à moi-même cruelle :
Mon fils fut, pour mourir, le fils de l'empereur.
J'éblouis le tyran, je trompai sa fureur :
Léonce, au lieu de vous, lui servit de victime.
            (*Elle fait un soupir.*)
Ah! pardonnez, de grâce; il m'échappe sans crime.
J'ai pris pour vous sa vie, et lui rends un soupir;
Ce n'est pas trop, seigneur, pour un tel souvenir :
A cet illustre effort par mon pouvoir réduite,
J'ai dompté la nature, et ne l'ai pas détruite.
   Phocas, ravi de joie à cette illusion,
Me combla de faveurs avec profusion,
Et nous fit de sa main cette haute fortune
Dont il n'est pas besoin que je vous importune.
   Voilà ce que mes soins vous laissoient ignorer;
Et j'attendois, seigneur, à vous le déclarer,
Que, par vos grands exploits, votre rare vaillance
Pût faire à l'univers croire votre naissance,
Et qu'une occasion pareille à ce grand bruit
Nous pût de son aveu promettre quelque fruit;
Car, comme j'ignorois que votre grand monarque
En eût pu rien savoir, ou laisser quelque marque,
Je doutois qu'un secret, n'étant su que de moi,
Sous un tyran si craint pût trouver quelque foi.

                    EXUPÈRE.
Comme sa cruauté, pour mieux gêner Maurice,
Le forçoit de ses fils à voir le sacrifice,
Ce prince vit l'échange, et l'alloit empêcher;
Mais l'acier des bourreaux fut plus prompt à trancher :
La mort de votre fils arrêta cette envie,
Et prévint d'un moment le refus de sa vie.
Maurice, à quelque espoir se laissant lors flatter,
S'en ouvrit à Félix qui vint le visiter,
Et trouva les moyens de lui donner ce gage
Qui vous en pût un jour rendre un plein témoignage.
Félix est mort, madame, et naguère en mourant
Il remit ce dépôt à son plus cher parent;
Et m'ayant tout conté : « Tiens, dit-il, Exupère,
       Sers ton prince, et venge ton père. »
Armé d'un tel secret, seigneur, j'ai voulu voir
Combien parmi le peuple il auroit de pouvoir.
J'ai fait semer ce bruit sans vous faire connoître;
Et, voyant tous les cœurs vous souhaiter pour maître,
J'ai ligué du tyran les secrets ennemis,
Mais sans leur découvrir plus qu'il ne m'est permis.
Ils aiment votre nom, sans savoir davantage;
Et cette seule joie anime leur courage,

ACTE II, SCÈNE VI.

Sans qu'autres que les deux qui vous parloient là-bas
De tout ce qu'elle a fait sachent plus que Phocas.
Vous venez de savoir ce que vous vouliez d'elle;
C'est à vous de répondre à son généreux zèle.
Le peuple est mutiné, nos amis assemblés,
Le tyran effrayé, ses confidens troublés.
Donnez l'aveu du prince à sa mort qu'on apprête,
Et ne dédaignez pas d'ordonner de sa tête.

MARTIAN.

Surpris des nouveautés d'un tel événement,
Je demeure à vos yeux muet d'étonnement.
Je sais ce que je dois, madame, au grand service
Dont vous avez sauvé l'héritier de Maurice.
Je croyois, comme fils, devoir tout à vos soins,
Et je vous dois bien plus lorsque je vous suis moins;
Mais, pour vous expliquer toute ma gratitude,
Mon âme a trop de trouble et trop d'inquiétude.
J'aimois, vous le savez, et mon cœur enflammé
Trouve enfin une sœur dedans l'objet aimé.
Je perds une maîtresse en gagnant un empire :
Mon amour en murmure, et mon cœur en soupire;
Et de mille pensers mon esprit agité
Paroît enseveli dans la stupidité.
Il est temps d'en sortir, l'honneur nous le commande.
Il faut donner un chef à votre illustre bande :
Allez, brave Exupère, allez, je vous rejoins;
Souffrez que je lui parle un moment sans témoins.
Disposez cependant vos amis à bien faire;
Surtout sauvons le fils en immolant le père :
Il n'eut rien du tyran qu'un peu de mauvais sang,
Dont la dernière guerre a trop purgé son flanc.

EXUPÈRE.

Nous vous rendrons, seigneur, entière obéissance,
Et vous allons attendre avec impatience.

SCÈNE VII. — MARTIAN, LÉONTINE, EUDOXE.

MARTIAN.

Madame, pour laisser toute sa dignité
A ce dernier effort de générosité,
Je crois que les raisons que vous m'avez données
M'en ont seules caché le secret tant d'années.
D'autres soupçonneroient qu'un peu d'ambition,
Du prince Martian voyant la passion,
Pour lui voir sur le trône élever votre fille,
Auroit voulu laisser l'empire en sa famille,
Et me faire trouver un tel destin bien doux

Dans l'éternelle erreur d'être sorti de vous :
Mais je tiendrois à crime une telle pensée.
Je me plains seulement d'une ardeur insensée,
D'un détestable amour que pour ma propre sœur
Vous-même vous avez allumé dans mon cœur.
Quel dessein faisiez-vous sur cet aveugle inceste?

LÉONTINE.

Je vous aurois tout dit avant ce nœud funeste ;
Et je le craignois peu, trop sûre que Phocas,
Ayant d'autres desseins, ne le souffriroit pas.
Je voulois donc, seigneur, qu'une flamme si belle
Portât votre courage aux vertus dignes d'elle,
Et que votre valeur l'ayant su mériter,
Le refus du tyran vous pût mieux irriter.
Vous n'avez pas rendu mon espérance vaine :
J'ai vu dans votre amour une source de haine;
Et j'ose dire encor qu'un bras si renommé
Peut-être auroit moins fait si le cœur n'eût aimé.
Achevez donc, seigneur; et puisque Pulchérie
Doit craindre l'attentat d'une aveugle furie....

MARTIAN.

Peut-être il vaudroit mieux moi-même la porter
A ce que le tyran témoigne en souhaiter :
Son amour, qui pour moi résiste à sa colère,
N'y résistera plus quand je serai son frère.
Pourrois-je lui trouver un plus illustre époux?

LÉONTINE.

Seigneur, qu'allez-vous faire? et que me dites-vous?

MARTIAN.

Que peut-être, pour rompre un si digne hyménée,
J'expose à tort sa tête avec ma destinée,
Et fais d'Héraclius un chef de conjurés
Dont je vois les complots encor mal assurés.
Aucun d'eux du tyran n'approche la personne;
Et quand même l'issue en pourroit être bonne,
Peut-être il m'est honteux de reprendre l'État
Par l'infâme succès d'un lâche assassinat;
Peut-être il vaudroit mieux en tête d'une armée
Faire parler pour moi toute ma renommée,
Et trouver à l'empire un chemin glorieux
Pour venger mes parens d'un bras victorieux[1].
C'est dont je vais résoudre avec cette princesse,
Pour qui non plus l'amour, mais le sang m'intéresse.

---

1. Il semble, par la phrase, que c'est d'un bras ennemi victorieux du bras de Phocas qu'il vengera ses parents ; et l'auteur entend que le bras victorieux de Martian, cru Héraclius, les vengera. (*Voltaire.*)

Vous, avec votre Eudoxe....
LÉONTINE.
Ah! seigneur, écoutez.
MARTIAN.
J'ai besoin de conseils dans ces difficultés;
Mais, à parler sans fard, pour écouter les vôtres,
Outre mes intérêts, vous en avez trop d'autres.
Je ne soupçonne point vos vœux ni votre foi;
Mais je ne veux d'avis que d'un cœur tout à moi.
Adieu.

SCÈNE VIII. — LÉONTINE, EUDOXE.
LÉONTINE.
Tout me confond, tout me devient contraire.
Je ne fais rien du tout, quand je pense tout faire;
Et lorsque le hasard me flatte avec excès,
Tout mon dessein avorte au milieu du succès :
Il semble qu'un démon funeste à sa conduite
Des beaux commencemens empoisonne la suite.
Ce billet, dont je vois Martian abusé,
Fait plus en ma faveur que je n'aurois osé :
Il arme puissamment le fils contre le père;
Mais, comme il a levé le bras en qui j'espère,
Sur le point de frapper, je vois avec regret
Que la nature y forme un obstacle secret.
La vérité le trompe, et ne peut le séduire;
Il sauve en reculant ce qu'il croit mieux détruire;
Il doute, et, du côté que je le vois pencher,
Il va presser l'inceste au lieu de l'empêcher.
EUDOXE.
Madame, pour le moins vous avez connoissance
De l'auteur de ce bruit, et de mon innocence;
Mais je m'étonne fort de voir à l'abandon
Du prince Héraclius les droits avec le nom.
Ce billet, confirmé par votre témoignage,
Pour monter dans le trône est un grand avantage.
Si Martian le peut sous ce titre occuper,
Pensez-vous qu'il se laisse aisément détromper,
Et qu'au premier moment qn'il vous verra dédire
Aux mains de son vrai maître il remette l'empire?
LÉONTINE.
Vous êtes curieuse, et voulez trop savoir.
N'ai-je pas déjà dit que j'y saurai pourvoir?
Tâchons, sans plus tarder, à revoir Exupère,
Pour prendre en ce désordre un conseil salutaire.

ACTE TROISIÈME.

SCÈNE I. — MARTIAN, PULCHÉRIE.

MARTIAN.

Je veux bien l'avouer, madame, car mon cœur
A de la peine encore à vous nommer ma sœur,
Quand, malgré ma fortune à vos pieds abaissée,
J'osai jusques à vous élever ma pensée,
Plus plein d'étonnement que de timidité,
J'interrogeois ce cœur sur sa témérité ;
Et dans ses mouvemens, pour secrète réponse,
Je sentois quelque chose au-dessus de Léonce,
Dont, malgré ma raison, l'impérieux effort
Emportoit mes désirs au delà de mon sort.

PULCHÉRIE.

Moi-même assez souvent j'ai senti dans mon âme
Ma naissance en secret me reprocher ma flamme.
Mais quoi ! l'impératrice, à qui je dois le jour,
Avoit innocemment fait naître cet amour :
J'approchois de quinze ans, alors qu'empoisonnée
Pour avoir contredit mon indigne hyménée,
Elle mêla ces mots à ses derniers soupirs :
« Le tyran veut surprendre ou forcer vos désirs,
Ma fille, et sa fureur à son fils vous destine ;
Mais prenez un époux des mains de Léontine :
Elle garde un trésor qui vous sera bien cher. »
Cet ordre en sa faveur me sut si bien toucher,
Qu'au lieu de la haïr d'avoir livré mon frère,
J'en tins le bruit pour faux, elle me devint chère ;
Et, confondant ces mots de trésor et d'époux,
Je crus les bien entendre, expliquant tout de vous.
J'opposois de la sorte à ma fière naissance
Les favorables lois de mon obéissance ;
Et je m'imputois même à trop de vanité
De trouver entre nous quelque inégalité.
La race de Léonce étant patricienne,
L'éclat de vos vertus l'égaloit à la mienne ;
Et je me laissois dire en mes douces erreurs :
« C'est de pareils héros qu'on fait les empereurs ;
Tu peux bien sans rougir aimer un grand courage
A qui le monde entier peut rendre un juste hommage. »
J'écoutois sans dédain ce qui m'autorisoit :
L'amour pensoit le dire, et le sang le disoit ;
Et de ma passion la flatteuse imposture

ACTE III, SCÈNE I.

S'emparoit dans mon cœur des droits de la nature.

MARTIAN.

Ah! ma sœur! puisque enfin mon destin éclairci
Veut que je m'accoutume à vous nommer ainsi,
Qu'aisément l'amitié jusqu'à l'amour nous mène!
C'est un penchant si doux qu'on y tombe sans peine;
Mais quand il faut changer l'amour en amitié,
Que l'âme qui s'y force est digne de pitié!
Et qu'on doit plaindre un cœur qui, n'osant s'en défendre,
Se laisse déchirer avant que de se rendre!
Ainsi donc la nature à l'espoir le plus doux
Fait succéder l'horreur, et l'horreur d'être à vous!
Ce que je suis m'arrache à ce que j'aimois d'être!
Ah! s'il m'étoit permis de ne me pas connoître,
Qu'un si charmant abus seroit à préférer
A l'âpre vérité qui vient de m'éclairer!

PULCHÉRIE.

J'eus pour vous trop d'amour pour ignorer ses forces.
Je sais quelle amertume aigrit de tels divorces;
Et la haine à mon gré les fait plus doucement
Que quand il faut aimer, mais aimer autrement.
J'ai senti comme vous une douleur bien vive
En brisant les beaux fers qui me tenoient captive;
Mais j'en condamnerois le plus doux souvenir
S'il avoit à mon cœur coûté plus d'un soupir.
Ce grand coup m'a surprise, et ne m'a point troublée;
Mon âme l'a reçu sans en être accablée;
Et comme tous mes feux n'avoient rien que de saint,
L'honneur les alluma, le devoir les éteint.
Je ne vois plus d'amant où je rencontre un frère;
L'un ne peut me toucher, ni l'autre me déplaire;
Et je tiendrai toujours mon bonheur infini,
Si les miens sont vengés, et le tyran puni.
    Vous, que va sur le trône élever la naissance,
Régnez sur votre cœur avant que sur Byzance;
Et, domptant comme moi ce dangereux mutin,
Commencez à répondre à ce noble destin.

MARTIAN.

Ah! vous fûtes toujours l'illustre Pulchérie,
En fille d'empereur dès le berceau nourrie;
Et ce grand nom sans peine a pu vous enseigner
Comment dessus vous-même il vous falloit régner;
Mais pour moi, qui, caché sous une autre aventure,
D'une âme plus commune ai pris quelque teinture,
Il n'est pas merveilleux si ce que je me crus
Mêle un peu de Léonce au cœur d'Héraclius.
A mes confus regrets soyez donc moins sévère:

C'est Léonce qui parle, et non pas votre frère;
Mais si l'un parle mal, l'autre va bien agir,
Et l'un ni l'autre enfin ne vous fera rougir.
Je vais des conjurés embrasser l'entreprise,
Puisqu'une âme si haute à frapper m'autorise,
Et tient que, pour répandre un si coupable sang,
L'assassinat est noble et digne de mon rang.
Pourrai-je cependant vous faire une prière?

PULCHÉRIE.

Prenez sur Pulchérie une puissance entière.

MARTIAN.

Puisqu'un amant si cher ne peut plus être à vous,
Ni vous, mettre l'empire en la main d'un époux,
Épousez Martian comme un autre moi-même;
Ne pouvant être à moi, soyez à ce que j'aime.

PULCHÉRIE.

Ne pouvant être à vous, je pourrois justement
Vouloir n'être à personne, et fuir tout autre amant;
Mais on pourroit nommer cette fermeté d'âme
Un reste mal éteint d'incestueuse flamme.
Afin donc qu'à ce choix j'ose tout accorder,
Soyez mon empereur pour me le commander.
Martian vaut beaucoup, sa personne m'est chère;
Mais purgez sa vertu des crimes de son père,
Et donnez à mes feux pour légitime objet
Dans le fils du tyran votre premier sujet.

MARTIAN.

Vous le voyez, j'y cours; mais enfin, s'il arrive
Que l'issue en devienne ou funeste ou tardive,
Votre perte est jurée; et d'ailleurs nos amis
Au tyran immolé voudront joindre ce fils.
Sauvez d'un tel péril et sa vie et la vôtre;
Par cet heureux hymen conservez l'un et l'autre;
Garantissez ma sœur des fureurs de Phocas,
Et mon ami de suivre un tel père au trépas.
Faites qu'en ce grand jour la troupe d'Exupère
Dans un sang odieux respecte mon beau-frère;
Et donnez au tyran, qui n'en pourra jouir,
Quelques momens de joie afin de l'éblouir.

PULCHÉRIE.

Mais durant ces momens, unie à sa famille,
Il deviendra mon père, et je serai sa fille;
Je lui devrai respect, amour, fidélité;
Ma haine n'aura plus d'impétuosité;
Et tous mes vœux pour vous seront mols et timides,
Quand mes vœux contre lui seront des parricides.
Outre que le succès est encore à douter,

Que l'on peut vous trahir, qu'il peut vous résister.
Si vous y succombez, pourrai-je me dédire
D'avoir porté chez lui les titres de l'empire?
Ah! combien ces momens de quoi vous me flattez
Alors pour mon supplice auroient d'éternités!
Votre haine voit peu l'erreur de sa tendresse;
Comme elle vient de naître, elle n'est que foiblesse:
La mienne a plus de force, et les yeux mieux ouverts;
Et, se dût avec moi perdre tout l'univers,
Jamais un seul moment, quoi que l'on puisse faire,
Le tyran n'aura droit de me traiter de père.
Je ne refuse au fils ni mon cœur ni ma foi:
Vous l'aimez, je l'estime, il est digne de moi:
Tout son crime est un père à qui le sang l'attache;
Quand il n'en aura plus, il n'aura plus de tache;
Et cette mort, propice à former ces beaux nœuds,
Purifiant l'objet, justifiera mes feux.
  Allez donc préparer cette heureuse journée,
Et du sang du tyran signez cet hyménée.
Mais quel mauvais démon devers nous le conduit?

MARTIAN.
Je suis trahi, madame, Exupère le suit.

SCÈNE II. — PHOCAS, EXUPÈRE, AMINTAS, MARTIAN,
PULCHÉRIE, CRISPE.

PHOCAS.
Quel est votre entretien avec cette princesse?
Des noces que je veux?
MARTIAN.
C'est de quoi je la presse.
PHOCAS.
Et vous l'avez gagnée en faveur de mon fils?
MARTIAN.
Il sera son époux, elle me l'a promis.
PHOCAS.
C'est beaucoup obtenu d'une âme si rebelle.
Mais quand?
MARTIAN.
C'est un secret que je n'ai pas su d'elle.
PHOCAS.
Vous pouvez m'en dire un dont je suis plus jaloux.
On dit qu'Héraclius est fort connu de vous:
Si vous aimez mon fils, faites-le-moi connoître.
MARTIAN.
Vous le connoissez trop, puisque je vois ce traître.

EXUFÈRE.
Je sers mon empereur, et je sais mon devoir.
MARTIAN.
Chacun te l'avouera; tu le fais assez voir.
PHOCAS.
De grâce, éclaircissez ce que je vous propose.
Ce billet à demi m'en dit bien quelque chose;
Mais, Léonce, c'est peu si vous ne l'achevez.
MARTIAN.
Nommez-moi par mon nom, puisque vous le savez;
Dites Héraclius; il n'est plus de Léonce,
Et j'entends mon arrêt sans qu'on me le prononce.
PHOCAS.
Tu peux bien t'y résoudre, après ton vain effort
Pour m'arracher le sceptre et conspirer ma mort.
MARTIAN.
J'ai fait ce que j'ai dû. Vivre sous ta puissance,
C'eût été démentir mon nom et ma naissance,
Et ne point écouter le sang de mes parens,
Qui ne crie en mon cœur que la mort des tyrans.
Quiconque pour l'empire eut la gloire de naître
Renonce à cet honneur s'il peut souffrir un maître:
Hors le trône ou la mort, il doit tout dédaigner;
C'est un lâche, s'il n'ose ou se perdre ou régner.
  J'attends donc mon arrêt sans qu'on me le prononce.
Héraclius mourra comme a vécu Léonce,
Bon sujet, meilleur prince : et ma vie et ma mort
Rempliront dignement et l'un et l'autre sort.
La mort n'a rien d'affreux pour une âme bien née:
A mes côtés pour toi je l'ai cent fois traînée;
Et mon dernier exploit contre tes ennemis
Fut d'arrêter son bras qui tomboit sur ton fils.
PHOCAS.
Tu prends pour me toucher un mauvais artifice:
Héraclius n'eut point de part à ce service;
J'en ai payé Léonce, à qui seul étoit dû
L'inestimable honneur de me l'avoir rendu.
Mais, sous des noms divers à soi-même contraire,
Qui conserva le fils attente sur le père;
Et se désavouant d'un aveugle secours,
Sitôt qu'il se connoît il en veut à mes jours.
Je te devois sa vie, et je me dois justice.
Léonce est effacé par le fils de Maurice.
Contre un tel attentat rien n'est à balancer,
Et je saurai punir comme récompenser.
MARTIAN.
Je sais trop qu'un tyran est sans reconnoissance,

Pour en avoir conçu la honteuse espérance ;
Et suis trop au-dessus de cette indignité,
Pour te vouloir piquer de générosité.
Que ferois-tu pour moi de me laisser la vie,
Si pour moi sans le trône elle n'est qu'infamie ?
Héraclius vivroit pour te faire la cour !
Rends-lui, rends-lui son sceptre, ou prive-le du jour.
Pour ton propre intérêt sois juge incorruptible :
Ta vie avec la sienne est trop incompatible ;
Un si grand ennemi ne peut être gagné,
Et je te punirois de m'avoir épargné.
Si de ton fils sauvé j'ai rappelé l'image,
J'ai voulu de Léonce étaler le courage,
Afin qu'en le voyant tu ne doutasses plus
Jusques où doit aller celui d'Héraclius.
Je me tiens plus heureux de périr en monarque,
Que de vivre en éclat sans en porter la marque ;
Et puisque, pour jouir d'un si glorieux sort,
Je n'ai que ce moment qu'on destine à ma mort,
Je la rendrai si belle et si digne d'envie,
Que ce moment vaudra la plus illustre vie.
M'y faisant donc conduire, assure ton pouvoir,
Et délivre mes yeux de l'horreur de te voir.

PHOCAS.

Nous verrons la vertu de cette âme hautaine.
Faites-le retirer en la chambre prochaine,
Crispe ; et qu'on me l'y garde, attendant que mon choix
Pour punir son forfait vous donne d'autres lois.

MARTIAN, *à Pulchérie.*

Adieu, madame, adieu, je n'ai pu davantage.
Ma mort vous va laisser encor dans l'esclavage :
Le ciel par d'autres mains vous en daigne affranchir !

SCÈNE III. — PHOCAS, PULCHÉRIE, EXUPÈRE, AMINTAS

PHOCAS.

Et toi, n'espère pas désormais me fléchir.
Je tiens Héraclius, et n'ai plus rien à craindre,
Plus lieu de te flatter, plus lieu de me contraindre.
Ce frère et ton espoir vont entrer au cercueil,
Et j'abattrai d'un coup sa tête et ton orgueil.
Mais ne te contrains point dans ces rudes alarmes ;
Laisse aller tes soupirs, laisse couler tes larmes.

PULCHÉRIE.

Moi, pleurer ! moi, gémir, tyran ! J'aurois pleuré
Si quelques lâchetés l'avoient déshonoré,
S'il n'eût pas emporté sa gloire toute entière,

S'il m'avoit fait rougir par la moindre prière,
Si quelque infâme espoir qu'on lui dût pardonner
Eût mérité la mort que tu lui vas donner.
Sa vertu jusqu'au bout ne s'est point démentie.
Il n'a point pris le ciel ni le sort à partie,
Point querellé le bras qui fait ces lâches coups,
Point daigné contre lui perdre un juste courroux.
Sans te nommer ingrat, sans trop le nommer traître,
De tous deux, de soi-même il s'est montré le maître;
Et dans cette surprise il a bien su courir
A la nécessité qu'il voyoit de mourir.
Je goûtois cette joie en un sort si contraire.
Je l'aimai comme amant, je l'aime comme frère;
Et dans ce grand revers je l'ai vu hautement
Digne d'être mon frère, et d'être mon amant.

PHOCAS.

Explique, explique mieux le fond de ta pensée;
Et, sans plus te parer d'une vertu forcée,
Pour apaiser le père, offre le cœur au fils,
Et tâche à racheter ce cher frère à ce prix.

PULCHÉRIE.

Crois-tu que sur la foi de tes fausses promesses
Mon âme ose descendre à de telles bassesses?
Prends mon sang pour le sien; mais, s'il y faut mon cœur,
Périsse Héraclius avec sa triste sœur!

PHOCAS.

Eh bien! il va périr; ta haine en est complice.

PULCHÉRIE.

Et je verrai du ciel bientôt choir ton supplice.
Dieu, pour le réserver à ses puissantes mains,
Fait avorter exprès tous les moyens humains;
Il veut frapper le coup sans notre ministère.
Si l'on t'a bien donné Léonce pour mon frère,
Les quatre autres peut-être, à tes yeux abusés,
Ont été comme lui des Césars supposés.
L'État, qui dans leur mort voyoit trop sa ruine,
Avoit des généreux autres que Léontine;
Ils trompoient d'un barbare aisément la fureur,
Qui n'avoit jamais vu la cour ni l'empereur.
Crains, tyran, crains encor tous les quatre peut-être :
L'un après l'autre enfin se vont faire paroître;
Et, malgré tous tes soins, malgré tout ton effort,
Tu ne les connoîtras qu'en recevant la mort.
Moi-même, à leur défaut, je serai la conquête
De quiconque à mes pieds apportera ta tête;
L'esclave le plus vil qu'on puisse imaginer
Sera digne de moi, s'il peut t'assassiner.

Va perdre Héraclius, et quitte la pensée
Que je me pare ici d'une vertu forcée;
Et, sans m'importuner de répondre à tes vœux,
Si tu prétends régner, défais-toi de tous deux.

SCÈNE IV. — PHOCAS, EXUPÈRE, AMINTAS.

PHOCAS.

J'écoute avec plaisir ces menaces frivoles;
Je ris d'un désespoir qui n'a que des paroles;
Et, de quelque façon qu'elle m'ose outrager,
Le sang d'Héraclius m'en doit assez venger.
Vous donc, mes vrais amis, qui me tirez de peine;
Vous, dont je vois l'amour quand je craignois la haine;
Vous, qui m'avez livré mon secret ennemi,
Ne soyez point vers moi fidèles à demi :
Résolvez avec moi des moyens de sa perte :
La ferons-nous secrète, ou bien à force ouverte?
Prendrons-nous le plus sûr, ou le plus glorieux?

EXUPÈRE.

Seigneur, n'en doutez point, le plus sûr vaut le mieux :
Mais le plus sûr pour vous est que sa mort éclate,
De peur qu'en l'ignorant le peuple ne se flatte,
N'attende encor ce prince, et n'ait quelque raison
De courir en aveugle à qui prendra son nom.

PHOCAS.

Donc, pour ôter tout doute à cette populace,
Nous enverrons sa tête au milieu de la place.

EXUPÈRE.

Mais si vous la coupez dedans votre palais,
Ces obstinés mutins ne le croiront jamais;
Et, sans que pas un d'eux à son erreur renonce,
Ils diront qu'on impute un faux nom à Léonce,
Qu'on en fait un fantôme afin de les tromper,
Prêts à suivre toujours qui voudra l'usurper.

PHOCAS.

Lors nous leur ferons voir ce billet de Maurice.

EXUPÈRE.

Ils le tiendront pour faux, et pour un artifice :
Seigneur, après vingt ans vous espérez en vain
Que ce peuple ait des yeux pour connoître sa main.
Si vous voulez calmer toute cette tempête,
Il faut en pleine place abattre cette tête,
Et qu'il die, en mourant, à ce peuple confus :
« Peuple, n'en doute point, je suis Héraclius. »

PHOCAS.

Il le faut, je l'avoue; et déjà je destine

A ce même échafaud l'infâme Léontine.
Mais si ces insolens l'arrachent de nos mains?
EXUPÈRE.
Qui l'osera, seigneur?
PHOCAS.
Ce peuple que je crains.
EXUPÈRE.
Ah! souvenez-vous mieux des désordres qu'enfante
Dans un peuple sans chef la première épouvante.
Le seul bruit de ce prince au palais arrêté
Dispersera soudain chacun de son côté;
Les plus audacieux craindront votre justice,
Et le reste en tremblant ira voir son supplice.
Mais ne leur donnez pas, tardant trop à punir,
Le temps de se remettre et de se réunir :
Envoyez des soldats à chaque coin des rues;
Saisissez l'Hippodrome avec ses avenues;
Dans tous les lieux publics rendez-vous le plus fort.
Pour nous, qu'un tel indice intéresse à sa mort,
De peur que d'autres mains ne se laissent séduire,
Jusques à l'échafaud laissez-nous le conduire.
Nous aurons trop d'amis pour en venir à bout;
J'en réponds sur ma tête, et j'aurai l'œil à tout.
PHOCAS.
C'en est trop, Exupère : allez, je m'abandonne
Aux fidèles conseils que votre ardeur me donne.
C'est l'unique moyen de dompter nos mutins,
Et d'éteindre à jamais ces troubles intestins.
Je vais, sans différer, pour cette grande affaire
Donner à tous mes chefs un ordre nécessaire.
Vous, pour répondre aux soins que vous m'avez promis,
Allez de votre part assembler vos amis,
Et croyez qu'après moi, jusqu'à ce que j'expire,
Ils seront, eux et vous, les maîtres de l'empire.

SCÈNE V. — EXUPÈRE, AMINTAS.

EXUPÈRE.
Nous sommes en faveur, ami, tout est à nous :
L'heur de notre destin va faire des jaloux.
AMINTAS.
Quelque allégresse ici que vous fassiez paroître,
Trouvez-vous doux les noms de perfide et de traître?
EXUPÈRE.
Je sais qu'aux généreux ils doivent faire horreur;
Ils m'ont frappé l'oreille, ils m'ont blessé le cœur :
Mais bientôt, par l'effet que nous devons attendre,

Nous serons en état de ne les plus entendre.
Allons ; pour un moment qu'il faut les endurer,
Ne fuyons pas les biens qu'ils nous font espérer.

ACTE QUATRIÈME.

SCÈNE I. — HÉRACLIUS, EUDOXE.

HÉRACLIUS.
Vous avez grand sujet d'appréhender pour elle :
Phocas au dernier point la tiendra criminelle ;
Et je le connois mal, ou, s'il la peut trouver,
Il n'est moyen humain qui puisse la sauver.
Je vous plains, chère Eudoxe, et non pas votre mère :
Elle a bien mérité ce qu'a fait Exupère ;
Il trahit justement qui vouloit me trahir.

EUDOXE.
Vous croyez qu'à ce point elle ait pu vous haïr,
Vous, pour qui son amour a forcé la nature ?

HÉRACLIUS.
Comment voulez-vous donc nommer son imposture ?
M'empêcher d'entreprendre, et, par un faux rapport,
Confondre en Martian et mon nom et mon sort ;
Abuser d'un billet que le hasard lui donne ;
Attacher de sa main mes droits à sa personne,
Et le mettre en état, dessous sa bonne foi,
De régner en ma place, ou de périr pour moi :
Madame, est-ce en effet me rendre un grand service ?

EUDOXE.
Eût-elle démenti ce billet de Maurice ?
Et l'eût-elle pu faire, à moins que révéler
Ce que surtout alors il lui falloit celer ?
Quand Martian par là n'eût pas connu son père,
C'étoit vous hasarder sur la foi d'Exupère :
Elle en doutoit, seigneur ; et, par l'événement,
Vous voyez que son zèle en doutoit justement.
Sûre en soi des moyens de vous rendre l'empire,
Qu'à vous-même jamais elle n'a voulu dire,
Elle a sur Martian tourné le coup fatal
De l'épreuve d'un cœur qu'elle connoissoit mal.
Seigneur, où seriez-vous sans ce nouveau service ?

HÉRACLIUS.
Qu'importe qui des deux on destine au supplice ?
Qu'importe, Martian, vu ce que je te doi,
Qui trahisse mon sort, d'Exupère ou de moi ?

Si l'on ne me découvre, il faut que je m'expose;
Et l'un et l'autre enfin ne sont que même chose,
Sinon qu'étant trahi je mourrois malheureux,
Et que, m'offrant pour toi, je mourrai généreux.

EUDOXE.

Quoi! pour désabuser une aveugle furie,
Rompre votre destin, et donner votre vie!

HÉRACLIUS.

Vous êtes plus aveugle encore en votre amour.
Périra-t-il pour moi quand je lui dois le jour?
Et, lorsque sous mon nom il se livre à sa perte,
Tiendrai-je sous le sien ma fortune couverte?
S'il s'agissoit ici de le faire empereur,
Je pourrois lui laisser mon nom et son erreur;
Mais conniver en lâche à ce nom qu'on me vole,
Quand son père à mes yeux au lieu de moi l'immole!
Souffrir qu'il se trahisse aux rigueurs de mon sort!
Vivre par son supplice, et régner par sa mort!

EUDOXE.

Ah! ce n'est pas, seigneur, ce que je vous demande;
De cette lâcheté l'infamie est trop grande.
Montrez-vous pour sauver ce héros du trépas;
Mais montrez-vous en maître, et ne vous perdez pas :
Rallumez cette ardeur où s'opposoit ma mère,
Garantissez le fils par la perte du père;
Et, prenant à l'empire un chemin éclatant,
Montrez Héraclius au peuple qui l'attend.

HÉRACLIUS.

Il n'est plus temps, madame; un autre a pris ma place.
Sa prison a rendu le peuple tout de glace :
Déjà préoccupé d'un autre Héraclius,
Dans l'effroi qui le trouble il ne me croira plus;
Et, ne me regardant que comme un fils perfide,
Il aura de l'horreur de suivre un parricide.
Mais quand même il voudroit seconder mes desseins,
Le tyran tient déjà Martian en ses mains.
S'il voit qu'en sa faveur je marche à force ouverte,
Piqué de ma révolte, il hâtera sa perte,
Et croira qu'en m'ôtant l'espoir de le sauver
Il m'ôtera l'ardeur qui me fait soulever.
N'en parlons plus; en vain votre amour me retarde,
Le sort d'Héraclius tout entier me regarde.
Soit qu'il faille régner, soit qu'il faille périr,
Au tombeau comme au trône on me verra courir.
Mais voici le tyran, et son traître Exupère.

SCÈNE II. — PHOCAS, HÉRACLIUS, EXUPÈRE, EUDOXE, TROUPE DE GARDES.

PHOCAS, *montrant Eudoxe à ses gardes.*
Qu'on la tienne en lieu sûr en attendant sa mère.
HÉRACLIUS.
A-t-elle quelque part...?
PHOCAS.
Nous verrons à loisir :
Il est bon cependant de la faire saisir.
EUDOXE, *s'en allant.*
Seigneur, ne croyez rien de ce qu'il vous va dire.
PHOCAS, *à Eudoxe.*
Je croirai ce qu'il faut pour le bien de l'empire.
(*A Héraclius.*)
Ses pleurs pour ce coupable imploroient ta pitié?
HÉRACLIUS.
Seigneur....
PHOCAS.
Je sais pour lui quelle est ton amitié;
Mais je veux que toi-même, ayant bien vu son crime,
Tiennes ton zèle injuste, et sa mort légitime.
(*Aux gardes.*)
Qu'on le fasse venir. Pour en tirer l'aveu
Il ne sera besoin ni du fer ni du feu.
Loin de s'en repentir, l'orgueilleux en fait gloire.
Mais que me diras-tu qu'il ne me faut pas croire?
Eudoxe m'en conjure, et l'avis me surprend.
Aurois-tu découvert quelque crime plus grand?
HÉRACLIUS.
Oui, sa mère a plus fait contre votre service
Que ne sait Exupère, et que n'a vu Maurice.
PHOCAS.
La perfide! Ce jour lui sera le dernier.
Parle.
HÉRACLIUS.
J'achèverai devant le prisonnier.
Trouvez bon qu'un secret d'une telle importance,
Puisque vous le mandez, s'explique en sa présence.
PHOCAS.
Le voici. Mais surtout ne me dis rien pour lui.

SCÈNE III. — PHOCAS, HÉRACLIUS, MARTIAN, EXUPÈRE, TROUPE DE GARDES.

HÉRACLIUS.
Je sais qu'en ma prière il auroit peu d'appui;
Et loin de me donner une inutile peine,

Tout ce que je demande à votre juste haine,
C'est que de tels forfaits ne soient pas impunis ;
Perdez Héraclius, et sauvez votre fils :
Voilà tout mon souhait et toute ma prière.
M'en refuserez-vous ?

PHOCAS.

Tu l'obtiendras entière :
Ton salut en effet est douteux sans sa mort.

MARTIAN.

Ah ! prince ! j'y courois sans me plaindre du sort :
Son indigne rigueur n'est pas ce qui me touche :
Mais en ouïr l'arrêt sortir de votre bouche !
Je vous ai mal connu jusques à mon trépas.

HÉRACLIUS.

Et même en ce moment tu ne me connois pas.
Écoute, père aveugle, et toi, prince crédule,
Ce que l'honneur défend que plus je dissimule.
Phocas, connois ton sang, et tes vrais ennemis :
Je suis Héraclius, et Léonce est ton fils.

MARTIAN.

Seigneur, que dites-vous ?

HÉRACLIUS.

Que je ne puis plus taire
Que deux fois Léontine osa tromper ton père ;
Et, semant de nos noms un insensible abus,
Fit un faux Martian du jeune Héraclius.

PHOCAS.

Maurice te dément, lâche ! tu n'as qu'à lire :
« Sous le nom de Léonce Héraclius respire. »
Tu fais après cela des contes superflus.

HÉRACLIUS.

Si ce billet fut vrai, seigneur, il ne l'est plus :
J'étois Léonce alors, et j'ai cessé de l'être
Quand Maurice immolé n'en a pu rien connoître.
S'il laissa par écrit ce qu'il avoit pu voir,
Ce qui suivit sa mort fut hors de son pouvoir.
Vous portâtes soudain la guerre dans la Perse,
Où vous eûtes trois ans la fortune diverse ;
Cependant Léontine, étant dans le château
Reine de nos destins et de notre berceau,
Pour me rendre le rang qu'occupoit votre race,
Prit Martian pour elle, et me mit en sa place.
Ce zèle en ma faveur lui succéda si bien,
Que vous-même au retour vous n'en connûtes rien ;
Et ces informes traits qu'à six mois a l'enfance,
Ayant mis entre nous fort peu de différence,
Le foible souvenir en trois ans s'en perdit :

Vous prîtes aisément ce qu'elle vous rendit.
Nous vécûmes tous deux sous le nom l'un de l'autre :
Il passa pour son fils, je passai pour le vôtre ;
Et je ne jugeois pas ce chemin criminel
Pour remonter sans meurtre au trône paternel.
Mais voyant cette erreur fatale à cette vie
Sans qui déjà la mienne auroit été ravie,
Je me croirois, seigneur, coupable infiniment
Si je souffrois encore un tel aveuglement.
Je viens reprendre un nom qui seul a fait son crime.
Conservez votre haine, et changez de victime.
Je ne demande rien que ce qui m'est promis :
Perdez Héraclius, et sauvez votre fils.

MARTIAN.

Admire de quel fils le ciel t'a fait le père,
Admire quel effort sa vertu vient de faire,
Tyran ; et ne prends pas pour une vérité
Ce qu'invente pour moi sa générosité.

(*A Héraclius.*)

C'est trop, prince, c'est trop pour ce petit service
Dont honora mon bras ma fortune propice :
Je vous sauvai la vie, et ne la perdis pas ;
Et pour moi vous cherchez un assuré trépas !
Ah! si vous m'en devez quelque reconnoissance,
Prince, ne m'ôtez pas l'honneur de ma naissance :
Avoir tant de pitié d'un sort si glorieux,
De crainte d'être ingrat, c'est m'être injurieux.

PHOCAS.

En quel trouble me jette une telle dispute!
A quels nouveaux malheurs m'expose-t-elle en butte!
Lequel croire, Exupère, et lequel démentir?
Tombé-je dans l'erreur, ou si j'en vais sortir?
Si ce billet est vrai, le reste est vraisemblable.

EXUPÈRE.

Mais qui sait si ce reste est faux ou véritable?

PHOCAS.

Léontine deux fois a pu tromper Phocas.

EXUPÈRE.

Elle a pu les changer, et ne les changer pas,
Et plus que vous, seigneur, dedans l'inquiétude,
Je ne vois que du trouble et de l'incertitude.

HÉRACLIUS.

Ce n'est pas d'aujourd'hui que je sais qui je suis :
Vous voyez quels effets en ont été produits.
Depuis plus de quatre ans vous voyez quelle adresse
J'apporte à rejeter l'hymen de la princesse,
Où sans doute aisément mon cœur eût consenti,

Si Léontine alors ne m'en eût averti.
MARTIAN.
Léontine?
HÉRACLIUS.
Elle-même.
MARTIAN.
Ah! ciel! quelle est sa ruse!
Martian aime Eudoxe, et sa mère l'abuse.
Par l'horreur d'un hymen qu'il croit incestueux,
De ce prince à sa fille elle assure les vœux;
Et son ambition, adroite à le séduire,
Le plonge en une erreur dont elle attend l'empire.
Ce n'est que d'aujourd'hui que je sais qui je suis;
Mais de mon ignorance elle espéroit ces fruits,
Et me tiendroit encor la vérité cachée,
Si tantôt ce billet ne l'en eût arrachée.
PHOCAS.
La méchante l'abuse aussi bien que Phocas.
EXUPÈRE.
Elle a pu l'abuser, et ne l'abuser pas.
PHOCAS.
Tu vois comme la fille a part au stratagème.
EXUPÈRE.
Et que la mère a pu l'abuser elle-même.
PHOCAS.
Que de pensers divers! que de soucis flottans!
EXUPÈRE.
Je vous en tirerai, seigneur, dans peu de temps.
PHOCAS.
Dis-moi, tout est-il prêt pour ce juste supplice?
EXUPÈRE.
Oui, si nous connoissons le vrai fils de Maurice.
HÉRACLIUS.
Pouvez-vous en douter après ce que j'ai dit?
MARTIAN.
Donnez-vous à l'erreur encor quelque crédit?
HÉRACLIUS, *à Martian.*
Ami, rends-moi mon nom : la faveur n'est pas grande;
Ce n'est que pour mourir que je te le demande.
Reprends ce triste jour que tu m'as racheté,
Ou rends-moi cet honneur que tu m'as presque ôté.
MARTIAN.
Pourquoi, de mon tyran volontaire victime,
Précipiter vos jours pour me noircir d'un crime?
Prince, qui que je sois, j'ai conspiré sa mort,
Et nos noms au dessein donnent un divers sort :
Dedans Héraclius il a gloire solide,

Et dedans Martian il devient parricide.
Puisqu'il faut que je meure illustre, ou criminel,
Couvert ou de louange, ou d'opprobre éternel,
Ne souillez point ma mort, et ne veuillez pas faire
Du vengeur de l'empire un assassin d'un père.

HÉRACLIUS.

Mon nom seul est coupable, et, sans plus disputer,
Pour te faire innocent tu n'as qu'à le quitter;
Il conspira lui seul, tu n'en es point complice.
Ce n'est qu'Héraclius qu'on envoie au supplice:
Sois son fils, tu vivras.

MARTIAN.

Si je l'avois été,
Seigneur, ce traître en vain m'auroit sollicité;
Et, lorsque contre vous il m'a fait entreprendre,
La nature en secret auroit su m'en défendre.

HÉRACLIUS.

Apprends donc qu'en secret mon cœur t'a prévenu.
J'ai voulu conspirer, mais on m'a retenu;
Et dedans mon péril Léontine timide....

MARTIAN.

N'a pu voir Martian commettre un parricide.

HÉRACLIUS.

Toi, que de Pulchérie elle a fait amoureux,
Juge sous les deux noms ton dessein et tes feux.
Elle a rendu pour toi l'un et l'autre funeste,
Martian parricide, Héraclius inceste,
Et n'eût pas eu pour moi d'horreur d'un grand forfait,
Puisque dans ta personne elle en pressoit l'effet.
Mais elle m'empêchoit de hasarder ma tête,
Espérant par ton bras me livrer ma conquête.
Ce favorable aveu dont elle t'a séduit
T'exposoit aux périls pour m'en donner le fruit;
Et c'étoit ton succès qu'attendoit sa prudence,
Pour découvrir au peuple ou cacher ma naissance.

PHOCAS.

Hélas! je ne puis voir qui des deux est mon fils;
Et je vois que tous deux ils sont mes ennemis.
En ce piteux état quel conseil dois-je suivre?
J'ai craint un ennemi, mon bonheur me le livre;
Je sais que de mes mains il ne se peut sauver,
Je sais que je le vois, et ne puis le trouver.
La nature tremblante, incertaine, étonnée,
D'un nuage confus couvre sa destinée:
L'assassin sous cette ombre échappe à ma rigueur,
Et, présent à mes yeux, il se cache en mon cœur.
Martian! A ce nom aucun ne veut répondre,

Et l'amour paternel ne sert qu'à me confondre.
Trop d'un Héraclius en mes mains est remis;
Je tiens mon ennemi, mais je n'ai plus de fils.
Que veux-tu donc, nature, et que prétends-tu faire?
Si je n'ai plus de fils, puis-je encore être père?
De quoi parle à mon cœur ton murmure imparfait?
Ne me dis rien du tout, ou parle tout à fait¹.
Qui que ce soit des deux que mon sang ait fait naître,
Ou laisse-moi le perdre, ou fais-le-moi connoître.
 O toi, qui que tu sois, enfant dénaturé,
Et trop digne du sort que tu t'es procuré,
Mon trône est-il pour toi plus honteux qu'un supplice?
O malheureux Phocas! ô trop heureux Maurice!
Tu recouvres deux fils pour mourir après toi,
Et je n'en puis trouver pour régner après moi!
Qu'aux honneurs de ta mort je dois porter envie,
Puisque mon propre fils les préfère à sa vie!

SCÈNE IV. — PHOCAS, HÉRACLIUS, MARTIAN, CRISPE, EXUPÈRE, LÉONTINE.

CRISPE, *à Phocas*.

Seigneur, ma diligence enfin a réussi:
J'ai trouvé Léontine, et je l'amène ici.

PHOCAS, *à Léontine*.

Approche, malheureuse.

HÉRACLIUS, *à Léontine*.

     Avouez tout, madame.

J'ai tout dit.

LÉONTINE, *à Héraclius*.

 Quoi, seigneur?

PHOCAS.

      Tu l'ignores, infâme!
Qui des deux est mon fils?

LÉONTINE.

  Qui vous en fait douter?

HÉRACLIUS, *à Léontine*.

Le nom d'Héraclius que son fils veut porter:
Il en croit ce billet et votre témoignage;
Mais ne le laissez pas dans l'erreur davantage.

PHOCAS.

N'attends pas les tourmens, ne me déguise rien.

---

1. Ces deux beaux vers de cette admirable tirade ont été imités par Pascal, et c'est la meilleure de ses pensées. Cela fait bien voir que le génie de Corneille, malgré ses négligences fréquentes, a tout créé en France. Avant lui, presque personne ne pensait avec force et ne s'exprimait avec noblesse. (*Voltaire*.)

M'as-tu livré ton fils? as tu changé le mien?
LÉONTINE.
Je t'ai livré mon fils; et j'en aime la gloire.
Si je parle du reste, oseras-tu m'en croire?
Et qui t'assurera que pour Héraclius,
Moi qui t'ai tant trompé, je ne te trompe plus?
PHOCAS.
N'importe, fais-nous voir quelle haute prudence
En des temps si divers leur en fait confidence,
A l'un depuis quatre ans, à l'autre d'aujourd'hui.
LÉONTINE.
Le secret n'en est su ni de lui, ni de lui;
Tu n'en sauras non plus les véritables causes:
Devine, si tu peux, et choisis, si tu l'oses.
    L'un des deux est ton fils, l'autre est ton empereur.
Tremble dans ton amour, tremble dans ta fureur.
Je te veux toujours voir, quoi que ta rage fasse,
Craindre ton ennemi dedans ta propre race,
Toujours aimer ton fils dedans ton ennemi,
Sans être ni tyran, ni père qu'à demi.
Tandis qu'autour des deux tu perdras ton étude,
Mon âme jouira de ton inquiétude;
Je rirai de ta peine; ou, si tu m'en punis,
Tu perdras avec moi le secret de ton fils.
PHOCAS.
Et si je les punis tous deux sans les connoître,
L'un comme Héraclius, l'autre pour vouloir l'être?
LÉONTINE.
Je m'en consolerai quand je verrai Phocas
Croire affermir son sceptre en se coupant le bras,
Et de la même main son ordre tyrannique
Venger Héraclius dessus son fils unique.
PHOCAS.
Quelle reconnoissance, ingrate! tu me rends
Des bienfaits répandus sur toi, sur tes parens,
De t'avoir confié ce fils que tu me caches,
D'avoir mis en tes mains ce cœur que tu m'arraches,
D'avoir mis à tes pieds ma cour qui t'adoroit!
Rends-moi mon fils, ingrate.
LÉONTINE.
            Il m'en désavoueroit;
Et ce fils, quel qu'il soit, que tu ne peux connoître,
A le cœur assez bon pour ne vouloir pas l'être.
Admire sa vertu qui trouble ton repos.
C'est du fils d'un tyran que j'ai fait ce héros;
Tant ce qu'il a reçu d'heureuse nourriture
Dompte ce mauvais sang qu'il eut de la nature!

C'est assez dignement répondre à tes bienfaits
Que d'avoir dégagé ton fils de tes forfaits.
Séduit par ton exemple et par sa complaisance,
Il t'auroit ressemblé, s'il eût su sa naissance :
Il seroit lâche, impie, inhumain comme toi !
Et tu me dois ainsi plus que je ne te doi.

EXUPÈRE.

L'impudence et l'orgueil suivent les impostures.
Ne vous exposez plus à ce torrent d'injures,
Qui, ne faisant qu'aigrir votre ressentiment,
Vous donne peu de jour pour ce discernement.
Laissez-la-moi, seigneur, quelques momens en garde.
Puisque j'ai commencé, le reste me regarde :
Malgré l'obscurité de son illusion,
J'espère démêler cette confusion.
Vous savez à quel point l'affaire m'intéresse.

PHOCAS.

Achève, si tu peux, par force ou par adresse,
Exupère ; et sois sûr que je te devrai tout,
Si l'ardeur de ton zèle en peut venir à bout.
Je saurai cependant prendre à part l'un et l'autre ;
Et peut-être qu'enfin nous trouverons le nôtre.
Agis de ton côté ; je la laisse avec toi :
Gêne, flatte, surprends. Vous autres, suivez-moi.

SCÈNE V. — EXUPÈRE, LÉONTINE.

EXUPÈRE.

On ne peut nous entendre. Il est juste, madame,
Que je vous offre enfin jusqu'au fond de mon âme ;
C'est passer trop longtemps pour traître auprès de vous.
Vous haïssez Phocas ; nous le haïssons tous....

LÉONTINE.

Oui, c'est bien lui montrer ta haine et ta colère,
Que lui vendre ton prince et le sang de ton père.

EXUPÈRE.

L'apparence vous trompe, et je suis en effet....

LÉONTINE.

L'homme le plus méchant que la nature ait fait.

EXUPÈRE.

Ce qui passe à vos yeux pour une perfidie....

LÉONTINE.

Cache une intention fort noble, et fort hardie !

EXUPÈRE.

Pouvez-vous en juger, puisque vous l'ignorez ?
Considérez l'état de tous nos conjurés.
Il n'est aucun de nous à qui sa violence

N'ait donné trop de lieu d'une juste vengeance :
Et, nous en croyant tous dans notre âme indignés,
Le tyran du palais nous a tous éloignés.
Il y falloit rentrer par quelque grand service.
LÉONTINE.
Et tu crois m'éblouir avec cet artifice?
EXUPÈRE.
Madame, apprenez tout. Je n'ai rien hasardé.
Vous savez de quel nombre il est toujours gardé ;
Pouvions-nous le surprendre, ou forcer les cohortes
Qui de jour et de nuit tiennent toutes ses portes ?
Pouvions-nous mieux sans bruit nous approcher de lui ?
Vous voyez la posture où j'y suis aujourd'hui :
Il me parle, il m'écoute, il me croit ; et lui-même
Se livre entre mes mains, aide à mon stratagème.
C'est par mes seuls conseils qu'il veut publiquement
Du prince Héraclius faire le châtiment ;
Que sa milice, éparse à chaque coin des rues,
A laissé du palais les portes presque nues :
Je puis en un moment m'y rendre le plus fort ;
Mes amis sont tout prêts : c'en est fait, il est mort ;
Et j'userai si bien de l'accès qu'il me donne,
Qu'aux pieds d'Héraclius je mettrai sa couronne.
Mais après mes desseins pleinement découverts,
De grâce, faites-moi connoître qui je sers ;
Et ne le cachez plus à ce cœur qui n'aspire
Qu'à le rendre aujourd'hui maître de tout l'empire.
LÉONTINE.
Esprit lâche et grossier, quelle brutalité
Te fait juger en moi tant de crédulité ?
Va, d'un piége si lourd l'appât est inutile,
Traître, et si tu n'as point de ruse plus subtile....
EXUPÈRE.
Je vous dis vrai, madame, et vous dirai de plus....
LÉONTINE.
Ne me fais point ici de contes superflus :
L'effet à tes discours ôte toute croyance.
EXUPÈRE.
Eh bien! demeurez donc dans votre défiance.
Je ne demande plus, et ne vous dis plus rien ;
Gardez votre secret, je garderai le mien.
Puisque je passe encor pour homme à vous séduire,
Venez dans la prison où je vais vous conduire :
Si vous ne me croyez, craignez ce que je puis.
Avant la fin du jour vous saurez qui je suis.

ACTE CINQUIÈME.

SCÈNE I. — HÉRACLIUS.

Quelle confusion étrange
De deux princes fait un mélange
Qui met en discord deux amis !
Un père ne sait où se prendre ;
Et plus tous deux s'osent défendre
Du titre infâme de son fils,
Plus eux-mêmes cessent d'entendre
Les secrets qu'on leur a commis.

Léontine avec tant de ruse
Ou me favorise ou m'abuse,
Qu'elle brouille tout notre sort :
Ce que j'en eus de connoissance
Brave une orgueilleuse puissance
Qui n'en croit pas mon vain effort ;
Et je doute de ma naissance
Quand on me refuse la mort.

Ce fier tyran qui me caresse
Montre pour moi tant de tendresse
Que mon cœur s'en laisse alarmer :
Lorsqu'il me prie et me conjure,
Son amitié paroît si pure,
Que je ne saurois présumer
Si c'est par instinct de nature,
Ou par coutume de m'aimer.

Dans cette croyance incertaine,
J'ai pour lui des transports de haine
Que je ne conserve pas bien :
Cette grâce qu'il veut me faire
Étonne et trouble ma colère ;
Et je n'ose résoudre rien,
Quand je trouve un amour de père
En celui qui m'ôta le mien.

Retiens, grande ombre de Maurice,
Mon âme au bord du précipice
Que cette obscurité lui fait,
Et m'aide à faire mieux connoître
Qu'en ton fils Dieu n'a pas fait naître
Un prince à ce point imparfait,

ACTE V, SCÈNE I.

Ou que je méritois de l'être,
Si je ne le suis en effet.

Soutiens ma haine qui chancelle,
Et, redoublant pour ta querelle
Cette noble ardeur de mourir,
Fais voir.... Mais il m'exauce ; on vient me secourir.

SCENE II. — HÉRACLIUS, PULCHÉRIE.

HÉRACLIUS.

O ciel! quel bon démon devers moi vous envoie,
Madame?
PULCHÉRIE.
Le tyran, qui veut que je vous voie,
Et met tout en usage afin de s'éclaircir.
HÉRACLIUS.
Par vous-même en ce trouble il pense réussir!
PULCHÉRIE.
Il le pense, seigneur, et ce brutal espère
Mieux qu'il ne trouve un fils que je découvre un frère :
Comme si j'étois fille à ne lui rien celer
De tout ce que le sang pourroit me révéler!
HÉRACLIUS.
Puisse-t-il par un trait de lumière fidèle
Vous le mieux révéler qu'il ne me le révèle!
Aidez-moi cependant, madame, à repousser
Les indignes frayeurs dont je me sens presser....
PULCHÉRIE.
Ah! prince, il ne faut point d'assurance plus claire ;
Si vous craignez la mort, vous n'êtes point mon frère :
Ces indignes frayeurs vous ont trop découvert.
HÉRACLIUS.
Moi la craindre, madame! Ah! je m'y suis offert.
Qu'il me traite en tyran, qu'il m'envoie au supplice,
Je suis Héraclius, je suis fils de Maurice ;
Sous ces noms précieux je cours m'ensevelir,
Et m'étonne si peu que je l'en fais pâlir.
Mais il me traite en père, il me flatte, il m'embrasse :
Je n'en puis arracher une seule menace :
J'ai beau faire et beau dire afin de l'irriter,
Il m'écoute si peu qu'il me force à douter.
Malgré moi comme fils toujours il me regarde ;
Au lieu d'être en prison, je n'ai pas même un garde.
Je ne sais qui je suis, et crains de le savoir ;
Je veux ce que je dois, et cherche mon devoir :
Je crains de le haïr, si j'en tiens la naissance ;
Je le plains de m'aimer, si je m'en dois vengeance ;

Et mon cœur, indigné d'une telle amitié,
En frémit de colère, et tremble de pitié.
De tous ses mouvemens mon esprit se défie.
Il condamne aussitôt tout ce qu'il justifie.
La colère, l'amour, la haine et le respect,
Ne me présentent rien qui ne me soit suspect.
Je crains tout, je fuis tout ; et, dans cette aventure,
Des deux côtés en vain j'écoute la nature.
Secourez donc un frère en ces perplexités.

PULCHÉRIE.

Ah! vous ne l'êtes point, puisque vous en doutez.
Celui qui, comme vous, prétend à cette gloire,
D'un courage plus ferme en croit ce qu'il doit croire.
Comme vous on le flatte, il y sait résister ;
Rien ne le touche assez pour le faire douter ;
Et le sang, par un double et secret artifice,
Parle en vous pour Phocas, comme en lui pour Maurice.

HÉRACLIUS.

A ces marques en lui connoissez Martian ;
Il a le cœur plus dur étant fils d'un tyran.
La générosité suit la belle naissance :
La pitié l'accompagne et la reconnoissance.
Dans cette grandeur d'âme un vrai prince affermi
Est sensible aux malheurs même d'un ennemi ;
La haine qu'il lui doit ne sauroit le défendre,
Quand il s'en voit aimé, de s'en laisser surprendre,
Et trouve assez souvent son devoir arrêté
Par l'effort naturel de sa propre bonté.
Cette digne vertu de l'âme la mieux née,
Madame, ne doit pas souiller ma destinée.
Je doute ; et si ce doute a quelque crime en soi,
C'est assez m'en punir que douter comme moi ;
Et mon cœur, qui sans cesse en sa faveur se flatte,
Cherche qui le soutienne, et non pas qui l'abatte ;
Il demande secours pour mes sens étonnés,
Et non le coup mortel dont vous m'assassinez.

PULCHÉRIE.

L'œil le mieux éclairé sur de telles matières
Peut prendre de faux jours pour de vives lumières ;
Et comme notre sexe ose assez promptement
Suivre l'impression d'un premier mouvement,
Peut-être qu'en faveur de ma première idée
Ma haine pour Phocas m'a trop persuadée.
Son amour est pour vous un poison dangereux ;
Et quoique la pitié montre un cœur généreux,
Celle qu'on a pour lui de ce rang dégénère.
Vous le devez haïr, et, fût-il votre père,

Si ce titre est douteux, son crime ne l'est pas.
Qu'il vous offre sa grâce, ou vous livre au trépas,
Il n'est pas moins tyran quand il vous favorise,
Puisque c'est ce cœur même alors qu'il tyrannise,
Et que votre devoir, par là mieux combattu,
Prince, met en péril jusqu'à votre vertu.
Doutez, mais haïssez; et, quoi qu'il exécute,
Je douterai d'un nom qu'un autre vous dispute :
En douter lorsqu'en moi vous cherchez quelque appui,
Si c'est trop peu pour vous, c'est assez contre lui.
L'un de vous est mon frère, et l'autre y peut prétendre :
Entre tant de vertus mon choix se peut méprendre;
Mais je ne puis faillir, dans votre sort douteux,
A chérir l'un et l'autre, et vous plaindre tous deux.
J'espère encor pourtant; on murmure, on menace;
Un tumulte, dit-on, s'élève dans la place;
Exupère est allé fondre sur ces mutins;
Et peut-être de là dépendent nos destins.
Mais Phocas entre.

SCÈNE III. — PHOCAS, HÉRACLIUS, MARTIAN, PULCHÉRIE, GARDES.

PHOCAS.
Eh bien! se rendra-t-il, madame?
PULCHÉRIE.
Quelque effort que je fasse à lire dans son âme,
Je n'en vois que l'effet que je m'étois promis :
Je trouve trop d'un frère, et vous trop peu d'un fils.
PHOCAS.
Ainsi le ciel vous veut enrichir de ma perte.
PULCHÉRIE.
Il tient en ma faveur leur naissance couverte :
Ce frère qu'il me rend seroit déjà perdu
Si dedans votre sang il ne l'eût confondu.
PHOCAS, *à Pulchérie.*
Cette confusion peut perdre l'un et l'autre.
En faveur de mon sang je ferai grâce au vôtre :
Mais je veux le connoître, et ce n'est qu'à ce prix
Qu'en lui donnant la vie il me rendra mon fils.
(*A Héraclius.*)
Pour la dernière fois, ingrat, je t'en conjure;
Car enfin c'est vers toi que penche la nature;
Et je n'ai point pour lui ces doux empressemens
Qui d'un cœur paternel font les vrais mouvemens.
Ce cœur s'attache à toi par d'invincibles charmes.
En crois-tu mes soupirs? en croiras-tu mes larmes?

Songe avec quel amour mes soins t'ont élevé,
Avec quelle valeur son bras t'a conservé;
Tu nous dois à tous deux.

HÉRACLIUS.

Et pour reconnoissance
Je vous rends votre fils, je lui rends sa naissance.

PHOCAS.

Tu me l'ôtes, cruel, et le laisses mourir.

HÉRACLIUS.

Je meurs pour vous le rendre, et pour le secourir.

PHOCAS.

C'est me l'ôter assez que ne vouloir plus l'être.

HÉRACLIUS.

C'est vous le rendre assez que le faire connoître.

PHOCAS.

C'est me l'ôter assez que me le supposer.

HÉRACLIUS.

C'est vous le rendre assez que vous désabuser.

PHOCAS.

Laisse-moi mon erreur, puisqu'elle m'est si chère.
Je t'adopte pour fils, accepte-moi pour père :
Fais vivre Héraclius sous l'un ou l'autre sort;
Pour moi, pour toi, pour lui, fais-toi ce peu d'effort.

HÉRACLIUS.

Ah! c'en est trop enfin, et ma gloire blessée
Dépouille un vieux respect où je l'avois forcée.
De quelle ignominie osez-vous me flatter?
Toutes les fois, tyran, qu'on se laisse adopter,
On veut une maison illustre autant qu'amie,
On cherche de la gloire, et non de l'infamie;
Et ce seroit un monstre horrible à vos États
Que le fils de Maurice adopté par Phocas.

PHOCAS.

Va, cesse d'espérer la mort que tu mérites :
Ce n'est que contre lui, lâche, que tu m'irrites :
Tu te veux rendre en vain indigne de ce rang :
Je m'en prends à la cause, et j'épargne mon sang.
Puisque ton amitié de ma foi se défie
Jusqu'à prendre son nom pour lui sauver la vie,
Soldats, sans plus tarder, qu'on l'immole à ses yeux;
Et sois après sa mort mon fils, si tu le veux.

HÉRACLIUS.

Perfides, arrêtez!

MARTIAN.

Ah! que voulez-vous faire,
Prince?

HÉRACLIUS.

Sauvez le fils de la fureur du père.

ACTE V, SCÈNE III.

MARTIAN.

Conservez-lui ce fils qu'il ne cherche qu'en vous ;
Ne troublez point un sort qui lui semble si doux.
C'est avec assez d'heur qu'Héraclius expire,
Puisque c'est en vos mains que tombe son empire.
Le ciel daigne bénir votre sceptre et vos jours !

PHOCAS.

C'est trop perdre de temps à souffrir ces discours.
Dépêche, Octavian.

HÉRACLIUS.

N'attente rien, barbare !
Je suis....

PHOCAS.

Avoue enfin.

HÉRACLIUS.

Je tremble, je m'égare,
Et mon cœur....

PHOCAS, *à Héraclius.*

Tu pourras à loisir y penser.
(*A Octavian.*)
Frappe.

HÉRACLIUS.

Arrête ; je suis.... Puis-je le prononcer ?

PHOCAS.

Achève, ou....

HÉRACLIUS.

Je suis donc, s'il faut que je le die,
Ce qu'il faut que je sois pour lui sauver la vie.
Oui, je lui dois assez, seigneur, quoi qu'il en soit,
Pour vous payer pour lui de l'amour qu'il vous doit ;
Et je vous le promets entier, ferme, sincère,
Et tel qu'Héraclius l'auroit pour son vrai père.
J'accepte en sa faveur ses parens pour les miens ;
Mais sachez que vos jours me répondront des siens :
Vous me serez garant des hasards de la guerre,
Des ennemis secrets, de l'éclat du tonnerre ;
Et, de quelque façon que le courroux des cieux
Me prive d'un ami qui m'est si précieux,
Je vengerai sur vous, et fussiez-vous mon père,
Ce qu'aura fait sur lui leur injuste colère.

PHOCAS.

Ne crains rien : de tous deux je ferai mon appui ;
L'amour qu'il a pour toi m'assure trop de lui :
Mon cœur pâme de joie, et mon âme n'aspire
Qu'à vous associer l'un et l'autre à l'empire.
J'ai retrouvé mon fils : mais sois-le tout à fait,
Et donne-m'en pour marque un véritable effet ;
Ne laisse plus de place à la supercherie :

Pour achever ma joie, épouse Pulchérie.
HÉRACLIUS.
Seigneur, elle est ma sœur.
PHOCAS.
Tu n'es donc point mon fils,
Puisque si lâchement déjà tu t'en dédis?
PULCHÉRIE.
Qui te donne, tyran, une attente si vaine?
Quoi! son consentement étoufferoit ma haine!
Pour l'avoir étonné tu m'aurois fait changer!
J'aurois pour cette honte un cœur assez léger!
Je pourrois épouser ou ton fils, ou mon frère!

SCÈNE IV. — PHOCAS, HÉRACLIUS, PULCHÉRIE,
MARTIAN, CRISPE, GARDES.

CRISPE.
Seigneur, vous devez tout au grand cœur d'Exupère;
Il est l'unique auteur de nos meilleurs destins;
Lui seul et ses amis ont dompté vos mutins;
Il a fait prisonniers leurs chefs qu'il vous amène.
PHOCAS.
Dis-lui qu'il me les garde en la salle prochaine;
Je vais de leurs complots m'éclaircir avec eux.
(Crispe s'en va, et Phocas parle à Héraclius.)
Toi, cependant, ingrat, sois mon fils, si tu veux.
En l'état où je suis, je n'ai plus lieu de feindre.
Les mutins sont domptés, et je cesse de craindre.
(A Pulchérie.)
Je vous laisse tous trois. Use bien du moment
Que je prends pour en faire un juste châtiment;
Et, si tu n'aimes mieux que l'un et l'autre meure,
Trouve, ou choisis mon fils, et l'épouse sur l'heure;
Autrement, si leur sort demeure encor douteux,
Je jure à mon retour qu'ils périront tous deux.
Je ne veux point d'un fils dont l'implacable haine
Prend ce nom pour affront, et mon amour pour gêne.
Toi....
PULCHÉRIE.
Ne menace point; je suis prête à mourir.
PHOCAS.
A mourir! jusque-là je pourrois te chérir!
N'espère pas de moi cette faveur suprême;
Et pense....
PULCHÉRIE.
A quoi, tyran?
PHOCAS.
A m'épouser moi-même,

Au milieu de leur sang à tes pieds répandu.
PULCHÉRIE.
Quel supplice!
PHOCAS.
Il est grand pour toi; mais il t'est dû.
Tes mépris de la mort bravoient trop ma colère.
Il est en toi de perdre ou de sauver ton frère;
Et du moins, quelque erreur qui puisse me troubler,
J'ai trouvé les moyens de te faire trembler.

SCÈNE V. — HÉRACLIUS, MARTIAN, PULCHÉRIE.

PULCHÉRIE.
Le lâche, il vous flattoit lorsqu'il trembloit dans l'âme.
Mais tel est d'un tyran le naturel infâme :
Sa douceur n'a jamais qu'un mouvement contraint;
S'il ne craint, il opprime; et s'il n'opprime, il craint.
L'une et l'autre fortune en montre la foiblesse;
L'une n'est qu'insolence, et l'autre que bassesse.
A peine est-il sorti de ses lâches terreurs
Qu'il a trouvé pour moi le comble des horreurs.
Mes frères, puisque enfin vous voulez tous deux l'être,
Si vous m'aimez en sœur, faites-le-moi paroître.
HÉRACLIUS.
Que pouvons-nous tous deux, lorsqu'on tranche nos jours?
PULCHÉRIE.
Un généreux conseil est un puissant secours.
MARTIAN.
Il n'est point de conseil qui vous soit salutaire,
Que d'épouser le fils pour éviter le père :
L'horreur d'un mal plus grand vous y doit disposer.
PULCHÉRIE.
Qui me le montrera, si je veux l'épouser?
Et, dans cet hyménée à ma gloire funeste,
Qui me garantira des périls de l'inceste?
MARTIAN.
Je le vois trop à craindre et pour vous et pour nous;
Mais, madame, on peut prendre un vain titre d'époux,
Abuser du tyran la rage forcenée
Et vivre en frère et sœur sous un feint hyménée.
PULCHÉRIE.
Feindre, et nous abaisser à cette lâcheté!
HÉRACLIUS.
Pour tromper un tyran, c'est générosité,
Et c'est mettre, en faveur d'un frère qu'il vous donne,
Deux ennemis secrets auprès de sa personne,
Qui, dans leur juste haine animés et constans,

Sur l'ennemi commun sauront prendre leur temps,
Et terminer bientôt la feinte avec sa vie.
PULCHÉRIE.
Pour conserver vos jours et fuir mon infamie,
Feignons, vous le voulez, et j'y résiste en vain.
Sus donc, qui de vous deux me prêtera la main?
Qui veut feindre avec moi? qui sera mon complice?
HÉRACLIUS.
Vous, prince, à qui le ciel inspire l'artifice.
MARTIAN.
Vous, que veut le tyran pour fils obstinément.
HÉRACLIUS.
Vous, qui depuis quatre ans la servez en amant.
MARTIAN.
Vous saurez mieux que moi surprendre sa tendresse.
HÉRACLIUS.
Vous saurez mieux que moi la traiter de maîtresse
MARTIAN.
Vous aviez commencé tantôt d'y consentir.
PULCHÉRIE.
Ah! princes, votre cœur ne peut se démentir;
Et vous l'avez tous deux trop grand, trop magnanime,
Pour souffrir sans horreur l'ombre même d'un crime.
Je vous connoissois trop pour juger autrement
Et de votre conseil, et de l'événement;
Et je n'y déférois que pour vous voir dédire.
Toute fourbe est honteuse aux cœurs nés pour l'empire;
Princes, attendons tout, sans consentir à rien.
HÉRACLIUS.
Admirez cependant quel malheur est le mien:
L'obscure vérité que de mon sang je signe,
Du grand nom qui me perd ne me peut rendre digne;
On n'en croit pas ma mort; et je perds mon trépas,
Puisque mourant pour lui je ne le sauve pas.
MARTIAN.
Voyez d'autre côté quelle est ma destinée,
Madame : dans le cours d'une seule journée,
Je suis Héraclius, Léonce et Martian;
Je sors d'un empereur, d'un tribun, d'un tyran.
De tous trois ce désordre en un jour me fait naître,
Pour me faire mourir enfin sans me connoître.
PULCHÉRIE.
Cédez, cédez tous deux aux rigueurs de mon sort:
Il a fait contre vous un violent effort.
Votre malheur est grand; mais, quoi qu'il en succède,
La mort qu'on me refuse en sera le remède;
Et moi.... Mais que nous veut ce perfide?

SCÈNE VI. — HÉRACLIUS, PULCHÉRIE, MARTIAN, AMINTAS.

AMINTAS.

Mon bras
Vient de laver ce nom dans le sang de Phocas.

HÉRACLIUS.

Que nous dis-tu?

AMINTAS.

Qu'à tort vous nous prenez pour traîtres ;
Qu'il n'est plus de tyran ; que vous êtes les maîtres.

HÉRACLIUS.

De quoi?

AMINTAS.

De tout l'empire.

MARTIAN.

Et par toi?

AMINTAS.

Non, seigneur ;
Un autre en a la gloire, et j'ai part à l'honneur.

HÉRACLIUS.

Et quelle heureuse main finit notre misère?

AMINTAS.

Princes, l'auriez-vous cru? c'est la main d'Exupère.

MARTIAN.

Lui, qui me trahissoit?

AMINTAS.

C'est de quoi s'étonner :
Il ne vous trahissoit que pour vous couronner.

HÉRACLIUS.

N'a-t-il pas des mutins dissipé la furie?

AMINTAS.

Son ordre excitoit seul cette mutinerie.

MARTIAN.

Il en a pris les chefs, toutefois?

AMINTAS.

Admirez
Que ces prisonniers même avec lui conjurés
Sous cette illusion couroient à leur vengeance :
Tous contre ce barbare étant d'intelligence,
Suivis d'un gros d'amis nous passons librement
Au travers du palais à son appartement.
La garde y restoit foible, et sans aucun ombrage ;
Crispe même à Phocas porte notre message :
Il vient ; à ses genoux on met les prisonniers,
Qui tirent pour signal leurs poignards les premiers.
Le reste, impatient dans sa noble colère,
Enferme la victime ; et soudain Exupère :
« Qu'on arrête, dit-il ; le premier coup m'est dû :

C'est lui qui me rendra l'honneur presque perdu. »
Il frappe, et le tyran tombe aussitôt sans vie,
Tant de nos mains la sienne est promptement suivie.
Il s'élève un grand bruit, et mille cris confus
Ne laissent discerner que *Vive Héraclius!*
Nous saisissons la porte, et les gardes se rendent
Mêmes cris aussitôt de tous côtés s'entendent;
Et de tant de soldats qui lui servoient d'appui,
Phocas, après sa mort, n'en a pas un pour lui.
            PULCHÉRIE.
Quel chemin Exupère a pris pour sa ruine!
            AMINTAS.
Le voici qui s'avance avecque Léontine.

SCÈNE VII. — HÉRACLIUS, MARTIAN, LÉONTINE,
PULCHÉRIE, EUDOXE, EXUPÈRE, AMINTAS, TROUPE.

        HÉRACLIUS, *à Léontine.*
Est-il donc vrai, madame? et changeons-nous de sort?
Amintas nous fait-il un fidèle rapport?
            LÉONTINE.
Seigneur, un tel succès à peine est concevable;
Et d'un si grand dessein la conduite admirable...
        HÉRACLIUS, *à Exupère.*
Perfide généreux, hâte-toi d'embrasser
Deux princes impuissans à te récompenser.
        EXUPÈRE, *à Héraclius.*
Seigneur, il me faut grâce ou de l'un ou de l'autre :
J'ai répandu son sang, si j'ai vengé le vôtre.
            MARTIAN.
Qui que ce soit des deux, il doit se consoler
De la mort d'un tyran qui vouloit l'immoler :
Je ne sais quoi pourtant dans mon cœur en murmure.
            HÉRACLIUS.
Peut-être en vous par là s'explique la nature :
Mais, prince, votre sort n'en sera pas moins doux;
Si l'empire est à moi, Pulchérie est à vous.
Puisque le père est mort, le fils est digne d'elle.
        (*A Léontine.*)
Terminez donc, madame, enfin notre querelle.
            LÉONTINE.
Mon témoignage seul peut-il en décider?
            MARTIAN.
Quelle autre sûreté pourrions-nous demander?
            LÉONTINE.
Je vous puis être encor suspecte d'artifice.
Non, ne m'en croyez pas; croyez l'impératrice.

ACTE V, SCÈNE VII.

(*A Pulchérie, lui donnant un billet.*)
Vous connoissez sa main, madame; et c'est à vous
Que je remets le sort d'un frère et d'un époux.
Voyez ce qu'en mourant me laissa votre mère.
PULCHÉRIE.
J'en baise en soupirant le sacré caractère.
LÉONTINE.
Apprenez d'elle enfin quel sang vous a produits,
Princes.
HÉRACLIUS, *à Eudoxe.*
Qui que je sois, c'est à vous que je suis.
PULCHÉRIE *lit le billet de Constantine.*
Parmi tant de malheurs mon bonheur est étrange :
Après avoir donné son fils au lieu du mien,
Léontine à mes yeux, par un second échange,
Donne encore à Phocas mon fils au lieu du sien.
  Vous qui pourrez douter d'un si rare service,
Sachez qu'elle a deux fois trompé notre tyran :
Celui qu'on croit Léonce est le vrai Martian,
Et le faux Martian est vrai fils de Maurice.
CONSTANTINE.
PULCHÉRIE, *à Héraclius.*
Ah! vous êtes mon frère!
HÉRACLIUS, *à Pulchérie.*
Et c'est heureusement
Que le trouble éclairci vous rend à votre amant.
LÉONTINE, *à Héraclius.*
Vous en saviez assez pour éviter l'inceste,
Et non pas pour vous rendre un tel secret funeste.
  (*A Martian.*)
Mais pardonnez, seigneur, à mon zèle parfait
Ce que j'ai voulu faire, et ce qu'un autre a fait.
MARTIAN.
Je ne m'oppose point à la commune joie;
Mais souffrez des soupirs que la nature envoie.
Quoique jamais Phocas n'ait mérité d'amour,
Un fils ne peut moins rendre à qui l'a mis au jour :
Ce n'est pas tout d'un coup qu'à ce titre on renonce.
HÉRACLIUS.
Donc, pour mieux l'oublier, soyez encor Léonce;
Sous ce nom glorieux aimez ses ennemis,
Et meure du tyran jusqu'au nom de son fils!
  (*A Eudoxe.*)
Vous, madame, acceptez et ma main et l'empire
En échange d'un cœur pour qui le mien soupire.
EUDOXE, *à Héraclius.*
Seigneur, vous agissez en prince généreux.

HÉRACLIUS, *à Exupère et Amintas.*
Et vous dont la vertu me rend ce trouble heureux,
Attendant les effets de ma reconnoissance,
Reconnoissons, amis, la céleste puissance;
Allons lui rendre hommage, et, d'un esprit content,
Montrer Héraclius au peuple qui l'attend.

EXAMEN D'HÉRACLIUS.

 Cette tragédie a encore plus d'effort d'invention que celle de *Rodogune*, et je puis dire que c'est un heureux original dont il s'est fait beaucoup de belles copies sitôt qu'il a paru. Sa conduite diffère de celle-là, en ce que les narrations qui lui donnent jour sont pratiquées par occasion en divers lieux avec adresse, et toujours dites et écoutées avec intérêt, sans qu'il y en ait pas une de sang-froid, comme celle de Laonice. Elles sont éparses ici dans tout le poëme, et ne font connoître à la fois que ce qu'il est besoin qu'on sache pour l'intelligence de la scène qui suit. Ainsi, dès la première, Phocas, alarmé du bruit qui court qu'Héraclius est vivant, récite les particularités de sa mort pour montrer la fausseté de ce bruit; et Crispe, son gendre, en lui proposant un remède aux troubles qu'il appréhende, fait connoître comme, en perdant toute la famille de Maurice, il a réservé Pulchérie pour la faire épouser à son fils Martian, et le pousse d'autant plus à presser ce mariage, que ce prince court chaque jour de grands périls à la guerre, et que sans Léonce il fût demeuré au dernier combat. C'est par là qu'il instruit les auditeurs de l'obligation qu'a le vrai Héraclius, qui passe pour Martian, au vrai Martian, qui passe pour Léonce; et cela sert de fondement à l'offre volontaire qu'il fait de sa vie au quatrième acte, pour le sauver du péril où l'expose cette erreur des noms. Sur cette proposition, Phocas, se plaignant de l'aversion que les deux parties témoignent à ce mariage, impute celle de Pulchérie à l'instruction qu'elle a reçue de sa mère, et apprend ainsi aux spectateurs, comme en passant, qu'il l'a laissée trop vivre après la mort de l'empereur Maurice, son mari. Il falloit tout cela pour faire entendre la scène qui suit entre Pulchérie et lui; mais je n'ai pu avoir assez d'adresse pour faire entendre les équivoques ingénieux dont est rempli tout ce que dit Héraclius à la fin de ce premier acte; et on ne les peut comprendre que par une réflexion après que la pièce est finie, et qu'il est entièrement reconnu, ou dans une seconde représentation.

 Surtout, la manière dont Eudoxe fait connoître, au second acte, le double échange que sa mère a fait des deux princes, est une des choses les plus spirituelles qui soient sorties de ma plume. Léontine l'accuse d'avoir révélé le secret d'Héraclius et d'être cause du bruit qui court, qui le met en péril de sa vie; pour s'en justifier, elle explique tout ce qu'elle en sait, et conclut que, puisqu'on n'en publie pas tant, il faut que ce bruit ait pour auteur quelqu'un qui n'en sache pas tant qu'elle. Il est vrai que cette narration est si courte, qu'elle laisseroit beaucoup d'obscurité si Héraclius ne l'expliquoit plus au long, au quatrième acte, quand il est besoin que cette vérité fasse son plein effet; mais elle n'en pouvoit pas dire davantage à une personne qui savoit cette histoire mieux qu'elle, et ce peu qu'elle en dit suffit à jeter une lumière imparfaite de ces échanges, qu'il n'est pas besoin alors d'éclaircir plus entièrement.

L'artifice de la dernière scène de ce quatrième acte passe encore celui-ci : Exupère y fait connoître tout son dessein à Léontine, mais d'une façon qui n'empêche point cette femme avisée de le soupçonner de fourberie, et de n'avoir d'autre dessein que de tirer d'elle le secret d'Héraclius pour le perdre. L'auditeur lui-même en demeure dans la défiance, et ne sait qu'en juger; mais après que la conspiration a eu son effet par la mort de Phocas, cette confidence anticipée exempte Exupère de se purger de tous les justes soupçons qu'on avoit eus de lui, et délivre l'auditeur d'un récit qui lui auroit été fort ennuyeux après le dénoûment de la pièce, où toute la patience que peut avoir sa curiosité se borne à savoir qui est le vrai Héraclius des deux qui prétendent l'être.

Le stratagème d'Exupère, avec toute son industrie, a quelque chose un peu délicat, et d'une nature à ne se faire qu'au théâtre, où l'auteur est maître des événemens qu'il tient dans sa main, et non pas dans la vie civile, où les hommes en disposent selon leurs intérêts et leur pouvoir. Quand il découvre Héraclius à Phocas, et le fait arrêter prisonnier, son intention est fort bonne, et lui réussit; mais il n'y avoit que moi qui lui pût répondre du succès. Il acquiert la confiance du tyran par là, et se fait remettre entre les mains la garde d'Héraclius et sa conduite au supplice : mais le contraire pouvoit arriver; et Phocas, au lieu de déférer à ses avis qui le résolvent à faire couper la tête à ce prince en place publique, pouvoit s'en défaire sur l'heure, et se défier de lui et de ses amis comme de gens qu'il avoit offensés, et dont il ne devoit jamais espérer un zèle bien sincère à le servir. La mutinerie qu'il excite, dont il lui amène les chefs comme prisonniers pour le poignarder, est imaginée avec justesse; mais jusque-là toute sa conduite est de ces choses qu'il faut souffrir au théâtre, parce qu'elles ont un éclat dont la surprise éblouit, et qu'il ne feroit pas bon tirer en exemple pour conduire une action véritable sur leur plan.

Je ne sais si on voudra me pardonner d'avoir fait une pièce d'invention sous des noms véritables; mais je ne crois pas qu'Aristote le défende, et j'en trouve assez d'exemples chez les anciens. Les deux *Électres* de Sophocle et d'Euripide aboutissent à la même action par des moyens si divers, qu'il faut de nécessité que l'une des deux soit entièrement inventée : l'*Iphigénie in Tauris* a la mine d'être de même nature; et l'*Hélène*, où Euripide suppose qu'elle n'a jamais été à Troie, et que Pâris n'y a enlevé qu'un fantôme qui lui ressembloit, ne peut avoir aucune action épisodique ni principale qui ne parte de la seule imagination de son auteur.

Je n'ai conservé ici, pour toute vérité historique, que l'ordre de la succession des empereurs Tibère, Maurice, Phocas et Héraclius; j'ai falsifié la naissance de ce dernier pour lui en donner une plus illustre, en le faisant fils de Maurice, bien qu'il ne le fût que d'un préteur d'Afrique qui portoit même nom que lui.

J'ai prolongé de douze ans la durée de l'empire de Phocas, et lui ai donné Martian pour fils, quoique l'histoire ne parle que d'une fille nommée Domitia, qu'il maria à Crispe, dont je fais un de mes personnages. Ce fils et Héraclius, qui sont confondus l'un avec l'autre par les échanges de Léontine, n'auroient pas été en état d'agir, si je ne l'eusse fait régner que les huit ans qu'il régna, puisque, pour faire ces échanges, il falloit qu'ils fussent tous deux au berceau quand il commença de régner. C'est par cette même raison que j'ai prolongé la vie de l'impératrice Constantine, que je n'ai fait mourir qu'en la quinzième année de sa tyrannie, bien qu'il l'eût immolée à sa sûreté dès la cinquième; et je l'ai fait, afin qu'elle pût avoir une fille capable de recevoir ses instructions en mourant, et d'un âge proportionné à celui du prince qu'on lui vouloit faire épouser.

La supposition que fait Léontine d'un de ses fils pour mourir au lieu d'Héraclius n'est point vraisemblable, mais elle est historique, et n'a point besoin de vraisemblance, puisqu'elle a l'appui de la vérité qui la rend croyable, quelque répugnance qu'y veuillent apporter les difficiles. Baronius attribue cette action à une nourrice; et je l'ai trouvée assez généreuse pour la faire produire à une personne plus illustre, et qui soutient mieux la dignité du théâtre. L'empereur Maurice reconnut cette supposition, et l'empêcha d'avoir son effet, pour ne s'opposer pas au juste jugement de Dieu, qui vouloit exterminer toute sa famille; mais, quant à ce qui est de la mère, elle avoit surmonté l'affection maternelle en faveur de son prince; et comme on pouvoit dire que son fils étoit mort pour son regard, je me suis cru assez autorisé par ce qu'elle avoit voulu faire à rendre cet échange effectif, et à le faire servir de fondement aux nouveautés surprenantes de ce sujet.

Il lui faut la même indulgence pour l'unité de lieu qu'à *Rodogune*. La plupart des poëmes qui suivent en ont besoin, et je me dispenserai de le répéter en les examinant. L'unité de jour n'a rien de violenté, et l'action se pourroit passer en cinq ou six heures; mais le poëme est si embarrassé qu'il demande une merveilleuse attention. J'ai vu de fort bons esprits, et des personnes des plus qualifiées de la cour, se plaindre de ce que sa représentation fatiguoit autant l'esprit qu'une étude sérieuse. Elle n'a pas laissé de plaire; mais je crois qu'il l'a fallu voir plus d'une fois pour en remporter une entière intelligence.

FIN D'HÉRACLIUS.

ANDROMÈDE.

TRAGÉDIE.

1650.

A M. M. M. M.

MADAME,

C'est vous rendre un hommage bien secret que de vous le rendre ainsi, et je m'assure que vous aurez de la peine vous-même à reconnoître que c'est à vous à qui je dédie cet ouvrage. Ces quatre lettres hiéroglyphiques vous embarrasseront aussi bien que les autres, et vous ne vous apercevrez jamais qu'elles parlent de vous, jusqu'à ce que je vous les explique; alors vous m'avouerez sans doute que je suis fort exact à ma parole, et fort ponctuel à l'exécution de vos commandemens. Vous l'avez voulu, et j'obéis; je vous l'ai promis, et je m'acquitte. C'est peut-être vous en dire trop pour un homme qui se veut cacher quelque temps à vous-même: et pour peu que vous fassiez de réflexions sur mes dernières visites, vous devinerez à demi que c'est à vous que ce compliment s'adresse. N'achevez pas, je vous prie, et laissez-moi la joie de vous surprendre par la confidence que je vous en dois. Je vous en conjure par tout le mérite de mon obéissance, et ne vous dis point en quoi les belles qualités d'Andromède approchent de vos perfections, ni quel rapport ses aventures ont avec les vôtres; ce seroit vous faire un miroir où vous vous verriez trop aisément, et vous ne pourriez plus rien ignorer de ce que j'ai à vous dire. Préparez-vous seulement à la recevoir, non pas tant comme un des plus beaux spectacles que la France ait vus, que comme une marque respectueuse de l'attachement inviolable à votre service, dont fait vœu,

MADAME,

Votre très-humble, très-obéissant et très-obligé serviteur,

CORNEILLE.

ARGUMENT

TIRÉ DU QUATRIÈME ET CINQUIÈME LIVRE DES MÉTAMORPHOSES D'OVIDE.

« Cassiope, femme de Céphée, roi d'Éthiopie, fut si vaine de sa beauté, qu'elle osa la préférer à celle des Néréides, dont ces nymphes irritées firent sortir de la mer un monstre, qui fit de si étranges ravages sur les terres de l'obéissance du roi son mari, que les forces humaines ne pouvant donner aucun remède à des misères si grandes, on recourut à l'oracle de Jupiter Ammon. La réponse qu'en reçurent ces malheureux princes fut un commandement d'exposer à ce monstre Andromède, leur fille unique, pour en être dévorée. Il fallut exécuter ce triste arrêt; et cette illustre victime fut attachée à un rocher, où elle n'attendoit que la mort, lorsque **Persée**, fils de Jupiter et de Danaé, passant par hasard, jeta les yeux sur elle : il revenoit de la conquête glorieuse de la tête de Méduse, qu'il portoit sur son bouclier, et voloit au milieu de l'air au moyen des ailes qu'il avoit attachées aux deux pieds, de la façon qu'on nous peint Mercure. Ce fut d'elle-même qu'il apprit la cause de sa disgrâce ; et l'amour que ses premiers regards lui donnèrent lui fit en même temps former le dessein de combattre ce monstre, pour conserver des jours qui lui étoient devenus si précieux.

« Avant que d'entrer au combat, il eut loisir de tirer parole de ses parens que les fruits en seroient pour lui, et reçut les effets de cette promesse sitôt qu'il eut tué le monstre.

« Le roi et la reine donnèrent avec grande joie leur fille à son libérateur ; mais la magnificence des noces fut troublée par la violence que voulut faire Phinée, frère du roi, et oncle de la princesse, à qui elle avoit été promise avant son malheur. Il se jeta dans le palais royal avec une troupe de gens armés ; et Persée s'en défendit quelque temps sans autre secours que celui de sa valeur et de quelques amis généreux : mais, se voyant près de succomber sous le nombre, il se servit enfin de cette tête de Méduse, qu'il tira de dessous son bouclier ; et l'exposant aux yeux de Phinée et des assassins qui le suivoient, cette fatale vue les convertit en autant de statues de pierre, qui servirent d'ornement au même palais qu'ils vouloient teindre du sang de ce **héros.** »

Voilà comme Ovide raconte cette fable, où j'ai changé beaucoup de choses, tant par la liberté de l'art que par la nécessité des ordres du théâtre, et pour lui donner plus d'agrément.

En premier lieu, j'ai cru plus à propos de faire Cassiope vaine de la beauté de sa fille que de la sienne propre, d'autant qu'il est fort extraordinaire qu'une femme dont la fille est en âge d'être mariée ait encore d'assez beaux restes pour s'en vanter si hautement ; et qu'il n'est pas vraisemblable que cet orgueil de Cassiope pour elle-même eût attendu si tard à éclater, vu que c'est dans la jeunesse que la beauté étant plus parfaite et le jugement moins formé, donnent plus de lieu à des vanités de cette nature, et non pas alors que cette même beauté commence d'être sur le retour, et que l'âge a mûri l'esprit de la personne qui s'en seroit enorgueillie en un autre temps.

Ensuite, j'ai supposé que l'oracle d'Ammon n'avoit pas condamné précisément Andromède à être dévorée par le monstre, mais qu'il avoit ordonné seulement qu'on lui exposât tous les mois une fille, qu'on tirât au sort pour voir celle qui lui devoit être livrée, et que, cet ordre ayant déjà été exécuté cinq fois, on étoit au jour qu'il le falloit suivre pour la sixième.

J'ai introduit Persée comme un chevalier errant qui s'est arrêté depuis un mois dans la cour de Céphée, et non pas comme se rencontrant par hasard dans le temps qu'Andromède est attachée au rocher. Je lui ai donné de l'amour pour elle, qu'il n'ose découvrir, parce qu'il la voit promise à Phinée, mais qu'il nourrit toutefois d'un peu d'espoir, parce qu'il voit son mariage différé jusqu'à la fin des malheurs publics. Je l'ai fait plus généreux qu'il n'est dans Ovide, où il n'entreprend la délivrance de cette princesse qu'après que ses parens l'ont assurée qu'elle l'épouseroit aussitôt qu'il l'auroit délivrée. J'ai changé aussi la qualité de Phinée, que j'ai fait seulement neveu du roi, dont Ovide le nomme frère; le mariage de deux cousins me semblant plus supportable, dans nos façons de vivre, que celui de l'oncle et de la nièce, qui eût pu sembler un peu plus étrange à mes auditeurs.

Les peintres, qui cherchent à faire paroître leur art dans les nudités, ne manquent jamais à nous représenter Andromède nue au pied du rocher où elle est attachée, quoique Ovide n'en parle point. Ils me pardonneront si je ne les ai pas suivis en cette invention, comme j'ai fait en celle du cheval Pégase, sur lequel ils montent Persée pour combattre le monstre, quoique Ovide ne lui donne que des ailes aux talons. Ce changement donne lieu à une machine toute extraordinaire et merveilleuse, et empêche que Persée ne soit pris pour Mercure; outre qu'ils ne le mettent pas en cet équipage sans fondement, vu que le même Ovide raconte que sitôt que Persée eut coupé la monstrueuse tête de Méduse, Pégase tout ailé sortit de cette Gorgone, et que Persée s'en put saisir dès lors pour faire ses courses par le milieu de l'air.

Nos globes célestes, où l'on marque pour constellations Céphée, Cassiope, Persée et Andromède, m'ont donné jour à les faire enlever tous quatre au ciel sur la fin de la pièce, pour y faire la noce de ces amans, comme si la terre n'en étoit pas digne.

Au reste, comme Ovide ne nomme point la ville où il fait arriver cette aventure, je ne me suis non plus enhardi à la nommer: il dit pour toute chose que Céphée régnoit en Éthiopie, sans désigner sous quel climat. La topographie moderne de ces contrées-là n'est pas fort connue, et celle du temps de Céphée encore moins : je me contenterai donc de vous dire qu'il falloit que Céphée régnât en quelque pays maritime, que sa ville capitale fût sur le bord de la mer, et que ses peuples fussent blancs, quoique Éthiopiens. Ce n'est pas que les Maures les plus noirs n'aient leurs beautés à leur mode; mais il n'est pas vraisemblable que Persée, qui étoit Grec, et né dans Argos, fût devenu amoureux d'Andromède, si elle eût été de leur teint. J'ai pour moi le consentement de tous les peintres, et surtout l'autorité du grand Héliodore, qui ne fonde la blancheur de sa divine Chariclée que sur un tableau d'Andromède. Ma scène sera donc, s'il vous plaît, dans la ville capitale de Céphée, proche de la mer, et pour le nom, vous le lui donnerez tel qu'il vous plaira.

Vous trouverez cet ordre gardé dans les changemens de théâtre, que chaque acte, aussi bien que le prologue, a sa décoration particulière, et du moins une machine volante, avec un concert de musique, que je n'ai employé qu'à satisfaire les oreilles des spectateurs, tandis que leurs yeux sont arrêtés à voir descendre ou remonter une machine, ou s'attachent à quelque chose qui leur empêche de prêter attention à ce que pourroient dire les acteurs, comme fait le combat de Persée contre le monstre : mais je me suis bien gardé de faire rien chanter qui fût nécessaire à l'intelligence de la pièce, parce que communément les paroles qui se chantent étant mal entendues des auditeurs, pour la confusion qu'y apporte la diversité des voix qui les prononcent ensemble, elles auroient fait une grande obscurité dans le corps de l'ouvrage, si elles avoient eu à instruire l'auditeur de quelque chose d'important. Il n'en va pas de même des machines, qui ne sont pas, dans cette tragédie, comme les agrémens détachés; elles en font le nœud et le dénoûment, et y sont si nécessaires, que vous n'en sauriez retrancher aucune que vous ne fassiez tomber tout l'édifice. J'ai été assez heureux à les inventer et à leur donner place dans la tissure de ce poëme; mais aussi faut-il que j'avoue que le sieur Torrelli s'est surmonté lui-même à en exécuter les dessins, et qu'il a eu des inventions admirables pour les faire agir à propos; de sorte que s'il m'est dû quelque gloire pour avoir introduit cette Vénus dans le premier acte, qui fait le nœud de cette tragédie par l'oracle ingénieux qu'elle prononce, il lui en est dû bien davantage pour l'avoir fait venir de si loin, et descendre au milieu de l'air dans cette magnifique étoile, avec tant d'art et de pompe qu'elle remplit tout le monde d'étonnement et d'admiration. Il en faut dire autant des autres que j'ai introduites, et dont il a inventé l'exécution, qui en a rendu le spectacle si merveilleux qu'il sera malaisé d'en faire un plus beau de cette nature. Pour moi, je confesse ingénument que, quelque effort d'imagination que j'aie fait depuis, je n'ai pu découvrir encore un sujet capable de tant d'ornemens extérieurs, et où les machines pussent être distribuées avec tant de justesse; je n'en désespère pas toutefois, et peut-être que le temps en fera éclater quelqu'un assez brillant et assez heureux pour me faire dédire de ce que j'avance. En attendant, recevez celui-ci comme le plus achevé qui ait encore paru sur nos théâtres; et souffrez que la beauté de la représentation supplée au manque des beaux vers, que vous n'y trouverez pas en si grande quantité que dans *Cinna* ou dans *Rodogune*, parce que mon principal but ici a été de satisfaire la vue par l'éclat et la diversité du spectacle, et non pas de toucher l'esprit par la force du raisonnement, ou le cœur par la délicatesse des passions. Ce n'est pas que j'en aie fui ou négligé aucunes occasions; mais il s'en est rencontré si peu, que j'aime mieux avouer que cette pièce n'est que pour les yeux.

PERSONNAGES.

DIEUX DANS LES MACHINES.

JUPITER.
JUNON.
NEPTUNE.
MERCURE.
LE SOLEIL.
VÉNUS.
MELPOMÈNE.
ÉOLE.
CYMODOCE, \
ÉPHYRE,   } Néréides.
CYDIPPE,   /
HUIT VENTS.

HOMMES.

CÉPHÉE, roi d'Éthiopie, père d'Andromède.
CASSIOPE, reine d'Éthiopie.

PERSONNAGES.

ANDROMÈDE, fille de Céphée et de Cassiope.
PHINÉE, prince d'Éthiopie.
PERSÉE, fils de Jupiter et de Danaé.
TIMANTE, capitaine des gardes du roi.
AMMON, ami de Phinée.
AGLANTE,
CÉPHALIE, } Nymphes d'Andromède.
LIRIOPE,
UN PAGE DE PHINÉE.
CHOEUR DE PEUPLE.
SUITE DU ROI.

La scène est en Éthiopie, dans la ville capitale du royaume de Céphée, proche de la mer.

PROLOGUE.

L'ouverture du théâtre présente de front aux yeux des spectateurs une vaste montagne, dont les sommets inégaux, s'élevant les uns sur les autres, portent le faîte jusque dans les nues. Le pied de cette montagne est percé à jour par une grotte profonde qui laisse voir la mer en éloignement. Les deux côtés du théâtre sont occupés par une forêt d'arbres touffus et entrelacés les uns dans les autres. Sur un des sommets de la montagne paroît Melpomène, la muse de la tragédie; et, à l'opposite dans le ciel, on voit le Soleil s'avancer dans un char tout lumineux, tiré par les quatre chevaux qu'Ovide lui donne.

LE SOLEIL, MELPOMÈNE.

MELPOMÈNE.
Arrête un peu ta course impétueuse;
Mon théâtre, Soleil, mérite bien tes yeux;
Tu n'en vis jamais en ces lieux
La pompe plus majestueuse :
J'ai réuni, pour la faire admirer,
Tout ce qu'ont de plus beau la France et l'Italie;
De tous leurs arts mes sœurs l'ont embellie :
Prête-moi tes rayons pour la mieux éclairer.
Daigne à tant de beautés, par ta propre lumière,
Donner un parfait agrément,
Et rends cette merveille entière
En lui servant toi-même d'ornement.

LE SOLEIL.
Charmante muse de la scène,
Chère et divine Melpomène,
Tu sais de mon destin l'inviolable loi;
Je donne l'âme à toutes choses,
Je fais agir toutes les causes;

Mais quand je puis le plus, je suis le moins à moi;
  Par une puissance plus forte
  Le char que je conduis m'emporte :
Chaque jour sans repos doit et naître et mourir.
  J'en suis esclave alors que j'y préside;
Et ce frein que je tiens aux chevaux que je guide
Ne règle que leur route, et les laisse courir.

MELPOMÈNE.

La naissance d'Hercule et le festin d'Atrée
  T'ont fait rompre ces lois;
Et tu peux faire encor ce qu'on t'a vu deux fois
  Faire en même contrée.
Je dis plus; tu le dois en faveur du spectacle
Qu'au monarque des lis je prépare aujourd'hui;
   Le ciel n'a fait que miracles en lui;
   Lui voudrois-tu refuser un miracle?

LE SOLEIL.

Non, mais je le réserve à ces bienheureux jours
  Qu'ennoblira sa première victoire;
    Alors j'arrêterai mon cours
Pour être plus longtemps le témoin de sa gloire.
Prends cependant le soin de le bien divertir,
Pour lui faire avec joie attendre les années
Qui feront éclater les belles destinées
Des peuples que son bras lui doit assujettir.
Calliope ta sœur, déjà d'un œil avide
Cherche dans l'avenir les faits de ce grand roi,
Dont les hautes vertus lui donneront emploi
Pour plus d'une *Iliade* et plus d'une *Énéide*.

MELPOMÈNE.

Que je porte d'envie à cette illustre sœur,
  Quoique j'aie à craindre pour elle
Que sous ce grand fardeau sa force ne chancelle!
Mais, quel qu'en soit enfin le mérite et l'honneur,
  J'aurai du moins cet avantage
Que déjà je le vois, que déjà je lui plais,
Et que de ses vertus, et que de ses hauts faits
Déjà dans ses pareils je lui trace une image.
Je lui montre Pompée, Alexandre, César,
Mais comme des héros attachés à son char;
Et tout ce haut éclat où je les fais paroître
Lui peint plus qu'ils n'étoient, et moins qu'il ne doit être.

LE SOLEIL.

Il en effacera les plus glorieux noms
Dès qu'il pourra lui-même animer son armée;
Et tout ce que d'eux tous a dit la renommée

PROLOGUE.

Te fera voir en lui le plus grand des Bourbons.
Son père et son aïeul tout rayonnans de gloire,
Ces grands rois qu'en tous lieux a suivis la Victoire,
Lui voyant emporter sur eux le premier rang,
En deviendroient jaloux s'il n'étoit pas leur sang.
Mais vole dans mon char, muse; je veux t'apprendre
Tout l'avenir d'un roi qui t'est si précieux.

MELPOMÈNE.

Je sais déjà ce qu'on doit en attendre,
Et je lis chaque jour son destin dans les cieux.

LE SOLEIL.

Viens donc, viens avec moi faire le tour du monde;
　　Qu'unissant ensemble nos voix,
Nous fassions résonner sur la terre et sur l'onde
Qu'il est et le plus jeune et le plus grand des rois.

MELPOMÈNE.

Soleil, j'y vole; attends-moi donc, de grâce.

LE SOLEIL.

Viens, je t'attends, et te fais place.

MELPOMÈNE *vole dans le char du Soleil, et, y ayant pris place auprès de lui, ils unissent leurs voix, et chantent cet air à la louange du roi. Le dernier vers de chaque couplet est répété par le chœur de la musique.*

Cieux, écoutez; écoutez, mers profondes;
　　Et vous, antres et bois,
　Affreux déserts, rochers battus des ondes,
Redites après nous d'une commune voix :
Louis est le plus jeune et le plus grand des rois.

　La majesté qui déjà l'environne
　　Charme tous ses François;
Il est lui seul digne de sa couronne;
Et, quand même le ciel l'auroit mise à leur choix,
Il seroit le plus jeune et le plus grand des rois.

　C'est à vos soins, reine, qu'on doit la gloire
　　De tant de grands exploits;
Ils sont partout suivis de la victoire;
Et l'ordre merveilleux dont vous donnez ses lois
Le rend et le plus jeune et le plus grand des rois.

LE SOLEIL.

　Voilà ce que je dis sans cesse
　　Dans tout mon large tour.
　Mais c'est trop retarder le jour;
Allons, muse, l'heure me presse,

Et ma rapidité
Doit regagner le temps que sur cette province
Pour contempler ce prince
Je me suis arrêté.

(Le Soleil part avec rapidité, et enlève Melpomène avec lui dans son char, pour aller publier ensemble la même chose au reste de l'univers.)

ACTE PREMIER.

Cette grande masse de montagnes et ces rochers élevés les uns sur les autres qui la composoient, ayant disparu en un moment par un merveilleux artifice, laissent voir en leur place la ville capitale du royaume de Céphée, ou plutôt la place publique de cette ville. Les deux côtés et le fond du théâtre sont des palais magnifiques, tous différens de structure, mais qui gardent admirablement l'égalité et les justesses de la perspective. Après que les yeux ont eu le loisir de se satisfaire à considérer leur beauté, la reine Cassiope paroît comme passant par cette place pour aller au temple : elle est conduite par Persée, encore inconnu, mais qui passe pour un cavalier de grand mérite qu'elle entretient des malheurs publics, attendant que le roi la rejoigne pour aller à ce temple de compagnie.

SCÈNE I. — CASSIOPE, PERSÉE, SUITE DE LA REINE.

CASSIOPE.

Généreux inconnu qui chez tous les monarques
Portez de vos vertus les éclatantes marques,
Et dont l'aspect suffit à convaincre nos yeux
Que vous sortez du sang ou des rois ou des dieux,
Puisque vous avez vu le sujet de ce crime
Que chaque mois expie une telle victime,
Cependant qu'en ce lieu nous attendrons le roi,
Soyez-y juste juge entre les dieux et moi.
Jugez de mon forfait, jugez de leur colère ;
Jugez s'ils ont eu droit d'en punir une mère,
S'ils ont dû faire agir leur haine au même instant.

PERSÉE.

J'en ai déjà jugé, reine, en vous imitant ;
Et si de vos malheurs la cause ne procède
Que d'avoir fait justice aux beautés d'Andromède,
Si c'est là ce forfait digne d'un tel courroux,
Je veux être à jamais coupable comme vous.
Mais comme un bruit confus m'apprend ce mal extrême,
Ne le puis-je, madame, apprendre de vous-même,
Pour mieux renouveler ce crime glorieux
Où soudain la raison est complice des yeux ?

CASSIOPE.

Écoutez : la douleur se soulage à se plaindre ;
Et quelques maux qu'on souffre ou que l'on aye à craindre,
Ce qu'un cœur généreux en montre de pitié
Semble en notre faveur en prendre la moitié.
 Ce fut ce même jour qui conclut l'hyménée
De ma chère Andromède avec l'heureux Phinée :
Nos peuples, tout ravis de ces illustres nœuds,
Sur les bords de la mer dressèrent force jeux ;
Elle en donnoit les prix. Dispensez ma tristesse
De vous dépeindre ici la publique allégresse ;
On décrit mal la joie au milieu des malheurs,
Et sa plus douce idée est un sujet de pleurs.
O jour, que ta mémoire encore m'est cruelle !
Andromède jamais ne me parut si belle ;
Et voyant ses regards s'épandre sur les eaux
Pour jouir et juger d'un combat de vaisseaux :
« Telle, dis-je, Vénus sortit du sein de l'onde,
Et promit à ses yeux la conquête du monde,
Quand elle eut consulté sur leur éclat nouveau
Les miroirs vagabonds de son flottant berceau. »
A ce fameux spectacle on vit les Néréides
Lever leurs moites fronts de leurs palais liquides,
Et pour nouvelle pompe à ces nobles ébats
A l'envi de la terre étaler leurs appas.
Elles virent ma fille ; et leurs regards à peine
Rencontrèrent les siens sur cette humide plaine,
Que par des traits plus forts se sentant effacer,
Éblouis et confus je les vis s'abaisser,
Examiner les leurs, et sur tous leurs visages
En chercher d'assez vifs pour braver nos rivages.
Je les vis se choisir jusqu'à cinq et six fois,
Et rougir aussitôt nous comparant leur choix ;
Et cette vanité qu'en toutes les familles
On voit si naturelle aux mères pour leurs filles,
Leur cria par ma bouche : « En est-il parmi vous,
O nymphes ! qui ne cède à des attraits si doux ?
Et pourrez-vous nier, vous autres immortelles,
Qu'entre nous la nature en forme de plus belles ? »
Je m'emportois sans doute, et c'en étoit trop dit :
Je les vis s'en cacher de honte et de dépit ;
J'en vis dedans leurs yeux les vives étincelles :
L'onde qui les reçut s'en irrita pour elles ;
J'en vis enfler la vague, et la mer en courroux
Rouler à gros bouillons ses flots jusques à nous.
 C'eût été peu des flots ; la soudaine tempête,
Qui trouble notre joie et dissipe la fête,

Enfante en moins d'une heure et pousse sur nos bords
Un monstre contre nous armé de mille morts.
Nous fuyons, mais en vain ; il suit, il brise, il tue ;
Chaque victime est morte aussitôt qu'abattue.
Nous ne voyons qu'horreur, que sang de toutes parts ;
Son haleine est poison, et poison ses regards :
Il ravage, il désole et nos champs et nos villes,
Et contre sa fureur il n'est aucuns asiles.
 Après beaucoup d'efforts et de vœux superflus,
Ayant souffert beaucoup, et craignant encor plus,
Nous courons à l'oracle en de telles alarmes ;
Et voici ce qu'Ammon répondit à nos larmes :
« Pour apaiser Neptune, exposez tous les mois
Au monstre qui le venge une fille à son choix,
Jusqu'à ce que le calme à l'orage succède ;
   Le sort vous montrera
    Celle qu'il agréera :
Différez cependant les noces d'Andromède. »
Comme dans un grand mal un moindre semble doux,
Nous prenons pour faveur ce reste de courroux.
Le monstre disparu nous rend un peu de joie :
On ne le voit qu'aux jours qu'on lui livre sa proie.
Mais ce remède enfin n'est qu'un amusement :
Si l'on souffre un peu moins, on craint également ;
Et toutes nous tremblons devant une infortune
Qui toutes nous menace avant qu'en frapper une.
La peur s'en renouvelle au bout de chaque mois ;
J'en ai cru de frayeur déjà mourir cinq fois.
Déjà nous avons vu cinq beautés dévorées,
Mais des beautés, hélas ! dignes d'être adorées,
Et de qui tous les traits, pleins d'un céleste feu,
Ne cédoient qu'à ma fille, et lui cédoient bien peu ;
Comme si, choisissant de plus belle en plus belle,
Le sort par ces degrés tâchoit d'approcher d'elle,
Et que, pour élever ses traits jusques à nous,
Il essayât sa force, et mesurât ses coups.
 Rien n'a pu jusqu'ici toucher ce dieu barbare ;
Et le sixième choix aujourd'hui se prépare :
On le va faire au temple ; et je sens malgré moi
Des mouvemens secrets redoubler mon effroi.
Je fis hier à Vénus offrir un sacrifice,
Qui jamais à mes vœux ne parut si propice ;
Et toutefois mon cœur à force de trembler
Semble prévoir le coup qui le doit accabler.
 Vous donc, qui connoissez et mon crime et sa peine,
Dites-moi s'il a pu mériter tant de haine,
Et si le ciel devoit tant de sévérité

Aux premiers mouvemens d'un peu de vanité.
PERSÉE.
Oui, madame, il est juste; et j'avouerai moi-même
Qu'en le blâmant tantôt j'ai commis un blasphème.
Mais vous ne voyez pas, dans votre aveuglement,
Quel grand crime il punit d'un si grand châtiment.
   Les nymphes de la mer ne lui sont pas si chères
Qu'il veuille s'abaisser à suivre leurs colères;
Et quand votre mépris en fit comparaison,
Il voyoit mieux que vous que vous aviez raison.
Il venge, et c'est de là que votre mal procède,
L'injustice rendue aux beautés d'Andromède.
Sous les lois d'un mortel votre choix l'asservit!
Cette injure est sensible aux dieux qu'elle ravit,
Aux dieux qu'elle captive; et ces rivaux célestes
S'opposent à des nœuds à sa gloire funestes
En sauvent les appas qui les ont éblouis,
Punissent vos sujets qui s'en sont réjouis.
Jupiter, résolu de l'ôter à Phinée,
Exprès par son oracle en défend l'hyménée.
A sa flamme peut-être il veut la réserver;
Ou, s'il peut se résoudre enfin à s'en priver,
A quelqu'un de ses fils sans doute il la destine;
Et voilà de vos maux la secrète origine.
Faites cesser l'offense, et le même moment
Fera cesser ici son juste châtiment.
CASSIOPE.
Vous montrez pour ma fille une trop haute estime,
Quand pour la mieux flatter vous me faites un crime,
Dont la civilité me force de juger
Que vous ne m'accusez qu'afin de m'obliger.
Si quelquefois les dieux pour des beautés mortelles
Quittent de leur séjour les clartés éternelles,
Ces mêmes dieux aussi, de leur grandeur jaloux,
Ne font pas chaque jour ce miracle pour nous:
Et, quand pour l'espérer je serois assez folle,
Le roi, dont tout dépend, est homme de parole;
Il a promis sa fille, et verra tout périr
Avant qu'à se dédire il veuille recourir.
Il tient cette alliance et glorieuse et chère :
Phinée est de son sang, il est fils de son frère.
PERSÉE.
Reine, le sang des dieux vaut bien celui des rois,
Mais nous en parlerons encor quelque autre fois.
Voici le roi qui vient.

SCÈNE II. — CÉPHÉE, CASSIOPE, PHINÉE, PERSÉE,
SUITE DU ROI ET DE LA REINE.

CÉPHÉE.

N'en parlons plus, Phinée,
Et laissons d'Andromède aller la destinée.
Votre amour fait pour elle un inutile effort;
Je la dois comme une autre au triste choix du sort.
Elle est cause du mal, puisqu'elle l'est du crime :
Peut-être qu'il là veut pour dernière victime,
Et que nos châtimens deviendroient éternels,
S'ils ne pouvoient tomber sur les vrais criminels.

PHINÉE.

Est-ce un crime en ces lieux, seigneur, que d'être belle?

CÉPHÉE.

Elle a rendu par là sa mère criminelle.

PHINÉE.

C'est donc un crime ici que d'avoir de bons yeux
Qui sachent bien juger d'un tel présent des cieux!

CÉPHÉE.

Qui veut en bien juger n'a point le privilége
D'aller jusqu'au blasphème et jusqu'au sacrilége.

CASSIOPE.

Ce blasphème, seigneur, de quoi vous m'accusez....

CÉPHÉE.

Madame, après les maux que vous avez causés,
C'est à vous à pleurer, et non à vous défendre.
Voyez, voyez quel sang vous avez fait répandre;
Et ne laissez paroître en cette occasion
Que larmes, que soupirs, et que confusion.
    (*A Phinée.*)
Je vous le dis encore, elle la crut trop belle;
Et peut-être le sort l'en veut punir en elle :
Dérober Andromède à cette élection,
C'est dérober sa mère à sa punition.

PHINÉE.

Déjà cinq fois, seigneur, à ce choix exposée,
Vous voyez que cinq fois le sort l'a refusée.

CÉPHÉE.

Si le courroux du ciel n'en veut point à ses jours
Ce qu'il a fait cinq fois il le fera toujours.

PHINÉE.

Le tenter si souvent, c'est lasser sa clémence :
Il pourra vous punir de trop de confiance;
Vouloir toujours faveur, c'est trop lui demander,
Et c'est un crime enfin que de tant hasarder.
Mais quoi! n'est-il, seigneur, ni bonté paternelle,

Ni tendresse du sang qui vous parle pour elle?
CÉPHÉE.
Ah! ne m'arrachez point mon sentiment secret.
Phinée, il est tout vrai, je l'expose à regret.
J'aime que votre amour en sa faveur me presse;
La nature en mon cœur avec lui s'intéresse;
Mais elle ne sauroit mettre d'accord en moi
Les tendresses d'un père et les devoirs d'un roi;
Et par une justice à moi-même sévère,
Je vous refuse en roi ce que je veux en père.
PHINÉE.
Quelle est cette justice, et quelles sont ces lois
Dont l'aveugle rigueur s'étend jusques aux rois?
CÉPHÉE.
Celles que font les dieux, qui, tout rois que nous sommes,
Punissent nos forfaits ainsi que ceux des hommes,
Et qui ne nous font part de leur sacré pouvoir
Que pour le mesurer aux règles du devoir.
Que diroient mes sujets si je me faisois grâce,
Et si, durant qu'au monstre on expose leur race,
Ils voyoient, par un droit tyrannique et honteux,
Le crime en ma maison, et la peine sur eux?
PHINÉE.
Heureux sont les sujets, heureuses les provinces
Dont le sang peut payer pour celui de leurs princes!
CÉPHÉE.
Mais heureux est le prince, heureux sont ses projets,
Quand il se fait justice ainsi qu'à ses sujets!
Notre oracle, après tout, n'excepte point ma fille,
Ses termes généraux comprennent ma famille;
Et ne confondre pas ce qu'il a confondu,
C'est se mettre au-dessus du dieu qui l'a rendu.
PERSÉE.
Seigneur, s'il m'est permis d'entendre votre oracle,
Je crois qu'à sa prière il donne peu d'obstacle;
Il parle d'Andromède, il la nomme, il suffit,
Arrêtez-vous pour elle à ce qu'il vous en dit;
La séparer longtemps d'un amant si fidèle,
C'est tout le châtiment qu'il semble vouloir d'elle.
Différez son hymen sans l'exposer au choix.
Le ciel assez souvent, doux aux crimes des rois,
Quand il leur a montré quelque légère haine,
Répand sur leurs sujets le reste de leur peine.
CÉPHÉE.
Vous prenez mal l'oracle; et pour l'expliquer mieux,
Sachez.... Mais quel éclat vient de frapper mes yeux?
D'où partent ces longs traits de nouvelles lumières?

(Le ciel s'ouvre durant cette contestation du roi avec Phinée, et fait voir dans un profond éloignement l'étoile de Vénus qui sert de machine pour apporter cette déesse jusqu'au milieu du théâtre. Elle s'avance lentement sans que l'œil puisse découvrir à quoi elle est suspendue ; et cependant le peuple a loisir de lui adresser ses vœux par cet hymne que chantent les musiciens.)

PERSÉE.

Du ciel qui vient d'ouvrir ses luisantes barrières,
D'où quelque déité vient, ce semble, ici-bas
Terminer elle-même entre vous ces débats.

CASSIOPE.

Ah ! je la reconnois, la déesse d'Éryce ;
C'est elle, c'est Vénus, à mes vœux si propice :
Je vois dans ses regards mon bonheur renaissant.
Peuple, faites des vœux, tandis qu'elle descend.

SCÈNE III.— VÉNUS, CÉPHÉE, CASSIOPE, PERSÉE, PHINÉE, CHŒUR DE MUSIQUE, SUITE DU ROI ET DE LA REINE.

CHŒUR.

Reine de Paphe et d'Amathonte[1],
Mère d'Amour, et fille de la mer,
Peux-tu voir sans un peu de honte
Que contre nous elle ait voulu s'armer,
Et que du même sein qui fut ton origine
Sorte notre ruine ?
Peux-tu voir que de la même onde
Il ose naître un tel monstre après toi ?
Que d'où vint tant de bien au monde
Il vienne enfin tant de mal et d'effroi,
Et que l'heureux berceau de ta beauté suprême
Enfante l'horreur même ?
Venge l'honneur de ta naissance
Qu'on a souillé par un tel attentat ;
Rends-lui sa première innocence,
Et tu rendras le calme à tout l'État :
Et nous dirons enfin que d'où le mal procède
Part aussi le remède.

CASSIOPE.

Peuple, elle veut parler ; silence à la déesse ;
Silence, et préparez vos cœurs à l'allégresse.
Elle a reçu nos vœux, et les daigne exaucer ;
Écoutez-en l'effet qu'elle va prononcer.

VÉNUS, *au milieu de l'air.*

Ne tremblez plus, mortels ; ne tremble plus, ô mère !

---

1. Ce fut, dit-on, Boisselte qui mit ce chœur en musique.

ACTE I, SCÈNE II.

On va jeter le sort pour la dernière fois,
 Et le ciel ne veut plus qu'un choix
 Pour apaiser de tout point sa colère.
Andromède ce soir aura l'illustre époux
Qui seul est digne d'elle, et dont seule elle est digne.
Préparez son hymen, où, pour faveur insigne,
Les dieux ont résolu de se joindre avec vous.

   PHINÉE, *à Céphée.*

Souffrez que sans tarder je porte à ma princesse,
Seigneur, l'heureux arrêt qu'a donné la déesse.

   CÉPHÉE.

Allez, l'impatience est trop juste aux amans.

  CASSIOPE, *voyant remonter Vénus.*

Suivons-la dans le ciel par nos remercîmens;
Et, d'une voix commune adorant sa puissance,
Montrons à ses faveurs notre reconnoissance.

   CHŒUR.

 Ainsi toujours sur tes autels
  Tous les mortels
 Offrent leurs cœurs en sacrifice!
 Ainsi le Zéphyr en tout temps
Sur tes palais de Cythère et d'Éryce
Fasse régner les grâces du printemps!

 Daigne affermir l'heureuse paix
  Qu'à nos souhaits
 Vient de promettre ton oracle;
 Et fais pour ces jeunes amans,
Pour qui tu viens de faire ce miracle,
Un siècle entier de doux ravissemens.

 Dans nos campagnes et nos bois
  Toutes nos voix
 Béniront tes douces atteintes;
 Et dans les rochers d'alentour
La même écho[1] qui redisoit nos plaintes
Ne redira que des soupirs d'amour.

   CÉPHÉE.

C'est assez.... la déesse est déjà disparue;
Ses dernières clartés se perdent dans la nue;
Allons jeter le sort pour la dernière fois.
Malheureux le dernier que foudroiera son choix,
Et dont en ce grand jour la perte domestique
Souillera de ses pleurs l'allégresse publique!
Madame, cependant, songez à préparer

---

1. « Le même écho. »

Cet hymen que les dieux veulent tant honorer :
Rendez-en l'appareil digne de ma puissance,
Et digne, s'il se peut, d'une telle présence.

CASSIOPE.

J'obéis avec joie, et c'est me commander
Ce qu'avec passion j'allois vous demander.

SCÈNE IV. — CASSIOPE, PERSÉE, SUITE DE LA REINE.

CASSIOPE.

Eh bien! vous le voyez, ce n'étoit pas un crime,
Et les dieux ont trouvé cet hymen légitime,
Puisque leur ordre exprès nous le fait achever,
Et que par leur présence ils doivent l'approuver.
Mais quoi! vous soupirez?

PERSÉE.

J'en ai bien lieu, madame.

CASSIOPE.

Le sujet?

PERSÉE.

Votre joie.

CASSIOPE.

Elle vous gêne l'âme?

PERSÉE.

Après ce que j'ai dit, douter d'un si beau feu,
Reine, c'est ou m'entendre ou me croire bien peu.
Mais ne me forcez pas du moins à vous le dire,
Quand mon âme en frémit et mon cœur en soupire.
Pouvois-je avoir des yeux et ne pas l'adorer?
Et pourrois-je la perdre et n'en pas soupirer?

CASSIOPE.

Quel espoir formiez-vous, puisqu'elle étoit promise,
Et qu'en vain son bonheur domptoit votre franchise?

PERSÉE.

Vouloir que la raison règne sur un amant,
C'est être plus que lui dedans l'aveuglement.
Un cœur digne d'aimer court à l'objet aimable
Sans penser au succès dont sa flamme est capable;
Il s'abandonne entier, et n'examine rien;
Aimer est tout son but, aimer est tout son bien;
Il n'est difficulté ni péril qui l'étonne.
« Ce qui n'est point à moi n'est encore à personne,
Disois-je; et ce rival qui possède sa foi,
S'il espère un peu plus, n'obtient pas plus que moi. »
Voilà durant vos maux de quoi vivoit ma flamme,
Et les douces erreurs dont je flattois mon âme.
Pour nourrir des désirs d'un beau feu trop contens,

ACTE I, SCÈNE IV.

C'étoit assez d'espoir que d'espérer au temps ;
Lui qui fait chaque jour tant de métamorphoses
Pouvoit en ma faveur faire beaucoup de choses.
Mais enfin la déesse a prononcé ma mort,
Et je suis ce dernier sur qui tombe le sort.
J'étois indigne d'elle et de son hyménée,
Et toutefois, hélas! je valois bien Phinée.

CASSIOPE.
Vous plaindre en cet état, c'est tout ce que je puis.

PERSÉE.
Vous vous plaindrez peut-être apprenant qui je suis.
Vous ne vous trompiez point touchant mon origine,
Lorsque vous la jugiez ou royale ou divine :
Mon père est.... Mais pourquoi contre vous l'animer?
Puisqu'il nous faut mourir, mourons sans le nommer ;
Il vengeroit ma mort, si j'avois fait connoître
De quel illustre sang j'ai la gloire de naître ;
Et votre grand bonheur seroit mal assuré,
Si vous m'aviez connu sans m'avoir préféré.
C'est trop perdre de temps, courons à votre joie,
Courons à ce bonheur que le ciel vous envoie ;
J'en veux être témoin, afin que mon tourment
Puisse par ce poison finir plus promptement.

CASSIOPE.
Le temps vous fera voir pour souverain remède
Le peu que vous perdez en perdant Andromède ;
Et les dieux, dont pour nous vous voyez la bonté,
Vous rendront bientôt plus qu'ils ne vous ont ôté.

PERSÉE.
Ni le temps ni les dieux ne feront ce miracle.
Mais allons : à votre heur je ne mets point d'obstacle,
Reine ; c'est l'affoiblir que de le retarder ;
Et les dieux ont parlé, c'est à moi de céder.

ACTE SECOND.

Cette place publique s'évanouit en un instant pour faire place à un jardin délicieux; et ces grands palais sont changés en autant de vases de marbre blanc, qui portent alternativement, les uns des statues d'où sortent autant de jets d'eau, les autres des myrtes, des jasmins et d'autres arbres de cette nature. De chaque côté se détache un rang d'orangers dans de pareils vases, qui viennent former un admirable berceau jusqu'au milieu du théâtre, et le séparent ainsi en trois allées, que l'artifice ingénieux de la perspective fait paroître longues de plus de mille pas. C'est là qu'on voit Andromède avec ses nymphes qui cueillent des fleurs, et en composent

SCÈNE I. — ANDROMÈDE, CHŒUR DE NYMPHES, UN PAGE.

ANDROMÈDE.

Nymphes, notre guirlande est encor mal ornée;
Et devant qu'il soit peu nous reverrons Phinée,
Que de ma propre main j'en voulois couronner
Pour les heureux avis qu'il vient de me donner.
Toutefois la faveur ne seroit pas bien grande,
Et mon cœur après tout vaut bien une guirlande.
Dans l'état où le ciel nous a mis aujourd'hui,
C'est l'unique présent qui soit digne de lui.
 Quittez, nymphes, quittez ces peines inutiles;
L'augure déplairoit de tant de fleurs stériles;
Il faut à notre hymen des présages plus doux.
Dites-moi cependant laquelle d'entre vous....
Mais il faut me le dire, et sans faire les fines.

AGLANTE.

Quoi, madame?

ANDROMÈDE.

 A tes yeux je vois que tu devines.
Dis-moi donc d'entre vous laquelle a retenu
En ces lieux jusqu'ici cet illustre inconnu.
Car enfin ce n'est point sans un peu de mystère
Qu'un tel héros s'attache à la cour de mon père.
Quelque chaîne l'arrête et le force à tarder.
Qu'on ne perde point temps à s'entre-regarder.
Parlez, et d'un seul mot éclaircissez mes doutes.
Aucune ne répond, et vous rougissez toutes!
Quoi! toutes l'aimez-vous? Un si parfait amant
Vous a-t-il su charmer toutes également?
Il n'en faut point rougir, il est digne qu'on l'aime :
Si je n'aimois ailleurs, peut-être que moi-même,
Oui, peut-être, à le voir si bien fait, si bien né,
Il auroit eu mon cœur, s'il n'eût été donné.
Mais j'aime trop Phinée, et le change est un crime.

AGLANTE.

Ce héros vaut beaucoup, puisqu'il a votre estime;
Mais il sait ce qu'il vaut, et n'a jusqu'à ce jour
A pas une de nous daigné montrer d'amour.

ANDROMÈDE.

Que dis-tu?

AGLANTE.

 Pas fait même une offre de service.

ANDROMÈDE.
Ah! c'est de quoi rougir toutes avec justice;
Et la honte à vos fronts doit bien cette couleur,
Si tant de si beaux yeux ont pu manquer son cœur.
CÉPHALIE.
Où les vôtres, madame, épandent leur lumière,
Cette honte pour nous est assez coutumière.
Les plus vives clartés s'éteignent auprès d'eux,
Comme auprès du soleil meurent les autres feux :
Et pour peu qu'on vous voie et qu'on vous considère,
Vous ne nous laissez point de conquêtes à faire.
ANDROMÈDE.
Vous êtes une adroite; achevez, achevez :
C'est peut-être en effet vous qui le captivez;
Car il aime, et j'en vois la preuve trop certaine.
Chaque fois qu'il me parle il semble être à la gêne;
Son visage et sa voix changent à tout propos;
Il hésite, il s'égare au bout de quatre mots;
Ses discours vont sans ordre; et plus je les écoute,
Plus j'entends des soupirs dont j'ignore la route.
Où vont-ils, Céphalie? où vont-ils? répondez.
CÉPHALIE.
C'est à vous d'en juger, vous qui les entendez.

UN PAGE, *chantant sans être vu.*
Qu'elle est lente, cette journée!
ANDROMÈDE.
Taisons-nous : cette voix me parle pour Phinée;
Sans doute il n'est pas loin, et veut à son retour
Que des accens si doux m'expliquent son amour.

LE PAGE.
Qu'elle est lente, cette journée
Dont la fin me doit rendre heureux!
Chaque moment à mon cœur amoureux
Semble durer plus d'une année.
O ciel! quel est l'heur d'un amant,
Si, quand il en a l'assurance,
Sa juste impatience
Est un nouveau tourment?

Je dois posséder Andromède :
Juge, Soleil, quel est mon bien!
Vis-tu jamais amour égal au mien?
Vois-tu beauté qui ne lui cède?
Puis donc que la longueur du jour
De mon nouveau mal est la source,
Précipite ta course,
Et tarde ton retour.

Tu luis encore, et ta lumière
Semble se plaire à m'affliger.
Ah! mon amour te va bien obliger
A quitter soudain ta carrière.
Viens, Soleil, viens voir la beauté
Dont le divin éclat me dompte;
Et tu fuiras de honte
D'avoir moins de clarté.

SCÈNE II. — PHINÉE, ANDROMÈDE, UN PAGE, CHŒUR DE NYMPHES, SUITE DE PHINÉE.

PHINÉE.

Ce n'est pas mon dessein, madame, de surprendre,
Puisque avant que d'entrer je me suis fait entendre.

ANDROMÈDE.

Vos vœux pour les cacher n'étoient pas criminels,
Puisqu'ils suivent des dieux les ordres éternels.

PHINÉE.

Que me direz-vous donc de leur galanterie?

ANDROMÈDE.

Que je vais vous payer de votre flatterie.

PHINÉE.

Comment?

ANDROMÈDE.

En vous donnant de semblables témoins,
Si vous aimez beaucoup, que je n'aime pas moins.
Approchez, Liriope, et rendez-lui son change;
C'est vous, c'est votre voix que je veux qui me venge.
De grâce, écoutez-la; nous avons écouté,
Et demandons silence après l'avoir prêté.

LIRIOPE *chante*.

Phinée est plus aimé qu'Andromède n'est belle,
Bien qu'ici-bas tout cède à ses attraits;
Comme il n'est point de si doux traits,
Il n'est point de cœur si fidèle.
De mille appas son visage semé
La rend une merveille :
Mais quoiqu'elle soit sans pareille,
Phinée est encor plus aimé.

Bien que le juste ciel fasse voir que sans crime
On la préfère aux nymphes de la mer,
Ce n'est que de savoir aimer
Qu'elle-même veut qu'on l'estime;
Chacun, d'amour pour elle consumé,
D'un cœur lui fait un temple:

ACTE II, SCÈNE II.

Mais quoiqu'elle soit sans exemple,
Phinée est encor plus aimé.

Enfin, si ses beaux yeux passent pour un miracle,
C'est un miracle aussi que son amour,
Pour qui Vénus en ce beau jour
A prononcé ce digne oracle :
Le ciel lui-même, en la voyant, charmé,
La juge incomparable ;
Mais quoiqu'il l'ait faite adorable,
Phinée est encor plus aimé.

(Cet air chanté, le page de Phinée et cette nymphe font un dialogue en musique, dont chaque couplet a pour refrain l'oracle que Vénus a prononcé au premier acte en faveur de ces deux amans, chanté par les deux voix unies, et répété par le chœur entier de la musique.)

LE PAGE.

Heureux amant!

LIRIOPE.

Heureuse amante!

LE PAGE.

Ils n'ont qu'une âme.

LIRIOPE.

Ils n'ont tous deux qu'un cœur.

LE PAGE.

Joignons nos voix pour chanter leur bonheur.

LIRIOPE.

Joignons nos voix pour bénir leur attente.

LE PAGE ET LIRIOPE.

Andromède ce soir aura l'illustre époux
Qui seul est digne d'elle, et dont seule elle est digne.
Préparons son hymen, où, pour faveur insigne,
Les dieux ont résolu de se joindre avec nous.

CHŒUR.

Préparons son hymen, où, pour faveur insigne,
Les dieux ont résolu de se joindre avec nous.

LE PAGE.

Le ciel le veut.

LIRIOPE.

Vénus l'ordonne.

LE PAGE.

L'amour les joint.

LIRIOPE.

L'hymen va les unir.

LE PAGE.

Douce union que chacun doit bénir!

LIRIOPE.

Heureuse amour qu'un tel succès couronne!

LE PAGE ET LIRIOPE.

Andromède ce soir aura l'illustre époux
Qui seul est digne d'elle, et dont seule elle est digne.
Préparons son hymen, où, pour faveur insigne,
Les dieux ont résolu de se joindre avec nous.

CHŒUR.

Préparons son hymen, où, pour faveur insigne,
Les dieux ont résolu de se joindre avec nous.

ANDROMÈDE.

Il n'en faut point mentir, leur accord m'a surprise.

PHINÉE.

Madame, c'est ainsi que tout me favorise,
Et que tous vos sujets soupirent en ces lieux
Après l'heureux effet de cet arrêt des dieux,
Que leurs souhaits unis....

SCÈNE III. — PHINÉE, ANDROMÈDE, TIMANTE, UN PAGE, CHŒUR DE NYMPHES, SUITE DE PHINÉE.

TIMANTE.

Ah, seigneur! ah, madame!

PHINÉE.

Que nous veux-tu, Timante, et qui trouble ton âme?

TIMANTE.

Le pire des malheurs.

PHINÉE.

Le roi seroit-il mort?

TIMANTE.

Non, seigneur; mais enfin le triste choix du sort
Vient de tomber.... Hélas! pourrai-je vous le dire?

ANDROMÈDE.

Est-ce sur quelque objet pour qui ton cœur soupire?

TIMANTE.

Soupirer à vos yeux du pire de ses coups,
N'est-ce pas dire assez qu'il est tombé sur vous?

PHINÉE.

Qui te fait nous donner de si vaines alarmes?

TIMANTE.

Si vous n'en croyez pas mes soupirs et mes larmes,
Vous en croirez le roi, qui bientôt à vos yeux
La va livrer lui-même aux ministres des dieux.

PHINÉE.

C'est nous faire, Timante, un conte ridicule;
Et je tiendrois le roi bien simple et bien crédule,
Si plus qu'une déesse il en croyoit le sort.

TIMANTE.

Le roi non plus que vous ne l'a pas cru d'abord;

Il a fait par trois fois essayer sa malice,
Et l'a vu par trois fois faire même injustice;
Du vase par trois fois ce beau nom est sorti.
PHINÉE.
Et toutes les trois fois le sort en a menti.
Le ciel a fait pour vous une autre destinée;
Son ordre est immuable, il veut notre hyménée;
Il le veut, il y met le bonheur de ces lieux;
Et ce n'est pas au sort à démentir les dieux.
ANDROMÈDE.
Assez souvent le ciel par quelque fausse joie
Se plaît à prévenir les maux qu'il nous envoie;
Du moins il m'a rendu quelques momens bien doux
Par ce flatteur espoir que j'allois être à vous.
Mais puisque ce n'étoit qu'une trompeuse attente,
Gardez mon souvenir, et je mourrai contente.
PHINÉE.
Et vous mourrez contente! Et j'ai pu mériter
Qu'avec contentement vous puissiez me quitter!
Détacher sans regret votre âme de la mienne!
Vouloir que je le voie, et que je m'en souvienne!
Et mon fidèle amour qui reçut votre foi
Vous trouve indifférente entre la mort et moi!
　Oui, je m'en souviendrai, vous le voulez, madame;
J'accepte le supplice où vous livrez mon âme :
Mais, quelque peu d'amour que vous me fassiez voir,
Le mien n'oubliera pas les lois de son devoir.
Je dois, malgré le sort, je dois, malgré vous-même,
Si vous aimez si mal, vous montrer comme on aime,
Et faire reconnoître aux yeux qui m'ont charmé
Que j'étois digne au moins d'être un peu mieux aimé.
Vous l'avouerez bientôt, et j'aurai cette gloire
Qui dans tout l'avenir suivra notre mémoire,
Que pour se voir quitter avec contentement,
Un amant tel que moi n'en est pas moins amant.
ANDROMÈDE.
C'est donc trop peu pour moi que des malheurs si proches,
Si vous ne les croissez par d'injustes reproches!
Vous quitter sans regret! les dieux me sont témoins
Que j'en montrerois plus si je vous aimois moins.
C'est pour vous trop aimer que je parois toute autre;
J'étouffe ma douleur pour n'aigrir pas la vôtre;
Je retiens mes soupirs de peur de vous fâcher,
Et me montre insensible afin de moins toucher.
Hélas! si vous savez faire voir comme on aime,
Du moins vous voyez mal quand l'amour est extrême;
Oui, Phinée, et je doute, en courant à la mort,

Lequel m'est plus cruel, ou de vous, ou du sort.
PHINÉE.
Hélas! qu'il étoit grand quand je l'ai cru s'éteindre,
Votre amour! et qu'à tort ma flamme osoit s'en plaindre!
Princesse, vous pouvez me quitter sans regret;
Vous ne perdez en moi qu'un amant indiscret,
Qu'un amant téméraire, et qui même a l'audace
D'accuser votre amour quand vous lui faites grâce.
Mais pour moi, dont la perte est sans comparaison,
Qui perds en vous perdant et lumière et raison,
Je n'ai que ma douleur qui m'aveugle et me guide;
Dessus toute mon âme elle seule préside;
Elle y règne, et je cède entier à son transport;
Mais je ne cède pas aux caprices du sort.
   Que le roi par scrupule à sa rigueur défère,
Qu'une indigne équité le fasse injuste père,
La reine et mon amour sauront bien empêcher
Qu'un choix si criminel ne coûte un sang si cher.
J'ose tout, je puis tout après un tel oracle.
TIMANTE.
La reine est hors d'état d'y joindre aucun obstacle;
Surprise comme vous d'un tel événement,
Elle en a de douleur perdu tout sentiment;
Et sans doute le roi livrera la princesse
Avant qu'on l'ait pu voir sortir de sa foiblesse.
PHINÉE.
Eh bien! mon amour seul saura jusqu'au trépas,
Malgré tous....
ANDROMÈDE.
   Le roi vient; ne vous emportez pas.

SCÈNE IV. — CÉPHÉE, PHINÉE, ANDROMÈDE, PERSÉE, TIMANTE, CHŒUR DE NYMPHES, UN PAGE, SUITE DU ROI ET DE PHINÉE.
CÉPHÉE.
Ma fille, si tu sais les nouvelles funestes
De ce dernier effort des colères célestes,
Si tu sais de ton sort l'impitoyable cours,
Qui fait le plus cruel du plus beau de nos jours,
Épargne ma douleur, juges-en par sa cause,
Et va sans me forcer à te dire autre chose.
ANDROMÈDE.
Seigneur, je vous l'avoue, il est bien rigoureux
De tout perdre au moment qu'on se doit croire heureux;
Et le coup qui surprend un espoir légitime
Porte plus d'une mort au cœur de la victime.
Mais enfin il est juste, et je le dois bénir;

La cause des malheurs les doit faire finir.
Le ciel, qui se repent sitôt de ses caresses,
Verra plus de constance en moi qu'en ses promesses;
Heureuse, si mes jours un peu précipités
Satisfont à ces dieux pour moi seule irrités,
Si je suis la dernière à leur courroux offerte,
Si le salut public peut naître de ma perte!
Malheureuse pourtant de ce qu'un si grand bien
Vous a déjà coûté d'autre sang que le mien,
Et que je ne suis pas la première et l'unique
Qui rende à votre État la sûreté publique!

PHINÉE.
Quoi! vous vous obstinez encore à me trahir?

ANDROMÈDE.
Je vous plains, je me plains, mais je dois obéir.

PHINÉE.
Honteuse obéissance à qui votre amour cède!

CÉPHÉE.
Obéissance illustre, et digne d'Andromède!
Son nom comblé par là d'un immortel honneur....

PHINÉE.
Je l'empêcherai bien, ce funeste bonheur.
Andromède est à moi, vous me l'avez donnée;
Le ciel pour notre hymen a pris cette journée;
Vénus l'a commandé : qui me la peut ôter?
Le sort auprès des dieux se doit-il écouter?
Ah! si j'en vois ici les infâmes ministres
S'apprêter aux effets de ses ordres sinistres....

CÉPHÉE.
Apprenez que le sort n'agit que sous les dieux,
Et souffrez comme moi le bonheur de ces lieux.
Votre perte n'est rien au prix de ma misère;
Vous n'êtes qu'amoureux, Phinée, et je suis père.
Il est d'autres objets dignes de votre foi;
Mais il n'est point ailleurs d'autres filles pour moi.
Songez donc mieux qu'un père à ces affreux ravages
Que partout de ce monstre épandirent les rages;
Et n'en rappelez pas l'épouvantable horreur,
Pour trop croire et trop suivre une aveugle fureur.

PHINÉE.
Que de nouveau ce monstre entré dessus vos terres
Fasse à tous vos sujets d'impitoyables guerres,
Le sang de tout un peuple est trop bien employé
Quand celui de ses rois en peut être payé;
Et je ne connois point d'autre perte publique
Que celle où vous condamne un sort si tyrannique.

CÉPHÉE.
Craignez ces mêmes dieux qui président au sort.
PHINÉE.
Qu'entre eux-mêmes ces dieux se montrent donc d'accord.
Quelle crainte après tout me pourroit y résoudre?
S'ils m'ôtent Andromède, ont-ils quelque autre foudre?
Il n'est plus de respect qui puisse rien sur moi;
Andromède est mon sort, et mes dieux, et mon roi;
Punissez un impie, et perdez un rebelle;
Satisfaites le sort en m'exposant pour elle;
J'y cours : mais autrement je jure ses beaux yeux,
Et mes uniques rois, et mes uniques dieux....

(*Ici le tonnerre commence à rouler avec un si grand bruit, et accompagné d'éclairs redoublés avec tant de promptitude, que cette feinte donne de l'épouvante aussi bien que de l'admiration, tant elle approche du naturel. On voit cependant descendre Éole avec huit vents, dont quatre sont à ses deux côtés, en sorte toutefois que les deux plus proches sont portés sur le même nuage que lui, et les deux plus éloignés sont comme volant en l'air tout contre ce même nuage. Les quatre autres paroissent deux à deux au milieu de l'air sur les ailes du théâtre, deux à la main gauche et deux à la droite; ce qui n'empêche pas Phinée de continuer ses blasphèmes.*)

SCÈNE V. — ÉOLE, HUIT VENTS, CÉPHÉE, PERSÉE, PHINÉE, ANDROMÈDE, CHŒUR DE NYMPHES, SUITE DU ROI ET DE PHINÉE.

CÉPHÉE.
Arrêtez; ce nuage enferme une tempête
Qui peut-être déjà menace votre tête.
N'irritez plus les dieux déjà trop irrités.
PHINÉE.
Qu'il crève, ce nuage, et que ces déités....
CÉPHÉE.
Ne les irritez plus, vous dis-je, et prenez garde....
PHINÉE.
A les trop irriter qu'est-ce que je hasarde?
Que peut craindre un amant quand il voit tout perdu?
Tombe, tombe sur moi leur foudre, s'il m'est dû!
Mais s'il est quelque main assez lâche et traîtresse
Pour suivre leur caprice et saisir ma princesse,
Seigneur, encore un coup, je jure ses beaux yeux,
Et mes uniques rois, et mes uniques dieux....
ÉOLE, *au milieu de l'air.*
Téméraire mortel, n'en dis pas davantage;
Tu n'obliges que trop les dieux à te haïr :
Quoi que pense attenter l'orgueil de ton courage,
Ils ont trop de moyens de se faire obéir.

ACTE II, SCÈNE V.

Connois-moi pour ton infortune;
Je suis Éole, roi des vents.
Partez, mes orageux suivans,
Faites ce qu'ordonne Neptune.

(Ce commandement d'Éole produit un spectacle étrange et merveilleux tout ensemble. Les deux vents qui étoient à ses côtés suspendus en l'air s'envolent, l'un à gauche et l'autre à droite : deux autres remontent avec lui dans le ciel sur le même nuage qui les vient d'apporter; deux autres, qui étoient à sa main gauche sur les ailes du théâtre, s'avancent au milieu de l'air, où, ayant fait un tour, ainsi que deux tourbillons, ils passent au côté droit du théâtre, d'où les deux derniers fondent sur Andromède, et, l'ayant saisie chacun par un bras, ils l'enlèvent de l'autre côté jusque dans les nues.)

ANDROMÈDE.

O ciel!

CÉPHÉE.

Ils l'ont saisie, et l'enlèvent en l'air.

PHINÉE.

Ah! ne présumez pas ainsi me la voler;
Je vous suivrai partout malgré votre surprise.

SCÈNE VI. — CÉPHÉE, PERSÉE, SUITE DU ROI.

PERSÉE.

Seigneur, un tel péril ne veut point de remise;
Mais espérez encor, je vole à son secours,
Et vais forcer le sort à prendre un autre cours.

CÉPHÉE.

Vingt amans pour Nérée en firent l'entreprise;
Mais il n'est point d'effort que ce monstre ne brise.
Tous voulurent sauver ses attraits adorés,
Tous furent avec elle à l'instant dévorés.

PERSÉE.

Le ciel aime Andromède, il veut son hyménée,
Seigneur; et si les vents l'arrachent à Phinée,
Ce n'est que pour la rendre à quelque illustre époux
Qui soit plus digne d'elle, et plus digne de vous;
A quelque autre par là les dieux l'ont réservée.
Vous saurez qui je suis quand je l'aurai sauvée.
Adieu. Par des chemins aux hommes inconnus
Je vais mettre en effet l'oracle de Vénus.
Le temps nous est trop cher pour le perdre en paroles.

CÉPHÉE.

Moi, qui ne puis former d'espérances frivoles,
Pour ne voir point courir ce grand cœur au trépas,
Je vais faire des vœux qu'on n'écoutera pas.

ACTE TROISIÈME.

Il se fait ici une si étrange métamorphose, qu'il semble qu'avant que de sortir de ce jardin Persée ait découvert cette monstrueuse tête de Méduse qu'il porte partout sous son bouclier. Les myrtes et les jasmins qui le composoient sont devenus des rochers affreux, dont les masses inégalement escarpées et bossues suivent si parfaitement le caprice de la nature, qu'il semble qu'elle ait plus contribué que l'art à les placer ainsi des deux côtés du théâtre : c'est en quoi l'artifice de l'ouvrier est merveilleux, et se fait voir d'autant plus, qu'il prend soin de se cacher. Les vagues s'emparent de toute la scène, à la réserve de cinq ou six pieds qu'elles laissent pour leur servir de rivage ; elle sont dans une agitation continuelle, et composent comme un golfe enfermé entre ces deux rangs de falaises : on en voit l'embouchure se dégorger dans la pleine mer, qui paroît si vaste et d'une si grande étendue, qu'on jureroit que les vaisseaux qui flottent près de l'horizon, dont la vue est bornée, sont éloignés de plus de six lieues de ceux qui les considèrent. Il n'y a personne qui ne juge que cet horrible spectacle est le funeste appareil de l'injustice des dieux et du supplice d'Andromède ; aussi la voit-on au haut des nues, d'où les deux vents qui l'ont enlevée l'apportent avec impétuosité et l'attachent au pied d'un de ces rochers.

SCÈNE I. — ANDROMÈDE, *au pied d'un rocher;* DEUX VENTS *qui l'y attachent;* TIMANTE, CHŒUR DE PEUPLE *sur le rivage.*

TIMANTE.
Allons voir, chers amis, ce qu'elle est devenue,
La princesse, et mourir, s'il se peut, à sa vue.

CHŒUR.
La voilà que ces vents achèvent d'attacher,
En infâmes bourreaux, à ce fatal rocher.

TIMANTE.
Oui, c'est elle sans doute. Ah ! l'indigne spectacle !

CHŒUR.
Si le ciel n'est injuste, il lui doit un miracle.
(*Les vents s'envolent.*)

TIMANTE.
Il en fera voir un, s'il en croit nos désirs.

ANDROMÈDE.
O dieux !

TIMANTE.
Avec respect écoutons ses soupirs ;
Et puissent les accens de ses premières plaintes
Porter dans tous nos cœurs de mortelles atteintes !

ANDROMÈDE.
Affreuse image du trépas

ACTE III, SCÈNE I.

Qu'un triste honneur m'avoit fardée,
Surprenantes horreurs, épouvantable idée,
Qui tantôt ne m'ébranliez pas,
Que l'on vous conçoit mal quand on vous envisage
Avec un peu d'éloignement !
Qu'on vous méprise alors ! qu'on vous brave aisément !
Mais que la grandeur de courage
Devient d'un difficile usage
Lorsqu'on touche au dernier moment !

Ici seule, et de toutes parts
A mon destin abandonnée ;
Ici que je n'ai plus ni parens, ni Phinée,
Sur qui détourner mes regards,
L'attente de la mort de tout mon cœur s'empare
Il n'a qu'elle à considérer ;
Et, quoi que de ce monstre il s'ose figurer,
Ma constance qui s'y prépare
Le trouve d'autant plus barbare
Qu'il diffère à me dévorer.

Étrange effet de mes malheurs !
Mon âme traînante, abattue,
N'a qu'un moment à vivre, et ce moment me tue
A force de vives douleurs.
Ma frayeur a pour moi mille mortelles feintes,
Cependant que la mort me fuit ;
Je pâme au moindre vent, je meurs au moindre bruit ;
Et mes espérances éteintes
N'attendent la fin de mes craintes
Que du monstre qui les produit.

Qu'il tarde à suivre mes désirs !
Et que sa cruelle paresse
A ce cœur dont ma flamme est encor la maîtresse
Coûte d'amers et longs soupirs !
O toi, dont jusqu'ici la douceur m'a suivie,
Va-t'en, souvenir indiscret ;
Et, cessant de me faire un entretien secret
De ce prince qui m'a servie,
Laisse-moi sortir de la vie
Avec un peu moins de regret.

C'est assez que tout l'univers
Conspire à faire mes supplices ;
Ne les redouble point, toi qui fus mes délices,
En me montrant ce que je perds ;
Laisse-moi....

SCÈNE II. — CASSIOPE, ANDROMÈDE, TIMANTE,
CHŒUR DE PEUPLE.
CASSIOPE.

Me voici, qui seule ai fait le crime;
Me voici, justes dieux, prenez votre victime;
S'il est quelque justice encore parmi vous,
C'est à moi seule, à moi qu'est dû votre courroux.
Punir les innocens, et laisser les coupables,
Inhumains! est-ce en être, est-ce en être capables?
A moi tout le supplice, à moi tout le forfait.
Que faites-vous, cruels? qu'avez-vous presque fait?
Andromède est ici votre plus rare ouvrage;
Andromède est ici votre plus digne image;
Elle rassemble en soi vos attraits divisés :
On vous connoîtra moins si vous la détruisez.
 Ah! je découvre enfin d'où provient tant de haine;
Vous en êtes jaloux plus que je n'en fus vaine;
Si vous la laissiez vivre, envieux tout-puissans,
Elle auroit plus que vous et d'autels et d'encens;
Chacun préféreroit le portrait au modèle,
Et bientôt l'univers n'adoreroit plus qu'elle.

ANDROMÈDE.

En l'état où je suis le sort m'est-il trop doux,
Si vous ne me donnez de quoi craindre pour vous?
Faut-il encor ce comble à des malheurs extrêmes?
Qu'espérez-vous, madame, à force de blasphèmes?

CASSIOPE.

Attirer et leur monstre et leur foudre sur moi :
Mais je ne les irrite, hélas! que contre toi;
Sur ton sang innocent retombent tous mes crimes;
Seule tu leur tiens lieu de mille autres victimes,
Et pour punir ta mère ils n'ont, ces cruels dieux,
Ni monstre dans la mer, ni foudre dans les cieux.
Aussi savent-ils bien que se prendre à ta vie,
C'est percer de mon cœur la plus tendre partie;
Que je souffre bien plus en te voyant périr,
Et qu'ils me feroient grâce en me faisant mourir.
Ma fille, c'est donc là cet heureux hyménée,
Cette illustre union par Vénus ordonnée,
Qu'avecque tant de pompe il falloit préparer,
Et que ces mêmes dieux devoient tant honorer!
 Ce que nos yeux ont vu n'étoit-ce donc qu'un songe,
Déesse? ou ne viens-tu que pour dire un mensonge?
Nous aurois-tu parlé sans l'aveu du Destin?
Est-ce ainsi qu'à nos maux le ciel trouve une fin?
Est-ce ainsi qu'Andromède en reçoit les caresses?

ACTE III, SCÈNE II.

Si contre elle l'envie émeut quelques déesses,
L'amour en sa faveur n'arme-t-il point de dieux?
Sont-ils tous devenus ou sans cœur, ou sans yeux?
Le maître souverain de toute la nature
Pour de moindres beautés a changé de figure;
Neptune a soupiré pour de moindres appas;
Elle en montre à Phébus que Daphné n'avoit pas;
Et l'Amour en Psyché voyoit bien moins de charmes,
Quand pour elle il daigna se blesser de ses armes.
  Qui dérobe à tes yeux le droit de tout charmer,
Ma fille? au vif éclat qu'ils sèment dans la mer,
Les tritons amoureux, malgré leurs néréides,
Devroient déjà sortir de leurs grottes humides,
Aux fureurs de leur monstre à l'envi s'opposer,
Contre ce même écueil eux-mêmes l'écraser,
Et de ses os brisés, de sa rage étouffée,
Au pied de ton rocher t'élever un trophée.
      ANDROMÈDE, *voyant venir le monstre de loin.*
Renouveler le crime, est-ce pour les fléchir?
Vous hâtez mon supplice au lieu de m'affranchir.
Vous appelez le monstre. Ah! du moins à sa vue
Quittez la vanité qui m'a déjà perdue.
Il n'est mortel ni dieu qui m'ose secourir.
Il vient; consolez-vous, et me laissez mourir.
      CASSIOPE.
Je le vois, c'en est fait. Parois du moins, Phinée,
Pour sauver la beauté qui t'étoit destinée;
Parois, il en est temps; viens en dépit des dieux
Sauver ton Andromède, ou périr à ses yeux;
L'amour te le commande, et l'honneur t'en convie;
Peux-tu, si tu la perds, aimer encor la vie?
      ANDROMÈDE.
Il n'a manque d'amour, ni manque de valeur;
Mais sans doute, madame, il est mort de douleur:
Et comme il a du cœur et sait que je l'adore,
Il périroit ici, s'il respiroit encore.
      CASSIOPE.
Dis plutôt que l'ingrat n'ose te mériter.
Toi donc, qui plus que lui t'osois tantôt vanter,
Viens, amant inconnu, dont la haute origine,
Si nous t'en voulons croire, est royale ou divine;
Viens en donner la preuve, et, par un prompt secou
Fais-nous voir quelle foi l'on doit à tes discours;
Supplante ton rival par une illustre audace;
Viens à droit de conquête en occuper la place·
Andromède est à toi si tu l'oses gagner.
  Quoi! lâches, le péril vous la fait dédaigner

Il éteint en tous deux ces flammes sans secondes !
Allons, mon désespoir, jusqu'au milieu des ondes
Faire servir l'effort de nos bras impuissans
D'exemple et de reproche à leurs feux languissans ;
Faisons ce que tous deux devroient faire avec joie ;
Détournons sa fureur dessus une autre proie :
Heureuse si mon sang la pouvoit assouvir !
Allons. Mais qui m'arrête ? Ah ! c'est mal me servir.
(*On voit ici Persée descendre du haut des nues.*)

SCÈNE III. — ANDROMÈDE, *attachée au rocher*; PERSÉE, *en l'air, sur le cheval Pégase;* CASSIOPE, TIMANTE ET LE CHŒUR, *sur le rivage.*

TIMANTE, *montrant Persée à Cassiope, et l'empêchant de se jeter à la mer.*

Courez-vous à la mort quand on vole à votre aide ?
Voyez par quels chemins on secourt Andromède ;
Quel héros, ou quel dieu sur ce cheval ailé....

CASSIOPE.

Ah ! c'est cet inconnu par mes cris appelé,
C'est lui-même, seigneur, que mon âme étonnée....

PERSÉE, *en l'air, sur le Pégase.*

Reine, voyez par là si je vaux bien Phinée,
Si j'étois moins que lui digne de votre choix,
Et si le sang des dieux cède à celui des rois.

CASSIOPE.

Rien n'égale, seigneur, un amour si fidèle ;
Combattez donc pour vous en combattant pour elle :
Vous ne trouverez point de sentimens ingrats.

PERSÉE, *à Andromède.*

Adorable princesse, avouez-en mon bras.

CHŒUR DE MUSIQUE, *cependant que Persée combat le monstre.*

Courage, enfant des dieux, elle est votre conquête ;
  Et jamais amant ni guerrier
   Ne vit ceindre sa tête
D'un si beau myrte ou d'un si beau laurier.

UNE VOIX *seule.*

Andromède est le prix qui suit votre victoire :
   Combattez, combattez ;
  Et vos plaisirs et votre gloire
Rendront jaloux les dieux dont vous sortez.

LE CHŒUR *répète.*

Courage, enfant des dieux, elle est votre conquête ;
  Et jamais amant ni guerrier
   Ne vit ceindre sa tête
D'un si beau myrte ou d'un si beau laurier.

ACTE III, SCÈNE III.

TIMANTE, *à la reine.*

Voyez de quel effet notre attente est suivie,
Madame ; elle est sauvée, et le monstre est sans vie.

PERSÉE, *ayant tué le monstre.*

Rendez grâces au dieu qui m'en a fait vainqueur.

CASSIOPE.

O ciel! que ne vous puis-je assez ouvrir mon cœur.
L'oracle de Vénus enfin s'est fait entendre :
Voilà ce dernier choix qui nous devoit tout rendre ;
Et vous êtes, seigneur, l'incomparable époux
Par qui le sang des dieux se doit joindre avec nous.
Ne pense plus, ma fille, à ton ingrat Phinée ;
C'est à ce grand héros que le sort t'a donnée ;
C'est pour lui que le ciel te destine aujourd'hui ;
Il est digne de toi, rends-toi digne de lui.

PERSÉE.

Il faut la mériter par mille autres services ;
Un peu d'espoir suffit pour de tels sacrifices.
Princesse, cependant quittez ces tristes lieux,
Pour rendre à votre cour tout l'éclat de vos yeux.
Ces vents, ces mêmes vents qui vous ont enlevée,
Vont rendre de tout point ma victoire achevée :
L'ordre que leur prescrit mon père Jupiter
Jusqu'en votre palais les force à vous porter,
Les force à vous remettre où tantôt leur surprise....

ANDROMÈDE.

D'une frayeur mortelle à peine encor remise,
Pardonnez, grand héros, si mon étonnement
N'a pas la liberté d'aucun remercîment.

PERSÉE.

Venez, tyrans des mers, réparer votre crime,
Venez restituer cette illustre victime ;
Méritez votre grâce, impétueux mutins,
Par votre obéissance au maître des destins.

(Les vents obéissent aussitôt à ce commandement de Persée ; et on les voit en un moment détacher cette princesse, et la reporter pardessus les flots jusqu'aux lieux d'où ils l'avoient apportée au commencement de cet acte. En même temps Persée revole en haut sur son cheval ailé ; et, après avoir fait un caracol admirable au milieu de l'air, il tire du même côté qu'on a vu disparoître la princesse : tandis qu'il vole, tout le rivage retentit de cris de joie et de chants de victoire.)

CASSIOPE, *voyant Persée revoler en haut après sa victoire.*

Peuple, qu'à pleine voix l'allégresse publique
Après un tel miracle en triomphe s'explique,
Et fasse retentir sur ce rivage heureux
L'immortelle valeur d'un bras si généreux.

CHŒUR.

Le monstre est mort, crions victoire,
Victoire tous, victoire à pleine voix;
Que nos campagnes et nos bois
Ne résonnent que de sa gloire.
Princesse, elle vous donne enfin l'illustre époux
Qui seul étoit digne de vous.

Vous êtes sa digne conquête.
Victoire tous, victoire à son amour!
C'est lui qui nous rend ce beau jour,
C'est lui qui calme la tempête:
Et c'est lui qui vous donne enfin l'illustre époux
Qui seul étoit digne de vous.

CASSIOPE, *après que Persée est disparu.*

Dieux! j'étois sur ces bords immobile de joie!
Allons voir où ces vents ont reporté leur proie,
Embrasser ce vainqueur, et demander au roi
L'effet du juste espoir qu'il a reçu de moi.

SCÈNE IV. — CYMODOCE, ÉPHYRE, CYDIPPE.
(*Ces trois néréides s'élèvent du milieu des flots.*)

CYMODOCE.

Ainsi notre colère est de tout point bravée;
Ainsi notre victime à nos yeux enlevée
Va croître les douceurs de ses contentemens
Par le juste mépris de nos ressentimens.

ÉPHYRE.

Toute notre fureur, toute notre vengeance
Semble avec son destin être d'intelligence,
N'agir qu'en sa faveur; et ses plus rudes coups
Ne font que lui donner un plus illustre époux.

CYDIPPE.

Le sort, qui jusqu'ici nous a donné le change,
Immole à ses beautés le monstre qui nous venge;
Du même sacrifice, et dans le même lieu,
De victime qu'elle est, elle devient le dieu.
Cessons dorénavant, cessons d'être immortelles,
Puisque les immortels trahissent nos querelles,
Qu'une beauté commune est plus chère à leurs yeux:
Car son libérateur est sans doute un des dieux.
Autre qu'un dieu n'eût pu nous ôter cette proie;
Autre qu'un dieu n'eût pu prendre une telle voie;
Et ce cheval ailé fût péri mille fois
Avant que de voler sous un indigne poids.

CYMODOCE.

Oui, c'est sans doute un dieu qui vient de la défendre.

Mais il n'est pas, mes sœurs, encor temps de nous rendre ;
Et puisqu'un dieu pour elle ose nous outrager,
Il faut trouver aussi des dieux à nous venger.
Du sang de notre monstre encore toutes teintes,
Au palais de Neptune allons porter nos plaintes,
Lui demander raison de l'immortel affront
Qu'une telle défaite imprime à notre front.

CYDIPPE.

Je crois qu'il nous prévient ; les ondes en bouillonnent ;
Les conques des tritons dans ces rochers résonnent ;
C'est lui-même, parlons.

SCÈNE V. — NEPTUNE, LES TROIS NÉRÉIDES.

NEPTUNE, *dans son char formé d'une grande conque de nacre, et tiré par deux chevaux marins.*

Je sais vos déplaisirs,
Mes filles ; et je viens au bruit de vos soupirs,
De l'affront qu'on vous fait plus que vous en colère.
C'est moi que tyrannise un superbe de frère,
Qui dans mon propre État m'osant faire la loi,
M'envoie un de ses fils pour triompher de moi.
Qu'il règne dans le ciel, qu'il règne sur la terre ;
Qu'il gouverne à son gré l'éclat de son tonnerre ;
Que même du Destin il soit indépendant ;
Mais qu'il me laisse à moi gouverner mon trident.
C'est bien assez pour lui d'un si grand avantage,
Sans me venir braver encor dans mon partage.
Après cet attentat sur l'empire des mers,
Même honte à leur tour menace les enfers ;
Aussi leur souverain prendra notre querelle :
Je vais l'intéresser avec Junon pour elle ;
Et tous trois, assemblant notre pouvoir en un,
Nous saurons bien dompter notre tyran commun.
Adieu. Consolez-vous, nymphes trop outragées ;
Je périrai moi-même, ou vous serez vengées :
Et j'ai su du Destin, qui se ligue avec nous,
Qu'Andromède ici-bas n'aura jamais d'époux.

(*Il fond au milieu de la mer.*)

CYMODOCE.

Après le doux espoir d'une telle promesse,
Reprenons, chères sœurs, une entière allégresse.

(*Les néréides se plongent aussi dans la mer.*)

ACTE QUATRIÈME.

Les vagues fondent sous le théâtre ; et ces hideuses masses de pierres dont elles battoient le pied font place à la magnificence d'un palais royal. On ne le voit pas tout entier, on n'en voit que le vestibule, ou plutôt la grande salle, qui doit servir aux noces de Persée et d'Andromède. Deux rangs de colonnes de chaque côté, l'un de rondes, et l'autre de carrées, en font les ornemens : elles sont enrichies de statues de marbre blanc d'une grandeur naturelle, et leurs bases, corniches, amortissemens, étalent tout ce que peut la justesse de l'architecture. Le frontispice suit le même ordre ; et, par trois portes dont il est percé, il fait voir trois allées de cyprès où l'œil s'enfonce à perte de vue.

SCÈNE I. — ANDROMÈDE, PERSÉE, CHŒUR DE NYMPHES, SUITE DE PERSÉE.

PERSÉE.

Que me permettez-vous, madame, d'espérer ?
Mon amour jusqu'à vous a-t-il lieu d'aspirer ?
Et puis-je, en cette illustre et charmante journée,
Prétendre jusqu'au cœur que possédoit Phinée ?

ANDROMÈDE.

Laissez-moi l'oublier, puisqu'on me donne à vous ;
Et s'il l'a possédé, n'en soyez point jaloux.
Le choix du roi l'y mit, le choix du roi l'en chasse ;
Ce même choix du roi vous y donne sa place ;
N'exigez rien de plus ; je ne sais point haïr ;
Je ne sais point aimer, mais je sais obéir :
Je sais porter ce cœur à tout ce qu'on m'ordonne,
Il suit aveuglément la main qui vous le donne ;
De sorte, grand héros, qu'après le choix du roi,
Ce que vous demandez est plus à vous qu'à moi.

PERSÉE.

Que je puisse abuser ainsi de sa puissance !
Hasarder vos plaisirs sur votre obéissance !
Et de libérateur de vos rares beautés
M'élever en tyran dessus vos volontés !
Princesse, mon bonheur vous auroit mal servie,
S'il vous faisoit esclave en vous rendant la vie,
Et s'il n'avoit sauvé des jours si précieux
Que pour les attacher sous un joug odieux.
C'est aux courages bas, c'est aux amans vulgaires,
A faire agir pour eux l'autorité des pères.
Souffrez à mon amour des chemins différens.
J'ai vu parler pour moi les dieux et vos parens ;

Je sens que mon espoir s'enfle de leur suffrage ;
Mais je n'en veux enfin tirer autre avantage
Que de pouvoir ici faire hommage à vos yeux
Du choix de vos parens, et du vouloir des dieux.
Ils vous donnent à moi, je vous rends à vous-même ;
Et comme enfin c'est vous et non pas moi que j'aime,
J'aime mieux m'exposer à perdre un bien si doux,
Que de vous obtenir d'un autre que de vous.
Je garde cet espoir, et hasarde le reste,
Et, me soit votre choix ou propice ou funeste,
Je bénirai l'arrêt qu'en feront vos désirs,
Si ma mort vous épargne un peu de déplaisirs.
Remplissez mon espoir ou trompez mon attente,
Je mourrai sans regret, si vous vivez contente ;
Et mon trépas n'aura que d'aimables momens,
S'il vous ôte un obstacle à vos contentemens.

ANDROMÈDE.

C'est trop d'être vainqueur dans la même journée
Et de ma retenue et de ma destinée.
Après que par le roi vos vœux sont exaucés,
Vous parler d'obéir c'étoit vous dire assez :
Mais vous voulez douter, afin que je m'explique,
Et que votre victoire en devienne publique.
Sachez donc....

PERSÉE.

Non, madame : où j'ai tant d'intérêt,
Ce n'est pas devant moi qu'il faut faire l'arrêt.
L'excès de vos bontés pourroit en ma présence
Faire à vos sentimens un peu de violence ;
Ce bras vainqueur du monstre, et qui vous rend le jour,
Pourroit en ma faveur séduire votre amour ;
La pitié de mes maux pourroit même surprendre
Ce cœur trop généreux pour s'en vouloir défendre ;
Et le moyen qu'un cœur ou séduit ou surpris
Fût juste en ses faveurs, ou juste en ses mépris?
De tout ce que j'ai fait ne voyez que ma flamme ;
De tout ce qu'on vous dit ne croyez que votre âme ;
Ne me répondez point, et consultez-la bien ;
Faites votre bonheur sans aucun soin du mien :
Je lui voudrois du mal s'il retranchoit du vôtre,
S'il vous pouvoit coûter un soupir pour quelque autre,
Et si, quittant pour moi quelques destins meilleurs,
Votre devoir laissoit votre tendresse ailleurs.
Je vous le dis encor dans ma plus douce attente,
Je mourrai trop content, si vous vivez contente,
Et si, l'heur de ma vie ayant sauvé vos jours,
La gloire de ma mort assure vos amours.

Adieu. Je vais attendre ou triomphe ou supplice,
L'un comme effet de grâce, et l'autre de justice.

ANDROMÈDE.

A ces profonds respects qu'ici vous me rendez
Je ne réplique point, vous me le défendez ;
Mais, quoique votre amour me condamne au silence,
Je vous dirai, seigneur, malgré votre défense,
Qu'un héros tel que vous ne sauroit ignorer
Qu'ayant tout mérité, l'on doit tout espérer.

SCÈNE II. — ANDROMÈDE, CHŒUR DE NYMPHES.

ANDROMÈDE.

Nymphes, l'auriez-vous cru, qu'en moins d'une journée
J'aimasse de la sorte un autre que Phinée?
Le roi l'a commandé, mais de mon sentiment
Je m'offrois en secret à son commandement.
Ma flamme impatiente invoquoit sa puissance,
Et couroit au-devant de mon obéissance.
Je fais plus ; au seul nom de mon premier vainqueur,
L'amour à la colère abandonne mon cœur ;
Et ce captif rebelle, ayant brisé sa chaîne,
Va jusques au dédain, s'il ne passe à la haine.
Que direz-vous d'un change et si prompt et si grand,
Qui dans ce même cœur moi-même me surprend?

AGLANTE.

Que pour faire un bonheur promis par tant d'oracles,
Cette grande journée est celle des miracles,
Et qu'il n'est pas aux dieux besoin de plus d'effort
A changer votre cœur qu'à changer votre sort.
Cet empire absolu qu'ils ont dessus nos âmes
Eteint comme il leur plaît et rallume nos flammes,
Et verse dans nos cœurs, pour se faire obéir,
Des principes secrets d'aimer et de haïr.
Nous en voyons au vôtre en cette haute estime
Que vous nous témoigniez pour ce bras magnanime ;
Au défaut de l'amour que Phinée emportoit,
Il lui donnoit dès lors tout ce qui lui restoit ;
Dès lors ces mêmes dieux, dont l'ordre s'exécute
Le penchoient du côté qu'ils préparoient sa chute
Et cette haute estime attendant ce beau jour
N'étoit qu'un beau degré pour monter à l'amour.

CÉPHALIE.

Un digne amour succède à cette haute estime :
Si je puis toutefois vous le dire sans crime,
C'est hasarder beaucoup que croire entièrement
L'impétuosité d'un si prompt changement.

Comme pour vous Phinée eut toujours quelques charmes,
Peut-être il ne lui faut qu'un soupir et deux larmes
Pour dissiper un peu de cette avidité
Qui d'un si gros torrent suit la rapidité.
Deux amans que sépare une légère offense
Rentrent d'un seul coup d'œil en pleine intelligence.
Vous reverrez en lui ce qui le fit aimer,
Les mêmes qualités qu'il vous plut estimer....

ANDROMÈDE.

Et j'y verrai de plus cette âme lâche et basse
Jusqu'à m'abandonner à toute ma disgrâce;
Cet ingrat trop aimé qui n'osa me sauver,
Qui, me voyant périr, voulut se conserver,
Et crut s'être acquitté devant ce que nous sommes,
En querellant les dieux et menaçant les hommes.
S'il eût.... Mais le voici; voyons si ses discours
Rompront de ce torrent ou grossiront le cours.

SCÈNE III. — ANDROMÈDE, PHINÉE, AMMON, CHŒUR DE NYMPHES, SUITE DE PHINÉE.

PHINÉE.

Sur un bruit qui m'étonne, et que je ne puis croire,
Madame, mon amour, jaloux de votre gloire,
Vient savoir s'il est vrai que vous soyez d'accord,
Par un change honteux, de l'arrêt de ma mort.
Je ne suis point surpris que le roi, que la reine,
Suivent les mouvemens d'une foiblesse humaine;
Tout ce qui me surprend, ce sont vos volontés.
On vous donne à Persée, et vous y consentez!
Et toute votre foi demeure sans défense,
Alors que de mon bien on fait sa récompense!

ANDROMÈDE.

Oui, j'y consens, Phinée, et j'y dois consentir;
Et quel que soit ce bien qu'il a su garantir,
Sans vous faire injustice on en fait son salaire,
Quand il a fait pour moi ce que vous deviez faire.
De quel front osez-vous me nommer votre bien,
Vous qu'on a vu tantôt n'y prétendre plus rien?
Quoi! vous consentirez qu'un monstre me dévore,
Et ce monstre étant mort je suis à vous encore!
Quand je sors de péril vous revenez à moi!
Vous avez de l'amour, et je vous dois ma foi!
C'étoit de sa fureur qu'il me falloit défendre,
Si vous vouliez garder quelque droit d'y prétendre :
Ce demi-dieu n'a fait, quoi que vous prétendiez,
Que m'arracher au monstre à qui vous me cédiez.

Quittez donc cette vaine et téméraire idée ;
Ne me demandez plus quand vous m'avez cédée.
Ce doit être pour vous même chose aujourd'hui,
Ou de me voir au monstre, ou de me voir à lui.
          PHINÉE.
Qu'ai-je oublié pour vous de ce que j'ai pu faire ?
N'ai-je pas des dieux même attiré la colère ?
Lorsque je vis Éole armé pour m'en punir.,
Fut-il en mon pouvoir de vous mieux retenir ?
N'eurent-ils pas besoin d'un éclat de tonnerre,
Ses ministres ailés, pour me jeter par terre ?
Et voyant mes efforts avorter sans effets,
Quels pleurs n'ai-je versés, et quels vœux n'ai-je faits ?
          ANDROMÈDE.
Vous avez donc pour moi daigné verser des larmes,
Lorsque pour me défendre un autre a pris les armes !
Et dedans mon péril vos sentimens ingrats
S'amusoient à des vœux quand il falloit des bras !
          PHINÉE.
Que pouvois-je de plus, ayant vu pour Nérée
De vingt amans armés la troupe dévorée ?
Devois-je encor promettre un succès à ma main,
Qu'on voyoit au-dessus de tout l'effort humain ?
Devois-je me flatter de l'espoir d'un miracle ?
          ANDROMÈDE.
Vous deviez l'espérer sur la foi d'un oracle :
Le ciel l'avoit promis par un arrêt si doux !
Il l'a fait par un autre, et l'auroit fait par vous.
    Mais quand vous auriez cru votre perte assurée,
Du moins ces vingt amans dévorés pour Nérée
Vous laissoient un exemple et noble et glorieux,
Si vous n'eussiez pas craint de périr à mes yeux.
Ils voyoient de leur mort la même certitude ;
Mais avec plus d'amour et moins d'ingratitude,
Tous voulurent mourir pour leur objet mourant.
Que leur amour du vôtre étoit bien différent !
L'effort de leur courage a produit vos alarmes,
Vous a réduit aux vœux, vous a réduit aux larmes ;
Et, quoique plus heureuse en un semblable sort.,
Je vois d'un œil jaloux la gloire de sa mort.
Elle avoit vingt amans qui voulurent la suivre,
Et je n'en avois qu'un, qui m'a voulu survivre.
Encor ces vingt amans, qui vous ont alarmé,
N'étoient pas tous aimés, et vous étiez aimé :
Ils n'avoient la plupart qu'une foible espérance,
Et vous aviez, Phinée, une entière assurance ;
Vous possédiez mon cœur, vous possédiez ma foi ;

N'étoit-ce point assez pour mourir avec moi ?
Pouviez-vous...?

PHINÉE.

Ah ! de grâce, imputez-moi, madame,
Les crimes les plus noirs dont soit capable une âme;
Mais ne soupçonnez point ce malheureux amant
De vous pouvoir jamais survivre un seul moment.
J'épargnois à mes yeux un funeste spectacle,
Où mes bras impuissans n'avoient pu mettre obstacle,
Et tenois ma main prête à servir ma douleur
Au moindre et premier bruit qu'eût fait votre malheur.

ANDROMÈDE.

Et vos respects trouvoient une digne matière
A me laisser l'honneur de périr la première !
Ah ! c'étoit à mes yeux qu'il falloit y courir,
Si vous aviez pour moi cette ardeur de mourir.
Vous ne me deviez pas envier cette joie
De voir offrir au monstre une première proie;
Vous m'auriez de la mort adouci les horreurs,
Vous m'auriez fait du monstre adorer les fureurs;
Et lui voyant ouvrir ce gouffre épouvantable,
Je l'aurois regardé comme un port favorable,
Comme un vivant sépulcre où mon cœur amoureux
Eût brûlé de rejoindre un amant généreux.
J'aurois désavoué la valeur de Persée;
En me sauvant la vie il m'auroit offensée;
Et de ce même bras qu'il m'auroit conservé
Je vous immolerois ce qu'il m'auroit sauvé.
Ma mort auroit déjà couronné votre perte,
Et la bonté du ciel ne l'auroit pas soufferte;
C'est à votre refus que les dieux ont remis
En de plus dignes mains ce qu'ils m'avoient promis.
Mon cœur eût mieux aimé le tenir de la vôtre;
Mais je vis par un autre, et vivrai pour un autre.
Vous n'avez aucun lieu d'en devenir jaloux,
Puisque sur ce rocher j'étois morte pour vous :
Qui pouvoit le souffrir peut me voir sans envie
Vivre pour un héros de qui je tiens la vie;
Et quand l'amour encor me parleroit pour lui,
Je ne puis disposer des conquêtes d'autrui.
Adieu.

SCÈNE IV. — PHINÉE, AMMON, SUITE DE PHINÉE.

PHINÉE.

Vous voulez donc que j'en fasse la mienne,
Cruelle, et que ma foi de mon bras vous obtienne ?
Eh bien ! nous l'irons voir, ce bienheureux vainqueur,

Qui, triomphant d'un monstre, a dompté votre cœur.
C'étoit trop peu pour lui d'une seule victoire,
S'il n'eût dedans ce cœur triomphé de ma gloire!
Mais si sa main au monstre arrache un bien si cher,
La mienne à son bonheur saura bien l'arracher;
Et vainqueur de tous deux en une seule tête,
De ce qui fut mon bien je ferai ma conquête.
La force me rendra ce que ne peut l'amour.
Allons-y, chers amis, et montrons dès ce jour....

AMMON.

Seigneur, auparavant d'une âme plus remise
Daignez voir le succès d'une telle entreprise.
Savez-vous que Persée est fils de Jupiter,
Et qu'ainsi vous avez le foudre à redouter?

PHINÉE.

Je sais que Danaé fut son indigne mère;
L'or qui plut dans son sein l'y forma d'adultère :
Mais le pur sang des rois n'est pas moins précieux
Ni moins chéri du ciel que les crimes des dieux.

AMMON.

Mais vous ne savez pas, seigneur, que son épée
De l'horrible Méduse a la tête coupée,
Que sous son bouclier il la porte en tous lieux,
Et que c'est fait de vous, s'il en frappe vos yeux.

PHINÉE.

On dit que ce prodige est pire qu'un tonnerre,
Qu'il ne faut que le voir pour n'être plus que pierre,
Et que naguère Atlas, qui ne s'en put cacher,
A cet aspect fatal devint un grand rocher.
Soit une vérité, soit un conte, n'importe;
Si la valeur ne peut, que le nombre l'emporte.
Puisque Andromède enfin vouloit me voir périr,
Ou triompher d'un monstre afin de l'acquérir,
Que, fière de se voir l'objet de tant d'oracles,
Elle veut que pour elle on fasse des miracles,
Cette tête est un monstre aussi bien que celui
Dont cet heureux rival la délivre aujourd'hui;
Et nous aurons ainsi dans un seul adversaire
Et monstres à combattre, et miracles à faire.
Peut-être quelques dieux prendront notre parti,
Quoique de leur monarque il se dise sorti;
Et Junon pour le moins prendra notre querelle
Contre l'amour furtif d'un époux infidèle.

(Junon se fait voir dans un char superbe tiré par deux paons, et si
bien enrichi, qu'il paroît digne de l'orgueil de la déesse qui s'y fait
porter. Elle se promène au milieu de l'air, dont nos poëtes lui attri-

buent l'empire, et y fait plusieurs tours, tantôt à droite et tantôt à gauche, cependant qu'elle assure Phinée de sa protection.)

SCÈNE V. — JUNON, *dans son char, au milieu de l'air;* PHINÉE, AMMON, SUITE DE PHINÉE.

JUNON.
N'en doute point, Phinée, et cesse d'endurer.
PHINÉE.
Elle-même paroît pour nous en assurer.
JUNON.
Je ne serai pas seule; ainsi que moi Neptune
S'intéresse en ton infortune;
Et déjà la noire Alecton,
Du fond des enfers déchaînée,
A, par les ordres de Pluton,
De mille cœurs pour toi la fureur mutinée :
Fort de tant de seconds, ose, et sers mon courroux
Contre l'indigne sang de mon perfide époux.
PHINÉE.
Nous te suivons, déesse; et dessous tes auspices
Nous franchirons sans peur les plus noirs précipices.
Que craindrons-nous, amis? nous avons dieux pour dieux,
Oracle pour oracle, et la faveur des cieux
D'un contre-poids égal dessus nous balancée
N'est pas entièrement du côté de Persée.
JUNON.
Je te le dis encore, ose, et sers mon courroux
Contre l'indigne sang de mon perfide époux.
AMMON.
Sous tes commandemens nous y courons, déesse,
Le cœur plein d'espérance, et l'âme d'allégresse.
Allons, seigneur, allons assembler vos amis;
Courons au grand succès qu'elle vous a promis :
Aussi bien le roi vient, il faut quitter la place,
De peur....
PHINÉE.
Non, demeurez pour voir ce qui se passe;
Et songez à m'en faire un fidèle rapport,
Tandis que je m'apprête à cet illustre effort.

SCÈNE VI. — CÉPHÉE, CASSIOPE, ANDROMÈDE, PERSÉE, AMMON, TIMANTE, CHŒUR DE PEUPLE.

TIMANTE.
Seigneur, le souvenir des plus âpres supplices,
Quand un tel bien les suit, n'a jamais que délices.
Si d'un mal sans pareil nous nous vîmes surpris,

Nous bénissons le ciel d'un tel mal à ce prix ;
Et voyant quel époux il donne à la princesse,
La douleur s'en termine en ces chants d'allégresse.
CHŒUR, *chante.*
Vivez, vivez, heureux amans,
Dans les douceurs que l'amour vous inspire ;
Vivez, heureux, et vivez si longtemps,
Qu'au bout d'un siècle entier on puisse encor vous dire :
« Vivez, heureux amans. »

Que les plaisirs les plus charmans
Fassent les jours d'une si belle vie ;
Qu'ils soient sans tache, et que tous leurs momens
Fassent redire même à la voix de l'envie :
« Vivez, heureux amans. »

Que les peuples les plus puissans
Dans nos souhaits à pleins vœux nous secondent !
Qu'aux dieux pour vous ils prodiguent l'encens,
Et des bouts de la terre à l'envi nous répondent :
« Vivez, heureux amans. »

CÉPHÉE.
Allons, amis, allons, dans ce comble de joie,
Rendre grâces au ciel de l'heur qu'il nous envoie.
Allons dedans le temple avecque mille vœux
De cet illustre hymen achever les beaux nœuds.
Allons sacrifier à Jupiter son père,
Le prier de souffrir ce que nous pensons faire,
Et ne s'offenser pas que ce noble lien
Fasse un mélange heureux de son sang et du mien.

CASSIOPE.
Souffrez qu'auparavant par d'autres sacrifices
Nous nous rendions des eaux les déités propices.
Neptune est irrité ; les nymphes de la mer
Ont de nouveaux sujets encor de s'animer ;
Et comme mon orgueil fit naître leur colère,
Par mes submissions je dois les satisfaire.
Sur leurs sables, témoins de tant de vanités,
Je vais sacrifier à leurs divinités ;
Et conduisant ma fille à ce même rivage,
De ces mêmes beautés leur rendre un plein hommage,
Joindre nos vœux au sang des taureaux immolés :
Puis nous vous rejoindrons au temple où vous allez.

PERSÉE.
Souffrez qu'en même temps de ma fière marâtre
Je tâche d'apaiser la haine opiniâtre ;
Qu'un pareil sacrifice et de semblables vœux
Tirent d'elle l'aveu qui peut me rendre heureux.

Vous savez que Junon à ce lien préside,
Que sans elle l'hymen marche d'un pied timide,
Et que sa jalousie aime à persécuter
Quiconque ainsi que moi sort de son Jupiter.
            CÉPHÉE.
Je suis ravi de voir qu'au milieu de vos flammes
De si dignes respects règnent dessus vos âmes.
Allez, j'immolerai pour vous à Jupiter,
Et je ne vois plus rien enfin à redouter.
Des dieux les moins bénins l'éternelle puissance
Ne veut de nous qu'amour et que reconnoissance;
Et jamais leur courroux ne montre de rigueurs
Que n'abatte aussitôt l'abaissement des cœurs.

ACTE CINQUIÈME.

L'architecte ne s'est pas épuisé en la structure de ce palais royal. Le temple qui lui succède a tant d'avantage sur lui, qu'il fait mépriser ce qu'on admiroit : aussi est-il juste que la demeure des dieux l'emporte sur celle des hommes; et l'art du sieur Torrelli est ici d'autant plus merveilleux, qu'il fait paroître une grande diversité en ces deux décorations, quoiqu'elles soient presque la même chose. On voit encore en celle-ci deux rangs de colonnes comme en l'autre, mais d'un ordre si différent, qu'on n'y remarque aucun rapport. Celles-ci sont de porphyre; et tous les accompagnemens qui les soutiennent et qui les finissent, de bronze ciselé, dont la gravure représente quantité de dieux et de déesses. La réflexion des lumières sur ce bronze en fait sortir un jour tout extraordinaire. Un grand et superbe dôme couvre le milieu de ce temple magnifique; il est partout enrichi du même métal; et, au-devant de ce dôme, l'artifice de l'ouvrier jette une galerie toute brillante d'or et d'azur. Le dessous de cette galerie laisse voir le dedans du temple par trois portes d'argent ouvragées à jour : on y verroit Céphée sacrifiant à Jupiter pour le mariage de sa fille, n'étoit que l'attention que les spectateurs prêteroient à ce sacrifice les détourneroit de celle qu'ils doivent à ce qui se passe dans le parvis que représente le théâtre.

SCÈNE I. — PHINÉE, AMMON.

            AMMON.
Vos amis assemblés brûlent tous de vous suivre,
Et Junon dans son temple entre vos mains le livre.
Ce rival, presque seul au pied de son autel,
Semble attendre à genoux l'honneur du coup mortel.
Là, comme la déesse agréera la victime,
Plus les lieux seront saints, moindre en sera le crime;
Et son aveu changeant de nom à l'attentat,
Ce sera sacrifice au lieu d'assassinat.

PHINÉE.
Que me sert que Junon, que Neptune propice,
Que tous les dieux ensemble aiment ce sacrifice,
Si la seule déesse à qui je fais des vœux
Ne m'en voit que d'un œil d'autant plus rigoureux,
Et si ce coup, sensible au cœur de l'inhumaine,
D'un injuste mépris fait une juste haine?
 Ami, quelque fureur qui puisse m'agiter,
Je cherche à l'acquérir, et non à l'irriter;
Et m'immoler l'objet de sa nouvelle flamme,
Ce n'est pas le chemin de rentrer dans son âme.
AMMON.
Mais, seigneur, vous touchez à ce moment fatal
Qui pour jamais la donne à cet heureux rival.
En cette extrémité que prétendez-vous faire?
PHINÉE.
Tout, hormis l'irriter; tout, hormis lui déplaire :
Soupirer à ses pieds, pleurer à ses genoux,
Trembler devant sa haine, adorer son courroux.
AMMON.
Quittez, quittez, seigneur, un respect si funeste;
Otez-vous ce rival, et hasardez le reste :
En dût-elle à jamais dédaigner vos soupirs,
La vengeance elle seule a de si doux plaisirs....
PHINÉE.
N'en cherchons les douceurs, ami, que les dernières.
Rarement un amant les peut goûter entières;
Et, quand de sa vengeance elles sont tout le fruit,
Ce sont fausses douceurs que l'amertume suit.
La mort de son rival, les pleurs de son ingrate,
Ont bien je ne sais quoi qui dans l'abord le flatte;
Mais de ce cher objet s'en voyant plus haï,
Plus il s'en est flatté, plus il s'en croit trahi.
Sous d'éternels regrets son âme est abattue,
Et sa propre vengeance incessamment le tue.
 Ce n'est pas que je veuille enfin la négliger :
Si je ne puis fléchir, je cours à me venger;
Mais souffre à mon amour, mais souffre à ma foiblesse,
Encore un peu d'effort auprès de ma princesse.
Un amant véritable espère jusqu'au bout,
Tant qu'il voit un moment qui peut lui rendre tout.
L'inconstante, peut-être encor tout étonnée,
N'étoit pas bien à soi quand elle s'est donnée :
Et la reconnoissance a fait plus que l'amour
En faveur d'une main qui lui rendoit le jour.
Au sortir du péril, pâle encore et tremblante,
L'image de la mort devant les yeux errante,

Elle a cru tout devoir à son libérateur :
Mais souvent le devoir ne donne pas le cœur;
Il agit rarement sans un peu d'imposture,
Et fait peu de présens dont ce cœur ne murmure.
Peut-être, ami, peut-être après ce grand effroi
Son amour en secret aura parlé pour moi :
Les traits mal effacés de tant d'heureux services,
Les douceurs d'un beau feu qui furent ses délices,
D'un regret amoureux touchant son souvenir,
Auront en ma faveur surpris quelque soupir,
Qui, s'échappant d'un cœur qu'elle force à ma perte,
M'en aura pu laisser la porte encore ouverte.
Ah! si ce triste hymen se pouvoit éloigner!

AMMON.

Quoi! vous voulez encor vous faire dédaigner?
Sous ce honteux espoir votre fureur se dompte?

PHINÉE.

Que veux-tu? ne sois point le témoin de ma honte :
Andromède revient; va trouver nos amis,
Va préparer leurs bras à ce qu'ils m'ont promis.
Ou mes nouveaux respects fléchiront l'inhumaine,
Ou ses nouveaux mépris animeront ma haine;
Et tu verras mes feux, changés en juste horreur,
Armer mes désespoirs, et hâter ma fureur.

AMMON.

Je vous plains; mais enfin j'obéis, et vous laisse.

SCÈNE II. — CASSIOPE, ANDROMÈDE, PHINÉE,
SUITE DE LA REINE.

PHINÉE.

Une seconde fois, adorable princesse,
Malgré de vos rigueurs l'impérieuse loi....

ANDROMÈDE.

Quoi! vous voyez la reine, et vous parlez à moi!

PHINÉE.

C'est de vous seule aussi que j'ai droit de me plaindre.
Je serois trop heureux de la voir vous contraindre,
Et n'accuserois plus votre infidélité,
Si vous vous excusiez sur son autorité.
 Au nom de cette amour autrefois si puissante,
Aidez un peu la mienne à vous faire innocente;
Dites-moi que votre âme à regret obéit,
Qu'un rigoureux devoir malgré vous me trahit;
Donnez-moi lieu de dire : « Elle-même elle en pleure,
Elle change forcée, et son cœur me demeure; »
Et soudain, de la reine embrassant les genoux,

Vous m'y verrez mourir sans me plaindre de vous.
Mais que lui puis-je, hélas! demander pour remède,
Quand la main qui me tue est celle d'Andromède,
Et que son cœur léger ne court au changement
Qu'avec la vanité d'y courir justement?

CASSIOPE.

Et quel droit sur ce cœur pouvoit garder Phinée,
Quand Persée a trouvé la place abandonnée,
Et n'a fait autre chose, en prenant son parti,
Que s'emparer d'un lieu dont vous étiez sorti?
Mais sorti, le dirai-je, et pourrez-vous l'entendre?
Oui, sorti lâchement, de peur de le défendre.
Ainsi nous n'avons fait que le récompenser
D'un bien où votre bras venoit de renoncer,
Que vous cédiez au monstre, à lui-même, à tout autre :
Si c'est une injustice, examinons la vôtre.
La voyant exposée aux rigueurs de son sort,
Vous vous étiez déjà consolé de sa mort;
Et, quand par un héros le ciel l'a garantie,
Vous ne vous pouvez plus consoler de sa vie.

PHINÉE.

Ah! madame!

CASSIOPE.

Eh bien! soit, vous avez soupiré
Autant que l'a pu faire un cœur désespéré.
Jamais aucun tourment n'égala votre peine;
Certes, quelque douleur dont votre âme fût pleine,
Ce désespoir illustre et ces nobles regrets
Lui devoient un peu plus que des soupirs secrets.
A ce défaut, Persée....

PHINÉE.

Ah! c'en est trop, madame;
Ce nom rend, malgré moi, la fureur à mon âme :
Je me force au respect; mais toujours le vanter,
C'est me forcer moi-même à ne rien respecter.
Qu'a-t-il fait, après tout, si digne de vous plaire,
Qu'avec un tel secours tout autre n'eût pu faire?
Et, tout héros qu'il est, qu'eût-il osé pour vous,
S'il n'eût eu que sa flamme et son bras comme nous?
Mille et mille auroient fait des actions plus belles,
Si le ciel comme à lui leur eût prêté des ailes;
Et vous les auriez vus encor plus généreux,
S'ils eussent vu le monstre et le péril sous eux :
On s'expose aisément quand on n'a rien à craindre.
Combattre un ennemi qui ne pouvoit l'atteindre,
Voir sa victoire sûre et daigner l'accepter,
C'est tout le rare exploit dont il se peut vanter;

Et je ne comprends point ni quelle en est la gloire,
Ni quel grand prix mérite une telle victoire.

CASSIOPE.

Et votre aveuglement sera bien moins compris,
Qui d'un sujet d'estime en fait un de mépris.
Le ciel, qui mieux que nous connoît ce que nous sommes,
Mesure ses faveurs au mérite des hommes;
Et d'un pareil secours vous auriez eu l'appui,
S'il eût pu voir en vous mêmes vertus qu'en lui.
Ce sont grâces d'en haut rares et singulières,
Qui n'en descendent point pour des âmes vulgaires;
Ou, pour en mieux parler, la justice des cieux
Garde ce privilége au digne sang des dieux :
C'est par là que leur roi vient d'avouer sa race.

ANDROMÈDE.

Je dirai plus, Phinée; et, pour vous faire grâce,
Je veux ne rien devoir à cet heureux secours
Dont ce vaillant guerrier a conservé mes jours;
Je veux fermer les yeux sur toute cette gloire,
Oublier mon péril, oublier sa victoire,
Et, quel qu'en soit enfin le mérite ou l'éclat,
Ne juger entre vous que depuis le combat.
Voyez ce qu'il a fait, lorsque après ces alarmes,
Me voyant toute acquise au bonheur de ses armes,
Ayant pour lui les dieux, ayant pour lui le roi,
Dans sa victoire même il s'est vaincu pour moi.
Il m'a sacrifié tout ce haut avantage;
De toute sa conquête il m'a fait un hommage;
Il m'en a fait un don; et fort de tant de voix,
Au péril de tout perdre, il met tout à mon choix :
Il veut tenir pour grâce un si juste salaire;
Il réduit son bonheur à ne me point déplaire;
Préférant mes refus, préférant son trépas
A l'effet de ses vœux qui ne me plairoit pas.
En usez-vous de même? et votre violence
Garde-t-elle pour moi la même déférence?
Vous avez contre vous et les dieux et le roi,
Et vous voulez encor m'obtenir malgré moi!
Sous ombre d'une foi qui se tient en réserve,
Je dois à votre amour ce qu'un autre conserve;
A moins que d'être ingrate à mon libérateur,
A moins que d'adorer un lâche adorateur,
Que d'être à mes parens, aux dieux même rebelle,
Vous crierez après moi sans cesse : « A l'infidèle! »
C'étoit aux yeux du monstre, au pied de ce rocher,
Que l'effet de ma foi se devoit rechercher;
Mon âme, encor pour vous de même ardeur pressée,

Vous eût tendu la main au mépris de Persée,
Et cru plus glorieux qu'on m'eût vue aujourd'hui
Expirer avec vous que régner avec lui.
Mais, puisque vous m'avez envié cette joie,
Cessez de m'envier ce que le ciel m'envoie,
Et souffrez que je tâche enfin à mériter,
Au refus de Phinée, un fils de Jupiter.

PHINÉE.

Je perds donc temps, madame, et votre âme obstinée
N'a plus amour, ni foi, ni pitié pour Phinée?
Un peu de vanité qui flatte vos parens,
Et d'un rival adroit les respects apparens,
Font plus en un moment, avec leurs artifices,
Que n'ont fait en six ans ma flamme et mes services?
Je ne vous dirai point que de pareils respects
A tout autre que vous pourroient être suspects,
Que qui peut se priver de la personne aimée
N'a qu'une ardeur civile et fort mal allumée,
Que dans ma violence on doit voir plus d'amour :
C'est un présent des cieux, faites-lui votre cour;
Plus fidèle qu'à moi, tenez-lui mieux parole :
J'en vais rougir pour vous, cependant qu'il me vole;
Mais ce rival peut-être, après m'avoir volé,
Ne sera pas toujours sur ce cheval ailé.

ANDROMÈDE.

Il n'en a pas besoin s'il n'a que vous à craindre.

PHINÉE.

Il peut avec le temps être le plus à plaindre.

ANDROMÈDE.

Il porte à son côté de quoi l'en garantir.

PHINÉE.

Vous l'attendez ici, je vais l'en avertir.

CASSIOPE.

Son amour peut sans vous nous rendre cet office.

PHINÉE.

Le mien s'efforcera pour ce dernier service.
Vous pouvez cependant divertir vos esprits
A rendre compte au roi de vos justes mépris.

SCÈNE III. — CÉPHÉE, CASSIOPE, ANDROMÈDE.
SUITE DU ROI ET DE LA REINE.

CÉPHÉE.

Que faisoit là Phinée? est-il si téméraire
Que ce que font les dieux il pense à le défaire?

CASSIOPE.

Après avoir prié, soupiré, menacé,

Il vous a vu, seigneur, et l'orage a passé.
CÉPHÉE.
Et vous prêtiez l'oreille à ses discours frivoles?
CASSIOPE.
Un amant qui perd tout peut perdre des paroles;
Et l'écouter sans trouble et sans rien hasarder,
C'est la moindre faveur qu'on lui puisse accorder.
  Mais, seigneur, dites-nous si Jupiter propice
Se déclare en faveur de votre sacrifice,
Si de notre famille il se rend le soutien,
S'il consent l'union de notre sang au sien.
CÉPHÉE.
Jamais les feux sacrés et la mort des victimes
N'ont daigné mieux répondre à des vœux légitimes.
Tous auspices heureux; et le grand Jupiter
Par des signes plus clairs ne pouvoit l'accepter,
A moins qu'y joindre encor l'honneur de sa présence,
Et de sa propre bouche assurer l'alliance.
CASSIOPE.
Les nymphes de la mer nous en ont fait autant;
Toutes ont hors des flots paru presque à l'instant :
Et leurs bénins regards envoyés au rivage
Avecque notre encens ont reçu notre hommage;
Après le sacrifice honoré de leurs yeux,
Où Neptune à l'envi mêloit ses demi-dieux,
Toutes ont témoigné d'un penchement de tête
Consentir au bonheur que le ciel nous apprête :
Et nos submissions désarmant leurs dédains,
Toutes ont pour adieu battu l'onde des mains.
Que si même bonheur suit les vœux de Persée,
Qu'il ait vu de Junon sa prière exaucée,
Nous n'avons plus à craindre aucun sinistre effet.
CÉPHÉE.
Les dieux ne laissent point leur ouvrage imparfait;
N'en doutez point, madame, aussi bien que Neptune
Junon consentira notre bonne fortune.
Mais que nous veut Aglante?

SCÈNE IV. — CÉPHÉE, CASSIOPE, ANDROMÈDE, AGLANTE,
SUITE DU ROI ET DE LA REINE.

AGLANTE.
                          Ah! seigneur, au secours!
Du généreux Persée on attaque les jours.
Presque au sortir du temple une troupe mutine
Vient de l'environner, et déjà l'assassine.
Phinée en les joignant, furieux et jaloux,

Leur a crié : « Main basse! à lui seul, donnez tous! »
Ceux qui l'accompagnoient tout aussitôt se rendent;
Clyte et Nylée encor vaillamment le défendent;
Mais ce sont vains efforts de peu d'autres suivis,
Et je viens toute en pleurs vous en donner avis.

CASSIOPE.

Dieux! est-ce là l'effet de tant d'heureux présages?
Allez, gardes, allez signaler vos courages;
Allez perdre ce traître, et punir ce voleur
Qui prétend sous le nombre accabler la valeur.

CÉPHÉE.

Modérez vos frayeurs, et vous, séchez vos larmes.
Le ciel n'a pas besoin du secours de nos armes;
Il a de ce héros trop pris les intérêts,
Pour n'avoir pas pour lui des miracles tout prêts :
Et peut-être bientôt sur ce lâche adversaire
Vous entendrez tomber le foudre de son père.
Jugez de l'avenir par ce qui s'est passé;
Les dieux achèveront ce qu'ils ont commencé;
Oui, les dieux à leur sang doivent ce privilege :
Y mêler notre main, c'est faire un sacrilége.

CASSIOPE.

Seigneur, sur cet espoir hasarder ce héros,
C'est trop....

SCÈNE V. — CÉPHÉE, CASSIOPE, ANDROMÈDE, PHORBAS, AGLANTE, SUITE DU ROI ET LA REINE.

PHORBAS.

Mettez, grand roi, votre esprit en repos;
La tête de Méduse a puni tous ces traîtres.

CÉPHÉE.

Le ciel n'est point menteur, et les dieux sont nos maîtres.

PHORBAS.

Aussitôt que Persée a pu voir son rival:
« Descendons, a-t-il dit, en un combat égal;
Quoique j'aie en ma main un entier avantage,
Je ne veux que mon bras, ne prends que ton courage.
— Prends, prends cet avantage, et j'userai du mien, »
Dit Phinée; et soudain, sans plus répondre rien,
Les siens donnent en foule, et leur troupe pressée
Fait choir Ménale et Clyte aux pieds du grand Persée.
Il s'écrie aussitôt : « Amis, fermez les yeux,
Et sauvez vos regards de ce présent des cieux :
J'atteste qu'on m'y force, et n'en fais plus d'excuse. »
Il découvre à ces mots la tête de Méduse[1].

1. Voici presque le seul morceau où l'on retrouve Corneille. (*Voltaire.*)

Soudain j'entends des cris qu'on ne peut achever;
J'entends gémir les uns, les autres se sauver;
J'entends le repentir succéder à l'audace;
J'entends Phinée enfin qui lui demande grâce.
« Perfide, il n'est plus temps, » lui dit Persée. Il fuit:
J'entends comme à grands pas ce vainqueur le poursuit,
Comme il court se venger de qui l'osoit surprendre;
Je l'entends s'éloigner, puis je cesse d'entendre.
Alors, ouvrant les yeux par son ordre fermés,
Je vois tous ces méchans en pierre transformés:
Mais l'un plein de fureur, et l'autre plein de crainte,
En porte sur le front l'image encore empreinte;
Et tel vouloit frapper, dont le coup suspendu
Demeure en sa statue à demi descendu;
Tant cet affreux prodige....

SCÈNE VI. — CÉPHÉE, CASSIOPE, ANDROMÈDE, PERSÉE, PHORBAS, AGLANTE, SUITE DU ROI ET DE LA REINE.

CÉPHÉE, *à Persée.*
                Est-il puni, ce lâche,
Cet impie?
            PERSÉE.
              Oui, seigneur; et si sa mort vous fâche,
Si c'est de votre sang avoir fait peu d'état....
            CÉPHÉE.
Il n'est plus de ma race après son attentat;
Ce crime l'en dégrade, et ce coup téméraire
Efface de mon sang l'illustre caractère.
Perdons-en la mémoire, et faisons-la céder
A l'heur de vous revoir et de vous posséder,
Vous que le juste ciel, remplissant son oracle,
Par miracle nous donne, et nous rend par miracle.
Entrons dedans ce temple, où l'on n'attend que vous
Pour nous unir aux dieux par des liens si doux;
Entrons sans différer.
            (*Les portes se ferment comme ils veulent entrer.*)
                    Mais quel nouveau prodige
Dans cet excès de joie à craindre nous oblige?
Qui nous ferme la porte et nous défend d'entrer
Où tout notre bonheur se devoit rencontrer?
            PERSÉE.
Puissant maître du foudre, est-il quelque tempête
Que le destin jaloux à dissiper m'apprête?
Quelle nouvelle épreuve attaque ma vertu?
Après ce qu'elle a fait, la désavouerois-tu?
Ou si c'est que le prix dont tu la vois suivie
Au bonheur de ton fils te fait porter envie?

SCÈNE VII. — MERCURE, CÉPHÉE, CASSIOPE, ANDROMÈDE, PERSÉE, PHORBAS, AGLANTE, SUITE DU ROI ET DE LA REINE.

MERCURE, *au milieu de l'air.*

Roi, reine, et vous princesse, et vous heureux vainqueur,
    Que Jupiter mon père
      Tient pour mon digne frère,
Ne craignez plus du sort la jalouse rigueur.
    Ces portes du temple fermées,
    Dont vos âmes sont alarmées,
Vous marquent des faveurs où tout le ciel consent :
Tous les dieux sont d'accord de ce bonheur suprême ;
    Et leur monarque tout-puissant
    Vous le vient apprendre lui-même.
    (*Mercure revole en haut après avoir parlé.*)

CASSIOPE.

Redoublons donc nos vœux, redoublons nos ferveurs
Pour mériter du ciel ces nouvelles faveurs.

CHOEUR DE MUSIQUE.

    Maître des dieux, hâte-toi de paroître,
    Et de verser sur ton sang et nos rois
      Les grâces que garde ton choix
        A ceux que tu fais naître.
    Fais choir sur eux de nouvelles couronnes,
    Et fais-nous voir, par un heur accompli,
      Qu'ils ont tous dignement rempli
        Le rang que tu leur donnes.

(Tandis qu'on chante, Jupiter descend du ciel dans un trône tout éclatant d'or et de lumière, enfermé dans un nuage qui l'environne. A ses deux côtés, deux autres nuages apportent jusqu'à terre Junon et Neptune, apaisés par les sacrifices des amans ; ils se déploient en rond autour de celui de Jupiter, et, occupant toute la face de théâtre, ils font le plus agréable spectacle de toute cette représentation.)

SCÈNE VIII. — JUPITER, JUNON, NEPTUNE, CÉPHÉE, CASSIOPE, ANDROMÈDE, PERSÉE, PHORBAS, AGLANTE, SUITE DU ROI ET DE LA REINE.

JUPITER, *dans son trône, au milieu de l'air.*

Des noces de mon fils la terre n'est pas digne ;
    La gloire en appartient aux cieux,
    Et c'est là ce bonheur insigne
Qu'en vous fermant mon temple ont annoncé les dieux.
Roi, reine, et vous amans, venez sans jalousie
    Vivre à jamais en ce brillant séjour,
    Où le nectar et l'ambroisie

Vous seront comme à nous prodigués chaque jour :
Et quand la nuit aura tendu ses voiles,
Vos corps semés de nouvelles étoiles,
Du haut du ciel éclairant aux mortels,
Leur apprendront qu'il vous faut des autels.

JUNON, *à Persée.*

Junon même y consent, et votre sacrifice
A calmé les fureurs de son esprit jaloux.

NEPTUNE, *à Cassiope.*

Neptune n'est pas moins propice,
Et vos encens désarment son courroux.

JUNON.

Venez, héros, et vous, Céphée,
Prendre là-haut vos places de ma main.

NEPTUNE.

Reine, venez ; que ma haine étouffée
Vous conduise elle-même à cet heur souverain.

PERSÉE.

Accablés et surpris d'une faveur si grande....

JUNON.

Arrêtez là votre remercîment :
L'obéissance est le seul compliment
Qu'agrée un dieu quand il commande.

(Sitôt que Junon a dit ces vers, elle fait prendre place au roi et à Persée auprès d'elle. Neptune fait le même honneur à la reine et à la princesse Andromède ; et tous ensemble remontent dans le ciel qui les attend, cependant que le peuple, pour acclamation publique, chante ces vers qui viennent d'être prononcés par Jupiter.)

CHŒUR.

Allez, amans, allez sans jalousie
Vivre à jamais en ce brillant séjour,
Où le nectar et l'ambroisie
Vous seront comme aux dieux prodigués chaque jour :
Et quand la nuit aura tendu ses voiles,
Vos corps semés de nouvelles étoiles,
Du haut du ciel éclairant aux mortels,
Leur apprendront qu'il vous faut des autels.

EXAMEN D'ANDROMÈDE.

Le sujet de cette pièce est si connu par ce qu'en dit Ovide aux quatrième et cinquième livres de ses *Métamorphoses*, qu'il n'est point besoin d'en importuner le lecteur. Je me contenterai de lui rendre compte de ce que j'y ai changé, tant par la liberté de l'art, que par la nécessité de l'ordre du théâtre, et pour donner plus d'éclat à sa représentation.

En premier lieu, j'ai cru plus à propos de faire Cassiope vaine de la beauté de sa fille que de la sienne propre, d'autant qu'il est fort extraordinaire qu'une femme dont la fille est en âge d'être mariée ait encore d'assez beaux restes pour s'en vanter si hautement, et qu'il n'est pas vraisemblable que cet orgueil de Cassiope pour elle-même eût attendu si tard à éclater, vu que c'est dans la jeunesse que la beauté est plus parfaite, et que le jugement étant moins formé donne plus de lieu à des vanités de cette nature, et non pas alors que cette même beauté commence d'être sur le retour, et que l'âge a mûri l'esprit de la personne qui s'en seroit enorgueillie en un autre temps.

Ensuite, j'ai supposé que l'oracle d'Ammon n'avoit pas condamné précisément Andromède à être dévorée par le monstre, mais qu'il avoit ordonné seulement qu'on lui exposât tous les mois une fille, qu'on jetât le sort pour voir celle qui lui devoit être livrée; et que, cet ordre ayant déjà été exécuté cinq fois, on étoit au jour qu'il le falloit suivre pour la sixième, qui par là devient un jour illustre, remarquable, et attendu, non-seulement par tous les acteurs de la tragédie, mais par tous les sujets d'un roi.

J'ai introduit Persée comme un chevalier errant qui s'est arrêté depuis un mois dans la cour de Céphée, et non pas comme se rencontrant par hasard dans le temps qu'Andromède est attachée au rocher. Je lui ai donné de l'amour pour elle, qu'il n'ose découvrir, parce qu'il la voit promise à Phinée, mais qu'il nourrit toutefois d'un peu d'espoir, parce qu'il voit son mariage différé jusqu'à la fin des malheurs publics. Je l'ai fait plus généreux qu'il n'est dans Ovide, où il n'entreprend la délivrance de cette princesse qu'après que ses parens l'ont assuré qu'elle l'épouseroit sitôt qu'il l'auroit délivrée. J'ai changé aussi la qualité de Phinée, que j'ai fait seulement neveu du roi, dont Ovide le nomme frère, le mariage de deux cousins me semblant plus supportable dans nos façons de vivre que celui de l'oncle et de la nièce, qui eût paru un peu plus étrange à mes auditeurs.

Les peintres, qui cherchent à faire voir leur art dans les nudités, ne manquent jamais à nous représenter Andromède nue au pied du rocher où elle est attachée, quoique Ovide n'en parle point. Ils me pardonneront si je ne les ai pas suivis en cette invention, comme j'ai fait en celle du cheval Pégase, sur lequel ils montent Persée pour combattre le monstre, quoique Ovide ne lui donne que des ailes aux talons. Ce changement donne lieu à une machine toute extraordinaire, merveilleuse, et empêche que Persée ne soit pris pour Mercure; outre qu'ils ne le mettent pas en cet équipage sans fondement, vu que le même Ovide raconte que sitôt que Persée eut coupé la monstrueuse tête de Méduse, Pégase tout ailé sortit de cette Gorgone, et que Persée s'en put saisir dès lors pour faire ses courses par le milieu de l'air.

Nos globes célestes, où l'on marque pour constellations Céphée, Cassiope, Persée et Andromède, m'ont donné jour à les faire enlever tous quatre au ciel sur la fin de la pièce, pour y faire les noces de ces amans, comme si la terre n'en étoit pas digne.

Au reste, comme Ovide ne nomme point la ville où il fait arriver cette aventure, je ne me suis non plus enhardi à la nommer. Il dit pour toute chose que Céphée régnoit en Éthiopie, sans désigner sous quel climat. La topographie moderne de ces contrées-là n'est pas fort connue, et celle du temps de Céphée encore moins. Je me contenterai donc de vous dire qu'il falloit que Céphée régnât en quelque pays maritime, et que sa ville capitale fût sur le bord de la mer.

Je sais bien qu'au rapport de Pline, les habitans de Joppé, qu'on nomme aujourd'hui Jaffa dans la Palestine, ont prétendu que cette histoire s'étoit passée chez eux : ils envoyèrent à Rome des os de poisson d'une grandeur extraordinaire, qu'ils disoient être du monstre à qui Andromède avoit été exposée. Ils montroient un rocher proche de leur ville où ils assuroient qu'elle avoit été attachée; et encore maintenant ils se vantent de ces marques d'antiquité à nos pèlerins qui vont en Jérusalem, et prennent terre en leur port. Il se peut faire que cela parte d'une affectation autrefois assez ordinaire aux peuples du paganisme, qui s'attribuoient à haute gloire d'avoir chez eux ces vestiges de la vieille fable, que l'erreur commune y faisoit passer pour histoire. Ils se croyoient par là bien fondés à se donner cette prérogative d'être d'une origine plus ancienne que leurs voisins, et prenoient avidement toute sorte d'occasions de satisfaire à cette ambition. Ainsi il n'a fallu que la rencontre par hasard de ces os monstrueux que la mer avoit jetés sur leurs rivages, pour leur donner lieu de s'emparer de cette fiction, et de placer la scène de cette aventure au pied de leurs rochers. Pour moi, je me suis attaché à Ovide, qui la fait arriver en Éthiopie, où il met le royaume de Céphée par ces vers :

Æthiopum populos, Cepheaque conspicit arva;
Illic immeritam maternæ pendere linguæ
Andromedam pœnas, etc.

Il se pouvoit faire que Céphée eût conquis cette ville de Joppé, et la Syrie même, où elle est située. Pline l'assure au vingt-neuvième chapitre du sixième livre, par cette raison que l'histoire d'Andromède s'y est passée : « Æthiopiam imperitasse Syriæ « Cephei regis ætate patet Andromedæ fabulis. » Mais ceux qui voudront contester cette opinion peuvent répondre que ce n'est que prouver une erreur par une autre erreur, et éclaircir une chose douteuse par une encore plus incertaine. Quoi qu'il en soit, celle d'Ovide ne peut subsister avec celle-là; et, quelque bons yeux qu'eût Persée, il est impossible qu'il découvrît d'une seule vue l'Éthiopie et Joppé; ce qu'il auroit dû faire, si ce qu'entend ce poëte par *Cephea arva* n'étoit autre chose que son territoire.

Le même Ovide, dans quelqu'une de ses épîtres, ne fait pas Andromède blanche, mais basanée :

Andromede patriæ fusca colore suæ.

Néanmoins, dans la métamorphose, il nous en donne une autre idée à former, lorsqu'il dit que, n'eût été ses cheveux qui voltigeoient au gré du vent, et les larmes qui lui couloient des yeux, Persée l'eût prise pour une statue de marbre :

Marmoreum ratus esset opus.

Ce qui semble ne se pouvoir entendre que du marbre blanc, étant assez inouï que l'on compare la beauté d'une fille à une autre sorte de marbre. D'ailleurs, pour la préférer à celles des Néréides que jamais on n'a faites noires, il falloit que son teint eût quelque rapport avec le leur, et que, par conséquent, elle n'eût pas celui que communément nous donnons aux Éthiopiens. Disons donc qu'elle étoit blanche, puisqu'à moins que cela il n'auroit pas été vraisemblable que Persée, qui étoit né dans la Grèce, fût devenu amoureux d'elle. Nous aurons de ce parti le consentement de tous les peintres, et l'autorité du grand Héliodore, qui n'a fondé la blancheur de sa Chariclée que sur un tableau d'Andromède. Pline, au huitième chapitre de son cinquième livre, fait mention de certains peuples d'Afrique qu'il appelle *Leucæthiopes*. Si l'on s'arrête à l'étymologie de leur nom, ces peuples devoient être blancs, et nous en pouvons faire les sujets de Céphée, pour donner à cette tragédie toute la justesse dont elle a besoin touchant la couleur des personnages qu'elle introduit sur la scène.

Vous y trouverez cet ordre gardé dans les changemens de théâtre, que chaque acte, aussi bien que le prologue, a sa décoration particulière, et du moins une machine volante, avec un concert de musique que je n'ai employé qu'à satisfaire les oreilles des spectateurs, tandis que leurs yeux sont arrêtés à voir descendre ou remonter une machine, ou s'attachent à quelque chose qui les empêche de prêter attention à ce que pourroient dire les acteurs, comme fait le combat de Persée contre le monstre. Mais je me suis bien gardé de faire rien chanter qui fût nécessaire à l'intelligence de la pièce, parce que communément les paroles qui se chantent étant mal entendues des auditeurs, pour la confusion qu'y apporte la diversité des voix qui les prononcent ensemble, elles auroient fait une grande obscurité dans le corps de l'ouvrage, si elles avoient eu à les instruire de quelque chose qui fût important. Il n'en va pas de même des machines, qui ne sont pas dans cette tragédie comme des agrémens détachés; elles en font en quelque sorte le nœud et le dénoûment, et y sont si nécessaires que vous n'en sauriez retrancher aucune que vous ne fassiez tomber tout l'édifice.

Les diverses décorations dont les pièces de cette nature ont besoin, nous obligeant à placer les parties de l'action en divers lieux particuliers, nous forcent de pousser un peu au delà de l'ordinaire l'étendue du lieu général qui les renferme ensemble, et en constitue l'unité. Il est malaisé qu'une ville y suffise : il y faut ajouter quelques dehors voisins, comme est ici le rivage de la mer. C'est la seule décoration que la fable m'a fournie; les quatre autres sont de pure invention. Il auroit été superflu de les spécifier dans les vers, puisqu'elles sont présentes à la vue; et je ne tiens pas qu'il soit besoin qu'elles soient si propres à ce qui s'y passe, qu'il ne se soit pu passer ailleurs aussi commodément; il suffit qu'il n'y aie pas de raison pourquoi il se doive plutôt passer ailleurs qu'au lieu où il se passe. Par exemple, le premier acte est une place publique proche du temple, où se doit jeter le sort pour savoir quelle victime on doit ce jour-là livrer au monstre : tout ce qui s'y dit se diroit aussi bien dans un palais ou dans un jardin; mais il se dit aussi bien dans cette place qu'en ce jardin ou dans ce palais. Nous pouvons choisir un lieu selon le vraisemblable ou le nécessaire; et il suffit qu'il n'y ait aucune répugnance du côté de l'action au choix que nous en faisons pour le rendre vraisemblable, puisque cette action ne nous présente pas toujours un lieu nécessaire, comme est la mer et ses rochers au troisième acte, où l'on voit l'exposition d'Andromède, et le combat de Persée contre le monstre, qui ne pouvoit se faire ailleurs. Il faut néanmoins prendre garde à choisir d'ordinaire un lieu découvert, à cause des apparitions des dieux qu'on introduit. Andromède, au second acte, seroit aussi bien dans son cabinet que dans le jardin, où je la fais s'entretenir avec ses nymphes et avec son amant; mais comment se feroit l'apparition d'Éole dans ce cabinet? et comment les vents l'en pourroient-ils enlever, à moins que de la faire passer par la cheminée, comme nos sorciers? Par cette raison, il y peut avoir quelque chose à dire à celle de Junon, au quatrième acte qui se passe dans la salle du palais royal; mais comme ce n'est qu'une apparition simple d'une déesse, qui peut se montrer et disparoître où et quand il lui plaît, et ne fait que parler aux acteurs, rien n'empêche qu'elle ne se soit faite dans un lieu fermé. J'ajoute que quand il y auroit quelque contradiction de ce côté-là, la disposition de nos théâtres seroit cause qu'elle ne seroit pas sensible aux spectateurs. Bien qu'ils représentent en effet des lieux fermés, comme une chambre ou une salle, ils ne sont fermés par haut que de nuages; et quand on voit descendre le char de Junon du milieu de ces nuages, qui ont été continuellement en vue, on ne fait pas une réflexion assez prompte ni assez sévère sur le lieu, qui devroit être fermé d'un lambris, pour y trouver quelque manque de justesse.

L'oracle de Vénus, au premier acte, est inventé avec assez d'artifice pour porter les esprits dans un sens contraire à sa vraie intelligence; mais il ne le faut pas prendre pour le vrai nœud de la pièce, autrement elle seroit achevée dès le troisième, où l'on en verroit le dénoûment. L'action principale est le mariage de Persée avec Andromède: son nœud consiste en l'obstacle qui s'y rencontre du côté de Phinée, à qui elle est promise, et son dénoûment en la mort de ce malheureux amant, après laquelle il n'y a plus d'obstacle. Je puis dire toutefois à ceux qui voudront prendre absolument cet oracle de Vénus pour le nœud de cette tragédie, que le troisième acte n'en éclaircit que les premiers vers, et que les derniers ne se font entendre que par l'apparition de Jupiter et des autres dieux, qui termine la pièce.

La diversité de la mesure et de la croisure des vers que j'y ai mêlés me donne occasion de tâcher à les justifier, et particulièrement les stances dont je me suis servi en beaucoup d'autres poëmes, et contre qui je vois quantité de gens d'esprit et savans au théâtre témoigner aversion. Leurs raisons sont diverses. Les uns ne les improuvent pas tout à fait, mais ils disent que c'est trop mendier l'acclamation populaire en faveur d'une antithèse, ou d'un trait spirituel qui ferme chacun de leurs couplets, et que cette affectation est une espèce de bassesse qui ravale trop la dignité de la tragédie. Je demeure d'accord que c'est quelque espèce de fard; mais puisqu'il embellit notre ouvrage, et nous aide à mieux atteindre le but de notre art, qui est de plaire, pourquoi devons-nous renoncer à cet avantage? Les anciens se servoient sans scrupule, et même dans les choses extérieures, de tout ce qui les y pouvoit faire arriver; Euripide vêtoit ses héros malheureux d'habits déchirés, afin qu'ils fissent plus de pitié; et Aristophane fait commencer sa comédie des *Grenouilles* par Xanthias monté sur un âne, afin d'exciter plus aisément l'auditeur à rire. Cette objection n'est donc pas d'assez d'importance pour nous interdire l'usage d'une chose qui tout à la fois nous donne de la gloire, et de la satisfaction à nos spectateurs.

Il est vrai qu'il faut leur plaire selon les règles; et c'est ce qui rend l'objection des autres plus considérable, en ce qu'ils veulent trouver quelque chose d'irrégulier dans cette sorte de vers. Ils disent que, bien qu'on parle en vers sur le théâtre, on est présumé ne parler qu'en prose; qu'il n'y a que cette sorte de vers que nous appelons alexandrins à qui l'usage laisse tenir nature de prose; que les stances ne sauroient passer que pour vers; et que, par conséquent, nous n'en pouvons mettre avec vraisemblance en la bouche d'un acteur, s'il n'a eu le loisir d'en faire, ou d'en faire faire par un autre, et de les apprendre par cœur.

J'avoue que les vers qu'on récite sur le théâtre sont présumés être prose : nous ne parlons pas d'ordinaire en vers, et sans cette fiction leur mesure et leur rime sortiroient du vraisemblable. Mais par quelle raison peut-on dire que les vers alexandrins tiennent nature de prose, et que ceux des stances n'en peuvent faire autant? Si nous en croyons Aristote, il faut se servir au théâtre des vers qui sont les moins vers, et qui se mêlent au langage commun, sans y penser, plus souvent que les autres. C'est par cette raison que les poëtes tragiques ont choisi l'ïambique, plutôt que l'hexamètre, qu'ils ont laissé aux épopées, parce qu'en parlant sans dessein d'en faire, il se mêle dans notre discours plus d'ïambiques que d'hexamètres. Par cette même raison les vers des stances sont moins vers que les alexandrins, parce que parmi notre langage commun il se coule plus de ces vers inégaux, les uns courts, les autres longs, avec des rimes croisées et éloignées les unes des autres, que de ceux dont la mesure est toujours égale, et les rimes toujours mariées. Si nous nous en rapportons à nos poëtes grecs, ils ne se sont pas tellement arrêtés aux ïambiques, qu'ils ne se soient servis d'anapestiques, de trochaïques et d'hexamètres même, quand ils l'ont jugé à propos. Sénèque en a fait autant qu'eux; et les Espagnols, ses compatriotes, changent aussi souvent de genre de vers que de scènes. Mais l'usage de France est autre, à ce qu'on prétend, et ne souffre que les alexandrins à tenir lieu de prose. Sur quoi je ne puis m'empêcher de demander qui sont les maîtres de cet usage, et qui peut l'établir sur le théâtre, que ceux qui l'ont occupé avec gloire depuis trente ans, dont pas un ne s'est défendu de mêler des stances dans quelques-uns des poëmes qu'ils y ont donnés; je ne dis pas dans tous, car il ne s'en offre pas d'occasion en tous, et elles n'ont pas bonne grâce à exprimer tout : la colère, la fureur, la menace, et tels autres mouvemens violens, ne leur sont pas propres; mais les déplaisirs, les irrésolutions, les inquiétudes, les douces rêveries, et généralement tout ce qui peut souffrir à un acteur de prendre haleine, et de penser à ce qu'il doit dire ou résoudre, s'accommode merveilleusement avec leurs cadences inégales, et avec les pauses qu'elles font faire à la fin de chaque couplet. La surprise agréable que fait à l'oreille ce changement de cadences imprévu, rappelle puissamment les attentions égarées ; mais il y faut éviter le trop d'affectation. C'est par là que les stances du *Cid* sont inexcusables et les mots de *peine* et *Chimène*, qui font la dernière rime de chaque strophe, marquent un jeu du côté du poëte, qui n'a rien de naturel du côté de l'acteur. Pour s'en écarter moins, il seroit bon de ne régler point toutes les strophes sur la même mesure, ni sur les mêmes croisures de rimes, ni sur le même nombre de vers. Leur inégalité en ces trois articles approcheroit davantage du discours ordinaire, et sentiroit l'emportement et les élans d'un esprit qui n'a que sa passion pour guide, et non pas la régularité d'un auteur qui les arrondit sur le même tour. J'y ai hasardé celles de la Paix dans le prologue de la *Toison d'or*, et tout le dialogue de celui de cette pièce, qui ne m'a pas mal réussi. Dans tout ce que je fais dire aux dieux dans les machines, on trouvera le même ordre, ou le même désordre. Mais je ne pourrois approuver qu'un acteur, touché fortement de ce qui lui vient d'arriver dans la tragédie, se donnât la patience de faire des stances, ou prît soin d'en faire faire par un autre, et de les apprendre par cœur, pour exprimer son déplaisir devant les spectateurs. Ce sentiment étudié ne les toucheroit pas beaucoup, parce que cette étude marqueroit un esprit tranquille, et un effort de mémoire plutôt qu'un effet de passion ; outre que ce ne seroit plus le sentiment présent de la personne qui parleroit, mais tout au plus celui qu'elle auroit eu en composant ces vers, et qui seroit assez ralenti par cet effort de mémoire, pour faire que l'état de son âme ne répondît plus à ce qu'elle prononceroit. L'auditeur ne s'y laisseroit pas émouvoir, et le verroit trop prémédité pour le croire véritable ; du moins c'est l'opinion de Perse, avec lequel je finis cette remarque :

> Nec nocte paratum
> Plorabit, qui me volet incurvasse querela.

FIN D'ANDROMÈDE ET DU DEUXIÈME VOLUME.

TABLE.

	Pages.
Horace, tragédie	1
Cinna, ou la Clémence d'Auguste, tragédie	55
Polyeucte, martyr, tragédie chrétienne	105
Pompée, tragédie	164
Le Menteur, comédie	215
La Suite du Menteur, comédie	278
Théodore, vierge et martyre, tragédie chrétienne	344
Rodogune, princesse des Parthes, tragédie	397
Héraclius, tragédie	456
Andromède, tragédie	515

FIN DE LA TABLE DU DEUXIÈME VOLUME.

Ch. Lahure, imprimeur du Sénat et de la Cour de Cassation
(ancienne maison Crapelet), rue de Vaugirard, 9.

AUTRES PUBLICATIONS DE CH. LAHURE.

PUBLICATIONS PÉRIODIQUES.

Le Journal pour tous, magasin hebdomadaire illustré. Chaque numéro contient 250 000 lettres. Prix : 10 centimes. — L'abonnement d'un an : pour Paris, 6 francs; pour les départements, 8 francs.
La Semaine des Enfants, magasin d'images et de lectures amusantes et instructives. Prix : 15 centimes. — L'abonnement d'un an, 8 fr.
Le Moniteur des Comices et des Cultivateurs, rédigé par une Société d'agronomes et de cultivateurs, sous la direction de M. Jourdier. Prix de l'abonnement : 6 francs par an.

ON S'ABONNE A CES RECUEILS :

à Paris : { au Bureau, rue de Vaugirard, 9;
et chez MM. L. Hachette et Cie, rue Pierre-Sarrazin, 14;
dans les départements et à l'étranger : chez tous les libraires.

ÉDITIONS FORMAT IN-18 JÉSUS.

POUR LA FRANCE, 2 FR. LE VOL.; POUR L'ÉTRANGER, 2 FR. 50 C.

I. ŒUVRES COMPLÈTES DES PRINCIPAUX ÉCRIVAINS FRANÇAIS.

Boileau. 1 volume.	**Montesquieu.** 2 volumes.
Fénelon. (Sous presse.)	**Pascal.** 2 volumes.
La Fontaine. 2 vol.	**Racine.** 2 volumes.
Molière. 2 volumes.	**Rousseau** (J. J.). 8 volumes.

II. BIBLIOTHÈQUE DES MEILLEURS ROMANS ÉTRANGERS.

Bulwer : Mémoires de Pisistrate Caxton. 1 vol.	**Fullerton** (lady) : L'Oiseau du Bon Dieu. 1 vol.
Cumming (miss) : L'Allumeur de réverbères. 1 vol.	**Gaskell** (Mrs) : Marie Barton 1 vol.
	Mügge : Afraja. 1 vol.
Currer Bell : Jane Eyre. 1 vol.	**Smith** (J F.) : Dick Tarleton. 2 vol.
Dickens (Ch.) : Bleak-House. 2 vol.	**Stephens** (Mrs Ann S.) : Opulence et misère. 1 vol.
— Contes de Noël. 1 vol.	
— Vie et aventures de Nicolas Nickleby. 2 vol.	**Thackeray** (W. M.) : Mémoires de Barry Lyndon, esq. 1 vol.
Freytag (G.) : Doit et avoir. 2 vol.	— Henry Esmond. 1 vol.

ADRESSER LES DEMANDES :

à **MM. L. HACHETTE et Cie**, rue Pierre-Sarrazin, **14**;

ET AUX PRINCIPAUX LIBRAIRES DE LA FRANCE ET DE L'ÉTRANGER.

Ch. Lahure, imprimeur du Sénat et de la Cour de Cassation,
rue de Vaugirard, 9, près de l'Odéon.

www.ingramcontent.com/pod-product-compliance
Lightning Source LLC
Chambersburg PA
CBHW070331240426
43665CB00045B/1344